ISBN 978-0-366-75728-2
PIBN 11171971

FB &c Ltd, Dalton House, 60 Windsor Avenue, London, SW19 2RR.
Company number 08720141. Registered in England and Wales.

LOMATICO AMALFITANO

R. ARCHIVIO DI STATO DI NAPOLI

CODICE DIPLOMATICO AMALFITANO

A CURA DI

RICCARDO FILANGIERI DI CANDIDA

NAPOLI
STAB. TIPOGRAFICO SILVIO MORANO
S. Sebastiano 48, p. p. (telef. 8-54)
1917

VOLUME I.

LE PERGAMENE DI AMALFI

ESISTENTI NEL R. ARCHIVIO DI STATO DI NAPOLI

(DALL'ANNO 907 AL 1200)

Assunto nel 1907 all' alto ufficio di Soprintendente di questo r. *archivio di Stato, fatti gli opportuni provvedimenti circa le urgenti esigenze del servizio pubblico ed interno, licenziata alla stampa la* relazione *intorno alla vita del nostro glorioso istituto dal 1° gennaio 1899 al 31 dicembre 1909, il ch. Comm. Eugenio Casanova ebbe precipua cura, che fosse continuata la serie delle pubblicazioni diplomatico-archivistiche dei nostri documenti, sì per giovare agli studi ed agli studiosi, come per allontanare sempre più dalle menti di taluni il falso concetto, che gli archivi di stato fossero improduttivi, e che l'ufficio di archivista fosse una* sinecura. *Onde, ripetendo il motto del compianto suo predecessore comm. B. Capasso* « laboremus », *con la voce e con l'esempio diede incitamento, massime ai bravi giovani funzionari, a dar opera agl'inventari, ai* repertori, *agl'indici, ai* regesti *delle scritture di archivio, dichiarando loro in qual modo, giusta i nuovi sistemi scientifici seguiti in Italia ed oltr' Alpe, tali lavori dovessero* esser *fatti.*

Il conte d.r Riccardo Filangieri, quando entrò nell'amministrazione del nostro archivio, aveva già pubblicato un voluminoso libro di storia documentata del comune di Massalubrense, facendo succo e sangue di molti atti conservati nell'archivio stesso, ed in ispecie dei registri angioini. Con l'assistenza alla scuola di Paleografia e dottrina archivistica egli si perfezionò nello studio di queste discipline, nelle quali conseguì il diploma. Per tal modo il prelodato sopraintendente Commendator Casanova non durò fatica a scegliere chi fosse in grado di sobbarcarsi, sotto la sapiente guida di lui, al lavoro non facile, non lieve, dell' interpretazione e dell'illustrazione delle pergamene amalfitane.

Ed il Filangieri *ha compiuta siffatta opera, la quale già da qualche anno sarebbe stata pubblicata, se l'autore, soggetto al servizio militare, non avesse dovuto porre indugio, essendo lontano dalla sede dei suoi studi, a darvi l'ultima mano, e se il tipografo, a causa del difetto di operai, non fosse andato a* rilento *nella stampa.*

Nell' introduzione il valoroso giovane ha accuratamente ragionato della provenienza, dello stato di conservazione delle pergamene medesime, e con corredo di cognizioni ha notate le singolarità paleografiche, diplomatiche, giuridiche, filologiche del documento amalfitano.

Questo lavoro, che onora l'autore e l'archivio napolitano, avrebbe acquistato pregio maggiore, se fosse stato presentato agli studiosi da chi lo promosse e lo diresse; ma, essendo egli ora a capo del r. *archivio di* Stato *in Roma, ha dichiarato spettare a me, ora* reggente *le sorti di questo archivio, siffatto incarico, che di buon grado ho assunto, nella certezza, che gli studiosi riconosceranno il validissimo contributo, che questo codice amalfitano* reca *alle nostre discipline ed alla storia comunale tanto negletta!*

Napoli 1917

Il Reggente
N. BARONE

PREFAZIONE

I.

La storia della repubblica d'Amalfi, nell'alto Medio Evo, si svolge in modo così singolare da rendere di non lieve interesse l'indagine non soltanto della sua espansione politica ed economica, ma anche del suo reggimento e della sua civiltà interiore. A questo secondo scopo giova principalmente il largo sussidio documentale che i pii luoghi della contrada ci han tramandato per lunghi secoli. E quantunque una certa luce su tali argomenti ci fosse già venuta dai precedenti studi d'indole storica sullo stato di Amalfi (1), faceva tuttavia difetto una pubblicazione diplomatica che assicurasse alla storia della piccola e gloriosa repubblica marittima il testo dei suoi *monumenta*, sfuggiti all'edacità del tempo ed alle ingiurie degli uomini. Tale lacuna viene a colmare questo volume.

Il diplomatico amalfitano oggi esistente nel Grande Archivio Napoletano consta in massima parte delle pergamene dei monasteri benedettini dello stato d'Amalfi, pervenute recentemente da uno di essi, quello della SS. Trinità. Le pergamene che or è un secolo si custodivano in quel pio luogo si approssimavano verisimilmente alle 1300, perchè nella numerazione dell'inventario colà fatto, che si legge a tergo delle pergamene tuttora esistenti, la cifra più elevata che si rinviene è il n. 1253.

Questa importantissima serie membranacea, rimasta fino ai nostri giorni in possesso delle benedettine della

---

(1) Pansa, *Istoria dell' antica repubblica d' Amalfi*; Camera, *Memorie stor. diplom. etc. di Amalfi.*

SS. Trinità, fu trasferita in Agerola, dalla sua antica sede di Amalfi, nel 1909, dall'unica monaca superstite, insieme ad altre cose d'arte avanzate nell'antico chiostro. Il Dicastero dell'Interno, opportunamente avvisato da quello della Istruzione Pubblica, ve le fece sequestrare, e ne prese possesso il Soprintendente dell'Archivio di Napoli comm. E. Casanova il 7 gennaio 1910. Procedutosi all'inventario fu constatata l'esistenza di 48 registri e quaderni cartacei ed 801 pergamene, cioè meno che due terzi dell'antica consistenza dell'archivio del Monastero (1). Lo stato di conservazione di questi documenti era tutt'altro che buono, essendo molti di essi in parte o quasi del tutto distrutti. Mal curate e tenute in luoghi umidi, forse per secoli, quasi tutte le pergamene presentavano macchie o corrosioni tali da render disagevole la restituzione dei testi, e molte eran delete a tal segno da esserne molto difficile la lettura. Questi preziosi documenti furono affidati al restauratore dell'Archivio cav. C. Marino, il quale ne ha già distese e restaurate con ottimi criteri più della metà, non tralasciando il ravvivamento delle scritture delete, col suo metodo speciale, in alcune pergamene ove d'inchiostro quasi non rimaneva più traccia.

A questa più numerosa serie, che pel suo recente acquisto chiameremo *nuovo fondo,* bisogna aggiungerne un'altra assai più limitata, che diremo *antico fondo,* perchè costituita dalle pergamene amalfitane preesistenti in Archivio. Queste ultime, in numero di 27 furono ordinate cronologicamente e rilegate in un bel volume, che si conserva nella Sala Diplomatica dell'Archivio, insieme ai regesti, che di quei documenti furono fatti nel tempo che la direzione dell'archivio stesso era affidata al Minieri Riccio (1874-1882). Altre poche pergamene di Amalfi, strappate alla loro sede archivistica originaria, si trovano ora sparse nella raccolta delle *Pergamene dei Monasteri soppressi,* che è nella medesima sala. Di queste due ultime serie le pergamene più

(1) Archivio del Segretariato del R. Archivio di Stato di Napoli, inserto 177.

antiche, fino al 1130, videro già la luce nei *R. Neapolitani Archivii Monumenta* (1). Ed alcune di quelle del nuovo fondo furono riportate dal Camera, il quale conobbe molta parte di quelle fonti nella loro antica sede (2).

A compimento di questo materiale pergamenaceo, sta in Archivio, proveniente anch' esso dal monastero della SS. Trinità, un frammento di cartolario del monastero di S. Maria di Fontanella. E poichè quasi tutti gli originali dei documenti in esso trascritti non esistono più, si è ritenuto utile riportarli in questo diplomatico (3).

I più antichi documenti di tutte queste serie, dall'anno 907 a tutto il 1200, in numero di 246, costituiscono il presente volume. Di essi ben 201 appartengono al fondo di nuovo acquisto, 9 al fondo antico, 7 alla prima serie delle Pergamene dei Monasteri soppressi (quella contenuta nei *Monumenta*), altre 7 alla 2.ª serie (inedita) della stessa scrittura, e 22 infine sopravvivono soltanto in copia nel predetto frammento di cartolario. Tutte quante le altre pergamene, posteriori al sec. XII, troveranno posto, in regesti, nel volume che, quando sarà possibile, farà seguito al presente. In questo primo volume si è preferita la pubblicazione integrale dei testi per l'importanza che ha l'antico documento amalfitano, tanto nella sua struttura diplomatica e nel formulario che vi è adoperato, quanto nei vari aspetti che esso offre allo studio nel campo giuridico ed in quello filologico.

La provenienza remota di queste pergamene è assai più varia che non apparisca dalle loro più prossime destinazioni. Difatti il più cospicuo fondo della SS. Trinità è costituito in realtà dalle pergamene di ben altri sei monasteri benedettini, le cui carte, dopo che essi furono scomparsi, trovarono asilo nell'unico che fu ad essi superstite. E l'analisi del contenuto dei documenti e meglio ancora

(1) *R. Neapolitani Archivi Monumenta edita ac illustrata*. Neap. 1845.

(2) Camera, Op. cit.

(3) Altri frammenti di questo stesso cartolario furono noti al Camera, il quale ne ha tratto vari documenti (v. il doc. I di questo volume).

le note dorsali e le numerazioni archivistiche antiche ci mettono in grado di ricostruire le vicende di questo Archivio. Le pergamene, generalmente pieghettate per largo cominciando dal margine inferiore, recavano sul dorso dell'ultima piega, in senso opposto alla scrittura del dritto, numerazioni di quattro tipi diversi. La prima è segnata in cifre arabe più grandi, a pennello. La coincidenza di uno di questi numeri (v. perg. LXII) con quello che lo stesso documento porta nella sua trascrizione che è nel citato frammento di cartolario, ci rivela l'ordinamento e la consistenza delle pergamene del monastero di S. Maria di Fontanella.

In un secondo tipo di numerazione, parimente araba, le cifre sono più piccole e più angolose. Un terzo tipo, avente col precedente analogie grafiche, ne differisce per esser segnato in cifre romane. Questi ultimi due tipi però, come appar chiaro ordinando le carte cronologicamente, costituiscono una numerazione unica espressa ora in cifre arabe ora in romane; ed i numeri corrispondono a quelli che recano gli stessi documenti che si trovano trascritti nel cartolario del monastero di S. Lorenzo, del quale la copia più completa è quella conosciuta col nome di Codice Perris (1). Sono quindi queste le pergamene del monastero di S. Lorenzo.

Il quarto tipo di numerazione scritto in cifre arabe piccole, a penna, su tutte quante le pergamene, è evidentemente quello del monastero della SS. Trinità, che tutte le raccolse in tempi a noi più vicini. È nota infatti la bolla di Gregorio XIII che nel 1581 aggregava al monastero della SS. Trinità gli altri tre antichissimi monasteri di S. Lorenzo, S. Maria di Fontanella e S. Basilio (2). Man-

(1) Questo cartolario, così detto perchè in possesso della famiglia Perris in Angri, consta di due grossi volumi cartacei contenenti integralmente l'antico *Chartularium S. Laurentii*. Una copia, fatta recentemente dal Bevere, si conserva presso la Società Napoletana di Storia Patria. Un transunto dello stesso cartolario sta nella Biblioteca Brancacciana (ms. III. C. 12).

(2) Camera, Op cit., vol. I, p. 152, e vol. II, Appendice, XXI.

cherebbero quindi in questo fondo i documenti più antichi di quest'ultimo cenobio.

Ma ciò non è tutto, perchè altri elementi archivistici, di ben altri tre monasteri benedettini, si eran fusi fin dal sec. XIII alle pergamene di S. Maria di Fontanella. L'Arcivescovo di Amalfi Filippo Augustariccio con lettera pastorale del settembre 1269, confermata da una bolla di Gregorio X nel luglio del 1273, trasferiva il monastero di S. Maria di Fontanella nel disabitato locale dove era stato l'antico cenobio benedettino dei SS. Cirico e Giulitta, e simultaneamente vi aggregava gli altri monasteri di S. Tomaso Apostolo e di S. Angelo, entrambi di Atrani (1). E il materiale di questi monasteri noi ritroviamo nelle pergamene e nel cartolario di S. Maria di Fontanella, non esclusi i documenti, che anzi vi son numerosi, del cenobio di S. Cirico, documenti che evidentemente passarono, insieme all'edificio, alle monache, che in virtù della bolla l'occuparono.

E' quindi una gran parte degli antichi documenti dei luoghi pii amalfitani che ci è pervenuta per mezzo del monastero della SS. Trinità, ed è forse la maggior parte dei documenti che sopravvivono dei tempi della repubblica di Amalfi (2).

Il propagarsi della vita claustrale nello stato d'Amalfi ebbe la sua massima espansione tra il X e il XIII secolo. Il monastero delle benedettine di S. Maria di Fontanella fu fondato dal prete Giovanni figlio di Giovanni di Fontanella nel 970. E intorno allo stesso tempo il prete Leone figlio di Sergio di Orso Comite Scaticampolo fondava il cenobio dei benedettini neri dedicato ai SS. Cirico (o Quirico) e Giulitta. Il fondatore ne fu il primo abbate e poi divenne arcivescovo di Amalfi (987 † 1030). Gli altri due

(1) Camera, loc. cit.

(2) Che tali vicende fossero rimaste oscure allo storico di Amalfi si vede chiaro da molte delle sue citazioni. Ad esempio il doc. CXLVI, che appartenne all'archivio di S. Maria di Fontanella col n. 237 ed ebbe il n. 499 nell'inventario della SS. Trinità, è da lui citato: « *Tabular. S. Laurentii* n 237 olim 499 », dove egli lo attribuisce all'archivio di S. Lorenzo, cui non mai appartenne, e

monasteri di benedettine, di S. Tomaso Apostolo e di S. Michele Arcangelo, sorgevano in Atrani nel sec. XI; e del secondo di essi fu fondatore un Giovanni Comite nel 1040. Fin dal 980 il Duca Mansone III aveva fondato per le benedettine di nobili natali il monastero di S. Lorenzo del Piano, che fra tutti ebbe il primato. E nel seguente secolo, fuori le mura di Amalfi, nel luogo detto Casamare, ne sorgeva un altro intitolato a S. Basilio. Entrambi questi, come si è detto, insieme a quello di Fontanella, che aveva già riuniti tutti quanti gli altri, si aggregarono a quello della SS. Trinità, il cui edificio ancora sorge davanti al porto di Amalfi (1).

Basta dare uno sguardo alle note dorsali di queste pergamene per vedere come un vero e proprio ordinamento archivistico esse lo abbiano ricevuto soltanto nel sec. XV, quando già da tempo si trovavano in massima

crede che il recente numero d'inventario 499 appartenesse ad un ordinamento ancora più antico. Valga il seguente schema a dimostrare la successiva formazione del diplomatico della SS. Trinità.

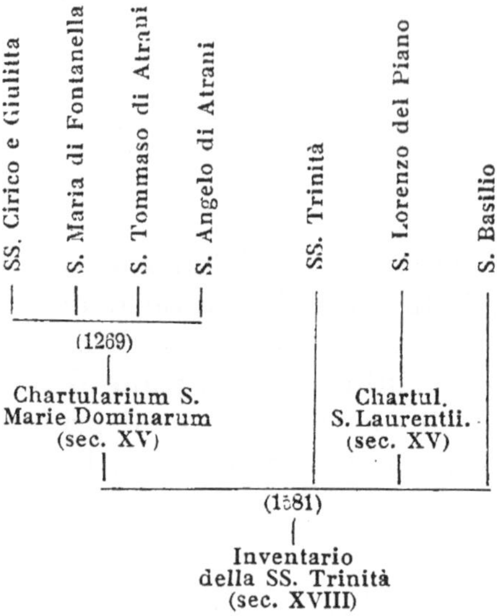

(1) Camera, Op. cit., I, p 149 sgg., e vol. II, Appendice.

parte aggruppate nei due monasteri di Fontanella e di S. Lorenzo. Con tali ordinamenti nacquero i *chartularia*. Gli ordinatori dei due archivi disposero i documenti in base alla progressione cronologica. Essi però si trovarono di fronte alla difficoltà di datare una specie di imbreviature frequente nell'Amalfitano fino al sec. XI, dove non è altro indice cronologico dell'anno che la cifra indizionale; e per tale ragione aggrupparono confusamente in principio dei cartolari i documenti di quella fatta.

La numerazione piccola data poi a tutte le pergamene nel monastero della SS. Trinità, per essere priva di qualsiasi criterio di ordinamento, non risponde se non ad un inventario puramente numerico fatto in un tempo in cui si aveva poca dimestichezza con questi tipi di scritture. Questo inventario va assegnato al sec. XVIII.

Queste serie di documenti sono ben lungi dall' esser complete, come cioè si formarono nello svolgersi dei secoli. Le lacune appaiono evidenti nella serie delle date; e lacune vi erano fin dal sec. XV, come si può vedere nei cartolari di quel tempo; e non ultima causa di tali mancanze fu l'incendio dell'Archivio di S. Maria di Fontanella avvenuto nel sec. XIV (1). E quando a questi vuoti si aggiungano quelli recentissimi e pur troppo rilevanti che si son verificati per lo sperpero che negli ultimi tempi ne han fatto le monache, inconsapevoli del loro valore, si vedrà come la più gran parte di questo diplomatico sia mancato alla luce dei nostri studi. Tuttavia, quando si consideri che la parte puramente storica non ha un gran che da giovarsi di queste fonti, si conchiude che anche le sole pergamene superstiti ci forniscono elementi solidi e vari per illustrare la repubblica amalfitana. Quali elementi non solo giovano alla illustrazione diplomatica e paleografica, che è lo scopo precipuo di questa pubblicazione, ma pure alla conoscenza del diritto, delle istituzioni, delle

---

(1) Camera, Op. cit., I, p. 12, n 1.

consuetudini, della vita civile in genere, nel cuore di quel Medio Evo in cui Amalfi visse secoli di vita prospera e fulgida.

II.

Nel presentare agli studiosi questo diplomatico metteremo in rilievo, nella brevità consentita ad una prefazione, i caratteri più notevoli del documento amalfitano e della scrittura in esso adoperata, riservandoci di offrirne in seguito quello studio più accurato che l'importanza dell'argomento richiede.

L'istrumento (tali sono quasi tutte le pergamene che qui si pubblicano) comincia con la consueta invocazione, simbolica e verbale, quando se ne eccettuino alcune imbreviature e le *charte merissi,* le quali s'iniziano con l'esposto.

La datazione comincia per lo più con gli anni del supremo magistrato della repubblica: *temporibus domini Mansonis gloriosi ducis Amalfi anno sexto.* Spesso però manca il nome del duca e vi è soltanto la data cronica, espressa in giorno mese e indizione. Talora il nome del duca ed a volte tutta la datazione si rinvengono nel protocollo finale o a dirittura fan parte della sottoscrizione dello scriba. Soltanto dopo la metà del sec. XI si comincia a trovare espressa in Amalfi la cifra dell'anno dell'êra cristiana. La più antica pergamena di questo diplomatico che la porta è del 1066, ed essa segue la invocazione verbale. Qualche volta è anche nel protocollo finale. L'assenza degli anni di Cristo e di quelli del duca, in moltissime carte dei sec. X e XI, rende oltremodo difficile ed incerta la datazione di quei documenti; e non pochi son quelli riportati in questo volume, dove soltanto i nomi delle parti, dei testi e dello scriba, messi insieme alla cifra indizionale, sono stati elementi per potere assegnare agli atti una data probabile. Nel segnare gli anni dell'êra cristiana su questi documenti che ne son privi, si è adoperato lo stile bizantino, facendo cioè cominciare l'anno il 1.° settembre insieme alla corrispondente indizione. E ciò perchè, come facilmente può desumersi dallo studio comparativo delle date espresse, l'anno usato in Amalfi era, del pari che nel resto della Campania greca e nella Puglia, quello bizantino anticipato. L'uso dell'anno di Cristo secondo lo stile romano risale in Amalfi soltanto al primo decennio del sec. XII (1). Rara è la datazione col calendario romano, ma non ne mancano esempi.

Segue la data topica l'intitolazione con la formola più comune *certum est me, certi sumus nos,* talora col *constat* o anche col *manifestum facimus;* soltanto nelle imbreviature mancanti di protocollo iniziale essa comincia con *ego quidem, nos quidem.* Vi è compresa la formola del consenso o quella della rappresentanza. Ed è singolare quest' ultima, che è espressa dal verbo *quindeniare,* nella forma: *Certum est me... qui sum pro vice mea et de ipsis filiis meis et ego quindenio a partibus eorum.* Questa rappresentanza ha luogo in caso di assenza *(eo quod sunt ad navigandum* oppure *sunt foris de ista terra)* o in caso di minore età *(eo quod sunt sine etate).*

Il preambolo è piuttosto raro e si trova di solito nei testamenti.

Comincia l' esposto con le parole: *a presenti die promptissima* o *pronta atque spontanea voluntate,* cui segue il verbo caratteristico dell' atto. In una specie comunissima di carte, quelle che riguardano la locazione e la coltivazione delle terre, si trova invece la formola: *a presenti die... scribere et firmare visus sum vobis... hanc chartulam etc.* Il disposto, d' ordinario ben distinto dall' esposto, è a quello congiunto dalle parole *ut* o *in ea videlicet ratione.*

Le clausole, obbligatorie, ingiuntive, riservative o proibitive, appaiono o meno secondo la natura dell'atto. Caratteristica è la seguente che si rinviene quasi sempre: *Et neque nos neque homo noster vobis ibidem virtutem vel invasionem non faciamus set vindicemus vobis eos* (sic) *ab omnibus*

(1) Filangieri, Appunti di cronografia per l' Italia Meridionale, ne *Gli Archivi Italiani,* A. I, fasc. 3-4.

hominibus. Segue la sanzione penale con la clausola comminatoria, per la quale chi veniva meno al patto contrattuale (*lex*) era detto *pars infedelis* ed era obbligato al pagamento di una somma. Come valuta si adoperava d'ordinario la libbra di soldi bizantini o lo stesso soldo d' oro numerato. Nell' epoca normanna vi era il soldo regale, mentre che il tareno amalfitano e più tardi il siculo erano adoperati per la valuta del prezzo.

In fine vengono le formule d' imprecazione, non molto comuni, perchè ristrette quasi unicamente agli atti di elargizione, fossero istrumenti od anche diplomi. Abbastanza comune è invece una clausola di garentia, che tien posto della fideiussione, con la promessa di *antestare et defendere.* Del tutto sconosciuta è in Amalfi la fideiussione con l' istituto longobardo della *wadia,* come del resto ne è bandito qualsiasi elemento di diritto germanico.

Viene quindi la semplicissima corroborazione : *et hec charta sit firma imperpetuum.* Talora vi è la *rogatio* nella sua forma consueta, ma vi manca sempre l' *actum.* Dopo di che non si rinvengono se non eventualmente i chiarimenti con la formola *et reclaramus*, oppure la dichiarazione delle aggiunzioni interlineari (*inter virgulum et virgulum legitur etc.*) o, infine, la correzione : *quod super disturbatum est legitur etc.*

Le sottoscrizioni autografe nel periodo più antico spesso mancano, poichè è lo scriba che in fondo al protocollo finale attesta la presenza dei testimoni. Ed è nella seconda metà del sec. X che cominciamo a trovare costantemente le sottoscrizioni dei testi, che sono a volte due, ma quasi sempre tre. In ultimo si sottoscrive lo scriba e spesso la sua sottoscrizione contiene la datazione.

Scriba o *scriva* è dunque detto fin dai tempi più antichi l' estensore dell'atto, e molto spesso è un ecclesiastico. Soltanto verso il 1060 si comincia a trovare in queste scritture la qualifica *curialis.* E nei primi del sec. XII vi appaiono i protonotari. Non mai in Amalfi si trova il vocabolo *notarius* che ricorre costantemente nelle carte del vicino principato di Salerno. Soltanto in una pergamena di Tramonti del 1127 vi è un *Iordanus secundus notarius*, che è forse un longobardo; e non prima del 1193 troviamo un *publicus notarius*. *Curialis* dicevasi evidentemente lo scriba della *Curia*.

Questi scribi, ad Amalfi come a Napoli, costituivano quasi una casta: erano giurisperiti ed il giro dei negozi forensi pare che fosse nelle loro mani. Regolavano i rapporti giuridici in base al diritto vigente, che si era conservato in massima parte romano giustinianeo, ed alle famose consuetudini; e compilavano gli atti sopra un formulario, che non sarebbe disagevole ricostruire, e li estendevano nella tipica scrittura corsiva che, per l'uso che da essi ne fu lungamente fatto fu detta curiale. Avevano essi scuole empiriche; e spesso nei documenti ricorrono i nomi dei loro discepoli, i quali per acquistar la maniera, estendevano gli atti, che poi il curiale autenticava con la formola autografa: *Ego Costantinus diaconus et curialis scriba hanc chartam complevi per manus Johannis discipuli mei scriptam.*

Le copie (*exempla*) non hanno alcuna indicazione speciale davanti al protocollo; han solo di caratteristico le sottoscrizioni autografe dei testimoni che ne hanno udita la collazione e firmano in questa forma: Sergius... *testis est quia ipsa charta ex qua ista exemplata est vidit et legit.* E lo scriba in luogo di porre *scripsi* pone *exemplavi*, oppure *confirmavi* se fu pure estensore dell'originale. Mancano quindi gli elementi diretti ed estrinseci per la datazione della copia.

Degno di speciale studio è un tipo caratteristico di imbreviatura che si rinviene tra' documenti amalfitani più antichi fino alla fine quasi del sec. XI. Le carte redatte in questa più semplice forma sono di tutte le specie, perchè non vi mancano quelle di tipi ben determinati come compre-vendite, locazioni a pastinato, colonie ecc. Ma a preferenza sono contratti uscenti dai tipi ordinari e svariati nei rapporti giuridici che creano; e probabilmente rientravano nella denominazione generica di *memoratoria*. Vi sono cessioni di pastinato, transazioni, rescissioni di locazioni, permute, locazioni di molini, colonie a tempo determinato, concessioni di prelazioni, esecuzioni testamentarie, assegnazioni di chiese ecc. Manca in questa carta totalmente il protocollo iniziale. Essa comincia con l'intitolazione, cui seguono l'esposto e il disposto in forma concisa. Le clausole son ridotte alla sola comminatoria e soltanto in una esecuzione di testamento si trova l'imprecazione. La corroborazione e le sottoscrizioni dei testi son quali in tutte le altre carte. Nella sottoscrizione dello scriba, che chiude l'atto, si legge la datazione, ridotta al giorno al mese e alla cifra indizionale. Rarissimo é il caso che vi si trovino citati gli anni della potestà ducale. Nei più tardi di tali documenti, assegnabili agli ultimi decenni del sec. XI, vi è la datazione ugualmente semplice, in principio, ed è a volte espressa nella forma del calendario romano.

Tale, per sommi capi, la struttura del documento ; ma ben numerose sono le varietà di tipi che esso ci presenta nelle diverse specie di contratti che esso riveste. Non sarà quindi privo di interesse darne qui una breve notizia.

Il diploma (*preceptum*) è generalmente *charta concessionis* o *confirmationis*. Esso conserva una forma singolarmente analoga a quella dell'istrumento. Comincia al pari di quello con l'invocazione e la datazione; vien quindi l'intitolazione: *Nos Sergius domini gratia dux et imperialis patricius*. Il preambolo quasi sempre manca e l'esposto comincia in forma simile a quella che ha nelle altre carte. La sanzione legale, le clausole, perfino le imprecazioni vi trovano luogo come in qualunque altro istrumento. Il duca generalmente sottoscriveva il diploma e sotto firmavano i testi e lo scriba.

Tra gl'istrumenti la grande maggioranza si riferisce al possesso ed alla coltura della terra, e tra questi il più comune è la *charta venditionis* o *comparationis*. Con la formola caratteristica *a presenti die venundedimus et contradidimus vobis* comincia il disposto; cui seguono la descrizione con le confinazioni dell'immobile venduto e la cessione dei titoli di possesso. La dichiarazione del prezzo è fatta con la formola: *unde accepimus exinde a vobis plenariam nostram sanationem idest auri solidos viginti quinque ana tari quattuor per solidum* (a stabilire il rapporto tra il tareno amalfitano e il soldo d'oro bizantino) *sicut inter nobis convenit* (sic).

Assai più notevole è la *charta mersis* o *merissi,* vocabolo di nota radice greca, che vuol dire divisione. Essa manca sempre del protocollo e comincia con l'esposto: *Chartula firma merissi divisionis a nobis videlicet etc.* Dopo la descrizione degl'immobili e dei nuovi confini divisorii viene il disposto con l'aggiudicazione delle parti. Stanno in fine la sanzione penale e la corroborazione.

Rara è la *charta permutationis* o *cambii.* Essa, in base alla forma personale del documento, era estesa in due originali in ciascuno dei quali faceva da soggetto una delle due parti contraenti. Non mancano permute di oggetti mobili; ed è singolare una della prima metà del sec. XI (doc. XL) ove lo scambio avviene tra la rendita di un molino e alcuni indumenti.

La donazione, che in queste scritture è generalmente *pro anima,* è detta *charta offersionis.* In essa è soltanto da notarsi che dopo il protocollo contiene a volte il preambolo, e che, tra le clausole, tipica di questo genere di atti è la imprecazione. *Charte donationis* si chiamavano invece quelle fatte *pro dote* dallo sposo. Tale quella per la quale nel 1120 tal Orso Gambardella donò alla moglie Teodonanda una vigna, avendo ricevuto per dote di lei 30 soldi di tarì (doc. CXX). Ne differiscono ancora le *charte donationis propter nuptias,* che talora son tutt'uno con la costituzione di dote (doc. CLII).

Passando quindi ai contratti riguardanti la locazione e la coltivazione delle terre, che hanno in questo diplomatico una parte importantissima, noteremo che la forma più comunemente adoperata è il pastinato. L'istrumento relativo era detto *charta incartationis,* mentre il rapporto giuridico che ne nasceva dicevasi *incartaticum* o *cartaticum.*

Le colture che soggiacevano a questo sistema di locazione erano i castagneti, le vigne e, talora, i frutteti. L'esposto cominciava con la formula: *a presenti die promptissima voluntate scribere et firmare visi sumus vobis hanc chartulam similem de ipsam quam vos nobis scribere fecistis.* L'istrumento quindi veniva stipulato in due originali, come nella *charta permutationis*, che si scambiavano tra le parti, e la differenza tra essi consisteva soltanto nelle variazioni di dicitura rese necessarie dalla forma personale che entrambi conservavano. Alla descrizione della terra seguono le condizioni della locazione: *in ea videlicet ratione ut ab odierna die et in perpetuis temporibus tenere debeamus de generatione in generatione usque in sempiternum.* Aveva quindi, d'ordinario, questo contratto carattere di perpetuità. Seguono gli oneri del locatario e i precetti per la buona coltivazione. Il pastinante doveva al domino per lo più la metà del frutto; si diceva perciò che teneva la terra *ad medietatem.* Al raccolto assisteva un rappresentante del domino. In caso di controversia intorno alle opere di coltura erano chiamati due periti (*tertius et quartus homo*). Nelle clausole è sempre contemplato il caso di rescissione del contratto per inadempienza. Dove si seminava si corrispondeva la porzione in legumi (*terraticum*).

Altro tipo importante di locazione è una specie di colonia, il cui istrumento ha d'ordinario il nome generico di *charta obligationis.* Essa è per lo più adoperata per le terre seminatorie dell'agro stabiano e dell'isola di Capri. Il *terraticum,* che è detto talora *pensio,* è corrisposto in *modia* di legumi, ed a volte in bestiame, cacciagione ecc.

Un solo esempio troviamo in Amalfi di colonia a tempo limitato, intorno alla metà del sec. XI, mentre che essa era comune in altre parti d'Italia. La durata vi appare di 7 anni ed il canone è dovuto parte in danaro e parte in frutto *(calzarum).*

La rescissione del contratto di locazione, fosse per consenso delle parti o per forza maggiore, si faceva con la *charta ammissionis seu securitatis*, detta anche a volte impropriamente *firmationis*, per la quale il locatario riponeva il domino nel possesso della terra.

Notevole, fra gl'istrumenti di trasferimento di possesso d'immobili, è la *charta assignationis ecclesiarum*, sorta di concessione in rettoria fatta dai patroni, di una chiesa con tutti i suoi beni, o di una quota parte di essa. La clausola caratteristica è la seguente: *non habeamus licentiam vobis (ecclesiam) tollere aut presbiterum vel laicum aut monachum vobis supermittere vel ordinare etc.* Era quindi l'assegnazione a vita; ed è notevole che nessuna norma canonica vi si trovi mai citata né vi appaia alcuna ingerenza dell'autorità ecclesiastica. L'ecclesiastico concessionario era tenuto, oltre che ad officiare, a dare nelle maggiori solennità al patrono ceri o altro *pro benedictione.*

La circolazione lenta ed imperfetta della ricchezza faceva sì che ben di rado apparisse il capitale nel contratto. Una soltanto è infatti la carta di questo diplomatico che riguarda una specie di mutuo fatto in Amalfi nel 1020 (doc. XXXVI). Il capitale è di 12 tarì amalfitani, il tempo ad arbitrio dei debitori, l'interesse annuo è in genere: agnelli, quaglie, legumi; vi è il pegno di tutti i beni del debitore e vi è la garentia prestata da un terzo su tutti i suoi averi ed espressa da quello stesso verbo *quindeniare* adoperato per la rappresentanza degli assenti e dei minorenni.

Una parte assai più limitata, se non meno importante, hanno le carte riguardanti le persone. La *charta testamenti* è caratterizzata dall'intitolazione: *Charta firma testamenti facta a me etc.* Quasi sempre vi è il preambolo. Alle disposizioni, espresse con la formola *volo ut*, segue la istituzione degli esecutori testamentari *(distributores)*, i quali d'ordinario presenziano all'atto e possono essere anche donne. Tra le clausole il primo posto è riservato all'imprecazione.

Tra le carte meno frequenti che si rinvengono in questo diplomatico è degna di nota la *charta ordinationis,* per la quale un secolare si offriva monaco ad un monastero, donando sotto svariate condizioni in parte o in tutto i suoi averi al pio luogo, dal quale egli riceveva il suo sostentamento.

E ancor più degna di rilievo è infine una *charta assignationis in servitute* fatta in Amalfi nel 1020 (doc. LXXXV), per la quale i genitori assegnano in servitù altrui la propria figliuola, trasferendone ai padroni l'*imperium*. La serva perde completamente la sua libertà ed i padroni, qualora essa fugga, possono riprenderla dovunque essa si trovi, esibendo il documento. Nulla è dovuto alla giovane oltre il sostentamento, e il prezzo convenuto di 4 tarì d'oro non è sborsato dai padroni perchè creditori per ugual somma della stessa serva. A morte dei padroni questi debbono lasciarle alcuni indumenti ed oggetti, ed essa riacquista la sua libertà. La carta, redatta nella forma consueta, ci è pervenuta in una copia sincrona all'originale.

Unica del genere infine, fra tutti questi documenti, è una sentenza *(charta iudicati)* estesa in Ravello nel periodo normanno (1150). La forma di questo importante documento è, nelle linee principali, quella consueta degli altri atti pagensi. Alla solita datazione segue l'intitolazione in nome dello stratigoto: *Nos quidem Petrus stratigotus civitatis Rabelli.* Il giudizio avviene davanti alla Curia di Ravello presieduta dallo stratigoto e composta dei giudici e dei *boni homines.* L'attore espone la sua querela *(reclamatio)*, per la mancata restituzione di un capitale dato ad interesse *(ad laborem)* contro pegno di titoli di possesso di beni stabili. In seguito ad una prima querela l'istessa Curia aveva spedito ai morosi un ordine *(epistola)*, al quale avendo quelli risposto con arroganza, il querelante ricorre nuovamente: *unde obsecro valdeque postulo vestram prudentiam ut assignetis nobis exinde ipsa predicta causa... et facite nobis exinde iudicatum per laudamentum de ipsis nostris iudicibus.* Lo stratigoto espone la controversia ai giudici, i quali approvano *(laudaverunt);* allora lo stratigoto mette il ricorrente nel possesso dei beni dei debitori. Vi è la sola clausola comminatoria e, in fine, la corroborazione. L'atto è sottoscritto, come tutti gli altri istrumenti, da tre testi e dallo scriba.

Varie denominazioni di carte troviamo ancora in questo diplomatico, ma esse piuttosto che riferirsi a un determinato tipo di contratto riguardano genericamente alcune forme di atti. Così, *memoratorius* è vocabolo generico che sta a indicare quel che generalmente si dice *breve recordationis*. Anche generica è la dicitura *charta securitatis*, che esprime un atto che valga a convalidare un determinato rapporto giuridico assicurando a chicchessia un possesso di beni. Un concetto quasi simile indica la locuzione *charta manifestationis* o *manifesti*, ma altre volte indica specialmente l'atto di cessione del contratto di pastinato. E così, la *charta obligationis*, che è generalmente una colonia, in un documento del 1053 sta ad esprimere la concessione di un diritto di prelazione.

III.

La scrittura adoperata durante il Medio Evo entro i confini del ducato di Amalfi (1) ha gli stessi caratteri fondamentali che si riscontrano nelle coetanee scritture degli altri Ducati della Campania greca: Napoli, Gaeta, Sorrento. La disamina delle forme grafiche, sussidiata da considerazioni d'indole storica, induce a classificare tutte queste scritture notarili fra quelle derivanti dalla corsiva romana nuova (2). Rimasta per vari secoli in possesso degli scribi di atti legali, essa col tempo si modificò notevolmente acquistando in ciascun luogo caratteristiche proprie. Si ebbero di conseguenza in questi paesi delle vere

(1) L'uso della scrittura amalfitana si estende nel Medio Evo, insieme con l'ingerenza politica della repubblica, oltre i confini della costiera di Amalfi. Ebbe infatti applicazione su tutto il versante settentrionale dei monti Lattari, specie nell'agro di Lettere e perfino nella pianura dell'agro stabiano; ed infine nell'isola di Capri, che fin dal sec. IX era passata dal dominio di Napoli a quello di Amalfi

(2) V. Paoli, *Progr. scolast. di Paleografia lat.*, 3.ª ediz.; Barone, *Contributo allo studio della tachigrafia curialesca napolitana*, Nap. 1909.

scuole di scrittura che trovarono il loro centro nelle curie, che erano le aule dei negozi giuridici. Quivi restarono per secoli in mano degli scrivani legali *(scribae curiales)*, ciò che valse loro l'appellativo di curiali o curialesche.

Di là dai confini dei nostri ducati le scritture consorelle che vi dovettero sopravvivere, dopo della caduta dell'Impero Romano, aprirono il campo alla longobarda beneventana e quindi alla salernitana, che ne derivò. Nè è da escludersi del tutto, nei paesi bizantini, la penetrazione della foggia esotica di scrittura. Nel ducato di Amalfi infatti si nota che, mentre la scrittura curiale ebbe la sua applicazione negli atti legali e di amministrazione, quella longobarda vi fu anch'essa adoperata nella forma elegante dei codici e non di rado anche nell'uso comune, come appare nelle sottoscrizioni autografe degli amalfitani per lo più espresse nella scrittura del vicino principato, quantunque non sempre scevra degli elementi grafici locali.

I caratteri più spiccati della scrittura amalfitana non appaiono tanto nella forma pura delle lettere quanto nei nessi dei loro aggruppamenti e nella loro disposizione. Alle seguenti poche infatti vi si riducono le lettere caratteristiche:

la *a* in forma di ω,

la *e* in forma di piccolo 8,

la *g* in forma di un 3, o di una *s* o anche di un ξ.

l'*i*, che è di tre tipi diversi: piccolo ed isolato; grande e simile alla *l* in principio di parola e spesso anche nel mezzo; lungo e a forma di virgola se accoppiato ad una delle consonanti *f*, *g*, *l*, r, *s*, *t*.

la r e la *s*, con alcune varianti poco notevoli; e si distinguono per lo più dall'avere la prima un piccolo vertice angoloso là dove la *s* in alto gira curva.

Ma la più caratteristica è il *t*, la cui forma più comune è ad occhio. Seguito da vocale, cui si connette, assume talora la forma di un σ, talora di un δ. Preceduto dalla *s* prende la forma di un 8, a volte diritto a volte più o meno giacente. Talora, seguito dall'*i* prende la stessa forma che in questa scrittura ha la *e*. Ed infine, unico elemento di scrittura esotica, come lettera finale, lo si trova nella forma longobarda.

Nella scrittura amalfitana le parole sono generalmente separate l'una dall'altra. Le lettere, di regola staccate, si agglutinano non per gruppi fonetici ma per gruppi grafici, cioè senza tener conto delle sillabe ma soltanto in rapporto ai nessi che la scrittura conosce. Lo studio dei nessi in genere è quanto abbia maggiore importanza per le scritture corsive, e per queste in ispecie, perchè dalle forme dei nessi nascono le forme varianti delle lettere e la fisonomia caratteristica delle scritture. Qui son degni di particolare nota gli svariati nessi del *t*.

Meno importanti sono le abbreviature, le quali, limitate alle parole più comuni, non differiscono di regola da quelle di uso generale sia nelle lettere che eliminano che nei segni relativi.

Non mancano in questa scrittura segni tachigrafici; essi però vi hanno una parte molto limitata e tale da non giustificare l' appellativo di tachigrafia. Le lettere infatti espresse con i loro segni ben distinti, variano di forma talora pei nessi delle loro varie combinazioni, ma di solito i loro segni grafici non si contraggono. Ed i segni tachigrafici adoperati si possono ridurre a questi pochi:

l'*a* iniziale soprascritta e connessa alla lettera seguente,

il *t* finale nell'*at* (o *ad*),

l' *e* accostata alle lettere alte in forma di trattolino obliquo,

il *t* nelle combinazioni di lettere *ate, ati* ecc., ove non ne resta traccia visibile,

il *t* finale nell' *et*,

la *m* finale soprascritta (più rara).

Maggiori elementi tachigrafici ha la scrittura napoletana (1), circostanza forse spiegata dalla più intensa produzione grafica di quella Curia.

---

(1) Barone, *Op. cit.*

La scrittura di Amalfi, fino a tutto il sec. XI conserva una fisonomia prettamente corsiva e lascia scorgere, a traverso la forma generalmente poco curata, il carattere personale dello scriba. Ma entro il sec. XII, e ancora meglio nel XIII, essa subisce l'evoluzione che caratterizza quel tempo nelle scritture notarili delle nostre regioni, diviene cioè sempre più accurata ed uniforme rivelando così i progressi della scuola. E difatti essa ci offre in quel periodo, sopra pergamene ottimamente preparate e rigate, nitidi saggi di una vera scrittura elegante, senza nulla aver perduto dei suoi elementi grafici originari.

E' soltanto nel sec. XIII che nelle carte amalfitane fa la sua prima apparizione la nuova scrittura, la corsiva gotica cioè, che doveva in breve tempo dare il bando a tutte le vecchie maniere. Essa però sulle coste di Amalfi trovò una forte resistenza nella scrittura nazionale, ancora più forte che non avesse incontrato nella scrittura napoletana, che pure era radicata da un uso così largo ed inveterato. Difatti per tutto il trecento, e ancora nel quattrocento, troviamo che non è del tutto cessato, in questo diplomatico, l'uso dell'antichissima grafia locale.

A meglio illustrare questa scrittura singolare abbiamo stimato opportuno riportarne due fac-simili, riproducenti il primo una *charta securitatis* assegnabile con molta probabilità al 1011, e l'altro un contratto di colonia del 1084.

Nella pubblicazione dei testi si è cercata la forma che fosse maggiormente fedele al documento originale. Le sigle però e le abbreviature ordinarie sono state tutte risolute, e ciò si è fatto con criterio di analogia. Nelle abbreviature uscenti dall'ordinario è messa in parentesi la parte del vocabolo che fu soppressa nel testo.

Le lettere maiuscole nelle carte amalfitane sono adoperate senza nessuna norma costante né razionale; si è perciò preferito non tenerne conto, ponendole soltanto nei nomi propri e all' inizio delle parti principali del documento. Non sono adoperate a distinguere il periodo, poichè il periodo e le sue parti, nella lingua di questi documenti, sono di una struttura assai mal definita. Per la stessa ragione si è preferito alla incostante varia ed arbitraria punteggiatura degli originali sostituire il solo punto, tanto ad indicare la pausa lunga quanto la media e la breve.

Il testo mancante per corrosione della pergamena o per abrasione o delezione totale della scrittura è chiuso in parentesi quadra, quando dal contesto e con la conoscenza del formulario ne è stata possibile la restituzione. In caso contrario è rappresentato da uno spazio di puntini corrispondente a quello che presumibilmente avrebbe occupato lo stesso testo.

Le abbreviature usate sono pochissime e limitate alle parole di uso più comune e possibilmente nella forma stessa adoperata nei testi. Delle più notevoli si riporta appresso un breve elenco.

I documenti sono disposti nell'ordine cronologico assoluto, tenendo conto cioè degli spostamenti di date dovuti alle eventuali differenze di stili di cronografia in essi adoperati.

Nella parte illustrativa dei documenti si espongono in forma breve i dati archivistici e paleografici, oltre a un cenno sul contenuto del documento. In principio son notate le date: anno di G. *C.*, anno della potestà ducale o regia, giorno, mese, indizione, data topica. Seguono i dati archivistici: sotto la citazione *Pergamene di Amalfi* si indica la numerazione del nuovo ordinamento dato alle pergamene del nuovo fondo nella loro sede attuale. Vengono quindi le numerazioni antiche che esse avevano ricevuto negli archivi dei monasteri di S. Maria di Fontanella o di S. Lorenzo o della SS. Trinità. Si dan poi le indicazioni della forma del taglio, delle dimensioni, dello stato di conservazione, se è originale o copia, ed infine se inedita, con le citazioni bibliografiche in caso negativo. In ultimo si riportano le eventuali osservazioni critiche o le note dorsali, quando sian degne di rilievo.

L'importanza che ha il lessico in questi documenti,

per la copia dei vocaboli di uso locale, per le radici greche e per quelle barbariche che vi si trovano, ha dimostrato la necessità di un glossario. Ed esso è stato compilato con criteri piuttosto larghi, essendovi stati inseriti non soltanto i vocaboli che si rinvengono esclusivamente nella bassa latinità della regione, ma anche quelli che, pur di uso classico o di uso comune nelle carte medievali, siano qui adoperati con spostamenti di significato o con alterazioni di forma.

R. F.

SUPREMI MAGISTRATI

DELLA REPUBBLICA DI AMALFI

PREFETTURI ANNUALI

(poco cogniti ed incerti, governano fino a circa l'a. 860)

PREFETTURI A VITA

(talora ereditari)

Marino	859 - 873
Pulcaro	874 - 883
Sergio di Leonato	883 - 884
Sergio di Turcio	884 - 889
Mansone	890
Marino	890 - 896

PREFETTURI E GIUDICI EREDITARI

Mansone, prefetturio, spatario candidato. .	897 - 900
— col figlio Mastalo	900 - 914
Mastalo, giudice e patrizio imperiale . .	914 - ?
— col figlio Leone protospatario . .	? - 922 - ?
— nuovamente solo	? - 931 - 939
— col figlio Giovanni, giudici e patr. imp.	939 - 947
— nuovamente solo	947 - 950
— col nipote Mastalo (II) . . .	950 - 952
Mastalo (II)	952 - 958

Duchi

a) *Dinastia amalfitana*

Sergio (I), patr. imp., duca, col figlio Mansone (I) (*)	958 - 966
Mansone (I) duca (patr. imp. dal 976) . .	966 - 976
— col figlio Giovanni (I) . . .	976 - 984
— (principe di Salerno). . . .	(981 - 984)
Adelferio, duca, col figlio Sergio (II) . .	984 - 988 - ?
Mansone (I) di nuovo, col figlio Giovanni (I).	? - 1002
— col figlio Giovanni (I) e col nipote Sergio (III) (**)	1002 - 1004
Giovanni (I) col figlio Sergio (III) . . .	1004 - 1007
Sergio (III)	1007 - 1014
— col figlio Giovanni (II) . . .	1014 - 1028
Giovanni (II)	1028 - 1030
— col figlio Sergio (IV) (***) . .	1030 - 1034
Mansone (II) (****), con la madre Maria . .	1034 - 1038
Maria, col figlio Giovanni (II), e col nipote Sergio (IV)	1039

b) *Longobardi di Salerno*

Guaimario principe di Salerno. . . .	1039 - 1042

c) *Dinastia amalfitana di nuovo*

Mansone (II), di nuovo	1043 - 1047
— con Guaimario	1047 - 1052
Giovanni (II) col figlio Sergio (IV), di nuovo.	1052 - 1069
Sergio (IV) col figlio Giovanni (III). . .	1069 - 1073

d) *Normanni di Puglia*

Roberto Guiscardo, col figlio Ruggiero, duchi di Puglia	1073 - 1085
Ruggiero, duca di Puglia	1085 - 1088

(*) Detto III dal Camera, perchè egli calcola i due prefetturi di tal nome, cosa che non fa per quelli di nome Sergio.

(**) È riportato dal Camera come II, ignorando egli il figliuolo di Adelferio, chiamato anch'esso Sergio.

(***) Detto III dal Camera per la ragione esposta nella nota precedente.

(****) Detto IV dal Camera per la ragione addotta nella nota (*).

e) *Longobardi di Salerno*

Gisulfo, principe di Salerno 1088

f) *Normanni di Puglia, di nuovo*

Ruggiero, duca, di nuovo . . . . . . 1089 - 1096

g) *Duca nazionale*

Marino Sebasto, duca . . . . 1096 - 1100

h) *Normanni di Puglia, di nuovo*

Ruggiero, duca, col figlio Guiscardo . . 1100 - 1108

— col figlio Guglielmo . . . . . 1108 - 1111

Guglielmo, duca . . . . 1111 - 1127

i) *Normanni di Sicilia*

Ruggiero II, duca. 1127

— re di Sicilia 1130

GLOSSARIO

A

Absolutio, *consenso*; p. 77, 88, per absolutionem uxoris; p. 129, per absolutionem viri mei.

Actores (principatus Salerni), *funzionari* qui res agunt rei publicae; p. 106 (1060). V. Ducange.

Actum, *formola che manca nei documenti amalfitani.* Actum Nucerie, p. 134 (1087).

Ad, *spesso si lega alla parola seguente con assimilazione del* d: Affine, *per* ad finem; affaciendum, p. 217 ecc.

Adaiati esse = agium habere; p. 268.

Advocatus, *nei docum. salernitani*; p. 342, 455: Notarius et advocatus.

Aer, aher, *lastrico che ricopre la casa mancante di tetto*; p. 164: domus . . . cum ahere suum que vulgo ventur dicitur. V. Ventur. (V. Camera, I, *indice*).

Agere aliquem, p. 278.

Agirare, aggirare, *chiudere in giro*; p. 167: Casalina cum curte agirata de ante se; p. 275: Aggirare curtem. V. Congirare.

Alipergare *per albergare*; p. 285 (1156).

Amaricatio. Sine amaricatione, *formola che segue l'enunciazione dei patti*; passim.

Amminuare *per* minuare, minuire, p. 134.

Ammittere, *trasferire beni a qualunque titolo*; p. 109 *per donare*; p. 181 *per alienare*; p. 189 *per rendere*.

Amvitus, *per* invitus?; p. 53: Hunc vero amviti adque Dei inspiratione compulsi.

An *per* hanc, p. 118.

Ana, *prepos. greca (ἀνά) con valore distributivo*; p. 11 (947): Ana tari quattuor per solidum; passim.

Ancorarius (anconarius?), p. 376 (1177): Leo diaconus et primicerius ancorarius.

Andare, andat, p. 80, 86: *aver corso, essere in uso.*

Auditus, *in signif. di viadotto*; p. 333: cooperire viam cum vinea et andito.

Angularius, *geometra, agrimensore*, p. 114, 333.

Anguliare, *fare angolo, detto dei confini*, p. 417.

Angustia, *signif. spec. nei riti funebri*; p. 385 (1180), ... in expendiis que necesse fuerit at sepeliendum cadaver meum quam et in ipsa angustia expendantur solidos decem.

Anima. Animam disponere, p. 84 etc. Pro anima donare, passim. V. Redemptio anime.

Annue, annuo, omni annue, *annata* colonica; passim.

Antestare et defendere o defensare; passim.

Anthipatus, antipatus, imperialis anthipatus, *titolo bizantino* corrispondente *etimologicamente a* proconsole; p. 28 (1004), 166 (1102) etc.

Antiparare (se), p. 406 (1184), *intervenire supplendo del* proprio.

Aperturum, *diritto che si pagava al* domino *del* suolo *nell'aprire una* sepoltura, p. 150 (1094).

Apothea, apotheca, apothega, *camera terranea* (v. catodeus) *dove si* conservano *merci*, p. 155 etc.

Appizzoliare, appizzuleare, atpizuleare uvas, *togliere dal grappolo d'uva gli acini andati a male*, p. 307, 373, 375. 405.

Applictum, p. 82 (1040), *in una carta di Salerno*; ... et faciant ibidem unum applictum de casa.

Appretiatum, *stima dei periti*; p. 70: vindere ad appretiatum.

Aptum esse; p. 184 (1111). Tempore apto; passim.

Aqua versante, *displuvio, pendice*; p. 202: Torum aqua versante, p. 235, 313; fini aqua versante, p. 272,

Aquaria, *vasca in fabrica che fa da serbatoio al molino idraulico* (mola aquaria); p. 71, 72, 120, 199, 231, 378.

Arculillo, *forma dialettale diminut. di* arcus, p. 326 (1169).

Arena. Litus arena maris; p. 402. V. Plagia.

Armare in pergule, *costruire un graticolato di pali per portarvi su la vigna*; p. 16 (971), 63, 158, 168, 277, 284.

Armatura, *struttura di legna e canne con legature di salici* su *cui si porta la vigna*, p. 94. V. Armare.

Arsena, arsina Amalfie (ἀρσηνάλης), p. 436 (1189), 458.

Ascia, *per* scure, p. 290 (1157).

Asperum, *terreno sterile*, p. 184, 220, 416.

Assecurare per chartulam, *convalidare a mezzo di atto legale*. Asecurare, assicurare, atsecurare, p. 296, 335, 383, 453.

Astante (die), *forma rara nei docum. amalfitani. A Ravello*: die tertio astantis mensis augusti; p. 267 (1150).

Astracum, astracellum, *lastrico sulla casa*, p. 290, 305, 326, 355, 459. V. Aer, Ventur.

At *per* ad, *comunissimo*.

Autores, *aventi causa*; p. 203, 322.

B

B *per* V, *comunissimo*: bacua *per* vacua; binditio, badet, bibere *per* vivere, binum, bos *per* vos, bovis *per* vobis etc.

Balconatura, *da* balconum; p. 419 (1187).

Balneus, valneus, baniu etc., p. 45, 58, 207, 223, 224, 326, 469, etc.

Barile (de vino), p. 214.

Battire, bactire, *scalpellare?* Crux battita in ceppa, in inserto, in facie montis etc.; crucis qui sunt signate; *segni di* croce *indicanti il confine*; p. 32, 58, 59, 78, 79, 233, 337.

Belumbra (arbos de); p. 315.

Benedictio. Benedictione o pro benedictione dare, *piccolo donativo in segno di gratitudine per donazione ricevuta*; p. 135 (1090), 179, 181, 222. *Piccolo legato fatto ai servi*, p. 136 (1090).

Beriarium, p. 58 (1033): ... ripa qui est inter nos et beriarium de suprascripto Sergio. *Da* beria? = locus planus, campestris. (V. Ducange).

Bocca de aqua, *sorgente?*; p. 328.

Boni homines, p. 32 (1006), 70, 95, 143, 169, 267, 314, 373, etc.

Buctarum, buctarium, vuctarium, boctarium; *cantina*; p. 114, 202, 228,

Buctes, vuctes, butti, pocte etc.; p. 45 etc.

Buforet; p. 32: da caput buforet.

Byzantius = solidus byzantinus; p. 7 (939), passim.

C

Calciare *per* calceare; p. 303.

Calupnia, calumnia, calumpnia, calupniare etc., *muover lite*; passim.

Calzarus, *sorta di pagamento nei contratti di locazione di terre;* p. 63, 64 (1035). (V. Ducange).

Camera, cammera (Ducis), *amministrazione, tesoro dello Stato*; p. 177 (1107), 192.

Camerarius (archiepiscopi Salernitani); p. 380 (1179).

Camminata, caminata, camminatella; *la maggiore camera della casa, secondo il Muratori e il voc. della* Crusca; *pianerottolo, secondo il Camera (I, 351); camera dov'è il camino, secondo il Ducange. Sembra piuttosto un ambulacro in fabbrica accostato alla casa per* l'*accesso alle varie camere;* p. 305: ... cum vento de supra ipsa camminata vetere; p. 305: ... camminatella que est modo coquina; p. 325: camminate qualiter sunt fabricate; p. 459: membrum de domo ... cum ipsa camminata de foras; p. 469: membro cum ipsa camminata de iusta se.

Camisali o cammisali. V. Passi.

Camniare, cambiare, *permutare*; p. 12 (964), 97, 115, 379, 403.

Camnium, cambium, *permuta*; p. 29 (1004), 324.

Canales, *condotti in fabbrica della* mola aquaria; p. 72, 120.

Candidatus, *dignità palatina bizantina*. V. Ducange.

Cantarum *per sarcofago*; p. 149.

Capense (campense?). Pecia de terra capense *in una carta nocerina*, p. 134 (1087).

Capitallunclu, capitallunciu, *capitale, cervicale, panno portato in capo dalle donne, in dialetto magnosa*; p. 137 (1090). (V. Camera, I, *indice*).

Capitania, Kapitania, *capitale*; p. 214 (1125), 267: uncie due tarenorum Sicilie de capitania.

Capitula, *articoli del contratto, patti, ed anche oggetto del contratto*; p. 32, 43, 44, 56, 78, 88, 89, 90, 114, 292; p. 142: Capitula venundare; p. 107: Capitulum Edicti regis Langobardorum (1060).

Cappella Palatii Amalfitani o Cappella Amalfie; p. 193 (1113), 364, 457.

Cappellanus Palatii; p. 175 (1104).

Cappilare, *tagliare o potare alberi, tagliar legna*; p. 69, 145, 160, 184, 273, 422, 435. Castanietum cappilatum, p. 335.

Capsare, cabsare; p. 78, 112, 429; p. 220: chartam capsare; p. 368: memoratorium capsatum.

Caput fixu o capud fixu, *punto di partenza fissato dall'agrimensore nel tracciare il confine divisorio*; p. 36, 58, 122. Caput, *lato a monte di una terra*; passim.

Cardenarius; p. 270, 271 (1150).
Carraria (via plupica); p. 125.
Carta *per* charta; p. 54.
Cartatum o cartaticum, dare o tenere ad cartatum; p. 217, 258, 263, 372. V. Incartatum.
Casa, *comunissimo*; p. 18 (984) ecc.; p. 184: Casa facere at ligna et at palea. *Per* casa *e* domus, v. p. 289 e 438-439. *La casa pare fatta di soli ambienti terranei* (catodia) *mentre la* domus *ha le* cammere *(ambienti dei piani* superiori).
Casalina, *casetta terranea probabilmente di un* solo *ambiente*; p. 65, 111, 164, 187. A p. 438-439, *avendo erroneamente detto* casalina *il curiale si corregge aggiungendo:* dicimus quia est domo at cammara.
Casalis, *cascina, casa* colonica, *massaria, e per estens. di signif.*, podere; p. 6, 7, 8, 9, 23, 36, 37, 38, 43, 79, 80, 129, 168.
Castaldi (principis Salerni); p. 106 (1060).
Castaniara (casa), *casetta di legno di castagno?*; p. 272.
Castaniazzo, sor*ta di prestazione in tempo* delle *castagne*; p. 257: ... omni anno de castaniazzone demus vobis pullum unum.
Cata, *κατά*), *preposiz. greca*; p. 7 (939): cata se.
Catodius, catodeus, *ambiente terraneo, a differenza di* cammara; p. 14 (970), 18, 60, 74, 75, 101, 114, 122, 131, 289.
Causa, *avere di qualsiasi genere*; p. 3, passim; p. 59: refudi de propria mea causa aureos solidos quattuor; p. 174: causa mobilia.
Causare, *in senso di far lite*; p. 3 (922). V. Querere.
Causatio, *nelle carte salernitane, lite*; p. 26 (997), 54, 107. Preponere causationes, *muover lite.*
Cava, *fossa?*; p. 309, 404.
Census? p. 214 (1125): ... nulla in censum tollat de meis consanguineis.
Ceppa, *stipite del castagno* ceduo; p. 59, 168: Ceppe iactant tigillos.
Certamen, *vigilanza*; p. 95, passim. Curam et certamen habere, *detto del coltivatore per la terra.*
Certare, *vigilare, curare*; p. 118. V. Certamen.
Cetrarium (cedrarium?), *giardino?*; p. 448: assignavimus vobis de hereditate nostra et cetrario et fabricis suis; p 449: murum de cetrario.
Charta, chartula, carta; passim. Chartam gerere; p. 474: charta gesta manibus curialis.
Charta allibertationis; p. 345 (1172).
Charta ammissionis; passim, *trasferimento di possesso*; p. 46 (1012): charta ammissionis seu securitatis.
Charta assignationis; p. 311 (1164), *assegnazione di terre a qualsiasi titolo.*
Charta de cambio; p. 324 (1168), *istrumento di permuta.*
Charta commutationis; p. 363, 366, *permuta.*
Charta comparationis; passim, lo *stesso che* charta venditionis.
Charta concessionis, charta cessionis; p. 104, 106, 146, *diplomi di concessione.* Charta cessionis atque confirmationis; p. 140.
Charta confirmationis, charta firmationis; p. 104, 109, 140, 150, 406, *diplomi di conferme di concessioni.*
Charta deligationis, *da* deligare = tradere, *vale* charta traditionis; p. 83 (1041).
Charta donationis; p. 120, 142, 370. V. charta offersionis.
Charta firmationis; p' 109. V. charta confirmationis.
Charta incartationis; p. 240, 335, 349, 383, 389. V. Incartatum.

Charta manifestationis, charta manifesti; p. 20, 22, 43, 301, 324, 355, 414; *istrumenti di vario genere in cui siano stipulazioni di patti speciali.*
Charta memoratorium; p. 214 (1125); *nel caso: istrumento di debito.*
Charta merisi, merissi, merisis, merises, merse, mersis divisionis; p. 6, 36, 37, passim, *da* μηρίζω, *istrumento di divisione.*
Charta obligationis; p. 63, 91, 98, 102; *in senso generico* Charta obligationis seu offertionis; p. 88, *sorta di legato.*
Charta offersionis, offertionis; p. 29, 47, 88, passim. V. charta donationis.
Charta hordinationis (sic); p. 226 (1129), *istrumento di monacazione.*
Charta procurationis (?); p. 63 (1035).
Charta securitatis, *composizione, transazione, diffinizione ecc.*; p. 31, 32, 33, 43, 46, 76, 121, 143, 189, 313, 316 ecc. Charta securitatis seu confirmationis, p. 406. Charta securitatis et traditionis, p. 439. Charta securitatis de altercatione, p. 461. V. Assecurare.
Charta testamenti; p. 154, 213, 215, 344.
Charta traditionis; p. 174, 233, 261, 316. Charta traditionis seu offertionis, p. 90. Charta venditionis seu traditionis, p. 188.
Charta venditionis; p. 2, 35, 50, 52, passim.
Cicercle; p. 96 (1048); *sorta di legumi; in Ducange*: cicercula.
Cilicium; p. 345 (1172).
Cilium (montis); p. 8, 104, 171, 186, 233.
Cinta (de casa); p. 111 (1062), *muro?*
Circetum, cercetum, querquetum; p. 66, 83, 118, 148.
Circli, cercli, p. 118, 257, passim, *cerchi di legno che tengon ferme le costole delle botti.*
Circulum, *tutto ciò che appartiene.* Ecclesia cum omni circulo suo; p. 130, 179, 180, 211. Omni die totius anni circuli; p. 226.
Cluere, *sorvegliare.* Laboretis et cluetis arbustata; p. 82.
Clustellum (claustellum *da* claudere?), *chiusura*; p. 306: faciamus unum clustellum ligneum per intus cum tribus clavibus.
Coctum; p. 137 (1090), *legume?* (V. Ducange).
Codices (ecclesiarum); p. 130, 179, 180.
Cofinum, cofenum; p. 95, 195: cofina de ube; p. 152: cofina de mela. *Talora vale per misura di capacità* (p. 169).
Collector; p. 160, 273, *rappresentante del domino che va in tempo di raccolta a ricevere la parte del frutto a quello spettante* presso *il mezzadro.*
Colludium; p. 27 (997), de colludio iurare.
Columnellum; p. 32, 58, 59, 76, passim, *piccola colonna in fabbrica ad indicare il confine.*
Comes, *quello che nelle galee comanda alla ciurma,* κόμης (Ducange): *carica speciale nel ducato di Amalfi* passim; p. 54, 106: comites in Salerno.
Comi-palatii, *carica palatina in Amalfi,* p. 115 (1066).
Comitissa; p. 1, 2, 3, 30, 47 (907-1013).
Commovere; p. 212, passim. Commovere vel deiactare, *mandar via.*
Communalis, paries communalis, *nei fabbricati, parete comune, contrapposto a* paries liber.
Compara, comparatio, p. 75, 121, 146, 199, 220.
Comparatum; p. 15 (971). V. Compara.
Complere chartam, *renderla autentica con la firma del curiale*; p. 35, passim.
Conciare; p. 7 (939), *detto dei fabbricati*; p. 17, 95, passim: conciare buctes.

Condimentum, condimen, cunditura, cundimen, *condimento*; p. 195, 312, 405; p. 257: panem et cundituram.
Congirare; p. 420: orta congirata amorata; p. 427: finis ... vadit congirando. V. Aggirare.
Congius, *misura di capacità;* p. 8, 9 (939).
Congregatio (monasterii); passim.
Congregatio (clericorum Rabelli); p. 159 (1100).
Congregatio de castello Licteris; p. 401 (1182), *confraternita?*
Consobrinus; p. 314, *carta di Gragnano del 1165:* consobrinus frater. *In Amalfi,* exadelfus.
Consortes; p. 178, 269: consortes et portionarii de ecclesia, *compatroni.*
Constantini, *nelle carte salernitane*; p. 54, 82: solidi constantini, *il* soldo *d'oro degli imperatori a nome Costantino.*
Constitutum; p. 84, *patto, contenuto del contratto.*
Constringere; p. 285: colligere constringere et siccare castanee.
Consuetudo Amalfie; p. 375, 385. V. Lex, Usus.
Consumatus, *per compiuto*; p. 386: hedificata et consumata ecclesia.
Contrare *da* contraire?; p. 54: tollere aut contrare aut remobere. *In senso di vietare*; p. 81, 143, 176: contrare viam alicui, *impedire il passaggio.*
Convenientia; p. 3, passim; *convenzione, accordo*; p. 32 (1006): convenientia sine sacramento.
Conventus; p. 267, 268: Conventus plenarie Curie Rabelli; p. 366: Conventus monasterii; p. 471: Conventus plenarius Amalfitani Palatii.
Conversatio; p. 88, 90, 109, 227: ad conversationem Dei, monasterii, monachorum, venire.
Coquina; p. 394.
Coquinatum; p. 228, 230.
Coropalatus, choropalatus (imperialis); p. 198, 229, 235, 301, 332 etc., *da* cura Palatii (Ducange), *titolo onorifico bizantino.*
Coste (de noce); p. 111.
Cotornices; p. 56, 96, 265.
Crista (de monte); p. 8 (939).
Cubicellum, *da* cubiculum?; p. 359, *in carta salernitana*: cubicellum in pede scalarum ad anditum ducens.
Cubitum, *misura di lunghezza*; p. 45, 46, 76, 77, 80, 165.
Cultare; p. 17, passim, *coltivare.*
Cumpitus, *per* completus; p. 136 (1090).
Curia; p. 267 (1150): Curia Rabelli; p. 473, 474 (1200): Curia Amalfie; p. 473: Curia Regis.
Curialis; passim, *scriba, notaio della Curia*; p. 131: iudex curialis; p. 213: curialis ac protonotarius; p. 216, 234: diaconus et curialis; p. 280, 298, 344, 385: scriba curialis; p. 291: clericus geminus curialis.
Curtis; p. 193 (1113): Curtis Amalfie; p. 225: iudicatum de curte Amalfi; p. 357: per curte vel sine curte = *con* o *senza giudizio.*
Curtis (domus), *cortile*; p. 43, 44, 208, 274. Curticella; p. 74, 164.

D

D *per* T. Indad *per* indat; semedipsum etc.
Da *per* Ad; passim.
Data, *tributo*; p. 91, 107: data vel expensa.

Decima (archiepiscopi); p. 344, 355.
Decisitio, decesitio, dequisitio; p. 3, 72, 75, passim; *nella stipulazione del prezzo nell'istrumento di vendita*: Unde accepimus sanationem sicut inter nos convenit in omnem deliberationem et in omnem decisitionem.
Defensare, *per* defendere; p 3, 5, 11, 12, passim.
Defensatores; p. 184. V. Fideiussores.
Definare; p 111: termini definant. *Ducange riporta* definis. V. Exfinare.
Deiactare; p. 212, passim: commovere vel deiactare, *cacciar via*.
Deliberatio, deliveratio; p. 3, passim, *nella stipulazione del prezzo*. V. Decisitio.
Demanium (archiepiscopatus); p. 374 (1177).
Denarium, *moneta*; p. 357 (1176).
Deprendere; p. 229: deprendet per finem.
Descendens in unam personam, *linea primogenita*; p. 312, 404 etc.
Deserta, *terra incolta*; p. 30 (1005): pergule de desertas vinea.
Diabolus; p. 89, 91 (1044)
Dies. Die stante, astante; p. 206, 391, 433.
Dies (mole aquarie), *prodotto di un molino in un giorno*; p. 47, 48, 61, 62, 120. V. Mensis.
Diffinire, *delimitare*; passim. *Nel contratto* mersis: dividere et diffinire, p. 36 etc.
Diffusorium, p. 340, *in carta salernitana*: finis ipso diffusorio quod fluere et discurrere videtur per foramen in ipso muro factum usque mare.
Digitum, *misura livellare dell' acqua*; p. 288.
Dimissio, *da dimittere*; p. 239, 302: dimissio vel donatio.
Dirizzare, *detto del confine*; p. 370: finis dirizzà et salet; p. 462: dirizza et descendet.
Discernere, *per dividere?*; p. 5; pars de ipsa mola sicut ipse fluvius discernit.
Dispensator (monasterii), *economo*; p. 1 (907).
Disperire; p. 82, 114, passim, *deteriorarsi*.
Disponere animam. V. Anima.
Disrumpere (testamentum); p. 156.
Dissipatus imperialis, *titolo onorifico bizantino*; p. 303, 324 etc.
Distectus, *scoperto?*; p. 69: casa distecta.
Distributores, *esecutori testamentari*; p. 78, 89, 91 etc.; p. 156: distributrix; p. 214: distributores constituere.
Distringere, destringere; p. 95, 118, passim: distringere et conciare buctes; p. 136: destringere *in senso di costringere*; p. 239: distringere et dominare.
Disturbare, *cancellare per correggere*; p. 154, 221, passim; p 345: testamentum rumpere vel disturbare.
Dominatores (cuiusdam ecclesie); p 12 (964).
Dominium (cuiusdam petie de terra); p. 380.
Domnicus; p. 417 (1186): per finem de ipso domnico; *beni demaniali* V. Publicus.
Dos; p. 12: in dotem dare cuidam ecclesie; p. 163: infra dotem habere; p. 353: dotem pargiare.
Ducissa (Amalfie); p. 64, 66, 67, 69, 71, 74, 75, 77.
Duleum; p. 6, *in una divisione di oliveto*: casalem cum omnia sua pertinentia et portione nostra de ipsum duleum; p. 12: haventem ibidem uno palmento fabrito et uno duleo cum una serola. *Era un ripostiglio* in quo dolia reponuntur, *volgarmente* cellaio (Camera, I, p. 143, 1).

E

Edictum imperiale; p. 446 (1193).
Edictum regis Langobardorum; p 107 (1060).
Elargare; p 399: finis facit angulum elargando.
Eminentissimus, *titolo dell'abate*; p. 101 (1052).
Emittere, *per* ammittere; p. 20, 22: emisimus illos aput vos.
Epistola; p. 268: epistola testata a manibus iudicum. *Vale anche istrumento.*
Epistolarius; p. 471, 472: mediator epistolarius; p. 474: per auctoritate epistolaria. V. Epistola, Mediator.
Etas, hetas; p. 102, 141, passim: sine etate, *minorenne*; p. 185, 387 etc.: infra etate.
Evenire, *provenire*; p. 6.
Exadelfus, p. 4, 5, etc., passim, *cugino*; p. 36, 45, 157, 345, 443: exadelfi germani, *figli di fratelli*; p. 121, 127, 148, 456: exadelfi fratres; p. 203: exadelfus cognatus, *marito della cugina*; p. 452: exadelfa tia, *cugina del padre.*
Excalumpniare, scalumpniare, scalumniare, *difendere in giudizio*; p. 364, 366, 394, 396; p. 445: vindicare adque scalumpniare V. Calumpnia.
Excutere, excutire; p. 184: nos cappilemus (silbam) et lavoremus ligna et excutamus exinde illa iusu in ipsa via da pede; p. 308, 415: excutere chartas ante legem, *esibire.*
Exempla, exemplar, essempla, *copia, a differenza di* charte veraces *(originali)*; p. 68, 104, 137, 292, 409, 428.
Exemplare (chartam), *far copia legale*; p. 81, 137, 142, 216, 269.
Exfinare, *detto dei confini*; p 171, 208, 264: ipsos termines exfinant; p. 279: sicut exfinat ipsa sepale.
Exinvenire, *trovar prezzo nella vendita*; p. 103: comparare per rationem sicut exinvenerimus a tribus et quattuor hominibus.
Expedicare, *toglier di mezzo, passar oltre*; p 23, 50, 111, 161, 186: expedicata finem; p. 261: expedicata ipsa via puplica; p. 357: expedicastis et diffinistis; p. 56: expedicare memoralorium, *adempiere*; p. 296: chartam expedicemus.
Expensarium, *per* expense; p. 2, 16.
Expia, *per* quispiam?; p. 5.
Exstipare; p. 214: ambe fideli mee . . . et una at alteram moriatur et de causa illorum exstipet se at mortem.
Extornare se, *mancare ai patti contrattuali*; p. 7, 37, passim

F

Facse (de folia); p. 449.
Famulus; p. 8, 9. Famula; p. 182.
Feminilis (sedia); p. 306.
Feminile, *indumento*. Tessere feminile; p 304.
Ferramenta, *istrumenti di ferro della* mola aquaria, p. 72, 120, 343. (Ducange).
Fideiussor, *nelle carte salernitane*; p. 107, 341, 360.
Fideles (principis Salerni); p. 105 (1060).
Filatorium, *luogo dove si tesse*; p. 304, 305, 325; p. 306: filatum spandere.
Finis; fine finem, fini finem (ponitur), *frase usata nell'enunciazione dei confini*; passim. Bonam finem facere; p. 76, 93, 209, *comporre la lite.*
Firmare chartam, *autenticare l'istrumento*; passim.
Firmitas, *valore legale della charta*; p. 10. Charta firma, firmissima; passim.
Fiscus; p 54 (1018), *in carta salernitana?*
Fluvius, flubius, flumen, *rivo*; p. 2, 3, 5, 8; 15, passim.

Forma, *acquedotto, conduttura d' acqua*; p. 49, 287 ; p. 290: conductum; p. 421: conductura.
Fortior, *titolo del prefetturio d'Amalfi*; p. 3 (922).
Fragum (de mare), *la costa rocciosa*; p. 104.
Fraternitas (de Amalfi), *confraternita*; p 344 (1172).
Fravicare, *per fabricare*; p. 2 (907).
Fructora, fructura, *i prodotti della terra in genere*; p. 17, 68, 118, passim.
Frudiare, frugiare, fruare (terram), *coltivare e raccogliere il frutto*; p. 29, 54, 147, passim.
Frudium, frugium, *raccolto*; p. 17, 54, 235, passim.
Fundicus; p. 341, 419.
Funtana; p. 287, 288, 403.
Furesta, *boscaglia cedua*; p. 423: tota ripa debeamus inde facere furesta et cultare et studiare illa ; ibidem: cappilare furestam; p. 442: incartastis michi furesta.
Fusum, *verga di ferro, per* uso *della* mola aquaria; p. 120, 343.

G

Gectare, *da* iactare, *forma volgare*; p. 18 (984).
Gectum (aque), *da* iactus; p. 71, 72.
Geminus*:* Sergius clericus geminus curialis; p. 291, 309, 313 etc.
Gendo, *partic. da* gire; p. 268, 307.
Giro: a giro circiter, *intorno*; p. 13, 74.
Grade, *scale*; p. 8, 13, 18, 164, etc.
Granaccie, granache, granaticle; *granaglie*; p. 6, 25, 26.
Granarium, granarum, *granaio*; p. 326, 330.
Gratanter, *nella formola* gratanter placet; p. 148, passim.
Grate = crates *(grille)*; p. 68: grate de inserteto· p. 118, 441, passim: siccare castanee at grate.
Gratum = placitum; p. 70: a vestro grato.
Grutta, grocta = chrypta; p. 43, 106, 370.
Guadia, *nelle sole carte salernitane*; p. 82, 107, 108, 341, 360.
Gundeniiare *per* quindeniiare; p. 20 (987).

H

H *spesso in principio di parola*: hab, haut, hos *per* os, ha *per* a.
Hereditas, *in senso di beni prediali*; p. 157, passim.
Hetas. V. Etas.
Homines; p. 81: homines idonei, *testimoni atti*; p. 380: probi idonei homines; passim: tertius et quartus homo, *citato nelle perizie*, *apprezzi*, *offerte di prezzo ecc*. V. Boni homines.
Hostium *per* ostium; p. 360, *in una carta salernitana*: hostium superioris solarii.

I

Iactare, *nel tracciare i confini, includere, comprendere*, p. 6, 7; *cacciare i coloni dalla terra*, iactare vacuos, p. 70, 119, passim; *detto pure del getto delle gemme delle piante*, p. 168: tigilli quod iactaverit ipse ceppe.
Iectum, iectu, iectura, *getto d'acqua del molino*; p. 15, 120, 199, 231.
Imbulus, *da* ambulare, ambulatorium (Ducange), *portico*; p. 364 (1177): apotheca

que est in civitate ista in ipso imbulo a parte maris; . . . cum regia a parte de predicto imbulo. (V. pure Camera, I, 317, 3).
Immeliorare, *forma intransitiva, prosperare*; p. 16, passim.
Imperium, *verso i servi*; p. 136 (1090).
Imbuctare, invuctare, *mettere il vino nelle botti*; p. 75, 118, 228, passim.
Incartare, *concedere in locazione una terra*; p. 240, 335, 349, 390, 442; p. 347: incartatum tenere; p. 430: incartare per chartulam incartationis.
Incartatio, incartaticum. V. Incartare. cartatum.
Inda, indat, indad, *preposiz.*, *verso*; p. 8, 32, 66, 76, 111, 233, passim; p. 322: via que vadit inda Ageroli.
Ingannum; p 284, 373 etc : sine fraude et inganno. V. Ingenium (malum).
Ingenium; p. 70, passim: sine malo ingenio, *senza dolo*.
Iniudicata (causa); p 155, 213, *beni intestati*.
Inputare, *accusare*; p. 217.
Inseratum = inserculatum? *folto?*; p. 70: plenum et inseratum.
Insertare, *innestare*; p. 68: insertetum roccandum . . . rastillandum et ubi meruerit insertandum.
Insertetum, *frutteto*; *secondo il Camera, castagneto* (I, 166, 2); p. 7, 19, 27, passim.
Inserti, *alberi di frutta*; p. 6, 27, 58; p. 68: insertum grossum; p. 79: petia de insertis.
Instrumentum, *sola menzione*; p. 68 (1036)
Insurculare, inserculare, *innestare*, passim; p. 168, 351: insurculare tigillos de castanea zenzala; p. 258: insertetum bonum cultatum et insurculatum; p. 401: inserculatum.
Intentio = actio in iure (Ducange); p. 76, 313.
Interium (adj), *completamente*; p. 195.
Intingere, *lambire, spingersi, detto dei confini*; p. 142, 203: expedicata finem eius intinget inda parte meridie; p. 237: intinget iusum at ballone.
Intraversare; p. 66, 111, 290, 327.
Invasionem facere, *usurpare una terra*; p. 3, 70.
Invenire, *nella forma condizionale*; si charta inventa dederit; p. 10, passim.
Inverticare, *tirar su*; p. 18 (984): inverticare aquam.
Ipse, *precede sempre i nomi comuni determinati, ha luogo dell'articolo*.
Iscliblu(?) Iscla = alluvio (Ducange).
Iudicare, *disporre*; p. 3: facere vel iudicare de re propria; p. 386: uncie octo quod iudicavi pro anima mea; p. 207: iudicare per testamentum.
Iudicatum; p. 225: iudicatum de curte Amalfie; p. 268, 314: iudicatum facere.
Iudices ordinati; p. 76 (1037).
Iudicium; p 34 (1007); p. 320: perreximus at iudicium.
Iuncata, *vivanda di latte coagulato entro un involucro di giunchi*; p. 222
Ius puplicum; p. 451 (1194), *in una carta salernitana*: salvo iure puplico videlicet terraticum de decem unam, *decima*.
Iustitiam facere alicui, *risarcire i danni per aver mancato ai patti contrattuali*; p. 70, passim.
Iustitiarius (Regis); p. 358 (1176), *in una carta salernitana*.

K

K *per* C: kastanieta, kappella, vokabulo etc.
Kalende. *Piuttosto raro è ad Amalfi l'uso del calendario romano*; p. 64, 123, 194, 196, 221, 277, 432

L

Labor, *interesse del capitale*; p. 55 (1020); p. 267: prestavi uncie due tarenorum Sicilie de capitania et at laborem. Labor, *retribuzione del lavoro*, p. 70 (1036).

Laborare. Assignare hereditatem ad laborandum, *concedere una terra in locazione*; p. 309, 374 ; tenere ad laborandum, p. 350; p. 389: tenuerunt allaborandum per chartulam incartationis.

Laboratoria (terra), *in una carta salernitana*; p. 454.

Lama, *vallone eroso del rivo, fossato* ; p. 45, 68, 77, 162, 233, 318 ; p. 329 : lama unde currit aqua: p. 426: lama de fiume.

Lamia, *volta della camera*; p. 305: apothea que est a lamia.

Largare; p. 48. V. Elargare.

Laudamentum, *approvazione, decisione, sentenza* ; p. 268, 314 : iudices laudaverunt; p. 472: laudamentum iudicum.

Lavellum, labellum, labellus, *vasca dove si raccoglieva il vino che colava dal palmento*; p. 45, 59, 68, 80, 122, 170, 202, 326. V. Camera.

Legatura, *legatura della vite sulla pergula fatta con rami di salice*; p. 394.

Lena, *sorta di coltre*; p. 62: lena villutata; p. 215: due lene mee da linus.

Lentia, *linea di confine?*, lentia de columnello in columnellum, p. 32, 59, 76. *Vale pure striscia di terra coltivata*; lentia de vinea; p. 92, 129.

Lestatum; p. 214: barili sex de vino de lestato.

Levita; *in una carta salernitana del 1060*, p. 106: lebita et scriba sacri palatii salernitani.

Lex. Dare legem completam alicui, *adempiere a tutti i patti contrattuali da parte del pastinante verso il domino*; passim. Ante legem dare; p. 161. Ante legem monstrare; p. 209. Ante legem et sine lege; passim. Lex et consuetudo Romanorum, *citata nelle carte salernitane*; p. 26, 360, 454

Libra auri, libra byzantina; p. 4, 9, 12, 95, 98 etc., *valuta di conto*. Libra, *unità di peso*; p. 155: calice et patena de libra una.

Licticellum; p. 136, *diminutivo di* lectum.

Ligare, ligatio. Hereditatem de ligatione exsolvere, *pagare i legati*; p. 91.

Limpidum, *ruscelletto* (Camera, I, *indice*) p. 32 (1006): sicut limpido decurrit; p. 42, 58, 76, 104, 224.

Lisseda (petra); p. 8 (939).

Livertus; p. 8 (939).

Locora, *per* loca; p. 25 (997).

Lucor, *luce del giorno*; p 291: pro lucore et vidito de ipsa casa vestra.

M

Macerina, *muro di cinta o di sostegno costruito senza malta*; p. 58, 200, 265 p. 415: macerina vestra in qua ibidem murum fabricare debetis.

Macritus, *da* macredo ?; p. 69: cappilare macritos arbores.

Mancosi; p. 2 (907). V. Solidi.

Mandra, *stalla;* p. 208: case cum . . . et labellum et mandra fabrita.

Mandrolla, *diminutivo di* mandra, *cella dove si teneva il maiale*; p. 305.

Manifestum, charta manifesti; p. 189, 277, 422, 431.

Mansionaticum (mansio = maison), *annuo pagamento del fitto della casa o altro*

fabbricato; p. 214, 343: mansionaticum pargiare per omnem unum annum in vigilia sancti Martini.
Matrea = noverca; p. 281.
Matrimonium, *beni di successione materna*; p. 302, 325: de patrimonio et matrimonio.
Matutina, *vigilia*; p. 162.
Mauci, *sorta di legumi*; p. 96 (1048).
Medela, medella, *rimedio dei peccati*; p. 135, 378: pro salute et remedio atque medela anime.
Mediator, mediator epistolarius, *indica tanto il mediatore (perito agrimensore) quanto l'atto che comincia con la formola* «Sum mediator ego»; p. 462, 471, 472.
Medietatem (ad) tenere, *tenere una terra a mezzadria*; passim.
Medio mense, *il giorno 15 del mese*; p. 66, 240, 379.
Membrum (de domo), *appartamento, piano*; p. 60, 304: tertio membro maiore; p. 355: membro terraneo; p. 458: secundum membrum de domo.
Memoratio, *sorta di prestazione in genere*; p. 87: in Pascha Resurrectionis agnum unum pro memoratione; p. 131, 142: memorare.
Memoratorius, memoratoria, charta memoratorium, *carta contenente un'obbligazione contrattuale senza la forma del contratto*; p. 56, 78: memoratorium pargiare; p. 112, 214, 368.
Memoriale, *in una carta salernitana*; p. 455. V. Memoratorius.
Mensis, *uso e frutto di un molino durante un mese*; p. 2, 15, 47, 61, 62, 71, 72, 120.
Merguli; p. 209: possideatis per finis et vie et merguli et fabricis etc.
Mersis, Merse, Merisis, Merisi, Merissi, Merises, Merise, charta mersis divisionis = *istrumento di divisione*; p. 6, 45, 88, 90, 122, 148, 167, 184 etc.
Miatum, *aquedotto*; p. 177: portare aquam per miatum.
Minianius, minianium, e minianeum; p. 13: cooperire minianium; p. 14, 164; p. 339: minianea casarum constructa; p. 463: scala lignea et mineaneo.
Minuare, *privare in parte*; p. 29, 54, passim.
Missitus, *partic. pass. da* mittere ?; p. 82.
Mitigare; p. 177, 288: mitigare et arbitrare, p. 306, 345.
Modium, *misura di capacità*; p. 48, 55: modium molinature; p. 86, 124: modium de castello Licteris; p. 96: modium de legumen de insula Capri; p. 285, 435: modium de Atrano.
Modium, *recipiente per misurare*; p. 72.
Modium, *misura di superficie, quadrato di 30 passi di lato*; p. 101: modium de terra vacua seminatoria; p. 134: iustum modium seminationis; p. 63, 115, 122.
Modo = nunc; passim; p. 343: modo presente.
Mola, mola aquaria, *molino*; p. 2, 3, 4, 5, 15, 47, 71, 199, 231; p. 4: molendinum; p. 61: molaquaria; p. 120, 343: Mole, *le pietre che macinano*; p. 290, 304: mole at manu, *mosse a braccia*.
Molinatura, *macinato*; p. 48.
Molinianum, *molino?*; p. 328: plenario ipso moliniano da Caput de Scanno.
Morata (a) = *muro?*; p. 420: orta congirata a morata.
Morgincap, *nelle carte salernitane*; p. 25 (997).
Morta, *mirto?*; p. 446.
Mortarius; p. 290: pisare in mortario cum pistillo.
Movitio; p. 5 (931): requisitionem aut movitionem sive invasionem facere.
Muricinum, *in una carta salernitana*; p. 339. *Da* murus.
Murillum; p. 396. *Da* murus.

Mustarulus; p. 215: mantellum nobum mustarulum.
Mustum, *vino nuovo, mosto*; p. 310; mustum inbuctare.

N

Naulus, *nolo, detto di una barca*; p. 70 (1036): Adducere zinzale cum naulo.
Naupilis, *abbreviatura di* naupiculus? Naupicus *è il costruttore di navi* (Ducange). *La forma* naupile *si trova in questo diplomatico* (p. 45, a. 1012) *come aggettivo di* cubitum *ed indica probabilmente la misura usata dai costruttori di navi. Il Camera* (V. I, *indice*) *legge arbitrariamente* neapolitanum.
Necessaria, *latrina* (Ducange); p. 18, 60, 74, 164, 289, 325, 419.
Nobiles Salerni; p 53 (1018).
Nomen bonum habere (ab aliquo), *lode, gratitudine*; p. 136.
Nominatim, comparare per nominatim; p. 6, 98, 353
Nominativus; p. 18, 25, 49
Notarius, *qualifica che non si trova mai nelle pergamene amalfitane fino al XIII* secolo. *Sola menzione è un* Constantinus publicus notarius atranensis *nel 1193* (p. 445). *Ricorre costantemente nelle carte salernitane*; p. 27, 54, 82, 108, 134, 322, 455 (dal 997). *Si trova pure in una pergamena di* Tramonti *del 1127* (p. 222) *e in una di Sorrento del 1153* (p. 275).
Nuninatim, *forma erronea, per* nominatim; p. 98.
Nutricare, *nutrire*; p. 17, 87.

O

Oba, uo*va*; p. 96.
Obbenire *per* obvenire, *comunissima la forma* obbenit; passim
Oblate; p. 131 (1087): dare incensum et paria octo de oblate.
Occasio, esse in occasione, *intentar lite ingiustamente*; p. 56, 128, 145.
Opitulum, scribere at opitulum; p. 147.
Opsolutum, *per* obsolutum, absolutum; venundare ad opsolutum, *vendere senza riserve?*; p. 3.
Ordini *per* ordines; *in senso di* acta, capitula?; monstrare sive ordini aut testimonia.
Organeum, *in una carta salernitana*; p. 82, *recipiente pel vino*, orciolus?
Ortura, *per* orta; p. 419.

P

Pagisa; p. 64 (1035), da pagus, *paese. Il Ducange riporta la forma* pagesia.
Palatium Amalphitanorum, amalphitanum, *palazzo ducale*; p. 54, 193, 471 (1018-1200).
Palatium Salernitanum, sacrum palatium, *palazzo principesco*; p. 54, 105, 106 (1018-1060).
Paleum, palea, pali, *palo*; p. 184: Casa facere at lignea et at palea; p. 310: laborare appali et ad pluppi.
Pallarium; p. 195.
Palmentus, *rip. anche dal Ducange*; p. 8, 12, 45, 59 ecc.
Palmus, *misura di lunghezza, frazione del* passus cammisalis; p. 57, 58, 76, 85, 93, 167, 192, 382, 451.

Panni; p. 227: panni da iacere et da bestire.
Paramenta (ecclesie); p. 130, 179, 180.
Parare, *per* pargiare; p. 301: debea se parare solidi centum in predicto monasterio. *Il Ducange riporta* parere *in significato di* solvere.
Parare; p. 355: dentur in monasterio Capreoli pro parandum ibi mei distributores in predicta ecclesia uncias sex tarenorum; *qui sta per* paramenta ponere.
Parère = apparere; si chartula paruerit, p. 18, passim; chartula in manu parere, p. 134, 150, passim; terra proficiat ut parea apud bonis hominibus, p. 95, passim; quando paruerit mela, p. 197.
Parere, *in senso di spettare*; p. 155.
Pargiare, *pagare*; p. 56, 78, 89, 91 ecc.; pargiare pro debito, p. 112, 120.
Pargiatura, *pagamento, mercede*; p. 55, 56, 174.
Pars infidelis, *la parte che manca ai patti contrattuali*; p. 180, passim.
Passe (ube), *uva passa*; p. 17.
Passus, passus camisalis, *unità di misura di lunghezza usata in Amalfi*; p. 6, 7, 23, 24, 37, 85, 157, 167, 328 ecc. (dal 939) — *Passo quadrato, parte del* modium; p. 101. — Paria quattuor et passi tres de cereum; p. 131. — *Unità di misura in Salerno*; p. 53: iustus passus hominis.
Pastinare, *piantare alberi fruttiferi*; p. 6, 118, 381, passim. — Terra pastinata, p. 94; pastinare tigillos; p. 168.
Pastinum; p. 217, 295: terra pastinata.
Patricissa imperialis, *titolo preso da Maria duchessa di Amalfi* (1035-1037); p. 64, 66, 67, 69, 71, 74, 75, 77.
Patricius imperialis, *titolo imperiale bizantino concesso ai prefecturi e poi ai duchi di Amalfi, e poi anche a privati cittadini*; p. 2, 4, 6, 8, 10, 17, 23, 28, 48, 49, 56, 60, 103, 104, 110, 140, 149, 166, 180, 182, 209, 287.
Patricii; p. 270 (1150).
Patrimonium et matrimonium; p. 302, 325.
Paululum; p. 58, 142.
Pensio, *annuo canone in genere*; p. 73, 96: tenere ad pensionem.
Pergula, *armatura in pali che sostiene la vigna in alto*; lavorare in pergule (p. 158); armare in pergule cum ligna et canne et salici (p. 257); armare in altum in pergule sive in palos (p. 375).
Pergula, *misura agraria di superficie*; p. 16, 30, 156, 195, 324, 367; pergule octo de vinea iuste (p. 102); pergule centum de terra bacua (p. 189).
Perscriptio; p. 52: perscriptio testamenti.
Pertenere, pertinere = *possedere*; *detto del pastinante*: pertenere et laborare terram (p. 94, 228).
Pertusus=foramen; p. 330.
Pes; in pede = *parte bassa di una terra*; p. 80.
Pes, *misura di lunghezza*, *nelle carte salernitane* (p. 339, 381). *Non è usata in Amalfi.*
Pesanti; tari boni pesanti: *da* pensare = ponderare, p. 187.
Pestellum, pistellum, *roccia, ciglione?*; p. 337, 370: crux signata in ipsum pistellum; e più giù: crux signata in ipsum montem.
Petia, pecia, petiola, *piccola estensione di terra coltivata*; p 9, 23, 24, 43, 53, 65, 381; *talora* petium (p. 10); petia de vinea (p. 200); petia de silba (p. 203).
Petrarius, *petraio*; p. 412.
Pignus, pignorare; p. 89, 91, 115, 184.
Pila; pisare in mortario et in pila (p. 304).

Pingium, *tegola e per estensione tetto* ; p. 164, 279; fenestra et necessaria et pingium (p. 378); pingia et bersatoria (p. 419); nec pingium ncc bersatorium faciatis (p. 428).

Pisare, *pigiare*; vindemiare et pisare (p. 95, 118); pisare in mortario cum pistillo (p. 290, 304).

Pistillum; p. 290. V. pisare.

Pitingium, pitinium; p. 333, 472; habere viam per pitingium (p. 307). *Indica una roccia scoscesa, essendo rimasto nel dialetto* pitigno (Camera, I, p. 382, 3).

Pizzulus, *piccolo*; p. 404: Paterno pizzulo.

Placitum, *contratto nella sua sostanza giuridica (a differenza di* charta, *che n'è la forma)*; *convenzione*, p. 17, 125, 131, 175, 179; p. 48: eo placito ut . . .; p. 154: placitum facere; p. 301: in eodem placito et tinore.

Plagia arena maris, *spiaggia*; p. 140, 190.

Planca, *tavola su cui si espongono le merci*, *bottega di mercanzia*; p. 193, 403.

Planta, *misura di lunghezza*; *in una carta salernitana*; p. 340: pedes 51 et planta cum police.

Plazza, *per* platea, *in una carta salernitana del 1172* (p. 338).

Ploralis (missa); p. 214.

Pocte, *forma dialettale per* buctes.

Police, *misura di lunghezza, in una carta salernitana del 1172* (p. 340).

Pondus, pondis, *carico portato a spalla da un uomo*; p. 257: pondem deponere et levare; p. 348: pondum unum; p. 477: deponamus pondura dua videlicet cofina dua.

Ponticitus (?); p. 329 = ponticellus.

Porta, portula, portella; porte de via (p. 304, 305); porta civitatis (p. 342, 378). V. Regia.

Portare *per* ferre; p. 17 (977).

Portionarii, *coeredi*, p. 45, 178, 269, 297.

Portionatim; p. 135.

Potestas, *somma autorità, il* duca ; p. 4, 30.

Preceptum, *atto del* duca, *diploma*; p. 177, 190, 193, 382. *Così negli atti salernitani*, preceptum principis; p. 105, 106, 107.

Premontare, *precipitare?*; quilium unde se premontat ipsa aqua (p. 43).

Primarius, *titolo diocesano, in una carta sorrentina*: Iohannes clericus et notarius ac primarius (Sirrenti); p. 275 (1153).

Privignus, *figlio di altro letto*; *in una carta salernitana del 1198* (p. 463, 464). *Riport. dal Ducange.*

Proclamare, *detto delle scritture legali*, passim; offersio proclama (p. 278).

Prodis, *per* proda, *provvento* (Ducange); *in senso di frutto, interesse*; solidi viginti quattuor cum ipso prode (p. 215).

Promacellum (pronacellum? *da* pronaus?); p. 290.

Promptissima voluntate, *locuzione attestante il pieno consenso delle parti contraenti*; passim.

Prona atque spontanea voluntate, *locuzione di ugual significato che la precedente*; p. 6, 8, 12, 13, 17, 23, 50.

Propaginare, *detto delle viti*; p. 375. V. Insurculare.

Propositus (prepositus), *carica monastica*; p. 1 (907).

Proprietas; p. 374 (1177). V. Causa, Hereditas.

Protonobilissimus (imperialis), *titolo bizantino*; p. 159, 170, 173, 176, 229, 239, 240, 335 (1099-1171).

Protonotarius, *carica che appare nelle scritture amalfitane al principio del sec.*

XII; p. 177, 183, 190, 192, 193, 210, 213, 226, 262. *Si trova in un documento salernitano del 1087*; p. 184.

Protospatarius (imperialis), *titolo bizantino*; p. 2, 31, 32, 36, 38, 45, 65, 72, 77, 105, 133, 135.

Protovestis (imperialis), *titolo bizantino*; p. 190.

Publicus, publicum, puplicum, *demanio*; p. 29, 35, 96, 97, 103. *Era amministrato dal duca; in un diploma del 1113 si legge:* hereditas de nostro puplico (p. 190).

Putare; p. 227.

Putea, potea; p. 387, 388: ipse quattuor putee nostre fabrite.

Q

Quarta, *quarta parte del* modium, *misura di capacità*; p. 48, 318: due quarte de castanee sicce ad quartam de terra (Licteris). *Quarta parte in genere*: dividere in quartam portionem (p. 79); quarte de cammara et palmentum etc. (p. 170).

Querimonia, *causa, querela*; p. 357, 426.

Quilium (montis), cilium; p. 42, 43, 273.

Quindeniare, quindiniare a partibus alicuius = *rappresentare in atti pubblici un minorenne o un assente*; p. 22, 33, 65, 69, 74, 79, 98, 102, 109, 166, 271, 297.

Quinte, *quinte parti, ricorre soltanto nel compatronato delle chiese*; p. 331, 452.

R

Rastillare; p 68.

Reclarare, *dichiarare, detto dei confini*; p. 42 passim

Recommandare; p. 214.

Recordare=memorare; p. 34 (1007).

Redemptione anime (offersiones pro); p. 3 (922), 9, 88, 90, 126.

Redicatium; p. 68: insertetum clausum at redicatium. *Il Ducange riporta* redica.

Refendarius (Salerni); p. 224 (1127).

Refrugium, *frutto*; p. 206.

Refundere, refudere, refusura, *pagamento suppletivo*; p. 37, 38, 59, 80, 305.

Regales, reales; p. 257, 264, 268. V. Solidi.

Regia, uscio, *a differenza del vano che lo contiene, che è detto generalmente* porta; talora però si scambiano i significati, p. 13, 18, 44, 60, 74, 164, 224, 261, 305; p. 275: ponere regie nove; e ibidem: facere portas; p. 304: porte de via; p. 306: aperire regiam in ipsum parietem; p. 364: apotheca cum regia. Il Camera (I, 241, 6) lo spiega: *porta principale d'ingresso (?)*.

Remedium anime; p. 182, 276. V. Redemptio anime.

Remeliorare, *apportar migliorie, detto della terra*; p. 239. V. Inmeliorare.

Rescribere, *detto del notaio*; p. 446, *unico esempio*: Ego C. notarius rescripsi et exemplavi.

Rescriptum regis; p. 360 (1176), *menzione di un* rescritto *longobardo*.

Res puplica (*del principato di Salerno*); p. 106 (1060).

Retornare, *per* extornare; p. 54, 70, 125.

Retrabersare, *parlandosi di confini*; p. 122. V. Intrabersare.

Revoltola; *svolta*? p. 412.

Revolvere, rebolbere, *detto dei confini*; p. 43: finis rebolbet; p. 217: revolvit angulum.

Ribum *per* rivum; p. 66: ribum de iactu = *caduta d'acqua*.

Ripa; p. 32, 42, 58, 203, 238: *parete scoscesa di terreno*.

Boccare, *per* runcare?; p. 68.
Rogum, rogatio; p. 191, 324.
Roie; p. 228, 230.
Rumpere chartam = *rendere inefficace il contratto*; p. 140, 150, 189; charta rupta, cioè *priva di valore legale*; p. 35, 189.
Runcare, *putare, tagliare le piante*; p. 7: querqueta runcata; p. 169: runcare zenzaletum; p. 466: ruccatum.

S

Sabatatica, *sorta di prestazione in genere, forse in origine settimanale, poi annuale;* p. 118: demus pro sapatatica modium unum de castanee et pullum unum per unumquemque annum; p. 169: sabatatica adducere; p. 70, 145, 174.
Sabuci, *alberi, di cui si solevano fare i termini, sambuchi?*; p. 122: termines de petra et de sabuci; p. 111: sabucis matricis beteris; p. 45, 50, 51.
Sacer = sacerdos; p. 283, 331, passim.
Sacramentum; p. 32: iudicata sacramenta; p. 357: cum vel sine sacramento.
Sacrare monachum, *ordinare*; p. 355.
Sacrosus; p. 54: notarius ex sacrosu salernitani palatii.
Sagittara, *saettiera*; p. 330: parietis sine sagittara.
Salutis, *specie di prestazione obbligatoria*; p. 441: demus vobis duo saluti agnum unum. *Rip. dal Ducange.*
Salvaticum, *contrapposto a* domesticum; p. 95, 132, passim.
Sanatio, *pagamento del prezzo*; p. 5, passim.
Sancti, *l'aria, il cielo, l'alto*; p. 265: cum salve vie sue inda mare et inda monte et inda sancti; p. 329: viam habeamus inda sancti et inda Amalfi.
Sartagine; p. 137.
Sauma, *salma, misura di capacità, in una carta salernitana del 1040* (p. 82).
Scadire, *smarrirsi*; p. 189: charta scadivit nobis; p. 417: scadivit michi et minime ille invenire potuimus.
Scandole; p. 198: casa cooperta at scandole.
Scibrum; p. 62 (1034), *probabilmente da σκεβρίον* = arca, cista (V. Ducange, Gloss. byz.).
Scippare, *togliere le erbe cattive*; p. 69, 153, 235: zappare et scippare et cultare.
Sciritum, *misura di lunghezza, parte del* cubitum; p. 76.
Scolsaiz, *sculdascio, in una carta salernitana del 1018* (p. 54).
Scriptio, *per* charta; p. 52 (1018): scriptio offertionis.
Scrivere et firmare; p. 3, passim, *formola roborativa che si rinviene nella parte espositiva della maggior parte dei contratti amalfitani.*
Sebastus; p. 191 (1113).
Securitas, *per* Charta securitatis; p. 5, 32, 34, 77, 144, 280.
Sedia feminilis; p. 306 (1161): sedia feminiles quod habemus in ecclesia S. Samone.
Sedire, *stare nei proprii confini*; p. 32 (1006).
Seminatoria (terra) p. 7, 63, 96.
Sena *per* sua; p. 215: pro vicem sena.
Senescalcus (Archiepiscopi salernitani); p. 380 (1179).
Sepale, *siepe di confine*: p. 203, 224, 279.
Serola, *gran vaso di terra cotta per* l'olio; p. 8, 12: serola de congia quindecim.
Serra, *ad indicare creste di monti, ricorre più volte in una carta scritta in Salerno nel 1060, dove si citano i monti di Cetara*; p. 106.

Serratura; p. 306: serratura de clavis.
Sertus, *innestato*; p. 167: vinea serta. V. Inserti.
Seudtam *(errore? nel chartul. di S. M. di Fontanella). Forse nell'originale (ora perduto) era scritto* sendatum = *zendato;* p. 76, (a. 1037).
extarium, *misura di capacità, sesta parte del* modium; p 17: sextarium de ube passe.
Siat, sia, siant, *per* sit, sint; passim.
Siccare, siccus; passim; p. 235: siccare castanee.
Silavosum, *per* silvosum; p. 427, 428, 429.
Societas (monasterii); p. 147, 303. V. Congregatio, conversatio.
Solaratus, *coperto con solaio?*; p. 59, 326: casa solarata; p. 202: cammare fabrite solarate.
Solareum, solarium, solari = *ordine, piano della casa*; p. 60, 114, 155, 289: domum fabritam que est secundo solareo; p. 359: ad primum solarium ascenditur.
Solarilis, p. 13: in parietem solariles mittere; p. 74, 436: caput de solarile.
Solidus, *la massima moneta aurea*; Auri solidi, passim; solidi mancosi, p. 2, 3, 11, 14, 18 (907-984); solidi auri byzantini, p. 5, 24, 29, 34, 114, 115 (931-1066); solidi auri constantini; *appellativo che appare nelle sole carte del principato di Salerno*, p. 54, 82, 108, 134 (1018-1087); solidi reales, *cioè i normanni*, p. 257 (1144); solidi de tari de Amalfi, *cioè gli stessi regali pagabili in tari*, p. 280 (1155); solidi imperiales, *cioè gli svevi*, p. 458 (1196).
Sors, *porzione toccata in divisione*; p. 33: sortem meam; p. 95, 152: tollere super sortem. V. Sortio.
Sortio, *nello stesso significato di* sors; p. 25, 26, 68.
Spatarius (imperialis), *dignità bizantina*; p. 1 (907).
Sperare, *nel senso di* timere; p. 84: spero me morire et non bibere.
Spiritalis filius; p. 204, 215.
Spondere; p. 5 (931).
Stabiliscare, *per* stabilire, p. 26 (997).
Stamengia *(plurale)*, p. 385: pro ciria et stamengia.
Stare, *nella frase* sic nobis stetit = *fu convenuto*; passim.
Statio, *dimora*; p. 436: caput de solarile de ipsa statione nostra.
Stoccatum; p. 327, 328: fecimus due portiones per trabersum at stoccatum.
Straticotus, stratigotus; p. 267, 268: stratigotus Rabelli (1150); p. 417: olim straticotus Amalfie (1186); p. 471: straticotus ducatus Amalfie (1200).
Strectula, *piccola via, in una carta salernitana del 1172* (p. 340).
Stringere; p. 257: stringere buctem. V. Distringere.
Studiare, *aver cura*; p. 351: runcare, cultare atque studiare; cultatum atque studiatum.
Stuppa; p. 257: stringere buctem cum cercli et stuppa.
Sturbatum, *per* disturbatum; p 222.
Subsestrices, succestrices, *femin. di* successores; p. 49, 95.
Subteriores, *parte terranea della casa*; p 164, 419.
Summissa persona; passim = *persona intromessa.*
Summonere, *per* admonere; p. 277, 436.
Superclum, *soverchio*; p. 37, 38.
Superiores, *le parti alte della casa*; p. 164.
Supernomen; p. 325: Sergius qui supernomen dicebatur da Tabernata.
Sustinere, *per misurare*; p. 23, 24: sustinet passi camisali etc.

T

Tallea, *taglio?*; p. 25, 26: talle de granaticle; p. 32: tallea de inserteto; p. 68: tallea de inserto grosso.
Tando, *assolutamente* = in illo tempore; p. 29, 71, 301, 431.
Tarenus, *che a volte è il tareno amalfitano*; p. 107 (Salerno 1060), p. 277, 386; *altre volte è quello arabo-siculo, o quello siculo-normanno*; p. 267 (1150), 386 (1180).
Tari, *lo stesso che* tarenus; *è però usato soltanto ad indicare quello di Amalfi*; p. 5 (931), passim.
Terabius, teravius, *tritavo*; p. 36, 38.
Termites, *per* termini; p. 162: termites de petra.
Terraticum, *contribuzione in generi (per lo più la terza parte del prodotto) che si pagava nella locazione dei terreni seminatorii*; p. 70, 82, 98, 118, 124, 158, 259, 451. V. Ius publicum.
Terrula, terrola; p. 5, 164, 280, 359 = *piccolo podere*.
Tertie, *rate di locazione o quote parte di immobili*; p. 15: tertie mensis mole aquarie; p. 99: tertie de terra seminatoria; p. 113: laborare ad tertia parte; p. 139: tertia de hereditate; p. 311: at tertie tenere.
Tertius et quartus homo; p. 16, 174, passim; *periti chiamati a giudicare della buona coltivazione della terra locata.*
Tessere; p. 304: tessere femminile a terra.
Thius, tius, thi, tia, *zio*; p. 4, 6, 10, 78, 98, 121, 231.
Tigillus, *fusto giovane del castano*; passim; p. 32: tigillos pastinare, implere de tigillis de castanea; p. 168: ceppe iactant tigillos.
Torte, *ramoscelli pieghevoli per legare i pali delle pergole*; p. 347.
Torum, *ciglione di monte*; p. 7, 235, 313, 434: torum aqua versante, *ripido displuvio*.
Trabersus, *transverso*; p. 202: termines trabersi de petra; p. 327: fecimus due portiones per trabersum.
Tractorarium, *viottolo*; p. 307: habere viam per tractorarium.
Traditio. V. Charta traditionis.
Transactum (ad), a trasactum, attrasactum, *da* trans *e* agere; *locuzione usata a rafforzare il rapporto giuridico espresso nell'atto, seguendo generalmente la formola* venundedimus et tradidimus per omnia ad transactum; p 138, 320, 338, 357, 368. V. Camera (I, p. 382, 4).
Trasita, *entrata*; p. 265: trasita da cotornices, *l'entrata delle quaglie*; p. 308: trasita nostra = *ingresso*.
Tremole, (tremoie?) *oggetti della mola aquaria*, trimodia?; p. 120.
Tribus?; p. 170: terra triba.
Trimodium, *misura di capacità nella mola aquaria*; p. 343 V. Tremole.
Trinta *per* triginta; p. 199 (1117).
Tubula, *sorta di conduttura*; p. 18. V. Necessaria.
Tultum, *da* tollere; p. 54.
Turina, *da* torum?; p. 318: fini media ipsa turina.

U

Uncia, *misura monetaria di peso*; p. 429: uncie octo et media de tari; p. 267: uncia tarenorum Sicilie; p. 178: uncie decem (auri) quod habetis in ecclesia etc.; p. 211: media ecclesia hoc est uncie sex; p. 262: tari de Amalphi de unciis quinque de auro et quinque de argento.

Uncia, *misura lineare*; p. 76, 340: pedum trium minus unciis duabus.
Uno teniente, *tutt'insieme*; p. 170, 236, passim.
Usus; p. 355 (1176): at usum istius civitatis (Amalphie); p. 361 (1176): usum et consuetudinem civitatis Salerni; p. 472 (1200): usum et consuetndinem civitatis Amalfie.

V

V *per* B; amvi *per* ambi; veatus *per* beatus; novis *per* nobis; bovis *per* vobis; etc.
Vacuum, terra vacua, *terra senza arbusto*; p. 3, 5, 7, 8, 15, 19, 39, 50, 65, 228; p. 101: terra vacua seminatoria; p. 118: implere vacuum et facere insertetum.
Vacuare; p. 288: chartam vacuare. V. Rumpere chartam.
Vadet, badet, badit, *frequentissimo*; p. 8, passim.
Vallatorium, *ballatoio*; p. 360 *(carta salernitana del 1176)*; vallatorium scalarum.
Vallo, ballo; p. 172: fini medium ipsum ballonem; p. 202, 346.
Valneum *per* balneum, p. 59.
Vena (bena) *sorgente?*; p. 426: ipsa vero bena que vocatur Bena Urso.
Veneire; p. 7 (939): veneire at aqua inplendi cisterna.
Ventum, ventur, *lastrico, terrazza che ricopre la casa*; p. 122: fabricare bentum de supra catodeum; p. 155: solareum et bentum; p. 279: ventoria; p. 289: cum ipsa ventora sua de supra superiore; p. 305: cum vento de supra. V. Aer.
Venundare, *vendere*; p. 1, passim. *Assai raramente si trova* vendere; (p. 5, a. 931).
Verax, *detto del documento autentico*; p. 208: testamentum berace.
Versatorium, *versatoio dell'acqua dalle logge*; p. 164, 279, 419: pingia et bersatoria. Il Camera vi dà il significato di latrina (I, 298, 1).
Verus, verissimus; p. 12, passim; *frequentissima forma di accertamento nella parte espositiva del documento.*
Vervo gratie: p. 3 (922).
Vestararius, *attribuzione monastica*; p. 107.
Vestis, *titolo bizantino*; p. 103, 104, 110.
Veterale (beterale); p. 313.
Vice; p. 282, passim: cum vice de viis suis.
Vicinalis (via), *in una carta salernitana del 1179* (p. 382).
Vicus; p. 304: domus in Amalfi in vicus et iuxta ecclesiam sancti Samonis.
Vidanda; p. 226 = victuarium (Camera, I, 318, 2).
Viditum, *veduta*; p. 291: pro lucore et vidito de ipsa casa vestra; p. 326: astracum pro videre.
Villutatus; p. 62: lena villutata.
Vindicare (aliquibus aliquid ab aliquibus); passim = *revindicare giudiziariamente.*
Virgulus, *rigo della scrittura*; p. 154: inter virgulum et virgulum; p. 230: super virgulum; p. 401: inter virgulos. *Si cita nelle addizioni interlineari fatte dallo scriba.*
Virtus, *per* vis, *violenza*; p. 70, passim: virtutem vel invasionem facere.
Vitare, *far la vigna*; p. 68, 310: cultare et bitare.
Viterina, biterina. *Il Camera (I, 297, 3) vi dà il significato di sito petroso e scosceso. Pare però che denoti una piccola vigna probabilmente in luogo aspro;* p. 42, 210, 211, 270, 308, 319; p. 320: viterinam frudiavimus.
Vitinium, *qualità della vigna*; p. 94, 118, 151: implere terram de bono vitinio; p. 168: implere de vinea de vono bitinio. *Più tardi appare la forma* vindemium; p. 284, 312: implere de vitis de bono vindemio.

Y

Ydioscerum; (ydiocherum), *sorta di istrumento dotale*; p. 470.

Z

Z per T; sanazio *per* sanatio; pezia *per* petia; grazia *per* gratia, etc.

Zenzala, zinzala, *castagno fruttifero*; p. 70, passim; p. 284: castanea zenzala at bonum frugium atducendum. *Il Camera lo chiama per errore castagno selvatico* (I, 165, 3).

Zenzaletum, *castagneto innestato*; p. 126, 169, passim.

ABBREVIAZIONI NOTEVOLI

Com.	comes, comite
d., dom.	dominus, a
f.	filius, a
f. n.	filius, a, naturalis
ind.	indizione
mod.	modium
orig.	originale
qd.	quondam
q. s.	qui supra
ss.	suprascriptus, a, um
t.	testis, testor
t. e.	testis est
t. s.	testis sum

(907) — Mansone e Mastalo *prefecturi* — ind. X — 8 luglio — Amalfi.

Pantaleo com. f. qd. Mastali de Savastiano e sua moglie *Ersini comitissa* vendono al monastero di S. Benedetto di Scala, rappresentato dall' abb. Stefano e dai monaci Gaudioso e Giovanni, *due mesi* di un molino sito *in flubio Amalfie.*

Copia nel *Chartul.* di S. Maria di Fontanella, n. 36 (manca l'orig.) — Pubbl. in parte dal CAMERA, I, p. 125.

La prima parte del documento ci è conservata dal CAMERA (l. c.), il quale avverte che « manca la continuazione », ma non cita la fonte donde l' ha tratto. Poichè la fine del medesimo documento, che qui si riporta, sta in principio della prima pagina del fascicolo frammentario dell' antico cartulario di S. Maria di Fontanella, esistente nel R. Archivio di Stato di Napoli, pare assai probabile che il fascicolo precedente (cioè il primo) dello stesso cartulario fosse noto all'a., il quale cita in altri luoghi un *Cartularium monast. S. Mariae dominarum* (I, p. 171). Evidentemente fra la prima e la seconda parte manca buon tratto del documento, e cioè la dichiarazione del prezzo, la garentia ecc.; e ciò si spiegherebbe supponendo che l' ultima pagina del fascicolo noto al CAMERA fosse strappata o corrosa nella sua parte inferiore.

† In nomine domini dei salvatoris nostri Iesu christi. die octava mensis iulii indictione decima. temporibus domini Mansonis imperiali spatario candidato et domini Mastali genitor et filius amvi gloriosi et eximii prefecturi a Deo servata civitatis Amalfi. Constat nos Pantaleo comes filius quondam Mastali de Savastiano quam et Ersini comitissa iugales. a presenti die et tempore prumptissima voluntate venundedimus atque in presentis cessimus et contradidimus in monasterio veati Venedicti confessoris qui est edificatus in montem de Scala. per manum domini Stephani abbas et Gaudioso presbitero et monacho seu proposito atque et Iohanne presbitero et monacho qui sitis rectores et dispensatores de supradicto monasterio. idest plenarii

dui mensi nostri quem habemus in ipsa mola quem iam vos cum omnem vestrum expensarium fravicare et erigere seu conciare visi estis hic in flubio Amalfie susu iuxta ipsa Pumice positam. unde nobis ividem nihil remansit nec in aliena cuiusque personam nichilque commisimus potestatem. set plenarii dui mensi nostri cum omnibus . . . .

. . . .

. . . . nos et heredes] nostris componere promictimus vobis et ad posteris successoresque vestris ante omnem litis initium penam nomine auris solidi mancosi duodecim. et chartula ista vestra firma permaneat.

Signum † † manus suprascrittos Pantaleo comite et Ersini comitissa iugalium qui hanc chartulam vinditionis ut super legitur fieri rogavimus in presentia testibus.

In primis signum † manus Sergii comite Antivarone.

Signum † manus Lupino comite de Stephanu de Anna.

Signum † manus Manso comite de Iohanne comite Liniari.

Signum † manus Solinui de Bonu de Solino Vici(domini).

Signum † (manus) Pardu de Mauru de Agathi testis.

† Ego Leon humilis et scriva huius civitatis Amalfie hanc chartulam vinditionis rogatus a suprascritto Pantaleone comite et Ersini comitissa iugalium manu propria scripsi per indictione supradicta decima.

II.

(922) — Mastalo patr. imp. e Leone a. 22 — ind. X — 19 luglio — Amalfi.

Leon f. qd. Constantino comite Aprile, avendo il *qd.* Mansone *fortior* (prefetturio di Amalfi) donato *pro anima* al monast. di S. Benedetto di Scala un molino edificato sopra terra di esso Leone, onde por fine alle liti che ne derivarono, vende, previo accordo, a quel monastero, rappresentato dall'abb. Stefano, la suddetta terra per 4 soldi *mancosi.*

Copia nel *Chartul.* di S. Maria di Fontanella, n. 37 (manca l'orig.) — Rip. in transunto dal Camera, I, p. 128.

† In nomine domini dei salvatoris nostri Iesu christi. temporibus dom. Mastali imperialis patricii et dom. Leonis protospatarii eius filii anno vicesimo secundo. die nona decima mensis

iulii ind. decima Amalfie. Certum est me Leon f. qd. Constantino com. Aprile. a presenti die et tempore promptissima atque spontanea volunctatem deliveravi atque in presentis diffinivimus vobiscum dom. Stephano abbas monasterii veati Benedicti confessoris et cum tota congregatione vestra iamdicto monasterio. de eo quod vos querere visus sum de ipsa mola aquaria hic in flubio Amalfie posita quem qd. vone memorie dom. Manso qui hic fuit fortior ipsa iandicta mola vobis dare et offerire visus fuit in ss. monasterio pro redemptione anime sue. dicendo a parte mea. — Ego que super Leon quia ista terra ubi est facta ista mola propria mea causa fuit de parentorum (m)eorum. et pro eo quod exinde vobiscum causare visi sumus ideoque propria mea volunctatem venimus exinde vobiscum in convenientiam et vervo gratie et vone volunctatis ad opsolutum vobis eos venundedimus. ut pro eo quod accepimus a vos exinde auri solidi mancosi quatuor ana tari quatuor per mancosum et de ipsi alii solidi misistitis exinde Constantino com. et Leontu comitissa iugalium genitoribus meis in ipsa charta congregationis vestre ss. monasterio sicut inter novis convenit. Et de presentem vobis exinde de hanc chartulam vinditionis scrivere et firmare visi sumus. ut iam a nunc die presentem et imperpetuis temporibus plenaria ipsa mola cum omnia sua pertinentia et quanta terra vacua avemus ividem a foris ipsa mola totum in integrum quantum de illa parte flumen avere visi sumus. unde novis ividem nichil remansit set totum in integrum a die presentem eos venundatum et traditum haveatis. in vestra sit potestatem quamque et de posteris successoresque vestris qualiter exinde facere vel iudicare volueritis liveram haveatis potestatem. ut pro eo quod accepimus a vos exinde auri solidi mancosi quattuor et de ipsi alii solidi misistitis genitoribus nostris in ipsa chartula de iamdicto suprad. (*sic*) monasterio in omnem deliverationem quamque et in omnem decisitionem. ut iam aliquando exinde neque a me neque ab heredibus meis vel a novis summissam personam quod absit haveatis exinde vos aut posteris successoresque vestris quacumque molestiam aut questionis calupnie a nunc et in presentis hac perpetuis temporibus. Insuper et av omnem ominem nos vobis eos defensare promictimus. quod si et quotienscumque tempore contra hanc chartulam vinditionis ut continet venire presumpserimus et aut ividem vobis presumpserimus aliqua invasionem facere et aut minime vobis exinde potuerimus in antestare et defensare ante quolivem (*sic*) iudicem seu potestatibus tunc daturum me heredibusque (m)eis componere promictimus vobis et ad posteris successoresque vestros auri libra una byzantina. et hec chartula sit firma imperpetuum.

Signum † manus ss. Leone f. Constantino com. Aprile qui hanc chartulam fieri rogavi in presentia testibus.

In primis signum † manus Mauro com. de Pulchari com.

Signum † manu Mauro com. de Marino com.

Signum † manus Leone com. Ferafalcone.

Signum † manus Mansone com. f. Leoni com. de Ardavasto.

Signum † manus Lupino com. f. Stephani domine Anne.

† Ego Leon humilis et scriva huius civitatis Amalfie hanc chartulam manu propria scripsi per ind. ss. decima.

III.

(931) — Mastalo patr. imp. a. 31 — ind. IV — 25 giugno — Amalfi.

Leo f. qd. Marini com. e sua moglie *Maru* vendono al cugino *dom. Marino com. f. dom. Leoni Vicidomini* le porzioni loro pervenute dal padre Marino e dallo zio Mastalo di un molino sito *in fluvio Amalfie sub Campulo,* per prezzo di 14 tarì.

Copia nel *Chartul.* di S. Maria di Fontanella, n. 38 (manca l'orig.) — Rip. in transunto dal Camera, I, p. 134.

† In nomine domini dei salvatoris nostri Iesu christi. temporibus dom. Mastali imperialis patricii anno tricesimo primo. die vicesima quinta mensis iuni ind. quarta Amalfie. Certum est me Leonem f. qd. Marini com. seu et Maru iugalium. a presenti die et tempore promptissimam atque spontaneam volunctatem vendidimus atque et in presentis cessimus et contradidimus vobis dom. Marino com. exadelfo meo f. dom. Leoni Vici(domini) idest plenaria portionem qd. dom. Marini com. genitoris nostri et plenarium quantum de portione qd. ss. Mastali thi nostri nobis obbenit de ipsa mola aquaria et omnibus ad se generaliter pertinentibus ad molendinum . . . . et plenaria portionem qd. ss. dom. Marini com. genitoris nostri et plenarium quantum nobis obbenit a suprad. Mastalo thio nostro de ple-

naria ipsa tertia pars (de) ipsa mola sicut ipse fluvius discernit et sicuti finem per securitatem fecistis a parte de ipsa mola Pardi com. quam et ubicumque terrula pertinentia de ipsa mola apparuerit et pertinuerit ss. portione vestre tradidimus potestati. unde novis exinde de ipsa mola vel de terrula aut de omnia sua pertinentia ut super legitur nichil remansit nec in aliena persona commisimus. Unde accepimus a vos exinde inclitam nostram sanationem auri solidi tari quattuordecim sicut inter novis convenit in omnem deliverationem quamque et in omnem decisitionem. ut a nunc die presentis et imperpetuis temporibus in vestra et de heredibus vestris sit potestatis qualiter exinde facere volueritis. Propterea spondimus adque promictimus nos q. s. Leon f. dom. Marini com. seu et Maru iugalium vel heredibus nostris vobis cui super dom. Marino com. exadelfo et cognato nostro quam et ad heredibus vestris ut si per quavis tempore per quavis modum vel ingenium sive per nos aut per summissam expiam personam quavis requesitionem aut movitionem sive invasionem contraque vos facere presumpserimus per suprad. plenaria portionem nostram de ipsa mola aquaria hic in fluvio Amalfie sub Campulo de mola quantum nobis a ss. genitore nostro et a Mastalo thio nostro obbenit cum omnibus terris vacuis et omnibus sivi pertinentibus sicut superius legitur. unde novis nichil remansit et quem vobis vendere visi sumus in ss. tari quactuordecim. et aut minime vobis exinde potuerimus antestare et defensare ante quolivem iudicem seu potestatibus. tunc componere promictimus nos et heredes nostri vobis vestrisque heredibus auris solidi viginti quactuor byzantini. et hec venditio sit firma imperpetuum.

Signum † † manus ss. Leo f. Marini com. et Maru iugalium f. Constantini com. qui hanc chartulam fieri rogaverunt in presentia testium.

Signum † manus Lupino seu (et) Constantino germani f. Iohannis de Lupino suprascrittos (*sic*) Cimanica.

Signum † manus Mastalo f. Leoni Criscentii.

† Ego Leon humilis et scriva huius civitatis Amalfie hanc chartulam manu propria scripsi per ind. ss. quarta.

IV.

(939) — Mastalo patr. imp. e Giovanni a. 39. — ind XII — 14 marzo — Amalfi.

Maurus et Petrus, *f. Iohannis com. de Mauro com.* e *Mastalus f. Sergii com.*, loro cognato, col consenso della suocera, *Marenda*, dividono col loro zio *dom. Constantino f. Marini de Constantino com.*, i loro casali di *Fusculum*, *Terrenzanu* e *Lauri* ed i loro oliveti, siti nel territorio stabiano.

Perg. dei Monast. soppressi, 1ª serie, n. XXXIII — Orig.— Taglio irregolare: alt. mass. 37 × larg. mass. 31; strappata al margine superiore, corrosa altrove; deleta — Pubbl. in *R. Neapolit. Archivi Monumenta*, I, n. XXXIII, p. 117.

† In nomine domini dei salvatoris nostri Iesu christi. temporibus domini Mastali imp[erialis patricii et domini Iohannis eius] filii anno tricesimo nono. die qua[rta] decima mensis martii ind. duodecima Amalfi. Certum est [me M]au[rus f.] Iohannis com. de Mauro com. quam et Mast[alus f.] Sergii com. et Petrus f. ss. Iohannis com. cognati et germani. et una cum [con]sensum et voluntatem dom. Marende socere nostre. [a presenti] die et tempore pronam atque spontaneam voluntatem per hanc chartulam merisi di[visio]nis dividere et difinire visi sumus vobiscum dom. [Constanti]no tio nostro f. Marini de Constantino com. plenarii casali et oliveta nostra in territorio staviano. quod dividere visi sumus nos [ss. Maurus] quam et Mastalus et Petrus in duas portiones. In primis om[nib]us [par]tivimus ipsum casalem da Fusculum per traversum in duas [portio]nes et termines inter nos posuimus. Ipsa portio a supra avet longitudinem de uno latere a parte ab Andrea passi triginta et in [media] loca passi viginti quinquem et de alio latere passi viginti. et iactavimus ividem tote ipse olive cum et toto ipso terra vacuum a[v i]psas cruces in iusu nominatim at ipsa noce longitudinem passi viginti. similiter per totum passi viginti et latitudinem quantum fuerit. et si in ista mensura sive inserti aut granaccie vel quolivet fructus venerit de ista portione sint. Iterum iactavimus ividem plenarium ipsum casalem de Terrenzanu quantum novis evenerit a Raginolfus q[ui] eos pastinat sicut est cum omnia sua pertinentia et portione nostra de ipsum duleum et

totum plenarium ipsum casalem quantum avemus in toru de Cinte. de isto totum quomodo superius legitur fecimus una portione. seu et ipsa portio a suptus de pred. casalem da Fusculu havet longitudinem de uno latere a parte ab Andrea passi viginti et in media loca avet longitudinem passi viginti tres. et in ipso alio latere avet longitudinem passi viginti quattuor. isto totum sicut ss. mensura continet cum tote ipse olive quod avet cata se usque at ipsa noce ubi fe[cim]us ipsa cruce et iam av ipsa noce quomodo decurret in ipse olive ubi fecimus ipse crucis et isto totum sit alia portio. Et iactavimus ividem plenarium ipsum casalem da Lauri cum et ipso terra vacuum ividem qui vinea fuit a preterito tempore. et medietatem de tote ipse terre seminatore quantum ividem in Lauri avemus. preter exceptuavimus exinde tota ipsa querqueta quante ividem avemus qui fuerunt runcata et seminata et qui non fuerunt seminata neque runcata. et totum quantum nos tetigerit de ipsum in[ser]tetum quem pastinat Marinus pecorarius. Ipse amve cisterne quem avemus at Fusculus ipsa cisterna maior sit de ipsa portione de supra ut qui tulerit ipsa portione a supra ipsa cisterna maior in sua siat potestatem. ipsa portio de suptus det illi via ut possat at aqua inplendi veneire et conciare sivi eam quando necesse fuerit. et ipsa cisterna minor sit de ipsa porti[one de su]ptus. [om]nis portio per sua causa aveat viam. qui de nos perdiderit de ipse portione [sua] amve parti eos restauremus. Quarum me [ss.] Constantino tetigit prima portionem de ipsum casalem da Fusculum ipsa portio a parte a supra cum totum ipso alio et omnia que superius legitur. et nos suprascripti (1) tetigit de ipsum casalem da Fusculum ipsa portio a parte a suptus cum et totum ipso alio et omnia que superius legitur. et in omnibus inter nobis eos divisimus et difinivimus et nobis exinde appreensimus et unusquisque de nos faciat de sua portione quod ei placuerit. qui autem de nos se extornare voluerit componat viginti byzantios. et ec chartula sit firma. In presentia testium.

Signum † manus Mastalo com. de Musco com.
Signum † manus Mansone f. Iohannis com. de Sergio com.
Signum † manus Urso f. Lupino de Iohanne com.
† Ego Constantinus scriva scripsi.

---

(1) Mancano i nomi: *Maurus*, *Mastalus et Petrus*.

V.

(939) — Mastalo patr. imp. e Giovanni a. 39 — ind. XII — 6 luglio — Amalfi.

Urso magistro f. qd. Iohannis Mangi, monaco, aveva donato *pro anima* ai suoi due famuli Giovanni e Pietro un casale sito in Fontanella ed una vigna in luogo detto *ad Arcu*, beni che i donatari avevan diviso per metà. Essendo morto uno di essi, Pietro, il suddetto *Urso*, col consenso di suo figlio Giovanni, prete, vende la porzione di quello, di cui è erede, all'altro servo, Giovanni, per 20 tarì.

Copia nel *Chartul.* di S. Maria di Fontanella, n. 39 (manca l'orig.) — Rip. in transunto dal Camera, I, p. 134.

† In nomine domini dei salvatoris nostri Iesu Christi. temporibus dom. Mastali imperialis patricii et dom. Iohannis eius. filii anno tricesimo nono. die sexta mensis iulii ind. duodecima Amalfie. Certum est me Urso magistro f. qd. Iohannis Mangi et monacho et una cum presentem mecum stante Iohanne presb. filio meo. cum eius consensum et auctoritatem atque cum ipsius voluntatem. a presenti die et tempore pronam atque spontaneam voluntatem scrivere et firmare visi sumus vobis Iohanni famulo nostro hanc chartula. ut pro eo quod a preterito tempore dedimus et tradidimus vobis ss. Iohanni et ad Petro famulo nostro ac liverto tuo ipsum casalem nostrum in Fontanella positum cum casa et palmentum et una serola et terra vacuam ibidem haventem. a supra fini finem nostram sicut decurrit per traversum caput de ipsa crista de ipsum montem ubi ipsa via est. de subtus itaque fini flumen. de uno quoque latere a parte orientis fini finem nostram sicut decurrit ipsa via publica de Scalensis qui vadet indad Atrano in ipsu monticellu et av ipsum monticellu in iusu sicut descendet ipsa via cum faciem de ipsu ciliu revolbendo usque iusu ad flumen ad ipsa petra lisseda ubi sunt ipse grade et ipsa via plenaria cum andita cooperta aveatis. et de alio autem latere fini finem nostram. cum salbe vie sue. unde nichil exceptuavimus. insimulque dedimus vobis et tota plenaria ipsa vinea in castanetum positam loco nominato ad Arcu cum casa et palmentum et una serola de congia quin-

decim et alia de congia quatuor et ipso totum quod vos pastinastis cum salba vie sue et omnia sua pertinentia sine minuitatem pro redemptione anime nostre et propter bonitatem et mayórem vestrum servitium quod semper nobis fecistis. et iam per medietatem eos partitum abuistis. et pro eo quod ipse suprad. Petrus famulus noster mortuus est sine heredes et ipsa medietas eius in nostra exinde remansit potestatem. modo vero placuit nobis bona nostra volunctatem plenaria ipsa medietatem de suprad. Petro de omnia cum omnibus que superius legitur vobis venundedimus sine omni minuitatem. et accepimus a vos exinde plenariam nostram sanationem auri tari viginti sicut inter nobis convenit. quod dedimus pro anima de ss. Petro. Et de totum vestrum et nostrum quam et de ss. Petro vobis ss. Iohanni famulo nostro spontanea nostra volunctatem hanc chartulam firmavimus in omnem deliverationem quamque et in omnem decesitionem. ut a nunc die presentem et imperpetuis temporibus totus plenarius ipse casalis da Fontanella cum omnibus ividem haventibus et pertinentibus sicut finis et omnia superius legitur sine omni minuitatem unde nichil sit exceptuatum et omnia cum omnibus de castaneum loco nominato Arcu nostrum et vestrum quam et de ss. Petro cum omnibus ividem haventibus sicut superius legitur unde de isto nichil plus aliquod exceptuavimus nisi tantum ambe ipse petie quod exinde dedimus ad ipse filie nostre in vestra siad potestatem quamque et de heredibus vestris havendi fruendi possidendi vindendi donandi seu commutandi liveram potestatem aveatis pro redemptione anime nostre et propter bonum vestrum servitium quod semper nobis fecisti. et ipsi viginti tari quod nobis dedisti et quante chartule exinde abuimus de presentem vobis tradidimus ut iam aliquando neque a nos neque hab eredibus nostris vel a novis summissam personam nullam requesitionem aveatis de omnia supradicta non vos non vestri heredes per nullum modum imperpetuum. et si per quovis tempore per quovis modum vel ingenium sive nos aut eredes nostri seu per summissam persona magna vel parba extranea vel parentum vos ss. Iohannem aut vestri heredes de omnia suprascritta querere aut molestare presumpserit vel aliquod vobis exinde tollere aut contrayre ausus fuerit tunc illa persona havead anathema et maledictionem a patre et filio et spiritu sancto et partem avead cum Iuda traditore domini nostri Iesu christi. insuper componere vobis devead auri libra una byzantina. et si aput nos vel aput quavis ominem chartula exinde inventa dederit ad vestra lectionem sit inanis et bacua non avead in se firmitatem. tamtum hanc chartulam sit firma imperpetuum.

Signum † manum ss. Urso Mangi f. Iohannis Mangi et monacho et Iohannis presb. genitor et filius. qui hanc chartulam fieri rogavimus in presentia testibus.

In primis signum † manus Mastalo com. f. Musco com.

Signum † manus Leone f. Pardo de Leone com.

Signum † manus Iohannis Vicidomino de Gimmusu.

† Ego Constantinus scriva huius amalfitane civitatis hanc chartulam manu propria scripsi.

VI.

(947) — Mastalo e Giovanni, patr. imp. a. 47. — ind. V— 26 luglio — Amalfi.

Iohannes f. Mastalo de Roti, sua moglie *Drosu* e la cognata *Antocia uxor Ursi f. suprad. Mastali*, vendono alla zia *Theodonanda, relicta Iohannis de Urso de Roti,* ed ai suoi figli, una terra sita fuori la porta di Atrani, per soldi *mancosi* 6 e mezzo.

Copia nel *Chartul.* di S. Maria di Fontanella, n. 40 (manca l'orig.) — Inedita.

† In nomine domini dei salvatoris nostri Iesu christi. temporibus dom. Mastali et dom. Iohannis imperialibus patricii quadragesimo septimo anno. die vicesima sexta mense iulio ind. quinta Amalfie. Certum est me Iohanne f. Mastalo de Roti et Drosu iugalia. quam et ego Antocia uxor Ursi f. suprad. Mastali de Roti. qui simus cognati. a presenti die promptissima volunctate venundedimus vobis dom. Theodonanda tia nostra relicta Iohannis de Urso de Roti et ad filii vestri. idest petium de terra hic foras porta de Atrano positum. a supra fini via publica et eam cooperire deveatis. et exinde viam haveatis ad ingrediendum et ad egrediendum. de subtus similiter fini via puplica. de uno latere fini heredes Constantini com. de Leone com. et de alio vero latere fini finem vestra. cum salva viam suam. unde nobis ividem nichil remansit. Unde accepimus a vobis exinde

plenariam nostra sanationem idest auri solidi mancosi sex et medium ana tari quatuor per mancosum sicut inter nobis convenit in omnem deliverationem quamque et in omnem decesitionem. ut a nunc die presentem et imperpetuis (1) in vestro et de vestri heredes sint potestatis havendi fruendi possidendi vindendi donandi seu commutandi liveram potestatem haveatis. et iam aliquando exinde neque a nos neque ab eredibus nostris vel a novis summissam personam nullam requisitionem exinde aveatis non vos non vestri heredes per nullum modum imperpetuum. Insuper nos et heredes nostri vobis et ab (*sic*) eredibus vestris omni tempore ab omnem hominem omnemque personas extraneas vel de genere nostro antestare et defensare promictimus. quod si minime vobis exinde fecerimus viginti byzantios vobis componere promictimus. et hec chartula sit firma. Impresentia testium. Constantino f. Petro de Stephano. Leone f. Tauro de Leone com. Leone Quatrario.

† Ego Constantinus scriva scripsi.

VII.

(964) — Sergio e Mansone duchi a. 6 — ind. VII — 20 gennaio.

Il prete *Petrus de Urso com. Finipipulo* e suo cognato *Lupinus de Eufimia* vendono a *dom. Petro f. Leonis com. de Iohanne com.* una vigna in *Reginnam Maiorem* (Maiori) nel luogo detto *at Campulo,* per soldi 35 di tarì, che essi offrono in dote alla chiesa di S. Maria.

Perg. di Amalfi, n. 1; arch. di S. M. di Fontanella, n. 111; arch. della SS. Trinità, n. 111 — Orig. — Alt. 63 × 21; molto corrosa nel lato inferiore sinistro — Pubbl. monca dal CAMERA, I, p. 143, e II, p. 481.

† In nomine domini dei salvatoris nostri Iesu christi. die vicesima mensis ianuarii. temporibus domini Sergii et domini Mansonis idest genitor et filius ambo gloriosi duces Amalfi anno sexto. Constat nos Petrus presb. de Urso com. Finipipulo

(1) Manca la parola *temporibus*.

et Lupinus de Eufimia verissimi cognati. a presenti die et tempore prona atque spontanea voluntate venundedimus atque et in presentem cessimus et contradidimus vobis dom. Petro f. Leonis com. de Iohanne com. plenariam petiam de vinea in Reginnam Maiorem positam iuxta vos loco nominato at Campulo. que nobis ibidem obbenit a ss. dom. Urso com. et habuimus illut datum de antea in ipsam ecclesiam beate dei genitricis Marie. et noluerunt ipsam vineam ipsi dominatores de ipsa ecclesia. deinde venundedimus illut vobis et dedimus ipso pretio in ipsam ecclesiam. nam continet fines a supra ponitur fine finem de causa beati Andree apostoli domini nostri Iesu christi. de suptus fine finem de Mansone de Sergio com. de uno latere fine finem de sancto Iohanne da Campulo. et de alio latere fine finem vestram. salva viam suam per ipsum cancellum de sancto Iohanne. haventem ibidem uno palmento fabrito et uno duleo cum una serola. unde nobis ibidem nichil remansit. Unde et in presentem accepimus a vobis exinde nostra sanatione solidos triginta quinquem de tari. quos solidos dedimus in ss. ecclesiam beate Marie in dotem. sicut inter nobis convenit in omnem deliverationem et in omnem decisitionem. ut a nunc die presentem et imperpetuis temporibus in vestram quam et de vestris heredibus man[ea]t potestatibus idest havendi fruendi possidendi vindendi donandi camniandi vestrisque heredibus dimittendi liveram [et absolutam] haveatis potestatem. et nullam requisitionem [aliqu]ando haveatis non vos non vestri heredes non a nobis [non ab heredibus nost]ris non a nobis summissas per sonas. Insuper nos et nostri [heredes vobis et] vestris heredibus ipsam vineam ab omni humana per[sona antestari et] defensari promittimus ante omnem domina[tionem s]eu potestatem. quod si minime vobis exinde fecerimus [componere] vobis promittimus libra una de auro. et hec chartula sit firma [imperpetuum. Te]stibus. Gregorio de Constantino com. Manso de Pulchari com. Muscho de Sergio com. (1).

[Die vicesim]a mensis [ia]nuarii ind. septima. Ego Io[hannes presb.] et scriva scripsi.

---

(1) I nomi dei testimoni sono scritti dallo stesso estensore dell'atto.

VIII.

(970) — Mansone duca a. 12 — ind. XIII — 1 marzo — Amalfi.

Drosu, relicta qd. Leonis f. Constantini de Campulo, vende a *dom. Leoni f. qd. Petro de Campulo* una casa sita *in plano Atrano* e due *catodia,* per 70 soldi *mancosi.*

Perg. di Amalfi, n. 2; arch. di S. Maria di Fontanella, n. 64; arch. della SS. Trinità, n. 1128 — Orig. — Alt. 46 × 31; lievemente corrosa al margine sinistro — Inedita.

† In nomine domini dei salvatoris nostri Iesu christi. temporibus domini Mansonis gloriosi ducis anno duodecimo. die prima mensis martii ind. tertia decima Amalfi. Certum est me Drosu relicta qd. Leonis f. Constantini de Campulo. a presenti die et tempore pronam atque spontaneam voluntatem venundedimus atque et in presentis cessimus et contradidimus vobis dom. Leoni f. qd. Petro de Campulo. idest plenariam et integram ipsam domum nostra hic in plano Atrano posita. sicut ipsa ss. domus fabricata et ordinata est et quomodo parietes eius a giro circiter fundati sunt cum regie et fenestre et minianium et grade fabrite et cum omnibus sivi pertinentibus. nam vero reclaramus vobis fines seu pertinentia ipsius domus qualiter et quomodo vobis eam havere et possidere deveatis. a supra namque ponitur a parte de domo heredis Constantini de dom. Iannu parietem liverum et exinde regie et fenestre et grade fabrite et viam ad ingrediendum et ad egrediendum exinde havere deveatis. de subtus itaque ponitur a parte a mare parietem communalem haveatis cum domo de heredes Iohannis f. Sergii de Urso com. de Campulo. de uno vero latere ponitur parietem communalem haveatis vobiscum. et de alio autem latere ponitur parietem liverum et exinde regie et fenestre et plenarium minianium. longitudinem de cantu in cantu et latitudinem a parietem in foras sicut modo factum et ordinatum est. et licentiam haveatis ipsum pred. minianium cooperire sicut ipse minianius de subtus coopertus est et in ipsum parietem de Iohanne de Sergio de Urso com. de Campulo solariles mittere deveatis

quando ipsum minianium cooperitis quia sic havetis ipsum parietem communalem in ipsum minianium sicut intus in ipsa domo est communalis. et licentiam et potestatem haveatis vobis ss. domum in altum ascendere fabricando quantum volueritis cum omnibus sivi pertinentibus. Insimulque venundedimus vobis et plenaria amba ipsa catodia nostra quod havemus subtus domo de heredes Constantini de dom. Iannu. hoc est ipsum catodium terraneum et ipsum catodium de supra ipsum terraneum. amba ipsa pred. catodia vobis venundedimus cum omnibus sivi pertinentibus. Unde nobis de plenaria ss. domo et de ipsa catodia neque de tota eorum pertinentia nichil remansit. Unde accepimus a vos exinde plenariam nostra sanationem idest auri solidos mansi (*sic*) septuaginta ana tari quattuor per mancosum sicut inter nobis convenit in omnem deliverationem et in omnem decesitionem. ut a nunc die presente et in perpetuis temporibus in vestra et de vestri heredes sint potestatis havendi fruendi possidendi vindendi donandi seu commutandi liveram haveatis potestatem. et iam aliquando exinde neque a nos neque ab heredibus nostris vel a nobis summissam personam nullam requesitionem exinde haveatis non vos non vestri heredes per nullum modum in perpetuum. Insuper nos et heredes nostri vobis et heredes nostri vobis et ad heredibus vestris omni tempore ab omnem hominem omnique persona extranea vel de genere nostro antestare et defensare promittimus. quod si minime vobis exinde fecerimus ducentos byzantios vobis componere promittimus. et ec chartula sit firma. In presentia testium. Trasim[un]do f. Urso Mazoccula. Pulchari f. Mauri com. Constantino f. Mauri de Leopardo. Tauro f. Constantini de Tauro com. Leone f. Mauri Casamarza. Iohanne f. Pantaleonis de Iohanne com. Leone f. Mansoni de Iohanne com. (1).

† Ego Ursus scriva huius civitatis anc chartulam manu propria scripsi.

---

(1) I nomi dei testimoni sono scritti dallo stesso estensore dell'atto.

IX.

(971) — Mansone duca a. 13. — ind. XIV — 1 aprile — Amalfi.

Ursus f. qd. Marini com. de Magno vende a *dom. Iohanni f. qd. Mauroni com.* le terze di un mese per ogni anno di un molino sito *in fluvio amalfitano*, per 10 soldi di tarì.

Perg. di Amalfi, n. 3; arch. di S. Lorenzo n. 63; arch. della SS. Trinità, n. 1135 — Orig. — Alt. 44 × 32; rigata e marginata; corrosa in qualche punto, macchiata altrove — Inedita.

† In nomine domini dei salvatoris nostri Iesu christi. temporibus domini Mansonis gloriosi ducis anno tertio decimo. die prima mensis aprili ind. quarta decima Amalfi. Certum est me Ursus f. qd. Marini com. de Magno. a presenti die pruntissima voluntate venundedimus atque et in presentis cessimus et contradidimus vobis Iohanni f. qd. Mauroni com. idest tertie de plenarium unum mensem per omnem annum de plenaria ipsa mola nostra et vestra aquaria hic in flubio amalfitano positam. cum fabricam et iectum suum quam et cum portionem de plenaria et integra ipsa terra vacua quanta est supra et suptus ipsa mola et supra et suptus ipsum iectum et ex omni parte. quod habuimus de parentorum et de comparatum. set et cum ferramenta et omnia alia sua pertinentia. cum salva viam suam ingrediendi et egrediendi. cum omnia causa. unde nobis neque de ss. tertie de uno mense per omnem annum neque de portionem de ss. terra neque de tota sua pertinentia nihil remansit aut aliquid exinde exceptuabimus set integrum et sine omni minuitate vobis eos venundedimus. Unde et impresentem accepimus a vobis exinde plenaria nostra sanatione auri solidos decem de tari ana tari quattuor per solidum. sicut inter nobis convenit in omnem deliverationem et in omnem decesitionem. ut a nunc die presentem et imperpetuis temporibus in vestram et de vestris heredibus maneat potestatibus havendi fruendi possidendi vindendi donandi commutandi vestrisque heredibus dimittendi liveram habeatis potestatem. et iam aliquando exinde neque à nos neque ab heredibus nostris vel a nobis summissam personam nullam requesitionem exinde habeatis non vos

non vestri heredes per nullum modum imperpetuum. Insuper nos et nostri heredes vobis et at vestris heredibus ab omnem hominem omnique persona extraneas vel de genere nostro antestare et defensare promittimus. quod si minime vobis exinde fecerimus et aut minime non potuerimus eos antestare et defensare ab omni humana persona. tunc daturum me heredibusque meis componere promittimus vobis et at heredibus vestris ante omnem litis initium pene nomine solidos quinquaginta. et hec chartula nostre vinditionis firma permaneat imperpetuum. In presentia testium. Mauro f. Leonis Gangella. Constantino f. Leonis com. de Mansone com. Iohanne d[e U]rso com. de Pardo com. Mauro de Mastalo de ss. Marino com. Iohanne f. Sergii de Leone de S[ergio] com. (1).

† Ego Iohannes scriva hanc chartulam manu propria scripsi.

X.

(977) — Mansone duca a. 10 *post recuperationem* — ind. V — dicembre.

Petrus f. Petri Pedemullu riceve da *dom. Sergio f. dom. Iohanni iudicis f. Sergii de Urso de Sergio com.* una *petia* di vigna e *terra vacua*, sita in Stabia, in luogo *Terrenzanu*, per tenerla a pastinato.

Perg. Monast. soppr., 1ª serie, XIII, n. 196 — Orig. — Alt. 41 × 13 1/2 — Inedita.

† Ego quidem Petrus f. Petri Pedemullu a presenti die firmamus vobis dom. Sergio f. dom. Iohanni iudicis f. Sergii de Urso de Sergio com. hanc chartulam similem de ipsa chartula quod michi fecisti. pro eo quod assignasti nobis una petia vestra de vinea et terra bacua in Stavi posita at Terrenzanu per finis et omnia sicut continet ipsa chartula quod michi inde fecisti. ea rationem ut amodo et semper ego et mei heredes teneamus ss. vineam et laboremus eam cum nostro expensarium ut proficiat et immelioret. et ipso bacuum pastinemus et faciamus amodo et usque at tres annos et armenus eos in pergule. talem curam exinde habeamus ut semper dicat tertius et

(1) I nomi dei testimoni sono scritti dallo stesso estensore dell'atto.

quartus homo quia tota ista vineam bene est armata et cultatam. et amodo et semper vinum et omnem alium frugium quod ibidem dominus dederit omni annue dividamus eos vobiscum et cum vestris heredibus per medietatem sine fraude. et ipsam portionem vestra de ipso vinum portemus vobis ubi recluditis ipso alio vestro vinum et conciemus vobis ipse vestre bucti et inbuctemus vobis eos et nutricemus vobis unum hominem vestrum et demus vobis omni annue pullum unum bonum et sextarium unum de ube passe. et ipsa fructura in ss. locum dividamus per medietatem. et vos et vestris heredes vindicetis nobis eos ab omnem hominem. et qui de nobis et vobis aliquid de ss. placitum minuare voluerit componat auri solidos triginta. et hec chartula sit firma imperpetuum.

† Ego Sergius iudex t. s.

† Ego Petrus f. Ursi t. s.

† Ego Iohannes iudex t. s.

† Ego Iohannes scriba f. Ursi scripsi mense december ind. quinta. decimo anno post recuperationem dom. Mansoni gloriosi ducis.

XI.

(984) — Mansone duca a. 26 e Giovanni duca a. 7. — ind. XII — 4 giugno — Amalfi.

Ursus et Manso, f. Leonis de Cunarene, con le rispettive mogli, *Marenda et Theodonanda*, vendono al prete *dom. Leoni f. Sergii de Leone de Cunari*, di Capri, un *catodium terraneum*, sito sotto la casa di esso compratore in luogo detto *Capud de Crucis*, per soldi *mancosi* 3 e mezzo di tarì.

Perg. di Amalfi, n. 4; arch. di S. Lorenzo n. XXVII; arch. della SS. Trinità, n. 106 — Orig. — Alt. 36 × 29; poco corrosa al margine superiore — Inedita.

[† In nomine domini dei s]alvatoris nostri Iesu christi. tem[poribus domini Ma]nsoni gloriosi ducis et imperialis patricii anno vicesimo sexto. [et septimo] anno domini Iohannis gloriosi ducis filii eius. die quarta mensis iunii ind. duodecima Amalfi. Certum est me Ursus et Manso germanis f. Leonis de Cunarene et Marenda et Theodonanda iugalibus. a presenti die et temp[ore] pronam atque spontaneam voluntatem venundedimus atque et in presentis cessimus et contradidimus vobis dom. Leone presb. f. Sergii de Leone de Cunari de insula Capritana. idest plenarium et integrum ipsum cat[o]dium nostrum terraneum de suptus ipsa casa vestra hic in Capud de Crucis positum. et continet finis. a supra namque ponitur parietem communalem haveatis cum domo Sergii Piscicelli. de suptus itaque ponitur parietem liverum haveatis et exinde fenestram maiore haveatis. de uno latere ponitur a parte ab Amalfi parietem communalem haveatis vobiscum. et de alio autem latere a parte ab Atrano parietem liverum haveatis et exinde regiam haveatis et necessarie et grade fabrite et viam exinde haveatis at ingrediendum et ad egrediendum. per nominatibum ipse necessarie de ipsa casa vestra de supra descendat per tubulas in ipse necessarie de suptus quod nos vobis venundedimus et licentiam et potestatem haveatis in ipsum catodium focularem habere at opus vestrum faciendi. quia nobis exinde de ipsum ss. catodium neque de omnia sua pertinentia aliquid nobis exinde non remansit. Unde accepimus a vos exinde plenariam nostram sanationem idest auri solidi mancosi tres et medium de tari ana tari quattuor per solidum sicut inter nobis conbenit in omnem deliverationem quamque et in omnem decisitionem. ut a nunc die presentem et in perpetuis temporibus in vestra siat potestatem quamque et de heredibus vestris habendi fruendi possidendi vindendi donandi seu commutandi liveram haveatis potestatem. et iam aliquando exinde neque a nos neque hab eredibus nostris vel a nobis summissam personam nullam requisitionem exinde haveatis non vos non vestris heredes per nullum modum in perpetuum. Insuper nos et heredes nostris vobis et had eredibus vestris omni tempore ab omnem hominem nos vobis eos antestare et defensare promittimus. quod si minime vobis exinde fecerimus duodecim byzantios vobis componere promittimus. et ec chartula sit firma in perpetuum. et hoc memoramus ut per ipsam regiam de ipsum catodium gectare deveatis mundeztiam et inverticare aqua et facimus manifestum quia alie chartule non habeamus de ipsum catodium nisi ipsam quod vobis dedimus. si alia chartula exinde paruerit sit inanis et vacua tantum anc chartulam sit firma et stabilis in senpiternum. Te[stes].

† Ego Sergio de Urso com. de Pardo com. t. s.

† Ego Iohannes f. Sergii Victorini t. s.

† Ego Constantinus f. dom. Lupo de Sergio com. t. s.

† Ego Sergius presb. scriva scripsi.

XII.

(985) — Adelferio e Sergio duchi a. 1. — ind. XIII — 20 maggio — Amalfi.

Ursus de Romanu e sua moglie *Matrona* vendono a *dom. Leoni f. Marini de Constantino de dom. Marino* alcune terre site *at Tocculum* per 14 tarì d'oro.

Perg. di Amalfi, ant. fondo, n. 1 — Orig. — Alt. 38 × 23; molto corrosa nella metà inf.; deleta in alcuni punti — Inedita.

† In nomine domini dei salvatoris nostri Iesu christi. temporibus domini Adelferii et domini Sergii genitori et filio gloriosissimis ducibus anno primo. die vicesima mensis magii ind. tertia decima Amalfi. Certum est me Ursus de Romanu et Matrona iugalia. a presenti die prumptissima voluntate. venundedimus atque et in presenti cessimus et contradidimus vobis dom. Leoni f. Marini de Constantino de dom. Marino. idest omnia cum omnibus quantum habuimus at Tocculum iuxta finem vestra. hoc est insertetum castanietum terra vacua totum plenarium et integrum quantum ibidem at Tocculum habuimus. insertetum et castanietum et terra vacua vobis venundedimus cum via sua et omnia sua pertinentia. unde nichil exceptuavimus. et i[pse] chartule nostre comparationis que exinde habuimus vobis tradidimus ut omni tempore sic e[os] habere et possidere debeatis p[er] fi[nes . . . . Unde recepimus a vobis exinde plena]riam nostra sanationem. idest auri tari qu[attu]ordecim sicut i[nter] nos et vos convenit in omnem deliverationem et in omnem decesitionem. ut a [nunc] die presenti et i[n perpetuis] temporibus in vestra et [de vestris] heredibus sit potestate habendi fruen[di possiden]di [vindendi] seu commutandi liveram habeatis potestatem sine omni nostra et de nostris heredibus contrarietate aut requesitione in perpetuum. et ab omne homine nos [et nostri heredes] vobis vestris[que heredibus antestare et defensare promittimus. quod si minime vobis exi]nde fe[cerimus . . . . vobis componere promittimus. et hec chartula sit firma in perpetuum]. et hoc memoramus quia iam sunt mu. . . . . vobis chartulam

firmavimus modo vero firmavimus vobis exinde han[c chartulam vin]ditionis roborata cum subscriptos testes.

† Ego Marinus f. qd. Iohannis de Marin[o t. s.]

. . . .

† Ego Iohannes f. Mauroni de Iohannes.

. . . .

† Ego . . . .

XIII.

(987) — ind. XV — 30 maggio.

Ingizzu f. Stefano magistro e sua moglie *Maria f. Sergii da Puzzu* cedono al prete *dom. Iohanne da Fontanella* una terra, sita in territorio stabiano in luogo detto *at Pastinu,* che essi avevano ricevuta *at pastinandum* da *dom. Tauro f. dom. Iohanne de Tauro com.* e dalla cognata di quello, *Blactu f. dom. Sergii Scancarelli,* e ne hanno in compenso un tarì d'oro.

Perg. di Amalfi, n. 5; arch. di S. M. di Fontanella, n. 24; arch. della SS. Trinità, n. 1108 — Orig. — Alt. 47 × 20 — Inedita.

Solo elemento di data, in questa pergamena, è la cifra dell'indizione. Il prete Giovanni da Fontanella, fondatore del monastero benedettino di S. Maria, che da lui si disse *de Fontanella*, si trova in una pergamena del 993 (v. n. XV) e fece il suo testamento, essendo in fin di vita, nel 1008 (CAMERA, I, p. 221; che vi dà la data 1007 adoperando lo stile romano). Va quindi assegnato questo documento agli ultimi decenni del secolo X o ai primi anni del XI. La XV indizione ricorreva nel 972, nel 987 e nel 1002. Ci atteniamo, come più probabile, alla data media, non escludendo le altre due.

† Manifestum facimus nos Ingizzu f. Stefano magistro et Maria iugali f. Sergii da Puzzu. qui simus in vice nostra et in vice de ipsum infantulum cognato et germano nostro qui defuntus est. et nos gundeniiamus a partibus eius. scrivere et firmare visi sumus vobis dom. Iohanne presb. da Fontanella ipsa terra quod nobis dederat a pastinandum dom. Tauro f. Iohanni de Tauro com. in territorio staviano loco nominato at Pastinu. iam nos illos minime pastinavimus. modo vero emisimus illos aput vos quia minime potuimus illos pastinare. Unde vos de presentem propter vonam voluntate dedistis nobis exinde aureum tari unum. Unde de presentem firmavimus vobis an chartulam manifestationis. ut iam aliquando vos exinde non queramus

de ipsa ss. terra campis silvis vineis fructiferis omnia cum omnibus quantum dederat nobis at pastinandum ss. dom. Tauro f. dom. Iohanne de Tauro com. et dom. Blactu cognata ss. dom. Tauri et f. dom. Sergii Scancarelli. ud av odierna die et in perpetuis temporibus in vestra et de vestris heredibus sit potestatem habendi fruendi possidendi vindendi donandi seu comutandi liveram habeatis potestatem. et iam aliquando neque a nos neque hab ehredibus nostris vel a nobis summissam personam nullam requisitionem exindem habeatis non vos non vestros heredes per nullum modum in perpetuum. Insuper nos et heredes nostri vobis et ad eheredibus vestris omni tempore hab omnem omnem (1) vobis eos antestare et defensare promittimus. quod si minime vobis exinde fecerimus duodecim byzantios vobis componere promittimus. et ec chartula sit firma in perpetuum.

† Constantinus f. Constantini f. Mauri de Leopardo t. s.

† Muscus f. Leonis de Stephano de Lupino com. t. s.

† Mauronus f. Musci de Maurone de Constantino de Leone com. t. s.

† Ego Iohannes scriva scripsi die tricesima mensis magii ind. quinta decima.

XIV.

(990) — ind. III — 2 settembre.

Petrus f. Leonis de Lupo da Baniara, anche in nome della moglie *Drosu* e della cognata *Bona,* cede al prete *dom. Iohanne da Fontanella* una terra, che essi avevano ricevuta *at pastinandum* da *dom. Tauro f. dom. Iohanni de Tauro com.* e dalla cognata di quello, *Blactu,* e ne ha in compenso un tarì d'oro.

Perg. di Amalfi, n. 6; arch. di S. Maria di Fontanella, n. 10; arch. della SS. Trinità, n. 691 — Orig. — Alt. 36 × 22 1/2 ; alquanto deleta nella parte superiore — Inedita.

Questa pergamena, che non ha elementi di data oltre l'indizione, è senza dubbio vicina a quella n. XIII, la quale è scritta dallo stesso *Iohannes scriva* e riguarda lo stesso prete *Iohannes da Fontanella*. Quindi, per le ragioni esposte avanti, si attribuisce all'anno 990, non escludendo la possibilità delle date 975 e 1005.

† Manifestum facimus nos Petrus f. Leonis de Lupo da Ba-

---

(1) Leggi: *hominem*.

niara qui sum in vice mea et in vice de Drosu uxori mee et de Bona cognata mea. et ego quindeniio a partibus eorum. a presenti die prunptissima voluntate scrivere et firmare visu sum vobis dom. Iohanne presb. da Fontanella ipsa terra quod nobis dederat at pastinandum dom. Tauro f. Iohanni de Tauro com. in territorio stabiano loco nominato at Pastinu. [iam] nos [illos] minime pastinabimus. modo vero emisimus illos aput vos quia minime potuimus illos pastinare. Unde vos de presentem propter vonam voluntate dedistis nobis exinde aureum tari unum. Unde de presentem firmavimus vobis anc chartulam manifestationis. ut iam aliquando vos exinde non queramus de ipsa ss. terra campis silvis vineis fructiferis ve infructiferis omnia cum omnibus quantum dederat nobis at pastinandum ss. dom. Tauro f. dom. Iohanni de Tauro com. et dom. Blactu cognata ss. dom. Tauri et f. dom. Sergii Scancarelli. ut ab odierna die et in perpetuis temporibus in vestra et de (1) vestris heredibus sit potestatem habendi fruendi possidendi vindendi donandi seu commutandi liveram habeatis potestatem. et iam aliquando neque a nobis neque ab heredibus nostris vel a nobis summissam personam nullam requesitionem exinde habeatis non vos non vestros heredes per nullum modum in perpetuum. Insuper nos et heredes nostri vobis et ad heredibus vestris omni tempore hab omnem hominen vobis eos antestare et defensare promittimus. quod si minime vobis exinde fecerimus duodecim byzantios vobis componere promittimus. et hec chartula sit firma in perpetuum.

† Ego Iohannes f. Sergii de Mauro com. t. s.

† Ego Mauro de Petri de Iohanne com. t. s.

† Ego Maurone f. Musco de Maurone com. t. s.

† Ego Iohannes scriva scripsi die secunda mensis septembrii ind. tertia.

---

(1) Le parole *et de* sono interlineari.

XV.

(993) — Mansone duca a. 35 e Giovanni duca a. 17 — ind. VI — 14 luglio — Amalfi.

Leone f. qd. Sergio de Musco com. e sua moglie *Monda* vendono al prete *dom. Iohanne da Funtanella* una vigna sita in territorio stabiano per 16 soldi d'oro.

Perg. di Amalfi, n. 7; arch. di S. Maria di Fontanella, n. 78; arch. della SS. Trinità, n. 463 — Orig. — Alt. 58 × 33; marginata e rigata — Inedita.

✝ In nomine domini dei salvatoris nostri Iesu christi. temporibus domini Mansonis gloriosi ducis et inperialis patricii anno tricesimo quinto et septimo decimo anno domini Iohanne gloriosi ducis filii eius. die quarta decima mensis iulii ind. sexta Amalfi. Certum est me Leone f. qd. Sergio de Musco com. et Monda iugali. a presenti die et tempore pronam hatque spontanea voluntate venundedimus hatque et in presentis cessimus et contradidimus vobis dom. Iohanne veneravile presb. de sancta dei genitrice virgo Maria da Funtanella. idest unam peziam de vinia in territorio staviaano positam. qui est coniunta cum ipsum casalem vestru cum ipsa oliva ibidem habentem et pomifera et salici. unde reclaramus vobis exinde ipsas fines. ha supra et de uno latere ponitur finis mea. de suptus itaque ponitur fini finem de ipsi Carongi. et de halio hautem latere ponitur fini finem de Iohanne de Vono da Patrilano et fini finem vestra. et continet de longitudinem de uno latere oc est a parte vestra passi camisali triginta septem. et de halio autem latere ponitur oc est a parte mea passi camisali triginta septem. et continent de latitudinem in caput passi camisali sex et in media loca continent de latitudinem passi camisali sex et in pede sustinent de latitudinem tam similiter passi camisali sex. et expedicata ista finem da istis ss. passi sex de suptus mensuravimus haliam peziam de vinea. mensuravimus da uno latere in iusu oc est da ipsa parte mea passi camisali decem et octo et medium. et de hallo autem latere ponitur oc est a parte vestra et de Iohanne de Vono da Patriziano continent de longitudinem tam similiter passi camisali decem et octo et medium. et continent de latitudinem in caput ista halia pezia de vinea passi camisali quattuordecim. et in media loca continent de latitudinem passi camisali tredecim et das (*sic*) partes de passum. et in pede sustinent de latitudinem passi camisali sedecim. cum salva viam suam per vestra causam in amve ipse ss. pezie de vinea. unde nobis ibidem sicut ss. finis hat mensuriam concluditur nihil remansit quia sic pleniter et sine omni minuitatem vobis illos venundedimus. Unde accepimus ha bos exinde plenariam nostra sanazionem idest hauri solidos sedecim ana tari quattuor per solidum sicut inter nos et vos vone voluntatis convenit in omne deliverazionem et in omne decesitiionem. ut a nunc die presentem et in perpetuis temporibus in vestra siat potestate quamque et de heredidbus vestris habendi fruendi possidendi vindendi donandi seu commutandi liveram habeatis potestatem. et iam haliquando exinde neque a nobis neque hab eredibus nostris vel a nobis summissam personam nullam requesitiionem exinde habeatis non vos non vestris heredes per nullum modum in perpetuum. Insuper nos et heredes nostris vobis het had eredibus vestris omni tempore hab omne ominem omnique persona extranea vel de genere nostro vobis eos antestare et defensare promittimus. quod si quovis tempore contra anc chartulam binditiionis ut continent venire presumserimus et minime hatimpleverimus ec omnia que superius legitur. tunc obligamus nos hat componendum vobis haureos solidos numeros triginta et sex byzantinos. et ec chartula binditiionis firma permaneat in perpetuum.

† Ego Petrus f. Constantini de Sergio com. de dom. Sirico t. s.

† Petrus f. Fluri t. s.

† Ego Iohanne f. Pardo de Iohanne t. s.

† Ego Taurus scriva scripsi.

XVI.

(997) — Giovanni principe a. 14 e Guaimario principe a. 8 — ind. X — febbraio — Salerno.

Disijo f. qd. Mansoni (di Amalfi) *f. de Musco com.*, sua madre *Renda f. Dauferi* e sua moglie *Gemma* dichiarano che tutte le terre del suddetto Mansone (site ne' luoghi *Tigillara in Aquabiba, Casanoba, campora de Aurano, Collectaru, Arcu* e *Pusillara*) spettano ad esso Disigio, salvo i *morgincap* della madre e della moglie. La metà di tali terre essi vendono a *Palumbo Staibano f. Mauri Ipocti de Agusto* per 40 tarì d'oro.

Copia nel *Chartul.* di S. M. di Fontanella, n. 44 (manca l'orig.). — Inedita.

† In nomine domini. quarto decimo anno principatus domini nostri Iohanni et octabo anno principatus domini Guaimarii eius filii gloriosi principibus. frebuarius decima ind. Ideoque nos Disijo f. qd. Mansoni qui fuit amalfitanus qui fuit filius de Musco com. et ego mulier nomine Renda f. Dauferi qui fuit uxor suprad. Mansoni. qui sumus mater et filio. quam et ego Gemma qui sum uxor istius Disigi. clarefacio ego iamdictus Disijo quoniam pertinentes est michi abere rebus a parte suprad. Mansoni genitori nostro per locis que inferius declaramus. qui sunt infra fines et pertinentia de Ducato Amalfitanorum sunt locora ipsa nominatiba. locum qui dicitur Tingillara in Aquabiba et locum qui dicitur Casanoba et in abba ipsa campora de Aurano et in locum qui dicitur Collectaru seu et in Campu de Auranu. cum ipse talle de granaticle et de ipsa binea de locum qui dicitur Arcu et de locum qui dicitur Pusillara. Istis locis quas supra diximus sunt infra ipse fines et pertinentia de ipso Ducato Amalfitanorum. Et ego iamdicta Renda palam facio in eadem rebus de suprad. locis qui fuit suprad. Mansoni abere quartam partem mihi emissa per meum scriptum morgincap ab ipso Manso qui fuit biro meus alio die (*sic*) nostre copulationis. Et ego iamdicta Gemma palam facio abere quartam partem in sortionem istius Disigi biri mei de ipsa rebus per meum scriptum morgincap mihi emissum ab isto biro meus a hodie nostre coniuntionis. Et congium (*sic*) est nobis supradicti Disijo et Renda et Gemma

secundum legem et consuetudinem romanorum mediam ipsa sortionem quod ipse Manso abuit in iamdictis locis benundare Palumbi Staibano f. Mauri Ipocti de Agusto. Et ideo nos suprad. Disijo et Renda et Gemma unianimiter parique consensum per anc cartulam ante subscripti idoneis ominibus secundum legem et consuetudinem romanorum nostre bone boluntatis communiter benundedimus tivi iamdicto Palumbi media ipsa sortione qui fuit suprad. Mansoni qui fuit genitor meumque Disigj et birum meumque Rende quod nobis pertinet in suprad. locis Tigillara in Aqua biba et in locum qui dicitur Casa noba et medie tote ipsa sortionem ipsius Mansoni de abba ipsa campora de Aurano. quam et media ipsa portionem qui fuit ipsius Mansoni de ipsa petia de castanietum in locum qui dicitur Collectaru. seu et media ipsa sortione ipsius Mansoni de ipso Campu de Auranu cum ipse talle de granache. quam et media ipsa sortionem ipsius Mansoni de ipsa binea de locum qui dicitur Arcu. seu et media ipsa sortione ipsius Mansoni de locum qui dicitur Pusillara. sicut diximus media ipsa sortionem qui fuit ipsius Mansoni tivi iamdicti Palumbi benundedimus. Ideo sicut superius diximus quantum ipse Manso in suprad. locis abuit et nobis pertinet media ipsa sortionem qui fuit ipsius Mansoni tivi iamdicti Palumbi benundedimus cum omnia intro se abentibus omnibusque suis pertinentiis et cum bice de bia sua ad securiter et firmiter amodo et semper tu tuisque eredibus media ipsa sortione ipsius Mansoni de pred. locis eos habendum possidendum omnia exinde faciendum quod bolueritis et ipsa alia medietate de ipsa sortionem qui fuit ipsius Mansoni de pred. locis ad nostram illa reserbabimus potestatem faciendum quod boluerimus. Unde pro confirmandum et stabiliscandam suprad. nostra binditione a presentis recepimus a te exinde quadraginta auri tari voni in omnis deliberatione sicut inter nos conbenit. de qua nos suprad. Disijo Senda et Gemma unianimiter parique consensum per bonam combenientiam obligabimus nos et nostris eredibus amodo et semper antistandum et defensandum tivi tuisque heredibus inclita suprad. nostra binditione da omnes omines omnique partibus. quis si minime illud vobis defensare non potuerimus aut si nos nostrisque eredibus quomodocumque per qualecumque ratione quesierimus illud vel exinde vobis tollere aut contrare aut si quodcumque causationes inde vobis preposuerimus. tunc primum omnium questio et causatio nostra et de nostris eredibus sint exinde tacita et bacua et componere obligabimus nos suprad. Disijo Senda et Gemma et nostris eredibus tivi iamdicti Palumbi tuique eredibus duplum suprad. pretium et quod ista nostra vinditione aput vos in quabis parte meliorata paruerit vel factum edificium sub extimationem pretii illut vobis restituamus. de colludio ante legibus vobis iuremus per dei misteria. et tali ordine scribere rogabimus te Alfanus notarius. Actum Salerno.

† Ego Arehisi.

† Ego Grimoalt.

† Ego Landolfus.

XVII.

(998) — ind. XI — novembre.

. . . *Grassus* (?) e sua moglie *Eufimia*, *f. Iohannis de Casa lupo*, vendono a *dom. Leoni f. dom. Marini de Constantino de dom. Marino* la sesta parte della porzione di varie terre, data *at pastinandum* da varie persone al suddetto loro suocero e padre Giovanni, per prezzo di 9 tarì d'oro.

Perg. di Amalfi, n. 8; arch. di S. Maria di Fontanella, n. 23; arch. della SS. Trinità, n. 540 — Orig. — Alt. 29 1/2 × 21; deleta nei primi righi — Inedita.

Leo scriba f. Leonis scrisse altro atto nel 999 (Cod. Perris, n. 78). La grafia anche fa assegnare questo documento intorno a quell'epoca. L'ind. XI ricorre nel 998 e nel 1013.

. . . . Grassus (?) [et Eu]fimi[a] iugales. filia Iohannis de Casa lupo. a presenti die promtissi[ma voluntate] venundedimus et contradidimus vobis dom. Leoni f. dom. Marini de Constantino de dom. Marino. idest sextam partem de ipsa portione ss. Iohannis soceri et genitoris nostri que eum tetigere debuit de plenario ipso inserteto quod tulit at pastinandum a Theodonanda relicta Constantini f. Sergii de dom. Iohanne. et sextam partem de ipsa portione que debuit tetigere ss. [soce]r et genitorem nostrum a dom. Stefano de ipsa vinea in illo latere Terenzanu posita. et sexte de ipso quod habet ss. Iohannes socerus et genitor noster at ipsa Orsara. et ubicumque de causa ss. Iohannis soceri et genitoris nostri inventa dederit sextam partem vobis exinde venundedimus. excepto ipso vinea et inserti da Cinte de iuxta Iohanne f. Sergii de Constantino de Leupardo. quod in nostra reservavimus potestate. nam in omni alio loco ubicumque de causa ss. Iohannis soceri et genitoris nostri inventa dederit sextam partem vobis exinde venundedimus sine minuitate. unde nobis exinde nichil remansit. et ipsam chartulam quam exinde habuimus vobis tradidimus. Unde accepimus a vobis exinde plenariam nostram sanationem idest auri tari nobem sicut inter nos et vos convenit in omnem deliberationem et in omnem decesitionem. ut a nunc die presenti et in perpetuis temporibus in vestra et de vestris heredibus sit potestate faciendi et iudicandi exinde omnia que volueritis absque omni nostra et de nostris heredibus contrarietate aut requesitione. Insuper nos et heredes nostri vobis vestrisque heredibus omni tempore ab omne homine omnique persona extranea vel de genere nostro antestare et defensare promittimus. quod si minime vobis exinde fecerimus duodecim byzantios vobis componere promittimus. et hec chartula sit firma in perpetuum.

† Ego Marinus f. de Iohannes de Marin t. s.

† Ego Iohannes de Sergio de Urso de Sergio com. t. s.

† Ego Constantinus f. Constantini curialis t. s.

† Ego Leo scriba f. Leonis scripsi mense nobembrio ind. undecima.

XVIII.

(1004) — Mansone duca a. 46, Giovanni a. 28 e Sergio a. 2. — ind. II — 20 marzo — Amalfi.

Manso dux et Iohannes dux donano a *dom. Blactu* abbadessa del monastero di S. Lorenzo le terre demaniali site in *Argentaro* ed una vigna, anche demaniale, *in Caput de Pendulo.*

Perg. di Amalfi. n. 9; arch. di S. Lorenzo, n. XIII; arch. della SS. Trinità, n. 659 — Orig. — Taglio a coda: alt. 78 1/2 × 29 — Marginata a sin.; lievemente corrosa al margine destro — Rip. dal Camera, I, p. 188; II, p. 657; e App., n. XX.

† In nomine domini dei salvatoris nostri Iesu christi. die vicesima mensis martii ind. secunda Amalfi. Nos Manso domini gratia dux et anthipatus patricius. et Iohannes dei providentia dux genitor et filius. a presenti die pro redemtione anime nostre scrivere et firmare visi sumus vobis domina Blactu domini

gratia monacha et abbatissa monasterii puellarum sancti Laurentii quod intus hanc civitatem constructum est hanc chartulam offertionis. pro eo quod ante hos annos dedimus et offersimus in ss. monasterio omnia cum omnibus quod habuit ipse publicus noster in Argentaro infra fines de heredibus Pardi com. et de ipsis de domina Iannu quam et de ipsis Articella seu et omnia cum omnibus quod infra ipsas pred. fines nobis obbenit in camnium a Iohanne de Lupino com. hoc est vineis pomiferis olivetis insertetis castanietis terris campis et silbis cum viis suis et omnibus sibi pertinentibus. quam et plenaria ipsa petia de vinea in Caput de Pendulo posita que fuit causa de ipso publico nostro et partem nobis exinde obbenit ex comparationem per chartulam ab eredibus Constantini Carelli. qui continet finis. a supra fini causa nostri publici. de suptus et de uno latere fini via publica. et de alio latere fini causa sancti Marciani. unde nichil exceptuavimus. et fecimus exinde tando in ipsis diebus due chartule offertionis in ss. monasterio. et ipse pred. chartule offertionis cum alie chartule se perdiderunt. Modo vero nos propria nostra voluntate propter quod se ipse ss. chartule offertionis perdiderunt firmavimus vobis exinde at vicem hanc chartulam offertionis. ut hab odierna die et in perpetuis temporibus tota plenaria ipsa ss. hereditatis de Argentaro de territorio staviano et tota ipsa ss. vinea de Caput de Pendulo quod nos offertum habuimus ante hos annos in ss. monasterio in vestra et de posteris vestris succestricibus sit potestate at frugiandum et dominandum in perpetuum. et [at] utilitatem ss. monasterii faciatis exinde omnia que volueritis absque o[mni] nostra et de posteri nostri successores contrarietatem aut requesitionem in perpetuum. et si quolivet tempore sive posteri successores nostri vel quavis alia humana persona contra hanc chartulam venire presumserit et aliquod at ss. monasterium exinde tollere vel minuare voluerit illa persona habeat anathemam et maledictionem a patre et filio et spiritu sancto et partem habeat cum Iuda traditore domini nostri Iesu christi. insuper componere debeat in ss. monasterio auri solidos ducentos byzantinos. et chartula ista firma permaneat in perpetuum. et si aliquando inventa dederit ipse chartule offertionis mittere se debeant aput ss. monasterium absque damnietate de pred. monasterio.

† Ego Lupinus de Maurone Dentice t. s.

† Ego Maurus f. Leoni de Mansone com. t. s.

† Ego Constantinus f. dom. Lupo de Sergio com. t. s.
† Ego Sergius f. Sergii Ferafalcone t. s.
† . . . . . (1).
† Ego Leo scriva scripsi anni ducatus ss. potestatis quadragesimo sexto et vicesimo octabo anno domini Iohannis gloriosi ducis filii eius et secundo anno domini Sergii gloriosi ducis nepoti et filii eius.

XIX.

(1005) — Giovanni duca a. 29 e Sergio a. 3 — ind. III — 1 aprile — Amalfi.

(Cristina) f. dom. Leonis f. Muscu comitissa vende a *dom. Iohanni Ninno Meo* 40 *pergule* di vigna, site *in Pigellola supra Aqua taurina*, per 3 soldi d'oro di tarì.

Perg. di Amalfi, n. 10; arch. di S. Lorenzo, n. 41; arch. della SS. Trinità, n. 954 — Orig. — Alt. 35 × 15 (mancano i primi due righi). Molto corrosa nella parte sup. e destra — Inedita.

[† In nomine domini dei salvatoris nostri Iesu christi. temporibus dom. Iohannis gloriosi ducis anno vicesimo nono et tertio anno domini Sergii gloriosi ducis filii eius] (2). die prima mensis aprelis ind. tertia Amalfi. [Certum] est me Cri[stina qui fui de] dom. Leonis f. Muscu comitissa. a pres[enti die prom]tissima volumtate venumdedimus atque et in presente cessimus et contradidimus vobis dom. Iohanni Ninno Meo f. ss. dom. Leone domi[no] Meo. idest plenarie et integre ipses quad[raginta] pergole de desertas vinea in Pigellola posite supra Aqua taurina quod per testa[mentum dimise]rat Iohannes Cintragallum at Urso filio meo. quod mihi ille fecit qualiter ipse pred. testamentum proclamat. quod vobis tradidimus cum vie s[ue] et omnia sua pertinentia. unde nobis ibidem nihil remansit. Unde accepimus a vobis exinde ple[na]ria nostra sanationem

(1) Questa sottoscrizione autografa, probabilmente in scrittura greca, pure avendo interrogato i nostri più egregi paleografi, non mi è stato possibile interpretare.

(2) I nomi dei duchi, mancanti nell'originale, si trovano nel *Chartul. amalph.* del Camera e nel Codice Perris.

auri solidos tres ana ta[ri quattu]or per solidum. sicut inter nobis comvenit in omnem [de]liverationem et in omnem decesitionem. ut a nu[nc] die presenti et in perpetuis temporibus in vestra et de vestris heredes sit potestatem habendi fruendi posside[ndi] vindendi donandi seu commutandi liver[am] et obsolutam habeatis potestatem sine omni [nostra] et de nostri heredes contrarietate aut requesitione in perpetuum. Insuper nos et nostri heredes vobis et vestris heredibus hab omnem hominem illud antestare et defensare promittimus. quod si minime vobis exinde fecierimus duode[cim] bizantios vobis componere promittimus. et ec chartula sit firma in perpetuum.

† Ego Iohannes f. Leo[nis] de Iohannes de Leone com. t. s.

† Leo f. Pulc[ari Mariscalcho] t. s.

† Ego Iohannes f. Niceta imperialis protospatharius t. s.

† Ego Iohannes scriva f. Pulcari scripsi.

XX.

(1006) — ind. IV — aprile.

Iohannes f. qd. Sergii Barbagelata e *Sergio f. qd. Sergii da Ponte Primaru*, in seguito ad una questione di confine sorta nelle loro terre site a *Ponte Primaru* in *Reginnis Maiori*, assistiti dai *boni homines*, addivengono ad un accordo e pongono i termini.

Perg. di Amalfi, n. 11; arch. di S. Lorenzo, n. XII; arch. della SS. Trinità, n. 947 — Orig. — Alt. 53 × 17 1/2. Lievemente corrosa nel lembo sup. — Rip. monca dal CAMERA, I, p. 166.

In mancanza degli elementi di datazione è da notarsi che Costantino estensore di questo atto ha scritte le due pergamene n. XXI e XXVIII, che vanno assegnate tra gli ultimi anni del sec. X e il primo quarto del XI; ed il primo dei testimoni, *Iohannes de Leone com.*, ha sottoscritta la stessa pergamena n. XXI. La IV ind. ricorre negli anni 1006, 1021 e 1036, ai quali il documento può appartenere.

† Ego quidem Iohannes f. qd. Sergii Barbagelata. a presenti die pruntissima voluntate scribere et firmare visus sum vobis Sergio f. qd. [Ser]gii da Ponte primaru hanc chartulam securitatis. ob quibus vos qu[erere vi]sus fui dicendo. — quia transsisti

ipsam finem qui fuit a latus d[e] ipsum insertetum nostrum de Reginnis maiori da Ponte primaru inter nos et vos et venisti in causam nostram cum ipsa terra vestra quam nobis ibidem habetis at latum et tulisti de ipsa causa nostra. — et vos dicendo a parte vestra. — absit hoc et veritas non est ut nos cum ipsa fine nostra indat vos venissemus aut de causa vestra tulissemus set sicut sedivimus de betere ita modo eos tenemus. — Et de his pred. capitulis habuimus vobiscum altercationes multas. et iudicata sunt exinde inter nos sacramenta. deinde perrexi[mus] ibidem supra ipsum locum cum bonis hominibus et ibidem astantibus et multum inter nos litigantibus placuit deo fecimus exinde vobiscum finem bonam et conbenientiam sine sacramento qui nobis et vobis placuit. primis omnibus battivimus crucem in tallea de ipsum insertum da caput buforet. et inde in iusu battivimus alia cruce in ipsa ceppa qui est a subtus ipsa via. et posuimus columnellum fabritum in ipsa ripa da pede qui est in caput de ipsa causa de sancto Prisco. ut sicut limpido decurrit at lentiam de cruce in cruce et in ipsum ss. columnellum sic siat finis omni tempore inter nos et vos et nostri et vestri heredes in perpetuum. et emisimus exinde inter nos securitates at invicem nos vobis et vos nobis in omnem deliberationem et in omnem decesitionem. ut si quolibet tempore per quovis modum vel ingenium sive nos et nostri heredes seu per summissam personam voluerimus transire indat vos ss. finem aut eam vobis contrare componamus vobis et vestris heredibus nos et nostri heredes aureos solidos viginti byzantinos. similiter et si vos et vestri heredes ss. finem indat nos transsire presumseritis ss. penam nobis et nostris heredibus vos et vestri heredes componere debeatis. et hec chartula securitatis ut super legitur sit firma in perpetuum. et hoc reclaramus ut ab ipsa ss. ceppa ubi fecimus ipsam crucem qui est a subtus ipsa via usque at pede in ipsum columnellum quod fabricavimus in ipsa ripa in finem de sancto Prisco separemus nos ab ipsa fine quam fecimus vobiscum indat causa nostra passum unum camisale et sic ibidem pastinemus ipsi tigilli quia sic nobis stetit.

† Ego Iohannes f. Leoni de Constantino de Leone com. t. s.

† Ego Iohannes f. Sergii protospatharius t. s.

† Ego Iohannes f. Pantaleone de Iohannis t. s.

† Ego Constantinus presb. scriva scripsi mense aprile ind. quarta.

XXI.

(1007) — ind. V — ottobre.

Drosu f. Constantini de Marino de Iohanne com. neapolitanus, anche in nome del marito *Mauri f. Constantini de Mauro de Petro com.*, avendo litigato con *dom. Leoni* arcivescovo amalfitano, e per esso col monast. dei SS. Cirico e Giulitta, pretendendo spettarle la sua parte su una terra sita in Stabia, *loco Siriniano*, che *Marinus* suo fratello uterino aveva venduta a quel monastero, si accorda con l'Arcivescovo rinunziando ai suoi diritti in compenso di 4 tarì.

Perg. di Amalfi, n. 12; arch. di S. M. di Font., n. 15; arch. della SS. Trinità, n. 561 — Orig. — Alt. 29 1/2 × 20; alquanto corrosa in qualche punto — Rip. dal CAMERA, I, p. 224.

Constantinus presb. scriva ha scritte pure le perg. n. XX e XXVIII, che non vanno oltre il 1036. L'arcivescovado di Leone va dal 987 al 1030 (CAMERA, I, p. 157). In questo periodo l'ind. V ricorre nel 1007 e nel 1022. Il CAMERA (I, p. 223) l'assegna alla prima data.

† Ego quidem Drosu f. Constantini de Marino de Iohanne com. neapolitanus. que sum pro vice mea et pro vice Mauri viri mei f. Constantini de Mauro de Petro com. qui est at navigandum. et ego quindenio a parte sua. a presenti die prumtissima voluntate scribere et confirmare visa sum vobis dom. Leoni bene[rabi]li archiepiscopo et vestro denique monasterio sanctorum martirum Cirici et Iulitte hanc chartulam. pro eo quod vos querere visa sum de ipsa terra quam vobis venundedit Marinus uterinus frater noster in Stabi posita loco nominato Siriniano. dicendo vobis. — quia in omnia de Stabi quantum vobis vendivit pred. Marinus frater noster habemus nos ipsam portionem nostram date nobis eam.—et vos nobis dicendo.—ecce chartula quam nobis fecit pred. Marinus quomodo nobis vendivit plenaria ipsa terra de Stabi quodcumque ibidem habuit per semedipsum et vice vestra. — et nos respondendo. — absit deus ut eos sciremus quando vobis ipsam pred. chartulam fecit. neque mihi exinde aliquid non dedit. et ecce chartula securitatis quam mihi ipse Marinus fecit qui proclamat ut habeam ibidem ipsam sortem

meam. — Et cum multas questiones exinde fecissemus ibimus exinde at iudicium. et per ipsam pred. securitatem iudicatum est inter nos ut daretis mihi exinde partem meam. propterea dedisti mihi exinde tari quattuor. et ego dedi vobis pred. securitatem. Unde repromitto et obligo me vobis per hanc chartulam securitatis. ut iam aliquando ego vel mei heredes nec per summissam personam non habeam licentiam aut potestatem vos exinde querere vel pred. monasterium per nullum modum in perpe[tuum. et si] vos vel iamdictum monasterium aliquando exinde quesierimus obligamus nos cum nostris heredibus at componendum vobis et ss. monasterio vestro aureos solidos viginti byzantinos. et hec chartula sit firma in perpetuum. set hoc recordamus ut ubi venerit Marinus germanus meus et quesitis eum ut vos restauret et ille me quesierit monstrate nobis ipsam securitatem quam vobis dedimus.

† Ego Iohannes f. Leoni de Constantino de Leone com. t. s.

† Muscus f. Leonis de Stephano de Lupino com. t. e.

† Manso f. Leonis de Constantino de Leone com. t. s.

† Ego Constantinus presb. scriva scripsi mense octuber ind. quinta.

XXII.

(1007) — Giovanni duca a. 31 e Sergio a. 5 — ind. V — 19 aprile — Amalfi.

Iohannes f. Iohannis Circinello vendette a *Sisinni f. Sergii de Aligardo* una vigna in Pecara per 3 soldi d'oro, senza istrumento. Avendola poi il compratore rivenduta a *Sergio f. Sisinni da Picara*, a richiesta di costui il suddetto Giovanni gli fa direttamente istrumento di vendita, ricevendone in supplemento di prezzo un tarì.

Perg. di Amalfi, n. 13; arch. di S. M. di Font., n. 105; arch. della SS. Trin., n. 15 — Orig. — Taglio irregolare: alt. 52 1/2 × largh. mass. 19 — Pubbl. dal Camera, I, p. 190.

A tergo si legge in scrittura gotica corsiva: « *Chartula de hereditate de Pecara . . . ipsa via* ».

† In nomine domini dei salvatoris nostri Iesu christi. temporibus domini Iohannis gloriosi ducis anno tricesimo primo

et quinto anno domini Sergii gloriosi ducis filii eius. die nona decima mensis apreliis ind. quinta Amalfi. Certum est me Iohannes f. Iohannis Circinello. a presenti die pruntissima voluntate scrivere et firmare visus sum vobis Sergio f. Sisinni da Picara hanc chartulam vinditionis. pro eo quod ante os annos venundedimus at Sisinni f. Sergii de Aligardo una petia nostra de vinea im Pecara posita. et accepimus av illum exinde auri solidos tres et minime at illum exinde fecimus chartulam vinditionis. et propter quod ss. Sisinni venundedit vobis ipsa ss. petia nostra de vinea quam nos at illum abuimus vendita. quesisti nos ut firmare vobis exinde chartulam vinditionis qualiter illam habuimus facere at ss. Sisinni. et nos propria nostra voluntate firmavimus vobis exinde hanc chartulam vinditionis. et vos nobis iunsisti tari unum. et reclaramus vobis exinde ipsas fines. a supra fini via publica. de subtus et de uno latere fini finem vestra. et de alio latere fini finem de ipso publico. cum salva viam suam. unde nobis exinde nichil remansit. in omnem deliverationem et in omnem decesitionem. ut a nunc die presenti et in perpetuis temporibus in vestra et de vestris heredibus sit potestatem habendi fruendi possidendi vindendi donandi seu commutandi liveram habeatis potestatem. sine omni nostra et de nostris heredibus contrarietatem haut requesitionem in perpetuum. Insuper et hab omnem ominem nos et nostri heredes vobis et vestris heredibus illut antestare et defensare promittimus. quod si minime vobis exinde fecerimus dupplo pretio vobis componere promittimus. et hec chartula sit firma in perpetuum. solummodo si quesierit nos heredes ss. Sisinni de ista chartula quam vobis fecimus vos et vestri heredes nos et nostri heredes exinde defendere debeatis ut nullam danietatem exinde abeamus et si nos exinde non defensaveritis siat ista chartula rupta.

† Ego Leo f. Sergii de Leone de Constantino com. t. s.

† Ego Sergius f. Constantino f. Leone de Constantino com. t. s.

† Ego Gregorius f. Lupino de Iohannes Aquafrigida t. s.

† Ego Leo scriva hanc chartulam scripta per manus Iohannis discipuli mei filii Leonis complevi.

XXIII.

(1007) - ind. V — luglio.

Leone f. Mauri de Iohanne com. de dom. Iannu et Niceta f. Iohannis protospatharii f. dom. Nicete archipresb. dividono con i cugini *Iohanne f. Sergii de Iohanne com. de Armogenio com. et Gregorio f. Armogeni de ss. Ioanne com. de Armogenio com.* un casale sito in territorio stabiano *at Argentaro,* proveniente loro da comuni ascendenti.

Perg. di Amalfi, n. 14; arch. di S. M. di Font., n. 30; arch. della SS. Trin., n. 793 — Orig. — Alt. 57 X 26; deleta e corrosa nella parte sin. — Inedita.

Di *Iohannes Rapicane* si ha notizia in una perg. del 1024 (n. XXXVII); in altra del 1035 (n. XLII) è firmato un *Iohannes iudex f. Nicete protospatharii,* che probabilmente è figlio di uno dei contraenti. Quindi con ogni probabilità questo docum. va assegnato al primo trentennio del sec. XI. L'ind. V ricorre nel 1007 e nel 1022.

† Chartula firmã merissi divisionis a nobis Leone f. Mauri de Iohanne com. de dom. Iannu et Niceta f. Iohannis protospatharii f. dom. Nicete archipresb. dividere et diffinire visi sumus vobiscum Iohanne f. Sergii de Iohanne com. de Armo[genio] com. et Gregorio f. Armogeni de ss. Iohanne com. de Armogenio com. qui sitis ambo exadelfi germanis. [plen]arium et integrum ipsum casalem in territorio staviano positum loco nominato at Argentaro. qui [fuerat de] ss. Iohanne com. habium vestrum et de Sergio com. germanum suum terabium de me ss. Niceta. [unde v]os ambo habetis ipsam medietatem ss. Iohannis com. habii vestri. et nos ambo habemus ipsam medietatem ss. Sergii com. set de ipsam pred. medietatem iamdicti Sergii com. ego ss. Leo f. Mauri habeo ipsam portionem Musci filii sui cognati mei. et ego ss. Niceta habeo ipsam portionem Iohannis habii mei filii ipsius Sergii com. Divisimus nobis ambe parti per bonam convenientiam ipsum ss. casalem caput fixu da s[usu] in i[usu] per medietatem in duas partes. de ipso a parte Iohannis Rapicane sicut est cum [omnibus] infra se habentibus et pertinentibus unde nichil exceptuavimus fecimus exinde unam portionem. et habeat latitudinem ista portio passi camisali viginti unum. seu et de ipso a parte de ipsis agerolanis sicut est cum omnibus infra se habentibus et perti-

nentibus unde nichil exceptuavimus fecimus exinde aliam portionem. et habeat latitudinem ista portio passi ca[misa]li viginti septem. et si habuerit iste ss. casalis plus latitudinem de ipsa mensuria quam fecimus habere ambe portionis dividere sibi debeat ipso quantum habuerit superclum super ipsa mensura ambe portionis per medietatem. set atducere debeat ipso superclum [in media] loca inter illam et illam portionem ut unaqueque portio tollat sibi exinde ipsa medietate a parte sua. [vi]e vero omnis una portio per suam causam habeat a caput per ipsa via publica. Quarum vos ss. Iohanne et Gregorio ambo exadelfi germanis tetigit in prima portione ipsa portio a parte Iohannis Rapicane cum omnibus sibi pertinentibus sicut superius legitur. et refudistis nobis auri tari quinquem. et nos ss. Leone et Niceta tetigit ipsa alia portio a parte de ipsis agerolanis cum omnibus sibi pertinentibus sicut superius legitur cum et ipsis quinque tari refusura. et in omnibus inter nobis eos divisimus et diffinivimus et nobis exinde appreensimus et unusquisque de nobis faciat de suam portionem quod voluerit. et qui de nobis se voluerit extornare perdat portionem suam.

† Ego Lupino de Iohanne de Lupino de Iohanne com. t. s.
† Ego Armogeni de Urso de Armogeni t. s.
† Ego Ursus f. Leonis de Sergio de Urso de dom. Campulo t. s.
† Ego Leo scriva scripsi mense iulio ind. quinta.

XXIV.

(1007) — ind. V – luglio.

Questo docum. contiene la stessa divisione di cui nella perg. precedente, ed è l'atto rogato dall'altra delle due parti contraenti.

Perg. di Amalfi, n. 15; arch. di S. M. di Font., n. 20; arch. della SS. Trin., n. 877 — Orig. — Alt. 46 × 22; corrosa all'angolo sup. sin. — Inedita.

Per le ragioni esposte nel docum. precedente si assegna al 1007, restando come altra data probabile il 1022. A tergo si legge: « *Mairano* ».

† Chartula firma merissi divisionis a nobis Iohanne f. Sergii de Iohanne com. de Armogenio com. [et] Gregorio f. Armogeni de ss. Iohanne com. de Armogenio com. qui sumus ambo exadelfi germanis. dividere et diffinire visi sumus vobiscum Leone

f. Mauri de Iohanne com. de domina Iannu et Niceta f. Iohannis protospathario f. dom. Nicete archipresb. plenarium et integrum ipsum casalem in territorio staviano positum loco nominato at Argentaro qui fuerat de ss. Iohanne com. habium nostrum et de Sergio com. germanum suum teravium de te ss. Niceta. unde nos ambo habemus ipsam medietatem ss. Iohannis com. habii nostri. et vos ambo habetis ipsam medietatem ss. Sergii com. set de ipsam pred. medietatem iamdicti Sergii com. tu ss. Leo f. Mauri habes ipsam portionem Musci filii sui cognati tui. et tu ss. Niceta habes ipsam portionem Iohannis habii tui f. ipsius Sergii com. Divisimus nobis ambe parti per bonam convenientiam ipsum ss. casalem caput fixu de susu in iusu per medietatem in duas partes. de ipso a parte Iohannis Rapicane sicut est cum omnibus infra se habentibus et pertinentibus unde nichil exceptuavimus fecimus exinde unam portionem. et habeat latitudinem ista portio passi camisali viginti unum. seu et de ipso a parte de ipsis agerolanis sicut est cum omnibus infra se habentibus et pertinentibus unde nichil exceptuavimus fecimus exinde aliam portionem. et habeat latitudinem ista portio passi camisali viginti septem. et si habuerit iste ss. casalis plus latitudinem de ipsa mensuria quam fecimus habere ambe portionis dividere sibi debeat ipso quantum habuerit superclum super ipsa mensura ambe portionis per medietatem set atducere debeat ipso superclum in media loca inter illam et illam portionem ut unaqueque portio tollat sibi exinde ipsa medietate a parte sua. vie vero omnis una portio per suam causam habeat a caput per ipsa via publica. Quarum nos ss. Iohanne et Gregorio ambo exadelfi germanis tetigit in prima portione ipsa portio a parte Iohannis Rapicane cum omnibus sibi pertinentibus sicut superius legitur et refudimus vobis auri tari quinquem. et vos ss. Leone et Niceta tetigit ipsa alia portio a parte de ipsis agerolanis cum omnibus sibi pertinentibus sicut superius legitur cum et ipsis quinque tari refusura. et in omnibus inter nobis eos divisimus et diffinivimus et nobis exinde appreensimus et unusquisque de nobis faciat de suam portionem quod voluerit. et qui de nobis se voluerit extornare perdat portionem suam.

† Ego Lupino de Iohanne de Lupino de Iohanne com. t. s.

[†] Ego Armogeni de Urso de Armogeni t. s.

† Ego Ursus f. Leonis de Sergio de Urso de dom. Campulo t. s.

† Ego Leo scriva scripsi mense iulio ind. quinta.

XXV.

(1008) — Sergio duca a. 6 — ind. VI — 5 dicembre — Amalfi.

Iohannes f. . . . Boccaccio (?) e sua moglie *Anna* vendono a *dom. Iohanni f. dom. Constantini archipresb.* una terra sita *at ipsa Conpara* per 3 soldi d'oro.

Perg. di Amalfi, n. 16; arch. di S. M. di Font., n. 129; arch. della SS. Trin., n. 337 (?) — Orig. — Alt. 79 1/2 × 15; molto corrosa lungo il marg. sin. — Inedita.

† In nomine domini dei salvatoris nostri Iesu christi. temporibus domini Se[rgii] gloriosi ducis anno sexto. die quinta mensis dece[mbris ind.] sexta Amalfi. Certum est me Iohannes [f. . . . Bo]ccaccio et Anna iugalis. a presenti die pruntissi[ma voluntate] venundedimus vobis dom. Iohanni f. [dom. Constantin]i veneravili archipresb. idest [plenaria et inte]gra una petia de terra vacua posita [at] ipsa Conpara. unde reclaramus vobis exinde ipsas fines. a supra fini finem de Petro com. patri et cognato nostro f. Iohannis de Leomari. de suptus fini finem de heredibus Petri de Marino. [de] uno latere fini finem de heredibus Sergii de Marino. et de alio latere ponitur fini finem de Lan[gob]ardi. cum salba via. unde nobis exinde [nichil rem]ansit set taliter omi (*sic*) tempore [habeatis] per mensuria de longitudinem [et de latitudi]nem sicuti ipsa chartula veteris con[tin]et que vobis tradidimus. Unde accepimus a vos exinde auri solidos tres sicut inter nobis convenit in omnem deliverationem et in omnem decesitionem. ut a nuc (*sic*) die presenti et in perpetuis temporibus in vestra et de vestri heredes sint [pote]statis faciendi exinde omnia que volueritis. [Insuper et] ab omnem ominem nos et nostris heredes [vobis vestrisque] heredibus illud antestare et defensa[re promittimus]. quod si minime vobis exinde [fe]cerimus viginti byzantios vobis conponere promittimus. et ec chartula sit firma in perpetuum.

† Ego Stephanus archipresb. t.

† Ego Iohannes presb. t. s.

† Ego Andrea presb. t.

† Ego Constantinus scriva scripsi.

XXVI.

(1008) — ind. VI — dicembre.

Sergius Cardillus f. Petri Lupirisi e sua moglie... vendono a *dom. Iohanni f. dom. Constantini archipresb.* una terra sita *at ipsa Conpara* per 7 tarì d'oro.

Questo documento fa seguito al precedente sulla medesima pergamena.

[Ego qui]dem Sergius Cardillus f. Petri Lupirisi [et ..... iu]gali. a presenti die pruntissima voluntate [ven]dedimus vobis dom. Iohanni f. dom. Constantini [v]eneravili archipresb. idest plenaria et integra una petia de terra vacua at ipsa Conpara que continet finis. a supra fini via publica et continet exinde latitudinem passi camisali triginta. de suptus fini finem de Pe[tro] de Lauri. et continet exinde latitudinem [passi] camisali viginti septem et palmi [quin]que. de uno latere fini finem de Roma[no Vi]cedomino et continet exinde longitudi[n]em passi camisali triginta quattuor et palmi sex iuxti. et de alio latere fini finem de ss. Petro de Lauri et continet exinde longitudinem passi camisali triginta octo. cum salba viam suam. unde nobis exinde nichil remansit. Unde accepimus a vos exinde auri [tar]i septem sicut inter nobis convenit in omnem [deli]verationem et in omnem decesitionem. ut [a nunc di]e presenti et in perpetuis temporibus in vestra sit [pote]statem faciendi exinde omnia que vo[lu]eritis. Insuper et ab omnem ominem nos et nostris heredes vobis vestrisque heredibus illud antestare et defensare promittimus. quod si minime vobis exinde fecerimus quindecim byzantios vobis conponere promittimus. et ec chartula sit firma in perpetuum.

† Ego Stephanus archipresb. t.

† Ego Iohannes presb. t. s.

[† Ego] Andrea presb. t.

[† Ego Co]nstantinus scriva scripsi mense decembrio [ind. se]xta.

XXVII.

(1008) — ind. VI — aprile.

Petrus Auricenna e sua moglie *Bona* vendono a *dom. Iohanni f. dom. Constantini archipresb.* una porzione di terra sita *at ipsa Conpara* per 1 tarì d'oro.

Questo documento fa seguito ai due precedenti sulla medesima pergamena.

† Ego quidem Petrus Auricenna et Bona iugali. a presenti die pruntissima voluntatem venundedimus vobis dom. Iohanni f. dom. Constantini veneravili archipresb. idest plenaria et integra ipsa portione nostra de ipsa terra vacua posita at ipsa Conpara. unde reclaramus vobis fines de tota ipsa pred. terra. a su[pra] fini finem vestram et de heredibus Sergii de Mari[no]. de suptus fini finem vestram. de uno latere [f]ini finem de Petro Scossaberum. et de alio latere fini finem de Langubardis. inter iste ss. finis octabam partem vobis exinde venundedimus cum vie sue et omnia sua pertinentia. unde nobis exinde nichil remansit. Unde accepimus (a) vos exinde auri tari unum sicut inter nobis convenit in omnem [delive]rationem et in omnem decesitionem. ut [a nunc] die presenti in vestra sit potestatem faciendi exinde omnia que volueritis. Insuper et ab omnem ominem nos et nostris heredes vobis vestrisque heredibus illud antestare (et) defensare promittimus. quod si minime vobis exinde fecerimus quinquem byzantios vobis conponere promittimus. et ec chartula sit firma in perpetuum.

† Ego Stephanus archipresb. t.

† Ego Iohannes presb. t. s.

† Ego Andrea presb. t.

† Ego Constantinus scriva scripsi mense aprelio ind. sexta.

XXVIII.

(1011) — ind. IX — settembre.

Vendita di una vigna sita *in sancto Trifone* (Ravello) per 6 soldi d'oro di tarì.

Perg. di Amalfi, n. 17; arch. di S. M. di Font., n. 22; arch. della SS. Trin., n. 704 — Orig. — Alt. 33 × 24 1⁄2; macchiata, deleta, corrosa in molti punti — Inedita.

L'estensore dell'atto, *Constantinus presb.*, ha scritto le perg. n. XX e XXI, che sono dei primi decenni del sec. XI; *Pando testis* ha sottoscritte le due perg. n. XXXI e XXXVII, che sono una del 1012, l'altra del 1024. In questo periodo l'ind. IX ricorre nel 1011 e nel 1026. A tergo si legge: « .... *de Rabelli* ».

† Ego [quidem.....] Imperator f..... a presenti die pruntissima voluntate venundedimus vobis dom..... me..... idest pl[enaria] et integra ip[sa] petia nostra de vinea et terra bacua et petrosa cu[m] aliq[uod] inser[tetum et omnibus] infra se hab[en'tibus in sancto Trifone posita que mihi obbenit ex parentorum. et continet fines. a supra finis via puplica et quomodo badet indat occidentem usque at ipsum murum de Iohanne Lamberto q[ui est fa]britus a supra ipsa via. de uno latere a parte occidentis sicut limpido descendit in iusu per ipsam terram petrosam a iamdicto muro usque at ipsum quilium montis altum qui est a supra ipso quod hab[et] Urso de Marino Salbatico. de subtus itaque ponitur quomodo badet ipse quilius montis de subtus indat ori[en]tem directum per ipse bitirine vestre qui fuerat causa de ipsi Lucaniani usque at ipsam cammara[m vest]r[am] et inde directum per ipsam ripam usque in finem vestram. et de alio latere fini finem vestram. cum salva via sua. unde nihil vobis exceptuavimus et unde nobis ividem aliquod non remansit. Unde accepi[mus] a vobis exinde plenariam nostram sanationem idest aureos solidos sex ana tari quattuor per solidum sicut inter nos conbenit in omnem deliberationem et in omnem decesitionem. ut a nunc die presenti et in perpetuis temporibus in vestra et de vestris heredibus sit potestatem faciendi et iudicandi exinde omnia que [v]olueritis sine omni nostra et de nostris heredibus contrarietate. et vindicemus vobis eos ab omne homine. quod si minime vobis exinde fecerimus duodecim byzantios vobis componere promittimus. et hoc reclaramus quia cum isto de-

dimus vobis ipsa petiola de terra cum aliquante castanee ibidem habentem quam habuimus ibidem a parte occidentis a subtus ipsum quilium ubi est ipsa grutta. quomodo descendet usque in flumen. et quomodo badet a flumen usque at ipsum quilium unde se premontat ipsa aqua et inde rebolbet per ipsum quilium et (1) in susu usque at ipsam aliam grutta maiorem. unde nihil vobis exceptuavimus. et hec chartula sit firma.

† Ego Iohannes iudex t. s.

† Ego Constantinus f. Iohanni Den(tice) t. s.

† Ego Pando t. s.

† Ego Constantinus presb. scriva scripsi mense september ind. nona.

XXIX.

(1011) — ind. IX — agosto.

Iohanne f. qd. Leonis de domina Auria comprò un casale in Pecara da *Sergio f. qd. Sisinni da Pecara;* e poichè in quell'istrumento non si fece cenno di una casa, ivi esistente, di Leone Cicaro, il suddetto Giovanni riconosce i diritti di costui con la presente *chartula securitatis.*

Perg. di Amalfi, n. 18; arch. di S. M. di Font., n 29; arch. della SS. Trin., n. 974 — Orig. — Alt. 30 × 19 1⁄2 — Inedita.

L'estensore di questo atto ha scritte le perg. n. XX, XXI e XXVIII, tutte comprese tra il 1006 e il 1036. Oltre di che questo documento è certamente posteriore a quello del 1007 (n. XXII) dove pure si parla di *Sergio f. Sisinni da Piєara,* ma il *Sisinni* non era ancor morto. L'ind. IX ricorre nel 1011 e nel 1026.

† Ego quidem Iohanne f. qd. Leonis de domina Auria. a presenti die pruntissima voluntate scrivere et firmare visus sum vobis Leoni Cicaro hanc chartulam manifestationis seu securitatis. eo quod comparavimus ipsum casalem de Pecara a Sergio f. qd. Sisinni da Pecara. ubi vos habetis ipsam domum fabritam cum curte et via cum omnia vestra causa sicut proclamat ipse chartule vestre. set quando fecimus ipsa chartula de pred. casalem nequaquam illud exinde exceptuavimus. iam cognovimus per ipse chartule vestre ss. capitula quod ividem habetis. fir-

(1) La parola *et* è interlineare.

mavimus vobis ut ss. casa et curtem et via sua cum omnia vestra causa sicut ipse chartule vestre continet habeatis vos et vestri heredes in perpetuum sine omni nostra et de nostris heredibus contrarietem (*sic*) et si quolibet tempore per quovis modum vel ingenium sive nos aut heredes nostri seu per summissam personam vos aut heredes vestri de ss. capitula cum tota sua pertinentia quesierimus duodecim byzantios vobis componere promittimus. et hec chartula sit firma in perpetuum. et omnia quod exinde facere volueritis potestatem habeatis sicut proclamat ipsa chartula donationis quod exinde fecerat scrivere ss. Sisinnius at Sergio Scancarello habio vestro. sine omni nostra et de nostris heredibus contrarietatem. et hoc memoramus ut ipsa ss. curte habeatis de longitudinem quantum continet ipse parietis de cantum in cantum de ss. casa ubi est ipsa regia. et aliud tantum de latitudinem a facie de foras de ipsum ss. parietem indat finem nostram. et faciatis exinde omnię que vobis placuerit et nullam contrarietatem nos et nostri heredes vobis vestrisque heredibus exinde faciamus quia sic nobis stetit in presentia testium.

† Ego Leo f. Pantaleonis de Tauro com. t. s.

† Ego Mauro de Petri de Iohanne com. t. s.

† Ego Iohannes f. Stephani f. Sergii f. Mauri com. t. s.

† Ego Constantinus presb. scriva scripsi mense agusto ind. nona.

XXX.

(1012) — ind. X – 15 dicembre.

Iohannes f. Sergii de Iohanne com. e suo cugino *Gregorio f. Armogeni de ss. Iohanne*, dividono un casale in territorio stabiano, detto *Argentaro.*

Perg. di Amalfi, n. 19; arch. di S. M. di Fontanella, n 1; arch. della SS. Trinità, n. 1051 — Orig. — Alt. 55 × 24 1/2 — Rip. dal Camera, I, p. 170.

Questo documento fa seguito agli altri due collocati ai nn. XXIII e XXIV, i quali sono stati, con maggior probabilità, assegnati al 1007, restando come possibile anche la data 1022. Per conseguenza si assegna questo al 1012 non escludendo la possibilità della data 1027.

† Chartula firma merisi divisionis a nos Iohannes f. Sergii de Iohanne com. et Gregorio f. Armogeni de ss. Iohanne com. [am]b[o

e]xadelfi [ger]mani. d[ivi]dere et diffinire visi sumus inter nos plenarium et integrum ipsum casalem nostrum in territorio staviano positum propio bocabulo Argentarum qui nobis obbenerat in portione per merise ab ipsi parentes et portionarii nostri. quas ego ss. Iohanne partire visus sum in duas portionem. [et di]visi eos caput fixum in duas portiones de susum in iusum. ab ipsa via publica usque in media ipsa lama in quantum eius (1) pertinentia est. et termines sabuci inter illam et illam portionem constituimus de plenariam ipsam portionem qui est a parte Nyceta f. Iohanni protospatarius et heredes Leoni f. Mauri de Iohanne com. cum plenarium ipsum palmentum et lavellum et balneum fabritum et ipsum furnum disfabritum et amve ipse butti parve ividem haventem et cum omnia sua pertinentia unde nihil exceptuavimus fecimus exinde unam portionem. et de plenario ipso alio qui est a parte de ipsi Rapicane cum ipsa potte maiore et homnia sua pertinentia unde nihil exceptuavimus fecimus exinde aliam portionem set omni tempore haveat superfluum de latitudinem ipsa portio qui est a parte (2) ss. Nyceta supra ipsa alia portionem in caput cubita dua naupili (3) et in media loca tam similiter et in pede cubita naupili quattuor. quarum ss. Gregorio tetigit in primam portionem plenaria ipsa portio qui est a parte Petri Rapicane et cum omnia ividem habentem sicut superius legitur. et me ss. Iohanne tetigit in secundam portionem plenaria ipsa portio qui est a parte ss. Nyceta cum omnia sicut superius legitur. ipsa portio qui est a parte ss. Nyceta omni tempore habeat latitudinem in caput a parte de ipsa via publica passos cammisales undecim minus mediu cubitum naupile et in media loca tam similiter et in pede sustinet latitudinem passos cammisales undecim et medium cubitum naupile. hec omnia inter nos divisimus et diffinivimus et exinde inter nos appreensimus sicut superius diximus et unusquisque de nos faciat de suam portionem quod illi placuerit. et qui de nos se extornare voluerit componere deveat at partem qui firmam steterit auri solidos quinquaginta byzantinos. et chartula ista nostre merises divisionis ut super legitur firma

---

(1) Le parole *quantum eius*, già delete, sono state nuovamente scritte da mano inesperta della scrittura.

(2) Le parole *a parte* sono interlineari.

(3) Il Camera (l. c.) spiega questa parola *neapolitani*, ciò che è assolutamente da escludersi. Manca tuttavia nella forma *naupili* qualche lettera espressa da un trattolino orizzontale che taglia la *l*.

permaneat in perpetuum. beruntamen ipsa alia portio qui est a parte de ipsi Rapicane continet latitudinem in caput a parte de ipsa via publica passos cammisales decem et medium cubitum naupile et in media loca tam similiter et in pede sustinet latitudinem passos cammisales decem minus medium cubitum naupile.

† Ego Iohannes f. Leonis de Gutto t. s.

† Iohannes f. Sergius de domina Marenda t. s.

† Ego Maurone f. Leoni de Constantino t. s.

Die quinta decima mensis decembris ind. decima.

† Ego Guttus scriba hanc chartulam scripta per manus Leoni filii mei complevi.

XXXI.

(1012) — ind. X — marzo.

Sillecta relicta Leonis f. Sergii de Gaudioso Pironti aveva offerto a *dom. Leoni* arcivescovo amalfitano, e per esso al monast. di S. Cirico, alcune terre *in Radicosa, a foras ipso castello da Pini*, obbligandosi a coltivarle. Non potendo più adempiere all'obbligazione per una devastazione fattavi dai Longobardi, il suddetto monastero riprende le terre dando in compenso a *Sillecta* 10 tarì d'oro.

Perg. di Amalfi, n. 20; arch. di S. M. di Font., n. 21; arch. della SS. Trin., n. 921 — Orig. — Alt. 30 × 18; macchiata in qualche punto — Cit. dal CAMERA, I, p. 220.

Leone di Orso comite Scaticampolo, primo arcivescovo di Amalfi, fu creato nel 987 e morì nel 1030 (CAMERA, I, p. 157). In questo periodo l'ind. X capita negli anni 997, 1012, 1027. Parlandosi di una recente incursione dei Longobardi, e trovandosi menzione nel *Chronicon cavense* dei Longobardi in Liburia e fino a Nocera, nel 1011, è da preferirsi la data del 1012 (CAMERA, I, p. 220).

A tergo in scrittura gotica si legge: « *Securitate de Pini ubi ad Radicosa dicitur. pertinet ad monast. S. Mariae dominarum prout infra continetur.* »

† Ego quidem Sillecta relicta Leonis f. Sergii de Gaudioso Pironti. a presenti die pruntissima voluntate scrivere et firmare visa sum vobis dom. Leoni domini grazia archiepiscopo sedis sancte amalfitane ecclesie. qui sis pro parte monasterii vestri sancti Cirici. hanc chartulam ammis[sio]nis seu securitatis. pro eo quod ante os annos dedimus et offersimus [nos] ambo pred. iugales in ss. vestro monasterio tota plenaria ipsa hereditatem

quod habuimus in Radicosa posita a foras ipso castello da Pini. et firmavimus vobis exinde chartulam. et proclamat ibidem ut cunctis diebus vite nostre de nos ambo pred. iugales nos vobis eos lavorare (debeamus). et in quo bibus fuit pred. vir meus lavoravimus vobis eos. et postea laboravi eos ego sola. Modo vero pro peccatis dissipavit se tota ss. hereditatis hab ipsis Langobardis cum omnia quod ibidem habuit. et iam ego minime eos lavorare possum. Iam rogavi ut vos eos recipere. vos autem fecistis misericordiam recepistis eos et pro mercedem anime vestre dedistis nobis exinde auri tari decem. et iam a die presenti tota pred. hereditas sit de pred. vestro monasterio faciendum inde omnia quod volueritis sine omni nostra contrarietatem. et si contra hanc chartulam veniero quinquaginta byzantios vobis componere promitto. et ec chartula sit firma in perpetuum cum et ipsa alia ss. chartula offertionis.

† Ego Lupinus f. Pantaleonis Dentice t. s.

† Ego Pando t. s.

† Ego Mauro f. Sergio de Constantino de Leopardo t. s.

† Ego Ursus scriva scripsi mense martio ind. decima.

XXXII.

(1013) — ind. XI — 1 agosto — Atrani.

Leo f. qd. Constantini de Leone de Urso com. assegna per 4 anni a *Iohanne de Leone presb. f. Ursi de Anna comitissa* mesi 4 e giorni 7 1[2, per ogni anno, di un molino sito in Atrani *supra Aquola*, con l'obbligo di dargli *modia* 46 3[4 di *molinatura* all'anno (alla ragione di 11 *modia* per mese).

Perg. di Amalfi, n. 21, arch. di S. M. di Font., n. 17; arch. della SS. Trin. n. 343 — Orig. — Alt. 25 1[2 × 24 — Inedita.

Questa perg. è scritta dallo stesso *Guttus* che ha scritta l'altra n. XXX, che è del 1012 o del 1027. L'ind. XI ricorre nel 998, nel 1013 e nel 1028.

† Ego quidem Leo f. qd. Constantini de Leone de Urso com. a presenti die prontissima voluntate tradere et axignare visu sum tivi Iohanni qui fuisti de Leone presb. f. Ursi de Anna comitissa. idest ipsi quattuor mensis de ipsa mola nostra aquaria hic in Atrano posita supra Aquola. cum ipse dies septem et

mediam. cum ipsam portionem nostram de ipsa ferramentam et de ipse mole aquarie seu et cum ipsam portionem nostram de omnibus sivi haventibus et pertinentibus. et cum vice de via sua. eo vero placito ut amodo et usque in annos quattuor havere et detinere deveatis per omnem et unum annum ipsi pred. mensibus quattuor et ipse dies septem et media. cum omnia sua pertinentia sicut superius legitur. et nobis exinde dare deveatis molinatura sicut benerit per rationem per unum mensem modia undecim. quod fiunt insimul modia quadraginta septem minus quarte de modium. et quando ividem necesse sunt mole at macinandum ego vobis ividem eam dare deveam. et usque in ipsi pred. anni quattuor neque vos deveatis largare ipsam portionem nostram de ipsa mola neque nos vobis eam tollere deveamus. et qui de nos de ss. placito aliquid minuare aut retornare presumserit componere deveat at partem qui firma steterit auri solidos decem. et ec chartula sit firma.

† Ego Taurus f. Leoni de Urso com. t. s.
† Ego Petrus f. Constantini de Sergio com. de dom. Sirico t. s.
† Ego Marinus f. Iohannis de Marino t. s.
Die prima mensis agusti ind. undecima.
† Ego Guttus scriva scripsi.

XXXIII.

(1018) — Sergio duca — ind. I — 10 febbraio — Amalfi.

Sergius dux concede a *dom. Blattu* abbadessa del monastero di S. Lorenzo l'acqua corrente nell'acquedotto presso la ch. di S. Pietro ap. in luogo detto *Bostopla*, la quale è pertinente ad esso monastero.

Perg. di Amalfi, n. 22; arch. di S. Lorenzo, n. XIIII; arch. della SS. Trinità, n. 342 — Orig. — Alt. (il residuo) 12 × 31 1/2; marginata — Inedita.

[† In nomine domini dei salvatoris nostri Iesu christi. die de]cima mensis februarii ind. prima Amalfi. Nos Sergius domini gratia dux et imperialis patricius. a presenti namque die concessimus et largivimus vobis domina Blattu domini gratia monacha et abbatissa monasterii puellarum beati Laurentii levite et martiris qui est dedicatus intus hanc prephate civitatis Amalfi. quam et at tota vestra congregatione huius ss. monasterii.

idest plenaria tota ipsa aqua qui decurrit per formam at ipsa ecclesia vestra huius pred. monasterii nominativi beati Petri christi apostoli qui est dedicatus in locum qui dicitur Bostopla. ut qualiter et quomodo ipsa iam nominata aqua de betere decurrebat per ipsam ss. formam at ipsam pred. ecclesiam vestram beati Petri apostoli. taliter eos vos et postere vestre subsesstrices concessioum (*sic*) habeatis. ut omni tempore ipsa pred. aqua per ipsam ss. formam currere debeat at ipsa ss. ecclesia beati Petri. et non siat nulla huma[na persona (1). . . . .

XXXIV.

(1018) — Sergio duca a. 17 e Giovanni a. 4 — ind. I — 15 maggio — Amalfi.

Il prete *Iohannes f. dom. Petri presb. de sancto Iohanne de Aquola* vende ad alcuni cittadini di Ravello, fondatori della ch. di S. Giovan Battista, alcune terre site in Ravello, *at Torum,* per 97 soldi d'oro di tarì; quali terre essi comprano per donarle alla suddetta chiesa.

Perg. Mon. soppr., 1ª serie, n. 44 — Orig.—Alt. 55 × 54 — Pubbl. in *R. Neap. Arch. Mon.*, IV, n. CCCIX (p. 122).— Riproduzione in fototipia al n. 787 dell'*Archivio paleografico italiano* del Monaci, nel fascicolo di prossima pubblicazione, a cura del prof. N. Barone.

† In nomine domini dei salvatoris nostri Iesu christi. temporibus. domini Sergii gloriosi ducis et imperialis patricii anno septimo decimo et quarto anno domini Iohannis gloriosi ducis filii eius. die quinta decima mensis magii ind. prima Amalfie. Certum est me Iohannes presb. f. dom. Petri presb. de sancto Iohanne de Aquola. a presenti die pruntissima voluntate scrivere et firmare visi sumus vobis Iohanni f. Ursi de Maurone. quam et vobis Iohanni et Mauro germanis f. Leonis Rogadeum. nec non et vobis Sergio et Urso et Iohanni et Leoni germanis f. qd. Stefani de ss. Maurone. similiter et vobis Iohanni et Urso f. Ursi Mucilo. et Mauro f. Constantini de Rosa. et Urso Mastalo seu (et) Mauro genitorem et filio. et Leoni f. Mauri de Iusto.

(1) La pergamena è tagliata orizzontalmente.

quam et vobis Constantino f. Iohannis de Iusto. et Constantino f. Leonis Muscettola. et vobis Urso et Mauro f. Sergii Pironti. seu et vobis Leoni Rogadeum. et Urso f. Sergii de Mauro Rogadeum. et Leoni f. Mauri de Eufimia. qui estis parentes et commanentes de loco Rabelli. hanc chartulam venditionis et (1) quod inspirante domini clementia placuit vobis fabricare et dedicare hecclesia at honorem beati Iohannis precursoris domini atque baptiste in eodem loco Rabelli pro redemptione animabus vestris cepistis nobis loqui. ut si vobis venderemus ipsum insertetum quod habuimus ividem in Rabelli at Torum a parte de ipsa ecclesia nostra sancti Iohannis ividem ss. hecclesia faceretis et tota ipsa terra de ss. inserteto in pred. hecclesia daretis. Quapropter et nos considerantes vestram bonam voluntatem et considerantes iterum quod melior eveniret at pars nostre hecclesie pred. sancti Iohannis si vobis vendiremus pred. insertetum ut ividem ss. hecclesia faceretis et de ipsis solidis pararemus aliam hereditatem at pred. hecclesiam nostram sancti Iohannis quam si ipsum pred. insertetum haberemus et frugiaremus. Idcirco a presenti die et tempore prona atque spontanea voluntate venundedimus atque et in presenti cessimus et contradidimus vobis omnibus ss. parentibus et consortes ss. hecclesie idest plenarium et integrum ipsum iamdictum insertetum nostrum et vinea quam et terra bacua totum uno teniente ividem in Rabelli positum in pred. loco Torum. qui nobis obbenerat pro parte pred. hecclesie nostre sancti Iohannis de Aquola et sancti Petri apostoli de Sere. et reclaramus vobis exinde ipsas fines qualiter et quomodo eos habere et possidere debeatis. a supra namque ponitur fini ipsa via puplica et viam exinde habeatis. de subtus itaque ponitur iterum fini via puplica et plenarius ipse murus fabritus vester siat. de uno vero latere a parte meridie fini finem heredibus Leonis Mannarola usque at ipsum angulum et at ipsum pred. angulum rebolbet indat meridie per pedem de ipso de Leone Mannarola et badet usque in finem de Iohanne Lamberto quod comparavit a Sergio Ferraci. et iam per finem de Sergio Ferraci descendet usque in via puplica per ipsos termines sabucos qui ividem sunt positi. et de alio latere a parte septemtrionis fini ipsos termines sabucos quos posuimus inter istud et causa Leoni Franco. et expedicata eius finem descendet per finem de Urso Cunso usque in finem

(1) Leggi: *eo*.

de Leone f. Sergii Aturello. et per finem de ss. Leone descendet usque at pedem in ipsum sabucum grossum qui est in caput de ipso muro de ss. Leone f. Sergii Aturello. cum salve vie sue et omnia infra se habentibus. unde nihil vobis exceptuavimus et unde nobis ividem aliquod non remansit. Chartulam exinde non habuimus quam vobis exinde daremus quia ab antiquis temporibus eos habuimus et dominavimus nos et nostris parentibus cum ss. hecclesie. set firmavimus vobis ut si aput nos et nostri heredes chartula exinde fuerit inbenta qui siat propria de isto quod vobis vendivimus mittamus eam at potestatem vestram et de rectoribus ss. hecclesie vestre sine vestra damnietate et de heredibus vestris. Unde accepimus a vobis exinde plenariam nostram sanationem idest aureos solidos nonaginta septe ana tari quattuor per solidum sicut inter nos convenit. unde comparavimus at vicem in ss. hecclesia nostra sancti Iohannis ipsum insertetum de Transmonti de dom. Sergio f. Sergii de Maurone com. in omnem deliberationem et in omnem decesitionem. ut a nunc die presenti et in perpetuis temporibus plenaria ss. hereditate sicut per fines ex omni parte vobis eam reclaravimus cum omnibus infra se habentibus sit in potestate vestra et de rectoribus ss. hecclesie vestre sancti Iohannis at habendum et possidendum frugiandum et dominandum in perpetuum et pro hutilitate ss. hecclesie vestre faciendum exinde vos et heredes vestri omnia que volueritis sine omni nostra et de nostris heredibus contrarietate aut aliquam requesitionem. Insuper nos et heredes nostri vobis et at heredibus vestris seu at rectores iamdicte hecclesie vestre omni tempore ab omne homine omnique persona extranea vel de genere nostro eos antestare et defensare promittimus. Quod si minime vobis exinde fecerimus obligamus nos et nostros heredes at componendum vobis et in pred. hecclesia vestra sancti Iohannis aureos solidos ducentos byzantinos. et hec chartula venditionis ut super legitur sit firma in perpetuum. Chartula exinde si inbenta fuerit aliquando aput qualemcumque persona qui siat propria de ista pred. hereditate quam vobis vendivimus et non eam nos et nostri heredes miserimus at potestatem vestram et de heredibus vestris sine vestra damnietate tunc damnum qualem exinde vobis venerit aut at pred. hecclesiam vestram restaurare vos promittimus in dupplo de ipsis nostris hereditatibus et substantiis quia sic nobis stetit.

† Ego Guttus scriba t. s.

† Ego Iohannes f. Leonis de Gutto t. s.
† Ego Leo f. Musco de Sergio com. t. s.
† Ego Iohannes f. Leonis de Constantino de Leone com. t. s.
† Manso f. Leonis de Constantino de Leone com. t. s.
† Ego Constantinus presb. et scriva huius civitatis Amalfi hanc chartulam venditionis rogatus a ss. Iohanne presb. manu propria scripsi.

XXXV.

(1018) — Guaimario princ. a. 30 e Guaimario a. 1 — ind. II — settembre — Salerno.

Guaimario princ. di Salerno e sua moglie Gaitelgrima principessa, giusta le disposizioni testamentarie di *Desijo* (Disigio) *f. qd. Mansonis* (di Amalfi) concedono ai monast. di S. Cirico e di S. Simone di Atrani, due terre site in Stabia, *ubi Misciano et Balbana bocant,* che furono di esso Disigio.

Copia nel *Chartul.* di S. M. di Font., n. 41 (manca l'orig.) — Inedita.

Secondo lo stile romano, allora usato in Salerno, ricorreva l'anno 1018, laddove nel ducato, giusta lo stile bizantino, era già cominciato il 1019.
Come si avverte nel *Chartul.* di S. M. di Font., l'originale di questo documento era danneggiatissimo per corrosione.

† In nomine domini. tricesimo anno principatus domini nostri Guaymari et primo anno principatus domini Guaymari eius filio gloriosi principibus. mense september secunda indictione. Ego superius dictus Guaymarius domini gratia principis filii domini Iohannis olim principum quam et ego Gaytelgrima domini gratia principissa filia domini Petri gloriosi principis Beneventane probintie. qui sumus coniugata sua et . . . . . quia Desijo filio quondam Mansonis . . . . Amalfis. . . . . tempore perscriptionis testamenti et scriptiones offertionis iudicabit et offeruit in archiepiscopio et monasteria et ecclesiis de hec nostra Salernitanam cibitatem et Ducatum Melfitanorum sicut continunt ipsa iudicata et predicte offertionis et in ipsa iudicata et offertionis declarat qualiter ipsa omnibus rebus et casis illius quod iudicabit et

offeruit diebus bite ipsius Disigi esse ad potestatem illius faciendum inde omnia quod voluerit. inter quas ipse Disio offeruit in monasterio sancti Simeonis qui edificate sunt in civitate Atrano finibus Melfitana pertinentem domini Leoni archiepiscopi eiusdem sancte Melfitane [ecclesie] de rebus sue de locum Stabi ubi proprio Misciano et Balbana bocant. per finis et mensuras per longitudo passus duodecim et per latitudo passus centum et alia terra sua ibi offeruit ubi dicitur Matrefilia ex omne parte fine sua secus bia qui pergit ad mare passus quinquaginta et per longitudo da pars de ipso Castellu de Lictere pergente in pars de Agru passus centum totum mensuratum ad iusto passu homini semper exendum in pred. monasterio sed totum illud reserbabit ipse Disio ad suam potestatem diebus vite sue omnia inde faciendum quod voluerit. postea vero omnes rebus et casis qui fuit pred. Disigi perbenit ad potestatem nostram que prenominati principes faciendum quod voluerimus sicut nostre scriptiones sunt continentes et ipsa offertione supradicti monasterii tota et inclita cum totum ipso aliut qui fuit ipsius Disigi similiter nostre pervenit potestatibus. Hunc vero amviti adque Dei omnipotenti inspiratione compulsi. congruum est nobis namque Guaymarius et Guaytelgrima domini gratia principes. ambe supradicte petie per supradictas fines et mensuras de ipsa res qui fuit ipsius Disigi de iamdicto locum Stabi ubi proprio Misciano et Balbana vocatur offerire in supradictis monasteriis sancti Quirici et sancti Simeoni qui edificate sunt in civitatem eandem Atrano. Ego autem iam supradicta Gatelgrima principissa omnia que in hanc chartulam legitur feci et egi per consensum et bolunctatem iam fati domini principi viri mei. in cuius mundium me subiacere palam facio. Et ideo nos iamdicti Guaymarius et Gaitelgrima domini gratia principes sicut nobis congruum est per anc chartulam astantes Vinoaldus iudicem et alios plures nobiles. pro amore omnipotenti Deo et nostre salutis anime obtulimus Deo et in prefata monasteria sancti Quirici et sancti Simeoni. qui super scripti sunt. ambas ipsas pecias de predictis rebus de iamdicto locum Stabi ubi Misciano et Balbana et Matrefilia bocatur per supradictas fines et mensuras cum omnia intra se habentes et omnibus ad se pertinentes et cum bice de vie sue ad securitatem et firmitatem (ut) amodo et semper pars predictis monasteriis eiusque rectoribus cuncta supradicta nostra offertione abendum possidendum dominandum et omnia inde faciendum de frudium quod de rebus ipsa nostra offertione exierit quod boluerit. Nam per nullam ratione nec per nullo humano ingenio non abeat potestatem rectores vel abbates seu pars ipsius monasterii aut fiscus vel quicumque pro pars Palatii ipsius Melfitanorum aut pars supradicti Archiepiscopii vel qualibet alia humana persona magna aut parba supradictam offertionem vel exinde tollere vel subtrahere aut minuare de potestatem ipsius monasterii set semper sit in predictis monasteriis ad frudiandum in predicta ratio. Si vero per pars supradicti palatii Amalfitano vel per pars iam dicti archiepiscopii aut per qualivet alia umana persona illud vel exinde tultum aut sustractum paruerit de potestate rectoribus predicti monasterii. tunc nos vel nostros heredes potestatem abeamus supradictas res tollere de potestates illorum qui illud inde tulerit vel subtraxerit et statim per omnes bices illud rebertere in predicto monasterio omni tempore per hanc scriptionem ibidem permanendum in supradicta ratione. De qua nos iam dicti principes obligamus nos et nostris eredibus amodo et semper defensandum in predicto monasterio cuncta supradicta nostra offertionem quam superius ibi offeruimus da illis hominibus et partibus qui pro nostra parte et datum in pars ipsius monasterii inde emiserit aut preposuerit qualiscumque causationes et quando pars ipsius monasterii per se inde auctores esse boluerit potestates abeant qualiter boluerit cum quale monimen et rationem inde abuerit. Si autem sicut dictum est illud ibidem defensare noluerimus aut si nos vel nostris heredibus quesierimus illud vel exinde tollere aut contrare seu remobere de potestatem ipsius monasterii aut de supradicta remobere aut contrare seu retornare quesierimus componere obligamus nos et nostris heredibus ad pars ipsius monasterii duocentos auri solidos constantinos et supradicta nostra offertione in supradicta ratione in perpetuum sit de ipso monasterio. De quibus due cartule per uno tinore scribere rogabimus ista emisimus in predicto monasterio et alia similem inde nostre potestati retimus (1). Quod scripsi ego Petrus notarius ex sacrosu predicto salernitano palatio.

† Ego qui supra Romoaldus iudex.

† Ego Petrus scolsaiz et comes.

---

(1) Forse per *retinemus*.

XXXVI.

(1020) — ind. III — 20 febbraio — Amalfi.

Iohannes f. Petri da Muru et Petrus f. Iohanni presb. de Iubu, di Capri, ricevono da *dom. Marino f. qd. dom. Mauri de Pizzulo de Petro com.* 12 tarì d'oro, 6 per ciascuno, obbligandosi a dargli, finchè non glie li rendano, 2 agnelli o 2 *modia* di fave ogni Pasqua e 12 *cotornices* a loro tempo; offrendo in pegno i loro beni ed essendo garante per essi *Leo presb. f. Leoni com. de Pumaru.*

Perg. di Amalfi, n. 23; arch. di S. Lor., n. X; arch. della SS. Trin., n. 260 — Orig. — Taglio irregolare: alt. 35 × largh. mass. 17 1/2; macchiata in qualche punto — Rip. dal CAMERA, I, p. 171.

La grafia di questa perg. si accosta molto a quella del 1024 (n. XXXVII) scritta da *Constantinus*, che è forse il padre di questo *Ursus scriba*; Gregorio figlio di *Iohannes Iattabecte*, qui testimone, sottoscrisse le perg. n. LVII e n. LIX, che stanno tra il 1031 e il 1061. Da ciò si desume esser con probabilità questa perg. della prima metà del sec. XI. L'ind. III ricorre nel 1020 e nel 1035, che sono le date più probabili.

† In nomine domini dei salvatoris nostri Iesu christi. die vicesima mensis februarii ind. tertia Amalfi. Recepimus nos Iohannes f. Petri da Muru de insula Capritana et Petrus f. Iohanni presb. de Iubu de pred. insula (a) me dom. Marino f. qd. dom. Mauri de Pizzulo de Petro com. auri tari duodecim boni. unde ego pred. Iohannes exinde recepi tari sex. et ego ss. Petrus alii tari sex. hic in terra ea videlicet rationem. ut dum tenemus ipsi ss. tari vestri et est vobis voluntas nobis illis dimittere. demus vobis exinde labore omni annue de pasca domini nostri Iesu christi. idest agni dui boni. et atducamus vel dirigamus vobis illis omni annue sine pargiatura usque hic in Amalfi at domum vestra. hoc est agnum unum vobis demus ego pred. Iohannes et unum agnum ego pred. Petrus ut compleamus vobis agni dui boni sicut super diximus. et suprascripti tari duodecim salvi in terra vobis retdere debeamus in omnia nostra causa sicut salvi in terra a vos recepimus. et si non est vobis boluntas et non voletis labore ss. agni dui sicut super legitur. tunc dare vobis exinde promittimus idest modia dua de fabe omni annue

at nobu at ipsum modium iustu de Capri. et deponamus vobis eos omni annue usque at litus maris sine pargiatura. et per tempore cotornices demus vobis iterum alie cotornici duodecim. et si non paret cotornices non siatis nobis exinde in occasione ut nobis ille queratis. Hec omnia ss. capitula vobis demus nos ss. Iohannes medietatem. et ego pred. Petrus aliam medietate. sine vestra a[maricatione]. Unde posuimus vobis in pignus omnia nostra causa hereditates et substantias. et hec omnia suprascripta ut super legitur quindenio eos ego Leo presb. f. Leoni com. de Pumaru. ut omnia ss. capitula habeatis a me salvos in terram. in omnia mea causa hereditates atque substantias. ut si non fuerimus parati vobis pargiare sicut super legitur licentia habeatis appreendere omnia nostra causa hereditates et substantias. et inde vos pargiare debeatis et in cuius manibus paruerit iste memoratorius ipsum expedicemus sicut super legitur.

† Ego Manso f. Mastalu Pizzillo t. s.
† Ego Iohannes f. Constantini Maniarella t. s.
† Iohannes Iattabecte t. e.
† Ego Ursus scriba f. Constantini scripsi.

XXXVII.

(1024) — Sergio duca a. 23 e Giovanni a. 10 — ind. VII — 1 luglio — Amalfi.

Leoni f. Marenda Rapicane e sua moglie *Gezza* vendono a *dom. Leoni* arcivescovo di Amalfi, e per esso al monast. di S. *Cirico* (di cui questi è abbate), una vigna sita in Stabia *at Siriniano*, per 3 soldi d'oro di tarì.

Perg. di Amalfi, n. 24; arch. di S. M. di Font., n. 123; arch. della SS. Trin., n. 238 — Orig. — Taglio trapezoidale: alt. 43 × 18—12; mancano due pezzi nel lato sin., per corrosione — Inedita.

† In nomine domini dei salvatoris nostri Iesu christi. temporibus domini Sergii gloriosi ducis et imperialis patricii anno vicesimo tertio. et decimo anno domini Iohannis gloriosi ducis filii eius. die prima mensis iulii ind. septima Amalfi. Certi sumus nos Leoni f. Marenda Rapicane. et Gezza iugali. a presenti die

prumtissima voluntate venundedimus et tradidimus vobis dom. Leoni gratia domini archiepiscopus sedis sancte Amalfitane ecclesie. et per vos in ipsum vestrum monasterium beati Cirici dedicatus hic in Amalfi supra Atrano. idest plenaria ipsa petia nostra de vinea in Stabi positum at Siriniano. qui continet finis. a supra finis de Iohanne Rapicane. de subtus via puplica. de uno latere fini finem de Palumbo cognato vero et germano nostro. et de alio latere fini causa ss. vestri monasterii et fini causa ss. Iohanne Rapicane. et continet latitudinem in media loca passi camisali septem et in pede passi camisali sex et palmum unum. et de longitudinem continet passi camisali viginti sex. in caput non eos mensuravimus. cum salva via sua et omnia infra se habentibus et pertinentibus. unde vo[bis nichil exinde exceptuavimus]. Unde accepimus exinde a vos plenaria nostra sanatione auri solidos tres de tari boni sicut inter nobis convenit in omnem deliberationem et in omnem decesitionem. ut a nunc die presentem et imperpetuis temporibus siat in potestate vestra et de ss. vestro monasterio habendi fruendi possidendi vindendi donandi commutandi in omnibus semper liberam habeatis [pote]statem sine nostra et de nostris heredibus contrarie[tatem]. et nos et nostris heredes ss. nostra venditione antestare et defensare debeamus at ss. vestro monasterio ab omnibus hominibus. et si dederit nobis exinde chartula inbenta mittamus eam sub potestate de ss. vestro [mona]sterio. Quod si minime vobis exinde fecerimus et omnia ut super legitur non atimpleverimus componere promittimus nos et nostris heredes vobis et at ss. vestro monasterio auri solidos quindecim byzantinos. et hec chartula sit firma imperpetuum.

[† Ego]. . . . . . . f. Iohanni de . . . . t. s.
† Ego Pando t. s.
† Ego Ursus f. Mansonis Denticis t. s.
† Ego Constantinus scriva scripsi.

XXXVIII.

(1033) — ind. I — dicembre.

I fratelli Sergio e Leone, *f. Lupini de Sergio de Lupino da Tirrinio* si dividono i beni dell'eredità paterna, siti in *Forcella*, in luogo detto *Canto bonu*.

Perg di Amalfi, n. 25; arch. di S. M. di Font., n. 28; arch. della SS. Trin., n. 365 — Orig. — Alt. 50 × 23; corrosa in qualche punto, deleta altrove. — Inedita.

Questo docum. fu scritto dallo stesso *Iohannes* scr*iva f. Sergii* che scrisse la perg. n. XXXIX, che è del 1033. Troviamo inoltre più volte i figliuoli di *Iohannes f. Leonis de Constantino de Leone com.*, che qui sottoscrive come testimone, fra le date 1041 e 1051. Da ciò può dedursi che questa perg. sia con probabilità alquanto anteriore a queste date; e poichè coincide l'indizione I appunto col 1033, data dell'altra perg. della stessa mano, si assegna anche questa al medesimo anno.

Si legge a tergo: « *Cartula de possexione de sancto Angelo de Furcella* ».

† Chartula firma merisi divisionis a nobis videlicet Sergio quam et Leoni veri germani f. Lupini de Sergio de Lupino da Tirrinio. qualiter per bonam comvenientiam placuit nobis div[idere] ipsa hereditatem nostram in Forcella posita. loco nominato Canto bonu. qui nobis obbenit a ss. Lupino genitori nostro. et dibisimus eam caput fixum de susu in iusu. per hunc ordine. a caput per finem de causa hecclesie beati Michahelis archangeli. que est dedicata in Tirrinio et usque in pedem fini finem de ipsa ripa qui est inter nos et ipsum beriarium de me ss. Sergio. et quomodo pergit ipsa ss. ripa per caput de ipsa vinea de Maranciu sic limpido usque in finem de causa pred. hecclesie sancti Michahelis. et in caput mensurabimus paululum isclibl u (*sic*) per finem de causa pred. hecclesie. ab ipso columnello quod ibidem fabricabimus usque in finem de ipsum insertetum de me pred. Sergio. hoc est ab ipso inserto ubi est battita ipsa crux separatim passi camisali dui minus palmum unum. sustinet ibidem latitudinem passos camisales octo et medium. et in iusu per faciem de ipsa macerina sicut limpido demonstrat ipse balneus fabricabimus alium columnellum at calcem. et ab ipso pred. columnello usque in finem de ipsum pred. insertetum

sustinet ibidem passos camisales undecim et palmi tres et medium. et in iusu fabricabimus alium columnellum limpido cum ipsa ceppa ubi est ipsa crux battita sustinet ibidem latidudinem ab ipso pred. columnello usque at ipsa pred. ceppa passos camisales quattuordecim et palmos quinque. et in pedem ab ipso columnello usque at ipsum alium columnellum habentem ibidem latitudinem passos camisales decem et septem et palmum unum. et siat ista pred. portio sicut ipsa mensuria proclamat. ita ut de ambabus vero lateribus ponere debeat lentiam de columnello in columnello. ut sic siat divisum omni tempore ab ipsam aliam portionem. et ista pred. portio sicut est mensurata et ordinata cum omnia infra se habentibus et pertinentibus et cum viis suis et sicut superius legitur fecimus exinde unam portionem. De ipso vero alio qüi exinde remansit ab ipsi pred. columnelli et usque in causa pred. hecclesie sicut est ordinata cum ipsa casa sol[ara]ta ibidem habentem et palmentum seu labellum et cisternam atque valneum cum vie sue et omnia infra se habentibus et pertinentibus et sicut superius legitur fecimus aliam portionem. et ista pred. portio refundat at ipsam aliam portionem aureos solidos quattuor ana tari quattuor per solidum. Quarum ego ss. Sergius appreensi mihi in prima portione ipsa pars que est at finem de causa pred. hecclesie cum fabricis et omnia infra se habentibus. et refudi de propria mea causa at ipsam aliam portionem aureos solidos quattuor. et mihi ss. Leone remansit ipsa alia pars que est a parte de ipsum ss. insertetum sicut est ordinata et mensurata. et omnia infra se habentibus et pertinentibus et cum ipsi ss. solidi quattuor. et in omnibus inter nos eos divisimus et nobis exinde appreensimus. et unusquisque de nobis faciat de suam portionem quod voluerit. qui se de nobis voluerit ex[tor]nare perdat portionem suam. et hec chartula merisi dibisionis ut super legitur sit f[irma imperpetuum].

† Ego Iohannes f. Leoni de Constantino de Leone com. t. s.

† Mauronus f. Mansonis de Maurone de Constantino t. s.

† Pantaleo f. Gregorii de Pulchari t. e.

† Ego Iohannes scriba f. Sergii scripsi mensis december ind. prima.

XXXIX.

(1033) — Giovanni duca a. 19 e Sergio a. 3 — ind. I — 20 agosto — Amalfi.

I fratelli Mauro e Giovanni, *f. Sparano Spartito*, di Lettere, vendono ad *Urso f. Iohannis de Martino* ed a sua moglie *Marenda* una parte di una casa sita in Lettere, per 10 tarì d'oro.

Perg. di Amalfi, n. 26; arch. di S. M. di Fontanella, n. 100; arch. della SS. Trinità, n. 707 — Orig. — Taglio irregolare: alt. 39 1/2 × 17 1/2; macchiata, corrosa in alcuni punti — Rip. monca dal Camera, I, p. 241.

✝ In nomine domini dei salvatoris nostri Iesu christi. temporibus domini Iohannis gloriosi ducis et imperialis patricii anno nono decimo et tertio anno domini Sergii gloriosi ducis filii eius. die vicesima mensis augusti ind. prima Amalfi. Certi sumus nos Maurus et Iohannes veri germani f. Sparano Spartito. commanentes de ipso castello de Litterris de territorio staviano. a presenti die prumtissima voluntate venumdedimus et contradidimus vobis Urso f. Iohannis de Martino et Marenda iugales. idest plenarium ipsum membrum de domum nostram quem habuimus intus ipso castello. qui est super ipsum ca[todeum] terraneum de Amunito Carrozza. et sic pleniter vobis eum venumdedimus cum toti quattuor parietis liberi. cum regia et fenestra et necessarie et grade fabrite communalis et focularem a focum accendere et [cum salv]a via sua et omnia infra se habentibus. unde sicut ipsa pred. domum fabricata et ordinata est cum omnibus suis edificiis et pertinentiis sicut superius legitur nichil exceptuabimus. et nobis exinde aliquid non remansit. et potestatem habeatis hascendere in altum fabricand[o] quantum volueritis. solummodo ipsi solari quod habet missiti in ipsum parietem a parte orien[tis] Petrus f. Iohannis Plagese non habeatis potestatem vos eos exinde iactare. et pred. Petrus non habeat licentiam plus solarilibus ibidem mittere. Unde accepimus a vobis exinde plenariam nostram sanationem. idest aureos tari decem. sicut inter nos combenit in omnem deliberationem et in omnem decesitionem. ut a nunc die presentis et imperpetuis temporibus in vestra et de vestris heredibus sit potestatem habendi fruendi possidendi donandi seu commutandi semper liberam habeatis potestatem sine omni nostra et de nostris heredibus contrarietatem aut requesitionem imperpetuum. et vindicemus vobis eam nos et nostri heredes vobis vestrisque heredibus ab omnibus hominibus. quod si minime vobis exinde fecerimus decem byzantios vobis componere promittimus. et hec cartula sit firma imperpetuum.

† Muscus f. Leonis de Stephano de Lupino com. t. e.

† Ego Pantaleo f. Iohanni de Pantaleone t. s.

† Ego Petrus f. Musco t. s.

† Ego Iohannes scriba f. Sergii scripsi.

XL.

(1034) — ind. II — 15 febbraio.

Maria f. Iohannis f. Mauri de Iohanne de Leone de Pardo com. permuta con suo padre *dom. Iohanni* la sua porzione (un terzo) dei 2 mesi meno 5 giorni di un molino in Atrani, pervenutale dalla madre Anna, e ne riceve in cambio uno *scibrum* ed una *lena.*

Perg. di Amalfi, n. 27; arch. di S. M. di Font., n. 11; arch. della SS. Trin., n. 906 — Orig. — Alt. 20 × 19 1/2; molto deleta per raschiatura — Inedita.

Iohannes scriba f. Sergii si trova nella perg. n. XXXIX che è del 1033 e in altre due (n. XXXVIII e LIX) che stanno nella prima metà del secolo. Il teste *Constantinus* sottoscrive la perg. n. LVII, che è del 1044. Questa (ind. II) appartiene con maggiore probabilità al 1034 o al 1049.

A tergo si legge: « *de mola de foris porta* ».

† Ego quidem Maria f. Iohannis f. Mauri de Iohanne de Leone de Pardo com. a presenti die prumtissima volumtate dare et tradere seu scribere et firmare visa sum vobis [dom.] Iohanni genitori nostro. idest plenaria[m] et in[tegra]m ipsam portionem meam de ipsis duobus mensibus minus dies quinque de ipsa molaquaria de hac civitate Atrano. quod michi et at ipse ambe vere germane mee dimisit dom. Anna genitrix mea per suum testamentum. deinde dedimus vobis exinde ipsam portionem nostram cum via sua et omnia sua pertinentia. unde nichil

nobis rem[ansit aut aliquid vo]bis exinde excep[tuavimus.] pro eo quod didisti michi ipsum scibru[m] cum ipsa lena quod [simi]liter tote nobis tribus personis dimiserat pred. genitrix nostra per pred. suum testamen[tum.] et habeo apud me ipsum pred. scibrum cum ipsa ss. lena villu[tata] sive.....(1) sicut inter nos conbenit in omnem deliberationem et in omnem decisionem. ut si quolibet tempore per quovis modum vel ingenium sibe nos et nostri heredes seu per summissam personam vos et vestros heredes sibe alium qualemcumque hominem pro vestra parte de ipsam pred. portionem meam de ipsis pred. mensibus dui minuș dies quinque querere aut molestare presumserimus triginta [byzantios vo]bis componere pro[mit]timus. et hec chartula sit firma imperpetuum. Verum [tamen hoc] quod superius mi[nime scri]psimus reclaramus ut faciatis vobis de ipsam portionem de pred. mensibus de ss. mola aquaria [omni]a que volueritis sine omni nostra et de nostris heredibus contrarietatem vel requesitionem imperpetuum et in ss. obligata pena.

† Petrus f. Stephano de Marino t. s.

† Mauro f. Sergii de Pantaleone t. s.

† Constantinus f. Iohannis de Leone de Constantino de Leone com. t. e.

† Ego Iohannes scriba f. Sergii scripsi medio mense februario ind. secunda.

---

(1) Segue una sillaba, poco leggibile, sotto la quale è scritta una breve parola interlineare, quasi del tutto deleta.

XLI.

(1035) — ind. III — 1 dicembre.

Marinus f. Iohannis Pulvirini, Romanus Sponioba et Ursus f. Gregorii de Docibile si obbligano verso *dom. Leoni* abb. del monast. dei SS. Cirico e Giulitta di tenere in colonia per anni 7 alcune terre di quel monastero.

Perg. di Amalfi, n. 28; arch. di S. M. di Font., n 9; arch. della SS. Trinità, n. 958 — Orig. — Taglio irregolare: alt. mass. 27 × largh. mass. 20; lievemente deleta ai margini — Rip. dal CAMERA, II, p. 684.

Solo elemento di datazione è la cifra dell'indizione. L'abh. Leone (secondo di tal nome) si trova nelle pergamene tra il 1036 e il 1052. Dei testimoni, il *Iohannes f. Const. Riccu* si trova sotto la data 1044; gli altri due appaiono in una pergamena del 1036, la quale è scritta dallo stesso *Leo presb.*; e quest'ultimo appare nei documenti fino al 1051. In questo ciclo l'ind. III ricorre nel 1035 e nel 1050.

A tergo si legge: ✝ *Hic . . . continetur quomodo mon. sancte Marię habet in padulis Graniani modia XX et plus de terra.* Quindi il *Carniano* indica probabilmente Gragnano.

✝ Nos quidem Marinus f. Iohannis Pulvirini. quam et nos Romanus Sponioba [et] Ursus f. Gregorii de Docibile. scribere et firmare visi sumus vobis dom. Leoni domini gratia veneravili presb. et abbati et cuncte congregationi vobiscum manenti in monasterio beatorum martirum Cirici et Iulitte hanc chartulam obligationis seu procu[ratio]nis(?) pro eo quod michi pred. Marino tradidistis per unam chartulam modia de[cem] de ipsa terra vestra seminatoria da Carniano. et nobis pred. Romano et Urso tradidistis exinde per aliam chartulam alia modia decem. Ideoque firmamus vobis ut ego pred. Marinus teneam pred. terram amodo et usque ad completos annos septem et per unum (*sic*) unumquemque annum dare vobis exinde promitto auri tari decem per annum et capita decem de pulli. et a completis pred. annis facere debeamus sicut ipsa pred. chartula continet. et nos pred. Romanus et Ursus similiter seminare debeamus ipsam aliam terram. et de omnem sementem quod exinde exierit tollere exinde debeatis vos tertie et nos due parti. et insuper dare vobis debeamus calzarum auri tari quinque. et per omnem annum demus vobis capita decem de pulli. et ad completis pred. septem annis demus [vo]bis iterum calzarum alii tari quinque. et teneamus iterum eos in ipso ordine quod supra legitur. ita tamen ut per omnes septem annos demus vobis pred. tari quinque pro ipso calzarum et ipsi pred. pulli decem demus vobis per unumquemque annum. Solummodo si se fecerit pagisa in pred. locum et non potuerimus ibidem seminare non siatis nobis inde in occasionem. nec queratis nobis aliquid de ipso quod perdiderimus. et neque vos neque homo vester nobis ibidem virtutem vel invasionem non faciatis set· vindicetis nobis eos ab omnibus hominibus. Qui autem de nobis contra hanc chartulam venire presumserit componat ad partem que firma steterit auri solidos triginta byzantinos. et hec chartula sit firma.

† Iohannes Gizzus t. e.

† Mauronus f. Mansonis de Maurone t. s.

† Iohannes f. Constantini Riccu t. e.

† Ego Leo presb. scriba scripsi kalendis decembrii ind. tertia.

XLII.

(1035) — Maria duchessa e Mansone duca a. 2 — ind. III — 20 luglio — Amalfi.

Marenda relicta qd. Lupi f. Sergii de dom. Lupo de Sergio com., anche in nome dei figli, e *Sergius f. Muri (Mauri?) de ss. Sergio de dom. Lupo de Sergio com.*, vendono a *dom. Theodonanda, f. qd. Constantini de Leone de Marino com. et relicta Iohannis f. Leoni de Iohanne de domina Auria*, una terra con casalina in Pecara, per 10 tarì d'oro.

Copia nel *Chartul.* di S. M. di Font., n. 47 (manca l'orig.) — Inedita.

† In nomine domini dei salvatoris nostri Iesu christi. temporibus domine Marie gloriose ducisse et patricisse et domini Mansonis gloriosi ducis filii eius anno secundo. die vicesima mensis iulii ind. tertia Amalfi. Certi sumus nos Marenda relicta qd. Lupi f. Sergii de dom. Lupo de Sergio com. qui sum

pro vice mea et de ipsis filiis meis et ego quindenio a partibus eorum eo quod sunt ad navigandum. seu et ego Sergius f. Muri (*sic*) de ss. Sergio de dom. Lupo de Sergio com. a presenti die prumptissima volunctate venundedimus adque et in presentis cessimus et contradidimus vobis dom. Theodonanda f. qd. Constantini de Leone de Marino com. et relicta Iohannis f. Leoni de Iohanne de domina Auria. idest plenaria et integra ipsa petiola nostra de terra vacua cum ipsa casalina quem ibidem habet in Pecara positum. et reclaramus vobis exinde ipsas fines. a supra fini via puplica. de subtus et de ambabus lateribus fini finem vestram. cum salva via sua et omnia sua pertinentia. unde nichil exceptuavimus. Unde accepimus exinde a te auri tari decem boni sicut inter nobis comvenit in omnem deliberationem. ut a nunc die presenti in vestra et de vestris heredibus sit potestatis habendi fruendi possidendi vindendi donandi seu commutandi in omnibus semper liberam habeatis potestate sine nostra et de nostris heredibus contrarietatem vel requesitionem imperpetuum. Insuper nos et nostris heredes vobis et a vestris heredibus illud antestare et defensare promictimus omni tempore ab omnibus hominibus. et si dederit exinde chartula imbenta mictere illam debeamus nos et heredes nostris aput vos et heredes vestris sine vestra amaricatione. Quod si minime vobis exinde fecerimus et omnia ut superius legitur non adimpleverimus componere promictimus nos et nostris heredes vobis et ad vestris heredibus auri solidos decem byzantinos. et hec chartula sit firma imperpetuum.

† Ego Sergius iudex t. s.

† Ego Iohannes iudex f. Nicete prothospatarii t. s.

† Ego Petrus f. Ursi Maliscal(chi?) t. s.

† Ego Constantinus scriba scripsi.

XLIII.

(1036) — Maria duchessa e Mansone duca a. 2 — ind. IV — 15 novembre — Amalfi.

Gli eredi di Leone Zito e gli eredi dei fratelli Sergio e Stefano *de Leone de Carovivi, pro anima* e per disposizione dei loro genitori, donano alla ch. di S. Maria di Fontanella le loro terre site in *Auranu*, territorio di Stabia, in luogo detto *Pastinum*.

Copia nel *Chartul.* di S. M. di Font., n. 48 (manca l'orig.) — Inedita.

† In nomine domini dei salvatoris nostri Iesu christi. temporibus domine Marie gloriose ducisse et patricisse et domini Mansonis gloriosi ducis filii eius anno secundo. medio mense nobenbris ind. quarta Amalfi. Nos omnes heredes Leonis Ziti. et nos heredes Sergii de Leone de Carovivi. quam et nos heredes Stephani de ss. Leone de Carovivi. a presenti die prontissima volunctatem scribere et firmare visi sumus in ecclesia beata et gloriosa dei genitricem Mariam da Funtanella. idest ipse portiones nostre de ipsa petia de insertetum et circetum seu terra bacua quod habuimus hic in Istavi positum in Auranu in locum qui dicitur Pastinum. pro eo quod supradictis nostris genitores illud disposuerunt et quot illis missiti sunt in ipsa chartula iam nos pro redemptionem anime nostre et de supradictis nostris genitores firmamus illut in predicta ecclesia. et reclaramus vobis exinde ipse finis. da supra et de uno latere finis causa pred. ecclesia. de subtus finis medium ribum de Iactu. et de alio latere continet finis nostra de nos ss. heredes Leonis Ziti sicut ipsis termines de petra positi sunt da caput rictum in iusu et in pede intrabersad inda finem nostra et sic rictum in medium ipsum ribum. unde nobis quomodo ss. finis continet nichil remansit set totum sine minuitatem tradidimus et offeruimus in pred. ecclesia. cum salba quidem viam suam et omnia sua pertinentia. Et nos seu et nostris heredes illud vindicare debeamus in pred. ecclesia omni tempore av omnibus hominibus. et si quis personam extranea

vel de genere nostro aliquid de supradicta hereditatem de pred. ecclesia tollere vel minuire voluerit illam personam abead anathema et maledictionem a patrem et filium et spiritum sanctum et partem abead cum Iuda traditore domini nostri Iesu christi et in illo seculo stet exinde ad legem ante conspectu Domini cum beata dei genitricem Mariam. insuper componere debead in pred. ecclesia auri solidos triginta byzantinos. et hec chartula sit firma in perpetuum.

† Ego Petrus presb. et primicerius t. s.

† Ego Petrus presb. f. Leoni de Ada t. s.

† Ego Petrus presb. t. s.

† Ego Sergius diaconus scriba scripsi.

XLIV.

(1036) — Maria duchessa e Mansone duca (a. 2) — ind. IV — 9 gennaio — Amalfi.

Il prete *Constantinus f. Mauronis Zacestum*, rettore della ch. di S. Maria, col consenso degli eredi di *dom. Lupini f. Mauronis com.*, assegna a pastinato a *Leoni f. Sergii da Palumola*, alcune terre in *Sulfizzano* (Tramonti), già donate a quella chiesa dal suddetto Lupino.

Perg. di Amalfi, n. 29; arch. di S. M. di Font., n. 35; arch. della SS. Trin., n. 354 — Copia — Alt. 47 × 25; danneggiatissima: mancano molti pezzi per corrosione e la scrittura è tutta deleta o corrosa — Inedita.

A tergo, in scrittura gotica, si legge: « *Charta de Sancta Maria de Comite Maurone de nonnullis bonis sitis Tramonti ubi dicitur Sulfizano etc. temporibus dom. Marie gloriose ducisse et patricisse ind. 4.ª* ».

† In nomine domini dei salvatoris nostri Iesu ch[risti. temporibus domine Marie gloriose ducisse] et patricisse et domini Mansonis gloriosi d[ucis filio] suo anno tertio (*sic*). die nona mense i[anu]ario ind. quarta Amalfi. Ego quidem Constantinus presb. f. Mauronis Zacestum. per consensum et voluntate hered[um dom. Lupini] f. Mauronis com. et nobis predictis heredibus iam dicti Lupini hec chartula placet. a presenti die prompti[ssima voluntate scribere et firmare] visi sumus vobis Leoni f. Sergii da Pa-

lumol[a]. idest tota plenaria [et integra ipsa vinea]. . . . . . . at pastinandum in Sulfizza[no po]sita de ipsa ecclesia sancte Marie . . . . ubi nos rectores sumus. et obbenit ibidem per offersionem iam[dicti] Lup[ini f.] ss. Mauronis com. tota [ipsa causa quantum] vobis tetigit in sortionem. et quantum ibidem postea iu[ncxi]mus et quantum de ips[o inserte]to cla[usum] habetis at redicatium qu[omo]do badet pro tallea de ipso [in]serto grossum. . . . . [us]que in fine de ipso qui fuera de dom. Pandone [a p]ede usque in ipsa lama . . . . ibidem [abentem] ,et palmentum [et lav]ellum et [cister]na et fructura et omnia infra se [habentibus omnia] vobis eos assignavimus. u[nde] nichil vobis exceptuavimus nisi ipsa . . . et ipsa casa qua . . . . . fabri[cata] pro grate de ipso pred. [in]serteto. nam ipso alio quantum per iam dictos [fines] vobis reclaravimus dedimus et assignavimus vobis in hoc [or]dine. ut a die pres[enti vos et vestri heredes] habeatis cura de iam dicta vinea at bene laborandum et armandum et vitandum et pro [pastinan]dum et c[lau]dendum. . . . . . et de ipso alio qui est insertetum habeatis cura ad bene illud roccandum omni annue [et rastillandum] et ubi meruerit insertandum et implendum de fine in finem etc. (1).

. . . .

† Ego Oddo de com. [Ur]sone iudex (t. s.) quia ipsa chartula unde ista exenpla est vidi et legi.

† . . . . . . f. . . . . . . acta unde ista essenpla est vidi et legi.

† Ego Rogerius Cappa[sancta] . . . . . t. s. quia ipsum instrumentum unde hoc exemp[lar] est vidi et legi.

† Ego . . . .

† Ego . . . . . us curialis f. dom. . . . . curi[alis] . . . . . . hanc chartulam similem esemplavi nec iuncxi nec minui.

---

(1) Non si riporta la parte secondaria del documento essendo la pergamena così danneggiata da esserne impossibile la lettura.

XLV.

(1036) — Maria duchessa e Mansone duca a. 2 *post recuperationem* — ind. IV — 5 febbraio — Amalfi.

Le sorelle Boccia ed Anna, *f. qd. Leonis Benesapii*, e la cognata *Drosu*, moglie del loro fratello Musco, anche in nome di costui, assente, concedono a pastinato al prete *Petro f. Petri Claratrovi* una terra in Tramonti, in luogo detto *ad ipsam Mortam*, con l'obbligo di ridurla a coltivazione perfetta entro 12 anni.

Copia nel *Chartul.* di S. M. di Font., n. 46 (manca l'orig.) — Inedita.

† In nomine domini dei salvatoris nostri Iesu christi. temporibus domine Marie gloriose ducisse et patricisse et domini Mansonis gloriosi ducis filii eius anno secundo post eorum recuperationem. die quinta mensis februarii indictione quarta Amalfi. Certi sumus nos Boccia et Anna vere germane filie qd. Leonis Benesapii. quam et nos Drosu uxor Musci f. qd. Leonis Benesapii tote tres vere cognate. que sumus in vice nostra et in vicem supradicti Musci veri germani et viri nostri. et nos quindiniamus a parte sua pro eo quod est ad nabicandum. a presenti die pruntissima voluntate tradere et assignare vise sumus vobis domino Petro presbitero f. Petri Claratrovi. idest petiam unam nostram de insertetum adque castanietum vacuum et plenum quam habemus in Transmonti positum loco nominato ad ipsam Mortam. que continet fines. a supra namque ponitur fini ipsa via. de subtus itaque ponitur fini plenaria ipsa via puplica et vos eam colligere debeatis. de uno vero latere a parte Trasmonti fini finem heredum Mauri f. Pantaleonis de Fluro. et de alio latere a parte meridie fini finem Pantaleonis f. Musci de Lupino de Leone com. cum via sua et cum casa fabrita et distecta ibidem habentem. nec non et cum omnibus infra se habentibus et pertinentibus. unde nichil exceptuabimus. Ea videlicet ratione ut a die presenti incipiatis eos scippare et cultare adque cappilare exinde debeatis totos ipsos macritos arbores et laboretis eos et ipsum laborem quod exinde

feceritis detis nobis exinde medietatem in ipso loco. et totam predictam hereditatem implere debeatis de tigillis et insurculetis eos de ipsa castania zinzale et de insertis. talemque curam ibidem ponere debeatis ut amodo et usque ad completos annos duodecim siad totum plenum et inseratum et presumad frugium adducendum ut paread apud bonos homines. et ubi compleverimus predictis annis duodecim et fuerit totum plenum et presumad frugium adducendum qualiter supra diximus pertenere eos debeatis vos et vestri heredes de generatione in generationem usque in sempiternum. et a die presenti tote ipserte (*sic*) et zinzale vel omne aliud frugium qui de predicta hereditate exierit vos eas colligere et siccare debeatis sine fraude et omni malo ingenio et nobiscum eas dividere debeatis per medietatem. vos et vestri heredes tollatis medietatem et nos et nostri heredes medietatem. et ipsa medietate nostra nobis deponere debeatis vos et vestri heredes iusu ad mare ad Reginnis Maiori. Insuper detis nobis ipsa sabatatica sicut est consuetudo et tota predicta portione nostra de predicte inserte seu zinzale nobis adducere debeatis hic in domo nostra cum naul[o] vestro usque in sempiternum. Verum tamen si ibidem seminaveritis detis nobis inde terraticum sicut consuetudo est. Et neque nos neque homo noster vobis ibidem virtutem vel invasionem non faciamus sed vindicemus vobis eos ab omnibus hominibus. et si predictam hereditatem non bene cultaveritis ut in predictis annis duodecim siad totum plenum et presum ad frugium adducendum faciatis nobis iustitiam et iactemus vos exinde vacuos. Quod si vos bene laborando et cultando predictam hereditatem et ipsam legem nostram completam nobis dando qualiter superius legitur et nos seu nostri heredes voluerimus vos inde iactare demus vobis medietatem de tota predicta hereditate et de omnem laborem quod ibidem habuerit. et si eos a vestro grato dimictere volueritis postquam factum et completum fuerit exeatis inde vacui et aliquid nobis exinde non queratis. Qui vero de nobis ambarum partes aliquid de hec omnia que superius legitur minuare vel retornare voluerit componat ad partem que firma steterit auri solidos quadraginta byzantinos. et hec chartula sit firma imperpetuum. Verum tamen et hoc dicimus ut si aliquis ex nobis voluerit vindere inter nos vindere debeamus ad appretiatum quia sic nobis stetit.

† Muscus f. Leonis de Stephano de Lupino com. t. e.

† Iohannes Gizzus t. e.
† Mauronus f. Mansonis de Maurone de Constantino t. s.
† Ego Leo presb. scriba scripsi.

XLVI.

(1036) — Maria duchessa e Mansone duca a. 3 *post recuperationem* — ind. IV — 22 agosto — Amalfi.

Anna f. qd. Ursi Scaticampuli et relicta Leonis f. Pantaleonis Viarecta vende a *dom. Leoni*, abb. del monast. dei SS. Cirico e Giulitta, un mese del molino sito *in flubio amalfitano ad ipsa Pumice,* per 25 soldi d'oro (avendo già venduto anni avanti all'arcivescovo Leone, per conto dello stesso monastero, altro mezzo mese dello stesso molino per 22 soldi e mezzo).

Copia nel *Chartul.* di S. Maria di Font., n. 54 (manca l'orig.)— Rip. in transunto dal CAMERA, I, p. 244.

† In nomine domini dei salvatoris nostri Iesu christi. temporibus domine Marie gloriose ducisse et patricisse et domini Mansonis gloriosi ducis filii eius post eorum recuperationem anno tertio. die vicesima secunda mensis agusti ind. quarta Amalfi. Certum est me Anna f. qd. Ursi Scaticampuli et relicta Leonis f. Pantaleonis Viarecta. a presenti die promptissima volunctate scribere et firmare visa sum vobis dom. Leoni domini gratia monacho et abbati sancti monasterii beati Cirici et Iulicte dedicatus intus Amalfi super Atrano et per te ad cuncta vestra congregatione huius suprascritti vestri monasterii hanc chartulam venditionis. pro eo quod ante hos annos sub tempore domini Leoni venerabilis archiepiscopi dedit nobis ille solidos viginti duo et medium qui fuerunt de suprascritto monasterio. quod nos expedimus pro anima Pantaleoni filii nostri et pro nostra utilitate. et nos exinde dedimus et tradidimus tando in suprascritto monasterio medium mensem de ipsa mola aquaria hic in flubio posita amalfitano ad ipsa Pumice cum portione sua de gectum et aquaria sua et de omnia sua pertinentia. et ha-

buistis et dominastis eos usque modo. Modo autem convenit infra nos et nos venundedimus et contradidimus vobis de ipsa predicta mola alium unum mensem. ut habeatis de tota ipsa suprascritta mola mensem unum et medium cum unum mensem et medium de gectum suum et aquaria sua et canales et tria modia et ferramenta sua et omnia sua pertinentia et cum salva viam suam. unde nobis de predictum mensem unum et medium nichil exceptuavimus. Unde et in presentem accepimus exinde a vobis de ipsum predictum unum mensem quod vobis modo venundedimus per plenariam nostram sanationem idest auri solidos viginti quinque quod tulistis de ipsa terra vacua de Rabelli quod vendidistis. unde in predictum monasterium nullum frugium habebatis. et complisti nobis de ipsum unum mensem et medium auri solidos quatraginta septem et medium in omnem deliverationem et in omnem decisionem. ut a nunc die presentis et imperpetuis temporibus in vestram et de vestris posteris sint potestatem quod exinde facere et iudicare volueritis. Et iam aliquando exinde neque a nobis neque ab heredibus nostris neque per summissam personam nullam requesitionem vel contrarietatem exinde habeatis non vos non vestris posteris successores per nullum modum imperpetuum. Insuper nos et heredibus nostris vobis et ad posteris vestris de suprascritto monasterio plenariam suprascrittam nostram venditionem antestare et defensare promictimus omni tempore ab omnibus hominibus. quod si de hec omnia que superius legitur vobis aliqua minuitatem fecerimus et totum vobis eos non adimplerimus componere promictimus nos et nostris heredes vobis vestrisque posteris successores auri solidos centum. et hec chartula sit firma imperpetuum.

† Maurus f. Pantaleonis Denticis t. s.
† Ego Iohannes iudex f. Nicete prothospatarii t. s.
† Ego Sergius iudex t. s.
† Ego Sergius scriba scripsi.

XLVII.

(1036) — ind. IV — 24 agosto.

Perg. di Amalfi, n. 30; arch. di S. Lor., n. VI; arch. della SS. Trin., n. 964 — Orig.— Alt. 22 1|2 × 17 1|2; deleta nella parte sup., macchiata altrove. — Rip. dal Camera, II, p. 675.

Amatus Sindolus, di Capri, riceve in colonia dal prete *dom. Petro f. Iohanni Quattuor pedi* alcune terre site in Anacapri, *at ipse Piscine*, che egli stesso gli aveva vendute, e si obbliga a dargli ogni anno un *modium* di fave.

Un *Sergius scriba* ha scritta la perg. n. XLVI, tratta dal *Chartul.* di S. M. di Fontanella, che è del 1036. Un *Iohannes scriba*, che appare nella perg. n. LIX, che è del 1046, era figlio di un Sergio e padre di un altro Sergio, che redasse quell'atto. Questo istrumento quindi può essere anche di qualche decennio anteriore o posteriore a quelle date. La IV ind. correva nel 1021, nel 1036, nel 1051 e nel 1066; e di queste la seconda, per la coincidenza della perg. n. XLVI, pare la più probabile.

† Ego quidem Amatus Sindolus de Insula capritana. a presenti [die prom]tissima voluntate scribere et firmare visus sum vobis dom. Petro presb. f. Iohanni Quattuor pedi hanc chartulam. pro eo quod dedisti et assignasti nobis per chartulam ambe ipse petie vestre de terra coniuncte in Insula capritana susum in Anocapri at ipse Piscine et ipsa petia de vinea subtus viam. cum vie sue et omnia sua pertinentia. qui vobis obbenit a me per chartulam comparationis. Ea enim rationem ut habeamus et frugiemus eos nos et heredes nostris usque in sempiternum et omni annue at nobum exinde nos et heredes nostris dare debeamus vobis vestrisque heredibus pensionem iusum at litore maris de ss. Insula modium unum de fabe iustum. Et neque vos aut vestri heredes habeatis licentiam vel potestatem nobis eos tollere. nec nos aut nostri heredes eos dimittere. et qui se de nobis et vobis extornare voluerit componat pars infidelis at partem qui firma steterit auri solidos tres. et (si) vobis ss. modium unum de fabe non dederimus omni annue ut super legitur potestatem habeatis nobis eos tollere.

† Ego Sergius f. Mauro de Sergio de dom. Mauro t. s.

† Ego Iohannes de Marino de Constantino com. t. s.
† . . . . (1).
† Ego Sergius scriba scripsi die vicesima quarta mensis agusti ind. quarta.

XLVIII.

(1037) — Maria duchessa e Mansone duca a. 3 *post recuperationem* — ind. V — 7 gennaio — Amalfi.

Copia nel *Chartul*: di S. Maria di Font., n. 53 (manca l'orig.) — Inedita.

Spastreca f. Petri Cannabarii et uxor Mastali Alzasepe ed i suoi figli Leone e Pietro, anche in nome del rispettivo marito e padre, vendono ad *Urso f. Leonis Burecta* un *catodium terraneum* in Atrani per 14 tarì d'oro.

† In nomine domini dei salvatoris nostri Iesu christi. temporibus domine Marie gloriose ducisse et patricisse et domini Mansonis gloriosi ducis filii eius anno tertio post eorum recuperationem. die septima mensis ianuarii ind. quinta Amalfi. Certi sumus nos Spastreca f. Petri Cannabarii et uxor Mastali Alzasepe et Leo adque Petrus. genitrix et filii. qui sumus in vice nostra et in vicem ss. Mastali viri et genitoris nostri. et nos quindiniamus a parte sua pro eo quod non est in istam terram. a presenti die promptissima volunctate venundedimus et contradidimus vobis Urso f. Leonis Burecta idest plenarium et integrum ipsum catodium nostrum terraneum quam habemus hic in Atrano positum qui est subtus ipsam domum vestram. sicut ipse suprad. catodius fabricatus et ordinatus est a terra usque ad ipsos solariles et quomodo parietis eius a giro circiter fundati sunt. cum due regie unam a parte a subtus et aliam a parte de supradicto Paulo (?). quam et fenestre et necessarie in suprad. catodium habeatis et focularem ad focum accendere ad opus vestrum faciendum. et cum plenaria ipsa cisterna quam et cum vie sue et omnia sua pertinentia. unde nichil exceptuabimus aut aliquid nobis exinde remansit. et ante illam et illam regiam habeatis ipsas curticellas unde

(1) Vi è qui la stessa sottoscrizione autografa, che non è stato possibile interpretare nel documento n. XVIII (v. p. 30, n. 1).

introire et exire debeatis et ibidem seddere debeatis et laborare artem vestram qualem volueritis. et in ss. catodio faciatis omnia que volueritis. qui nobis obbenit ex comparatione. et ipse chartule quas exinde habuimus vobis eas dedimus et si exinde chartula inbenta dederit subtus vobis illam mictere debeamus sine vestra dapnietate vel amaricatione. Unde accepimus a vobis exinde plenariam nostram sanationem idest auri tari quatuordecim sicut inter nos convenit in omnem deliberationem et in omnem decisionem. ut a nunc die presenti et imperpetuis temporibus in vestra et de vestris heredibus sit potestatem habendi fruendi possidendi vindendi donandi seu commutandi vestrisque heredibus dimictendi in omnibus semper liberam habeatis potestatem sine nostra et de nostris heredibus contrarietatem vel requisitionem imperpetuum. Insuper nos et nostri heredes vobis vestrisque heredibus eos antestare et defensare promictimus. Quod si minime vobis exinde fecerimus et minime adimpleberimus de hec omnia que superius legitur tunc obligamus nos et nostros heredes ad comp(onendum) vobis vestrisque heredibus auri solidos viginti byzantinos. et hec chartula sit firma imperpetuum.

† Leo f. Gucti t. e.
† Ego Marinus comes t. s.
† Ego Mauronus f. Sergii Cullomanna t. s.
† Ego Iohannes scriba f. Sergii scripsi.

XLIX.

(1037) — Maria duchessa e Mansone duca a. 3 — ind. V — 25 febbraio — Amalfi.

Copia nel *Chartul.* di S. Maria di Font., n. 49 (manca l'orig.) — Inedita.

I fratelli *Maurus, Ursus, Fuscus et Constantinus, f. qd. Leonis de Eufimia,* avendo avuta una controversia di confini con *dom. Theodonanda* abbadessa del monast. di S. Maria di Fontanella, nelle loro terre in Tramonti, *loco Ceserano,* si accordano e, con l'intervento dei giudici, pongono i termini.

† In nomine domini dei salvatoris nostri Iesu christi. temporibus domine Marie gloriose ducisse et patricisse et domini

Mansonis gloriosi ducis filii eius anno tertio. die vicesima quinta mensis februarii ind. quinta Amalfi. Certi sumus nos Maurus et Ursus adque Fuscus et Constantinus veri germani f. qd. Leonis de Eufimia. a presenti die prumptissima volunctate scribere et firmare visi sumus vobis dom. Theodonande domini gratia abbatisse et cuncte congregationi vobiscum manenti in monasterio beate et gloriose dei genitricis Marie dedicata in Funtanella hanc chartulam securitatis de intentionem quam vobiscum habuimus de fines inter causam nostram et causam pred. monasterii in Transmonti positum loco nominato Ceserano. dicendo nos a parte nostra quia intrastis inda nos et tulistis nobis causam nostram. et vos respondistis absit. unde inter nos habuimus altercationes multas. et nobis altercantibus ibimus supra ipsum locum cum ordinatis iudicibus et ibidem astantes placuit Deo fecimus inter nos bonam finem per mensurias sicut modo dicimus. et primum omnium mensurabimus limpido cum cantum a supra parte meridie de ipsa casa supradicti vestri monasterii et continet ibidem palmum unum et uncie quadtuor a fine nostra usque in cantum de pred. casa et in ipsum cantum. a subtus a parte meridie de pred. casa continet usque in finem nostram palmos duos et uncias quadtuor. et sicut decurrit ad lentiam per capud de pred. mensurie limpido in susu et in iusu usque in finem pred. monasterii sic siad finis omni tempore inter nos et pred. monasterio. et ab ipso pred. canto a supra de iamdicta casa in susu usque ad completum totum ipsum columnellum qui ibidem fabricatus est in finem vestram et in finem nostram continet longitudinem cubita naupili (1) decem et septem quia totus ipse pred. columnellus in causa vestra fabritus est. et ab ipso canto a subtus de pred. casa vestra ubi est coniuncta ipsa cisterna vestra continet in iusu usque in finem predicti monasterii cubita naupili decem et nobem minus sciritum (*sic*) unum et sic limpidum ad lentiam per traversum puncti in ipsa lama de pred. monasterio inda meridie et ab ipso pred. columnello fabrito qui est totus vester feudu (*sic*). et ipsa finis nostra inda meridie per finem pred. monasterii de columnello in columnellum usque ad ipsam seudtam (*sic*) et continet ibidem longitudine cubita naupili quadraginta dua et per caput de ss. mensuria ascendet in susu ipsa finis nostra cum fine ss. monasterii et per ipsos columnellos fa-

---

(1) V. p. 45, n. 3.

britos cubita naupili triginta septem et medium usque in finem ss. monasterii et columnellum ibidem habet fabritum et iam abinde revolvet ipsa finis nostra cum fine pred. monasterii per ipsos columnellos fabritos usque in media ipsa ss. lama. Et ista pred. finis siad inter nos et nostros heredes et inter pred. monasterio usque in sempiternum et in omnibus exinde vobiscum diffinibimus et emictere visi sumus vobis exinde hanc plenariam securitatem in omnem deliverationem et in omnem dicisionem. ut si quolibet tempore per quovis modum vel ingenium sibe nos et nostri heredes seu per summissam personam vos et vestras posteras successores de pred. monasterio de hec omnia que superius legitur querere aut molestare presumpserimus vel predictas fines inda vos transire voluerimus tunc obligamus nos et nostros heredes ad comp(onendum) vobis vestrisque heredibus posterisque successoribus auri solidos quinquaginta byzantinos. et hec chartula sit firma in perpetuum.

† Ego Leo f. Musco de Sergio com. t. s.

† Leo f. Gucti t. e.

† Ego Mauronus f. Sergii Cullonanna t. s.

† Ego Leo presb. scriba scripsi.

L.

(1037) — Maria duchessa e Mansone duca a. 4 *post recuperationem* — ind. V — 1 maggio — Amalfi.

Copia nel *Chartul.* di S. Maria di Font., n. 55 (manca l'orig.) — Inedita.

Muscus f. Mauri de Pantaleone de Fluro com., col consenso dello zio *Ursi f. Nicete prothospatarii* esecutore testamentario di sua madre *dom. Theodonanda,* vende a sua sorella *dom. Maru* un *insertetum* in *Nubella,* in luogo detto *ad ipsa Morta,* per 25 soldi d'oro di tarì.

† In nomine domini dei salvatoris nostri Iesu christi. temporibus domine Marie gloriose ducisse et patricisse et domini Mansonis gloriosi ducis filii eius anno quarto post eorum recuperationem. die prima mensis magii ind. quinta Amalfie. Certum est me Muscus f. Mauri de Pantaleone de Fluro com. per absolutionem vero Ursi tii nostri f. Nicete prothospatarii pro eo

quod est distributor dom. Theodonande genitrici nostre et michi suprad. Urso placet. a presenti die promptissima volunctate venundedimus et contradidimus vobis dom. Maru vere germane nostre. idest plenarium et integrum ipsum insertetum nostrum quam habemus in Nubella positum loco nominato ad ipsa Morta. unde reclamarus vobis exinde ipsas fines. a supra namque ponitur coniunctum cum Sergio f. Gregorii de Constantino com. deptus (*sic*) itaque coniunctum cum causam heredum Iohannis f. Leonis de Constantino de Leone com. de uno vero latere ponitur coniunctum cum causa heredum Musci tii nostri. et de alio autem latere ponitur fini finem de causa heredibus Leonis et f. Leonis Zancurtelli. cum vie sue et omnia sua pertinentia. unde nichil exceptuabimus aut aliquid nobis exinde remansit. qui nobis obbenit a ss. genitori nostro et ad illum obbenerad per chartulam comparationis ab heredibus Constantini Faccebona quam et ab heredibus Leonis de Musco com. et quantas chartulas exinde habuimus vobis eas dedimus et si exinde alia chartula inbenta dederit subtus vobis eam mictere debeamus sine vestra dapnietate vel amaricatione. Unde accepimus exinde a vobis plenariam nostram sanationem. idest auri solidos viginti quinque ana tari quatuor per solidum sicut inter nos combenit. et de isti pred. solidi dedimus solidum unum ad pred. Urso tio nostro quod eius dimisit pred. genitrix nostra per testamentum. et in ipsi alii viginti quatuor iunximus solidos tres et pargiavimus exinde de ipsum memoratorium quod fecit genitrix nostra ad ipsis de Coczumbro. quod expedit pro anima Petri veri germani nostri. et ipsum pred. memoratorium vobis dedimus cabsatum in omnem deliberationem et in omnem decisionem. ut a nunc die presenti et imperpetuis temporibus in vestra et de vestris heredibus sit potestatem habendi fruendi possidendi vindendi donandi seu commutandi vestrisque heredibus dimictendi semper liberam habeatis potestatem sine nostra et de nostris heredibus contrarietatem vel requisitionem imperpetuum. Insuper nos et nostri heredes vobis vestrisque heredibus eos antestare et defensare promictimus. Quod si minime vobis exinde fecerimus tunc componere promictimus nos et nostri heredes vobis vestrisque heredibus auri solidos quinquaginta byzantinos. et hec chartula sit firma imperpetuum. Et hoc dicimus ut ipsa pred. finem a parte de ipsis Czancurtelli habeatis illam per ipses cruces qui sunt bactite inter vos et illis. Verumtamen hec omnia pred. capitula quindenio ego predictus Muscus pro parte de toti ipsis aliis germanis meis qui non sunt in istam terram quia per nullum modum istam pred. hereditatem ad alium hominem vindere non potuimus aut plus exinde solidos tollere. Et ipsam pred. finem a parte de heredibus suprad. Musci tii nostri habeatis similiter per ipsas cruces que bactite sunt inter vos et illis.

† Muscus f. Leonis de Stephano de Lupino com. t. e.

† Ego Mauronus f. Sergii Cullonanna t. s.

† Iohannes Gizzus t. e.

† Ego Iohannes scriba f. Sergii scripsi.

LI.

(1039) — ind. VII — 23 giugno — Amalfi.

I germani *Iohannes, Sergius, Anthiocia et Drosu, f. qd. Ursi de Sergio de Urso com. Scaticampulo,* si dividono i loro beni, siti in Ravello, in luogo detto *Punticito.*

Perg. di Amalfi, n. 31; arch. di S. M. di Font., n 12; arch. della SS. Trin., n. 393 — Copia scritta nell'aprile ind. XII (1044?) — Alt. 84 1[2 × 18 — Inedita.

Ursus, padre dei contraenti, era fratello dell' arcivescovo *Leone de Sergio de Urso com. Scaticampulo*, vissuto fino al 1030. Appartiene quindi probabilmente questo doc. al secondo quarto del sec. XI. L'ind. VII ricorre nel 1024, nel 1039 e nel 1054; la presente copia potrebbe quindi appartenere con maggiore probabilità al 1044, senza escludere gli anni 1029 e 1059.

† Chartula firma merissi divisionis a nobis Iohanni et Sergio et Anthiocia quam et Drosu germanis f. qd. Ursi de Sergio de Urso com. Scaticampulo. dividere et diffinire visi sumus inter nos plenariam ipsam hereditatem nostram de Rabelli loco nominato Punticito. quam ego ss. Iohannes partire visus sum in quartam portionem et termines et mensuras inter portionem et portionem constitui. set propter quod partivi teneo michi in manu ipsam petia de inserteto plenaria que est sub pedem de ipso casale nostro minorem. Quantum ipsa pred. petia de insertis de finem in finem continet de plenario ipso casale nostro minorem qui est iuxta finem ecclesie sancti Angeli sicut est cum casa et palmento et cisterna fabritis et cum omnibus infra

se habentibus et pertinentibus quam et cum viis suis fecimus unam portionem. et abeat latitudinem in caput cubita naupili triginta unum. in media loca vero cubita naupili viginti unum. in pede autem cubita naupili quindecim et medium. et qui istam portionem tulerit refundere debeat de propria sua causa aureos solidos octo at ipsam portionem a parte meridie de ipso casale nostro maiorem. Quam et de ipso pred. casale nostro maiorem fecimus caput fixu tres portiones. de ipso a parte septemtrionis sicut est cum casa et palmento et lavello fabritis et omnibus infra se habentibus et pertinentibus fecimus unam portionem. et abeat ista portio latitudinem in caput cubita naupili triginta unum. et in media loca et in pede similiter. et qui istam portionem tulerit refundat de propria sua causa at ipsam portionem de media loca aureos solidos sex. Quam et de ipso de media loca sicut est plenum et vacuum cum omnibus infra se habentibus et pertinentibus et cum ipsi pred. sex solidis fecimus aliam portionem. et abeat ista portio latitudinem in caput cubita naupili triginta quattuor. in media loca triginta quinque et medium et in pede cubita naupili triginta septem. Quam et de ipso de foris a parte meridie sicut est totum bacuum cum omnibus sivi pertinentibus et cum ipsi pred. octo solidis fecimus aliam portionem. et abeat ista portio latitudinem in caput cubita naupili triginta nobem. in media loca cubita naupili quinquaginta. in pede autem cubita naupili quinquaginta unum. unaqueque portio via habeat per suam causam. ipse ss. casalis minor habeat longitudinem a caput usque at ipsam ripam quam finalem constituimus inter se et ipsam petia de inserteto quam michi tenui in manu ego ss. Iohannes cubita naupili centum quinquaginta. Quarum nos ss. Anthiocia et Drosu ambe sorores tetigerunt in communem plenarius ipse ss. casalis minor de iuxta ecclesia sancti Angeli. et ipsa portio a parte meridie de ipso casale maiorem cum omnibus infra se habentibus et pertinentibus sicut superius legitur. et me ss. Sergio tetigit ipsa portio a parte septemtrionis de ss. casale maiorem cum omnibus infra se habentibus et pertinentibus sicut superius legitur. et refudi ipsos ss. sex solidos. et me ss. Iohanni tetigit ipsa portio de media loca cum omnibus infra se habentibus et pertinentibus sicut superius legitur. et cum ipsi pred. sex solidis. Viam vero habere debeat tote tres ipse portiones de ipso casale maiorem per ipsam viam qui facta est per caput de pred. casale maiorem de fine in fine. unde andat causa ecclesie sancti Cirici. set ipsa portio a parte septemtrionis non contret exinde ipsam pred. viam et ipsam portionem de media loca. neque ipsa de media loca at ipsam portionem a parte meridie. set omnis et una portio cooperire debeat de super ipsam viam in quantum finis qui continet. Et in omnibus inter nos eos divisimus et diffinivimus et nobis exinde appreensimus. et unusquisque de nobis faciat de suam portionem quod voluerit. pars autem que de nobis se extornare voluerit componat solidos triginta. et ec chartula sit firma.

† Ego Leo f. Mauri de Gregorio com. t. s.

† Ego Iohannes f. Leonis de Iohanne de Leone com. t. s.

† Ego Urso f. Mauronis Denticis t. s.

Die vicesima tertia mensis iunii ind. septima.

† Ego Leo f. Leonis anc chartulam [man]u propria scripsi.

† Et ego Ursus scriva huius civitatis Amalfi anc chartulam similem exemplavi de chartula scripta per manus ss. Leonis. nec iussi (*sic*) nec minuavi. mense aprelio ind. duodecima.

LII.

(1040) — Guaimario princ. di Salerno a. 22, duca di Amalfi a. 2 — ind. VIII — giugno.

Leo f. Iohannis e *Atrinsi f. qd. Ursi* concedono in colonia a *Iohanni f. qd. Madelfrit* una terra sita presso la ch. di S. Maria *plebis* in Nocera, *ubi Ortu dominico dicitur.*

Copia nel *Chartul.* di S. Maria di Font., n. 43 (manca l'orig.) — Inedita.

† In nomine domini. vicesimo secundo anno principatus domini nostri Guaymarii cibitate Salerno et secundo anno principatus eius Capue ducatu Amalfi et primo anno ducatu eius Surentu eiusdem principis. mense iunius octaba ind. Memoratorium factu a nobis Leo f. Iohannis qui sumus germani (1) Atrinsi f. qd. Ursi. eo quod ante subscripti idoneis ominibus per bona conbenientia ad tenendum et laborandum tradidimus Iohanni f. qd. Madelfrit terra cum arbustu quod abemus in locum

(1) Manca il nome dell'altro fratello.

Nucerie propinquo ecclesie sancte Marie plebis ipsius Nucerie ubi Ortu dominico dicitur. et est per et finis et mensurie. ab oriente fine bia plubica inde passus triginta nobem. at parte meridie sunt passus sexaginta octo. ab occidente fine alia bia inde passus quadraginta. a septentrionis sunt passus sexaginta octo totum mensuratum ad iusto passu ominum. In tali ordine suprad. rebus per suprad. finis et mensurie nos eidem Iohanni ad tenendum et laborandum tradidimus. ut amodo et omni tempore ad sua et de suis eredibus sit potestatis ipsa rebus tenendi et dominandi et fobee et omnes vestre utilitatis iusta racione ibidem faciatis. et ubi meruerit rebus ipsa cludatis et clusam illam abeatis. et per omnis annum ipsa arbustata super et de subtus illum laboretis et cluetis sicut locus ipse meruerit. ut paread per omnis annum bonum laboratum ut proficiat et non dispereat. et fabricare in illis ibidem unum palmentum. et faciant illis ibidem unum applictum de casa. et amodo et omni tempore abeat ibidem illis missitum unum ominem ad residendum et abitandum qui faciat ipsa rebus salba. et demus nos ei ibidem unum organeum da binum et per omnis annum illis illum conciare et micterent illum a suptus reditum. indeque et per omnis annum illis ipso arbustu bindemiare et omnis binum et poma vel quodcumque frudium inde exierit totum illum sibi abere tantum per omnis annum dare nobis et ad nostris heredibus ibidem sidecim saume de binum bonum et quattuor calline bone et duo auri tari boni per terraticum de ipsa rebus. De qua per bona conbenientia guadam nobis ipse Iohannes dedit et mediatorem nobis posuit Cicerus de ipso locum Nucerie f. qd. Landoni et per ipsa guadam obligavit se et suos heredes ut si taliter omnia supraditta per suprad. ordine nobis nostrisque eredibus non adimpleberit et de supradictis aliquit contradisserit per ipsa guadam per bona conbenientia componere obligavit se et suos eredes nobis nostrisque eredibus triginta auri solidos constantinos et talia nobis complirent. Quod scripsi ego Iaquintus not.

† Ego Dauferius . . . . testi subscripsi.

† Ego Glimoaldus testi subscripsi.

LIII.

(1041) — Guaimario princ. di Salerno a. 23, duca di Amalfi a. 2 — ind. IX — 7 marzo — Amalfi.

Ursus f. Iohannis da Filicto, de castello da Pini, riceve da *dom. Leoni* abbate del monast. dei SS. Cirico e Giulitta, la terza parte di alcune terre site in territorio del suddetto castello, in luogo detto *ad ipsam Panicalem*, alle stesse condizioni cui aveva ricevute, l'anno avanti, le altre due terze parti.

Copia nel *Chartul.* di S. Maria di Font., n. 42 (manca l'orig.) — Inedita.

† In nomine domini dei salvatoris nostri Iesu christi. vicesimo tertio anno principatus Salerni domini nostri Guaimarii gloriosi principis et tertio anno principatus eius Capue. ac secundo anno ducatus illius Amalfi et Sirrentum. die septima mensis martii ind. nona Amalfie. Certum est me Ursus f. Iohannis da Filicto de ipso castello da Pini. a presenti die promptissima voluntate scribere et firmare visus sum vobis dom. Leoni domini gratia presb. et abbati et cuncte congregationi vobiscum manenti in monasterio beatorum martirum Cirici et Iudicte (*sic*) hanc chartulam deligationis pro eo quod anno preterito tradidistis michi due parti de ipsam hereditatem vestram de pred. monasterio quam habetis in pertinentia de pred. castello loco nominato ad ipsam Panicalem. hoc est vineis insertetis castanietis querquetis terris campis et silvis vacuum et plenum cum fabricis et omnibus suis pertinentiis sine ipsa domo quam in vestram reservastis potestatem. in ipso ordine sicut ipse chartule continent quas exinde inter nos fecimus. sed tenuistis exinde ad vestram potestatem tertie de tota ss. hereditate. Modo vero per bonam convenientiam iterum dedistis adque tradidistis nobis plenarie ipse pred. tertie et confirmastis nobis totam pred. hereditatem per ipsas fines quomodo et qualiter reclarate sunt per ipse pred. alie chartule. in ea videlicet ratione ut teneamus eos nos et nostri heredes de generatione in generatione in omnem ordinem et rationem sicut ipse pred. chartule reclarant et in

ipsum constitutum eos compleamus qui ibidem scriptus est. et similiter sic omnia vobis dare et complere debeamus qualiter scriptum est in pred. chartule usque in sempiternum. Et neque vos neque homo vester nobis ibidem virtutem vel invasionem non faciatis sed vindicetis nobis eos ab omnibus hominibus. Qui autem de nobis ambarum partes contra hanc chartulam venire presumpserit et non compleverit omnia qualiter in ipse suprad. chartule scriptum est componat ad partem que firma steterit auri solidos sexaginta byzantinos. et hec chartula de qua nos similem habemus sit firma imperpetuum.

† Mauronus f. Mansonis de Maurone t. s.

† Leo f. Iohannis de Leone de Constantino de Leone com. t. s.

† Petrus f. Stephani de Marino t. s.

† Ego Leo presb. scriba scripsi.

LIV.

(1041) — Guaimario duca a. 3 — ind. IX — aprile.

Iohannes presb. Spiniola, Iohannes f. Palumbi de Theofilacto et Marinus Anima in pede, eseguendo le ultime disposizioni verbali del *qd. Agusto f. ss. Palumbi de Theofilacto,* trasferiscono alla ch. di S. Maria di Fontanella il possesso di una vigna sita *in Aurano ubi dicitur ad ipsa Salicem.*

Perg. di Amalfi, n. 32; arch. di S. Maria di Font., n. 6; arch. della SS. Trin., n. 938 — Orig. — Alt. 32 × 19; macchiata in qualche punto, corrosa altrove — Inedita.

† Nos quidem Iohannes presb. Spiniola. et Iohannes f. Palumbi de Theofilacto. et Marinus Anima impede. a presenti die promptissima volumtatem scribere et firmare bisi sumus in ecclesia beate dei genitricis Marie da Funtanella. idest una petia de binea qui fuit de Agusto f. ss. Palumbi de Theofilacto. pro eo quot quando pred. Agustus benit ad obitum suum disposuit animam suam et dixit. — bos domini mei bidetis im qua imfirmitate positus sum et spero me morire et non bibere. deinde volo ut ipsa petia de binea quot habuimus in Aurano ubi dicitur ad ipsa Salicem siat traditum et offertum in pred. ec-

clesia sancte Marie.—Nos quali[ter] de ore eius audibimus taliter scribere et firmare bisi sumus in pred. ecclesia. et reclaramus exinde ipse finis qualiter pred. hecclesia omni tempore habere et possidere debeat. ha supra continet fini finem de Stephano f. Iohanni de ipso Castal(lomata) et inde continet passis quattuor et medio. de subtus continet fini finem de Petro f. Rose. et inde continet passi tres et palmis tres. de uno latere continet finis causa pred. ecclesie. et de alio latere conti[ne]t fini finem de Stephano bero germano pred. Agusti. et continet in longitudinem passis duodecim. totim at passum camisalem. cum salba biam suam et cum omnibus infra se habentibus et pertinentibus. et nos qualiter illut de ore eius audibimus taliter omni tempore sumus parati at testificandum et defendendum in pred. hecclesia. Et si quis personas (1) exinde aliquot minuare aut tollere voluerit de pred. ecclesia (2) illam personam habeat anathema et maledictione a patrem et filium et spiritum sanctum et partem habeat cum Iuda traditore domini nostri Iesu christi et in illo seculo stet exinde at legem cum pred. ecclesia ante conspectu Domini. et hec chartula sit firma imperpetuum.

† Ego Petrus presb. et primicerius t. s.

† Ego Petrus presb. t. s.

† Ego Iohannes presb. t. s.

† Ego Sergius diaconus scriba scripsi. mense aprelis ind. nona. tertio anno ducatus Amalfis domini nostri Guaymari gloriosi principis.

---

(1) A questa parola segue un *vobis*, cancellato.

(2) Le parole *de pred. ecclesia* sono interlineari.

LV.

(1043) — Mansone duca a. 1 *post recuperationem* — ind. XI — 16 ottobre — Amalfi.

Leo f. Gregorio presb. Pillizu, di Lettere, riceve in colonia da *dom. Leoni* abbate del monast. dei SS. Cirico e Giulitta una terra seminatoria in territorio stabiano, *ad Paludem*, con l'obbligo di corrispondergli il *terraticum* in fagioli ed ogni 10 anni un agnello pasquale *pro memoratione.*

Copia nel *Chartul.* di S. M. di Font., n. 50 (manca l'orig.) — Inedita.

† In nomine domini dei salvatoris nostri Iesu christi. temporibus domini Mansonis gloriosi ducis anno primo post illius recuperationem. medio mense octobris ind. undecima Amalfi. Certum est me Leo f. Gregorio presb. Pillizu de ipso castello de Licteris. a presenti die promptissima volunctate scribere et firmare visus sum vobis dom. Leoni domini gratia presbitero et abbati et cuncte congregationi vobiscum manenti in monasterio beatorum martirum Cirici et Iulicte hanc chartulam similem de ipsa quam vos nobis scribere fecistis. pro eo quod tradidistis et assignastis nobis plenariam ipsam petiam vestram de terra seminatoria quam habetis in territorio stabiano positam ad Paludem per has fines. a supra fini finem de causa dom. Petri presb. da Cinte. de subtus itaque fini finem de causa monasterii puellarum sancti Simeonis et fini finem heredum Petri Scorsavere. de uno latere fini finem Athanasii de Leone de Munda. et de alio latere fini finem Iohannis presb. de Giczu. cum via sua et omnia sua pertinentia. unde nobis nichil exceptuastis. Ea videlicet ratione ut a die presenti et imperpetuis temporibus nos et nostri heredes de generatione in generationem eos cultare et seminare debeamus et curam exinde habeamus usque in sempiternum. et omni annue dare vobis exinde debeamus (1) modia de fasoli in pred. castello ad modium qui andad in pred. loco per unumquemque annum usque in sempiternum. et per

(1) Manca il numero.

omnes decem annos adducere vobis debeamus in pascha resurrectionis domini nostri Iesu christi agnum unum pro memoratione. Et neque vos neque vestri posteri successores non faciatis nobis ibidem aliquam virtutem vel invasionem sed vindicetis nobis eos ab omnibus hominibus. nos non habeamus licentiam eos dimictere et vos non habeatis potestatem nobis eos tollere per nullum modum aut datam occasionem. set pertenere eos debeamus nos et nostri heredes in omni ordine et ratione sicut superius legitur usque in sempiternum. Qui autem de nobis ambarum partes contra hanc chartulam venire presumpserit et ut superius legitur non adimpleverit componad ad partem que firma steterit auri solidos viginti byzantinos. et hec chartula sit firma imperpetuum. Et hoc dicimus ut ipsum hominem quem vos ibidem direxeritis ad recipiendum ipsi pred. fasoli nos illum nutricare debeamus de ipso quod nos comederimus in domo nostra quia sic nobis stetit. Verumtamen hoc dicimus quia tota ipsa supradicta terra sunt modia dua seminatura ut omni tempore teneamus eos in omnem ordinem et rationem sicut superius legitur.

† Ego Iohannes diaconus f. Stephani t. s.

† Ego Stephanus presb. de lu Puzzu t. s.

† Ego Pulcharus presb. t. s.

† Ego Leo presb. scriba scripsi mense octubris ind. undecima.

LVI.

(1044) — Mansone duca a. 2 *post recuperationem* — ind. XII — 15 novembre — Amalfi.

Mauronus f. Mansonis de Maurone de Constantino de Leone com., col consenso della moglie Anna, dispone che nei suoi beni siti in Tramonti, *loco Tabulam*, gli succeda il monast. dei SS. Cirico e Giulitta, riserbandosi il diritto di ritirarvisi.

Copia nel *Chartul.* di S. Maria di Font., n. 52 (manca l'orig.) — Inedita.

† In nomine domini dei salvatoris nostri Iesu christi. temporibus domini Mansonis gloriosi ducis anno secundo post eius recuperationem. die quinta decima mensis nobembri ind. duo

decima Amalfi. Certum est me Mauronus f. Mansonis de Maurone de Constantino de Leone com. per absolutionem videlicet Anne uxoris mee mihique pred. Anne placente. a presenti die prumptissima volunctate scribere et firmare visus sum in monasterio beatorum martirum Cirici et Iulicte qui est dedicatus hic in Atrano et in potestatem rectorum illius hanc chartulam obligationis seu offertionis. ut a die obitus mei siad offertam et traditam in pred. monasterio plenaria et integra ipsa hereditas nostra quam habemus in Transmonti positam loco nominato Tabulam. cum fabricis et viis suis adque cum omnibus infra se habentibus et pertinentibus. per ipsas fines quomodo et qualiter ipse chartule continent et sicut proclamad ipsa mersis cum qua eos divisit suprad. genitor meus cum ipsi germani sui. quas apud me habeo et in pred. monasterio daturus sum eos. qui mihi obbenit a suprad. genitore meo. In ea videlicet ratione ut a die obitus mei et in perpetuis temporibus omnia pred. capitula in potestatem avead de pred. rectoribus qui pred. monasterium recturi sunt quam et de omnibus congregationibus qui cum eis ibidem commanendi sunt. frugiandi et dominandi adque regendi et guvernandi nichilque exinde minuandi sed totum perfectum et integrum manead in pred. monasterio pro utilitate et substentatione fratrum pro redemptione et mercede anime mee. aut (1) semper nomen meum in commemoratione sit venture congregationis eiusdem pred. monasterii per succedentibus annis per omnem et unumquemque annum vindere debead de ipso frugio de pred. hereditate auri tari quadtuor quod comedere debeant fratres pred. monasterii in die anniversaria obitus mei qui michi officium anniversarium celebraturi sunt usque in sempiternum. Quod sibi spirante (2) divina pietate ante meum obitum ad conversationem venero in pred. monasterio medietas de toto ipso frugio qui de pred. hereditate exierit frugiare debeant pred. fratres monasterio. et ipsa reliqua medietas de pred. frugio in mea manead potestatem ad frugiandum vel faciendum michi exinde omnia quod michi placuerit usque ad obitum meum et de pred. Anna uxore mea. Post nostrum denique amborum obitum totum liverum et absolutum reddead in pred. monasterio in omnem ordinem et rationem sicut superius legitur usque in sempiternum. Et si quolibet

---

(1) In luogo di *aut*, leggi: *et ut*.

(2) In luogo di *sibi spirante*, leggi: *si inspirante*.

tempore per quovis modum vel ingenium sibe nos et nostri heredes seu alia qualiscumque persona magna seu parva extranea vel de genere nostro sive quabis rector vel frater pred. monasterii aut qualiscumque humana potestas de pred. capitulis aliquid de suprad. monasterio tollere vel contrare seu alienare vel minuare presumpserit seu pro qualemcumque debito vel pro qualemcumque ecclesiasticam aut humanam necessitatem eos exinde exceptuaverit seu in pignus posuerit. tunc illa persona habeat hanathema et maledictione a patre et filio et spiritui sancto et partem habead cum Iuda traditore domini nostri Iesu christi terraque aperiad hos suum et deglutiad eos viventes sicut Datan et Abiran et audiad tremendam vocem — Discedite a me maledicti in ignem eternum qui paratus est diabolo et angelis eius — et insuper componere debead persona illa in pred. monasterio auri solidos quingentos byzantinos. et hec chartula in omnibus que superius legitur sit firma et stavilis imperpetuum. Quod si de omnia capitula aliquis de suprad. personis tollere vel minuare aut in pignus ponere vel pro debito pargiare voluerit potestatem habeant sibe de nostra generatione seu mei distributores si fuerint illud exinde excutere et in pred. monasterio liverum faciant permanere in ipso pred. ordine et in suprad. obligatam penam.

† Mauro f. Sergii de Pantaleone t. s.

† Muscus f. Leonis t. e.

† Iohannes f. Constantini Riccu t. e.

† Ego Leo presb. scriba scripsi mense nobembrio per ss. ind. duodecimam.

LVII.

(1044) — Mansone duca a. 2 *post recuperationem* — ind. XII — 1 gennaio — Amalfi.

Questo documento contiene la stessa disposizione contenuta nel docum. del 15 novembre 1044 (n. LVI), esposta però con maggiore ricchezza di particolari.

Copia nel *Chartul.* di S. M. di Font., n. 51 (manca l'orig.) — Inedita.

† In nomine domini dei salvatoris nostri Iesu christi. temporibus dom. Mansonis gloriosi ducis anno secundo post eius

recuperationem. die prima mensis ianuarii ind. duodecima Amalfi. Certum est me Mauronus f. Mansonis de Maurone de Constantino de Leone com. per absolutionem videlicet Anne uxoris mee et mihi pred. Anne placente et gratuanter hoc fieri consentiente. a presenti die pruntissima volunctate scribere et firmare visus sum in monasterio beatorum martirum Cirici et Iulicte qui est dedicatus hic in Atrano et in potestatem de te dom. Leoni domini gratia veneravili presb. et abbati cuncteque congregationi illuc tecum degenti hanc chartulam traditionis seu offertionis. pro eo quod dominus et salvator noster Iesus christus promictere dignatus est ut qui voluerint eternam vitam percipere terrenas res quas possident tuto in loco conservent quia morientem hominem sequi non possunt si extra preceptum domini fuerint ordinate. Ideoque talibus firmatus promissis confugi ad dominos et intercessores meos suprad. sanctos martires et offero illis paupertatulam meam. plenariam scilicet et integram ipsam hereditatem nostram omnia cum omnibus quantum habemus in Transmonti positum loco nominato Tabulam cum fabricis et viis suis adque cum omnibus infra habentibus et pertinentibus per ipsas fines qualiter et quomodo ipse chartule continent de pred. hereditate et sicut reclarad ipsa mersis cum qua eos divisit pred. genitor meus cum ipsi germani sui. quas exinde in pred. monasterio dedimus. Unde de omnibus pred. capitulis nichil exceptuabimus nec aliquid nobis exinde remansit. qui nobis obbenit a ss. genitore nostro. In ea videlicet ratione ut a nunc die presenti et in perpetuis temporibus omnia pred. capitula in potestate maneat vestra et de ipsis rectoribus qui pred. monasterio recturi sunt quam et de omnibus congregationibus fratrum qui cum eis ibidem commanendi sunt. frugiandi et dominandi adque regendi et guvernandi nichilque exinde minuandi set totum liverum perfectumque adque liverum manead in pred. monasterio pro utilitate ac sustentatione omnium predictorum fratrum nec non et pro redemptione anime mee. Sed quando mihi placuerit ad conversationem monachorum venire et in pred. monasterio abitare potestatem babeam ibidem sine pretio intrare et de omne frugium qui de pred. hereditate exierit quam et de toto ipso vino medietatem exinde in meam potestatem tenere ac facere exinde omnia quod mihi placuerit usque ad obitum meum. post obitum denique meum liverum et absolutum redead in pred. monasterio in omnem ordinem et rationem sicut superius legitur. Et ut semper in memoria sit dei omnipotentis ipsa parva nostra offersio et ut memores sint pred. fratres me in oratione a die obitus mei et usque in sempiternum per unumquemque annum vindere debeant rectores pred. monasterii tari quadtuor de ipso frugio qui exierit de pred. hereditate quod comedere debeant pred. fratres in die anniversaria obitus mei qui mihi ipsum officium celebraturi sunt usque in sempiternum. et ab ipso monasterio (?) ubi ipsam chartulam obligationis commenditam micto quam de pred. hereditate a suprad. monasterio apprehensi. et hoc volo adque confirmo ut si ego ante Annam uxorem meam de hoc mundo transiero potestatem habead pred. Anna uxor mea frugiare et dominare ipsam pred. medietatem de toto pred. frugio et vino quod mihi ego in manu teneo de ss. hereditate et faciad sibi exinde omnia quod voluerit usque ad obbitum suum. post obitum denique illius tota suprad. capitula redead in pred. monasterio in ipso ordine qui supra scriptus est usque in sempiternum. sed sicut diximus sit omni tempore obligatum ut nullus debitor neque nulla data vel expensa ibidem possit introire. Et insuper ipsi rectores vel ipsi fratres de pred. monasterio vel alia qualiscumque persona sibe potestas magna sibe parva non habead potestatem de cuntis pred. capitulis aliquid tollere vel minuare sibe donare aut cammiare nec in pigni ponere vel pro debito vel pro qualemcumque dationem eos pargiare per nullum modum nec pro nulla necessitate usque in sempiternum. Quod si aliquando tempore per quolibet modum vel ingenium sibe nos et nostri heredes seu alia qualiscumque persona magna seu parva vel qualiscumque potestas sibe rector vel frater de pred. monasterio aut qualibet persona extranea vel de genere nostro contra hanc meam ligationem venire presumpserit illa persona habeat hanathema et maledictione a patre et filio et spiritui sancto et partem habead cum Iuda traditore domini nostri Iesu christi audiatque tremendam vocem — Discedite a me maledicti in ignem eternum qui paratus est diabolo et angelis eius — et aperiad terra hos suum et deglutiad eos viventes sicut Dathan et Abiram. et componere debead persona illa in pred. monasterio auri solidos mille byzantinos. et super hec omnia potestatem habead ipsi de mea generatione aut si fuerit mei distributores pred. hereditatem de omnem ligationem exsolvere et liveram eam in pred. monasterio faciad permanere in omnem ordinem sicut superius ligatum est. et hec chartula in omnibus que superius legitur sit firma imperpetuum. Et hoc dicimus ut potestatem habeam una mecum unum servientem mictere in pred. monasterio sine subiectione (1) qui mihi serviad ibidem diebus vite mee.

† Muscus f. Leonis t. e.

† Mauro f. Sergii de Pantaleo t. e.

† Gregorius f. Iohannis Iectabecta t. e.

† Iohannes f. Constantini Riccu t. e.

† Constantinus f. Iohannis de Leone de Constantino de Leone com. t. e.

† Ego Leo presb. scriba scripsi.

LVIII.

(1044) — ind. XII — marzo.

Iohannes f. Leonis de Bonosu e sua moglie *Marenda* vendono a *dom. Gregorio f. dom. Iohannis de Sergio de Mauro com. Monteincollo* ed a sua moglie *dom. Drosu*, una vigna in Ponte Primaro per 7 tarì d'oro.

Perg. di Amalfi, n. 33; arch. di S. Lor., n. VIII; arch. della SS. Trin., n. 920 — Orig. — Alt. 35 × 19 — Inedita.

Questa perg. è scritta dallo stesso *Leo presb. scriba* ed è sottoscritta dagli stessi testimoni che appaiono nella perg. n. LVII, che è del 1044; ciò che la fa, con ogni probabilità, assegnare a quell'anno, in cui correva appunto l'ind. XII qui segnata.

† Nos quidem Iohannes f. Leonis de Bonosu. et Marenda iugalia. a presenti die prumptissima voluntate venundedimus et contradidimus vobis dom. Drosu uxorem dom. Gregorii f. dom. Iohannis de Sergio de Mauro com. Monteincollo. quam et ad dom. Gregorium virum vestrum. idest lentiam unam nostram de vinea quam habemus in capud de ipso casale vestro in Ponte Primaro positam. unde reclaramus vobis exinde ipsas fines qualiter et quomodo eam habere et possidere seu dominare debeatis. a supra namque et de ambobus lateribus fini finem

(1) L'amanuense che copiò il documento non comprese la parola e scrisse sul*i* con un tratto di abbreviazione in alto. Può darsi che la parola fosse *subiectione*.

Sergii veri germani et cognati nostri. de subtus itaque ponitur fini finem vestram. et continet de latitudine per totum ana passi cammisali tres et palmi tres. et de longitudine sustinet passi commisali quindecim minus palmos tres. cum via sua per causam vestram et cum omnia sua pertinentia. unde nichil vobis exceptuabimus. qui nos in portionem tetigit de ipso quod in communem comparabimus cum pred. Sergio. set ipsam chartulam habet pred. Sergius. ideoque firmamus vobis ut si (1) necesse fuerit pred. chartula pro fine faciendum dare vobis illam faciamus omni tempore ad legem et post finem factam reddatis illam ad eos. Unde accepimus exinde a vobis plenariam nostram sanationem idest auri tari septem sicut inter nos convenit in omnem deliverationem et in omnem decisionem. ut a nunc die presenti et in perpetuis temporibus in vestra et de vestris heredibus sit potestatem ad faciendum exinde omnia que volueritis sine nostra et de nostris heredibus contrarietatem vel requesitionem in perpetuum. Insuper nos et nostri heredes vobis vestrisque heredibus eos antestare et defensare promittimus. Quod si minime vobis exinde fecerimus quinque byzantios vobis componere promittimus. et hec chartula sit firma in perpetuum.

† Gregorius f. Iohannis Iectabette t. e.

† Muscus f. Leonis t. e.

† Constantinus f. Iohannis de Leone de Constantino de Leone com. t. e.

† Ego Leo presb. scriba scripsi mense martio ind. duodecima.

---

(1) Le parole *ut si* sono interlineari.

LIX.

(1046) — ind. XIV — 1 maggio — Amalfi.

Iohannes f. dom. Sergii presb. sirrintini qui dicitur Albinus riceve a pastinato da *dom. Anna f. dom. Iohannis de Pantaleone de Iohanne de Pantaleone de Iohanne com.*, abbadessa (di S. Michele arcangelo di Atrani), un casale con terre, sito *a supra Sintecle,* in luogo detto *Balata.*

Perg. di Amalfi, n. 34 ; arch. di S. M. di Font., n. 18; arch. della SS. Trin., n. 467 — Orig. — Alt. 32 × 28 ; macchiata e lievemente corrosa al marg. destro — Inedita.

Iohannes scriba *f. Sergii*, estensore di quest'atto, scrisse la perg. n. XXXIX, che è del 1033. *Gregorius Iactabecte* si trova in due perg., del 1044 e del 1051 (n. LVIII e LXII). In questo periodo l'ind. XIV ricorre nel 1031, nel 1046 e nel 1061.

A tergo, in scrittura gotica, si legge: « *Chartula pertinentem de ecclesia sancti Michaelis Archangeli de Atrano, ubi nunc est scarium, quod tenet* Crissutulus *de Atrano ratione unius libre de cera etc.* ».

† In nomine domini dei salvatoris nostri Iesu christi. die prima mensis magii ind. quarta decima Amalfie. Ego quidem Iohannes f dom. Sergii presb. sirrintini qui dicitur Albinus. a presenti die prumtissima bolumtate scribere et firmare visus sum vobis dom. Anne domini gratia monacha et abbatissa f. dom. Iohannis de Pantaleone de Iohanne de Pantaleone de Iohanne com. hanc chartulam similem de ipsa quem tu michi scribere fecistis. pro eo quod tradidistis et assignastis nobis plenarium et integrum ipsum casalem vestrum quod habetis a supra Sintecle positum in locum qui dicitur Balata. hoc est quantum ibidem habetis vacuum et ple[num] atque pastinatum. cum fabricis et viis suis et omnia sua pertinentia. unde nichil nobis exinde exeptuastis. In ea bidelicet ratione. ut a die presenti ipso vacuum pastinare debeamus et implere eos totum debeamus de vono bitinio qualiter ipse locus meruerit. et in prima armatura vos nobis detis ligna et canne et salici quante ibidem fuerit necesse. et iam abinde in antea pertenere et laborare eos debeamus totum ipsum pred. casalem de generatione in

generetionem (*sic*) cum ligna domestica et salvatica atque cum omni nostro expendio usque in sempiternum. semper exinde curam et certamen habere debeamus nos et nostri heredes ut domino auxiliante proficiat ut parea apud vonis hominibus. et nos et nostri heredes ibidem habitare debeamus. quia ipse pred. casalis est de ipsa cappella vestra sancti Michaelis archangeli que est dedicata hic in Atrano iusta ipsa ecclesia sancte et indibidue Trinitatis. et a die presenti binum et omnem alium frugium qui exinde exierit sine fraude et omni malo ingenio vobiscum eos dibidere debeamus per medietatem vobiscum et vestre posteris successtrices. nos et nostri heredes tollamus exinde medietatem et vos et vestre posteris succestrices tollatis exinde medietatem. et ipsa medietate vestra nos vindemiemus et pisemus atque inbuctemus in buctes vestras et ipsas pred. buctes nos distringamus et conciemus cum omni vestro expendio. et vos exinde tollere debeatis super sortem ana cofina dua de ube per unumquemque annum usque in sempiternum. Et neque vos neque homo vester nobis ibidem virtutem vel inbasionem non faciatis set vindicetis nobis eos ab omnibus hominibus. Qui autem de nobis ambarum partes contra hanc chartulam benire presumserit componat a partem que firmam steterit auri solidorum libra una byzantina. et hec chartula sit firma imperpetuum. Et hoc melius reclaramus ut si aliquam fabrica est ibidem necesse facere ambe parti eos faciamus in ss. obligata pena.

† Ego Pulcharus f. Mauri com. t. s.

† Gregorius Iactabecte t. e.

† Muscus f. Constantini dè dom. Musco t. e.

† Ego Iohannes scriba f. Sergii hanc chartulam scripta per manibus Sergii filii mei complevi.

LX.

(1048) — Mansone e Guaimario duchi — ind. I — 3 maggio — Amalfi.

Mansone e Guaimario, duchi di Amalfi, concedono in colonia ai fratelli Pietro ed Anastasio, *f. Sergii de Iordano*, una terra demaniale in Anacapri sotto annua pensione di 4 *modia* e mezzo di legumi.

Perg. di Amalfi, n. 35; arch. di S. M. di Font., n. 59; arch. della SS. Trin., n. 1117 — Orig. — Alt. 43 × 18: corrosa lungo il margine sin. — Rip. dal CAMERA, I, p. 111.

✝ In nomine domini dei salvatoris nostri Iesu christi. die tertia mensis magii ind. prima Amalfie. Nos Manso domini gratia dux Amalfitanorum et Guaimarius dei providentia dux. idest genitor et filius. a presenti die dare et tradere atque assignare visi sumus vobis Petro et Anastasio veri germanis f. Sergii de Iordano. idest plenaria et integra ipsa terra huius publicis nostri in Insula capritana positum susum in Anocapri. quod antea tenuit Leo de Mauro at pensionem. cum finibus atque pertinentiis suis et viis et omnibus infra se habentibus et pertinentibus. et cum ipsa alia terra ubi habuit ipse Leo de Maurus ipse case. et cum finibus et viis suis et omnibus sibi pertinentibus. unde nichil exceptuabimus. unde dabant in nostro publico ipse pred. Leo de Maurus et eius heredibus modia quattuor et medium de legumen at ipsum modium iustum de ipsa pred. Insula. medietatem autem de fabe et medietatem infra cicercle et mauci. et porcellis duis et medium et ipsa oba et ipse cotornices quam et ipse salicis. sicut consuetudo est. In ea enim rationem. ut amodo et semper vos et heredibus vestris de generationem in generationem ipsa ss. terra huius publicis habere et tenere seu frugiare et dominare debeatis. et omni annue usque in sempiternum dare exinde debeatis pensionem in huius nostro publico ipsa ss. modia quattuor et medium de legumen sicut superius legitur. et deponere eos debeatis vos et heredibus vestris usque at litus maris de ss. Insula. et ipse alie ss. salutis detis ille quomodo consuetudinis est per omni tempore. Et iam aliquando exinde neque a nobis neque a posteros nostros successores vel a quaviscumque alia humana persona nullam requesitionem exinde habeatis non vos non vestris heredibus per nullum modum in perpetuum. Verumtamen non habeatis licentiam aut potestatem vos aut vestris heredibus eos vindere nec donare nec [sin]e nostra absolutionem eos camniare neque in dotem dare. set omni annue [re]spondatis et detis exinde vos et heredibus vestris de generationem in generationem in huius nostro publico sicut per ordinem superius legitur. et si quolibet tempore per quovis modum vel ingenium sibe nos aut posteros successores nostros vel quaviscumque alia humana persona contra hanc chartulam venire presumpserimus vel qualibet minuitatem aut amaricatio[nem] vobis exinde fecerimus vel at vestrorum heredibus. illa persona habeat anathema et maledictionem a patre et filio et spiritui sancto et partem habeat cum Iuda traditore domini nostri Iesu christi. insuper componere debeat vobis vel at vestris heredibus auri solidos triginta byzantinos. et hec chartula sit firma in perpetuum.

† Ego Iohannes iudex t. s.

† Ego Sergius iudex t. s.

† Ego Sergius f. Constantini f. Leoni de Constantino com. t. s.

† Ego Ursus scriba f. Leonis scripsi.

LXI.

(1051) — Mansone duca a. 9 *post recuperationem*, Guaimario a. 4 — ind. IV — 18 marzo — Amalfi.

Il prete *Iohannes de Vitale*, anche in nome di sua moglie *Maria* e degli eredi di sua zia *Sparagine*, e *Stefanus f. Saxi Muscusita* (*Muscarita?*) ricevono in colonia da *dom. Leoni*, abb. del monast. dei SS. Cirico e Giulitta, una terra seminatoria in territorio stabiano, *loco Runtiano*, con l'obbligo di corrispondergli il *terraticum* in fagioli.

Copia nel *Chartul.* di S. Maria di Font., n. 56 (manca l'orig.) — Inedita.

† In nomine domini dei salvatoris nostri Iesu christi. temporibus domini Mansonis gloriosi ducis anno nono post eius recuperationem. et quarto anno domini Guaymarii gloriosi du-

cis filii eius. die octaba decima mensis martii ind. quarta Amalfi. Certi sumus nos Iohannes presb. de Vitale qui sum in vice mea et in vicem Marie uxoris mee quam et in vicem de ipsis heredibus Sparagine tie nostre. et ego quindenio a partibus eorum pro eo quod non potuerunt hic venire. quam et ego Stephanus f. Saxi Muscusita. a presenti die promptissima volunctate scribere et firmare visi sumus vobis dom. Leoni domini gratia venerabili presb. et abbati et cuncte congregationi vobiscum manenti in monasterio beatorum martirum Cirici et Iulicte. hanc chartulam obligationis pro eo quod tradidistis nobis per singulas tantum de ipsa terra vestra seminatoria quam habetis in territorio stabiano posita loco nominato Runtiano quantum nobis ipse pred. chartule proclamant. quod in pred. monasterio obtulit dom. Iohannes f. dom. Constantini archipresb. ad seminandum eos nos et nostri heredes de generatione in generatione usque in sempiternum. Ideoque firmamus vobis ut nos et nostri heredes non habeamus potestatem eos vindere vel in pignus ponere aut pro debito pargiare per nullum modum aut datam occasionem sed omni annue dare exinde debeamus terraticum in pred. monasterio nuninatim (*sic*) nos pred. Iohannes presb. cum uxore mea et cum pred. heredibus Sparagine demus vobis terraticum modia dua et sextaria quinque de fasoli per rationem sicut ipsa chartula nostra continet. et ego pred. Stephanus cum ipsis heredibus Petri de Rosa demus vobis omni annue modia dua et medium de fasoli similiter sicut ipsa alia chartula nostra continet. et totum ipsum terraticum demus vobis omni annue ad ipsum castellum ad modium iustum qualis andat in ipsa terra usque in sempiternum. Et neque vos neque vestri posteri successores non faciatis nobis ibidem aliquam virtutem vel invasionem sed vindicetis nobis eos ab omnibus hominibus. Qui autem de nobis ambarum partes contra hanc chartulam venire presumpserit componat ad partem que firma steterit auri solidorum libra una byzantina. et hec chartula sit firma imperpetuum.

† Petrus f. Stephani de Marino t. s.

† Muscu f. Iohannis de Pando t. s.

† Constantinus f. Iohannis de Leone de Constantino de Leone com. t. e.

† Ego Leo presb. scriba scripsi.

LXII.

(1051) — Mansone duca a. 9 *post recuperationem* e Guaimario a. 5 — ind. IV — 15 aprile — Amalfi.

Gli eredi di *Ursi Muscarita*, gli eredi di *Iohannis Baracicere* e gli eredi di *Petri Pedemallu* ricevono in colonia da *dom. Leoni,* abb. del monast. dei SS. Cirico e Giulitta, una terra seminatoria in territorio stabiano, *loco Funtiano*, con l'obbligo di corrispondergli 9 *modia* di fagioli.

Perg. di Amalfi, n. 36; arch. di S. M. di Font., n. 57 (*Chartul. id.*, n. 57); arch. della SS. Trin., n. 281 — Orig. — Alt. 30×23; corrosa al margine sin. — Inedita.

A tergo, in scrittura gotica, si legge: « *Chartula de ipse terre de Funtianum etc.... in* loco *nominato stabiane civitatis .... monasterii* s*ancte Marie dominarum etc....* »

† In nomine domini dei salvatoris nostri Iesu christi. temporibus domini Mansonis gloriosi ducis anno nono po[st] eius recuperationem et quinto anno domini Guaymarii gloriosi ducis filii eius. die quinta[deci]ma mensis aprelis ind. quarta Amalfi. Certi sumus nos heredes Ursi Muscarita et nos heredes Iohannis Baracicere quam [et nos h]eredes Petri Pedemallu. a presenti die pruntissima voluntate scribere et firmare visi sumus vobis dom. Leoni venerabili domini gratia abbati et cuncte congregationi vobiscum manenti in monasterio beatorum martirum Cirici et Iulitte hanc chartulam similem de ipsa quam vos nobis scribere fecistis. pro eo quod tradidistis nobis plenarie et integre ipse tertie de tota ipsa terra vestra semina[to]ria de pred. monasterio quam habetis in territorio stabiano posita loco nomi[nato Funtia]no a foris ipso quod exinde traditum habetis per chartulam ad ipsis aliis stabianis. [et de tota pred.] terra reclarastis nobis ipsas fines. a supra et de uno latere a parte orientis fini finem nostram. de subtus fini ipsa via puplica. et de alio latere fini ipsa alia via puplica da Corbulu. infra hos fines nobis exinde ipse pred. tertie tradidistis cum via sua. quod in pred. monasterio optulit dom. Iohannes f. dom. Constantini archipresb. In ea videlicet ratione ut a nunc die presenti et in perpetuis

temporibus nos et nostri heredes de generatione in generatione eos cultare et seminare debeamus. set non habeamus potestatem nos aut nostri heredes vindere vel in pignus ponere aut pro debito pargiare per nullam occasionem. et a die presenti et in perpetuis temporibus dare exinde debeamus in pred. monasterio sicut venerit per rationem in tota ss. terra modia nobem de fasoli quantum exinde venerit in pred. tertie vestre per annum et omni annue demus vobis eos in ipso castello da Licteris. Et neque vos neque vestri posteri successores non habeatis potes[tatem nobis] eos tollere per nullum modum imperpetuum. set vindicetis nobis eos ab omnibus hominibus. Qui autem de nobis ambarum partes contra hanc chartulam venire presumserit componat ad partem que firma steterit auri solidos quinquaginta byzantinos. et hec chartula sit firma in perpetuum.

† Mauronus f. Mansonis de Maurone t. s.

† Petrus f. Stephani de Marino t. s.

† Gregorius Iectabecte t. e.

† Ego Leo presb. scriba scripsi.

LXIII.

(1052) — Mansone duca a. 10 *post recuperationem* e Guaimario a. 5 — ind. V — 20 marzo — Amalfi.

Ursus f. qd. Gregorii de Docibile riceve in colonia (?) da *dom. Leoni*, abb. del monast. dei SS. Cirico e Giulitta, 8 *modia* di terra seminatoria in territorio stabiano, *ad Missinium.*

Copia nel *Chartul.* di S. M. di Font., n. 58 (manca l'orig.) — Inedita.

Con questo docum., che vi è compreso meno di mezzo, finisce il superstite quinterno del *Chartularium* di S. Maria di Fontanella conservato nel R. Archivio di Stato di Napoli.

† In nomine domini dei salvatoris nostri Iesu christi. temporibus domini Mansonis gloriosi ducis anno decimo post eius recuperationem et quinto anno domini Guaymarii gloriosi ducis filii eius. die vicesima mensis martii ind. quinta Amalfi. Certum est me Ursus f. qd. Gregorii de Docibile. a presenti die promptissima volunctate scribere et firmare visus sum vobis dom.

Leoni presb. et monacho adque eminentissimo abbati monasterii sancti Cyrici de Amalfia qui constructum adque dedicatum est in ipsa cripta de supra Atrano et cuncte vestre congregationis ss. vestri monasterii. hanc chartulam eo quo tradidistis et assignastis nobis idest plenaria et integra ipsa otto modia de terra vacua seminatoria ss. vestri monasterii in territorio stabiano positum ad Missinium. hoc est ana passi triginta de latitudinem et de longitudinem per unumquemque modium de terra. et reclarastis nobis. . . . .

LXIV.

(1053) — ind. VI — 20 novembre — Amalfi.

Alferana f. Iohannis da la Porta et relicta qd. Ursi Benusi vende a *dom. Gregorio f. dom. Iohannis de Sergio de Mauro com. Monteincollo* un *catodeum terraneum* in *Reginnis Maiori*, in luogo detto *Ponte Primaro*, per 5 tarì d'oro.

Perg. di Amalfi, n. 37; arch. di S. Lor., n. VII; arch. della SS. Trin., n. 1105 — Orig. — Alt. 29 × 17; lievemente macchiata in qualche punto — Inedita.

Il compratore *dom. Gregorio* appare in due pergamene, del 1044 e del 1053. Il testimone *Leo f. Mansonis de Leone Galloppi* si trova sottoscritto nelle perg. tra il 1066 e il 1096. L'ind. VI, in questo periodo, ricorre nel 1053, nel 1068 e nel 1083.

† In nomine domini dei salvatoris nostri Iesu christi. die vicesima mensis nobembrii ind. sexta Amalfie. Certum est me Alferana f. Iohannis da la Porta et relicta qd. Ursi Benusi. a presenti die prumtissima volumtate venundedimus et contradidimus vobis dom. Gregorio f. dom. Iohannis de Sergio de Mauro com. Monteincollo. idest plenarium et integrum ipsum catodeum nostrum terraneum quod habemus subtus ipsam domum vestram in Reginnis Maiori positam in loca qui dicitur Ponteprimaro. sicut ipse pred. catodeus fabricatus et hordinatus est cum omnibus edificiis et pertinentiis suis quam et cum via sua et omnia sua pertinentia. unde nichil vobis exinde exeptuabimus. Unde accepimus a vobis exinde plenariam nostram sanationem idest auri tari quinque boni sicut inter nos conbenit in omnem deliberationem et in omnem decisionem. ut si quodli-

bet tempore per quovis modum vel ingenium sibe nos et nostri heredes seu per summissam personam nos et nostros heredes aliquid vobis de ipsum pred. catodeum quesierimus set siat in potestate vestra et de vestris heredibus faciendi vobis exinde omnia quod volueritis sine omni nostra et de nostris heredibus contrarietatem vel requesitionem imperpetuum. et vindicemus vobis eos ab omnibus hominibus. Quod si minime vobis exinde fecerimus duodecim byzantios vobis componere promittimus. et hec chartula sit firma imperpetuum. Et reclaramus quia istud quindiniio pro parte de ipsis filiis et filiabus nostris qui parbuli sunt et sine hetate in ss. obligata pena.

† Ego Pulcharús f. Mauri com. t. s.

† Leo Profundus t. e.

† Ego Leo f. Mansonis de Leone Galloppi t. s.

† Ego Sergius scriba f. Iohannis scripsi.

LXV.

(1053) — ind. VI — maggio.

Leo f. Sergii Bonasi e sua moglie *Drosu*, avendo vendute a *dom. Drosu* ed a suo marito *dom. Gregorio f. dom. Iohannis de Sergio de Mauro com. Monteincollo 8 pergule* di una vigna sita in *Ponte Primaro*, accordano loro il diritto di prelazione sul resto della vigna.

Perg. di Amalfi, n. 38; arch. di S. Lorenzo, n. 4; arch. della SS. Trin., n. 1199 — Orig. — Alt. 26 × 13 1/2; macchiata in qualche punto — Rip. dal CAMERA, I, p. 168.

Questo docum. segue l'altro del 1044 (n. LVIII). L'estensore dell'atto *Leo presb. scriva* è lo stesso in entrambi, ed il teste *Constantinus* sottoscrive altre perg. tra il 1041 e il 1051 (n. LVII, LVIII, LXI). Quindi con ogni probabilità si assegna questo docum. al 1053.

† Nos quidem Leo f. Sergii Bonasi et Drosu iugalia. a presenti die pruntissima voluntate scribere et firmare visi sumus vobis dom. Drosu uxorem dom. Gregorii f. dom. Iohannis de Sergio de Mauro com. Monteincollo quam et ad dom. Gregorium virum vestrum. hanc chartulam obligationis. pro eo quod modo venundedimus vobis per chartulam pergule octo de vinea iuste per mensuriam de ipsa vinea nostra quam habemus in Ponte

primaro positam. Proinde subiug[am]us [no]s vobis ut si venerimus vindere ipsa reliqua vinea que nobis ibidem remansit. potestatem habeatis vos comparare ille per rationem sicut exinvenerimus a tribus et quadtuor hominibus invenerimus et ad alium hominem non vindamus ille. Unde obligabimus vobis pred. vineam ut si contra hanc chartulam venire presumserimus potestatem habeatis tollere nobis pred. vineam sine pretio. solummodo si vos comparare non volueritis vindamus ad alios quia sic nobis stetit.

† Constantinus f. Iohannis de Leone de Constantino de Leone com. t. e.

† Ego Gregorius f. Leonis de Sergio t. s.

† Petrus f. Stephani de Marino t. s.

† Ego Leo presb. scriba scripsi mense magio ind. sexta.

LXVI.

(1058) — Giovanni e Sergio duchi a. 6 *post recuperationem* — ind. XI — giugno — Amalfi.

Iohannes dux et Sergius dux confermano a *Maurone f. Petri de Maurone* e ad *Urso* . . . . . la concessione di una terra demaniale in Amalfi, che il duca Mansone aveva concessa a *dom. Hademarium.*

Perg. Mon. soppr., 1ª serie, vol. unico senza epoca, n. XXXIV — Copia in data 7 dicembre ind. XI (1059?) (1) — Alt. 36 1/2 × 25; molto corrosa; manca tutta la parte sup. sin. — Pubbl. in *R. Neap. Arch. Mon.*, VI, *App.*, n. XXXIV (p. 209).

A tergo si legge: « . . . *de fundico de la Lar*[*daria*] ».

[† In nomine domini dei salvatoris nostri Iesu christi. die . . . men]sis iunii ind. undecima Amalfi. Nos [Iohannes domini gratia gloriosus dux patricius anthipatus et vestis et Sergius dei providentia gloriosus dux]. vobis Maurone f. Petri de Maurone et Ur[so . . . . confirmamus] ipsa terra qui fuit nostri publicis hic in Amalfi in Are . . . [cum. . . i]lla fabrita quod

(1) Precedendo il dicembre al giugno nell'anno indizionale bizantino, se la copia fu fatta nel dicembre che seguì il giugno in cui fu dato il diploma originale, bisogna ammettere che sia per errore segnata l'ind. XI per la XII, nel qual caso la copia sarebbe del dicembre 1059. Non ammettendo l' errore bisogna trasportare la copia almeno al 1073.

vos comparastis per chartulam a domina Berta . . . . qd. Adelferii concessum habuit. hoc est suus genitor . . . . Mansonis patricii et anthipati. qui continet finis. a parte namque oc[cidentis fini] . . . . . . illa et illa Lardaria et plenarius ipse montis vester sit. [a parte orientis fini viis p]ublicis sicut limpido demonstra ipsa cripta qui sub ipsum m[ontem] . . . . . . siat. seu et a parte septemtrionis fini ipsum 'cilium altum desu[per . . . et a parte merid]ie fini fragum de mare. cum salva via suam. unde nic[hil vobis exeptuavimus] set pl[enar]ium vobis eos confirmavimus qualiter continet ipsa chartula cessionis [quod pred.] dom. Manso patricius fecit at ss. dom. Hademarium. et amodo et semper siat in [potestate] vestra et de vestris heredibus at fabricandum et at faciendum exinde omnia quod volueri[tis sine] omni nostra et de nostris posteris successores contrarietatem imperpetuum. Et hoc vobis con[firmav]imus pro amorem quod in vos habemus et servitium quod nobis fecistis. in omni deliberatione. ut [si quo]libet tempore quavis noster posteris successor seu quaviscumque alia humana persona [contra] hanc chartulam nostre cessionis atque confirmationis venire presumpserit et vobis vel at vestris [hered]ibus exinde tollere vel minuare voluerit. illa personam habeat anathema et maledictione [a patr]e et filio et spiritui sancto et partem habea cum Iuda traditore domini nostri Iesu christi et componat vobis et at vestris heredibus auri solidos centum bizantinos. et hec chartula sit firma in perpetuum. † Iohannes [dei gratia] patricius antipatus vesti et dux Amalfitanorum. † Sergius domini gratia et dux Amalfitan[orum. † Ego Cons]tantinus iudex t. s. † Ego Leo f. Urso Sclinillo t. s. † Ego . . . [f.] Godinu t. s. † Ego Iohannes curialis hanc chartulam manu propria scripsi ann[o sexto po]st recuperationem ss. gloriose potestatis.

† Sergius f. qd. Sergii de lu Iu[dice t.] e. quia ipsa chartula unde ista exemplar est vidit et legit.

† Pandulfus f. dom. Muski t. e. quia ipsa chartula unde ista exempla est vidit et legit.

† Iohannes (1) iudex t. e. quia [ipsa chartula cui ista exempla est vidit et le[git].

† Ego [For]tunatus diaconus et curialis f. qd. Petri hanc char-

(1) Caso rarissimo in tali pergamene, questo nome è espresso in un monogramma caricato sul segno di croce

tulam similem [scripsi] nec iuncxi nec minuavi. die septima mensis decembris ind. u[ndecima].

LXVII.

(1060) — Gisulfo princ. a. 19 — ind. XIV — novembre — Salerno.

Maurus imperialis prothospatarius f. qd. Marini qui dictus est Iactavecte et Mastalus f. qd. Godeni, entrambi di Amalfi, stando *in sacro salernitano palatio*, presente il princ. Gisulfo, dopo di avere esibito a *Petrus iudex* un diploma col quale esso principe aveva concesse o confermate loro alcune terre in Cetara, pagano 120 tarì d'oro a *dom. Leo* abb. del monastero della SS. Trinità di Salerno, il quale rinunzia ad ogni suo diritto su quelle terre.

Copia nel *Chartul.* di S. M. di Font., n. 45 (manca l'orig) — Inedita.

Nel novembre della XIV ind. era già cominciato in Amalfi l'anno 1061. Qui si segna l'anno 1060 seguendo lo stile romano, che era usato in Salerno.

† In nomine domini. nono decimo anno principatus domini nostri Gisulphi gloriosi principis. mense nobenbris quartadecima ind. Dum in sacro salernitano palatio coram presentia ss. domini nostri Gisulfi invictissimi et a Deo conserbati principi essem ego Petrus iudex et plures more solito circa eum essent fideles. inter quos aderant dom. Leo venerabilis abbas monasterii sancte et individue Trinitatis quod constructum est foris anc Salernitanam civitatem in loco Meriliano. et Maurus imperialis prothospatarius f. qd. Marini qui dictus est Iactavecte et Mastalus f. qd. Godeni. habitatores civitatis Amalfitane. et ipsi Maurus et Mastalus ostenderunt unum preceptum utili anulo insignitum. quod continebat. — In nomine sancte et individue Trinitatis. Gisulfus divina favente clementia Longobardorum gentis princeps. Nostras ad Deum tendere preces confidimus si dignas petitiones nostrorum fidelium non contepnimus. et eosdem fideles nostro beneficio nobis fore credimus fideliores et in nostro serbitio promptiores et ceteros eaquem (1) bene fecerimus arbitratos fide-

(1) Probabilmente nell'originale era scritto: *eo quod.*

lius nostris obedire preceptis. Idcirco per interventum domine Gemme principisse karissime genitricis nostre confirmamus vobis Mauroni imperiali prothospatario f. qd. Marini qui cognominatus est (1) et Mastalo f. qd. Godeni habitatoribus de civitatem Amalfis. de quinque partibus integras quatuor partes de terra cum silbis in loco qui Cetara dicitur. quas emptas habetis a Mario qui dictus est Pappalardo f. qd. Riccardi et a Grifo f. qd. Cunti et a Sellicto et Riccardo germanis filiis qd. Sellicti et a Machenolfo f. qd. Iohannis et a Vivo Cast(allomata) f. qd. Petri. Et tote ipse terris sunt per fines qualiter incipit a grocte de sublatere montis Falerzu et recte pergit in partibus occidentis et inde vadit in partibus meridiei usque in Pumicara et inde vadit in partibus occidentis usque medium flumen de ipso loco de Cetara et per medium ipsum flumen ascendit in locum qui dicitur ad Hominem mortuum et ab ipso loco Homine mortuo ascendit in parte occidentis et coniungit in serra que dicitur Muiulu et per ipsam serram vadit in partibus orientis et coniungit in altera serra que dicta est de Pulberaccio et exinde in serra de Castaniola et in serra de Fao et vadit usque in suprad. grocte de Falerczo. cum omnibus que intra ipsas quartas partes sunt cunctisque earum pertinentiis et cum vice de viis earum. Nec non et concedimus vobis integram ipsam quintam partem de suprad. terris per suprad. fines cum omnibus que intra eam sunt cunctisque eius pertinentiis et cum vice de viis suis. Ea ratione ut de toto et integro eo quod vobis ut dictum est confirmamus et concedimus integras tres partes semper sint in potestate tua Mauronis et heredum tuorum et liceat te et tuos heredes de eis facere quod volueritis. et reliquam quartam partem ex eo semper sit in potestate tua Mastali et heredum tuorum et liceat te et tuos heredes ex ea facere quod volueritis. et neque a nostris iudicibus comitibus castaldis neque a quibuscumque actoribus nostre rei puplice quolibet tempore vos et vestri heredes abeatis ex hoc quod vobis concedimus et confirmamus ut suprascrittum est aliquam contrarietatem. sed imperpetuum illud vos et vestri heredes in suprad. portione securiter habeatis et faciatis ex eo ut dictum est quod volueritis vos et vestri heredes absque omnibus controbersiis et requisitionibus nostre rei puplice. Textum vero huius concessionis et confirmationis scribere precepimus te Aceprandum lebitam et scribam nostri sacri palatii

(1) Manca il cognome: *Iactavecte*.

anno nobis a Deo concessi principatus nono decimo. mense nobenbri concurrente indictione quartadecima.—Cum autem ipsum preceptum fuit ostensum ipsi Maurus et Mastalus volebant facere cum pred. domino abbate de ss. terris quemadmodum inferius describendum est. et ut hoc firmum permaneat iuxta capitulum Edicti regis Longobardorum interesse fecimus idonei homines ut secundum eundem capitulum quod de convenientia abbatis et ceteris adfixum est hec convenientia in subscribenda ratione firma sit. et ideo ipse dominus abbas per iussionem ipsius domini Principis convenientiam faciens manifestavit dicens ipsum preceptum in omnibus quod continet veracem esse et nichil ex eo quod continet remobere aut contradicere posse. et recepit ab ipsis Maurone et Mastalo propterea auri tarenos de presenti moneta centum viginti ad faciendum ex eis quod voluerit. Et pro convenientia ipse dom. abbas guadiam ipsis Mauroni et Mastalo dedit et fideiussorem eis posuit Addemarium f. qd. Iohannis vestararii et per ipsam guadiam et convenientiam ipse dom. abbas obligavit se et successores suos et partem suprad. monasterii ut nullo tempore querant tollere vel contrare subscriptas terras per iamdictos fines vel ex ipsis Mauroni et Mastalo vel illorum heredibus aut quascumque actiones adversus illos vel eorum heredibus preponere presument. et semper ille et successores suos et suprad. monasterii pars defendant ipsis Mauroni et Mastalo et illorum heredibus suprad. terras per iamdictos fines a Iohanne monacho ipsius monasterii (1) monacho f. qd. Igni et a Machenolfo f. qd. Iohannis et ab eorum heredibus et ab omnibus hominibus quibus per ipsum dom. abbatem et per successores eius et per partem suprad. monasterii et per ipsos Iohannem et Iaquintum et Machenolfum et per illorum heredes ipsas terras vel ex ipsis datas aut obligatas vel manifestatas seu alienatas paruerit. et quibus pro eorum parte et data quascumque causationes ex eo ipsis Mauroni et Mastalo et illorum heredibus preposuerint. ab aliis autem hominibus et cum voluerint ab omnibus hominibus ipsi Maurus et Mastalus et illorum heredes potestatem habeant ipsas terras per se defendere qualiter voluerint cum omnibus muniminibus et rationibus quas de eis ostenderint. Et si sicut superius scriptum est ipse dom. abbas et successores suos et pars ipsius monasterii ipsis Mauroni et Mastalo et illorum heredibus non adimpleverint et supradicta

(1) Qui mancano le parole: *et a Iaquinto*.

vel ex eis quicquam remobere aut contradicere presumpserint per ipsam guadiam et convenientiam obligavit se et successores suos et partem ss. monasterii componere ipsis Mauroni et Mastalo et illorum heredibus trecentos auri solidos constantinos. Et ipse dom. abbas reserbabit sibi vicem de via puplica que ducit infra ss. terras. ut per eandem viam ille et successores eius et pars ipsius monasterii et homines quos voluerint potestatem habeant ire ad res ipsius monasterii que est a foras suprad. fines coniuncta cum suprad. terris. et facerent ex ipsa vice de via et de ipsis rebus ipsius monasterii quod voluerint absque contrarietate ipsorum Mauronis et Mastali et heredum eorum. Et duas cártulas unius tenoris hanc quam ipsi Maurus et Mastalus et alteram quam pars ipsius monasterii retinent scripsit Iohannes not. per iussionem suprad. domini Principis.

† Ego q. s. Leo abbas.

† Ego q. s. Petrus iudex.

† Ego Iohannes not. me subscripsi.

LXVIII.

(1061) — ind. XIV — 12 maggio — Amalfi.

Maio f. Leoni de Iannu, di Lettere, *Iohannes Buccaccius*, rappresentante Stefano e Leone, figli del suddetto *Maio*, e *Sergius diac. f. ss. Maio*, anche per parte di suo fratello Giovanni, rendono a *dom. Iohanni*, abb. del monast. di S. Cirico, una terra sita *at Maurule*, che esso *Maio* aveva presa *ad laborandum.*

Perg. di Amalfi, n. 39; arch. di S. M. di Font., n. 4; arch. della SS. Trin., n. 1183 — Orig. — Alt. 35 × 18 1/2; lievemente deleta in qualche parte, raschiata altrove — Inedita.

Iohannes curialis, estensore dell'atto, appare nelle perg. tra il 1059 e il 1068. Circa l'abb. Giovanni di S. Cirico, bisogna notare che fu abbate di quel monast. un Leone fino al 1052 (n. LXIII); nel 1084 vi si trova un Sergio (n. LXXVII) e dal 1086 al 1099 un altro Leone (n. LXXIX e XCVII). L'ind. XIV, negl'intervalli, ricorre soltanto nel 1061 e nel 1076, ad uno dei quali anni questo doc. appartiene.

† In nomine domini dei salvatoris nostri Iesu christi. die duodecima mensis magii ind. qua[rta] decima Amalfi. Ego quidem

Maio f. Leoni de Iannu de ipso castello da Lictire. et ego Iohannes Buccaccius sum pro vice de Stefano et Leoni f. de ss. Maio et ego quindeniio a parte eorum. et ego Sergius diaconus f. de ss. Maio sum pro parte mea et pro parte de Iohanni fratri meo f. ss. Maio et quindeniio a parte sua. a presenti die promtissima voluntate scribere et firmare visi sumus vobis dom. Iohanni beneravili presb. et monacho atque abbati monasterium beati Cirici et at cuncta vestra congregationem hanc chartulam firmationis. eo quod habuimus ipsum castanietum de ss. vestrum monasterium at laboran[dum] at Maurule per chartulam. et ipsa chartula quod exinde habuimus perdidimus illam. et pro quibus modo per dei virtutem veni ego Maio at sancta dei conbersationem in regula sacris vestris monasterium at vestram sancta congregationem. bona mea voluntatem cum consensum de ss. filii meis et at illis bene placentes retdidimus atque ammisimus ss. montem vobis et at ss. monasterium cum omnia sua pertinentia sine minuitatem. ut amodo et semper siat in potestate vestra et de vestris posteris at faciendum exinde quod volueritis sine omni contrarietatem nostram et de nostris heredibus. Et si contra hanc chartulam venire presumpserimus componere promittimus nos et nostros heredes vobis vestrisque posteris auri solidos quinquaginta. et hec chartula sit firma imperpetuum. quia de ss. montem et de omnia sua pertinentia nichil exceptuavimus.

† Ego Sergius f. Constantini t. s.

† Iohanne f. Ursi de Iohanne de com. Urso t. s.

† Ego Constantinus f. Mansonis iudicis t. s.

† Ego Iohannes curialis scripsi.

LXIX.

(1062) — Giovanni e Sergio duchi a. 10 *post recuperationem* — ind. XV — 25 luglio — Amalfi.

I germani *Sergius*, *Iohannes*, *Petrus et Blactu*, *f. qd. Sergii f. Petri Zappafossa*, anche in nome dei loro fratelli *Leone et Constantino*, vendono a *Sergio f. Leoni Cullusigillu de Sergio de Leone de Mansone com.* ed a sua moglie *dom. Boccia* alcune *petie* di castagneto site in Agerola, *at Memoranu* per 185 soldi d'oro di tarì.

Perg. di Amalfi, n. 40; arch. di S. M. di Font., n. 86; arch. della SS. Trinità, n. 483 — Orig. — Taglio convesso nel marg. sup.; alt. 66 1/2 × 47 1/2; corrosa e macchiata in vari punti nella parte sin. — Inedita.

✝ In nomine domini dei salvatoris nostri Iesu christi. temp[oribus domini nostri Iohannis gloriosi] ducis et imperialis patricii anthipati et vesti. et domini Sergii gloriosi ducis filii eius. anno decimo post eorum recuperationem. die vicesima quinta mensis iulii ind. quinta decima Amalfi. Certi sumus nos Sergius et Iohannes et Petrus et Blactu toti verissimis germanis f. qd. Sergii f. Petri Zappafossa. et nos ss. quattuor personis germanis quindeniiamus a parte de Leone et Constantino veri germanis nostris eo quod sunt foris istam terram at navigandum. a presenti die promtissima voluntate venundedimus atque et in presenti cessimus et contradidimus vobis Sergio f. Leoni Cullusigillu de Sergio de Leone de Mansone com. et dom. Boccia ambo videlicet iugales. idest plenarie petie nostre de castanie[tum quo]d habuimus in Ageroli at Memoranu qui sunt tote coniuncte. qui nobis obbenit da ss. genitori nostro et at ss. genitori nostro obbenit per chartulam comparationis. sicut est cum fabricis et per finis quemamodum ipsa chartula continet quod exinde habuimus. cum quo obbenit at ss. genitorem nostrum. Nam vero reclaramus vobis exinde finis de ipse iamdicte petie qualiter et quomodo eos habere et possidere seu frugiare et dominare debeatis. Ipsa petia primara continet ha supra fini finem sancti Laurentii. de subtus fine finem de illo qui fuerat de dom. Mansone f. dom. Godini per ipsis terminis . . . . . veteris.

de uno latere fini finem de heredibus dom. Sergii f. dom. Mauri per ipsi sabucis matricis beteris. sicut badet ipsa cinta de ipsa casa eius et sic per eius fines de supra ipse casaline [iam] vestre. et iam revolvet angulum per finem de ipsi de ipsa abbatissa. usque at finem de heredibus de Pulcari de domina Gola. et iam abinde per finem de heredibus ss. Pulcari de domina Gola et per finem de illo qui fuerat de Leone Pastellaro. sicut ipsis terminis demonstrat. sic per coste de ipsa noce usque iusu at ipsum terminem da pede. et de alio autem latere ponitur sicut demonstrat per finem ss. dom. Mansoni f. dom. Godini. et per finem de illo qui fuerat de Constantino f. Ferraci. et per finem de ipsi Coccarari. cum salva viam suam cum omnia causa seu et cum omnia infra se habentibus et pertinentibus. et cum ss. casaline qui ibidem sunt. unde nichil exceptuavimus. Secunda petia continet finis. ha supra fini finem de Palumbo de Mauro. et facet angulum in susu per finem de Palumbo indat orientem et intrabersat indat septemtrionem de supra finem de Palumbo de Mauro usque at finem de Leone Pastellaro et fini finem de Sergio Pelagiame. et a parte orientis intrabersat per finem ss. Sergii Pelagiame sic per finem de Sergio Pelagiamen et de Iohanne de Nuceta. per ipsis terminis. sic in via puplica da pede. at finem de ipsi da Balba. de subtus a parte occidentis finis de illo qui fuerat de Constantino de Ferrari. via plenaria vestra. et a parte septemtrionis fini finem de ss. Mansone f. Godini per ipsis terminis [expedicata (?) f]inem eius continet fini finem de ss. [Leone Past]ellaro per ipsis terminis expedicata finem eius continet finis de Palumbo de Mauro. cum salva viam suam. cum omnia causa seu et cum omnia infra se habentibus et partinentibus. unde neque de ista ss. petia nichil exceptuavimus. Tertia petia continet finis. ha supra fini finem de ipsi Scirici. de subtus fini via puplica plenaria. de uno latere fini finem de ipsi da Badu et fini finem de ipsi Scirici. et de alio latere fini finem de ss. Leone Pastellaro sicut ipsis terminis ex omni parte definant. cum casa fabrita ibidem habentem cum salva viam suam cum omnia causa seu et cum omnia infra se habentibus et pertinentibus. unde nec de ista petia nichil exceptuavimus. Quarta petia continet finis ipso qui fuit de dom. Dunnella. a parte orientis fini ipsi Roppuli per ipsis terminis. et a parte occidentis fini causa sancti Laurentii. via plenaria vestra. de uno latere a parte meridie fini finem de heredes Sergii f. dom. Mauri. de alio latere a parte septemtrionis fini finem de Leone de Urso de

Ionti per ipsis terminis. cum salva viam suam cum omnia causa seu et cum omnia infra se habentibus et pertinentibus. unde de ss. petia nichil nobis remansit. Quinta petia continet finis. a parte orientis fini finem de ipso Roppulo et de heredibus Sergii f. dom. Mauri. et a parte occidentis fini finem causa hecclesie sancti Laurentii. ha supra namque ponitur a parte meridie fini finem de Leone de Ionti et de ipsi Roppuli. de subtus a parte septemtrionis fini finem de ss. Leoni de Ionti. cum salva viam suam cum omnia causa seu et cum omnia infra se habentibus et pertinentibus.,unde de istut nichil exceptuavimus. omnia qantum (*sic*) in ss. locum Memoranum habuimus totum vobis eos vendedimus absque omni minuitatem. Unde et in presenti exinde accepimus a vos plenariam nostram sanationem idest auri [solidos cen]tum octuaginta quinque de tari boni ana tari quattuor per solidum sicut inter nobis comvenit. quod pargiavimus pro devitum de nostra genitrice. et ipsa memoratoria quod [exinde] recolliximus aput vos illam remisimus capsata in omnem deliberationem et in omnem decesitionem. ut a nunc die presenti et imperpetuis temporibus in vestram et [de vestri]s heredibus tota plenaria ss. nostra venditio sit potestatis habendi fruendi possidendi vindendi donandi [commu]tandi vestrisque heredibus dimittendi [in omnibu]s semper libera et absolutam habeatis potestatem sine omni nostra et de nostris heredibus contrarietatem vel requesitionem imperpetuum. Ipsa ss. chartula [comparat]ionis cum quo obbenit at ss. genitorem nostrum vobis illam dedimus cum qante chartule exinde habuimus. et si alie chartule exinde inventa dederit nos et nostris [her]edes mittere ille debeamus subtus vos et vestris heredes sine vestra damnietatem vel amaricationem. Insuper nos et nostros heredes vobis et at vestris heredibus plenaria ss. nostra venditionem qualiter superius legitur antestare et defensare promittimus omni tempore ab omnibus hominibus et da ss. germanis nostris. Quod si minime vobis exinde fecerimus et omnia ut superius legitur non atimpleverimus componere promittimus nos et nostros heredes vobis et at vestris heredibus dupplo ss. pretium. et hec chartula sit firma imperpetuum.

† Ego Marinus Ietabete t. s.

† Ego Constantinus iudex t. s.

† Ego Leo f. Urso Sclinillo t. s.

† Ego Iohannes curialis scripsi.

LXX.

1066 — ind. IV — novembre — Amalfi.

Trasimundus f. Leonis de Iohanne Mazoccula, col consenso di sua moglie *Antiocia*, dona al monast. di S. M. di Fontanella tutti i suoi beni siti in *Reginnis Maiori*.

Perg. di Amalfi, n. 41; arch. di S. Maria di Font., n. 152; arch. della SS. Trin., n. 961 — Copia — Alt. 46 × 18; macchiata e deleta nella parte sup. — Inedita.

È il più antico documento di questo diplomatico in cui siano notati gli anni dell'èra cristiana.

† In nomine domini dei salvatoris nostri Iesu christi. anno ab incarnatione eius millesimo sexagesimo sexto. mense nobembrio ind. quarta Amalfi. Cum aliquid de rebus [nostris in locis sanctorum vel in subsidium monachorum con]ferimus. hoc nobis procul [dubio in eternam beatitudinem retribuere confidim]us et dedimus [vocem i]ll[am] audire a parte [domini nostri qui nobis promisit dicens —Venite benedicti patris mei] percipite regnum preparatum vobis celeste. Igitur ego Trasimundus f. Leonis de Iohanne Mazoccula tali meditatione [so]llicitus per co[nsensum et abso]lutione videlicet Antiocie uxo[ri]s mee. et michi pred. Anth[iocie] placet. a presenti die promtissima voluntate donamus cedimus confirmamus atque libenti animo offerimus in monasterio beate et gloriose semperque dei genitricis Marie dedicate in Fontanella. idest plenariam et integram ipsam hereditatem nostram quam habemus in Reginnis Maiori positam. sicut est cum plenaria via sua et omnia sua pertinentia. unde nichil exeptuavimus in omne deliberatione et in omne decesitione. Ut a nunc die presenti et imperpetuis temporibus ipsa ss. hereditatis pleniter et integram cum omnia sua pertinentia sit tradita et offerta in pred. ecclesiam. quam et in manibus vestris dom. Aloare venerabilis abbatisse huius monasterii. similiter et de vestre posteres successtrices usque in sempiternum. Verumtamen hanc pred. hereditatem sic eam habere pred. ecclesiam debeat quemamodum per meum testamentum iudicatum est. et hanc pred. hereditatem laborare debeat Ursus Lauritanus de generatione in generationem ad tertia parte

usque in sempiternum. veruntamen ut non dispereat sed domino auxiliante proficiat. Nam et vos et vestre posteres succestrices unam cum tota vestra commissa congregatione debeatis michi et pred. mee coniugis et meis fratribus omni anue in die pasche Domini et in nativitatem eius missam et vigilia canere usque in sempiternum. Et si quis humana persona extranea vel propinqua contra hanc chartulam nostre offersionis venire temptaverit. illa persona habeat anathema et maledictione a patre et filio et spiritui sancto. insuper componere debeat persona illa in ss. monasterio auri solidos sexcentos bizzantinos. et hec chartula sit firma imperpetuum. Hic autem reclaramus ut a foras ipsa vinea et ipsum solareum de domo qui est supra ipsum vuttarum. quod dedimus per chartulam a pred. Ursum Lauritanum. quam et ipsa vinea que dedimus a ipsa infantula Drosum procreate mee. a fine de ipso ortello et us (*sic*) in fine de Marini Conditi. istud frugiare debeat pred. infantula diebus vite sue. post eius vero obitum redeat a ss. ecclesiam. nam ipsum catodium sit de pred. infantula diebus vite sue usque imperpetuum. Hec omnia ss. capitula. a foras istud quod a pred. personis dedimus sicut dictum est. sit de pred. ecclesia. et ipsa pred. ecclesia dare debeat a pred. Ursum omne expendium omne anue a pred. hereditatem idest ligna et canne et salices. † Lupinus f. Sergii de Lupino de Maurone com. t. e. † Ego Leo f. Mansonis de Leone Galloppi t. s. † Pantaleo f. Pantaleonis de Iohanne t. s. † Ego Constantinus scriba f. Iohannis scripsi.

† Pantaleo angularius qd. Leonis filius t. e. quia ipsa chartula exquo ista exempla est vidit et legit.

† Sergius Macctellus Panctaleonis filius t. e. aqui (*sic*) ipsa chartula unde ista exempla est vidit et legit.

† Ego Manson f. dom. Iohannis curialis f. dom. Ursi imperialis dissipati. hanc chartulam exemplata per manu Iohanni filii mei comfirmavit.

LXXI.

1066 — ind. IV — agosto — Amalfi.

Maurus f. qd. Pantaleoni de Mauro de Maurone com. dona al monastero dei SS. Cirico e Giulitta tre *modia* di terra seminatoria, site *in padulibus Stabi.*

Perg. di Amalfi, n. 42; arch. di S. M. di Font., n. 161; arch. della SS. Trin., n. 973 — Orig. — Alt. 48 × 18; alquanto macchiata nella parte sup. — Inedita.

A tergo, in scrittura gotica, si legge: « *in padul. Stabi mod. III. pertinet ad monast. sancte Marie dominarum etc.* ».

✝ In nomine domini dei salvatoris nostri Iesu christi. anno ab incarnatione eius millesimo sexagesimo sexto. mense augusto ind. quarta Amalfie. Cum aliquid de rebus nostris in locis sanctorum vel in subsidium monachorum conferimus. hoc nobis procul dubio in eternam beatitudinem retribuere confidimus. Quapropter ego quidem Maurus f. qd. Pantaleoni de Mauro de Maurone com. tali meditatione sollicitus a presenti die promptissima voluntate trado et offero in monasterio beatorum martirum Cirici et Iulitte dedicato hic in Atrano. idest modia tres seminatura de terris iusta per mensuria in padulibus Stabi. hoc est de ipsis terris quas comparavimus ab heredibus dom. Disigi f. qd. Iaquinti comi palatii. In ea videlicet ratione. ut post meum obitum sint ss. modia tres sicut diximus offertum in pred. monasterio sempiternaliter ad utilitatem ipsius monasterii abbatum et cunctorum monachorum habitantium ibidem. et faciat michi tota ipsa congregatio ipsius iamdicti monasterii sempiternaliter anniversarii mei. idest vespere et vigilia atque missam. Et nulla humana persona extranea vel propinqua audeat hoc quod superius in iamdicto monasterio offertum est exinde illud trahere vel camniare aut pignus ponere vel aliquam alienationem exinde facere. sed sicut dictum est a die obitis mei et usque in sempiternum sit de pred. monasterio sicut supra lectum est. Et si quis humana persona extranea vel propinqua contra hanc chartulam venire presumpserit illa persona habeat anathema et maledictione a patre et filio et spiritui sancto. insuper componat in eodem monasterio solidos quingentos vyzantinos. et hec chartula sit firma in perpetuum.

+ Ego Gregorius f. Leonis de Sergio t. s.
+ Ego Leo f. Mansonis de Leone Galloppi t. s.
+ Lupinus f. Sergii de Lupino de Maurone com. t. s.
+ Ego Constantinus scriba f. Iohannis scripsi.

LXXII.

1074 — ind. XII — marzo — Amalfi.

Tauro presb. f. qd. Leonis Vendisiricum vende a *dom. Gregorio presb. sirrentino f. Stephani de Euspiano* una terra sita in Fontanella, per 5 soldi d'oro di tarì.

Perg. di Amalfi, n. 43; arch. di S. M. di Font., n. 153; arch. della SS. Trinità, n. 153 (?) — Orig. — Alt. 29 × 19; taglio irregolare al marg. inf. sin.; macchiata in vari punti — Inedita.

+ In nomine domini dei salvatoris nostri Iesu christi. anno ab incarnatione eius millesimo septuagesimo quarto. mense martio ind. duodecima Amalfi. Certum est me Tauro presb. f. qd. Leonis Vendisiricum. a presenti die promptissima voluntate venundedimus vobis dom. Gregorio presb. sirrentino f. Stephani de Euspiano. idest plenariam et integram ipsam petiam nostram de [terram vacu]am quam habemus in Fontanella posita sicut est cum salvam viam suam et omnia sua pertinentia. unde nichil nobis exinde remansit aut aliquod vobis exinde exceptuavimus. sed to (*sic*) quantum in pred. loco habuimus vobis venundedimus sine omni minuitate. qu[am nobis] obvenit per chartulam comparationis a dom. Theodonanda f. dom. Mauronis de Leone de Constantino de Leone com. et ipsa pred. chartula vobis de presentem dedimus ut sic pred. terr[a per fin]es et mensuria habeatis sicut pred. chartula continet quam vobis dedimus. et si alia chartula exinde apud nos inventa dederit apud vos illam mittamus sine omni vestra damnieta[te] vel amaricatione. Unde accepimus a vobis plenariam nostram sanationem idest auri solidos quinque ana tari quattuor per solidum · sicut inter nos convenit in omnem deliberationem et in omnem decesitionem. ut a nunc die presenti et in perpetuis temporibus in vestram et de vestris heredibus sit potestatem faciendi et iudicandi vobis exinde omnia que volueritis sine omni nostra et de nostris heredibus contrarietate vel requisitione in perpetuum. et vindicemus vobis eos ab omnibus hominibus. et si minime vobis exinde fecerimus tunc componere promittimus nos et nostri heredes vobis vestrisque heredibus duplo ss. pretio. et hec chartula sit firma in perpetuum.

† Muscus f. dom. Constantini de dom. Musco t. e.

† Ego Leo f. Mansonis de Leone Galloppi t. s.

† Pantaleo f. Pantaleonis de Iohanne t.

† Ego Constantinus scriba f. Iohannis scripsi.

LXXIII.

(1077) — ind. XV — 1 gennaio — Amalfi.

Caro f. Iohannis de Stefano de Lea et Iohannes f. Stefani de Iohanne de Castaldo, di Gragnano, prendono a pastinato da *dom. Aloara*, abbadessa del monast. di S. Maria di Fontanella, una terra sita in territorio stabiano, luogo detto *at Pusillara.*

Perg. di Amalfi, n. 44; arch. di S. M. di Font., n. 16; arch. della SS. Trinità, n. 537 — Orig. — Alt. 77 × 20 1⁄2; alquanto corrosa nel margine sup. destro — Inedita.

L'estensore dell' atto, *Iohannes scriba f. Iohannis curialis*, ha scritte varie perg. tra il 1079 e il 1099. Il testimone *Leo f. Mansonis de Leone Galloppi* sottoscrisse parecchi docum. tra il 1066 e il 1096. L' abbadessa *Aloara* appare altra volta in un docum. del 1086. Questo documento appartiene quindi all'ultimo terzo del sec. XI; nel quale periodo l'ind. XV ricorre negli anni 1077 e 1092.

A tergo, in scrittura gotica, si legge: « *Carta de sancto Iohanne de . . . . . pertinet ad monast. sancte Marie dominarum. . . . . .* ».

† In nomine domini dei salvatoris nostri Iesu christi. die prima mensis ianuarii ind. quinta decima Amal[fi]. Nos quidem Caro f. Iohannis de Stefano de Lea. et Iohannes f. Stefa[ni de] Iohanne de ipso Castaldo. de ipso castello de Graniano. a presenti die prumtissima volumtate scribere et firmare visi sumus vobis dom. Aloara domini gratia monacha et abbatissa monasterii puellari beate et gloriose semperque dei genitricis et virginis Marie que est dedicatus in Funtanella quam et at cuncta vestra congregatione vobiscum manentis in ss. vestro monaste-

rio. an chartulam similem de ipsa quem vos nobis scribere fecistis. pro eo quod tradidistis et assignastis plenarium et integrum ipsum insertetum vestrum atque circetum et vinea totum uno tenientem quod abetis in territorio stabiano loco nominato at Pusillara. que continet fines. a supra namque ponitur fini via puplica. de suptus itaque ponitur fini flumen. de uno vero latere ponitur fini finem dom. Constantini f. dom. Leonis de Constantino de Tauro. de alio autem latere ponitur fini finem de ipsis Stavianis cum via sua et omnia sua pertinentiam. unde de quantum ss. vester monasterio in ss. loco habuistis nichil nobis exinde exeptuastis. In ea videlicet rationem. ut de presentem incipiamus ipso vinea zappare et pastinare et implere eos de vinea de bono vitinio qualiter ipse locus meruerit. et ipsum cercetum cultemus et pastinemus et impleamus eos de tigillos et insurculemus eos de ipsa castanea zenzala. et in ipsum insertetum si abuerit bacuum similiter impleamus eos totum et faciamus exinde insertetum. ut amodo et usque at completos annos tres siat (1) tota ss. vinea factam et completam et de ipsum cercetum habeamus factum cercetum at legitimum frugium adducendum. ut pareat apud vonis hominibus. et iam habindem in anteam pertenere et laborare eos debeamus de generationem in generationem usque in sempiternum. et de presentem vinum et castanee et fructora quod Dominus ibidem dederit vobiscum et cum vestre posteres rectrices dibidere debeamus per medietatem. vinum at palmentum et castanee siccem at gratem et fructora per tempore suo. sine fraudem et absque omni malo ingenio vos et vestre posteres rectrices tollatis exinde medietatem et nos et nostris heredes medietatem. et ipsa medietatem vestram de pred. vino nos vindemniemus et pisemus atque inbuctemus in buctes vestras et ipsas pred. buctes nos distringamus cum circli nostri. et ipsam medietatem vestram de pred. castanee nos colligamus et siccemus atque dibidamus vobiscum in pred. loco. Quod si ibidem semminaberimus demus vobis exinde terraticum. et demus vobis pro ipsa sapatatica modium unum de castanee et pullum unum per unumqueque annum usque in sempiternum. Et quando ibidem direxeritis hominibus nos illis nutricemus secundum nostram possivilitatem. et neque vos neque vestre posteres rectrices neque homo vester nobis ibidem virtutem vel inbasionem non faciatis set vindicetis nobis eos

---

(1) La parola *siat* è interlineare.

ab omnibus hominibus. Quod si nos bene non laboraberimus et cultaberimus et ipsam legem vestram completam vobis non dederimus qualiter superius legitur iactetis nos exinde bacuos. et faciamus vobis iustitiam sicut lex fuerit. Quod si nos bene laborando et certando et ipsam legem vestram completam vobis dando sicut supra legitur et volueritis nos exinde iactare detis nobis exinde medietatem. Qui autem de nobis ambarum partes contra an chartulam benire presumserit componat a partem que firmam steterit auri solidorum libra unam byzantinam. et hec chartula sit firma imperpetuum. Et habeatis potestatem tollere nobis exinde arbores duos qui vobis sunt apti. pro facihendum vobis exinde buctes.

† Ego Leo f. Mansonis de Leone Galloppi t. s.

† Ego Gregorius f. Leonis de Sergio t. s.

† Maurus f. dom. Pulchari t. e.

† Ego Iohannes scriba f. dom. Iohannis curiali scripsi.

LXXIV.

(1079) — Roberto e Ruggiero duchi a. 6 — (ind. II) — 10 luglio — (Amalfi).

Maru rel. Ursi f. Sergii Denticis, anche in nome dei propri figli, vende a *dom. Musco f. dom. Iohannis de Mauro de Iohanne de Leone de Pardo com.* ed a sua moglie *dom. Drosu un mese e cinque giorni* di un molino sito in Atrani, *a supra Aquola* (dal 1° maggio al 5 giugno) per 15 (?) soldi d'oro di tarì.

Perg. di Amalfi, n. 45; arch. di S. M. di Font., n. 155; arch. della SS. Trin., n. 374 — Orig. — Alt. 56×23; corrosa e deleta, tanto da esser quasi illeggibile — Inedita.

Questo documento, che appena si legge nelle parti superstiti dell'originale, è stato reintegrato in alcune delle parti mancanti con l'aiuto del *Chartularium amalphitanum* del Camera, dov'esso è in parte trascritto.

† In nomine domini dei salvatoris nostri Iesu christi. temporibus domini Robberti et domini Rocer[ii filii] eius piissimi duces Italie Calabrie Apulie atque Sicilie et se[xto anno] duca-

tus eorum Amalfi. die decima mensis iulii [ind. secunda Amalfi]. Certum est me Maru relicta Ursi f. Sergii Denticis [qui sum in vicem meam] et in vicem de totis ipsis filiis meis [qui sunt foris istam terram. et ego] quindiniio a partibus eorum. a presenti die [promptissima voluntate venun]dedimus et contradidimus vobis dom. Musco f. dom. Iohannis de [Mauro de Iohanne] de Leone de Pardo com. et dom. Drosu iugalie. idest plenarium et integr[um] mensem unum et diebus quinque quod abemus in ipsa mola aquaria hic in Atrano positam a supra Aquola. hoc est mense magio et diebus quinque [de mense] lulio (*sic*). que michi obbenit per chartulam donationis a domina Vocc[ia genitrice nostra]. sicut ipsa ss. mola fravicata et ordinata est cum i[pso iecto et cum ipsa] aquaria seu et canale et mole et tremole et fuso et [cum] tota sua f[erra]menta. nec non et cum omnibus infra se abentibus et perti[nentibus. cum salva] via sua et omnia sua pertinentia. unde nichil nobis remansit aut al[iquid] vobis exinde exeptuavimus. et taliter eos abere et possidere de[beatis si]cut ipsa chartula continet quod vobis exinde dedimus quod nobis fecit [ss. geni]trix nostra. et si alia chartula exinde fuerit inbenta subtus [vobis eam mittamus] sine vestra damnietate vel amaricatione. Unde [accepimus a vos exin]de plenariam nostram sanationem. id[est auri solidos quindecim (?) de tari boni de Amalfi ana tari] quattuor per solidum. ut a nunc die presenti et imperpetuis temporibus [in vestra et de vestris here]dibus sit potestatem faciendi et iudicandi [vobis exinde omnia que volueritis] sine omni nostra et de nostris heredibus contrarie[tate vel requesitione]. Insuper nos et nostris heredes [vobis vestrisque heredibus antestare et defen]sare promittimus omni tempore ab omnibus ho[minibus. Quod si minime] vobis exinde fecerimus tunc componere promittimus nos et nostris [heredes vobis vestris]que heredibus duplo ss. pretium. et hec chartula [sit firma imperpetuum. Reclara]mus quia dedimus vobis exinde alia [chartula que nobis] exinde [obbenit] a ss. genitricem meam. et isti ss. solidi partiavimus pro [debito] . . . . at cui eos at dare abuimus. N[am] . . . . germane filie ss. Ursi hec omnia pla[cet.] et in ss. [obligata pena].

† [Ego Grego]rius f. Leonis de Sergio t. s.

† M . . . . . f. dom. Constantini de dom. . . . . .

† Ego Leo (1) f. Mansonis de Le[one Galloppi (2) t. s.].
† Ego Iohannes scriba f. dom. Iohannis cu[riali scripsi].

LXXV.

(1080) — ind. III — 1 dicembre — Amalfi.

I germani *Sergius et Petrus, f. Marini Benusi*, anche in nome del fratello Giovanni, ed i loro cugini *Leoni et Sergio, f. Ursi Benusi*, con la nipote *Marenda* (f. di Giovanni, fratello di costoro), avendo i loro genitori diviso senza istrumento i loro beni in *Ponte Primaro*, rendono legale con una *chartula securitatis* quella divisione.

Perg. di Amalfi, n. 46: arch. di S. Lor., n. XVII; arch. della SS. Trinità, n. 141 — Orig. — Alt. 39 × 21; macchiata e corrosa in qualche punto, raschiata altrove — Inedita.

Leo f. Mansonis de Leone Galloppi sottoscrisse anche altre perg. tra il 1066 e il 1096. E l'estensore dell'atto, *Iohannes scriba f. dom. Iohannis curialis*, ha redatte varie altre perg. tra il 1079 e il 1099. Questa va perciò assegnata con ogni probabilità al 1080 o al 1095, anni in cui ricorre l'ind. III.

† Kalendas decembrias ind. tertia Amalfi. Nos quidem Sergius et Petrus veri germani f. Marini Benusi. qui sumus in vicem nostram et pro vicem de Iohanne vero germano nostro et nos quindiniiamus a parte sua. a presenti die prumtissima voluntate scribere et firmare visi sumus vobis Leoni et Sergio veri germani exadelfis fratribus nostris f. Ursi Benusi tii nostri. quam et at Marendula nepoti vestra f. Iohanni veri germani vestri. hanc chartulam securitatis. pro eo quod odie per plurimos annos abuerunt divisum inter se ss. genitor vester cum pred. genitori nostro omnes suas hereditates quas abuerunt de compara et de parentorum in Ponte Primaro. Ipse ss. genitor vester sivi exinde appreensit a parte de ipsis Monteincollo cum una cammara et alia cammara ibidem fravicavit postquam sivi eos ap-

---

(1) Nella copia di questo docum., che è inserita nel cartulario amalfitano del Camera, si legge *Iohannes*.

(2) Nel citato cartulario amalfitano è riportato questo cognome, che non si legge nell'originale.

preensit. et ss. genitor noster sivi exinde appreensit a parte de dom. Abentio da Trafasto cum una cammara (1). Et pred. casalis fuit divisum capud fixum de susu in iusu et termines de petra et de sabuci inter illam et illam portionem constituti sunt et retrabersa per cantum de ipsa casa vestra indat nos passum unum de latitudinem. unde abetis vos ipsa via set inter nos vie non contremus. et ipse palmentus et labellus qui est in causa vestra siat communalis noster et vester. Modo vero stetit inter nos per bonam combenientiam et confirmavimus vobis eos per han chartulam. propter quod ss. genitoribus nostris inter se merises non fecerunt. ut ipsa ss. portione ss. genitori vestri taliter eos abeatis vos et vestris heredes sicut illam abuistis et dominastis tam vos quam et pred. genitor vester per ordinem sicut superius legitur. et ipse catodeus vester qui est iusta ipsa cammara nostra potestatem abeamus nos eum in altum fravicare ipsum bentum de supra ipsum pred. catodeum quantum volucrimus. et in omnia exinde inter nos diffinivimus at faciendum unusquisque de suam portionem quod voluerit. et securitates exinde fecimus at invicem nos vobis et vos nobis. ut si quodlibet tempore per quodvis modum vel ingenium sibe nos et nostris heredes seu per summissam personam vos et vestros heredes sive alium qualemcumque hominem pro vestram partem de hec omnia que superius legitur commutare aut retornare voluerimus componere promittimus nos et nostris heredes vobis vestrisque heredibus auri solidorum libra una byzantina. et hec chartula sit firma imperpetuum. Et quod supra inter virgulum et virgulum scriptum est cum una cammara.

✝ Pulcharus f. Mauri com. t. e.

✝ Ego Gregorius f. Leonis de Sergio t. s.

✝ Ego Leo f. Mansonis de Leone Galloppi t. s.

✝ Ego Iohannes scriba f. dom. Iohannis curiali scripsi.

---

(1) La parola *cammara* è interlineare come ha notato lo stesso *scriba* in coda al documento.

LXXVI.

(1081) — ind. IV — 1 ottobre — Amalfi.

Petrus f. Petri Zacculillu, di Lettere, prende in colonia da *dom. Sergio*, abb. del monast. dei SS. Cirico e Giulitta, 3 *modia* di terra seminatoria in luogo detto *at Aucella.*

Perg. di Amalfi, n. 47; arch. di S. M. di Font., n. 7; arch. della SS. Trin., n. 1194 — Orig. — Alt. 40 1/2 × 17 — Inedita.

Iohannes scriba f. Iohannis curialis si trova nelle perg. tra il 1079 e il 1099. Sergio, abb. di S. Cirico, appare in un altro docum. del 1084. Quindi questo documento va con ogni probabilità assegnato all' ultimo quarto del sec. XI; nel qual periodo l'ind. IV ricorre nel 1081 e nel 1096.

Si legge a tergo, in scrittura gotica: « *Chartula de tribus modiis de terra quam tenet Iohannes Rapicane in* loco *Augella. idest in Padula. prout infra continetur. pertinet ad monast. sancte Marie dominarum* ».

† Kalendas octubrias ind. quarta Amalfie. Ego quidem Petrus f. Petri Zacculillu de ipso castello de Licteris. a presenti die prumtissima voluntate scribere et firmare visus sum vobis dom. Sergio dom. gratia presb. et monacho atque abbati monasterio beatorum martirum Cirici et Iulitte que est dedicatus hic in Atrano. quam et at cuncta vestra congregatione vobiscum manenti in ss. vestro monasterio. han chartulam similem de ipsam quem et nobis scribere fecistis. pro eo quod tradidistis et assignastis nobis plenaria et integra ipsa tria modia vestra de terra semminatoria quod dom. Maurus de com. Maurone offersit in pred. vestro monasterio de ipse terre sue da Padule loco nominato at Aucella. que continet fines. a supra namque ponitur fini via causa pred. vestri monasterii. de subtus finem de Iohanne Paradiso. de uno latere finem de Iohanne Caputo. et de alio latere finem de ipse zite de Salerno. abentem longitudinem et latitudinem per unumquemque modium ana passi triginta. salba via sua. unde nichil nobis exinde exeptuastis. In ea videlicet ratione ut ab odierna die et imperpetuis temporibus de generatione in generatione eos pertenere debeamus et seminare eos debeamus cum sementem nostrum et quodcumque Dominus ibidem dederit nostre sit potestates. Solum-

modo nos et nostris heredes dare exinde debeamus terraticum vobis et at vestris posteris successores modia tria de fasuli at ipsum modium iustum de Licteris et pulli tres per unumquemquem annum tempore recolligendi usque in sempiternum at ipsa porta de Licteris. et ipsum hominem quod ibidem dirigitis dum ibidem steterit nos illum nutricemus sicut nos vivimus. Et neque vos neque homo vester nobis ibidem virtutem vel inbasionem non faciatis set vindicetis nobis eos ab omnibus hominibus. Quod si nos et nostris heredes hec omnia non dederimus et compleberimus vobis et at vestris posteris successores potestatem abeatis nobis eos tollere et faciamus vobis iustitiam sicut lex fuerit. Qui autem de nobis ambarum partes contra han chartulam benire presumserit componat a partem que firmam steterit auri solidorum libra una byzantina. et hec chartula sit firma imperpetuum.

† Ego Gregorius f. Leonis de Sergio t. s.

† Ego Iohannes scriba f. dom. Iohannis curiali scripsi.

LXXVII.

1084 — ind. VII — 20 maggio.

Il prete *Iohannes f. Iohanni de Bitale* prende in colonia da *dom. Sergio*, abb. del monast. dei SS. Cirico e Giulitta, una terra sita nella palude *sub Licteris*, in luogo detto *Funtiano*.

Perg. di Amalfi, n. 48; arch. di S. M. di Font., n. 163; arch. della SS. Trin., n. 953 — Orig. — Taglio irregolare: alt. 55 1/2 × largh. mass. 15 1/2 — Rip. dal Camera, II, p. 668.

A tergo, in scrittura gotica, si legge: « *de padula subtus Lictere a Bulciano* ».

† In nomine dei salvatoris nostri Iesu christi. ab incarnatione eius anni millesimus octoagesimus quartus. die bicesima mense magio ind. septima. Certum est me Iohanne presb. f. Iohanni de Bitale. a presenti die promtissima voluntate scribere et firmare visus sum tibi dom. Sergio venerabili presb. (1) abbati

---

(1) La parola *presbitero* è interlineare.

beatorum martirum Cirici et Iulitte dedicatus in Atrano. hanc chartulam similem de illam quod tu nobis (1) fecistis de ipsa terra vestra quod vos residetis a ss. vestro monasterio. posita in ipsa padule sub Licteris loco nominato Funtiano. que continet finis. a supra quam et de uno latere continet fini finem nostra et de parentibus nostris. de subtus finis via plupica carraria. de alio vero latere finis via publica qui est inter hoc et causa episcopio sancte Marie da Mare. cum via sua et cum omnia intus se habentibus et pertinentibus. unde infra has fines de tota pred. terra tertie nobis exinde dedistis. unde nobis exinde nichil exceptuastis. Ea videlicet ratione. ut ab odierna die et imperpetuis temporibus de generatione in generatione pred. terra pertenere et lavorare et seminare deveamus. et omnem frudium quod ibidem dominus dederit de nostra et de nostris heredibus sit potestatis. Solummodo omni annue nos et nostros heredes de mense septembrio dare deveamus ad te vel ad vestros successores seu ad vestros missos pro parte vestro monasterio hic in Lictere modia tria de fasoli ad modium iustum de hoc castello Licteris per unumquemquem annum in sempiternum. Et neque vos neque homo vester nullam virtutem vel invasionem nobis et ad nostris heredibus non faciatis. set vindicetis illut nobis ab omnibus hominibus. Quod si ego et meis heredibus de generatione in generatione in sempiternum omni annue veniente ss. mense septembrio paratim non fuerimus dare ad te et ad vestros posteris successores seu ad vestros missos in pred. vestro monasterio ss. modia tres de fasoli sicut superius legitur potestatem abeatis vos nos exinde iactare. et faciamus vobis iustitia sicut lex fuerit. Qui autem de nobis et vobis ambarum partes aliquit de ss. placito minuare voluerit aut retornare compona pars infidelis a parte que firma steterit auri libra una byzantina. et hec chartula sit firma imperpetuum.

† Ego Iohannes presb. f. Iohanni Vicedomini t. s.
† Ego Petrus presb. f. Leoni Pellicza t. s.
† Ego Iohannes diaconus f. Iohanni presb. Bicedomini t. s.
† Ego Petrus presb. et scriba scripsi.

---

(1) È omessa la parola *scribere*.

LXXVIII.

1085 — ind. VIII — 1 maggio — Amalfi.

Athanasius f. Stefani Ziti, di Gragnano, dona *pro anima* al monast. di S. Maria di Fontanella una terra sita in territorio stabiano, in luogo detto *at Pusillara*, pertinenza di Gragnano.

Perg. di Amalfi, n. 49; arch. di S. Maria di Font., n. 164; arch. della SS. Trin., n. 923 — Orig. — Alt. 38 1/2 × 18; lievemente macchiata e corrosa nel margine destro — Inedita.

† In nomine domini dei salvatoris nostri Iesu christi. anno ab incarnatione eius millesimo octuagesimo quinto. die prima mensis magii ind. octaba Amalfie. Certum est me Athanasius f. Stefani Ziti de ipso castello de Graniano. a presenti die prumtissima voluntate et pro redemtione anime mee dare et tradere seu offerire visus sum in monasterii sancte Marie da Fontanelle que est dedicatus foris porta de ac cibitate Atrano. idest p[lenarium] et integrum ipsum insertetum et zenzaletum nostrum quod abemus in territorio stabiano positum in pertinentia de ss. castello de Graniano loco nominato at Pusillara. que continet finis. a supra namque ponitur fini finem de Leoni Fagilla. de subtus itaque ponitur fini flumen. de uno latere finem de Stefano de Fluro. et de alio latere finem de causa de ss. monasterio. cum salva quidem viam suam et omnia sua pertinentia. unde nichil exeptuabimus in omnem deliberationem et in omnem decisionem. ut a nunc die presenti et imperpetuis temporibus siat in potestatem de ss. monasterio et in potestatem de ipses successtrices ipsius monasterii frugiandi et dominandi et nichil exinde minuandi. et nemo sit ausus eos vindere vel donare aut in pignus ponere vel pro debito pargiare per nullum modum aut datam occasionem. set omni tempore siat in potestate de ss. monasterio usque in sempiternum. Et si quodlibet tempore per quovis modum vel ingenium sibe nos et nostri heredes seu alia qualiscumque persona magna seu parba extranea vel de genere nostro contra hanc chartulam benire presumserit et aliquid exinde tollere aut contrare seu dimi

nuare voluerit vel de potestate de ss. monasterio eos subtraere temtaberit. illa persona abeat anathema et maledictione a patre et filio et spiritui sancto et partem abeat cum Iuda traditore domini nostri Iesu christi. insuper componere debeat persona illa in ss. monasterio auri solidorum libra una byzantina. et hec chartula sit firma nostre offersionis imperpetuum.

† Muscus f. dom. Constantini de dom. Musco t. e.

† Ego Gregorius f. Leonis de Sergio t. s.

† Ego Leo f. Mansonis de Leone Galloppi t. s.

† Ego Sergius scriba f. dom. Iohanni curialis scripsi.

LXXIX.

1086 — ind. IX — 15 novembre — Amalfi.

Petrus f. Petri Scossabere et Petrus f. Ursi Muscarita, di Lettere, anche in nome dei loro cugini e di *Stefano f. Iohannis Muscarita*, prendono a colonia da *dom. Leoni*, abb. del monast. dei SS. Cirico e Giulitta, 3 *modia* di terra seminatoria site in territorio stabiano, *loco Funtiano*.

Perg. di Amalfi, n. 50; arch. di S. M. di Font., n. 167; arch. della SS. Trin., n. 1071 — Orig. — Taglio irregolare: alt. 42 × 25 1/2; corrosa in alcuni punti in centro e all'angolo inf. destro — Inedita.

† In nomine domini dei salvatoris nostri Iesu christi. anno ab incarnatione eius millesimo octuagesimo sexto. medio mense nobembrio ind. nona Amalfie. Certi sumus nos Petrus f. Petri Scossabere et Petrus f. Ursi Muscarita de ipso castello de Licteris. qui sumus in vicem nostram et in vicem de ipsis exadelfis fratribus nostris et de Stefano f. Iohannis Muscarita. et nos quindiniiamus a partibus eorum. a presenti die prumtissima voluntate scrivere et firmare visi sumus vobis dom. Leoni domini gratia presb. et monachus atque abbati et at cuncta vestra congregatione vobiscum manenti in monasterii beatorum martirum Cirici et Iulitte qui est dedicatus hic in Atrano subtus montem maiorem. [hanc chartulam sim]ilem de ipsam quem vos nobis scrivere fecistis. pro eo quod tradidisti et assignasti nobis plenaria et integra modia tria de terra seminatoria qui est causa ipsius vestri monasterii in territorio staviano loco nominato

Funtiano. que continet finis. a supra fini finem de ipso episcopio et finem de ipsis de Rumualdo. de subtus itaque ponitur fini via puplica. de uno vero latere ponitur fini via puplica qui est inter hoc et causam de ipso episcopio de ipso Castello da Mare. et de alio autem latere ponitur fini finem de ipsis Muscarita et fini finem de Iohanne presb. da sancto Iohanne et fini finem de Stefano de Leoni de Vono. cum salba quidem viam suam et omnia sua pertinentia. unde nichil nobis exinde exeptuastis. In ea videlicet ratione. ut ab odierna die et imperpetuis temporibus de generatione in generatione eos pertenere et seminare debeatis. et quodcumque frudius exinde exierit nostre sit potestatis. Solummodo vobis et at vestris posteris successores dare ex[in]de debeamus omni annue modia tria de fasoli at ipsum modium iustum de pred. castello per unumquemquem annum usque in sempiternum. et assignamus vobis eos intus ipso castello at i[psum] monachum vestrum quod ibidem direxeritis. et dum ibidem steterit nos illum agere debeamus sicut nos vivimus. Et neque vos neque homo vester nobis ibidem virtutem vel inbasionem non faciatis. set vindicetis nobis eos ab omnibus hominibus. Verum tamen hoc reclaramus quia infra ipsa ss. fine quod superius diximus tertiam partem nobis exinde tradidistis. unde vobis ss. tria modia de fasuli dare debemus. quia ipse relique due partes de pred. petia de terra de Funtiano abetis assignate at aliis laboratoribus stavianis. Quod si ipsa pred. terra seminare non potuerimus pro timorem de gentem aut si illam seminamus et recolligere non potuerimus non siatis nobis exinde in occasionem. et quando fasoli non paruerit sic vos exinde p[a]rgiemus sicut faciet totis ipsis stavianis qui abent terre seminatorie de ipsis amalfitanis. [et si] taliter vobis non atimpleberimus potestatem abeatis nobis eos tollere et assig[nare] eos at cui volueritis. Qui autem de nobis ambarum partes contra han chartulam benire presumserit componat a partem que firmam steterit auri solidorum libra una byzantina. et hec chartula sit firma imperpetuum.

† Muscus f. dom. Constantini de dom. Musco t. e.

† Ego Leo f. Constantini de Leone com. t. subscripsi.

† Ego Leo f. Mansonis de Leone Galloppi t. s.

† Ego Iohannes scriba f. dom. Iohannis curial[i scripsi].

LXXX.

1086 — ind. IX — 1 aprile — Amalfi.

Drosu f. dom. Trasimundi f. dom. Leonis Mazoccula et uxor Iohanni f. Constantini magistri, col consenso del marito, vende al monast. di S. Maria di Fontanella una casa con una *lentia* di vigna, in *Reginnis Maiori*, per 20 soldi d'oro di tarì.

Perg. di Amalfi, n. 51; arch. di S. M. di Font., n. 166; arch. della SS. Trin., n. 927 — Orig.— Alt. 39 × 16; alquanto macchiata in qualche punto — Inedita.

† In nomine domini dei salvatoris nostri Iesu christi. anno ab incarnatione eius millesimo octuagesimo sexto. die prima mensis aprelis ind. nona Amalfie. Certum est me Drosu quem procreavit dom. Trasimundus f. dom. Leonis Mazoccula. et uxor Iohanni f. Constantini magistri. per absolutionem videlicet ss. viri mei. et michi ss. Iohanni hec omnia placet. a presenti die prumtissima voluntate venundedimus in monasterio de Fontanella idest plenaria et integra ipsa casa nostra quod abemus in Reginnis Maiori positam infra ipsum casalem quod pred. genitor meus dimisit in pred. monasterio. sicut fravicata et ordinata est cum omnibus edificiis et pertinentiis suis quam et cum via sua et omnia sua pertinentia. unde nichil nobis remansit aut aliquid exinde exeptuavimus. que michi obbenit a pred. genitori meo per suum testamentum. Insuper ammisi in pred. monasterio ipsa lentia de vinea quod abui in pred. casalem quod michi debuerat frugiare diebus vite mee sicut ipse pred. testamentus continet de pred. genitori meo similiter. unde nichil nobis remansit. Unde accepimus a vobis exinde plenariam nostram sanationem idest auri solidos viginti ana tari quattuor per solidum sicut inter nos combenit in omnem deliberationem et in omnem decisionem. ut a nunc die presenti et imperpetuis temporibus siat in potestatem de pred. monasterio faciendi et iudicandi exinde omnia que voluerit sine omni nostra et de nostris heredibus contrarietatem imperpetuum. et vindicemus vobis eos ab omnibus hominibus. Quod si minime vobis exinde

fecerimus duplo pretio vobis componere promittimus. et hec chartula sit firma imperpetuum. Et reclaramus quia isti pred. solidi viginti quod recepimus dimisit illi dom. Aloara monacha et abbatissa in pred. monasterio.

† Ego Gregorius f. Leonis de Sergio t. s.
† Ego Leo f. Mansonis de Leone Galloppi t. s.
† Leo f. dom. Constantini de Leone com. t. subscripsi.
† Ego Iohannes scriba f. dom. Iohanni curiali scripsi.

LXXXI.

(1087) — ind. X — 5 dicembre — Amalfi.

Iohannes f. qd. Marini de Iohanne de Iohanne de Mauro com. assegna al prete *dom. Leoni f. qd. Sergii Cannabari* la ch. di S. Trofimena sita in *Muro longu* con una vigna accanto, con l' obbligo di officiarvi; e gli promette di assegnarla, morto lui, al chierico Sergio suo figlio.

Perg. di Amalfi, n. 52; arch. di S. M. di Font., n. 14; arch. della SS. Trin., n. 986 — Orig. — Alt. 49 × 23 — Inedita.

Leo scriba f. Ursi ha scritti vari atti tra il 1079 e il 1097 (v. Cod. Perris, n. 76 a 87). L'ind. X ricorre nel 1087 e nel 1102.

Die quinta mensis decembris ind. decima Amalfi. Ego quidem Iohannes f. qd. Marini de Iohanne de Iohanne de Mauro com. a presenti die prontissima voluntate tradere seu assignare visus sum vobis dom. Leoni presb. f. qd. Sergii Cannabari. idest plenariam et integram ipsa hecclesia nostra bocabulo beate Trofimenis virginis et martiris qui constructa et dedicata est in Muro longu positum. sicut est predicta hecclesia fabricata et ordinata cum omnia suam pertinentiam seu et cum ipso vineam quam et terra bacua de iuxta pred. hecclesia seu et cum codicibus atque cum omnibus paramentibus suis quam et cum tote ipse hereditatibus sue et cum omni circulo atque pertinentiis ipsius hecclesie. unde nichil exceptuavimus. In ea enim rationem ut amodo et omnibus diebus vite tue de te ss. dom. Leoni presb. ipsa pred. hecclesia die noctuque bene officiare debeatis sicut pertinet at sacerdotem. et ipsas eius hereditates bene laborare faciatis ut non pereat set Domino auxiliante in antea proficiat. et non habeamus licentiam neque potestatem vobis supermittere aut ordinare nullum alium presbiterum nec diaconum vel subdiaconum aut clericum nec monachum nec nulla aliam personam aut virtutem vel inbasionem vobis facere. set amodo et omnibus diebus vite tue ipsa pred. hecclesia cum ipse sue hereditatibus seu et cum omnia eorum pertinentiam frugiare et dominare debeatis sine omni minuitatem. et ipse sepulture de ipso porticum at meam reserbavi potestatem libere. et ipse alie sepulture in vestram sit potestatem at frugiandum ille omnibus diebus vite tue. Pro quibus dare nobis debeatis incensum per omni uno annuo paria octo de oblate. hoc est de nativitatem Domini paria quattuor et de pasca resurrectio Domini paria quattuor. et passi tres de cereum. hoc est medietatem nobis detis de pred. cereum in die sancte Trofimenis de mense iulio et ipsa aliam medietatem nobis detis de mense nobember. et amodo et usque at conpleti annis tres fabricetis de ipsa cammara qui est modo disfabricata cammere due cum vestro expendio supra ipsa catodia. Verum tamen memoramus ut post ovitum vestrum debeat se fare presbiter Sergio clerico filio tuo et debeat tenere et abere atque officiare pred. hecclesiam seu et frugiare et dominare cum omnia ss. eorum pertinentiam omnibus diebus vite sue sine omni minuitatem qualiter per omni ordinem et rationem superius legitur. Et vobis et at pred. filio vestro vindicemus eos ab omnibus hominibus omnibus diebus vite vestre de vos anbi ss. pater et filio si se fecerit presbiter. et qui de nobis et vobis aliquid de ss. placitum minuare vel extornare voluerit componat pars infidelis a parte que firma steterit auri solidos centum byzantinos. et hec chartula sit firma. quia simil[em] exinde fecimus.

† Leo f. Sergii f. Iohanne iudex t. e.

† Ego Iohannes iudex curialis t. s.

† Ego Leo iudex t. s.

† Ego Leo scriba f. Ursi scripsi.

LXXXII.

1087 — (ind. X) — 1 marzo — (Amalfi).

Maria relicta qd. Leonis f. Iohannis de Constantino de Lupino de Constantino de Leone com. e suo figlio *Iohannes*, esecutori testamentari di *Aloara*, rispettiva figlia e sorella, donano al monast. di S. Maria di Fontanella la porzione spettante alla defunta dei beni che quella aveva in comune con le sorelle *Maria* e *Rodolaita* in *Reginnis Maioris*, luogo detto *Punticcio.*

Perg. di Amalfi, n. 53; arch. di S. M. di Font., n. 169; arch. della SS. Trin., n. 156 — Orig. —Alt. 56 X 25; corrosa sul secondo rigo — Inedita.

† In nomine domini dei salvatoris nostri Iesu christi. anno ab incarnatione eius millesimo octuagesimo septimo. die prima mensis martii ind. [decima Amalfi. Certi sumus n]os Maria relicta qd. Leonis f. Iohannis de Constantino de Lupino de Constantino de Leone com. quam et ego Iohannes. qui sumus genitrix et filius. qui sumus distributores de Aloara filia et vera germana nostra qui mortua est. a presenti die prumtissima voluntate tradere et offerire visi sumus in monasterii beate et gloriose dei genitricis semperque virginis Marie que est dedicata in Fontanella. idest plenarie et integre ipse tertie qui pred. defuncta filia et vera germana nostra tetigere debuerat de omnia quantum in communem abuit in Punticcio loco de Reginnis Maioris cum Marla et Rodolaita vere germane sue filie et germane nostre. quantum ipse testamentus proclamat de ss. dom. Leoni viro et genitori nostro ipse tertie de pred. defuncta filia et germana nostra vobis exinde optulimus hoc est in ss. monasterio. de vacuum et plenum de cultum et incultum domesticum et salvaticum quantum ipse ss. testamentus continet ss. viri et genitori nostri. cum via sua et omnia sua pertinentia. unde nichil exinde exeptuavimus. Quod ibidem optulimus pro redemtione anime ss. Aloare filie et germane nostre in omnem deliberationem et in omnem decisionem. ut a nunc die presenti et imperpetuis temporibus siat in potestate de ss. monasterio quam et in potestatem de ipse successtrices ipsius monasterii

frugiandi et dominandi et nichil exinde minuandi. Et nemo sit ausus aliquis de sub potestate de pred. monasterio eos subtraere aut vindere vel donare seu in pignus ponere vel pro devito pargiare per nullum modum aut datam occasionem. set sicut diximus omni tempore siat in potestate de pred. monasterio et de ipsas successtrices ipsius monasterii sicut superius diximus usque in sempiternum. Et si quodlibet tempore per quovis modum vel ingenium sibe nos et nostri heredes seu alla qualiscumque persona magna seu parba extranea vel de genere nostro contra hanc chartulam nostre offersionis benire presumserit et de sub potestate de pred. monasterio eos subtraere voluerit. illa persona abeat anathema et maledictione a patre et filio et spiritui sancto et partem abeat cum Iuda traditore domini nostri Iesu christi. insuper componere debeat persona illa in ss. monasterio auri solidos quingentos byzantinos. et hec chartula nostre offersionis sit firma imperpetuum.

† Mauronus imperialis protospatharius f. Marini t. e.
† Leo f. dom. Constantini de Leone com. t. subscripsi.
† Pantaleo f. dom. Muski de dom. Constantino t. e.
† Ego Sergius scriba f. dom. Iohanni curiali scripsi.

LXXXIII.

1087 — ind. XI — febbraio — Nocera.

Angerius normannus dona al monastero di S. Quirico (S. Cirico) di Atrani una terra sita in territorio stabiano *ubi Ocelle dicitur.*

Perg. di Amalfi, n. 54 ; arch. di S. M. di Font., n. 168 ; arch. della SS. Trin., n. 379 — Orig. — Taglio irregolare : alt. 26 1/2 × largh. mass. 17 — Inedita.

Nel febbraio dell'ind. XI correva l'anno 1088, tanto secondo lo stile bizantino quanto secondo il romano. Qui, essendo il donatore un normanno, è usato probabilmente lo stile dell' Incarnazione, che era in voga nella contea normanna di Aversa.

† In nomine domini dei eterni et salbatoris nostri Iesu christi. anno ab incarnatione eius millesimo hotuagesimo septimo mense februarius undecima indictione. Ego Angerius normannus bonam mea voluntate remitto ante subscriptos testes in partibus monasterii sancti Quirici quod constructum est intus

cibes Atrani una pecia de terra capense (*sic*) qui est in territorio staviano ubi Ocelle dicitur. qui a parte meridie coniunta est at fine via. qui est at iusto modium semminationis modia tres qualiter pertinuit in partibus pred. monasterii ubi dom. Leo benerabile apate ibidem preest inclitam illam ibidem remisit faciendum partibus ipsius monasterii quicquit voluerit. cum omnia infra se abentes et cum bice de vie sue asque omni contrarietate mea et de meis succesoribus vel [a] q[ui]buscunque hominibus pro nostris partibus. Et si sicut superius scriptum est semper taliter in partibus ipsius monasterii non adinpleverimus et de omnibus suprascrittis quicquam removere aut contradicere presumserimus per convenientiam obligo me et meis successoribus componere in partibus ipsius monasterii et cui ec cartula imanu paruerit quinquaginta auri solidos constantinos et sicut superius scriptum est adimplere. Et si quaviscunque persona ominibus suprascritta rebus de partibus ipsius monasterii substraere aut amminuare voluerit per quavis modum primu omnium abeant maledictione da patrem et filium et spiritum sanctum siat sub anathema sicut fuit Anna et Caifas et abeant partem cum Iuda traditorem domini nostri Iesu christi ut ic et in eterna seculam bita et requiem non abeat. Quam te Ferrandus notarius scrivere rogavimus. Actum Nucerie.

† Ego Petrus protonot. me subscripsi.

† Ego Petrus.

LXXXIV.

1090 — ind. XIII — 10 aprile — Amalfi.

Sergius f. qd. Mastali f. dom. Godini de Lupino de Mastalo de Pardo de Leone com. e sua moglie *Maru* donano *pro anima* al monast. dei SS. Cirico e Giulitta la loro porzione *de ipsum montem da Citara,* che hanno in comune con *dom. Maurone imperialem protospatharium f. Marini Iectabecte.*

Perg. di Amalfi, n. 55; arch di S. Maria di Font., n. 177; arch. della SS. Trin., n 831 — Orig. — Alt. 33 × 23; tagliati gli angoli inferiori; molto deleta; corrosa ai margini — Inedita.

† In nomine domini dei salvatoris nostri Iesu christi. anno ab incarnatione eius millesimo nonagesimo. die de[cima mensis]

apreli ind. [ter]tia decima Amalfie. Certi sumus nos Sergius [f.] qd. Mastali f. d[om.] Godini de Lupino de Mastalo de Pardo de Leone com. et Maru iugalia. a presenti die prumtissi[ma] volumtate tradere et offerire visi sumus per mercedem et medelle anime nostre in [mo]nasterio vocavulo beatorum martirum Cirici et Iulitte que est dedicatus hic in Atrano. idest plenaria et integra ipsa portione mea de me pred. Sergio qui me tetigere debuerat de ipsum montem da Citara qui fuerat de pred. genitori meo. quod in communem abemus cum dom. Maurone imperialem protospatharium f. Marini Iectabecte. p[ortio]natim de ipso quantum ibidem abuit pred. genitor et socer noster. de vacuum et [plenum] domesticum et salbaticum cultum vel incultum in montibus et impla[nis] ipsa pred. portione nostra qui nos exinde tetigere debuerat offersimus eos in pred. mon[a]sterio cum via sua et omnia sua pertinentia. unde nichil nobis remansit aut aliquid exinde exceptuavimus in omnem deliberationem et in omnem decisionem. ut a nunc die presenti et imperpetuis temporibus siat in potestatem de pred. monasterio faciendi et iudicandi exinde omnia que volueritis sine omni nostra et de nostris heredibus contrarietatem imperpetuum. Insuper antestare et defensare vobis eos debeamus omni tempore ab omnibus hominibus. et illa persona qui contra hanc chartulam benire presumserit et de sub potestate ss. monasterii exinde aliquid subtraere voluerit. illa persona abeat anathema et maledictione a patre et filio et spiritui sancto et partem abeat cum Iuda traditore domini nostri Iesu christi. insuper [componere] debeat persona illa in pred. mo[nasterio auri] solidorum libra una byzantina. et hec chartula sit firma imperpetuum. Et reclaramus quia ipse chartule de totum pred. montem abet ille pred. Mauronus. ut omni tempore i[psa pred.] portione nostra vobis defensetis cum pred. chartule. quia hec ss. causa obtulimus in pred. monasterio per manu presenti dom. Leoni d[omini] gratia abbati qui modo preest in pred. monasterio. pro quibus dedistis nobis exinde auri solidos decem ana tari quattuor per solidum per ss. obligata pena. et pred. solidos nobis dedistis pro benedictionem quia ipsa pred. causa offersimus in pred. monasterio per hordinem sicut superius legitur.

† Pantaleo f. dom. Muski de dom. Constantino t. e.

† Marinus f. dom. Petri f. Stephani t. e.

† Leo iudex t. subscripsi.

† Ego Iohannes scriba f. dom. Iohanni curiali scripsi.

LXXXV.

1090 — ind. XIII — 1 giugno — Amalfi.

Asterada relicta Ademari filia qd. Vizantii, di Salerno, concede in servitù sua figlia *Sica* a *dom. Urso f. dom. Sergii Meiadirtu* ed a sua moglie *Rogata*, in estinzione di un debito di 4 tarì d' oro, con l' obbligo di nutrirla, vestirla e lasciarle in morte 8 tarì e vari indumenti.

Perg. di Amalfi, n. 58: arch. di S. Lorenzo, n. XV: arch. della SS. Trinità, n. 924 — Copia parimenti del giugno 1090 — Alt. 48 1[2 × 19 : lievemente macchiata in qualche punto — Rip. dal CAMERA, I, p. 284.

÷ In nomine domini dei salvatoris nostri Iesu christi. die prima mensis iunii ind. tertia decima Amalfie. Ego quidem Asterada relicta Ademari filia qd. Vizantii de civitate Salernum. a presenti die prumtissima volumtate tradere et assignare visa sum vobis dom. Urso f. dom. Sergii Meiadirtu et dom. Rogate iugalie. ide[st ipsa] filia nostram nomine Sica. In ea videlicet ratione. ut ab odierna die [et cun]tis diebus vite vestre serhire et obedire vobis debeat et omnem serbitium et imperium quod ad eam imperaberitis die hac nocte longem et prope totum vobis eos facere et complere debeat pred. filia nostra cum omni fidem et prumtitate set sine fraude et absque omni malignitatem. et vos illa nutricare et bestire atque calzare debeatis iusta rationem et secundum vestram possivilitatem. et facere ad eam debeatis benem. ut habeatis de illam mercedem et nomen bonum. et si fugam vobis commiserit et at nos benerit sibe in pertinentia nostra vel ubicumque nos manserimus nos vobis illam adducere atque rebocare debeamus per omnes vices sine vestra damnietatem vel amaricationem. si bero vobis fugam commiserit in aliis qualibuscumque locis potestatem habeatis vos seu ipsi missi vestri cum anc chartula illam compreendere et destringere et sub vestro illam rebocare debeatis serbitio. set misericorditer illam disciplinare debeatis secundum meritum sue culpe. et vindicemus vobis eam ab omnibus hominibus. Pro eo quod dedisti michi modo tari quattuor. pro eo retdidimus eos pro debitum de pred. filia mea. At obitum vestrum dare ad eam debeatis benedictionem auri tari octo et licticellum cumpito et

coctum et capitallunclu et caldara et sartaginem et ipsi panni quod sibi habet in ipsis diebus. et iam post vestrum amborum obitum et cum ss. benedictione libera et obsoluta permaneat usque in sempiternum. Qui autem de nobis ambarum partes contra anc chartulam benire presumserit componat at partem que firmam steterit auri solidos viginti byzantinos. et hec chartula sit firma. Et michi ss. Sica hec omnia gratanter placet. † Ego Gregorius f. Leonis de Sergio t. s. † Ego Leoni f. Mansonis de Leone Galloppi t. s. † Lupinus f. Sergii de Lupino de Maurone com. t. s. † Ego Iohannes scriba f. Sergii scripsi.

† Iohanne f. dom. Musco de Iohanne de Pantaleone t. s. quia ipsa charta berace bidi et legi.

† Maurus f. dom. Sergii com. Mauronis t. e. quia ipsam chartam cuius hoc exemplar est vidit et legit.

† Pantaleo f. dom. Muski de dom. Constantino t. e. quia ipsa chartam veracem unde ista exempla est vidit et legit.

† Quod ego Constantinus scriba f. ss. dom. Iohanni curiali anc chartam propriis meis manibus exemplavi qualiter vidi et legi taliter scripsi nec diminuabi exinde neque iuncxi. mense iunio ind. tertia decima anno ab incarnatione Domini millesimo nonagesimo.

LXXXVI.

(1090) — (Ruggiero duca a. 2) — ind. XIII — agosto — Amalfi.

Martinus f. Petri Maczamorte, di Gragnano, prende in colonia dai cugini *dom. Anna f. dom. Iohannis f. dom. Pantaleonis*, abbadessa del monast. di S. Michele arcangelo di Atrani, e *dom. Sergio f. dom. Dolfina Cacapice* una terra loro comune, sita in territorio stabiano, in luogo detto *Bulciano*.

Perg. di Amalfi, n. 57; arch. di S. M di Font., n 176 (?); arch. della SS. Trinità, n. 267 — Orig. — Alt. (mancano i primi due righi) 63 × 16; molto corrosa nel lembo superiore — Rip. in parte dal CAMERA, II, *App.*, n. XVI.

[† In nomine domini dei salvatoris nostri Iesu christi. anno ab incarnatione eius millesimo nonagesimo. temporibus dom. Rogerli gloriosi ducis anno secun]do ducatus [eius Amalfi (1) die . .

(1) Il CAMERA (loc. *cit.*) restituisce i primi due righi, che mancano nell'ori

. . me]nsis agusti ind. tertia decima Amalfie. [Ego quidem Ma]rtinus f. Petri Maczamorte de [ipso ca]stello de Graniano. a presenti die prumtissima volumtate scrivere et firmare visus sum vobis dom. Anna domini gratia monacha et abbatissa monasterii beati Archangeli Michaelis quod dom. Iohannes genitor vester f. dom. Pantaleonis construxi et dedicare fecit hic in plano de Atrano iusta mare. seu et vobis dom. Sergio f. dom. Dolfina Cacapice qui es in vice tua et pro vicem dom. Marie uxori tue f. dom. Pantaleonis et f. ss. dom. Pantaleonis. han chartulam similem de ipsam quem vos nobis scrivere fecistis. pro eo quod tradidisti et assignasti nobis plenaria et integra ipsa hereditatem vestram quod in communem abetis de parentorum in territorio staviano in locum qui dicitur Bulciano in pertinentia de pred. castello de Graniano. Que continet finis. a supra fini finem de dom. Sergio de lu Iudice. de subtus fini via puplica. de uno latere fini causa propria nostra. et de alio latere finem de Leone Amaczamorte tio nostro. cum salba quidem viam suam et omnia sua pertinentia. unde nichil nobis exinde exeptuastis. In ea videlicet ratione ut ab odierna die et imperpetuis temporibus de generatione in generatione eos pertenere et laborare debeamus cum omni nostro expendio et zappare eos debeamus duas vices per annum tempore apto. semper exinde curam et certamen abeamus ut Domino auxiliante proficiat ut pareat apud vonis hominibus. et a die presenti et omni annue vinum et quodcumque frudius exinde exierit nostre sit potestates. et vobis exinde dare debeamus per omnia at transactum omni annue tempore vindemie tibi ss. dom. Anna domini gratia monacha et abbatissa et at vestre posteres successtrices tari duo voni et pullum unum et tibi ss. dom. Sergio et at tuis heredibus alii tari duo et pullum unum. hec omnia vobis adducamus tempore vindemie hic in domus vestre per unumquemquem annum usque in sempiternum. Quod si nos et nostris heredes ipsam pred. hereditatem bene non laboraberimus et cultaberimus et ipsam pred. legem vestram vobis completam non dederimus qualiter superius diximus iactetis nos exinde vacuos et faciamus vobis iustitiam sicut lex

---

ginale, ponendovi la data del 1091, 3° anno del ducato di Ruggiero. Bisogna però osservare che l' ind. XIII corrisponde al 1090, e che la parte inferiore delle ultime due lettere della cifra dell'anno del ducato, anzichè indicare un *tio* (che farebbe pensare al *tertio*) paiono il residuo di un *do*, che fa argomentare il *secundo*, pienamente armonizzante con la cifra espressa dell' ind. XIII e con l'anno 1090.

fuerit. Quod si nos bene laborando et certando et ipsam legem vestram completam vobis dando qualiter superius legitur et volueritis nos exinde iactare faciatis nobis iustitiam sicut lex fuerit. Qui autem de nobis ambarum partes contra han chartulam benire presumserit componat a partem que firmam steterit auri solidorum libra una byzantina. et hec chartula sit firma imperpetuum. Et reclaramus quia ipso quod diximus fiere finis de Leone Amaczamorte tio nostro est causa vestra quod illi traditum abetis fili filiorum et est tertie de tota ss. hereditate. unde vobis remanserunt due portiones [quod] nobis tradidisti per hordinem sicut superius legitur per ss. [ob]ligata pena.

† Ego Leo f. Mansonis de Leone Galloppi t. s.

[†] Pantaleo iudex f. Iohanni de dom. Pulcharo t. e.

† Pantaleo f. dom. Muski de dom. Constantino t. e.

† Ego Iohannes scriba f. dom. Iohanni curiali scripsi.

LXXXVII.

1091 — Ruggiero duca — ind. XV — 20 ottobre — Amalfi.

Rogeriux dux conferma a *dom. Mauro* vescovo reginnense la concessione della spiaggia di *Reginnis Minoris*, già fatta ai vescovi predecessori dal duca Mastalo e dagli altri duchi di Amalfi.

Perg. di Amalfi, ant. fondo, n. 2 — Orig. — Alt. 54 1/2 × 24 1/2 ; lievemente corrosa al marg. destro — Rip. dall' Ughelli, *It. sacra*, T. VII., col. 295; dal Pansa, T. II., p. 125; in *Reg. Neap. Arch. Mon.*, VI, *App.*, n. VII (p. 158); e dal Camera, II, p. 415.

La cifra dell'èra cristiana, secondo lo stile greco, allora usato nel ducato di Amalfi, nell' ottobre della XV indizione, dovrebbe essere 1092. Invece troviamo in questa pergamena il primo esempio di stile romano. Dopo pochi anni soltanto, esso, come si vedrà, sostituisce definitivamente in Amalfi il vecchio stile.

† In nomine domini dei salvatoris nostri Iesu christi. anno ab incarnatione eius millesimo nonogesimo primo. die vicesima mensis octubris indictione quinta decima Amalfi. Nos Rogerius dei gratia dux a presenti namque die scribere et firmare iussimus vobis domino Mauro gratia dei episcopus sancte [se]dis

reginnensis hecclesie beate Trofimenis christi martiris. hanc chartulam cessio[nis] atque confirmationis. eo quod ante os preteritos annos dominus Masta[lus qui] fuit dux et patricius de civitatem Amalfi et aliis ducibus et patricii ipsius amalfitane civitatis dederunt et donaverunt per eorum chartulas cessionis in iam dictam hecclesia beate Trofimenis inclitam ipsa plagiam arena maris de Reginnis Minoris de quantum continet ipsam iam dicta plagia de finem in finem et quanta terram bacua ibidem abuit. et ipsi antecessores ab illo tempore usque modo abuerunt et tenuerunt et dominaber[unt] eos et fecerunt exinde quicquid voluerunt pro hutilitatem de ss. hecclesia. Modo autem vos ss. dom. Maurus episcopus obsecrastis nos et petistis nobis exinde misericordia pro parte ipsius hecclesia. ut faceremus vobis exinde chartulam cessione et offertione. Nos autem pro Dei amore et de suprascripta sancta dei ecclesia et pro vestre orationis et magnum servitium quod nobis exinde fecistis confirmamus et [tra]dimus vobis inclitam ss. plagiam arena maris de Reginnis Minoris de fine in finem quantum ipsa plagia continet et quanta terra bacua ibidem habet. ut amodo et deinceps siat in potestate tua de te ss. dom. Mauro episcopo at faciendum et iudicandum exinde pro hutilitatem de ss. hecclesia omnia quod volueritis absque omni nostra et de nostris posteris successoris contrarie[tate] vel requesitione imperpetuum. Et si aliquando tempore quaviscumque noster [po]steris aut quaviscumque alia humanam personam magna vel parba contra hanc chartulam nostre cessionis atque confirmationis venire presumpserit et eam rumpere voluerit. illam personam abeat anathema et maledictio[nem] a patre et filio et spiritum sanctum et parte abeat cum Iuda traditorem domini nostri [Iesu christi] et componat vobis et in ss. hecclesia auri solidos mille byzantinos. et hec chartula nostre cessionis atque [con]firmationis ut superius legitur firma permaneat imperpetuum.

† Ego Leo iudex t. s.

† Leo f. Sergii f. Iohanne iudex t. e.

† Pardus iudex t. e.

† Ego Leo scriba f. Ursi scripsi.

LXXXVIII.

1092 — ind. XV — 1 maggio — Amalfi.

Il prete *Sergius f. qd. Constantini da Butablo*, sua moglie *Blactu, f. qd. Iohanni da le Olibe*, ed i loro figliuoli *Constantino et Urso*, anche in nome degli altri figli minorenni, vendono a *dom. Mansonis f. qd. dom. Mansonis Ambosa* ed a sua moglie *Drosu*, 3 *petie* di castagneto site *at Finestra*, per 25 soldi d'oro di tarì.

Perg di Amalfi, n. 58; arch. di S. Lorenzo, n. 84; arch. della SS. Trinità, n. 484 — Orig. — Taglio irregolare nella parte inf.: alt. 86 × 26 1/2 — Inedita.

A tergo è abbozzato un transunto del documento in scrittura amalfitana.

† In nomine domini dei salvatoris nostri Iesu christi. anno videlicet ab incarnatione eiusdem millesimo nonogesimo secundo. die prima mensis magli ind. quinta decima Amalfi. Certum est nos Sergius presb. f. qd. Constantini da Butablo. et Blactu iugalia f. qd. Iohanni da le Olibe. quam et Constantino et Urso germanis. qui sumus genitores et filii. qui sumus pro vice nostra quam et pro vice de totis ipsis filiis et germanis nostris. et nos quindeniianus a parte eorum eo quod sunt sine hetate. a presenti die promtissima voluntate venundedimus atque et impresentis cessimus et tradidimus vobis dom. Mansonis et f. qd. dom. Mansonis Ambosa et dom. Drosu. ambobus iugali. idest plenaria et integra una petia nostra de castanietum susu at Finestra qui continet finis. ha supra et de subtus quam et de uno latere fini causa vestra. et de alio latere ponitur fini causa dom. Constantini Garillano. et cum salba viam sua et cum omnia infra se habentibus et pertinentibus. Insimul et cum istut venundedimus vobis inclita ipsa alia petia nostra de castanietum ibidem at Finestram subtus quilium de dom. Salbatore da Cospi. iterum qui continet finis. ha supra quam et de subtus et de uno latere fini causa vestra. et de alio autem latere a parte occidentis fini via puplica qui ascendet at dom. Salbatore da Cospi. iterum et cum salba viam suam et omnia sibi infra se habentibus et pertinentibus. Iterum et cum istut venundedimus vobis alia una petia de castanietum in predicto loco Finestro posita. unde reclaramus vobis exinde ipsas

fines. ha supra namque ponitur fini ipsum quilium de ecclesia Domini et Salbatoris nostri qui dedicata est in Cospi. de subtus itaque ponitur fini finem vestram. de uno vero latere ponitur fini finem de Drosu Pagurella vera cognata et germana et tia nostra. et de alio autem latere ponitur fini finem nostram et intinget paululum in media loca in finem de Drosu Manca. et cum salba viam suam seu et cum omnia infra se habentibus et pertinentibus. unde nichil exceptuavimus set tota ss. capitula vobis venundedimus sine omni minuitate. Unde accepimus exinde a vobis plenariam nostram sanationem idest auri solidos viginti quinque de tari boni ana tari quattuor per solidum. sicut inter nobis comvenit in omnem deliverationem et in omnem decesitionem. Ut a nunc die presentis et imperpetuis temporibus tota ss. capitula et qantum ss. finis concluditur in vestra et de vestris heredibus sit potestatis at faciendum et iudicandum exinde omnia quod volueritis sine omni nostra et de nostris heredibus contrarietatem vel requesitionem imperpetuum. Set memoramus quia tota ss. capitula quod vobis venundedimus sicut superius legitur nobis obbenerunt per chartulam donationis quod vobis dare non potuimus. set fecimus vobis ille exemplare. et firmamus vobis ut omni tempore nos et nostros heredes monstrare ille debeamus vobis et at vestris heredibus ante legem. et post finem factam in nostra et de nostris heredibus perbeniat potestatis. quia nos abemus et tenemus ille pro ipsa hereditatem nostra maiorem da Finestru quod pred. chartula continet. set si pred. hereditate vindimus nos vel nostros heredes aut alienamus illam per qualemcumque hoccasionem nos et nostros heredes dare debeamus vobis vel at vestris heredibus ipse pred. chartule tres cum quo nobis tota ss. capitula obbenerunt sine vestra ammaricatione. Insuper nos et nostros heredes vobis et at vestris heredibus ipsa ss. nostra venditione ut superius legitur antestare et defensare promittimus omni tempore ab omnibus hominibus. Quod si minime vobis exinde fecerimus et omnia ut superius legitur vobis non atimpleverimus componere promittimus nos et nostros heredes vobis et at vestris heredibus auri solidos septuaginta byzantinos. et hec chartula sit firma imperpetuum.

† Ego Tauro f. Sergio Sirrentino t. s.

† Ego Sergius f. Leonis Ferafalcone t. s.

† Ego Leo iudex t. s.

† Ego Ursus diaconus scriba f. Iohanni scripsi.

LXXXIX.

1092 — ind. XV — 7 giugno -- Amalfi.

I germani *Mauronus* (?) *et Drosu, f. dom. Marini da Punticitu*, avendo litigato con *dom. Leo* abb. del monast. di S. Cirico intorno ad un diritto di passaggio, riconoscono in presenza dei *boni homines* spettare quel diritto al monastero.

Perg di Amalfi, n. 59; arch. di S. M. di Font., n. 179; arch. della SS. Trinità, n. 60 — Orig. — Alt. 43 × 117; molto corrosa e macchiata — Inedita.

† In nomine [domini dei] salvatoris nostri Iesu christi. anno ab incarnatione eius mille[sim]o nonagesimo secund[o]. die septima mensis iunii ind. quinta decima Amalfi. [Certi sumus nos Mauronus (?) et] Drosu [veri ger]mani f. dom. Mari[ni da] P[un]ticitu. [a pre]senti die prumtissima voluntatem scribere et firmare visi sumus vobis dom. Leo presb. et monachus atque abbas monasterii sancti Cirici qui est dedicatus in Atrano. una cum cuncta vestra congregatione prephati mo[na]sterii. hanc chartulam securitatis eo quod . . . . . . qua ingreditur in ecclesia sancti Angeli qui est dedicatus in Puncticitu. hoc est ipsa via qui v[adet] indat montem. dicendo nos a parte nostra quia per istam viam non [damus vobis at ingrediendum et egrediendum] in causa que est de pred. monasterio. et vos de presentem dixistis a parte vestra quia — sem[per an]davimus per ista viam quod vos nobis contratis et intravimus in causa pred. monasterii cum omnia quecumque nobis opus et necessarium fuit. — Habuimus exinde vobiscum altercationes multas. et nobis altercantibus po[stulavi]mus bonis hominibus super ipsam pred. viam. et ibidem astantibus ipsis boni homines deliberavimus [v]obis pred. via at ingrediendum et egre[diendum . . . . in cau]sa ss. monasterii vel ubicumque inde hire vel venire volueritis sine omni nostra et de nostris heredibus contrarietatem. Unde emittere visi sumus exinde hanc [chartulam] p[lenarie securitatis] in o[mn]em delibe[rationem et] in omnem decisionem. ut si quodlibet tempore per quov[is mo-

dum] vel i[n]genium sive nos seu nostros heredes seu per summ[issas perso]nas. vos seu posteros vestros [successores seu qualemcumque] hominem pro parte pred. monasterii. de pred. viam unde ss. se[curitas . . . . quere]re aut molestare presumpserimus. componere promittimus nos et nostros heredes in ss. monasterio auri solidorum libra una byzantina. et hec chartula sit firma imperpetuum.

† Ego [Urs]o f. dom. Sergio t. s.

† Ego Urso f. Sergii Caccabo t. s.

† Ego Leo f. dom. Sergio [Mus]ceptula t. s.

† Ego Iohannes presb. scriba scripsi.

XC.

1092 — (ind. XV) — 20 agosto — Amalfi.

Sergius f. Iohanni da Lapora prende a pastinato da *dom. Leoni*, abb. del monast. dei SS. Cirico e Giulitta, una terra sita in Tramonti, *at ipsu Rospulu*, in luogo detto *at Petra pertusola.*

Perg. di Amalfi, n. 60; arch. di S. M. di Font., n. 187; arch. della ss. Trin., n. 977 — Orig. — Alt. 57 × 16; corrosa e deleta nel marg. sup. — Inedita.

† In nomine domini dei salvatoris nostri I[esu christi. anno a]b incarnatione [eius mi]llesi[mo nona]gesimo secundo. die vicesima [mensis] agusti [ind. quintadecima] Amalfie. Ego quidem Sergius f. Iohanni da Lapora. a presenti die prumtissima volumtate scribere et firmare visus sum vobis dom. Leoni domini gratia presb. et monacho atque abbati monasterii beatorum martirum Cirici et Iulitte que est dedicatus hic in Atrano. quam et at cuncta vestra congregationem vobiscum manenti in ss. vestro monasterio. hanc chartulam similem de ipsam quem vos michi scribere fecistis. pro eo quod tradidistis et assignastis nobis plenarium et integrum ipsum insertetum et castanietum de pred. [vestro] monasterio in locum qui dicitur at Petra pertusula hoc est at Transmonti at ipsu Rospulu. quantum et qualiter vobis obbenit per chartulam comparationis a dom. Blactu relicta dom. Lupini Collonnanna. et a dom. Marenda uxorem

dom. Anelli de Atriano. totum nobis eos tradidistis cum vicem de viis suis et de omnibus infra se abentibus. unde nichil nobis exinde exceptuastis. In ea videlicet ratione. ut ab odierna die et imperpetuis temporibus de generatione in generatione eos pertenere debeamus. et ubi vacuum abuerit pastinemus ibidem tigilli et insurculemus eos de ipsa castanea zenzala. semper exinde curam et certamen habeamus ut Domino auxiliantem proficiat ut pareat apud vonis hominibus. et runcare eos debeamus omni annue tempore apto. et a die presenti castanee vel zenzale et omnem alium frugium qui exinde exierit sine fraude et omni malo ingenio vobiscum eos dividere debeamus per medietatem. castanee sicce at gratem et fructora per tempora sua. vos et vestris posteris successores tollatis exinde medietatem et nos et nostri heredes medietatem. et ipsa medietate vestra de pred. castanee nos colligamus et siccemus et deponamus vobis eos iusu at litore maris de Reginnis Maioris. et adducamus vobis ipsa sabbatatica sicut consuetudo est. et quando abuerit arbores superfluos in pred. castanieto et volueritis eos cappilare pro facere exinde ligna da vinea potestatem habeatis et nos vobis exinde non siamus in occasionem. Et neque vos neque homo vester nobis ibidem virtutem vel inbasionem non faciatis set vindicetis nobis eos ab omnibus hominibus. Quod si nos et nostri heredes eos bene non lavoraberimus et cultaverimus et ipsam legem vestram vobis completam non dederimus qualiter prediximus iactetis nos exinde vacuos et faciamus vobis iustitiam sicut lex fuerit. quod si nos bene lavorando et certando et ipsa legem vestram completam vobis dando qualiter superius legitur et volueritis nos exinde iactare faciatis nobis iustitia sicut lex fuerit. Qui autem de nobis ambarum partes contra han chartulam venire presumserit componat at partem que firmam steterit auri solidorum libra unam byzantinam. et hec chartula sit firma imperpetuum.

† Ego Leo f. Mansonis de Leone Galloppi t. s.

† Marinus Gabatella t. e.

† Pantaleo f. dom. Muski de dom. Constantino t. e.

† Ego Constantinus scriba f. dom. Iohanni curiali scripsi.

XCI.

1093 — ind. I — 15 agosto — Amalfi.

Iohannes f. dom. Mastali f. dom. Godini monachi de Lupino de Mastalo de Pardo de Leone com., anche in nome dei figliuoli, dona al monast. dei SS. Cirico e Giulitta, la sua porzione dei beni paterni siti in *Cetara*.

Perg. di Amalfi, n. 61; arch. di S. M. di Font., n. 180; arch. della SS. Trin., n. 1063 — Orig. — Alt 42 × 26 1/2; alquanto corrosa e deleta nella parte sup. — Inedita.

† In nomine domini dei salvatoris nostri Iesu christi. anno ab incarnatione eius millesimo nonagesimo tertio. die quinta decima mensis agusti ind. prima Amalfie. Certum est me Iohannes f. dom. Mastali f. dom. [Go]dini monachi de Lupino de [Masta]lo de Pardo de Leone com. qui sum in vicem meam et in vicem de omnes filios et filias meas qui sunt sine etate et in vicem de Mastalo filio meo qui non est in istam terram. et ego quindiniio a partibus eorum. a presenti die prumtissima volumtate tradere et offeri[re visus sum] in monasterio vocavulo beatorum martirum Cirici et Iulitte qui est dedicatus hic in Atrano subtus Montem maiorem per manu presenti dom. Leoni domini gratia eximii abbati. idest plenaria et integra ipsa portione mea hoc est medietatem de omnia quod pred. genitor noster abuit in Cetara per concessiones et per compara tam in montibus quam et in planis. Unde ipsa reliquam medietatem quod ibidem abuit dom. Sergius bone memorie verus germanus meus obtulit eos in ss. monasterio. cum vicem de viis suis et de omnibus infra se abenti[bus et] pertinentibus. unde de quantum in Cetara abuit pred. genitor noster per concessiones et per compara nichil nobis exinde remansit aut aliquid exinde exceptuavimus. Ut omni tempore eos abeat pred. monasterius sicut ipse chartule cessiones et chartule comparationes proclamat quod exinde tradidimus in ss. monasterio. et si alia qualiscumque chartula inbenta dederit qui pertineat in oc quod superius legitur nos et nostris heredes mittamus eas sub potestate ss. monasterii sine omni damnietatem vel amaricationem. Hec autem obtuli in ss. monasterio pro amore Dei omnipotentis et re-

demtione anime mee et de pred. genitori meo. et de presentem me exinde scribat at opitulum et in sua societate et in ipsa elemosina in omnem deliberationem et in omnem decisionem. Ut a nunc die presenti et imperpetuis temporibus siat in potestatem de pred. monasterio dominandi et fruandi sine omni nostra et de nostris heredibus contrarietatem imperpetuum. Insuper antestare et defensare eos debeamus nos et nostris heredes omni tempore ab omnibus hominibus. et si quodlibet tempore per quodvis modum vel ingenium sibe nos et nostris heredes seu alia qualiscumque persona magna seu parba extranea vel de genere nostro qui contra han chartulam benire presumserit et de sub potestate ss. monasterii exinde aliquid subtraere voluerit. illa persona abeat anathema et maledictione a patre et filio et spiritui sancto et partem abeat cum Iuda traditore domini nostri Iesu christi. insuper componere debeat persona illa in pred. monasterio auri solidorum libra una byzantina. et hec chartula nostre offersionis sit firma imperpetuum.

† Pantaleo f. dom. Muski de dom. Constantino t. e.

† Pantaleo iudex f. dom. Iohanni de dom. Pulcharo t. e.

† Maurus f. dom. Sergii com. Mauronis t. e.

† Ego Iohannes scriba f. dom. Iohanni curiali scripsi.

XCII.

1094 — ind. II — 8 settembre — Amalfi.

Boccia (?) *f. Leonis Dalacqua et uxor Iohannis f. Petri* . . . . . , col consenso del marito, vende a suo cugino *dom. Iohanni presb. f. dom. Constantini presb. f. Iohannis Dalacqua* le sue terre in *montem da Cervi*, per 12 soldi d'oro di tarì.

Perg. di Amalfi, ant. fondo, n. 3 — Orig. — Alt. 50 × 21 1/2; danneggiata per corrosione in tutto il lato sin.; deleta nel magine destro — Pubbl. in *R Neap. Arch. Mon.*, VI, *App.*, n. IX (p. 161).

[† In nomine domini dei salvatoris nostri Iesu] christi. anno ab incarnatione eius millesimo nona[gesimo] quarto. die octaba mensis septembris indictione secunda Amalfi. [Certum] est me

Boccia (?) filia Leonis Dalacqua et uxor Iohannis f. Petri . . . per consensum et volumtate ss. Iohannis viri mei. et michi ss. [Iohann]e venditio que inferius reclarata est certissime gratanter placet. a presenti die prumtissima volumtate venundedimus [et con]tradidimus vobis dom. Iohanni presb. exadelfo fratri nostro f. dom. Constantini presb. tii nostri f. Iohannis Dalacqua abii nostri. idest omnia cum omnibus quantum abere et possidere [visa s]um in ipsum montem da Cervi quod divisum abuit cum predicto [ge]nitori vestro et quantum in commune at . . [remans]it in predicto loco. hoc est castanietis querquetis c[ampi]s silvis vacuum ẹt plenum totum vobis eos venundedimus [quant]um michi ibidem obbenit da parte de ss. genitori meo. Et reclaramus vobis exinde ipsas fines. a supra et de suptus [finis] causa ecclesie sancte Marie. de uno latere ponitur fini finem de ip[sis Bene]plasti. et de alio autem latere ponitur fini finem vestram sicut ipsa mer[issi] proclamat. cum salva quidem viam suam et omnia sua pertinentia [et cum] ipsa . . . . . nostra de ipsa cammara ibidem abentem. unde de quantum [in predicto] loco abuimus nichil nobis remansit aut aliquid vobis exinde exep[tuabim]us. Ipsa vero predicta merisem et alia chartula una comparationis quod exinde abuimus vobis eos dedimus. et firmamus vobis ut si exinde alia chartula inve[nta] dederit apud nos vel apud nostros heredes apud vos et vestros heredes eas [mit]tamus sine vestra damnietate vel amaricatione. Unde accepimus a vobis [exi]nde plenariam nostram sanationem idest auri solidos duodecim ana tari quattuor [per] solidum sicut inter nos convenit in omnem deliverationem et in omnem deci[sio]nem. [ut] a nunc die [pres]enti et imperpetuis temporibus in vestra et de vestris heredibus sit [pote]statem faciendi et iudicandi vobis exinde omnia quod volueritis si[ne om]ni nostra et de nostris heredibus contrarietatem vel requesitionem imperpetuum. Quia [hec] omnia quod vobis venundedimus qualiter superius legitur obbenit nobis a ss. g[eni]tori nostro et at eum obbenit partem ex conparationis et partem de paren[torum su]orum. et vindicemus vobis eos ab omnibus hominibus. Quod si m[inime vobis exinde fe]cerimus duplo ss. pretio vobis componere promittimus. et hec chartula sit firma imperpetuum.

† Maurus f. dom. Sergii com. Mauronis t. e.

† [Pantaleo f.] dom. Muski de dom. Constantino t. e.

† Pa[ntaleo iudex] f. dom. Iohanni de dom. Pulcharo t. e.

† Ego Sergius scriba f. dom. Iohanni curiali scripsi.

XCIII.

1094 — ind. II — 5 dicembre — Amalfi.

(*Maurus*) vescovo reginnense vende a *dom. Boccia f. dom. Leoni monachi da Monte et relicta Leoni f. Leoni Scannapecu*, ed ai suoi figli . . . . . . una terra dov' era la tomba del loro rispettivo marito e padre, Leone, per 100 soldi d'oro di tarì; somma che esso vescovo impiega nella fabbrica della chiesa di S. Trofimena.

Perg. Mon. soppr., 1ª serie, vol. XIII, n. 10 — Orig. — Alt. 37 × 23; molto malandata e molto deleta nella metà sin. — Pubbl. in *R. Neap. Arch. Mon.*, VI, *App.*, n. X (p. 162).

[† In nomine domini dei salvatoris nostri Iesu christi. anno ab incarnatione eius mi]llesimo nonogesimo quarto. die quinta mensis decem[bri ind. se]cunda Amalfi. Nos [Maurus] (1) domini gratia episcopus sancta sedis reginnensis heccle[sie beate Trofimenis virginis et m]artiris. a presenti die prontissima voluntate vendimus et tradidimus vobis dom. Boccia f. dom. Leoni monachi da Monte et relicta Leoni f. Leoni Scannapecu et . . . . . [veri] germanis qui sitis genitrice et filii. idest ipsa terra in quo fabricastis ipsa sepultura et supra predicta sepultura posuistis ipso cantarum marmoreum ubi sepelistis ss. Leone viro et genitori vestro. et predictam terram est [per]tinentem de [nostro ep]iscopio. qui continet finis uno capite qui est a parte occidentis fine de ipso cantarum ubi est sepelitus dom. Urso presb. et abbati Maioppulu. et ab alio capite a parte orientis coniunctum cum ipsa sepultura de heredibus dom. Alberico f. dom. Sergii ducis et patricii. et iste predicte sepulture sunt fabrite iuxta ipso parietem qui est a parte de Amalfi de ipsa subdita de ss. hecclesia. et potestatem abeatis supra ipso predicto can[tarum] . . . . , et revolutum de super. et salba via sua. unde ni[chi]l exce[ptuavimus. In ea] enim ratione ut a nunc die presentis et imperpetuis temporibus [plenaria ipsa] ss. sepultura vestra cum ipso predicto cantarum vestrum [cum

(1) Questo nome è riportato nei *R. Neap. Arch. Monumenta (loc. cit.)*.

omnia] hedificia atque [pertinentia] sua in vestra et de vestris heredibus sit potestatis at sepeliendum ibidem corpora defunctorum masculi et femine qualiter vobis placuerit de ss. heredibus sine omni contrarietatem nostra et de nostris posteris successoris et sine omni contrarietatem de omni alia humanam personam imperpetuum. et per omnes vices quando aperietis ipsa predicta sepultura vel ipso predicto cantarum vos et vestris heredibus pro sepeliendum corpora defunctorum detis nobis exinde et at nostris posteris successoris aperturum ana tari quattuor boni. Et neque nos vel posteris nostris [neque] nulla alia humana persona magna vel parba non abeat licentia [vel potestate] ante ipsa predicta sepultura vestra et ante ipso predicto cantarum vestrum nulla alia sepultura ibidem facere supra terra iuxta vos. et ante ipsa [predicta] sepultura vestra siat exinde omni tempore ipsa viam de latitudinem passum unum. Insuper nos et nostris posteris successoris vobis et at vestris heredibus eos antestare et defensare promittimus omni tempore ab omnibus hominibus. pro quibus dedistis nobis exinde auri solidos centum de tari boni ana tari quattuor per solidum quod expedimus in ipsa fabrica de ss. hecclesia. Et illam personam magnam [vel parham] qui contra hanc chartulam nostre confirmationis venire presumpserit et eam rumpere voluerit abeat anathema et maledictionem [a patre] et filio et spiritum sanctum et partem abeat cum Iuda traditorem domini nostri Iesu christi. et componat persona illa nobis et at nostris heredibus vel cui hoc scriptum in manus paru[erit] auri solidos trec[en]tos byzantinos. et hec chartula nostre confirmationis ut superius legitur firma permaneat imperpetuum.

[† Ego] Tauro f. Sergio Sirrentino t. s.

† Ego Leo iudex t. s.

† [Pa]rdus iudex t. e.

† Ego Leo scriba f. Ursi scripsi.

XCIV.

1096 — ind. IV — 1 febbraio — Amalfi.

Petrus f. Iohanni Biscatari prende a pastinato da *dom. Leoni*, abb. del monast. dei SS. Cirico e Giulitta, due vigne site in Tramonti, *at Lauri.*

Perg. di Amalfi, n. 62; arch. di S. M. di Font., n. 181; arch. della SS. Trin., n. 1163 — Orig. — Alt. 42 × 22; deleta e macchiata in alcuni punti — Inedita.

† In nomine domini dei salvatoris nostri Iesu christi. anno ab incarnatione eius millesimo nonagesimo sexto. die prima mensis februarii ind. quarta Amalfi. Ego quidem Petrus f. Iohanni Biscatari. a presenti die promptissima voluntate scribere et firmare visus sum vobis dom. Leoni domini gratia presb. et monacho atque abbati monasterii [beatorum] martirum Cirici et Iulitte que est dedicatus hic in Atrano [suptus Monte maiore. quam et] at cuncta vestra congregationem vobiscum manentis in ss. vestro monasterio. han chartulam similem de ipsa quem vos michi scribere fecistis. pro eo quod tradidistis et assignastis michi plenaria et integra ipsa petia de vinea in Transmonti positam at Lauri quod in pred. vestro monasterio optulit dom. Ursus monachus frater vester que fuit de dom. Pardo. seu et ipsa alia petia de vinea ibique coniuncta qui fuerat de Theodonanda da la Porta qui fuerat concuvina de pred. dom. Urso monacho. que continet totum ipsas fines. a supra namque ponitur fini via puplica. de suptus itaque ponitur fini finem de dom. Mansoni f. dom. Ursi Amfora. de uno latere fini finem de Sergio da Lauri. et de alio latere fini causa heredibus dom. Sergii de com. Maurone. cum via sua et omnia sua pertinentia. unde nichil nobis exinde exeptuastis. In ea videlicet ratione. ut ab odierna die et imperpetuis temporibus de generatione in generatione eos pertenere et lavorare debeamus et si ibidem vacuum abuerit pastinemus et impleamus eos de vinea de vono vitinio qualiter ipse locus meruerit et zappare eos debeamus duas vices per annum tempore apto. et de generatione in generatione eos tenere debeat una persona. et vos et vestris posteris successores dare nobis debeatis omni annue tanta ligna quanta

ibidem fuerit necesse usque in sempiternum cum quo eos armemus et canne et salici faciamus in pred. loco quod ibidem mittamus. et si inde remanet vos exinde tollatis portiones duas et nos tertie. talemque curam et certamen exinde abere debeamus ut non pereat set Domino auxiliantem proficiat ut pareat apud vonis hominibus. et a die presenti vinum et omnem alium frugium qui exinde exierit sine fraudem et omni malo ingenio vobiscum eos dividere debeamus in tertiam partem vinum at palmentum et fructora per tempora sua. vos et vestris posteris rectores tollatis exinde portiones duas et nos et nostri heredes portionem unam hoc est tertie. et ipse due portiones vestre de pred. vino nos vindemiemus et pisemus et in pred. loco eos inbuctemus in buctes vestras et ipsas pred. buctes nos distringamus cum circli vestri. Et neque vos neque homo vester nobis ibidem virtutem vel inbasionem non faciatis set vindicetis nobis eos ab omnibus hominibus. Et quando paruerit mela tollatis exinde omni annue super sortem cofina dua. et de ipse ube tollere debeatis omni annue super sortem cofina tria. set nos et nostri heredes deponere vobis exinde debeamus cofinum unum iusu at litore maris de Reginnis Maioris per unumquemque annum usque in sempiternum. Quod si nos et nostris heredes bene non lavoraverimus et cultaverimus et ipsam legem vestram completam vobis non dederimus qualiter superius legitur iactetis nos exinde vacuos et faciamus vobis iustitiam sicut lex fuerit. Quod si nos et nostris heredes bene eos lavorando et certando et ipsam legem vestram completam vobis dando qualiter superius legitur et volueritis nos exinde iactare faciatis nobis iustitiam sicut lex fuerit. Qui autem de nobis ambarum partes contra hanc chartulam venire presumserit componat at partem que firmam steterit auri solidorum libra unam byzantinam. et hec chartula sit firma imperpetuum. Et reclaramus quia ipsa cammara qui est fabrita in pred. hereditatem reserbastis illam at vestram potestatem.

† P[anta]leo f. dom. Muski de dom. Constantino t. e.

† Ego Leo f. Mansonis de Leone Galloppi t. s.

† Pantaleo f. dom. Iohanni de dom. Pulcharo t. e.

† Ego Constantinus scriba f. dom. Iohanni curiali scripsi.

XCV.

1099 — ind. VII — 25 ottobre — Amalfi.

Douferius f. Petri Boccavitello prende a pastinato da *Sergio f. Petri Paradisi* una terra sita in *Sanguineto*.

Perg. di Amalfi, n. C3 ; arch. di S. M. di Font., n 184; arch. della SS. Trin., n. 946 — Orig. — Alt. 34 × 18 1|2 ; lievemente macchiata in alcuni punti — Inedita.

A tergo, in scrittura gotica, si legge: « *Chartula de Graniano — de . . prope sanctum Vitum* ».

† In nomine .domini dei salvatoris nostri Iesu christi. anno ab incarnatione eius millesimo nonagesimo nono. die vicesima quinta mensis octubris ind. septima Amalfie. Ego quidem Douferius f. Petri Boccavitello. a presenti die prumtissima volumtate scribere et firmare visus sum vobis Sergio f. Petri Paradisi. hanc chartulam similem de ipsa quem tu michi scribere fecisti. pro eo quod tradidisti ed assignasti plenaria et integra ipsa petia vestra de terra quod abetis in Sanguineto positam. que continet finis. a supra fini via puplica. de suptus et de uno latere fini causa (1) ecclesie sancti Viti. et de [alio] latere fini finem de dom. Mastalo diacono Pussillo tio vestro. cum v[ia] sua et omnia sua pertinentia. unde nichil nobis exinde exeptuastis. In ea videlicet rationem. ut de presentem incipiamus eos scippare et zappare atque cultare et pastinare et implere eos de viti et de pluppi et faciamus exinde arbustum. talemque curam et certamen exinde habere debeamus ut amodo et usque at completis annis octo habeamus tota ss. terra plena de viti et pluppi et factum exinde arbustum et completum at legitimum frugium atducendum ut pareat apud vobis hominibus. et amodo et usque at completis annis quattuor quodcumque frugius Dominus ibidem dederit nostre sit potestatis. et a pred. quattuor annis in antea usque at completis ipsi ss. octo annis quodcumque frugius Dominus ibidem dederit medietatem siat nostram et medietatem siat vestram. Et neque vos neque homo vester nobis ibidem virtutem vel inbasionem non faciatis set vindicetis nobis eos ab omnibus hominibus. Complente vero ss. annis octo

(1) La parola *causa*, come nota lo stesso *scriba*, è interlineare.

assignare vobis debeamus ss. arbustum factum et completum et siat in vestra potestatem. Et pro ipsa lavoratura nostra fecisti nobis placitum dare solidos quinque de tari. unde nobis modo dedisti solidos duos. et at completis ss. annis octo detis nobis alii solidi tres. Qui autem de nobis ambarum partes contra hanc chartulam venire presumserit componat at partem que firmam steterit auri solidorum libra unam byzantinam. et hec chartula sit firma. et hec omnia firmamus tibi ss. Sergio et dom. Drosu iugalie in omni hordine et ratione sicut supra legitur per ss. obbligata pena. Et supra inter virgulum et virgulum scriptum est. legitur causam. et in alio loco disturbatum dicit. finem. et in alio loco disturbatum dicit. ipsi ss. octo annis.

† Marinus f. dom. Petri de Stephano t. e.

† Iohanne f. dom. Musco de Iohanne de Pardo t. s.

† Leo iudex t. subscripsit.

† Ego Constantinus scriba f. dom. Iohanni curiali scripsi.

XCVI.

1099 — ind. VII — 15 novembre — Amalfi.

Anna, abbadessa del monast. di S. Michele arcangelo di Atrani, fondato da suo padre *dom. Iohannes f. dom. Pantaleonis de Iohanne de Pantaleone de Iohanne com.*, fa il suo testamento.

Perg. di Amalfi, n. 64; arch. di S. Maria di Font., n. 186; arch. della SS. Trin., n. 929 — Orig. — Taglio irregolare al marg. infer.; alt. 66 1/2 × 19 1/2 — Cit. dal Camera, II, *App.*, n. XVI.

A tergo, in scrittura gotica, si legge: « *Testamentum seu constructio* (sic) *monasterii sancti Archangeli siti Atrani ut infra. pertinet ad monast. sancte Marie dominarum* ».

† In nomine domini dei salvatoris nostri Iesu christi. anno ab incarnatione eius millesimo nonagesimo nono. medio mense nobembrio ind. septima Amalfie. Chartula firma testamenti facta a me videlicet Anna domini gratia monacha et abbatissa monasterii puellarum vocavulo beati Archangeli Michaelis quod in plano de ac civitate Atrano construere et dedicare fecit dom. Iohannes genitor noster f. dom. Pantaleonis de Iohanne de Pan-

taleone de Iohanne com. pro eo quod co[gitavi] que Dei sunt iudicia et timeo ne forte michi rapentina mors ebeniat et ipsa causa mea iniudicata remaneat. Quapropter volo ante presentiam meorum distributorum disponere animeam (*sic*) et omnes facultates meas qualiter inde agantur. Primis namque volo ut ipse pred. monasterius noster sancti Angeli sic siat omni tempore per omni hordine et rationem sicut continet ipse testamentus de pred. genitori nostro. Volo ut ipse domus quod ego comparavi a Iohanne nepoti meo f. dom. Pantaleoni veri germani mei. hoc est ipse domus q[ue] fuerat de ipsis Radicata. et ipsum solareum et bentum qui fuerat de dom. Pincta Radicata quod comparavi a Gregorio Minio sicut totum fravicatum et hordinatum est a terra usque at summitatem. et quantas et quales fravicas ibidem feci ego facere in pred. domus et in eam bentora. nec non et omnia da Tradi Pulbicu quantum per chartulam comparavi a dom. Blactu relicta dom. Iohannis Denticis. et ipsum insertetum qui fuerat de dom. Gayta relicta dom. Constantini iudici Piczilli quod comparavi a Sergio Zappafossa. et ipso da Campulongu quod comparavi da Maurone da Campulongu. hec omnia ss. capitula siat traditum et offertum in pred. nostro monasterio. Clarefacio quia tulli de ipsam hereditatem da Salerno solidos ducentos quinquaginta et solidos centum qui fuerat de ipsam apothecam da Larsena. et alii solidi centum quod abuit dom. Maurus frater noster. qui fiunt toti solidi quadringenti quinquaginta. abet illis toti ss. dom. Maurus frater noster. volo ut toti illi parentur in pred. monasterio. Volo ut ipsum calicem sanctum et patena argenteos de libra una quod prestavi at dom. Rodolayta vera cognata mea quando fui ipsa dationis recolligantur eos et retdantur eos in ecclesie sancti Iohannis de Duliaria quia feci eos ibidem pred. genitor noster. Clarefacio quia de ipsi solidi centum quod nobis abui at dare Iohannes nepus noster f. dom. Mansoni fratri nostri pro anima ss. genitori sui quod proclamat in ipsum testamentum de pred. genitori nostro recepi exinde ab illo solidos decem et dimisit nobis exinde at dare Mauronus et Pantaleoni nepotibus nostris solidos septuaginta de ipsi Nuffuti. unde recepi ab illis solidos quadraginta et medium. remanserunt nobis exinde at dare solidos triginta minus tari duo. iungantur illis c[um] ipsi alii solidi viginti quod nobis remansit at dare pred. Iohannes et parentur illis in pred. monasterio. Ipsi vero alii solidi centum quod proclamat in pred. testamento de pred. genitori nostro ut pargiare illis Iohannes nepus noster

f. pred. dom. Pantaleoni fratri nostri pro anima de pred. genitori suo receptos illis abemus et pargiavimus illis infra ipse compare de pred. case. Volo ut ipse presbiter qui officiat in ipsa ecclesia sancti Theodori quod pred. dom. Maurus frater noster faciet in Reginnis Maioris abeat pergule centum de vinea de ipsu planu da Latella quod ego feci pastinare et pergule centum de ipsum insertetum quod sivi frugiet pred. presbiter usque in sempiternum. et ille exinde faciat missam et vigiliam in pasca et in natale pro me et pro genitoribus et pro fratribus meis usque in sempiternum. Volo namque ut post meum transitum succedat vice mea in pred. monasterio Scolasteca nepus mea f. ss. dom. Mauri fratri mei ut ipsa sit ibidem abbatissa diebus vite sue. Volo ut retdantur solidos triginta quod abeo at dare at dom. Anna monacha Iectabecte. Volo ut quodcumque optulit in pred. monasterio pred. genitor noster quantum ipse testamentus illius proclamat et quodcumque ego ibidem comparavi et paravi et in eo optuli totum siat semper de pred. monasterio. et non abeant potestatem nullus de heredes ss. genitori nostri vel alia umana persona exinde aliquid subtrahere et nec eos vindere aut donare vel camniare in pignus ponere vel pro devito pargiare per nullum modum imperpetuum. set siat semper de pred. monasterio et siat subiugatum et obligatum sicut proclamat ipse pred. testamentus de pred. genitori nostro usque imperpetuis temporibus. excepto si inbenierit eos at immeliorandum in pred. monasterio. Volo ut ipse monache qui fuerit in pred. monasterio faciant ipsum hordinem at pred. genitoribus et fratribus meis et michi sicut ego solui facere usque in senpiternum. Volo ut sit mea distributrix pred. Scolasteca nepus mea et potestatem abeat cuncta que supra scripta sunt complere atque perficere. Qui vero hunc meum testamentum disrumpere voluerit illa persona abeat anathema et maledictionem a patre et filio et spiritui sancto et partem abeat cum Iuda traditore domini nostri Iesu christi. insuper componere debeat persona illa auri solidos duomilia byzantinos. et hec chartula nostri testamenti sit firma imperpetuum.

† Marinus f. dom. Petri de Stephano t. e.

† Pantaleo f. dom. Muski de dom. Constantino t. e.

† Pantaleo f. dom. Iohanni de dom. Pulcharo t. e.

† Ego Iohannes scriba f. dom. Iohanni curiali scripsi.

XCVII.

1099 — ind. VII — 1 febbraio — Amalfi.

I cugini *Sergius f. Constantini de Palumbo, Iohannes f. Voccie de pred. Palumbo, et Leo f. Marende de pred. Palumbo*, di Lettere, prendono a pastinato da *dom. Leoni*, abb. del monast. dei SS. Cirico e Giulitta, una terra sita in luogo detto *at Comparatum*, pertinenza di Lettere.

Perg. di Amalfi, n. 65; arch. di S. M. di Font., n. 183; arch. della SS. Trin., n. 243 — Orig. — Alt. 36×28 1|2 ; corrosa in qualche punto, deleta nella parte inf. — Inedita.

A tergo si legge un breve sunto dell'atto in scrittura gotica

† In nomine domini dei salvatoris nostri Iesu christi. anno ab incarnatione eius millesimo nonagesimo nono. die prima mensis februarii ind. septima Amalfie. Nos quidem Sergius f. Constantini de Palumbo. et Iohannes f. Voccie de pred. Palumbo. quam et ego Leo f. Marende de pred. Palumbo. qui sumus exadelfi germani de ipso castello de Licteris. a presenti die prumtissima volumtate scribere et firmare visi sumus vobis dom. Leoni domini gratia presb. et monacho atque abbati monasterii beatorum martirum Cirici et Iulitte que est dedicatus hic in Atrano. quam et at cuncta vestra congregationem vobiscum manentibus in ss. vestro monasterio. hanc chartulam similem de ipsam quem vos nobis scribere fecistis. pro eo quod tradidistis et assignastis nobis idest plenariam et integram ipsam hereditatem de pred. vestro monasterio quod tenuit pred. Palumbus abius noster in pertinentia de pred. castello de Licteris loco nominato at Comparatum. que continet finis. a supra et de uno latere fini vie puplice. de suptus fini finem de Petro Bespulo. et de alio latere fini finem de pred. vestro monasterio quod modo tenet Stefanus de Docebele. que continet de latitudinem in capud passi cammisali viginti octo. et in media loca passi cammisali quinquaginta quinque. et in pede passi cammisali quadraginta duo. et de longitudinem continet passi cammisali quinquaginta duo. cum via sua et omnia sua pertinentia. unde nichil nobis exinde exeptuastis. In ea videlicet

rationem ut ab odierna die et imperpetuis temporibus tenere exinde debeam ego pred. Sergius medietatem. et nos ambo ss. Leoni et Iohanni medietatem. de generationem in generationem usque in sempiternum. et si ibidem vacuum abet impleamus eos de vinea et totum eos lavorare debeamus in pergule et pali sicut melius nos Dominus atiubaverit ut pareat apud vonis hominibus. semper exinde curam et certamen habeamus ut non pereat set Domino auxiliante proficiat ut pareat apud vonis hominibus. et cum omni nostro expendio eos lavoremus et armenus nos et nostris heredes usque in sempiternum. et in pred. loco habitare debeamus unus ex nobis et una persona de nostra generatione usque in sempiternum. et a die presenti vinum et omnem alium frugium qui exinde exierit sine fraudem et omni malo ingenio vobiscum eos dividere debeamus per medietatem. vinum at palmentum et fructora per tempora sua. vos et vestris posteris successores tollatis exinde medietatem et nos et nostris heredes medietatem. et ipsa medietate vestra de ipso vino de pred. vestro monasterio nos vindemiemus et pisemus atque iubuctemus in pred. loco in buctes vestras. et ipsas pred. buctes nos distringamus cum circli nostri. et si ibidem seminaverimus demus vobis ex[inde terra]ticum sicut consuetudo est. et tempore vindemie faciamus vos scire ut dirigatis ibidem hominem vestrum. et dum ibidem steterit nos illum nutricemus sicut nos vivimus. et neque vos neque homo vester nobis ibidem virtutem vel inbasionem non faciatis. set vindicetis nobis eos ab omnibus hominibus. Quod si nos et nostris heredes bene eos non lavoraverimus et cultaberimus et ipsa legem vestram vobis completam non dederimus qualiter superius legitur iactetis nos exinde vacuos et faciamus vobis iustitiam sicut lex fuerit. Quod si nos bene lavorando et certando et ipsam legem vestram completam vobis dando qualiter superius legitur et volueritis nos exinde iactare faciatis nobis iustitiam sicut lex fuerit. Qui autem de nobis ambarum partes contra hanc chartulam venire presumserit componat at partem que firmam steterit auri solidorum libra unam byzantinam. et hec cartula sit firma imperpetuum. Et hoc reclaramus quia nos ss. Sergius et Iohannes quindiniiamus pro parte de pred. Leoni exadelfo fratri nostro qui est sine hetatem per ss. obligata pena. eo quod ss. Leo exadelfus frater noster est filius de pred. Marenda tia nostra.

† Marinus f. dom. Petri de Stephano t. e.

† Maurus imperialis protonobilissimus f. dom. Sergii com. Mansonis t. e.

† Iohanne f. dom. Musci de Iohanne de Pardo t. s.

† Ego Constantinus scriba f. dom. Iohanni curiali scripsi.

XCVIII.

1100 – ind. VIII — 10 gennaio — Amalfi.

Leo (?) *presb. f. Lupino Firriolano* riceve dal vescovo di Ravello, *dom. Constantino f. dom. Leonis Rogadio,* la ch. di S. Matteo ap. *in Furcellam* con tutti i suoi beni, e si obbliga ad officiarla ed a coltivare le terre, corrispondendone al vescovo la quarta parte del prodotto.

Perg. di Amalfi, ant. fond., n. 4 — Orig. — Alt. 41 × 18 1/2; corrosa in una parte a sin.; macchiata all'angolo sup. sin. — Pubbl. in *R. Neap. Arch. Mon.*, VI, *App.*, n. XIV (p. 171).

† Anno domini nostri millesimo centesimo. die decima mensis ianuarii indictione octaba Amalfi. Nos [Leo] (?) presb. f. Lupino Firriol[ano] manifestum facio vobis dom. Constantino gratia dei rabellensis episcopo f. [dom. Le]onis Rogadio et vobis omnibus clericis de cunctam congregatione de anc civitate Ra[belli. pro] eo quod tradidistis atque assignastis michi plenaria ipsa ecclesia vestra vocabulo be[ati] Mathei apostoli atque evangeliste quod vobis tradidit per chartulam offersionis domino Mauro pre[sbiter Ca]put Ciafaram. que predicta ecclesia dedicata est in Furcellam cum plenarie et int[egre] hereditates et castanietis atque fabricis de bacuum et plenum sicut ipsa chartula contin[et quod] michi exinde fecistis. unde nichil vobis exinde remansit aut aliquid michi exin[de] exeptuastis. In ea videlicet ratione. ut ab hodierna die et cunctis diebus [vite] mee habitare debeam in predicto loco et ipsa predicta ecclesia die noctuque officiare illam d[ebea]m sicut pertinet at sacerdotem et ipse ss. hereditates de predicta ecclesia lavora[re exinde deb]eam per unumquemque annum cum omni meo expendio. talemque curam et certamem [habere] debeam de predicta hereditate ut non pereat set Domino auxiliante proficiat ut [pareat] per bon[is] hominibus. et a die presentis vinum et omnem

alium frugium qui exinde exierit de predictas hereditates sine ıı aude et omnem malum ingenium vobiscum eos dividere ibidem debeamus in predicto loco in quartam portionem vinum at palmentum et fructora per tempora sua. et nos exinde tollamus portiones tres et vos et vestris posteris tollatis exinde portionem unam hoc est quartam partem. et de ipsum ss. insertetum si bacuum ibidem habuerit impleamus eos de tigillis et insurculemus eos de ipse castanee zenzalas. talemque curam et certamen exinde habere debeamus ut non pereat set Domino auxiliante proficiat ut pareat per bonis hominibus. et iam ipsum predictum insertetum runcare illum debeamus et iam ipse castanee per suum tempore colligere ille debeamus cum omni meo expendio. solummodo vos ibidem mittere debeatis unum collictore et nos siccare debeamus predicte castanee ibidem in predicto loco. et dividamus ille vobiscum in predicto loco in quartam portionem. nos exinde tollamus portiones tres et vos exinde tollatis portionem unam hoc est quartam partem. et de ipse portiones tres mee de predicte castanee dare exinde debeamus at ipsum predictum collictorem vestrum sicut consuetudo est faciendi. et quando necesse fuerit at cappilandum lignam de predictum insertetum pro lavorandum exinde ipse ss. hereditates faciamus vobis illos scire et nos ille cappilemus cum omni meo expendio. et tollamus exinde portiones tres pro lavorandum predictas hereditates et ipsa aliam portionem dare vobis illam debeamus at faciendum vobis exinde omnia que volueritis. Et hoc dicimus ut si non atimpleberimus vobis hec omnia ss. capitula qualiter superius diximus iactetis nos exinde bacuos et faciamus vobis iustitiam qualiter lex fuerit. Quod si bene vobis eos atimpleberimus qualiter supra diximus non habeatis potestate nos exinde iactare set vindicetis nobis eos ab omnibus hominibus. Et hoc dicimus ut post meum hobitum hec omnia suprascripta beniat in potestate vestras et de vestris posteris sine omni contrarietate de omni personas. Et si contra hanc chartulam benire presumpserimus componere vobis promittimus auri solidorum libra una byzantina. et hec chartula sit firma. Disturbatum legitur. cum omni meo expendio talemque.

† Leo f. Iohannis Zinziricapra t. e.

† Ego Leo f. Ursi Fezzaro t. s.

† Ego Leo f. dom. Sergio Musceptula t. s.

† Ego Iohannes presb. scriba f. Fusci de Turano scripsi.

1100 — (ind. VIII) — . . . . . .

Maurone f. dom. Leonis Rogadio vende a *dom. Constantino f. dom. Leonis*, vescovo di Ravello, alcune terre per 100 soldi d'oro di tarì, con obbligo di suffragi.

Perg. di Amalfi, ant. fondo, n. 5 — Orig. — Taglio a coda: alt. 81×32 1|2; danneggiatissima, mancando per corrosione quasi tutto il primo quarto della perg. — Pubbl. in *R. Neap. Arch. Mon.*, VI, *App.*, n. XV (p. 173)

† In nomine domini dei salvatoris nostri Iesu christi. anno ab incarnatione eius millesimo centesimo. die . . . [mensis . . . . . indictione octava]. Certum est me Maurone f. dom. Leonis Rogadio. a p[resenti] die prunti[ssima voluntate venundedimus atque] in presentis cessimus [et t]radidimus vobis dom. Constantino f. dom. [Leonis] gratia dei episcopo sedis [rabellensis ecclesie] sancte Marie qu[e est de pre]phato v[estro episco]pio. idest plenaria [et integra ipsa hereditate que fuit dom.] Leonis mona[chi] f. . . . . qui est in uno te[niente . . . . quod] michi obbenit a . . . . [distri]butores et ipsum pred. test[amentum] . . . . illum . . . . illum similem exemplare. set ipsum pred. test[amentum] . . . . aliquam finem facienda de hec . . . . . [da]re vobis illum deb[eamus ant]e legem. post fine fa[cta in vestra et de vestris heredibus perveniat] potesta[te]. Et re[clara]mus vobis fines de predicta he[redi]tate atque de predicto insertetu. a su[pra namque] ponitur fini fine Sergio f. dom. Cunnaro da Turello et expedicata [fine] da caput deinde descendit in iusum a parte horientis per ss. fine de predicto Sergio et usque in fine in ipso capo de predicto i[nser]tetum. et deinde per predicto capo de predicto insertetum rebolbet angulum a parte septemtrionis per ss. finem de predicto Sergio et expedicatam finem de predicto Sergio. deinde badit per fini fine de heredibus Urso da lu Plano f. Sergio da Turellum et expedicatam

fine de pred. heredibus de pred. Urso. deinde badit per fini fine de Iohannis f. dom. Iohannis da Turellum usque in ipso termites de petra qui ibidem costitutum est. et da pred. termites de petra deinde descendit in iusum pred. insertetum a parte horientis per ss. fine de pred. Iohannis da Turellum per ipsis aliis termites de petra qui ibidem consti[tuti] sunt atque in caput de ipsa cammara terranea quod traditam habuit pred. Leonis at Drosum filia sua. et deinde da pede da pred. capo de pred. cammara per ss. finem de pred. Drosum et usque in fine de ipsa lama qui est inter hoc quod vobis venundedimus et fini fine de Mastalo da ipsis Lastri. et de alio autem latere a parte meridie fini fine ipsa via qui est inter hoc et fini finem de pred. Mastalo et fini fine de Iohannis f. dom. Iohannis monachi Freczam. et pred. via plenaria vestra siat. potestate habeatis coperire illam de super cum omnia que volueritis. cum salva quidem viam sua et omnia sua pertinentiam. Unde de quantum in ss. finis concluditur de vineis et de insertetis bacuum et plenum nichil vobis exinde exeptuavimus aut aliquid michi exinde remansit. Unde accepimus a vobis exinde idest auri solidos centum de tari boni ana tari quattuor per solidum. quod expedi per animam de pred. Leonis quomodo continet in suum testamentum. et de ipso alio quod superfluum baluerit isto suprascripto quod vobis venundedimus supra pred. solidos centum debeatis exinde facere vos et vestris posteris usque imperpetuum in die annibersarii de pred. Leonis vespera et matutinam atque missam sicut inter nos combenit in omnem deliberationem. Ut a nunc die presentis et imperpetuis [tem]poribus in vestra et de vestris posteris sit potestatem faciendi et iudicandi vobis exinde omnia que volueritis sine omni nostra ed de nostris heredibus contrarietate imperpetuum. et vindicemus vobis eos ab omnibus hominibus. Quod si minime [vo]bis exinde fecerimus componere promittimus nos et nostris heredes vobis vestrisque posteris dumplo (*sic*) ss. pretio et hec chartula sit firma imperpetuum (1). Et hoc dicimus ut de hec omnia suprascripta quod vobis venundedimus atque offersimus si placuerit vobis et vestris posteris successores potestate habeatis exinde vindere tantum unde surgatis pred. solidos centum quod michi exinde dedistis. et ipso alio qui exinde remanet omni tempore siat de predicto episcopio. Et non habeatis potestate vos neque vestris

---

(1) Di qui la pergamena è scritta di altra mano.

posteris successores aliquid exinde vindere vel donare neque exinde in pignus ponere set omni tempore siat de pred. episcopio quia taliter nobis stetit. Et hoc reclaramus ut per isto suprascripto quod vobis venundedimus atque offersimus viam exinde habeant ipsis hominibus qui exinde andant per legem et per ss. obligata penam.

† Ego Urso f. dom. Sergio Musceptula t. s.

† Ego Urso f. dom. Sergio Caccabo t. s.

† Leo f. Iohannis Zinziricapra t. e.

† Ego Iohannes presb. scriba f. Fusci de Turano scripsi.

C.

1102 — Ruggiero e Guiscardo duchi a. 2 *post recuperationem* — ind. X — 10 gennaio — Amalfi.

Drosu uxor Leoni f. qd. Ursi f. Leoni Pullastrella, anche in nome di suo marito assente, vende ad *Urso f. qd. Lupino Falangula* ed a sua madre Anna due case con orto attiguo, site in Amalfi *at Vitirina*, per 50 soldi d'oro di tarì.

Perg. di Amalfi, n. 66; arch. di S. Lor., n. XCI; arch. della SS. Trin., n. 13 — Orig. — Taglio irregolare al marg. inf.: alt. mass. 84 × 32; macchiata e deleta in qualche parte — Rip. in parte dal Camera, I, p. 297.

† In nomine domini dei salvatoris nostri Iesu christi. anno ab incarnatione eius millesimo centesimo secundo. temporibus domini Rogerii et domini Viscardi genitores et filius gloriosi eximii piissimi ducis anno secundo post recuperationem ducatus illius Amalfi. die de[cim]a mensis ianuarius ind. decima Amalfi. Certum est me Drosu uxor Leoni f. qd. Ursi f. Leoni Pullastrella. qui sum pro vice meam et pro vice de ss. viro meo. et ego istud quindeniio a partem suam eo quod non est in istam terram. a presenti die prontissima voluntate venundedimus atque et in presentis cessimus et contradidimus vobis Urso et f. qd. Lupino Falangula. idest plenarie et integre ambe ipse due domibus nostre fabrite quod abemus [un]am domus infra aliam domus coniuncte hic in Amalfi at Vitirina posite ab subtus monasterium puellarum sancti Laurentii. qui nobis obbenit infra ipsam dotem nostram. sicut sunt ambe ipse ss. domus in unum con-

iuncte fabricate et ordi[na]te cum subterioribus et superioribus cum aheris et suis aspectibus seu et cum regie et fenestre et necessarie et pingiam et versatoriam et cisterna et coquinam et grade fabrite. quam et cum omnia edificiam atque pertinentiam suam. seu et [cum] ipsum ahere suum que vulgo ventur dicitur at fabricare vobis eos in altum quantum volueritis. cum omnia edifici[a et pert]inentiam suam. Et reclaramus vobis exinde ipsas fines seu pertinentias ipsius domus qualiter et quomodo eos vos [et vestr]is eredibus abere et possidere seu dominare et frugiare debeatis. ha supra namque ponitur parietem liberum abeatis et exinde fenestre et necessarie et a foras parietem abeatis fini finem causam que fuerat de ipso Oblagita et fini finem ipsum ortum iam vestrum. de subtus itaque ponitur parietibus abeatis liberis et exinde fenestre. de uno vero latere ponitur parietem liberum abeatis et exinde fenestre et a foras ipsum parietem abeatis ipsa terrula bacuam quomodo demonstrat in susu ipse murus vetere qui est coniunctum cum ipsum parietem de pred. domus et ab istam partem abeatis quicquid continet ipsa chartula quod vobis dedimus et sic ille abeatis sicut pred. chartula continet. et de alio latere parietem liberum abeatis et exinde regie et fenestre et a foras parietem abeatis plenariem grade et cisterna et coquinam et portam et vie et ipsa curticellam de ante se et regie et salbe vie sue et omnia edificiam et pertinentiam suam sicut ipse chartule continet quod vobis dedimus. cum salbe vie sue unde ss. chartule continet. unde nichil exceptuavimus. Et cum istud iterum vendedimus et tradidimus vobis idest plenarie ambe ipse due casaline nostre qui sunt coniuncte ibidem in ss. loco coniuncte cum ss. domus. et reclaramus vobis exinde ipse finis. ha supra namque ponitur abeatis parietem comunalem cum ipsa ss. domus iam vestram. de subtus itaque ponitur iterum parietem liberum abeatis et fabricetis at ambe ss. casaline et abeatis usque at finem de Mauro Coctum et ab istam partem regie et minianiam et fenestre abere debeatis sicut continet ipse chartule [quod vobis] dedimus de pred. ambe casaline. de uno latere parietem liberum abeatis et exinde grade et regie et f[enest]re et viam at ingrediendi et egrediendi cum omnia vestra causam seu et cum omnibus edificiis et pertinentiis suis et cum omnia quod ibidem modo abet sicut ipse pred. chartule continet. et de alio autem latere ponitur parietem liberum abeatis et exinde regie et fenestre et pingium et a foras parietem fabricare vobis debeatis grade. et pred.

grade quod debetis fabricare siat comunalem a terram usque at summitatem cum pred. casa iam vestram et cum ipsa casalina qui est de Sergio Scangula et at pred. grade comunalis abeatis parietem comunalem cum ipsa pred. casalina de pred. Sergio Scangula. et ab istam partem abeatis ipsa curticella tota de ante se. hic autem memoramus ut ipse pred. gradem comunalis ipsum parietem de pred. grade a parte de ipsa casalina de Sergio Scangula fabricare illum debeatis faciem a faciem cum ipsa casalina de pred. Sergio sicut continet ipse pred. chartule quod vobis dedimus. cum salbe vie sue. unde nichil exceptuavimus. Et cum istud iterum vendedimus et tradidimus vobis idest plenarium ipsum ortum nostrum quod abemus a supra ipsa ss. domus iam vestram. sicut est cum omnia edificiam et pertinentiam suam. a supra namque ponitur fini causam ss. monasterii sancti Laurentii. de subtus fini vestram de pred. domus vestram. de uno latere a parte septemtrionis fini viam puplica. de alio latere parietem communalem abeatis cum eredes Sergii de Lunissi. abentem longitudinem per amba laterias ana cubita naupi. (1) undecim et in caput continet latitudinem cubita naupi. quinque. et in pede at larga cubita naupi. septem et medium. cum salba via suam. unde nichil exceptuavimus. Hec omnia ss. quanta capitula super legitur cum omnia sivi infra se abentibus et pertinentibus vobis vendedimus et tradidimus sine omni minuitatem. Unde et in presentis exinde accepimus a vos plenariam nostram sanationem idest auri solidos quinquaginta de tari boni ana tari quattuor per solidum sicut inter nobis convenit in omnem deliberationem et in omnem decesitionem. Ut a nunc die presentis et imperpetuis temporibus plenariam ss. nostram venditionis seu traditionis qualiter super legitur in vestram et de vestris eredibus sit potestatis at faciendum et at fabricandum eos et at iudicandum exinde quod vo[lueri]tis sine omni nostram et de nostris eredibus contrarietatem imperpetuum. et ss. domus et casaline et ortis in altum eos fabricandum quantum volueritis quecumque volueritis cum omnia suam pertinentiam. et quante chartule exinde abuimus dedimus vobis ille. et si alie chartule exinde inventam dederit nos et nostris eredes per omni temporem mittere ille subtus vos et vestris eredibus debeamus sine vestram damnietatem vel amaricationem. et sic illos abeatis et possideatis vos et vestris eredes per omni ordinem et ratio-

(1) V. p. 45, n. 3.

nem sicut ipse ss. chartule continet quod vobis dedimus. Insuper nos et nostris eredes vobis et at vestris eredibus eos antestare et defensare promittimus omni temporem ab omnibus hominibus. quod si minime vobis exinde fecerimus et omnia suprascripta ut super legitur non atimpleverimus componere promittimus nos et nostris eredes vobis et at vestris eredibus dupplo ss. pretium. et hec chartula sit firma imperpetuum. Hic autem reclaramus quia hec omnia suprascripta ut super legitur vendedimus et tradidimus vobis ss. Urso f. ss. Lupini Falangula et vobis Anna mater tuam relicta ss. Lupino Falangula genitori tuo pro ipsi ss. solidi quod a vos recepimus. ut taliter illos abeatis et possideatis ss. Anna et vos ss. Urso qui sitis mater et filius per omni ordinem et rationem qualiter super legitur per ss. obligata pena.

† Ego Tauro imperiali anthipato f. dom. Sergio Sirrentino t. s.

† Ego Sergius iudex t. s.

† *Λεο* iudex t. e.

† Ego Pantaleo imperialis patric(ius) f. Ursi scri[psi].

CI.

1102 — ind. X — 5 agosto — Amalfi.

Maru f. qd. dom. Lupini Scirice et rel. dom. Sergii f. qd. dom. Gregorii Ferafalcone, anche in nome del figlio Lupino e del marito, assenti, vende a suo cognato *dom. Pantaleo f. ss. dom. Gregorii Ferafalcone* una vigna sita *in Reginnis Maioris* per 40 soldi d'oro di tarì.

Perg. di Amalfi, n. 67 ; arch. di S. Lor., n. XCII ; arch. della SS. Trinità, n. 847 — Orig. — Alt. 46 × 24 1/2 — Inedita.

† In nomine domini dei salvatoris nostri Iesu christi. anno ab incarnatione eius millesimo centesimo secundo. die quinta mensis agusti ind. decima Amalfi. Certum est me Maru f. qd. dom. Lupini Scirice et relicta dom. Sergii f. qd. dom. Gregorii Ferafalcone. et quindeniio a parte de Lupino filio meo quam et a parte de ss. viro meo qui non sunt in istam terram. a presenti die prontissima voluntate venundedimus atque et in presentis

cessimus et tradidimus vobis dom. Pantaleo vero cognato nostro f. ss. dom. Gregorii Ferafalcone. qui modo non est in istam terram. idest plenariam ipsam petiam nostram de vineam serta absque lingna in Reginnis Maioris positum iuxta finem vestram. qui nobis obbenit in portionem per chartulam merse cum quo partivimus cum ss. viro meo. sicut sibi est cum ipsam cammara et casalina et cum ipsam curtem agirata de ante se. Unde reclaramus vobis exinde ipse finis. per uno vero latere fini finem vestram. per faciem de ipso parietem a parte meridie et a parte occidentis parietem faciem at faciem abeatis vobiscum quantum continet ss. cammara nostram. et de quantum exinde continet ipsam pred. casalina est ipso parietem comunalem vobiscum et istam portio continet a parte orientis fini plenariam viam copertam de super cum vineam iam vestra usque in ipso muro de dom. Sergio f. dom. Marini. et continet per isto caput de latitudinem passi cammisali tres minus palmos duos. et in media loca passi cammisali tres minus palmos duos de latitudinem. et in pede per finem de Constantino f. dom. Aliberti passi cammisali tres minus palmos duos. sicut sibi est istam nostram portio cum omnia sibi infra se abentibus et pertinentibus. unde nichil exceptuavimus. et sic illos abeatis et possideatis vos et vestris eredibus qualiter tetigit me in portionem sicut ipsam ss. merse continet. cum salba via sua cum omnia causa. Unde et in presentis exinde accepimus a vos plenariam nostram sanationem idest auri solidos quadraginta de tari boni ana tari quattuor per solidum sicut inter nobis convenit in omnem deliberationem et in omnem decesitionem. Ut a nunc die presentis et imperpetuis temporibus plenariam ss. nostram venditionem qualiter per ordinem superius legitur in vestram et de vestris heredibus sit potestatis abendi fruendi possidendi vindendi donandi seu comutandi etiam vestrisque heredibus dimittendi in omnia et in omnibus semper liberam et absolutam abeatis potestatem sine omni nostram et de nostris heredibus contrarietatem vel requesitionem imperpetuum. Insuper nos et nostris eredes vobis et at vestris eredibus eos antestare et defensare promittimus omni tempore ab omnibus hominibus. et dedimus vobis ipsam pred. merse. et si aliam chartulam exinde inventam dederit nos et nostris eredes mittere illas debeamus subtus vos et vestris eredibus sine vestram damnietatem vel amaricationem. Quod si minime vobis exinde fecerimus componere promittimus nos et nostris eredes vobis et at vestris eredibus dupplo ss. pretium. et ec chartula sit firma imperpetuum.

† Sergius f. Sergii f. dom. Constantini t. e.

† Ego Sergius iudex t. s.

† Ego Tauro imperiali anthipato f. dom. Sergio Sirrentino t. s.

† Ego Leo protonot. f. Ursi scripsi.

CII.

1104 — ind. XII — 25 ottobre — Amalfi.

Taurus f. Iohannis Agerolani prende a pastinato dal prete *dom. Landoni f. Iohanni de Ermerico* di Nocera una terra detta *da Campulongu*, che, come proprietà della ch. di S. Trofimena di *Reginnis Minoris*, era stata ad esso Landone assegnata dal vescovo minorense *dom. Iacinthus.*

Perg. di Amalfi, ant. fondo, n. 6 — Orig. — Alt. 42 × 26; corrosa ai margini laterali in alto — Pubbl. in *R. Neap. Arch. Mon.*, VI, *App.*, n. XVI (p. 175).

† In nomine domini dei salvatoris nostri Iesu christi. anno ab incarnatione eius millesimo centesimo quarto. die vi[cesi]ma quinta mensis octubris ind. duodecima Amalfie. Ego quidem Taurus f. Iohannis Agerolani. a presenti die prumtissima volumtate scribere et firmare visus sum vobis dom. Landoni presb. f. Iohanni de Ermerico de Nucerie hanc chartulam similem de ipsa quem tu michi scribere fecisti. pro eo quod tradidisti et assignasti michi plenarium et integrum ipsum casalem da Campulongu qui est causa sancte Trofimenis de Reginnis Minoris. quod tibi traditum habuit per chartulam dom. Iacinthus domini gratia episcopus [se]dis sancte ss. ecclesie. cum via sua et omnia sua pertinentia. unde nichil vobis remansi[t aut nichil] nobis exinde exeptuasti. In ea videlicet ratione. ut de presente incipiamus eos cultare [et zappa]re et ipso bacuum pastinare et implere eos de vinea de vono bitinio qualiter ipse locus [meruerit]. et siat factum et plenum amodo et usque at completis annis tres et factus siat arbustus. set ipsa c[urte (?) ar]memus at pergule. et ubi necesse est pastinemus tigillos et insurculemus eos de ipsa castanea zenzala. et ipsi tigilli quod iactaverit ipse ceppe simi-

liter insurculemus eis de ipsa castanea zenzala. et habeamus eos factum amodo et usque at completis annis sex. et iam abinde in antea pertenere et lavorare eos debeamus cum omni nostro expendio nos et unus de ipsis filiis nostris et una persona de filii filiorum nostrorum usque in sempiternum. et zappare eos debeamus duas vices per annum tempore apto. et ipsum zenzaletum omni annue runcare debeamus. et ipsum palmentum et cisterna quod ibidem habet conciare eos debeamus. talemque curam et certamen exinde habere debeamus ut non pereat set Domino auxiliante proficiat ut pareat apud vonis hominibus. et a die presenti vinum et castanee atque omnem alium frugium qui exinde exierit sine fraude et omni malo ingenio vobiscum eos dividere debeamus per medietatem. vinum at palmentum castanee sicce at gratem et fructora per tempora sua. vos et ipse rector ss. ecclesie at cui post obitum tuum benerit ss. casalis tollatis exinde medietate et nos et nostri heredes tollamus exinde medietatem. et ipsa medietate vestra de pred. vino nos vindemiemus et pisemus et inbuctemus in buctes vestras et nos eas conciemus cum circli vestri. et hoc anno exinde tollatis super sortem cofinu unum de ube et abinde in antea tollatis dua cofina de ube per omni annue usque at obitum tuum. et post obitum tuum aliquid supra sortem inde non tollat ipse posterior tuus. et per omnem palmentum demus vobis pullum unum usque at obitum tuum. et post tuum obitum aliquid exinde non demus. et ipsa medietate vestra de pred. castanee nos colligamus et siccemus et deponamus vobis eos iusu at Reginnis Minoris. et atducamus vobis ipsa sabbatatica sicut consuetudo est. Et neque vos neque homo vester nobis ibidem virtutem vel imbasionem non faciatis nec vester posterior. set vindicetis nobis eos ab omnibus hominibus. Quod si nos et nostris heredes bene eos non lavoraverimus et cultaverimus et ipsam legem vestram completam vobis non dederimus qualiter superius legitur iactetis nos exinde bacuos et faciamus vobis iustitiam sicut lex fuerit. Quod si nos bene lavorando et certando et ipsam legem vestram completam vobis dando qualiter superius legitur et volueritis nos exinde iactare faciatis nobis iustitiam sicut lex fuerit. Qui autem de nobis ambarum partes contra hanc chartulam venire presumpseri (*sic*) componat at partem que firmam steterit auri solidorum libra unam byzantinam. et hec chartula sit firma imperpetuum. Et supra disturbatum dicit. [vos] et ipse rector.

† Maurus imperialis protonobilissimus f. dom. Sergii com. Mauronis t. e.

† Iohannes f. dom. Sergii com. Mauronis t. e.

† Pantaleo f. dom. Muski de dom. Constantino t. e.

† Ego Constantinus scriba f. dom. Iohanni curiali scripsi.

CIII.

1104 — ind. XII — 30 aprile — Amalfi.

Il prete *Iohannes f. Constantini Pagurillu*, anche in nome dei suoi figli Costantino e Pietro, vende al suo germano Sergio ed alla moglie di lui, Boccia, una vigna sita *at ipse Bene, supra Bectica minori*, per 10 soldi d'oro di tarì.

Perg. di Amalfi, n. 68; arch. della SS. Trin., n. 378 — Orig. — Alt. 42 × 20 1/2; corrosa e deleta al marg. destro — Inedita.

A tergo si legge: « *Ioannes presb. f. Constantini Paragurilli vendidit Sergio [eius] fratri quoddam petium de vinia cum camara situm in Vectica Minore 1104* ».

† In nomine domini dei salvatoris nostri Iesu christi. anno ab incarnatione eius millesimo centesimo quarto. die tri[cesima] (1) mensis aprelis ind. duodecima Amalfi. Certum est me Iohannes presb. f. Constantini P[a]gurillu. qui sum pro vice meam et pro vice de Constantino et Petro filiis nostris. et ego quindeniio a p[arti]bus eorum eo quod sunt sine etatem. a presenti die prontissima voluntate venundedimus et tradidimus vobis Sergio vero germano nostro f. Constantini Pagurillu et Bocc[ia] ambo iugales vera congnata nostram. idest plenariam ipsam petiam nostra de vineam et terra triba uno tenientem at ipse Bene posita supra Bectica minori. sicut sivi est cum quarte de cammara et de palmentum et de labellum. qui mihi obbenit in portionem quan[do] partivimus cum ipsi veris germanis meis. et ipsam chartulam quod nobis exinde fec[it] ss. genitorem et genitrice nostram dedimus vobis illam. et si ali-

---

(1) Nel *Chartularium amalphitanum* del Camera, dove questo doc. è trascritto, si legge *septima*.

quando tempore qu[amvis] aliam chartulam exinde inventam dederit qui vobis pertinentes fuerit in hoc suprascripto quod vobis venundedimus aput me vel aput meos eredes vel si per me; date fuerit at qualibet persona tunc nos et nostris eredes mittere illas debeamus subtus vos et vestris eredibus sine vestram damnietatem vel amaricationem. Et reclaramus vobis exinde ipse finis. a supra namque ponitur fini finem vestra. de subtus itaque ponitur fini cilium altum. de uno vero latere ponitur fini finem de Constantino fratri nostro sicut [ex]finat per ipsi terminis. et de alio latere fini cilio plenario. cum salba via suam per causa de pred. Constantino vero fratri nostro ibidem ingrediendi semper et egrediendi cum omnia c[aus]a seu et omnia sivi infra se abentibus et pertinentibus. unde nichil exceptuavimus. [Unde] accepimus exinde a vos nostram sanationem idest auri solidos decem de tari boni ana tari [quattuor] per solidum sicut inter nobis convenit in omne deliberatione. ut a [nunc et] in antea siat in potestatem vestram et de vestris eredibus at faciendum et iudi[candum] exinde omnia quod volueritis sine omni nostram et de nostris eredibus contrariet[atem] vel requesitionem imperpetuum. Insuper nos et nostris eredes vindicemus vobis eos [et vestris] heredibus ab omnibus hominibus. quod si minime vobis exinde fecerimus componere [pro]mittimus nos et nostris heredes vobis et at vestris eredibus auri solidos viginti byzantinos. et ec c[hartula] sit firma imperpetuum. Et ubi super est ipso disturbatum legit. congnata. et it[erum]. abeatis ipse quarte nostre de ipsam cisterna. et in alio loco legit. semper.

† Sergius Ferafalcone t. s.

† Leo f. Se[rgii] (1) f. Iohanne iudex t. e.

† Ego Leo Isfisinatus t. s.

† Ego Leo protonot. f. Ursi scripsi.

---

(1) Nel cit. *Chartul. amalph.* si legge: *Stefani.*

CIV.

1104 — ind. XII — 16 maggio — Amalfi.

I germani *Leo et Taurus, f. Bineri da lu Pastinu*, anche in nome della madre *Marenda*, vendono a *dom. Leoni* abbate del monastero dei SS. Cirico e Giulitta un *insertetum* sito *at Rospulum*, per 10 soldi e mezzo di tarì.

Perg. di Amalfi, n. 69: arch. di S. M. di Font., n. 191: arch. della SS. Trin., n. 529 — Orig. — Alt. 31 × 26; corrosa in due punti nella parte sup. destra — Inedita.

A tergo, in scrittura gotica, si legge: « *Item de ipso insertelo in Tramonti ubi dicitur a* lo *Rospulo. pertinet ad monast. S. Marie dominarum* ».

† In nomine domini dei salvatoris nostri Iesu christi. anno ab incarnatione eius millesimo centesimo quarto. medio mense magio ind. duodecima Amalfie. Certi sumus nos Leo et Taurus veri germani f. Bineri da lu Pastinu. qui sumus in vice nostra et in vicem de Marenda genitrice nostra qui est infirma et non potuit hic venire. et nos quindiniiamus a parte sua. a presenti die prumtissima volumtate venundedimus et contradidimus vobis dom. Leoni gratia dei presb. et [monach]o atque abbati monasterii beatorum martirum Cirici et Iulitte que est dedicat[us a subt]us Montem maiorem quam et at cuncta vestra congregationem vobiscum manenti in ss. vestro monasterio. ide[st plena]riam et integram ipsa petia nostra de insertetum quod abemus at ipsum Rospulum. qui nobis o[bbenit ex] parentorum nostrorum. Nam vero reclaramus vobis exinde ipsas fines. a supra namque ponitur quam et de suptus et de uno latere fini finem de causa ss. vestri monasterii qui est dedicatus hic in Atrano suptus pred. Montem maiorem. et de alio autem latere ponitur fini medium ipsum ballonem. cum salba quidem via sua et omnia sua pertinentia. unde de quantum in ss. loco abuimus nichil nobis ibidem remansit aut aliquid vobis exinde exceptuavimus. et quante chartule exinde abuimus vobis ille dedimus et taliter eos abere et possidere debeatis vos et vestris posteris successores sicut ipse pred. chartule continet. quod si exinde

alia qualiscumque chartula (1) inbenta dederit nos et nostris heredes mittamus illam sub potestate vestra et de vestris posteris successores sine vestra damnietatem vel amaricationem. Unde accepimus a vobis exinde plenariam nostram sanationem idest auri solidos decem et medium de tari ana tari quattuor per solidum sicut inter nos combenit in omnem deliberationem et in omnem decisitionem. ut a nunc die presenti et imperpetuis temporibus in vestra et de vestris posteris successores sit potestates faciendi exinde omnia que volueritis sine omni nostra et de nostris heredibus contrarietatem imperpetuum. Insuper nos et nostris heredes eos antestare et defensare promittimus in ss. vestro monasterio omni tempore ab omnibus hominibus. quod si minime vobis exinde fecerimus tunc componere promittimus nos et nostris heredes vobis et at vestris posteris successores duplo ss. pretio. et hec chartula sit firma imperpetuum.

† Pantaleo f. dom. Muski de dom. Constantino t. e.

† Pantaleo f. dom. Iohanni de dom. Pulcharo t. e.

† Maurus imperialis protonobilissimus f. dom. Sergii com. Mauronis t. e.

† Ego Constantinus scriba f. dom. Iohanni curiali scripsi.

CV.

1104 — ind. XII — 27 agosto — Amalfi.

Sergius f. qd. Stefano cler. f. dom. Iohanni presb. da sancto Petro prende a pastinato dal prete *dom. Constantino f. qd. Leone de Constantino* un castagneto sito in Agerola, *at sanctum Petrum da Purzano,* appartenente alla chiesa di S. Nicola *de Aurificis.*

Perg. di Amalfi, n. 70; arch. di S. Lor., n. XCIII; arch. della SS. Trin., n. 1164 — Orig. — Taglio irregolare nel marg. inf.: alt. mass. 54 × 20 — Inedita.

A tergo, in scrittura gotica, si legge: « *Chartula de Agerolo de incartata in perpetuum ad medietatem de castaneto in Agerulo ad sanctum Petrum nessio* (sic) *si pertinet dicto monast. sancti Laurentii* » (2).

† In nomine domini dei salvatoris nostri Iesu christi. anno

(1) La parola *chartula* è interlineare.

(2) La segnatura archivistica che è a tergo, e il trovarsi questo doc. nel

videlicet ab incarnatione eiusdem millesimo centesimo quarto. die vicesima septima mensis agusti ind. duodecima Amalfi. Certum est me Sergius f. qd. Stefano clerico f. dom. Iohanni presb. da sancto Petro. a presenti die promtissima voluntate scribere et firmare visus sum vobis dom. Constantino presb. f. qd. Leone de Constantino. hanc chartulam similem de ipsa chartula quod nobis scribere fecistis. pro quibus dedistis et assignastis nobis plenarium et integrum ipsum castanietum vestrum in Ageroli positum at sanctum Petrum da Purzano. qui est de ipsa medietate propria vestra de ipsa ecclesia sancti Nicolai qui dicitur de ipsis Aurificis. per finis et omnia qualiter et quomodo proclama ipsa chartula traditionem quod nobis exinde scribere fecistis. cum salba via sua et omnibus sibi infra se habentibus et pertinentibus. unde nichil exceptuastis. In ea enim ratione. ut amodo et semper nos et heredibus nostris filii filiorum nostrorum usque in sempiternum eos habeamus et teneamus et laboremus et cultemus et ubi habet bacuum pastinemus eos totum de tigillos et insurculemus eos de ipsas castaneas zenzala. et implere eos debeamus totum de fine in finem de perfecto castanieto. curam et certamen seù vigilantia exinde habere debeamus nos et nostris heredibus ut semper dicat tertius et quartus boni homines quia bonum est laboratum et cultatum et plenum de fine in finem de perfecto castanieto. et iam amodo et semper castanee et omnem alium frugium quod ibidem Dominus dederit sine fraude et malo ingenio dividere illos debeamus nos et nostros heredes vobiscum et cum vestris successoribus per medietate. castanee sicce at grate et fructora per tempore suo in pred. loco. et ipsa partem vestra de pred. castanee et de pred. fructora nos vobis ille deponamus et nostri heredes usque hic in Amalfi at sancto Nicolao sine pargiatura. et qando (*sic*) deponimus ipse castanee vos nobis detis manducare sicut consuetudo est. et omni annuo demus vobis ipsa sabbatatica. Et si nos et nostros heredes bene eos non laboramus et cultamus et pastinamus et insurculamus et omnia non atimplemus nos et nostris heredibus sicut super legitur potestatem habeatis vos et vestris successoribus nos et nostri heredes exinde bacui iactare cum causa nostra mobilia. et si nos et nostros heredes bene eos laboramus et cultamus et pa-

---

Cod. Perris (n. 93) non lascian dubbio sulla sua appartenenza al monastero di S. Lorenzo.

stinamus et insurculamus et omnia atimplemus qualiter superius legitur non habeatis potestatem vos vel vestris successoribus nos vel nostris heredibus exinde iactare neque nullam virtutem vel inbasionem nobis ibidem facere. set per omni tempore vindicetis nobis eos ab omni humana persona. Et qui de nobis et vobis et nostros heredes et vestros successores aliquid de ss. placito minuare vel retornare voluerit componat a partem qui firma steterit auri solidos septuaginta byzantinos. et hec chartula sit firma imperpetuum.

† Sergius Ferafalcone t. s.

† Ego Leo Isfisinatus t. s.

† Leo f. Sergii f. Iohanne iudex t. e.

† Ego Ursus diaconus et abbas cappel(lanus) palatii scripsi.

CVI.

1105 — ind. XIII — 20 agosto — Amalfi.

Maurus f. Tauri f. Marini de Mauro de Constantino de Abentio com. vende a *dom. Leoni* abbate del monastero dei SS. Cirico e Giulitta *una cammarella et palmentum et labellum cum terrula*, siti *in Lauri*, per 7 soldi d'oro di tarì.

Perg. di Amalfi, n. 71; arch. di S. M. di Font., n. 195; arch. della SS. Trinità, n. 177 — Orig. — Taglio irreg. nel margine inf.: alt. 36 × 16; lievemente corrosa in un punto — Inedita.

† In nomine domini dei salvatoris nostri Iesu christi. anno ab incarnatione eius millesimo centesimo quinto. die vicesima mensis agusti ind. tertia decima Amalfie. Certum est me Maurus f. Tauri f. Marini de Mauro de Constantino de Abentio com. a presenti die prumtissima volumtate venundedimus et contradidimus vobis dom. Leoni domini gratia presb. et monacho atque abbati monasterii vocavulo beatorum martirum Cirici et Iulitte que est dedicatus hic in Atrano subtus Montem maiorem. quam et per te in ss. vestro monasterio. idest plenaria et integra una cammarella et palmentum et labellum cum ipso terrula ibidem abentem quod abemus infra fines de causa de pred. monasterio in Lauri positam. et a capud est fini finem de causa ecclesie sancti Michaelis. cum via sua et omnia sua pertinentia. unde

nichil vobis exinde exeptuavimus. et vos exinde non contretis viam at ipsis qui exinde andant per legem. et si exinde qualiscumque chartula inbenta dederit qui pertineat in oc quod vobis venundedimus mittamus eas sub potestatem de pred. monasterio sine omni vestra damnietatem vel amaricationem. Unde accepimus a vobis exinde plenariam nostram sanationem. idest auri solidos septem de tari ana tari quattuor per solidum sicut inter nos combenit in omnem deliberationem et in omnem decisionem. ut a nunc die presenti et imperpetuis temporibus in vestra et de vestris posteris successores sit potestatem faciendi et iudicandi exinde omnia que volueritis sine omni nostra et de nostris heredibus contrarietatem imperpetuum. et vindicemus vobis eos ab omnibus hominibus. Quod si minime vobis exinde fecerimus d[uplo ss. pre]tio vobis componere promittimus. et hec chartula sit firma imperpetuum. Et super disturbatum dicit. posteris successores. Nam et michi Penta uxor ss. Mauri hec omnia placet per ss. obligata pena.

† Iohannes f. dom. Musco de Iohanne de Pardo t. e.

† Sergius imperialis protonobilissimus f. Iohannis com. Mauronis t. subscripsit.

† Iohannes f. dom. Sergii com. Mauronis t. e.

† Ego Iohannes scriba f. dom. Iohanni curiali scripsi.

CVII.

1107 — Ruggiero duca a. 7 *post recuperationem* — ind. XV — maggio — Amalfi.

Rogerius dux concede a *dom. Drosu f. qd. dom. Pulcari de Pardo de Tauro com. f. Pardi com. et rel. Leoni f. Sergii de Leone de Mauro de Leopardo,* abbadessa del monastero di S. M. di Fontanella, la facoltà di prender l'acqua *de Festola et de fluvio,* che discende in Atrani, per portarla in condutture nel suo monastero.

Perg. di Amalfi, n. 72; arch. di S. M. di Font., n. 197; arch. della SS. Trin., n. 1131 — Orig. — Alt. 31 × 32; corrosa e deleta nel margine destro con danno alla scrittura — Rip. dal Camera, I, p. 302.

† In nomine domini dei salvatoris nostri Iesu christi. anno ab incarnatione eius millesimo centesimo septimo. mense magio

ind. quinta decima Amalfi. Ego Rogerius dei gratia dux (1). Per hoc nostrum preceptum damus et largimus vobis domina Drosu gratia dei monacha et abbatissa f. qd. [dom. P]ulcari de Pardo de Tauro com. f. Pardi com. et relicta Leoni f. Sergii de Leone de Mauro de L[eopardo (2) quam et] at cuncta vestram congregationem puellarum nostri monasterii que constructus et dedicatus [est in Funta]nella. ut ab odierna die et in antea quando volueritis licentiam et potestatem abeatis [vos et vestre po]steres tollere de ipso aqua de ipsa Festola et de ipso aqua de ipso fluvio qui descendit [in]da·civitate nostram Atranu. et portetis illos per miatum et per fabrica intus ss. nostro monasterio sicut melius mitigare et arbitriare potueritis quantum vobis necessum fuerit pro utilitatem ss. nostri monasterii sine omni contrarietatem de omni humanam personam imperpetuum. et hoc vobis concessimus et largivimus pro amore Dei et pro redemptionis anime nostre. Si quis a[utem] de his omnibus suprascriptis que iure vobis concessimus et largivimus violator vel contemptor [existere] presumpserit sciat se conposuiturum libras quattuor auri purissimum medietatem cammere nostre et medietatem in ss. nostro monasterio. et ec chartula nostrum preceptum sit firma imperpetuum.

† Ego Sergius iudex t. s.

† Λeo (*sic*) iudex t. e.

† Muscus iudex t. e.

† Ego Leo protonot. f. Ursi scripsi anno septimo post recuperationem ducatus Amalfi ss. gloriose potestatis.

---

(1) Fin qui il documento è, per due righi, scritto in maiuscole con elementi di capitale e di onciale.

(2) Il nome *Leopardo* si legge nel *Chartul. amalph.* del Camera, dove è trascritto questo documento.

CVIII.

1108 – Ruggiero e Guiscardo duchi a. 8 *post recuperationem* — ind. I — 10 maggio — Amalfi.

Leone, abb. del monastero dei SS. Cirico e Giulitta, riceve da *dom. Regali rel. dom. Iohanni Viarecta, dom. Theodonanda rel. dom. Mauri f. dom. Mansoni Barbacepola, dom. Gemma rel. dom. Leoni Caprauscha, dom. Drosu rel. dom. Petri da la Lama* e *dom. Anna rel. dom. Mauroni f. dom. Mauri Sifunaro, portionarie* della ch. di S. Paolo di Atrani, 10 once (d' oro) che esse hanno sopra detta chiesa, obbligandosi ad officiarla.

Perg. di Amalfi, n. 73; arch. di S. M. di Font., n. 198; arch. della SS. Trin., n. 356 — Orig. — Alt. 83 × 18 1/2: corrosa al margine sup. ed in una parte del marg. sin. — Inedita.

† In nomine domini dei salvatoris nostri Iesu christi. anno ab incarnatione eius millesimo centesimo octabo. temporibus dom. Rogerii et dom. Vischardi genitores et filius gloriosi eximii piissimi ducis anno octabo post recuperationem ducatus eius Amalfi. die decima mensis magii ind. prima Amalfi. Nos Leo domini gratia monachus et abbas monasterii beatissi (*sic*) Cirici christi martiris qui est constructus et dedicatus supra Atrano. una cum cuncta nostra congregatione huius nostri monasterii. a presenti die prontissima voluntate scribere et firmare visus sum vobis domina Regali relicta dom. Iohanni Viarecta. et dom. Theodonanda relicta dom. Mauri f. dom. Mansoni Barbacepola. et dom. Gemma relicta dom. Leoni Caprauscha. et dom. Drosu relicta dom. Petri da la Lama. et dom. Anna relicta dom. Mauroni f. dom. Mauri Sifunaro. qui sitis consortes et portionariis de hecclesiam beatissi Pauli apostoli qui est constructus et dedicatus supra Atrano. hanc chartulam similem de ipsam chartulam quod nobis scribere fecistis. eo quod dedistis et assignastis nobis idest plenarie et integre ipse uncie decem vestre quod abetis in ipsa ss. [hecclesia]m beatissi Pauli apostoli. unde vos ss. dom. Regali abetis [uncie] . . . . . . et vos ss. dom. Theodonanda exinde abetis uncie . . . . [et reliqu]e tres

uncie sunt de vos ss. tres perso[ne dom. G]emma et dom. Drosu et dom. Anna. sicut est ipsa [ss.] ecclesia fabricata et ordinata cum cellis. et sepulturis et cum ipsa ortam et terra bacua de iuxta pred. ecclesiam seu et cum codicibus et paramentibus suis. et cum plenariam ipsam ereditatem de Reginnis Maioris. et cum omni circulo suo et cum omnibus edificiis atque pertinentiis suis et cum salbe vie sue. unde nichil exceptuastis. In ea enim rationem. ut amodo et semper tenere et abere debeamus ipse ss. uncie decem vestre de ss. ecclesiam cum omnia suam pertinentiam nos et nostris posteris successoris usque in sempiternum. et amodo et semper per omni temporem nos et nostris posteris officiare faciamus ss. uncie vestre de ss. ecclesia die noctuque sicut at sacerdotes pertinet. et ipsas pred. eius ereditas bene laborare et cultare faciamus ut Domino auxiliante proficiat et inmelioret. et nos et nostris posteris illas frugiare debeamus per omni temporem usque in sempiternum. Et amodo et semper vos et vestris eredes non abeatis licentiam vel potestatem ipsam ss. ecclesiam vel de omnia suam pertinentiam sicut super legitur nobis tollere vel presbiterum aut laicus vel monachus nobis supermittere vel ordinare aut birtutem nobis facere in ss. ecclesiam vel in causam de ss. ecclesiam aut inbasionem per nullam rationem. set vos et vestris eredes nobis et at nostris posteris defendatis ipse ss. uncie decem vestre de ss. ecclesia et de omnibus suis pertinentiis ab omnibus hominibus omnique tempore. Et si est necessum de ipsa terram de ss. ecclesiam atmittendum illos in ipsa fabrica de ss. monasterium quod fabricare debemus licentiam et potestatem abeamus nos et nostris posteris illos tollere sine omni vestram et de vestris eredibus contrarietatem imperpetuum. pro redentionis anime vestre et de vestris parentibus. Et ipse sepulture quod ibidem abetis debeatis ibidem sepelire corpora defunctorum et at faciendum inde omnia quod volueritis vos et vestris eredes sine omni contrarietatem nostram et de nostris posteris imperpetuum. Solummodo amodo et semper nos et nostris posteris successoris dare debeamus vobis et at vestris eredibus benedictionem per omnem unum annum de nativitas Domini ana ciria triam per omni unam unciam. et in pasca resurrectionis domini nostri Iesu christi iterum demus vobis ana ciria triam per omnem unam unciam per omnem unum annum. Et qui de nobis et vobis et nostris posteris vel vestris eredes aliquid de ipso ss. placito et convenientiam ut superius legitur minuare vel extornare voluerit componat pars infidelis a partem que firma steterit auri solidos centum byzantinos. et hec chartula sit firma imperpetuum.

† Leo f. Sergii f. Iohanne iudex t. e.

† E[go Se]rgius iudex t. s.

† E[go T]auro imperiali anthipato f. dom. Sergio Sirrentino t. s.

† Ego Panta[leo imperia]lis patricius f. Ursi scripsi.

CIX.

1109 — ind. II — 10 maggio — Amalfi.

Iohannes f. qd. Sergii Iobene assegna a *dom. Leoni* abbate del monast. di S. Cirico 2 once (d' oro) che ha sulla ch. di S. Paolo di Atrani, con l'obbligo di officiarla.

Perg. di Amalfi, n. 74; arch. di S. M. di Font., n. 201; arch. della SS. Trinità, n. 862 — Orig. — Alt. 60 × 20; macchiata in vari punti con danno alla scrittura — Inedita.

A tergo, in scrittura gotica, si legge: « *Quomodo habet monasterium uncias II iure patronatus in eccl. sancti Pauli de Atrano* ».

† In nomine domini dei salvatoris nostri Iesu christi. anno ab incarnatione eius millesimo centesimo nono. die decima mensis magii ind. secunda Amalfi. Ego quidem Iohannes f. qd. Sergii Iobene. a presenti die prontissima voluntate tradere et assignare visus sum vobis dom. Leoni domini gratia monach[us et] abbas monasterii beatissi (*sic*) Ciriki christi martiris qui est constructus et dedicatus supra Atrano. et at cuncta vestram congregationem huius ss. vestri monasterii. idest plenarie et integre ipse due uncie nostre quod abemus in ecclesiam sancti Pauli qui est constructus et dedicatus supra Atrano. qui nobis obbenit de parentorum nostrorum a parte de ipsa genitrice nostram. sicut est ipsa ss. ecclesiam fabricata et ordinata cum cellis et sepulturis et cum ipsa orta et terra bacua de iusta ipsam pred. ecclesiam. seu et cum codicibus et paramentibus suis. et cum plenariam ipsa ereditatem de Reginnis Maioris. et cum omni circulo suo quam et cum omnibus edificiis et pertinentiis ipsius

ecclesie. et cum [s]albe [vie] sue. In ea enim rationem. ut amodo et semper tenere et abere de[beatis ipse] ss. due uncie nostre de ss. ecclesiam et de omnia suam pertinentiam [vos et vestris po]steris successoris usque in sempiternum. et per omni temporem amodo [et in] anteam vos et vestris posteris officiare faciatis ipse ss. due uncie nostre de ss. ecclesia die noctuque sicut at sacerdotes pertinet. et ipsas pred. ereditates de pred. ecclesia bene laborare et cultare faciatis ut Domino auxiliante proficiat. et vos et vestris posteris frugiare illam debeatis per omni tempore usque in sempiternum. et quodcumque frugium in ss. uncie nostre de ss. ecclesiam venierit in potestatem vestram siat et de vestris posteris per omni temporem. Et amodo et semper nos et nostris eredes non abeamus licentiam vel potestatem ipse ss. due uncie nostre de ss. ecclesiam vel de suam pertinentiam sicut super legitur vobis tollere aut presbiterum vel laicus aut monachus vobis supermittere vel ordinare aut virtutem vel inbasionem vobis non faciamus in ss. due uncie nostre de ss. ecclesiam vel de eius pertinentias. set nos et nostris eredes amodo et semper vindicemus eos ab omnibus hominibus aut et at vestris posteris successoris. Solummodo vos et vestris posteris successoris amodo et semper dare debeatis nobis et at nostris eredibus per omni uno annuo de nativitas Domini benedictione ana ciria tria per omni unam unciam. et in pasca resurrectionis domini nostri Iesu christi iterum detis nobis ana ciria triam per omni una unciam. Hec omnia suprascripta ut super legitur atimplere debeamus nos et nostris eredes vobis et at vestris posteris per omni temporem. et qui de nobis et vobis et nostris eredes et vestris posteris aliquid de ipso ss. placito et convenientiam ut super legitur minuare vel extornare voluerit componat pars infidelis a partem que firma steterit auri solidos quinquaginta byzantinos. et [ec] chartula sit f[irm]a in perpetuum. Reclaramus quia per ipsa ss. convenientiam licentiam et potestatem [abeatis] vos et vestris posteris si est vobis necessum de ip[sa] terram de [ss. eccl]esiam amittendum illos [pro ips]a fabrica de ss. [mona]sterium quod . . . . [po]testatem abeatis sine omni [nostra] et de nostris eredibus contrarietatem i[mperpetuum. Et insuper] largivimus vobis illos tollere pro redemptionis ani[marum nostrarum et de nostris] parentibus. et ipsa sep[ultu]ra nostra quod [ibi]dem abemus [in] ss. ecclesia sancti Pau[li] debea[mus ibi]dem sepelire corpora defunctorum [at] facien[dum et iudicandum] exinde nos et nostris eredes omnia quod voluerimus sine omni co[ntr]arietate vestra et de vestris posteris.

† Ego Tauro imperiali anthipato f. dom. Sergio [Sirrenti]no t. s.

† Leo iudex t. e.

† Muscus iudex t. e.

Ego [Pantaleo (1) imperialis patricius] f. Ursi scripsi.

CX.

1109 — ind. II — 29 maggio.

Gemma rel. qd. dom. Sergii f. dom. Sergii diac. Castallomata dona *pro anima* al monast. di S. M. di Fontanella un castagneto sito *in Aurano.*

Perg. di Amalfi, n. 75; arch. di S. M. di Font., n. 200; arch. della SS. Trinità, n. 1029 — Orig. — Taglio a punta in basso: alt. 24 — 15 1/2; × 38; lievemente deleta al marg. destro — Inedita.

† In nomine domini dei salvatoris nostri Iesu christi. anno bidelicet ab incarnatione eius millesimo centesimo nonus. tertia die st[ante] mensis magii ind. secunda. Ego quidem Gemma relicta qd. dom. Sergii f. dom. Sergii diaconi et Castal(lomata). a presenti die prom[tissi]ma voluntate dare et tradere seu offerire bisa sum in monasterium puellarum beate dei genitrix Marie [que dedi]cata est at Funtanelle. idest plenaria una petia de castanietum posita in Aurano. que fuit de Maria Ei . . a et de Maria filia sua famula mea. que de hoc seculo migrate sunt. que continet finis. ha supra finis bia puplica. de subtus fini dom. Iohanne presb. rector ecclesie nostre sancte Trinitatis. de uno latus finis dom. Iohanni presb. de sancto Agnello. per alio latere fini de Io[hannes] f. Stefani de Carti. sicut est cum bia sua et omnia sua pertinentia. unde nichil exceptuavimus quia offersit illos in [ss. sancto] monasterio pro amore Dei omnipotentis et pro remedium anime de ss. Marie mater et filia. In ea ratione ut a nunc et semper fiat impotestate de te dom. Drosu abbatissa et de posteribus vestre at faciendum

---

(1) Nel *Chartul. amalph.* del Camera si legge: *Mauronus.*

exinde omnia que volueritis pro utilitate de ss. vestro monasterio sine omni contrarietate vel requesitione imperpetuum. Et qui contra an chartulam offersionis venire pre[sum]serit et aliquit exinde tollere vel minuare voluerit per qualicumque ratione componat in ss. sancto monasterio auri solidos decem byzantinos. et ec chartula sit firma imperpetuum.

† Sergius Cast(allomata) t. s.

† Landus f. dom. Leoni Cast(allomata) t. s.

† Ego Iohannes presb. f. Iohanni t. s.

† Ego Ademarius protonot. scripsi.

CXI.

1111 — ind. IV — 20 febbraio — Amalfi.

I germani *Lupinus et Ursus*, *f. Leonis de Iohanne da Cirasulo*, prendono a pastinato da *dom. Drosu f. dom. Mauri Casamarza*, abbadessa del monast. di S. M. di Fontanella, una selva ed un castagneto.

Perg. di Amalfi, n. 76; arch. di S. M. di Font., n. 205; arch. della SS. Trinità, n. 155 — Orig. — Alt. 61 × 16 — Inedita.

A tergo, in scrittura gotica, si legge: « *Chartula de silva et castaneto ubi* . . . . . *ubi dicitur ad Pontichio super terra Maiori* . . . »

† In nomine domini dei salvatoris nostri Iesu christi. anno ab incarnatione eius millesimo centesimo undecimo. die vicesima mensis februarii ind. quarta Amalfie. Nos quidem Lupinus et Ursus veri germani filii Leonis de Iohanne da Cirasulo. a presenti die prumtissima volumtate scribere et firmare visimus vobis dom. Drosu domini gratia monacha et abbassa (*sic*) monasterii puellarum vocavulo beate et gloriose semperque dei genitricis et virginis Marie qui est dedicatus in Fontanella. quam et at cuncta vestra congregationem vobiscum manentis in ss. vestro monasterio. filia videlicet domini Mauri Casamarza. han chartulam similem de ipsa quem vos nobis scribere fecistis. pro eo quod tradidistis et assignastis nobis plenaria et integra ipsa silba vestra quantum vos tetigit pro parte de pred. monasterio per chartulam merisis in portionem a dom. Mansoni f.

dom. Mauri de dom. Iohanne de ipsum montem da Punticciu. seu et totum ipsum castanietum quantum est vacuum et plenum quantum pred. merisis proclamat. exepto illo quod exinde tenet Constantinus tius noster. cum via sua et omnia sua pertinentia. unde nichil nobis exinde exeptuastis. In ea videlicet ratione. ut ab odierna die et imperpetuis temporibus de generatione in generatione eos pertenere et lavorare debeamus et de presentem incipiamus eos runcare et cultare et ipso vacuum quod abet in ipso castanieto pastinare et implere eos de tigillos et insurculare eos de ipsa castanea zenzala. et ipsi tigilli quod iactaberint ipse ceppe similiter insurculemus eos de ipsa castanea zenzala. et ipsa pred. silba cultemus et vigilantiam exinde habeamus. et in pred. castanietum faciamus casa at ligna et at palea. talemque curam et certamen exinde abere debeamus de pred. castanieto et de pred. silba ut Domino auxiliantem proficiat ut pareat apud bonis hominibus. et ubi abuerit in pred. castanietum asperum et petrosum ubi tigilli non profixerit non siatis nobis exinde in occasionem et ubi aptum est faciamus ibidem cannetum et salicetum et fructora. et iam a die presenti castanee et omnem alium frugium qui exinde exierit exepto ligna sine fraudem et malo ingenio vobiscum eos dividere debeamus per medietatem. vos et vestre posteres successtrices tollatis exinde medietatem et nos et nostris heredes medietatem. et ipsa medietate vestra de pred. castanee nos colligamus et siccemus et deponamus vobis eos iusu at litore maris de Reginnis Maioris. et atducamus vobis ipsa sabbatatica sicut consuetudo est. Et neque vos neque homo vester nobis ibidem virtutem vel imbasionem non faciatis set vindicetis nobis eos ab omnibus hominibus. et quando est aptum at vos cappilare in pred. silba nos eos cappilemus et lavoremus ipsa ligna et excutamus exinde illa iusu in ipsa via da pedem et ibidem illam dividamus per tertie. vos exinde tollatis portiones duas et nos portionem unam hoc est tertie. et quando est vobis aptum capilare in pred. castanieto similiter nos eos cappilemus et lavoremus et due parti exinde tollatis vos et nos tertie. Et si pignoramus ipsi qui faciunt damnum in pred. causa vestra vos nobis exinde siatis defensatores et nos vobis demus ipsa pignora. Quod si nos et nostris heredes bene eos non lavoraberimus et ipsam legem vestram completam vobis non dederimus iactetis nos exinde bacuos et faciamus vobis iustitiam sicut lex fuerit. quod si nos bene lavorando et ipsam legem vestram completam vobis dando et volueritis nos exinde iactare faciatis nobis iustitiam sicut lex fuerit. Quod si minime vobis exinde fecerimus libra unam byzantinam vobis componere promittimus. et hec chartula sit firma imperpetuum.

† Iohannes f. dom. Sergii com. Mauronis t. e.

† Iohannes f. dom. Mansoni de dom. Iohannes t. e.

† Pantaleo iudex f. dom. Muski t. subscripsit.

† Ego Constantinus scriba f. dom. Iohanni curiali scripsi.

CXII.

1112 — Guglielmo duca a. 2 – ind. V — 12 luglio — Amalfi.

Marocta f. qd. dom. Iohanni f. dom. Lupini f. dom. Sergii Iudice et rel. qd. dom. Iohanni f. dom. (Mauri) de domina (Dimmera), e suo figlio *Mauro*, anche in nome della sorella di lei, *Theodonanda*, vendono ai rispettivi cognati e zii, *dom. Iohanni Isfisinato f. qd. dom. Sergii f. dom. Leoni curiali* e a sua moglie *Theodonanda, f. ss. dom. Mauri de domina Dimmera*, metà dei loro beni siti in Tramonti *at Nubella* per 150 soldi d'oro di tarì.

Perg. di Amalfi, n. 77; arch. di S. Lor., n. (XCVII) (1); arch. della SS. Trin., n. 621 — Orig. — Alt. 76 × 35: rigata e marginata; molto danneggiata agli angoli sup. per corrosione — Inedita.

† In nomine domini dei salvatoris nostri Iesu christi. anno ab incarnatione eius millesimo centesimo duodecimo. tempo[ribus domini Guilielmi gloriosi] principi et ducis anno secundo ducatus eius Amalfi. die duodecima mensis iulii ind. quinta Amalfi. C[erti sumus] nos Marocta f. qd. dom. Iohanni f. dom. Lupini f. dom. Sergii Iudice. et relicta qd. dom. Iohanni f. dom. [Mauri] de domina Dim[mera. quam et] nos Mauro. qui sumus idest genitrice et filio. et sumus pro vice nostra et pro vice de Theodonanda filia et [germana nostra. et nos] quindeniianus a parte sua eo quod est infra etate. a presenti

(1) Il numero che il doc. aveva nell'arch. di S. Lorenzo non è più leggibile a tergo della pergamena, ma si ricava dal Cod. Perris.

die pruntissima voluntate venundedimus atque [et in presentis ce]ssimus et tradidimus vobis dom. Iohanni Isfisinato vero cognato et tio nostro f. qd. dom. Sergii f. dom. Leoni curiali. et domina [Theodonanda ambo vi]delicet iugali. vera cognata et tia nostra. f. ss. dom. Mauri de domina Dimmera socero et abio nostro et socero et ge[nitori vestro. idest] plenariam et integram ipsa medietatem nostra de ipsam hereditatem de Tramonti loco nominato at Nubella. si[cut est] cum omnibus eius fabricis et fructura plenum et vacuum domesticum et salbaticum et omnia sibi infra se habentibus et pertinentibus. quantum nobis ibidem in ss. loco obbenit a parte de ss. dom. Iohanni viro et genitori nostro et vero cognato et fratri vestro. quia ipsa alia [me]dietatem de tota plenaria ss. hereditatem est vestrum. Nam vero reclaramus vobis exinde ipse finis seu pertinentias. [idest ple]naria et integram ss. hereditatem qualiter et quomodo eos vos et vestris heredibus habere et possidere seu fru[giare] et dominare debeatis. ha supra namque ponitur fini via puplica. de subtus itaque ponitur fini fine de Sergio [et] Urso ambi veri germanis f. dom. Sergii f. dom. Constantini da Pustopla. et fini cilium plenarium. de uno vero latere ponitur a partem septemtrionis fini finem de ipsi de Ferraci et fini finem de Iohanne Faciem bonam. et expedicata finem ss. [Iohanne] Faciem bonam continet fini finem de Iohanne Bisalupo usque in pred. via puplica da capo. et de alio autem latere [ponitur] a partem meridie fini ipsa via puplica. et expedicata pred. via puplica badet indat partem occidentis per ipsum cilium plenarium usque iusum at pede in fine causa de ss. Sergio da Pustopla. cum salba via sua ibidem ingrediendi et egrediendi cum omnia causa qui vobis et at vestris heredibus opus et necessarium fuerit. seu et cum omnia sibi infra se habentibus et pertinentibus. unde nobis exinde nichil remansit vel aliquid vobis exinde exceptuavimus. set quantum ss. finis concluditur venundedimus vobis exinde tota plenaria et integra ipsa medietatem nostra. sicut est cum medietate de omnibus eius fabricis et omnia sibi infra se habentibus et pertinentibus sine omni minuitatem. quia ipsa alia medietatem de tota plenaria ss. hereditatem cum medietatem de omnibus eius fabricis est vestrum. quoniam quantum in ss. loco Nubella habuimus plenum et vacuum domesticum et salbaticum cum omnibus eius fabricis et fructura et omnia sua pertinentia cum fructiferis vel infructiferis. quodcumque nobis ibidem in ss. loco obbenit a parte de ss. dom. Iohanni viro et genitori nostro et vero fratri et cognato vestro totum vobis eos venundedimus et tradidimus sine omni minuitatem. Insimulque iterum et cum istud venundedimus et tradidimus vobis ipsa medietatem nostra de ipsa casana (*sic*) qui antea domo fuit. de hanc terram Amalfi at ipsa Arsena positum. et cum medietatem de ipsa cammara fabrita qui est inter ista pred. casalina iam vestra et inter domo qui fuerat de dom. Tauro Gaurile. qui nobis obbenit a parte de ss. dom. Iohanni viro et genitori nostro et vero fratri et cognato vestro. et at ss. viro et genitori nostro quam et at dom. Leo vero fratri eius obbenit per chartulam comparationis quod vos abetis da ss. Tauro Gaurile. sicut est ipsa ss. casalina et cammara cum omnia edificia atque pertinentia eorum et cum vice de viis suis. qualiter et quomodo per finis e per omni ordinem et rationem continet ipsa ss. chartula comparationis cum quo eos comparavit ss. dom. Iohanni viro et genitori nostro cum dom. Leoni vero fratri vero cognato et tio nostro et vero fratri et cognato vestro da ss. dom. Tauro f. dom. Sergii Gaurili. quod vos habetis. unde nobis exinde de ss. casalina et cammara nichil remansit vel aliquid vobis exinde exeptuavimus. quia totum vobis eos venundedimus et tradidimus sine omni minuitatem sicut superius legitur. et ipsa alia reliqua medietatem de pred. casalina et cammara cum omnia eius pertinentia est vestrum. Unde et impresentis exinde accepimus a vos plenariam nostra sanationem idest auri solidos centum quinquaginta de tari boni pesanti moneta de Amalfi ana tari quattuor per solidum. sicut inter nobis bone voluntatis comvenit in omnem deliberationem et in omnem decesitionem. ut a nunc die presentis et imperpetuis temporibus plenariam et integram tota ss. nostra venditionem seu traditionem qualiter per ordinem superius legitur in vestra et de vestris heredibus sit potestatis habendi fruendi possidendi vindendi donandi seu commutandi etiam vestrisque heredibus dimittendi. in omnia et in omnibus semper libera et absoluta habeatis potestatem at faciendum et iudicandum exinde omnia quod volueritis sine omni nostra et de nostris heredibus contrarietatem vel requesitionem imperpetuum. et iam aliquando tempore neque a nobis vel ab eredibus nostris neque ha summissis personis nullam requesitione vel molestia aut contrarietatem exinde habeatis. non vos non vestris heredibus neque nulla personas pro nostra parte per nullum modum aut datam hoccasionem imperpetuum. et quante chartule exinde habuimus dedimus vobis ille. et firmamus vobis ut si aliquando tempore qualibet chartula exinde inventa dederit qui pertineat de hoc suprascripto quod vobis venundedimus nos et nostris heredes mittere illas debeamus subtus vos et vestris heredibus sine vestra dannietatem vel amaricationem. Insuper nos et nostris heredes vobis et at vestris heredibus eos antestare et defensare promittimus omni tempore ab omnibus hominibus. Quod si minime vobis exinde fecerimus et omnia ut superius legitur non atimpleverimus componere promittimus nos et nostris heredes vobis et at vestris heredibus auri solidos trecentos byzantinos. et hec chartula nostre venditionis seu traditionis qualiter per ordinem superius legitur firma atque stavilis permaneat imperpetuum.

† Leo f. Sergii f. Iohanne iudex t. e.

† Ego Sergius iudex t. s.

† Mastalus f. dom. Tauri t. e.

† Ego Iohannes Comite scriba f. Mansoni scripsi.

CXIII.

1112 — ind. VI — 20 novembre — Amalfi.

Marenda rel. Leoni f. Sergii da Palmula, a causa di povertà, rende ai germani *dom. Manso et dom. Iohanni, f. dom. Mastali f. dom. Mansoni de Leone de Mansone com.*, il possesso di due terre site in Tramonti, che erano state date a pastinato a Leone, suo marito, da Mastalo, loro padre.

Perg. di Amalfi, n. 78; arch. di S. Lorenzo, n. XCVIII; arch. della SS. Trin., n. 1001— Orig. — Taglio irreg. nel marg. inf.: alt. mass. 39 1|2 × 23 — Inedita.

È questo il più antico docum amalfitano di questo diplomatico in cui si trovi adoperato, per la datazione cronica dell'èra di Cristo, lo stile romano. Difatti col 1° settembre dell'ind. VI, secondo lo stile bizantino, cominciava l'anno 1113; mentre di qui si rileva che il 1112 si è fatto continuare in Amalfi oltre quella data, fino al 31 dicembre. Nei docum. posteriori è costante l'uso dello stile romano per l'anno di Cristo, mentre la cifra indizionale continua a seguire il suo corso alla maniera bizantina.

† In nomine domini dei salvatoris nostri Iesu christi. anno ab incarnatione eius millesimo centesimo duodecimo. die vice-

sima mensis nobenbris ind. sexta Amalfis. Manifestum facio ego Marenda relicta Leoni f. Sergii da Palmula. qui sum pro vice meam et pro vice de toti ipsi filii et filie mee. et ego istud quindeniio a partibus eorum. vobis dom. Manso et dom. Iohanni ambi veris germanis f. dom. Mastali f. dom. Mansoni de Leone de Mansone com. pro quibus qd. ss. dom. Mastalo genitori vestro abuit assignatum at ss. Leo viro meo pergule centum de terram bacuam at Sulficzano de Tramonti pro fare inde vineam. et iterum abuit assignatum ss. genitori vestro at viro meo ipso castanieto de Tramonti at Triburo. Modo autem venimus at pauperitatem et non potuimus continere et laborare ipsa ss. hereditatem et ipso pred. castanietum. Proinde placuit nobis per bonam comvenientiam ammisimus vobis tota ss. hereditatem cum omnia suam pertinentiam et ipso ss. castanieto cum omnia suam pertinentiam. ut amodo et semper siat in potestatem vestra et de vestris heredibus at faciendum et iudicandum exinde omnia quod volueritis sine omni nostra et de nostris eredibus contrarietatem vel requesitione imperpetuum. et ipsam chartulam quod abuit facta ss. genitori vestro at ss. viro meo de ipsam ss. hereditatem retdedimus vobis illam. et ipsam aliam chartulam de ipso pred. castanietum quod abuit facta ss. genitori vestro at ss. viro meo scadivit nobis. proinde firmamus vobis per isto manifestum ut si aliquando tempore inbentam dederit ipsam pred. chartulam de ipso ss. castanietum siat ructa et bacua et non abeat nullam firmitatem et nos et nostris eredes mittere illam debeamus subtus vos et vestris eredibus sine vestram damnietatem vel amaricationem. Propterea firmamus vobis exinde hanc chartulam plenariam securitatis in omnem deliberationem et in omnem decesitionem. ut si quolibet tempore per quolibet modum vel ingenium sibe ego ss. Marenda aut meis eredes seu per summissam personam pro nostra parte vel pro parte de ss. viro meo vos ss. germanis aut vestris eredibus seu qualibetcumque personam pro vestra parte aliquid de ipsam ss. ereditatem vel de eius pertinentias aut de ipso ss. castanieto vel de eius pertinentias querere aut molestare presumpserimus sibe cum scriptam vel sine scriptam componere promittimus nos et nostris eredes vobis et at vestris eredibus auri solidos centum byzantinos. et ec chartula sit firma imperpetuum. Et ego ss. Marenda fui filia Iohanni Marciani et relicta ss. Leoni da Palmula.

† Ego Sergius iudex t. s.

† Petrus iudex t. e.
† Sergius imperialis protovesti f. Petrocci Castallomata t. e.
† Ego Leo protonot. f. Ursi scripsi.

CXIV.

1113 — Guglielmo duca a. 2 — ind. VI — 1 febbraio — Amalfi.

Guilielmus dux conferma a *dom. Leoni* abbate del monastero dei SS. Cirico e Giulitta i beni del suo demanio, siti *in Reginnis Maioris* presso la spiaggia del mare, che già erano stati venduti a quel monastero dal duca Marino Sebasto.

Perg. di Amalfi, n. 79; arch. di S. M. di Font., n. 207; arch. della SS. Trin., n. 266 — Orig. — Taglio irreg. nel marg. inf.: alt. mass. 64×58 1/2; rigata e molto marginata, elegante: corrosa, macchiata in vari punti — Rip. con errori dal PANSA, I, p. 77, sgg.; e dal CAMERA, I, p. 306.

A tergo, in scrittura gotica, si legge: « *Preceptum . . . . . pertinet ad monast. s. Marie dominarum . . . . . confirmatio donationis certorum bonorum facte dicto monasterio sitorum in Maioro* ». E, di altra mano, l'aggiunzione: « *Et ecclesie s. Erasmi in Maioro ut infra continetur* ».

† In nomine domini dei salvatoris nostri Iesu christi. anno ab incarnatione eiusdem millesimo centesimo tertiodecimo. prima die mense februario ind. sexta Amalfi. Nos Guilielmus gratia dei (1) princeps et dux filius bone memorie domini Rogerii gloriosi eximii piissimi ducis filii domini Robberti glorioso magnifico duci. Per hoc nostrum preceptum concessimus et tradidimus et confirmavimus vobis dom. Leoni venerabili gratia dei monachus et abbas monasterii beati Cirici et Iulitte martiris christi qui constructus et dedicatus est in criptam de supra civitate Atranu. et at cunctam vestram congregationem uius ss. vestri monasterii et at vestrorum posterum successorum usque in sempiternum. idest plenariam et integram ipsas hereditas que fuit de ipso nostro puplico in Reginnis Maioris positum iuxta plagia arena maris. eo quod ante his preteritis

(1) Fin qui il docum. è scritto in maiuscola con elementi di capitale e di onciale.

annis venundedit et tradidit illos Marino Sebasto et ducis Amalfitanorum at dom. Leonem venerabili abbati antecessorem tuum per chartulam scriptam et roboratam de manibus curialis pro solidis [m]ille de tari de Amalfi. quod exped[it illos pro uti]litatem uius civitatis Amalfi. Modo autem venistis vos ss. dom. Leoni monachus et abbas et precastis me ut vos illam confirmare (*sic*). Ego autem vestrum rogum audivi et pro amore omnipotentis Deo et salutem anime genitorum meorum et nostre et pro bono servitio quod nobis fecistis dedimus et tradidimus vobis ss. dom. Leo abbati et per te in ss. monasterio et de vestrorum posterum successorum et [at cunctam vestram con]gregationem tota et inclitam ss. hereditatem quantum et qualiter continet ipsam ss. chartulam benditionis quod exinde abetis quod at ss. monasterio fecit ss. Marino Sebasto. et sic eos abeatis et possideatis vos et vestris posteris usque in sempiternum sicut continet ss. chartulam quod in ss. monasterio fecit ss. Marino Sebasto. et neque a nobis neque a nostris posteris successoris non abeatis nullam requesitionem aut contrarietatem imperpetuum. quia plenariam et integram vobis tradidimus ss. hereditatem et confirmavimus sicut superius legitur. Et cum istud iterum dedimus et tradidimus et confirmavimus bovis idest plenariam et integram ecclesiam nostra bocabulo beatissimo Erasmo christi martiris que constructus et dedicatus est in plagia nostra Reginnis Maioris iuxta ipsum muro de ss. hereditatem quod superius legitur sicut sivi est ipsam ss. ecclesia fabricata et ordinata cum omnia edificia et pertinentiam suam et cum salba via suam. cum omnia causa seu et cum tote ipsis hereditatis et terris et cum omnia causam pertinentes de ss. ecclesia ubicumque exinde paruerit vel inbentam dederit pertinentes de ss. ecclesia. cum vice [de vi]is suis. seu et cum omnia sivi infra se abentibus et pertinentibus. Unde de his omnibus suprascriptis nichil vobis exceptuavimus. quia toto et inclitum vobis eos de[dimus et confir]mavimus sine omni minuitatem et aput nos inde nichil remansit. et propterea scribimus et confirmamus vobis ec omnia suprascriptam ut ab odierna [die] et imperpetuis temporibus plenariam et integram omnia suprascriptam in vestram et de vestris posteris successoris et in ss. monasterio sit potestatis abendi fruendi possidendi vindendi donandi seu comutandi etiam faciendi et iudicandi exinde pro utilitatem de ss. monasterio omnia quod volueritis sine omni nostra et de nostris posteris successoris et de omni umanam personam contrarietatem vel requesitionem imperpetuum. Si quis autem de his omnibus suprascriptis que iure vobis concessimus violator vel comtemptor existere presumpserit sciat se conpositurum libras viginti auri purissimum medietatem cammere nostre et medietatem vobis et at posteris vestris. et hoc nostrum preceptum sit firmum imperpetuum.

† Ego G[uiliel]mus dei gratia dux subscripsi (1).

† Petrus iudex t. e.

† Muscus iudex t. e.

† Leo f. Sergii f. Iohanne iudex t. e.

Et hoc vero reclaramus quia ipso ss. disturbatum legitur. ego Guilelmus dei gratia dux subscripsi.

† Petrus iudex t. e.

† Muscus iudex t. e.

† Leo f. Sergii f. Iohanne iudex t. e.

† Ego Leo protonot. f. Ursi scripsi per preceptionem ss. gloriose potestatis. anno secundo ducatus illius Amalfi.

CXV.

1113 — Guglielmo (?) duca a. 2.

Guglielmo (?) duca concede uno spazio di suolo (?) a *dom. Urso, diac. et abbati* della cappella del suo ducal palazzo.

Perg. dei Mon. soppr., 1ª serie, vol. di perg. senza data, n. XXXV — Orig. — Alt. 35 × 17 1/2; acefalo, mancando per strappo tutta la parte superiore — Pubbl. in *R. Neap. Arch. Mon.*, VI, *App.*, n. XXXV (p. 210).

Solo elemento di data che avanzi in questo documento è l'anno 2° di un duca, che dominava solo. L'epoca è lo scorcio del sec. XI o il principio del XII, trovandosi nelle pergamene l'estensore di questo atto, *Leo protonot. f. Ursi*, tra il 1098 e il 1116. Mancando il *post recuperationem*, può trattarsi del 2° anno del primo governo di Ruggiero (1091), o di Marino Sebasto (1098), o di Guglielmo (1113). E quest'ultima data è la più probabile, sia perchè rispondente al periodo di maggiore attività del protonotario, sia per l'assoluta identità di formole con un'altra pergamena del 1113 riportata dal Camera (I, p. 306).

. . . . continet p[almi] un[decim de longitudinem] et de latitudinem palmi quattuor iusti. et abeatis potestatem

(1) La sottoscrizione del Duca è in maiuscole, come il protocollo iniziale.

figere ibidem planca in ss. mensuriam. et amodo et semper toto plenario ss. loco quantum continet ss. mensuria sit in potestatem de vos dom. Urso diacono et abbati eiusdem pred. cappelle et at cuncto clero de ss. cappella. at frugiandum illos perequaliter vos et vestris posteris successoris usque in sempiternum rectores eidem pred. cappelle. unde nichil vobis inde exceptuavimus. Et iam aliquando tempore neque a nobis neque a posteris nostri successoris neque a nullus ordinatus de ipsam curtem nostra de Amalfi vel a quibuscumq[ue h]umanam personam magna vel parba nullam requesitionem aut contrarietatem exinde abeatis non vos non posteris vestris rectores de ss. cappella per nullam rationem i[mperpetuum]. set amodo et semper sit in potestatem vestra et de posteris vestris at ordinandum et dominandum et frugiandum sine omni minuitatem et absque omni contrarietatem vel requesitionem de omni humana personam imperpetuum sicut superius legitur. Si quis autem de his omnibus suprascriptis que iure vobis concessimus et firmavimus violator vel comtemtor existere presumpserit sciat se conposciturum libras duas auri purissimi vobis et at posteris vestris successores rectores de ss. cappella nostri palatii cui ec chartula in manus paruerit. et hoc nostrum preceptum sit firmum et stabilem imperpetuum.

† Petrus iudex t. e.

† Muscus t. e.

† Constantinus f. Mauri de domina Grifa t. e.

† Ego Leo protonot. f. Ursi scripsi per preceptionem de ss. gloriose potestatis. anno secundo ducatus illius Amalfi.

CXVI.

1113 — ind. VII — 1 ottobre — Amalfi.

Leo f. Sergii de Russiniu prende a pastinato da *dom. Leoni*, abbate del monast. di S. Cirico, alcune terre di quel monastero site *in Lauri*.

Perg. di Amalfi, n. 80; arch. di S. M. di Font., n. 206; arch. della SS. Trin., n. 926 — Orig. — Taglio irreg. nel marg. sin.: alt. 42 × 18; alquanto deleta e macchiata ai margini — Rip. in parte dal CAMERA, II, p. 684.

A tergo, in scrittura gotica, si legge: « *Chart. de Leone de Rossinio. Chart. de Lauri de Tramonto. Pro monast. s. Marie dominarum de Amalfi* ».

† In nomine domini dei salvatoris nostri Iesu christi. anno ab incarnatione eius millesimo centesimo tertio decimo. kalendas octubrias ind. septima Amalfie. Ego quidem Leo f. Sergii de Russiniu. a presenti die prumtissima volumtate scribere et firmare visus sum vobis dom. Leoni domini gratia presb. et monacho atque abbati monasterii sancti Cirici de ac civitate Atrano et at cuncta vestra congregatione. han chartulam similem (de illa) quem vos nobis scribere fecistis. pro eo quod tradidistis et assignastis michi ipsa hereditate quod pred. vester monasterius habet in Lauri at fine nostra. cum via sua et omnia sua pertinentia. In ea videlicet ratione. ut ab odierna die et imperpetuis temporibus de generatione in generatione eos pertenere et lavorare debeamus et cultare eos debeamus et si vacuum ibidem habet impleamus eos de vinea et zappemus eos duas vices per annum tempore apto. et canne et salici tollamus de pred. loco quod ibidem mittamus. set ligna no[bis de]tis vos quante ibidem fuerit necesse cum que eos [lavo]remus per omni annue usque in sempiternum. talemque curam et certamen exinde habeamus ut proficiat ut pareat apud vonis hominibus et iam a die presenti vinum et omnem alium frugium qui exinde exierit sine fraude et malo ingenio vobiscum eos dividere debeamus in quattuor portiones. vos et vestris posteris successores tollatis inde portiones tres et nos et nostri heredes portionem unam. et ipse tres portiones de pred. vino nos vindemiemus et pisemus et inbuctemus in buctes vestras et nos eas

distringamus cum circli vestri. et supra sortem tollalis omni annue cofena dua de ube et pullum unum quod nos vobis demus et nutricemus vobis ipsum hominem vestrum dum steterit pro ipsam vindemia cum pane vestrum et condimentum. Et nullam virtutem vel inbasionem nobis [ibi]dem faciatis vos vel homo vester. set vindicetis [nobis] eos ab [om]nibus hominibus. Quod si nos bene [non lavor]amus et ipsam legem vestram completam vobis non damus iactetis nos exinde bacuos et faciamus vobis [iu]stitiam sicut lex fuerit. Quod si nos bene lavorando et ipsam [legem] vestram completam vobis dando et volueritis nos exinde iactare faciatis nobis iustitiam sicut lex fu[erit]. Quod si minime vobis exinde fecerimus libra unam byzantinam vobis componere promittimus. et hec chartula sit firma imperpetuum. Quod si voluerimus ibidem facere casa vel pallarium potest[atem] habeamus et vos nobis mittatis at interium tari unum. et istam pred. hereditatem teneamus nos et unus de filiis nostris et una persona de fili filiorum nostrorum usque in sempiternum per ordinem sicut supra legitur.

† Iohannes f. dom. Mauri com. Mauronis t. e.

† Iohannes f. dom. Mansonis de dom. Iohanne t. e.

† Leo f. Iohanni de Mauro de domina Galia t. e.

† Ego Constantinus scriba f. dom. Iohanni curiali scripsi.

CXVII.

1115 — ind. VIII — 16 agosto — Amalfi.

Petrus f. Iohannis Viscatari vende a *dom. Leoni,* abbate del monast. di S. Cirico, 10 *pergule* di vigna site *in Lauri,* per 10 soldi d'oro di tarì.

Perg. di Amalfi, n. 81; arch. di S. Maria di Font., n. 194; arch. della SS. Trin., n. 1202 — Orig. — Alt. 28 × 18 1/2; corrosa in un sol punto in basso — Ined.

† In nomine domini dei salvatoris nostri Iesu christi. anno ab incarnatione eius millesimo centesimo quinto decimo. medio mense agusto ind. octaba Amalfie. Certum est me Petrus f. Iohannis Viscatari. a presenti die prumtissima volumtate venundedimus et tradidimus vobis dom. Leoni domini gratia presb. et monacho atque abbati monasterii sancti Cirici de ac civitate Atrano. idest inclite pergule decem de vinea quod abeo

in Lauri posite. qui michi obbenit per chartulam comparationis a Sergio f. Constantini de Tarvo et a Theodonanda iugali. et ipsa pred. chartula comparationis vobis dedimus. et si alia chartula exinde fuerit inbenta qui pertineat in oc quod vobis venundedimus nos et nostris heredes mittamus eas sub potestate ss. monasterii sine omni damnietatem vel amaricationem. que continet finis. a supra fini via puplica. de subtus finem dom. Leoni f. dom. Sergii Galatella. de uno latere fini causa ss. vestri monasterii. et de alio latere fine de pred. Sergio de Tarvo. cum via sua et omnia sua pertinentia. unde nichil nobis remansit aut aliquid vobis exinde exeptuavimus. Unde accepimus a vobis exinde plenariam nostram sanationem. idest auri solidos decem de tari ana tari quattuor per solidum sicut inter nos comvenit. et iam amodo et semper siat in potestate vestra et de vestris posteris successores faciendi ex eo omnia que volueritis sine omni nostra et de nostris heredibus contrarietatem imperpetuum. et vindicemus vobis eos ab omnibus hominibus. Quod si minime vobis exinde fecerimus duplo pretio vobis componere pro[mittimus]. et hec chartula sit firma imperpetuum.

† Maurus Protonobilissimus f. dom. Sergii com. Mauronis t. e.
† Maurus Coropalatus f. Iohannis com. Mauronis t. e.
† Iohannes f. dom. Mauri com. Mauronis t. e.
† Ego Iohannes scriba f. dom. Iohanni curiali scripsi.

CXVIII.

1115 — ind. IX — 1 settembre — Amalfi.

Petrus f. Iohannis Viscatari prende a pastinato da *dom. Leoni*, abbate del monast. dei SS. Cirico e Giulitta, i beni di quel monastero siti *at Lauri.*

Perg. di Amalfi, n. 82; arch. di S. M. di Font., n. 209; arch. della SS. Trinità, n. 941 — Orig. — Alt. 49 × 19 — Inedita.

A tergo, in scrittura longobarda, si legge: « *Chart. simile de illa quod fecimus ad* Petro *Viscataro* ».

† In nomine domini dei salvatoris nostri Iesu christi. anno ab incarnatione eius millesimo centesimo quintodecimo. kalen-

das septembrias ind. nona Amalfie. Ego quidem Petrus f. Iohanni Viscatari. a presenti die prumtissima volumtate scribere et firmare visus sum vobis dom. Leoni domini gratia presb. et monacho atque abbati monasterii beatorum martirum Cirici et Iulitte qui est dedicatus hic in Atrano suptus Montem maiorem. quam et at cuncta vestra congregatione vobiscum manentis in ss. vestro monasterio. han chartulam similem de ipsam quem vos michi scribere fecistis. pro eo quod tradidistis et assignastis michi omnia quantum habetis at Lauri quod in pred. vestro monasterio optulit Ursus monachus frater noster qui fuerat de dom. Pardo. et illo qui fuerat de Theodonanda da la Porta (1) concuvina sua. et ipse pergule decem quod nos vobis venundedimus. totum coniunctum per as fines. a supra fini via puplica. de suptus finem de dom. Mansoni Amfora. de uno latere fine heredes dom. Sergii de com. Maurone. et de alio latere finem de Sergio de Turvo. cum via sua et omnia sua pertinentia. unde nichil nobis exinde exceptuastis. In ea videlicet ratione ut ab odierna die nos et una persona de filiis nostris et una persona de fili filiorum nostrorum de generatione in generatione usque in sempiternum eos tenere et lavorare debeamus et si ibidem vacuum habuerit impleamus eos de vinea de vono bitinio qualiter ipse locus meruerit. et zappemus eos duas vices per annum tempore apto. et vos et vestris posteris successores dare nobis debeatis tanta ligna quanta ibidem fuerit necesse cum quo eos lavoremus per omni annue usque in sempiternum. canne vero et salici faciamus in pred. loco quod ibidem mittamus. et si inde remanet vos exinde tollatis portiones duas et nos tertie. talemque curam et certamen exinde habere debeamus ut non pereat set Domino auxiliante proficiat ut pareat apud vonis hominibus. et a die presenti vinum et omnem alium frugium qui exinde exierit sine fraude et omni malo ingenio vobiscum eos dividere debeamus in tertiam partem. vinum at palmentum et fructora per tempora sua. vos et vestris posteris successores tollatis exinde portiones duas et nos et nostri heredes portionem unam hoc est tertie. et ipse due portionis vestre de pred. vino nos vindemiemus et pisemus et inbuctemus in buctes vestras. et nos eas distringamus cum circli vestri et in pred. loco vobis eos inbuctemus. et quando paruerit mela tollatis inde supra sortem cofena dua per annum. et de ipse ube tollatis

---

(1) Questo nome è corretto e la sillaba *ta* è interlineare.

tria cofena supra sortem per omni annue set unum cofinum vobis exinde deponamus usque at mare de Reginnis Maioris nos et nostri heredes per unumquemquem annum usque in sempiternum. Et neque vos neque homo vester nobis ibidem virtutem vel inbasionem non faciatis. set vindicetis nobis eos ab omnibus hominibus. Ipsa vero casa quod ibidem habet reserbastis illam at vestram potestatem. Quod si nos et nostri heredes bene eos non lavoraverimus et ipsam legem vestram completam vobis non dederimus iactetis nos exinde vacuos et faciamus vobis iustitiam sicut lex fuerit. Quod si nos bene lavorando et ipsam legem vestram completam vobis dando et volueritis nos exinde iactare faciatis nobis iustitiam sicut lex fuerit. Quod si minime vobis exinde fecerimus libra unam byzantinam vobis componere promittimus. et hec chartula sit firma imperpetuum. Et mittatis vos due parti et nos tertie et fravicemus una casa iuxta ipsa pred. casa vestra cooperta at scandole ubi de presentem habitare debeamus.

† Maurus Coropalatus f. Iohannis com. Mauronis t. e.

† Iohannes f. dom. Mauri com. Mauronis t. e.

† Maurus Protonobilissimus f. dom. Sergii com. Mauronis t. e.

† Ego Constantinus scriba f. dom. Iohanni curiali scripsi.

CXIX.

1117 — ind. XI — 10 settembre — Amalfi.

Purpura rel. dom. Mauri f. dom. Pardi de Iohanne de Mauro de Pantaleone com. vende al prete *dom. Iohanni f. Petri Curbolino*, rettore della ch. di S. Vito a Casamare, *1 mese e 10 giorni* del molino *da la Pumece, qui dicitur de ipsi Scaticampuli*, e *20 giorni* del molino *da la Carnara*, per 30 soldi d'oro di tarì.

Perg. di Amalfi, n. 83; arch. della SS. Trin., n. 1172 — Orig. — Alt. 37 × 23 1/2; lievemente macchiata in alto — Inedita.

† In nomine domini dei salvatoris nostri Iesu christi. anno ab incarnatione eius millesimo centesimo septimo decimo. die decima mensis septembrii ind. undecima Amalfi. Certum est

me Purpura relicta dom. Mauri f. dom. Pardi de Iohanne de Mauro de Pantaleone com. a presenti die promtissima voluntate [v]enundedimus et tradidimus vobis dom. Iohanni presb. f. Petri Curbolino. qui estis rector ecclesie sancti Biti christi martiris qui constructus et dedicatus est at Casamare. et per vos in ipsa ss. ecclesia sancti Viti. idest plenariam et integram ipsam portionem meam de ipsa mola aquaria da la Pumece. qui dicitur de ipsi Scaticampuli. hoc est mense uno et dies decem. quantum ibidem abuimus. sicut est pred. mola fabricata et ordinata cum ipsa iectura et cum ipsa acquaria [s]uam et o[mnia] edificia et pertinentia suam. qui michi obbenit a parte de ss. viro meo et a parte de ipsam genitricem me[am]. et at illis obbenit per donationem et per comparationem da dom. Constantino de com. Maurone. [et] ipse chartule quod inde abuimus dedimus vobis ille. et firmamus vobis ut si alia chartula exinde inventa dederit pertinentes de hoc suprascripto quod vobis venundedimus ego et meis heredes mittere illas debeamus subtus vos et vestris posteris sine omni vestra amaricationem. sicut est cum vice de viis suis et omnia sua pertinentia. unde nichil exeptuavimus. Iterumque et cum ist[ud] vendedimus et tradidimus vobis plenariam ipsam portionem meam de ipsam mola da la Carnara sicut est cum iectura et acquaria et omnia sua pertinentiam. et salba via suam. unde nichil exeptuavimus. quia plenarie ss. portionis nostre de ss. mole cum iectura et acquarie et omnia eorum pertinentiam vobis venundedimus et tradidimus sine omni minuitate sicut superius legitur. hoc est mense uno et dies decem de pred. mola da la Pumece qui dicitur de ipsi Scaticampuli. et dies viginti de pred. mola da ipsa Carnara cum iectura et acquarie et omnia eorum pertinentiam. Unde et impresentis exinde a[ccepi]mus a vos nostra sanationem idest auri solidos trinta de tari boni de Amalfi ana tari quattuor per solidum sicut inter nobis bone voluntatis comvenit in omnem deliberationem et in omnem decesitionem. ut amodo et semper tota ss. nostram venditionem qualiter superius legitur siat in potestatem vestram et de vestris posteris successoris at faciendum et iudicandum exinde pro hutilitatem de ss. ecclesia omnia quod volueritis sine omni nostram et de nostris [here]dibus contrarietatem vel requesitionem in perpetuum. Insuper nos et nostris heredes vobis et at vestris posteris eos antestare et defensare promittimus omni tempore ab omnibus hominibus.

Quod si minime vobis exinde fecerimus et omnia ut superius legitur non atimpleverimus componere promittimus nos et nostris eredes vobis et at vestris posteris dupplo ss. pretium. et hec chartula sit firma imperpetuum.

† Ego Iohannes f. Sergii Sfisinatus t. s.

† Ego Sergius iudex t. s.

† Constantinus f. Mauri de domina Grifa t. e.

† Ego Iohannes Comite curiali scripsi.

CXX.

1120 — ind. XIII — 10 gennaio — Amalfi.

Urso f. Marino Gammardella dona a sua moglie *Theodonanda* una vigna sita in *Pigellula, at Casamare*, avendo ricevuto 30 soldi di tarì, come dote di lei.

Perg. di Amalfi, n. 84; arch. di S. Lor., n. CIII; arch. della SS. Trin., n. 709 — Orig. — Taglio curvilineo irreg. a punta in basso: alt. 46 1|2 × largh mass. 16 — Inedita.

† In nomine domini dei salvatoris nostri Iesu christi. anno ab incarnatione eius millesimo centesimo vicesimo. die decima mensis ianuarii ind. tertia decima Amalfi. Ego quidem Urso f. Marino Gammardella qui sum pro vice mea et pro vice de toti ipsi filiis meis. et ego quindeniio a partibus eorum. a presenti die promtissima voluntate dedi et donavi atque tradidi tibi Theodonanda uxori mea. pro ipsi solidi triginta de tari quod recepi a te de ipsa dotem meam. plenariam et integram ipsam petiam de vineam nostram quod nos et vos comparavimus per chartulam da domina Blacta relicta dom. Lupini Cocti et da dom. Urso et dom. Sergio ambo veri germanis filii eius in Pigellula positum loco nominato at Casamare. qui antea fuit terra bacua et petrosa et modo est vineam. plenum et bacuum et macerine et omnia sibi infra se abentibus et pertinentibus. et ipsa ss. chartula comparationem vobis dedimus. et reclaramus vobis exinde ipse finis. hoc est da finem causam de Petro de Ala de illos qui fuit de dom. Theodonanda Dentice in iusum per eius finem quomodo badet atgirando per ipsa via puplica usque at finem de heredes dom. Pulcharo Cariulo. illos qui fuerat de

Leo Pollastrella da pede. et abinde in susum per ipsum cilium indat septemtrionis usque at finem de ss. Petro de Ala. de illos qui fuit de ss. dom. Theodonanda Dentice. cum salba via sua cum omnia causa. unde nichil exeptuavimus. quia sicut ss. finis concluditur et sicut pred. chartula comparationis continet toto vobis illos venundedimus et tradidimus plenum et bacuum sine omni minuitatem. per ss. solidi triginta quod a te recepimus de ipsa dotem nostram. in omnem deliberationem et in omnem decesitionem. ut amodo et semper siat in potestatem vestram et de vestris heredibus at faciendum et iudicandum exinde omnia quod volueritis sine omni nostra et de nostris heredibus contrarietatem vel requesitionem imperpetuum. Et qui contra hanc chartulam venire presumpserit et eam rumpere vel disturbare voluerit abeat anathema et maledictionem a patre et filio et spiritum sanctum et partem abeat cum Iuda traditore domini nostri Iesu christi. insuper componat vobis vel cui hoc scriptum in manu paruerit, auri solidos sexaginta byzantinos. et hec chartula sit firma imperpetuum.

† Ego Iohannes f. Sergii Sfisinatus t. s.

† Sergius f. dom. Leonis Iudice t. s.

† Mus. (*sic*) iudex t. e.

† Ego Iohannes Comite et curiali scripsi.

CXXI.

112(2) — Guglielmo duca a. 12 — ind. XV — 20 marzo — Amalfi.

Sergius f. dom. Iohanni f. qd. dom. Sergii de Urso de Pulcharo de Urso com. de Pulcharo com., sua moglie *Drosu f. dom. Sergii f. dom. Pantaleonis Castallomata*, e la loro figlia *Rodelaita*, vendono a *dom. Leoni*, abbate del monast. dei SS. Cirico e Giulitta, alcune terre site in Tramonti, nei luoghi detti *Rospulum* e *Ballano*, per 300 soldi di tarì.

Perg. di Amalfi, n. 85 ; arch. di S. M. di Font., n 216; arch. della SS. Trin., n. 94 — Orig. — Taglio curvilineo nel marg. sup. : alt. 98 × 41 ; rigata e marginata, elegante ; corrosa, macchiata, deleta un po' dovunque con molto danno alla scrittura — Inedita.

† In nomine domini dei salvatoris nostri Iesu christi. anno videlicet ab incarnatione eius [millesi]mo centesimo vicesimo

[secundo. tempo]ribus domini Guilielmi gloriosi ducis anno duodecimo ducatus eius Amalfi. die vicesima mensis [mar]tii ind. quinta decima Amalfi. [Certum est me] Sergius f. dom. Iohanni f. qd. dom. Sergii de Urso de Pulcharo de Urso com. de Pul-[charo comit]e. et Drosu am[bo vi]delicet iugales [f. dom. Sergii f.] dom. Pantaleonis Castallomata quam et [Rodelaita. qui sumus genitrices et filii (1). a presenti die promptissima voluntate venun]dedimus atque et impresentis cessimus et tradidimus vobis dom. Leonis domini gratia sa[cer] et monachus [atque abbas] monasterii beati Cirici et Iulicte qui constructus et dedicatus est a supra Atrano hoc est subtus Montem m[aiorem]. idest plenarium et integrum ipsum castanietum nostrum quod abemus in Tramonti positum loco nominato at ipsu Rospulum. sicut est ple-[num et vacuum] et cum ipso silbosum et petrosum atque montuosum qui est at caput de pred. castanietum et omnia sibi infra se abentibus et pertinentibus. Unde reclaramus vobis exinde ipse finis. qualiter et quomodo eos vos et [cui per te datum] fuerit abere et possidere seu frugiare et dominare debeatis. ha supra namque ponitur fini aqua bersantem at finem causa de Longobardi. de subtus itaque p[onitur] a parte [occidentis finis causa mo]nasterii [sancti] Laurentii de supra Amalfi sicut ipsi ter[mini]s trabersi de petra demostrat. de uno vero la[tere a parte septemtrionis fini via] da ipso ballone maiore qui est at fine de heredes Sergio f. dom. Pardi. hoc est quali[ter s]alet de iusu da p[ede] da pred. finem de ss. monasterio sancti Laurentii . . medio pred. ballone maiore usque susum at caput in aqua bersantem at fine de La[ngo]bardi. et de alio latere a parte meri[die iterum fini finem causa] de pred. monasterio sancti Laurentii. sicut exfi[nat] per ipsi terminis. [sic rectum in susum] da pede usque at caput [est finis] causa de Langobardi. cum salba [via sua cum omnia causa venundedimus atque tradidimus. Iterumque insimul et cum] istud venundedimus et tradidimus vobis ss. dom. Leoni abbas plenariam et integram ipsam [hereditatem nostram de pred. loco Tramonti] nominato at Ballano. sicut est cum cammare due fabrite solarate. et cum ipso boctario de subtus seu et palmentum et labellum et cisterna toto coniunctum. quam et alia una cammara fabrita ibidem abente et quattuor buctes et omnia sibi infra se abentibus

(1) Questi nomi, che più non si leggono sull'originale, son tratti dal *Chartul. amalphitanum* del Camera.

et pertinentibus. Unde iterum reclaramus vobis exinde ipse finis. qualiter iterum illos vos et cui per te datum fuerit abere et possidere seu frugiare et dominare debeatis. ha supra namque ponitur fini ipso castanietum et vinea de Musco exadelfo cognato nostro f. dom. [Leoni Mansa]rella. et expedicata finem eius in[tinget] ibidem inda parte meridie fini de Sergio f. Iohanni da La[por]a. sicut ipsa [ri]pa et sepale de[mostrat]. de subtus itaque ponitur a parte occidentis fini finem de Urso da lu Pasti[num sicut demostrat] per ipsa pred. sepale. de uno vero latere a parte septemtrionis iterum fini finem causam de ss. monasterio sancti Laurentii sicut demostrat per medium ipsum ball[onem. et] de alio autem latere a parte meridie fini causa iterum de pred. monasterio sancti Laurentii sicut demostrat per ipsi termi[ni] et iam revolbet . . . . inda parte septemtrionis per fine de pred. m[ona]sterio sancti Laurentii sicut ipsi ter[mi]ni de[mostrat usque] in ipso ballone iam vestrum. et deinde salet rectum in susu per plenario pred. ball[one iam vestro] et usque in fine de Sergio f. . . . . Cum salba iterum via sua cum omnia causa. unde iterum nichil exceptuavimus. Iterumque [insimul et cum] istud [venun]dedimus et tradi[dimus vobis] plenariam ipsa petiam nostram de silba ibidem in pred. loco Transmonti positum. per as fines. ha supra [nam]que ponitur fini aqua bersante at fine de Langobardi. de subtus itaque ponitur fini de Pantaleo iudex f. dom. Musci. de uno latere a parte meridie fini de Sergio da lu Anglu. et de alio latere a parte septemtrionis fini finem de ss. monasterio sancto Laurentio sicut demostrat per mediam ipsam cripta. [cum sa]lba via sua hoc est at ss. castanietum et vinea et silba unde se[mper] ibidem andavimus nos et parentibus et au[to]ribus nostris. at in[gred]iendum [et] egrediendum exinde cum omnia causa qui vobis et at cui per te datum fuerit [op]us et necessum fuerit. U[nde nobis exinde] de [his] omnibus [suprascrip]tis nichil [re]mansit vel aliquid vobis exinde exceptuavimus. nec in aliena persona exinde aliquid commisimus vel committimus potestatem. quia toto pleniter et sine omni minuitatem vobis illos venundedimus et tradidimus. hoc est [vi]nea et castanietum et silba et fructura plenum et bacuum et petrosum et montuosum domesticum et salba[ticum] cultum vel [incultum] in planum et in [montem] frutiferis vel inf[ru]tiferis. cum ss. fabricis ibidem abentem et omnia sib[i in]fra se abentibus [et pertinentibus. et nichil nobis exinde in ss. locis] non remansit. et obbenit nobis hec omnia suprascripta per chartulam comparationis da Marino vero [germano et cognato] et tio nostro. et at illum obbenit in portione per chartulam merse quando divisit mecum pred. Sergio et cum ipsi veri germanis meis. et tote ipse chartule quod exinde abuimus dedimus vobis ille. et firmamus vobis ut si aliquando [tem]pore qualibetcum[que] alie [chartule] exinde inventa dederit nos et nostris heredes mittere ille debeamus sub[tus v]os et at cui per vos datum fuerit sine vestra [damnietate vel] amaricatione. Unde et impresentis exinde accepimus a vos plenariam nostram sanationem. idest [auri solidos trecentos (1) de tari boni] de Amalfi ana tari quattuor per solidum sicut inter nobis bone voluntatis comvenit. qui fuerunt de vos ss. dom. Leoni [abbatis et de Ser]gio presb. spiritali filio tuo in omnem deliberationem et in omnem decesitionem. Ut a nunc die presentis et imperpetuis temporibus [plenarie] et integre tote ss. nostre venditionis seu traditionis qualiter superius legitur in vestra et cui (per) vos d[atum] sit [potestatis a]bendi fruendi possidendi vindendi donandi commutandi vel cambiandi aut offerendi vel cui illos vos . . . . [volue]ritis in omnia et in omnibus semper liberam et absolutam abeatis potestatem at faciendum et iudicandum exinde omnia quod volueritis sine omni nostra et de nostris heredibus contrarietatem vel requesitionem. Et iam aliquando tempore neque a nobis vel ab [heredibus nostris] neque a nobis personam summissam nullam requesitionem vel molestiam aut contrarietatem exinde abeatis de h[is omnibus quod v]obis venundedimus. non vos nec cui per te datum fuerit neque nulla personas pro parte vestra per nullam occasionem [imperpetuum. set nos et] nostris heredes vobis ss. dom. Leoni abbas et cui per te datum fuerit plenarie et integre tote ss. nostre [venditionis seu] traditionis antestare et defensare illos promittimus omni tempore ab omnibus hominibus. Quod [si minime vobis exinde f]ecerimus et omnia ut superius legitur non atimpleverimus componere promittimus nos et nostris here[des vobis vel cui per] te datum fuerit auri solidos sexscentos byzantinos. et hec chartula nostre venditionis seu traditio[nis ut superius legitur firma et stavilis per]maneat imperpetuum. Reclaramus ut illis qui viam abet per legem per hoc suprascripto quod vobis venunded[imus] . . . exinde . . . Ipso disturbatur (*sic*) de super legit. et cui per te datum fuerit. et in alio loco legit. Ro-

(1) Il prezzo è segnato in una nota dorsale della pergamena.

delaita. et in alio [loco legit]. Leoni. Et hoc memoramus quod superius minime scripsimus ut at ss. silba viam ibidem abeatis per causa de Iohanne f. Iohanni da Lapora quod [modo abet] pred. Musco Ma[nsarella et per] ipso castanietum qui fuit de pred Urso fratri et cognato et tio nostro quod modo abet pred. Pantaleo iudex et filius dom. Musci.

† Petrus iudex t. e.

† Ego Sergius iudex t. s.

† Leo f. dom. Iohanni Sfisinatus t. e.

† Ego Iohannes Comite et curi[a]lis scripsi.

CXXII.

(1122 ?) — (Guglielmo duca).

Donazione fatta al monast. dei SS. Cirico e Giulitta di una terra sita in Tramonti, con obbligo di suffragi.

Perg. di Amalfi, n. 86; arch. di S. M. di Font., n. 217; arch. della SS. Trin., n. 213 — Orig. — Alt. 57 × circa 18, originariamente, di cui avanzano appena cm. 6-8 — Della perg. avanza tutto il lato sinistro; è strappata longitudinalmente e ne mancano circa due terzi; quel che resta è pure corroso e macchiato — Inedita.

Da quel che resta del protocollo iniziale sappiamo che questa perg. fu scritta dopo del 1120, anzi non prima del 10° anno del ducato di Guglielmo; e poichè questo cade nel 1122, è tra questo anno e la morte di quel duca (1127) che va collocato questo documento. Se non che il n. 217, che aveva questo doc. nell' arch. di S. M. di Fontanella, seguendo immediatamente il docum. del 20 mar. 1122, che ha n. 216 (v. doc. CXXI) lascia supporre che con ogni probabilità questo doc. appartenesse allo stesso anno 1122, o fosse, tutt' al più, di poco posteriore.

† In nomine domini dei salvatoris [nostri Iesu christi. anno ab incarnatione eius millesimo] centesimo vicesimo [secundo (?). temporibus domini Guilielmi gloriosi ducis anno] decimo (?) ducatus eius [Amalfi. die . . . mensis . . . ind. . . . Mani]festum facio ego Leo . . . . [monasterii beatorum martirum Quiri]ci et Iulicte. qui construc[tus et dedicatus est in civitate Atrano a subtus Monte] maiore. quia spontanea [voluntate . . . . in mo]nasterio. hoc est

beate [dei genitricis Marie et beatorum martirum Quirici et Iu]licte. quod cum auxilio Dei . . . . [plena]-riam et integram ipsam here[ditatem . . . . . in Tramon]-ti positum. cum fabricis et [omnibus pertinentis suis] . . . . vi da dom. Sergio . . . . solidos . . . . tos de tari de Amalfi a[na tari quattuor per solidum] . . . . meo. In tali vero ordine [ut] . . . . totum ipsum refrugium qui . . . . [iudi]-candum michi exinde . . . . na personam. posta (?) de[nique . . . . mo]-nasterio beate Marie v[irginis] . . . . feci. et in manum et pote[statem] . . . . tota sua congregatio . . . . [at fru]-giandum sibi eos totum . . . . [non] abeat potestatem illos . . . . neque alie[na]re vel [in pignus ponere . . . . beate] Marie virginis et be[atorum martirum Quirici et Iulicte] . . . . . . siat pred. castanie[tum . . . . mona]-sterio una cum [sua congregatione] . . . . debeat michi fa[cere anniversarium] . . . . psalterium et missa et . . . . die sexta stante mensis . . . . et vigilia pro anima . . . . [et si forsi]-tan quia ipsis meis post[eris] . . . . misse et vigilia et . . . . filio meo per omnem an[num. . . . anathema et maledictio]-nem a patrem et filio et spi[ritum sanctum] . . . . et rationem inde ret[dat . . . . . . ante conspectu domini] nostri Iesu christi. insuper com[ponat] . . . . auri solidos sexscentos byzantinos . . . . de pred. monasterio. debeat fa[cere . . . . anniver]-sarii de pred. Sergio presb. in Christo fili[o] . . . . monasterio. et si illos non f[ecerit] . . . . at eis per audacia . . . . [at]-impleat et faciat sicut [superius legitur] . . . . congregatione debeat co . . . . fuerit sicut unum . . . . quod factum habet in pred. . . . .

† Ego Sergius iudex t. [s].

† Ego Iohannes Comite [et curiali scripsi].

CXXIII.

1123 — ind. II — 27 ottobre — Amalfi.

Constantinus Sardella f. qd. Iohannis de Marinum, Stefanus f. qd. Urso da Puzzu et Iohannes f. qd. Iohannis Spizzatortile, esecutori testamentari di *Constantino f. dom. Iohanni presb. da Caprile,* vendono a *Palumbo f. qd. Palumbo da Toru* ed a sua moglie *Anna f. Sergii Piscopo,* metà dei beni di quello, siti in *Pelagiano a supra sancto Luca,* per 40 soldi di tarì, che spendono *pro anima* del defunto, giusta le sue disposizioni testamentarie.

Perg. di Amalfi, n. 87; arch. di S. Maria di Font., n. 428 (1); arch. della SS. Trin., n. 105 — Orig. — Taglio irreg. nella parte inf.: alt. mass. 84 × 22; corrosa in tre punti al centro, deleta all'ang. sup. destro — Inedita.

† In nomine domini dei salvatoris nostri Iesu christi. anno ab incarnatio[ne eius mi]llesi[mo centesimo vi]cesi[mo] ter[tio. die] vicesima septima mensis octubris ind. secunda Amalfi. Certum est me Consta[ntinus] Sardella f. qd. Iohannis de Marinum. quam et nos Stefanus f. qd. Urso da Puzzu. et Ioh[annes] f. qd. Iohannis Spizzatortile. qui sumus toti tres ss. personis distributores de Constantino f. dom. Iohanni presb. da Caprile per ipsum suum testamentum. a presenti die prontissima volumtate venundedimus atque et impresentis cessimus et contradidimus vobis Palumbo f. qd. Palumbo da Toru. et Anna ambo iugali filiam Sergii Piscopo. idest plenariam ipsa[m m]edietatem de plenariam ipsa ereditatem de Pelagiano positum a supra sancto Luca. quod nobis dicavit ss. Constantino da Caprile ut vindere pred. medietatem suam de tota pred. ereditatem et fabricis et omnia suam pertinentiam et pretium quod exinde tolleremus dare illos pro animam suam sicut ille iudicavit per ipsum pred. suum testamentum. unde ipsa alia reliquam medietatem exinde abetis vos qui fuerat de Maria tia vera vestram uxore ss. Constantino da Caprile. sicut est tota ipsa ss. ereditatem cum case due fabrite solarate et coq[uina] et baniu et cisterna et palmen-

(1) Ebbe il docum. una numerazione così alta, perchè la data fu erroneamente letta dall'archivista 1323.

tum et label[lum] et mandra fabritam ibidem [abentem et] cum omnia sivi infra se abentibus et pertinentibus. qui obbenit at ss. Cons[tantino da Caprile] a ss. dom. Iohanne presb. genitori suo. et pred. genitori suo obbenit per chartulam ex comparationis. et ipsa pred. chartula comparationis cum quo eos comparavit ss. dom. Iohannes presb. da Caprile quod exinde abuimus cum alie chartule nobem beteris dedimus vobis ille. et firmamus vobis per hanc chartulam ut si aliquando temporem qualibet aliam chartula exinde inventam dederit nos et nostris eredes mittere ille debeamus subtus vos et vestris eredibus sine vestra damnietatem vel amaricationem. Nam vero reclaramus vobis exinde ipse finis de tota ipsa ss. ereditate et de omnia suam pertinentiam qualiter et quomodo eos vos et vestris eredibus abere et possidere seu frugiare et dominare debeatis. a supra namque ponitur fini finem causa de dom. Iohannes Funci sicut exfinant ipsis terminis. de uno latere a parte orientis fini finem de dom. Constantino [et de dom.] Petro germanis de Candidum. et de subtus itaque ponitur fini finem cau[sa de ecclesi]e sancto Luca. et de alio autem latere a partem occidentis fini finem Mauro Barbalata. sicut exfinant ex omnis partes ipsis terminis. cum salbe vie sue in susu per ipsa ereditatem de ss. Iohannes Funci usque in ipsa via puplica. et in iusu per ipsa causam de pred. ecclesia sancto Luca et per ipsa curtem de pred. ecclesiam ibidem ingrediendi et egrediendi cum omnia causam qui vobis et at vestris eredibus opus et necessarium fuerit seu et cum omnia sivi infra se abentibus et pertinentibus. Unde nobis exinde nichil remansit vel aliquid vobis exeptuavimus. quia quantum ipse ss. finis concluditur fabricis et vineis et terris plenum et bacuum ipsa ereditatem que fuerat de ss. Constantino da Caprile tota vobis eos vendedi[mus] et tradidimus sine omni minuitatem. Unde et impresentis exinde accepimus a v[os ple]nariam nostra sanationem idest auri solidos quadraginta de tari boni moneta de Amalfi ana tari quattuor per solidum sicut inter nobis vone voluntatis convenit. quod dedimus et expedimus pro animam de ss. Constantino da Caprile sicut disposuit ille per suum testamentum. et ipsum pred. testamentum quod fecit ss. Constantino tio vestro da Caprile non potuimus vobis illum dare. set similem vobis illum exemplavimus et dedimus vobis inde ipsa pred. exempla. et firma[mus] vobis per hanc chartulam ut quando necessa ipse pred. testamentum berace quod abemus nos. nos et nostris eredes monstrare illum debeamus ante legem vobis et at vestris ere[dibus] sine vestra damnietatem vel amaricationem. post finem factam at nostra perbeniat [pote]statem at monstrandum vobis illum sicut superius legitur in omnem deliberationem et in omnem decesitionem. Ut a nunc die presentis et imperpetuis temporibus plenariam ss. nostra venditione seu traditione qualiter super legitur in vestram et de vestris eredibus sit potestatis abendi fruendi possidendi vindendi donandi seu comutandi etiam vestrisque eredibus dimittendi in omnia et in omnibus semper liberam et absolutam habeatis potestatem at faciendum et iudicandum exinde omnia quod volueritis sine omni nostra et de nostris eredibus contrarietatem vel requesitionem imperpetuum. et sic eos abeatis et possideatis per finis et vie et merguli et fabricis et omni ordinis et rationis qualiter et quomodo continet ipse chartule quod vobis dedimus. Insuper nos et nostris eredes vobis et at vestris eredibus plenariam ss. nostra venditione seu traditione qualiter super legitur eos antestare et defensare promittimus omni temporem ab omnibus hominibus. quod si minime vobis exinde fecerimus et omnia suprascripta ut super legitur non atimpleverimus componere promittimus nos et nostris eredes vobis et at vestris eredibus dupplo ss. pretium. et hec chartula sit firma imperpetuum.

† Constantinus f. Mauri de domina Grifa t. e.

† Leo f. dom. Iohanni Sfisinatus t. e.

† Petrus iudex t. e.

† Ego Pantaleo imperialis patricius f. Ursi scripsi.

CXXIV.

1125 — ind. III — 12 gennaio — Amalfi.

Iohannes f. Ursi Pagurillo vende a suo fratello Sergio ed alla moglie *Theodonande f. Marino Lauritano* la sua porzione dei beni *da Ciarki*, che egli ha in comune col compratore e con gli altri fratelli, per 11 soldi di tarì.

Perg di Amalfi, n. 88; arch. di S. Lorenzo, n. CVIII; arch. della SS. Trin., n. 553 — Orig. — Alt. 33 × 20; corrosa, macchiata in qualche punto — Inedita.

† In nomine domini dei salvatoris nostri Iesu christi. anno ab incarnatione eius millesimo centesimo vicesimo quinto. die

duodecima mensis ianuarii ind. tertia Amalfi. Certum est me Iohannes f. Ursi Pagurillo. a presenti die promtissima voluntate venundedimus et tradidimus vobis Sergio vero fratri meo f. ss. Ursi Pagurillo genitori nostro. et Theodonande ambo iugali filia Marino Lauritano. idest plenariam et integram ipsa portione mea de tota ipsam ereditatem da Ciarki. quod in comune abuimus vobiscum et cum ipsi alii veri germanis nostris. sicut est ss. portionem mea de ss. ereditatem cum inclita ipsa portionem mea de ipse fabricis ibidem abentem et omnia sibi infra se abentibus et pertinentibus. et si qualibetcumque chartula exinde inventa dederit at v[estram] et de vestris eredibus pervenia potestatem sine vestra damnietatem vel amaricationem. unde nichil exceptuavimus. quia plenaria et integram ss. portionem mea de ss. ereditate cum fabricis et omnia sua pertinentia plenum et bacuum vobis venundedimus et tradidimus sine omni minuitatem. et nulla nobis exinde ibidem in toto ss. loco non remansit. Unde et impresentis exinde accepimus a vos plenaria nostra sanatione idest auri solidos undecim de tari boni de Amalfi ana tari quattuor per solidum sicut inter nobis bone voluntatis comvenit in omnem deliberationem et in omnem decesitionem. ut amodo et semper siat in potestatem vestram et de vestris eredibus at faciendum et iudicandum exinde omnia quod volueritis sine omni nostra et de nostris eredibus contrarietate vel requesitione imperpetuum. Insuper nos et nostris heredes vobis et at vestris heredibus eos antestare et defensare promittimus omni tempore ab omnibus hominibus. quod si minime vobis exinde fecerimus et omnia ut superius legitur non atimpleverimus componere promittimus nos et nostris heredes vobis et at vestris eredibus dupplo ss. pretium. et hec chartula sit firma imperpetuum. Reclaramus quia ss. solidi undecim fuerunt de ipsa dotem vestram. Nam et michi Marocta f. Iohanni Nucirino qui sum uxor de ss. Iohannes f. ss. Ursi Pagurillo hec chartula certissime placet per ss. obligata pena. Et hoc reclaramus quia iterum insimul et cum istud vendedimus vobis ipsa portione nostra de ipsa biterina de pred. loco quod in comune vobiscum abuimus a parte de pred. genitori nostro cum via sua et omnia sua pertinentiam per ss. obligata pena.

† Mastalus f. dom. Tauri t. e.

† Petrus iudex t. e.

† Leo f. dom. Iohanni Sfisinatus t. e.

† Ego Iohannes Comite et curialis ac protonot. scripsi.

CXXV.

1125 — ind. III — 3 giugno — Amalfi.

Il prete *Petrus Codaro* assegna a suo nipote *Lupino f. Sergii Papazzo*, anch'esso prete, metà della sua ch. di S. Maria *in Monte Aurio*, cioè oncie 6, con la contigua capp. di S. Vito, con la condizione che gli debba succedere un nipote di lui (V. docum. n. CXXVI).

Perg. di Amalfi, n. 89; arch. di S. Lor., n CVIIII; arch. della SS. Trinità, n. 1165 — Orig. — Alt. 61 × 26 — Inedita.

† In nomine domini dei salvatoris nostri Iesu christi. anno ab incarnatione eius millesimo centesimo vicesimo quinto. die tertia mensis iunii ind. tertia Amalfi. Certum est me Petrus presb. Codaro. a presenti die promtissima voluntate dedimus et atsignavimus vobis Lupino presb. vero nepoti meo f. Sergii Papazzo vero cognato meo. idest plenariam et integram mediam ipsam ecclesia mea oc est uncie sex vocabo (*sic*) sancte dei genitricis atque virginis Marie. qui est constructa et dedicata hic in Amalfi in loco qui dicitur Monte Aurio. quam et cum totam ipsa cappella vocabulo beati Viti christi martiris. qui est de pred. media ecclesia mea ibique coniuncta iusta pred. ecclesia. sicut est ss. ecclesia fabricata et ordinata et cum inclita medietatem nostra de cellis et sepulturis et abitationibus et codicibus et paramentibus suis nec non et cum hereditatibus et castanietis et viterinis et domibus et casaline et ortis et omni circulo et pertinentiis ipsius ss. ecclesie ubicumque exinde paruerit vel inventa dederit et cum vice de viis suis et omnia sua pertinentiam. unde nichil exceptuavimus. In ea enim rationem ut da ovitum meum in antea et cunctis diebus vite tue de te pred. Lupino presb. nepoti meo et de unum de ipsi veri nepotibus tuis qui clericus fuerit quale tibi placuerit ipsa ss. media ecclesia mea et cum omnia sua pertinentia ut supra diximus et cum tota pred. cappella et omnia sua pertinentia siat in potestatem de te ss. Lupino presb. nepoti meo at dominandum et frudiandum illos cunctis diebus vite tue. et post tuum ovitum perveniat in potestatem de unum de pred. nepotibus tuis qui clericus fuerit

quale tibi placuerit at dominandum et frudiandum illos cunctis diebus vite sue sine omni minuitatem. et in ss. media ecclesia mea servitium et officium ibide faciatis vel facere faciatis sicut pertinet at sacerdotes. et ipse eius hereditatibus laborare et cultare faciatis ut non pereat set Domino auxiliantem inmelioretur et in antea proficiat. Et non abeat licentiam vel potestatem nullus noster parentes neque nullam alia humana personam vobis ibidem supermittere vel ordinare nullum alium presbiterum vel diaconus aut subdiaconus vel clericus aut monachus vel laicus neque nullam alia humana personam in ss. media ecclesia nostra vel in eius pertinentiam neque in ss. cappella neque in eius pertinentias per nullam occasionem. neque abeat potestatem vos aut pred. nepoti tuo exinde commovere vel deiactare per nullum modum cunctis diebus vite tue de te pred. Lupino presb. et de pred. nepoti tuo. Et post denique ovitum tuum et de pred. nepoti tuo ipsa pred. media ecclesia mea cum omnia sua pertinentia et cum ss. cappella veniat in potestatem de illa persona cui ego illos iudicavero per ipsum meum testamentum. Pro eo quod modo presentem dedistis et pargiastis de propria tua causa auri solidos . . . . . (1) de tari de Amalfi at domina Maru uxor dom. Leoni de dom. Anthimo et recollixistis inde ipsa chartula qui fuit pertinentes de ss. ecclesia. et non abea potestatem ego ss. Petro presb. de fare inde nullam alia chartula de ss. media ecclesia mea vel de eius pertinentias aut de ss. cappella at nulla alia humana persona cunctis diebus vite tue de te pred. Lupino presb. nepoti meo et de pred. nepoti tuo qui clericus fuerit per nullam occasionem. et si inde fecero alia chartula at alia persona ante ovitum tuum et de pred. nepoti tuo ut vobis illos tollamus ante ovitum tuum et de pred. nepoti tuo ructa et bacua siat. set tantummodo illos abeatis et teneatis atque frudietis et dominetis vos ss. Lupino presb. nepoti meo et pred. nepoti tuo qui clericus fuerit da ovitum meum in antea et cunctis diebus vite vestre sine omni minuitatem per omni ordinem et rationem sicut superius legitur. Et qui contra hanc chartulam venire presumpserit abeat anathema et maledictione a patre et filio et spiritui sanctum. et componat vobis auri solidos centum byzantinos. et hec chartula sit firma.

† Ego Sergius Sfisinatus t. s.

---

(1) Al posto del numero vi è una lacuna.

† Petrus iudex t. e.
† Mastalus iudex t. e.
† Ego Iohannes Comite et curialis ac protonot. scripsi.

CXXVI.

1125 — Guglielmo duca a. 15 — ind. III — 8 agosto — Amalfi.

Il prete *Petrus f. qd. Leoni presb. Codaro*, sentendosi vicino a morte, fa il suo testamento. (V. docum. n. *CXXVII*).

Perg. di Amalfi, n. 90; arch. di S. Lor., n. CX; arch. della SS. Trin., n. 764 — Orig. — Alt. 60 × 37; lievemente corrosa nella parte superiore, deleta in vari punti — Inedita.

† In nomine domini dei salvatoris nostri Iesu christi. anno ab incarnatione eius millesimo centesimo vicesimo quinto. temporibus domini Guillielmi glorisi (*sic*) principis et piissimo ducis anno quinto decimo ducatus eius Amalfi. die octaba mensis agusti ind. tertia Amalfi. Chartula firma testamenti facta a me quidem Petrus presb. f. qd. dom. Leoni presb. Codaro pro quibus cecidit in egritudine et infir[mi]tate [in]valida positus sum et de die in die me expecto morire et non bibere et timeo ne fortem michi mors subitanea ebeniat et causa [me]a iniudicata remaneat. proinde volo disponere omnia mea causa ut post obitu meum bene ordinata fiat. Primus nanque volo atque dispono ut i[psa me]dietate propria mea de ecclesia sancte Marie de Monte Aurio cum omnia sua pertinentia vineis et kastanietis et terris et abi[ta]tionibus [et omnia sua] pertinentia et cum inclita ipsa kappella vokabulo sancti Viti martires [qui] est coniucta cum ss. ecclesia sancta Maria et cum omnia sua pertinentia fiad impotestatem de Lupino presb. vero nepoti meo f. Sergii Papazzi. et post obitum suum fiat de ipso nepote suo qualiter ille disponet et iudicat per suum testamentum. iam post obitum de ipso pred. nepoti suo perbeniat pred. media ecclesia nostra cum ipsa pred. kappella in potestate de totis propinquis consanguineis meis qui sunt descendentes de ipse vere germane mee at ordinandum pred. medietatem de ss. ecclesia nostra sancte Marie et ipsa pred. kappella propria nostra at sacerdote bonus qui est ss. nostra consanguinitate diebus vite sue. et si forsitan quia non est sacerdos de nostra consan-

guinitate ordinet illa at bonum sacerdotem qui placuerit at totis ss. meis consanguineis et nulla in censu exinde tollat de meis consanguineis set ipse sacer qui ibidem ordinatus est faciad michi vigiliam et missa in die depositionis mee omni annuo usque in sempiternum. et de natibitas Domini et de pasca resurretio Domini vigilie et misse ploralis pro anima de pred. genitori meo et de omnibus parentibus meis. ut semper ss. media ecclesia cum ipsa pred. kappella in sempiternum libera siant et nulla in censum exinde tollat nulla humana persona set semper ss. mea consanguinitatem hordinet illa sicut superius legitur. Volo atque dispono ut quantum abeo in Laurito siat de anbe Theodonande fideli mee at faciendum et iudicandum sibi exinde omnia quod boluerit. et ipsu lectum meum cum ipsi panni et totum mobile que abeo fiat de ss. fideli mee at faciendum sibi exinde omnia quod voluerit. et debeat abitare ambe diebus vite illorum in ipse kase qui sunt suptus pred. ecclesia nostra sancta Maria et sub ipsa cella noba nostra sine mansionatico. et pred. Lupino presb. vero nepoti meo et ipso ss. nepoti suo at cui benerit pred. ecclesie nostre dentur omni annuo at ipse ss. fideli mee cuctis (*sic*) diebus vite illorum cofina dua de ube et barili sex de vino de lestato et de ipsa fructura et semper siat at illum recommandare ut mercede inde abeat. et ipse ss. ambe fideli mee semper fiat coniucte in unum. et una at alteram moriatur et de causa illorum exstipet se at mortem. Volo atque dispono quia dom. Urso Collosolfe f. dom. Mauroni abet proprii meis solidi viginti quinque de tari de Amalfi. perbeniat impotestate de ipsi distributores mei quod constituo in hunc meum testamentum. dentur inde in hecclesiam de episcopio sancti Andree solidi octo de tari de Amalfi. et alii solidi octo in monasterio sancti Laurentii puellarum ubi corpus meum seplliuntur (*sic*). et dentur solidi teres (*sic*) at dom. Mauro venerabilis archiepiscopus nostro. et solidi sex qui exinde remanet expendantur pro ciria et misse et ubi necessu est. Et ego ss. Petro presb. abeo in manibus meis solidi viginti. si at obitu meum remanet michi exinde expendantur illis ipsi meis distributores per misse in die depossitionis mee et in diebus septem et triginta et diebus centum et annubersarium (*sic*). Abeo datum solidi duodecim at Sergio nepoti meo et alii solidi duodecim abet dati pred. Lupino presb. de propria sua causa at ss. Sergio vero nepoti meo. unde nobis abet facta chartula memoratorium de solidi viginti quattuor kapitania qui sunt ducdeci solidi proprii mei et ipsi alii duodecim sunt de pred. Lupino presb. vero nepoti meo. ubi benerit pred. Sergio vero nepoti meo salbum in ista terra potestatem abeat pred. Lupino presb. nepoti meo pro vicem mea et pro vicem sena querere ss. solidi viginti quattuor cum ipso prode. et si forsitan quia illi dare non potuit pro damnietate que abuit facia exinde fine cum illo ut melius post (1). et de ipsa portio mea quod inde tullerit dentur illi pro anima mea per manus de dom. Letitia domini gratia monacham de ss. monasterio maiure sanctu Laurentii. Volo ut ipsu mantellum meum nobum mustarulum et ipse due lene mee da linus dentur ille at ss. dom. Letitia dei gratia monacha cum alii solidi quattuor de tari at dandu illos eas pro anima mea ut illa michi repromisi. Volo et rogo ut siad meis distributores ss. dom. Letitia domini gratia monacha et pred. Lupino vero nepoti meo et Leoni vero fratri suo vero nepoti meo et ss. dom. Urso Collosolfe spiritali filio meo. et volo atque dispono ut tota ss. causa quod disposuit dare pro anima mea toti ss. quattuor distributore mei insimul expendat illis qualiter superius legitur. Et qui hunc meum testamentum rumpere vel dissipare voluerit illa persona magna vel parba abeat anathemam et maledictionem a patre et filio et spiritui sancto et partem abeat cum Iuda traditore domini nostri Iesu christi et componat aureos solidos quingentos byzantinos. et ec chartula nostra testamenti sit firma imperpetuum. Et hic melius memoramus quia ipsa portione de ipsa kasalina qui est hic in plano Amalfi in vico sancte Marie maioris qui fuit de Iohanne et de Leone f. de Urso de Docebele vero tio meo. quod michi dimisi pred. Leo pro parte de ss. Iohannes vero fratri suo. ut si obierit ipse Iohannes deberem ego pred. Petro presb. vindere ipsa pred. portione sua et pretium quod inde tollere facere inde pro anima de ss. Iohanni f. ss. Ursi de Docebole. modo vero venundedi illa at pred. Lupino vero nepoti meo et pretio quod inde tullimus dedimus illo pro anima de ss. Iohannes f. ss. Ursi de Docebele per ss. obli[gata] pena. Ubi est disturbatur (*sic*) legitur. duodecim.

† Ego Sergius Sfisinatus t. s.

† Leo f. dom. Iohanni Sfisinatus t. e.

† Pantaleo f. dom. Iohanni iudex Iectabecte t. e.

† Ego Iohannes scriba f. Ursi curialis scripsi.

---

(1) Leggi: *potest.*

CXXVII.

1125 — Guglielmo duca a. 15 — ind. III — 8 agosto — Amalfi.

Copia del testamento di *Petrus f. qd. Leoni presb. Codaro.*

Perg. di Amalfi, n. 91; arch. di S. Lorenzo, n. CXI; arch. della SS. Trin., n. 849 — Copia del doc. CXXVI — Alt. 51 × 22 — Inedita.

La copia non ha data; è fatta però nell'ultimo quarto del sec. XII, poichè in quell'epoca abbiamo istrumenti dello stesso *Fortunatus diaconus et curialis*, che l'ha fatta (V. Cod. Perris, n. 163 e 188).

† In nomine domini etc. (1). . . . .
. . . .

† Iohannes iudex de Pantaleone t. e. quia chartula unde istam exempla est vidit et legit.

† Iacobus f. dom. Mari (*sic*) de Iudice t. e. quia ipsa chartula unde ista exempla est vidi et legit.

† Ego Fortunatus diaconus et curialis hanc chartulam similem exemplavi nec iuncxi nec minui.

CXXVIII.

1126 — Guglielmo duca a. 16 — ind. IV — 25 aprile — Amalfi.

Le germane *Maru et Gemma, f. dom. Aventii f. dom. Sergii de Leone de Sergio de Mansone com.* vendono a *Iohannes f. Sergii Agerolano* ed a sua moglie *Drosu f. Petri Scannapecu* un *pastinum* sito *in Ponte primaro*, per 20 soldi di tarì.

Perg. di Amalfi, n. 92; arch. di S. Lorenzo, n. CXIIII; arch. della SS. Trin., n. 375 — Copia — Taglio irreg. all'ang. inf. destro: alt. 35 1/2 × 31; macchiata nella parte sin. — Inedita.

L'epoca della copia è la seconda metà del sec. XII, perchè di quel periodo si conservano in questo diplomatico molti istrumenti di *Manso f. dom. Iohannis f. dom. Ursi imp. dissipati*, che pare sia lo stesso estensore di questa copia.

† In nomine domini dei salvatoris nostri Iesu christi. anno

---

(1) Si omette il testo perchè simile a quello del precedente doc. n. CXXVI.

ab incarnatione eius millesimo centesimo vicesimo sexto. temporibus domini Guilielmi gloriosi principis [et] ducis anno sexto decimo ducatus eius Amalfi. die vicesima quinta mensis aprelis ind. quarta Amalfi. Certum est nos Maru et Gemma ambe vere germane f. dom. Aventii f. dom. Sergii de Leone de Sergio de Mansone com. a presenti die promtissima voluntatem venundedimus atque et in presenti cessimus et contradidimus vobis Iohannes f. Sergii Agerolano et Drosu ambo iugalis filia Petri Scannapecu. idest plenarium et integrum ipsum pastinum nostrum quod abemus in Ponte Primaro positum. quod vobis abuimus datum et traditum at cartatu per chartulam a pred. genitori vestro. eo quod modo per bona comvenientia vendedimus vobis totum illos quantum in nostra portione obbenit sicut sibi est ipse ss. pastinum quod vobis venundedimus cum omnia sua pertinentia. qui nobis obbenit de parentorum nostrorum. et firmamus vobis ut si aliquando tempore qualivet chartula exinde inventa dederit qui pertinea in hoc quod vobis vendedimus nos et nostri hederes mittere illas debeamus subtus vos et vestris heredibus sine vestra damnietate vel amaricatione. Et reclaramus vobis exinde ipse finis qualiter et quomodo vos et vestris heredibus abere et possidere seu frugiare et dominare debeatis. a supra namque ponitur da capud de ipsum ss. pastinum fini fine de ipsa hereditate de Constantino Venuso quod nos a illum vendedimus. de subtus itaque ponitur fini ipsum flumen. de uno vero latere ponitur a parte meridie fini finem causa de heredes dom. Mauri Monsincollo. et ab ista parte revolvit angulum et vadit per fine de pred. Constantino Venuso sicut demostra per ipsi termini. et de alio autem latere a parte septemtrionis fini finem de Iohanne de Calcara qui fuit causa nostra quod nos a illum per chartulam vendedimus. et sic illos abeatis sicut demostra per ipsi termini qui ibidem fabricati sunt et vadit directum in susum usque affine de ipsi pred. Venosi da capud per finem nostram. et cum salva via sua. unde nichil exeptuavimus quia quantum ss. finis concluditur totum vobis illos vendedimus et tradidimus sicut superius legitur. Unde et impresentis exinde accepimus a vos plenariam nostra sanatione idest auri solidos viginti de tari boni de Amalfi ana tari quattuor per solidum. et vos vobis inputastis ipsam portionem quod ibidem abuistis sicut inter nobis bone voluntatis comvenit in omne deliberatione et in omne decesitione. Ut amodo et semper plenaria ss. nostra venditione seu traditione quod superius legitur in vestra et de vestris heredibus sit potestatis abendi fruendi possidendi vindendi donandi commutandi etiam vestrisque heredibus dimittendi in omnia et in omnibus semper libera et absoluta abeatis potestatem sine omni nostra et de nostris heredibus contrarietate vel requesitione imperpetuum. Insuper nos et nostri heredes vobis et a vestris heredibus nos eos antestare et defensare promittimus omni tempore ab omnibus hominibus. quod si minime vobis exinde fecerimus et omnia ut superius legitur vobis non atimpleverimus componere promittimus nos et nostri heredes vobis et a vestris heredibus auri solidos quinquaginta byzantinos. et hec chartula sit firma imperpetuum. Et hic reclaramus quod superius minime scripsimus vos amodo et semper pro isto quod vobis venundedimus dare debeatis via at Constantino Venuso et at eius heredes ut pergat at ipso quod nos at illum venundedimus per ss. obligata pena. † Sergius f. dom. Sergii Mannarino t. e. † Leo f. Sergii f. Iohannis iudex t. e. † Petrus iudex t. e. † Ego Iohannes scriba f. Ursi curialis scripsi.

† Sergius f. Pantaleonis Mauronis com. t. e. quia ipsa chartula ex qua ista exemplata est vidit et legit.

† Matheus f. qd. Aliberti t. e. quia ipsa chartula unde ista exelpa (*sic*) est vidi et legi.

† Pandulfus f. Pantaleonis t. e. quia ipsa chartula unde ista exempla est vidi et legit.

† Ego Manso f. ss. dom. Iohannis f. ss. dom. Ursi curialis hanc chartulam propriis meis manibus exemplavit.

CXXIX.

1127 — Guglielmo duca a. 17 — ind. V — 8 febbraio — Scala.

Theodonanda f. qd. dom. Iohanne Coppula et rel. qd. dom. Iohannes f. qd. dom. Sergio monacho da Tabernata, Constantinus f. qd. dom. Leone f. dom. Leonis monacho de dom. Palumbo Coppula, et Mirandus f. dom. Constantini de dom. Mirando de Marinu, suocera e generi, esecutori testamentari del rispettivo marito e suocero *dom. Iohannes da Tabernata*, anche in nome dell' altro genero *dom. Cesario f. qd. dom. Iohannes f. qd. dom. Sergio Caczori*, vendono a *dom. Sergio f. ss. dom. Iohannes da Tabernata*, rispettivo figlio e cognato, alcuni beni siti in *Pugellula*, *at Ortellu*, per 316 soldi di tarì.

Perg. di Amalfi, n. 93; arch. di S. Lor., n. CXV; arch. della SS. Trinità, n. 449 — Orig. — Alt. 51 1/2 × 45 : rigata — Inedita.

† In nomine domini dei salvatoris nostri Iesu christi. anno ab incarnatione eius millesimo centesimo vicesimo septimo. temporibus domini Guilielmi gloriosi ducis anno septimo decimo ducatus eius Amalfi. die octaba mensis februarii ind. quinta civitate Scala. Certum est me Theodonanda f. qd. dom. Iohanne Coppula et relicta qd. dom. Iohannes f. qd. dom. Sergio gratia dei monacho da Tabernata. quam et nos Constantinus f. qd. dom. Leone f. dom. Leonis dei gratia monacho de dom. Palumbo Coppula. et nos Mirandus f. dom. Constantini de dom. Mirando de Marinu. qui sumus socera et generis atque veri cognati. qui sumus distributoris de pred. dom. Iohannes da Tabernata viro et socero nostro. et sumus in vice nostra et pro vice de dom. Cesario genero et cognato nostro f. qd. dom. Iohannes f. qd. dom. Sergio Caczori qui non est in istam terra. et nos quindeniamus a parte sua eo quod est huna nobiscum distributores de ipsum testamentum de pred. Iohanne. a presenti die prumtissima voluntate venundedimus atque impresenti concedimus et tradidimus vobis dom. Sergio f. et verum cognatum nostrum

et f. ss. dom. Iohannes da Tabernata. qui es una nobiscum distributor de pred. dom. Iohannes viro et socero nostro et genitori vestro. idest plenaria et integra ipsa hereditate da Pugellula loco nominato at Ortellu. quod pred. dom. Iohannes genitor vester et viro et socer noster comparavit a dom. Anna f. qd. dom. Leonis f. dom. Niceta da la Lama et relicta dom. Mansoni f. qd. dom. Muski f. Iohanni f. Sergii de Maurone de Petro Erario. quantum est vineis et castanietis et insertetis quam et fabricis et querquetis campis silvis et terris et viterinis et montibus asperum et petrosum quam et arboribus fructiferis et infructiferis plenum et vacuum cultum vel incultum domesticum et salvaticum in altum quam et in planu et in ballis totum est uno teniente. cum salve quidem vie sue et omnia sua pertinentia quam et cum omnibus infra se habentibus et pertinentibus. unde nichil vobis exinde exceptuavimus. set quantum in ss. loco per pred. compara habuit ss. dom. Iohannes genitor vester plenum et vacuum quam et fabricis sicut super legitur totum vobis eos dedimus sine aliqua minuitate pro auri solidos trecentos sedecim de tari bonis de Amalfi ana tari quattuor per solidum. Unde vobis facta habuit chartula ss. dom. Iohannes pater vester de ipse domus eius de Amalfi et de ipsa hereditate sua da Pugellula quod ibidem habuit de parentorum pro auri solidos ducentos septuaginta quinque (1) de tari de Amalfi ana tari quattuor per solidum quod ipse pred. testamentum de pred. dom. Iohanne genitori vestro continet. et ipsa pred. chartula vos capsare debetis sicut inter nos bone voluntatis convenit in omne deliberatione et in omne decesitione. Ut ha nunc die presenti et imperpetuis temporibus ipsa ss. nostra venditione seu traditione qualiter super legitur in vestra et de vestris heredibus sint potestate habendi fruendi possidendi vindendi donandi comutandi etiam vestrisque heredibus dimittendi in omnia et in homnibus semper liberum et absolutum illut habeatis sub vestra potestate at faciendum et iudicandum exinde omnia que volueritis sine omni nostra et de nostri heredes et de omni umana persona contrarietate vel requesitione imperpetuum. et ipsa pred. chartula comparationis cum quo eos comparavit ss. dom. Iohannes pater vester dedimus vobis illa. et taliter illos habeatis et possideatis vos et vestri heredes per fines et per mensurias et angulis qualiter et quomodo continet ipsa ss. hchar-

(1) La parola *quinque*, come attesta lo stesso *scriba*, è interlineare.

tula (*sic*) comparationis quod vobis dedimus. et tote ipse hchartule veteris quod exinde habuimus iterum vobis dedimus. et firmamus vobis u(1) si aliquando tempore alia quaviscumque chartula exinde inventa dederit qui pertineat in hoc quod vobis venundedimus subtus vos illam mittere debeamus et sub vestris heredibus sine omni vestra et de vestris heredibus damnietatem vel amaricationem. Insuper nos et nostri heredes vobis vestrisque heredibus illos antestare et defensare promittimus omni tempore ab omnibus hominibus. quod si minime vobis exinde fecerimus et omnia ut super legitur vobis non atimpleverimus componere promittimus nos et nostri heredes vobis vestrisque heredibus dupplo ss. pretium. et hec chartula sit firma imperpetuum. Ubi super est disturbatus legitur. Leone. et quod inter virgulum et virgulum est legitur. quinque.

† Sergius f. dom. Leoni Coppula t. e.

† Ego Constantinus f. dom. Urso Rapa t. s.

† Ego Urso iudex f. dom. Iohanni Acciaruli t. s.

† Ego Iohannes presb. scriba f. qd. dom. Stephani Alamanni scripsi.

CXXX.

1127 — ind. V — 1 maggio — Tramonti.

Palumbo cler. f. Petri Favaronia riceve in assegno da *dom. Marotta f. Iohannis Caniata et rel. Petri f. Sergii Pezenna* un'oncia e mezza che essa possiede sulla ch. di S. Erasmo *da Peccara*, obbligandosi a farsi prete ed officiarvi.

Perg. di Amalfi, n. 94; arch. di S. M. di Font., n. 220; arch. della SS. Trin., n. 948 — Orig. — Alt. 41 × 16 ; lievemente corrosa e macchiata in qualche punto — Inedita.

† In nomine domini dei salvatoris nostri Iesu christi. anno ab incarnatione eius millesimo centesimo vicesimo septimo. kalendas madias ind. quinta Transmonti. Certum est me Palumbo clerico f. Petri Favaronia. a presenti die promtissima voluntate scribere et firmare visus sum vobis dom. Marotta f. Iohanni

(1) Leggi: *ut*.

Caniata et relicta Petri f. Sergii Pezenna. qui est in vicem vestram et in vicem de ipsis filiis vestris et vos quindeniastis a partibus eorum. pro quibus tradidistis et assignastis nobis idest plenaria et integram uncia una et media quod habetis a parte de pred. genitore vestro in ecclesia sancti Erasmi da Peccara. cum uncia una et media de cellis et de sepulturis et de codicibus et de omnibus paramentibus suis nec non et de hereditatibus atque de omni circulo suo quascumque sibi habentibus et pertinentibus. unde nichil vobis remansit aut aliquid nobis exinde exceptuastis. In ea videlicet ratione ut ab hodierna die et usque at obitum meum de me ss. Palumbo clerico ipsa pred. uncia et media vestra de pred. ecclesia et de omnia sua pertinentia nostre sit potestatis bene regendi et gubernandi frugiendi et dominandi et nichil exinde minuandi. et facere me debeam presbiterum ut in pred. ecclesia die noctuque servitium et offitium facere debeam sicut pertinet at sacerdotem. et ipsas hereditates laborare et inmeliorare debeamus ut Domino auxiliante proficiat ut pareat aput bonis hominibus. Nunquam habeatis licentiam vel potestatem alium clericum sive monachum vel laicum nobis supermitere vel ordinare neque in pred. ecclesia neque in causa ipsius ecclesie aut aliquam virtutem vel invasionem nobis ibidem facere neque nos exinde commovere vel iactare per nullum modum aut datam occasionem. set vindicetis nobis eos ab omnibus hominibus. Et nos vobis exinde dare debeamus benedictione iuncata una et media in festivitate sancti Erasmi per unumquemque annum usque at obitum meum. et at obitum denique meum ipsa pred. uncia una et media vestra de pred. ecclesia et de omnia sua pertinentia at vestram et de vestris heredibus perveniat potestatem. Quod si minime vobis exinde fecerimus auri solidorum libra una byzzantina vobis componere promittimus. et hec charta sit firma. Ipso sturbatum legitur. tis.

† Leo presb. Castaldus f. dom. Iohanni Castaldi t. e.

† Petrus presb. f. dom. Sergii presb. de Paterno t. e.

† Iohannes presb. f. dom. Ursi presb. et primicerii t. e.

† Ego Iordanus Secundus Transmontis notarius scripsi.

CXXXI.

1127 — Guglielmo duca a. 17 — ind. V — 10 luglio — Amalfi.

Iohannes f. dom. Gregorii Cacapice, di Napoli, e sua moglie *Marocta f. dom. Leoni iudice f. dom. Musci Agustalizzo* vendono al cugino *Sergio f. dom. Sergii f. ss. dom. Musci Agustarizzo* ed a sua moglie *dom. Gatelgrima f. dom. Ursi Cacapicem* i loro beni in *Reginnis Maioris*, *iusta flumen*, per 300 soldi di tarì.

Perg. di Amalfi, n. 95; arch. di S. M. di Font., n. 221; arch. della SS. Trinità, n. 306 — Orig. — Taglio irreg. al marg. inf.: alt. mass. 85 × 32 1/2; rigata e marginata — Inedita.

† In nomine domini dei salvatoris nostri Iesu christi. anno ab incarnatione eius millesimo centesimo vicesimo septimo. temporibus domini Guilielmi gloriosi principi et ducis anno septimo decimo ducatus eius Amalfi. die decima mensis iulii ind. quinta Amalfi. Certum est me Iohannes f. dom. Gregorii Cacapice de civitate Neapoli. et Marocta ambo videlicet iugali filia dom. Leoni iudice f. dom. Musci Agustalizzo. a presenti die promtissima voluntate venundedimus atque et impresentis ces[si]mus et tradidimus vobis Sergio exadelfo nostro f. dom. Sergii veri tii nostri f. ss. dom. Musci Agustarizzo. et dom. Gatelgrima ambo iugali filia dom. Ursi Cacapice. idest plenariam et integram ipsam hereditatem nostram in Reginnis Maioris posita iusta flumen. sicut sibi est plenum et bacuum et cum ipso furno plenario et cum tote ipse case et balneum et palmentum et labellum ibidem abentem. quam et cum tote ipse alie case et fabricis ibidem abentibus et pertinentibus et omnia cum omnibus infra se abentibus et pertinentibus. qui nobis obbenit a parte de ss. dom. Leoni iudice socero et genitori nostro vero tio vestro et da dom. Aloara uxori sua socera et genitricem nostram. et at pred. dom. Leoni iudice socero et genitori nostro obbenit de parentorum quam et in portione quando partivit cum pred. dom. Sergio socero et genitori vestro vero fratri suo. et ipse chartule quod inde abuimus dedimus vobis ille. et

firmamus vobis ut si aliquando tempore qualibetcumque alia chartula exinde inventa dederit nos et nostris heredes mittere illas debeamus subtus vos et vestris heredibus sine vestra damnietate vel amaricationem. Nam vero reclaramus vobis exinde ipse finis seu pertinentias de tota ss. hereditate quod vobis venundedimus sicut superius legitur qualiter et quomodo eos vos et vestris heredibus abere et possidere seu frugiare et dominare debeatis. ha supra namque ponitur fini vestra et de ipsi veri germanis et cognati vestris sicut demostrat ipsa sepale. de subtus itaque ponitur fini plenario ipso muro fabritu iam vestrum usque in flumen. de uno vero latere a parte de Tramonti fini de eredes Leoni Gizzo sicut demostrat per plenario ipso muro fabrito iam vestrum dirictum da iusum usque in susum. et de alio latere a parte meridie fini causa vestra et de ipsi veri germanis et cognati vestri. causa qui fuerat de ss. genitori et socero vestro sicut demostrat ipse parietis qui est inter ipsa casa iam vestram et inter ipsa casa qui fuerat de ss. genitori et socero vestro. sic directum in iusum usque at ipsa finem da pedem qui est inter ipsa porta iam vestra et inter ipsa porta qui fuerat de pred. genitori et socero vestro et sic limpido in susum usque at caput per finem vestra et de ipsi veri germanis et cognati vestri. Cum salba via sua per ipsa pred. porta libera iam vestra et per ipsa via puplica ibidem ingrediendi et egrediendi. cum omnia causa qui vobis et at vestris heredibus opus et necessum fuerit. Unde nobis exinde nichil remansit vel aliquid vobis exinde exceptuavimus. quia tota ss. hereditatem vobis venundedimus et tradidimus plenum et bacuum cum tote ipse case et fabricis ibidem abente et cum plenario ss. furno et cum tote ipse case sue et aput latere de pred. furno et cum plenario ss. balneum et omnia sibi infra se abentibus et pertinentibus. et cum ipso (*sic*) de ipsa forma de flumen qui veniet at pred. valneum et at ipsa fontem cum omnia sua pertinentiam. et nulla nobis exinde ibidem non remansit. Unde et impresentis exinde accepimus a vos plenariam nostra sanationem idest auri solidos trecenti de tari boni de Amalfi ana tari quattuor per solidum sicut inter nobis bone voluntatis comvenit. unde retdedimus exinde solidos ducenti quadraginta at Iohannes f. dom. Landoni f. dom. Petri com. et refendario de civitate Salerno. et recolliximus da illum ipsa chartula venditionis quod inde at illum facta abuit ss. dom. Leo et ss. dom. Aloara eius iugali soceris et genitoris nostris cum ipsum iudicatum quod sibi inde appreensum abuit da ipsa curte de Amalfi cum ipse chartule beteris quod inde abuit. et ss. chartula vènditionis et ss. iudicantum cum ipse chartule beteris de ss. ereditatem iam vestra vobis dedimus. et si alia chartula exinde inventa dederit nos et nostris eredes mittere illas debeamus subtus vos et vestris eredibus sine vestra damnietatem vel amaricationem in omnem deliberationem et in omnem decesitionem. Ut amodo et semper plenaria et integra tota ss. nostra venditionem seu traditionem qualiter superius legitur in vestra et de vestris heredibus sit potestatis abendi fruendi possidendi vindendi donandi seu commutandi etiam vestrisque heredibus dimittendi in omnia et in omnibus semper liberam et absolutam abeatis potestatem at faciendum et iudicandum exinde omnia quod volueritis sine omni nostra et de nostris heredibus contrarietatem vel requesitionem imperpetuum. Insuper nos et nostris heredes vobis et at vestris heredibus eos antestare et defensare promittimus omni tempore ab omnibus hominibus. quod si minime vobis exinde fecerimus et omnia ut superius legitur non atimpleverimus componere promittimus nos et nostris heredes vobis et at vestris heredibus dupplo ss. pretium. et hec chartula nostre venditionis seu traditionis sit firma imperpetuum. Reclaramus quia venundedimus et tradidimus vobis toto ipso granum quod solebat macinare ss. dom. Leoni iudice socero et genitori nostro in ipsa mola de ss. heredes dom. Leoni Gizzo. sicut illos ibidem macinare solebat ss. dom. Leoni iudice socero et genitori nostro. Nam et nobis Manso f. dom. Mansoni de Arco. et Anthimo f. ss. dom. Sergii f. ss. dom. Musci Agustarizzo. qui sumus distributoris de ss. dom. Anna Mochia f. ss. dom. Leoni iudice. seu et nobis Ursus presb. et abbas f. dom. Sergii f. dom. Marini. et ss. Anthimo. qui sumus distributoris de dom. Aloara uxor ss. dom. Leonis iudice. quam et nobis Iohannes Capuano f. dom. Sergii. qui sum pro vice de dom. Musco iudice socero meo qui fuit distributor de ss. dom. Leoni iudice. una mecum pred. Anthimo. per ipsa eorum testamenta et per ipsum testamentum de ss. dom. Leoni iudicem hec chartula venditionis qualiter superius legitur certissime placet per ss. obligata pena. Ipso [disturbatum] de super legitur. vestra et de ipsi. Memoramus quia ipsi solidi sexaginta qui remanserit de . . . . ti expendimus illis pro anima de ss. dom. Leoni iudice et pro anima de ss. dom. Aloara uxori sua et pro anima de ss. dom. Anna Mochia filia sua.

† Petrus iudex t. e.
† Mastalus iudex t. e.
[†] . . . . Marino t. e.
† Ego Iohannes Comite et protonot. scripsi.

CXXXII.

1129 — ind. VII — 8 . . . — Ravello.

Constantinus f. Ursi Staviani offre sè stesso monaco al monast. dei SS. Cirico e Giulitta, e per esso all'abb. *dom. Landolfo*; gli paga 10 soldi di tarì e si obbliga a coltivare una terra del monastero sita *at Puncticitu*, ricevendone in cambio il sostentamento.

Perg. di Amalfi, n. 96; arch. di S. M. di Font., n. 222; arch. della SS. Trin., n. 392 — Orig. — Alt. 42 × 16 1|2; molto corrosa su tutto il marg. destro — Rip. dal CAMERA, I, p 318

† In nomine domini dei salvatoris nostri Iesu christi. anno ab incarnatione [eius mil]lesimo centesimo vicesimo nono. die octaba mensis . . . . ind. septima Rabelli. Nos quidem Constantinus f. Ursi St[aviani. (1)] a presenti die prumtissima voluntate scribere et firmare [visus] sum vobis dom. Landolfo domini gratia presb. et monacho et a[bba]te monasterii vocabulo beatorum martirum Cyrici [et] Iulitte que situm est in civitate Atrano [su]btus Monte maiorem una cum cuncta vestra congregatione vobis[cum] manentes in ss. vestro monasterio. hanc chartulam hordin[ationis] quod vobiscum fecimus pro eo quod conspiravit Deus in men[te] mea et obtuli me in pred. vestro monasterio et vos [rece]pisti me fratres in vestra sancta fraternitatis sic[ut unus ex] fratribus vestris. in oc hordine quia de presente vobis [dare debeamus] auri solidos decem de tari ana tari quattuor per solidum. et [vos de] presente michi dare debeatis ipsam partem de ipsa vidanda sicut at unus de ipsis fratribus vestris de pred. monasterio omni die totius annis circuli usque at obitum meo. et ego habere debeam curam et certamen de ipse hereditatis quod

---

(1) Questo nome si legge nella copia di questo docum. che è inserita nel *Chartularium amalphitanum* del CAMERA.

pred. vestro monasterius habet libere at Puncticitu. et nos ille putare debeamus et dare debeamus [ipse] vitis in terram sicut meruerit sine pargiatura per u[num]quemque annum usque at obitum meum. et itaque si an[te] obitum meum voluero intrare in pred. vestro [monasterio] at combersationem monachorum reciper[e me debea]tis in pred. monasterio sicut unus ex ipsis fratribus vestris cum meam causam secundum meam possibilitatem. et ego mi[chi] atducere debeam panni da iacere et da bestire que michi fuerit necesse. hec omnia michi atimplere debeatis vos et vestris posteris successores pred. monasterii sine omni nostra amaricatione. et de presentem habitare debeamus in una casa vestra de ipsa pred. hereditate vestra libera sine pargiatura. Qui autem de nobis contra hanc chartulam venire presupserit auri solidorum libra una byzantina componere debeat. et hec c[hartula] sit firmam.

† Constantinus f. dom. Mauri de Maurone [t. e.]

† Urso f. dom. Mauri Carissi t. e.

† Ego Iohannes presb. scriba f. Sergii de Turano [scripsi].

CXXXIII.

1130 — ind. VIII — 10 aprile — Atrani.

Landolfus, abb. del monast. dei SS. Cirico e Giulitta, dà a pastinato a *Iohanni f. Petri Fabaronia* la terra che donò al monastero *Iohannes Caniata* in *Pecara* (V. documento n. CXXXIV).

Perg. di Amalfi, n. 97; arch. di S. M. di Font., n. 224; arch. della SS. Trin., n. 956 — Orig. — Alt. 75 × 17; deleta e danneggiata da uno strappo nei primi tre righi — Inedita.

† In nomine [domini dei salvatoris nostri Iesu] christi. anno ab incarnatione eius [millesimo] centesimo tricesimo. die decima [mensis apr]elis ind. octaba Atranu. Certum est me Landolfus domini gratia presb. et monachus atque abbas monasterii vocavulo beatorum martirum Cirici et Iulitte que situm est intra hac civitate Atrano subtus Montem maiorem. una cum cuncta nostra congregationem nobiscum manentis in ss. nostro monasterio. a presenti die prumtissima volumtate tradere et assi-

gnare visi sumus vobis Iohanni f. Petri Fabaronia. idest plenaria et integra ipsam hereditatem nostram quod in pred. nostro monasterio optulit Iohannes Caniata in Pecara positam per as fines. a supra finem de Mauro Medionarum. de subtus et de uno latere fini vie puplice. et de alio latere fini causa dom. Petri iudici f. dom. Leonis Aurificis et expedicata finem suam descendet per finem de causa ecclesie sancti Iohannis de Supramuru. cum via sua et omnia sua pertinentia. unde nichil vobis exinde exeptuavimus. In ea videlicet ratione ut ab odierna die et imperpetuis temporibus vos et una persona de filiis vestris et una persona de fili filiorum vestrorum usque in sempiternum eos pertinere et lavorare debeatis cum omni vestro expendio. et de presentem incipiatis eos zappare et cultare et ipso vacuum pastinare et implere eos de vinea de vono vitinio qualiter ipse locus meruerit. et in ipso vuctarium reponatis ipso vinum nostrum. et ipsa camminata desuper siat in nostra potestatem. set vos vobis faciatis cum omni vestro expendio una casa iuxta ipsa pred. camminata ubi vos et vestris heredes abitare debeatis et abeatis illam factam amodo et usque at completis annis quattuor. talemque curam et certamen exinde abere debeatis ut non pereat set Domino auxiliante proficiat ut pareat apud vonis hominibus. et zappa (*sic*) eos debeatis duas vices per annum tempore apto. et iam a die presenti vinum et omnem alium frugium qui exinde exierit sine fraudem et malo ingenio nobiscum et cum nostris posteris successores eos dividatis per medietatem. vinum at palmentum et fructora per tempora sua. nos et nostris posteris successores tollamus exinde medietatem et vos et vestris heredes medietatem. et ipsa medietate nostra de pred. vino vos vindemietis et pisetis et invuctetis in vuctes nostras et vos eas distringatis cum circli nostri. et supra sortem tollamus omni annue cofena dua de ube et tote ipse roie quante ibidem abet et dare nobis debeatis pullum unum per omnem palmentum per omni tempore. et vos nutricare debeatis de coquinatum sicut vos vivitis ipsum hominem nostrum dum ibidem steterit pro ipsa vindemia. Et neque nos neque homo noster vobis ibidem virtutem vel invasionem non faciamus. set vindicemus vobis eos ab omnibus hominibus. Quod si vos et vestris heredes bene eos non lavoraveritis et cultaberitis et ipsam legem nostram completam nobis non dederitis iactemus vos exinde vacuos et faciatis nobis iustitiam sicut lex fuerit. quod si vos vene lavorando et ipsam legem nostram completam nobis dando et voluerimus vos exinde iactare faciamus vobis iustitiam sicut lex fuerit. Quod si minime vobis exinde fecerimus auri solidorum libra unam byzantinam vobis componere promittimus. et hec chartula sit firma imperpetuum. Et reclaramus ut ipso vinum vestrum reponatis in ipsum pred. vuctarium.

† Maurus Coropalatus f. Iohannis com. Mauronis t. e.

† Maurus Protonobilissimus f. dom. Sergii com. Mauronis t. e.

† Leo f. Iohanni de Mauro t. e.

† Ego Iohannes scriba f. dom. Iohanni curiali scripsi.

CXXXIV.

1130 — ind. VIII — 25 aprile — Tramonti.

Iohannes f. Petri Fabaronia riceve a pastinato da *dom. Landolfus*, abb. del monastero dei SS. Cirico e Giulitta, la terra che donò al monastero *dom. Iohannes Caniata* in *Pecara* (V. doc. n. CXXXIII).

Perg. di Amalfi, n. 98 ; arch. di S. M di Font., n. 225; arch. della SS. Trin., n. 570 — Orig. — Alt. 55 X 19 1|2 ; corrosa in un sol punto in basso — Inedita.

† In nomine domini dei salvatoris nostri Iesu christi. anno ab incarnatione eius millesimo cente[si]mo tricesimo. die vicesima quinta mensis aprelis ind. octaba Transmonti. Certum est me Iohannes f. Petri Fabaronia. a presenti die prumtissima voluntatem scribere et firmare visus sum vobis dom. Landolfus domini gratia presbiter et monachus atque abbas monasterii vocabulo beatorum martirum Cirici et Iulitte que situm est in civitatem Atrano subtus Monte maiorem. una cum cunta vestra congregationem vobiscum manentis in ss. vestro monasterio. pro eo quod tradidistis et assignastis nobis idest plenariam et integram ipsa hereditatem vestram quod in pred. vestro monasterio optulit dom. Iohannes Caniata in Pecara positum. per as fines. a supra finem de dom. Mauro Medionarum. de subtus et de uno latere fini vie puplice. et de alio latere fini causa dom. Petri iudici f. dom. Leonis Aurificis et expedicata finem suam deprendet per finem de causa hecclesie sancti Iohannis de Supramurum. cum via sua et omnia sua pertinentia. unde nichil nobis exinde exeptuastis. In ea videlicet rationem ut

ab odierna die et imperpetuis temporibus nos et una persona de filiis nostris et una persona de filii filiorum nostrorum usque in sempiternum eos pertinere et lavorare debeamus cum omni nostro expendio. et de presentem incipiamus eos zappare et cultare et ipso vacuum pastinare et inplere eos de vinea de vono vitinio qualiter ipse locus meruerit. et ipso buctarium reponamus ipso vinum vestrum. et ipsa camminata desuper siat (1) in vestra potestatem. set nos vobis faciamus cum omni nostro expendio una casa iusta ipsa pred. caminata ubi nos et nostris heredes abitare debeamus et abeamus illam factam amodo et usque at completis annis quattuor. talemque cura et certamen exinde abere debeamus ut non pereat set Domino auxiliantem proficiat ut pareat apud vonis hominibus. et zappare eos debeamus duas vices per annum tempore apto. et iam a die presenti vinum et omnem aliu frugium qui exinde exierit sine fraudem et malo ingenio vobiscum et cum vestris posteris subcessores eos dividamus per medietatem. vinum at palmentum et fructora per tempora sua. vos et vestris posteris successores tollatis exinde medietatem et nos et nostris heredes medietatem. et ipsa medietate vestra de pred. vino nos vindemiemus et pisemus et inbuctemus in vuctes vestras. et nos eas distringamus cum circli vestri. et supra sortem tollatis omni annue cofina dua de ube et tote ipse roie quante ibidem abet. et dare vobis debeamus pullum unum per omnem palmentum per omni tempore. et nos nutricare debeamus de coquinatum sicut nos vivimus ipsum homine vestrum dum ibidem steterit pro ipsa vindemia. Et neque vos neque homo vester nobis ibidem virtutem vel inbasionem non faciatis set vindicetis nobis eos ab omnibus hominibus. Quod si nos et nostris heredes bene eos non lavoraverimus et cultaverimus et ipsa legem vestra completam vobis non dederimus iactetis nos exinde vacuos et faciamus vobis iustitiam sicut lex fuerit. Quod si nos bene lavorando et ipsam legem vestra completa vobis dando et volueritis nos exinde iactare faciatis nobis iustitiam sicut lex fuerit. Quod si minime vobis exinde fecerimus auri solidorum libra una byzantina vobis componere promittimus. et hec chartula sit firma imperpetuum. Et reclaramus ut ipso vinum nostrum reponamus in ipsum pred. buctarium. Super virgulum et virgulu legitur. siat.

(1) La parola *siat*, come ha pure notato lo *scriba*, è interlineare.

† Iohannes presb. f. dom. Ursi presb. et primicerii t. e.
† Petrus presb. f. dom. Sergii presb. de Paterno t. e.
† Iohannes presb. f. dom. Leoni presb. da . . .
† Ego Robertus diac. f. dom. Martini presb. et primicerii scriba scripsi.

CXXXV.

1132 — ind. X — 7 agosto — Atrani.

Lupinus f. dom. Mauri f. dom. Pulchari de Mauro de Petro de Iohanne com., anche in nome di suo figlio Mauro, vende a suo genero *Pantaleoni f. dom. Pardi f. dom. Mauri de Pantaleone de Mauro de Maurone com.* ed alla moglie di lui, *Gezza*, la sua metà di un molino in *Reginnis Minoris*, per 50 soldi d'oro di tarì.

Perg. Mon. soppr., 2ª serie, vol. I, n. 3 — Orig. — Alt. 49 × 28 1/2 — Inedita.

A tergo si legge, tra l'altro: « *Sancto Trifone* ».

† In nomine domini dei salvatoris nostri Iesu christi. anno ab incarnatione eius millesimo centesimo tricesimo secundo. die septima mensis augusti ind. decima Atrano. Certum est me quidem Lupinus f. dom. Mauri f. dom. Pulchari de Mauro de Petro de Iohanne com. et sum pro vice mea et pro vice de Mauro filio meo qui non est in ista terram et ego illud quindenio pro parte sua. a presenti die promtissima voluntate venundedimus atque in presenti cessimus et contradidimus vobis Pantaleoni genero meo f. dom. Pardi f. dom. Mauri de Pantaleone de Mauro de Maurone com. et Gezza iugalia. idest plenariam et integram ipsam medietatem nostram de ipsa mola quam habemus in Reginnis Minoris positam sicut fabricata et ordinata est cum omnibus ed[ific]iis et pertinentiis suis quam et cum ipsa aquaria et cum ipso iectu et cum via [sua] et omnia sua pertinentia. unde nichil vobis exinde exceptuavimus. qui nobis obbenit a pred. dom. Mauro genitori nostro. et at illum obbenit a pred. dom. Pulcharo genitori suo abio nostro. ipsa vero reliqua medietate de pred. mola pervenit at ipsa heredes dom. Iohannis thii nostri f. ss. dom. Pulchari abii nostri. qui nunc est de Leone f.

Mauri Musceptula. et ipsam chartulam cum quo illam comparavit ss. dom. Pulcharus abius noster ab Urso Galloppi dedimus vobis illam. et si plus chartule exinde inventa dederit qui pertineat in hoc quod vobis venundedimus nos et nostri heredes mittere ille debeamus sub potestate vestra et de vestris heredibus sine omni vestra dampnietate vel ammaricatione. Unde accepimus exinde a vobis plenariam nostram sanationem idest auri solidos quinquaginta de tari ana tari quattuor per solidum sicut inter nos convenit in omnem deliberationem et in omnem decisitionem. ut a nunc die presenti et imperpetuis temporibus in vestra et de vestris heredibus sit potestate habendi fruendi possidendi vindendi donandi seu commutandi etiam vestrisque heredibus dimittendi. in omnia et in omnibus liberam et absolutam habeatis potestatem faciendi et iudicandi vobis exinde omnia que volueritis sine omni nostra et de nostris heredibus contrarietatem imperpetuum. Insuper etiam nos et nostri heredes vobis et at vestris heredibus eos antestare et defensare promittimus omni tempore ab omnibus hominibus. Quod si minime vobis exinde fecerimus dupplo ss. pretio vobis componere promittimus. et hec chartula sit firma imperpetuum.

† Maurus Protonobilissimus f. dom. Sergii com. Mauronis t. e.

† Leo f. Iohanni de Mauro t. e.

† Iohannes f. com. Sergii com. Mau(ronis) t. e.

† [Ego] . . . . . presb. scriba scripsi.

CXXXVI.

1133 — ind. XI — 23 gennaio — Amalfi.

Iohannes f. qd. Mansoni f. Iohanni Cicari e sua moglie *Blactu f. Petri f. qd. Sergii Brancatuli*, anche in nome dei figli minorenni, vendono a *dom. Iohannes f. dom. Sergii f. dom. Iohanni Capuano* un castagneto sito *in Dudera*, per 5 soldi d'oro di tarì.

Perg. Mon. soppr , 2ª serie, vol. I, n. 7 — Orig. — Alt. 61 × 14 — Inedita.

A tergo si legge : « *Carte vetere de ipsa silva de Dudara* ». Ed altrove : « *158— Di quisto ho ditto al nu. 158 del mio scritto* ». Da ciò si rileva che probabilmente questa perg. era annotata in un cartulario.

† In nomine domini dei salvatoris nostri Iesu christi. anno ab incarnatione eius millesi[mo] centesimo tricesimo tertio. die

vicesima tertia mensis ia[nuarii] ind. undecima Amalfi. Certum est me Iohannes f. qd. Mansoni f. Iohanni Cicari et Blactu ambo iugali f. Petri f. qd. Sergii Brancatuli. qui sumus pro vicem nostra et pro vicem de toti ipsi filiis nostris qui sunt sine hetatem. et nos quindeniamus a partibus eorum. a presenti die promtissima volumtatem venundedimus et tradidimus vobis dom. Iohannes f. dom. Sergii f. dom. Iohanni Capuano. idest plenaria et integra ipsa petia nostra de castanietum et silvosum quod habemus in Dudera positum. sicut est plenum et vacuum cum omnia sivi infra se habentibus et pertinentibus. qui nobis obbenit per chartulam traditionis da ss. Petro socero et genitori nostro infra ipsa dote et donationem nostra. et ipsa ss. chartula nostre traditionis quod exinde habuimus dedimus vobis illa. et firmamus vobis ut si alia chartula exinde inventa dederit nos et nostris heredes mittere illas debeamus subtus vos et vestris heredibus sine vestra damnietatem vel amaricationem. Et reclaramus vobis exinde ipse finis. ha supra namque ponitur fini ipse crucis qui bactite sunt in facie de ipsum cilium montis et fini ipsu columnellum qui est fabritum in ipsum montem. et sic directum per ipse predicte crucis et per predictum columnellum inda meridie usque in finem vestra. de subtus it[aque p]onitur fini media lama unde currit ipso aqua. [et] de alio latere ponitur hoc est a parte septemtrionis sicut descendet ipse alium columnellum quod fabricavimus at finem de ss. dom. Petro socero et genitori nostro et sic descendet directum in iusum per ipsa petra rotunda usque in media lama. cum salva via sua ibidem ingrediendi et egrediendi cum omnia causa qui vobis et at vestris heredibus hopus et necessarium fuerit. unde nobis exinde nichil remansit vel aliquid vobis exinde exceptuavimus. quia quantum ss. finis concluditur et quantum in ss. loco habuimus plenum et vacuum totum vobis illos venundedimus et tradidimus sine omni minuitatem sicut superius legitur. Unde et impresentis exinde accepimus a vos plenaria nostra sanatione idest auri solidos quinque de tari boni de Amalfi ana tari quattuor per solidum sicut inter nobis combenit in omnem deliberationem et in omnem decesitionem. ut amodo et semper siat impotestate vestra et de vestris heredibus at faciendum et iudicandum exinde omnia quod volueritis sine omni nostra et de nostris heredibus contrarietatem vel requesitionem imperpetuum. Insuper nos et nostris heredes vobis et at vestris heredibus eos antestare et defensare promittimus omni tempore ab omnibus hominibus. quod si minime vobis exinde fecerimus et omnia ut superius legitur non atimpleverimus componere promittimus nos et nostris heredes vobis et at vestris heredibus dupplo ss. pretium. et hec chartula sit firma imperpetuum. Ipso disturbatus desuper legit. ipse. Reclaramus quia ipsa ss. finem qui est a parte septemtrionis debea descendere da predictum columnellum in iusu per media ss. petra rotunda usque in predicta media lama per ss. obligata pena.

† Sergius f. Leonis de lu Iudice t. e.

† Constantinus iudex com. Ursi t. e.

† Petrus iudex t. e.

† Ego Constantinus diaconus et curialis scriba hanc chartulam complevi per manu Iohanni diaconi discipuli mei.

CXXXVII.

1133 — ind. XI — 12 aprile — Atrani.

Palumbus f. Palumbi de Garofalo da Gete prende a pastinato da *dom. Landolfo*, abbate del monastero dei SS. Cirico e Giulitta, un inserteto sito in Tramonti, in luogo detto *ad Androni,* altrimenti *at Croci.*

Perg. di Amalfi, n. 99 ; arch. di S. M. di Font., n. 228 ; arch. della SS. Trin., n. 403 — Orig.— Alt. 61 × 18 ; alquanto macchiata e deleta — Inedita.

† In nomine domini dei salvatoris nostri Iesu christi. anno ab incarnatione eius millesimo centesimo tricesimo tertio. die duodecima mensis aprelis ind. undecima Atrano. Ego quidem Palumbus f. Palumbi de Garofalo da Gete. a presenti die prumtissima voluntate scribere et firmare visus sum vobis dom. Landolfo domini gratia presb. et monachus atque abbas monasterii bocabulo beate gloriose semperque dei genitricis et virginis Marie et beatorum martirum Cirici et Iulitte que situm est intra hac civitate Atrano subtus Montem maiorem. quam et at tota vestra congregationem vobiscum manentis in ss. vestro monasterio. han chartulam similem de ipsam quem vos nobis scribere fecistis. pro eo quod tradidistis et assignastis michi plenarium et integrum ipsum insertetum vestrum quod pred. ve-

ster monasterius abet in Trasmonti positum loco nominato ad Androni et loco bocabulo at Croci. quantum est vacuum et plenum atque silbosum totum nobis illos tradidistis atque assignastis. qui at pred. vestrò monasterio obbenit per chartulam offersionis a dom. Pantaleoni imperialis coropalato f. dom. Sergii f. dom. Mauri de com. Maurone pro anima de dom. Drosu iugalia sua. Et reclarastis nobis exinde ipsas fines. a supra namque ponitur fini torum aqua versante. de subtus itaque ponitur finis ipsum ballone. de uno vero latere ponitur finis de dom. Pantaleoni f. dom. Sergii de dom. Pantaleone. et de alio autem latere ponitur finis de Leone da Gete. cum via sua et omnia sua pertinentia. unde de quantum per ss. finis concluduntur nichil vobis exinde remansit aut aliquid nobis exinde exeptuastis. In ea videlicet ratione ut ab odierna die et imperpetuis temporibus nos et unus de filiis nostris et una persona de fili filiorum nostrorum eos pertenere et lavorare debeamus. et de presentem incipiamus eos zappare et scippare et cultare et ipso vacuum pastinare et implere eos de tigillos et insurculare eos de ipsa castanea zenzala. talemque curam et certamen exinde abere debeamus ut non pereat set Domino auxiliantem proficiat ut pareat apud vonis hominibus. et a die presenti castanee et omnem alium frugium quod ibidem Dominus dederit dividere eos debeamus vobiscum et cum vestris posteris successores per medietatem. vos exinde tollatis medietatem et nos medietatem. et ipsa pred. medietate vestra de pred. castanee nos colligamus et siccemus et deponamus vobis ille iusu at litore maris de Reginnis Maioris. et atducamus vobis ipsa sabbatatica sicut consuetudo est. et quando aptum est vobis et voletis ibidem cappilare cappilemus ibidem nos cum omni nostro expendio. et ipsa ligna lavoremus nos cum omni nostro expendio et demus vobis exinde medietatem in pred. loco. Et neque vos neque homo vester nobis ibidem virtutem vel inbasionem non faciatis set vindicetis nobis eos ab omnibus hominibus. Quod si nos et nostris heredes bene eos non lavoraverimus et cultaberimus et ipsam legem vestram completam vobis non dederimus qualiter superius legitur iactetis nos exinde vacuos et faciamus vobis iustitiam sicut lex fuerit. Quod si nos et nostris heredes bene lavorando et cultando et ipsam legem vestram completam vobis dando et volueritis nos exinde iactare faciatis nobis iustitia sicut lex fuerit. Quod si minime vobis exinde fecerimus auri solidorum libra unam byzantinam vobis componere promittimus. et hec chartula sit firma imperpetuum. Et reclaramus ut ipse pred. castanee quod superius legitur ipsa medietate vestra debeamus siccare at ipsa domo vestra per ss. obligata pena.

† Iohannes f. dom. Sergii com. Mau(ronis) t. e.

† Iohannes f. dom. Pantaleonis com. Mauronis t. e.

† Leo f. Iohanni de Mauro t. e.

† Ego Mastalus presb. scriba per manus Sergii curialis scrip(tam) complevi.

CXXXVIII.

1136 — (Ruggiero re) a. 5 — (ind. XIV) — 5 febbraio.

Regalis filia dom. Ursi f. dom. Sergii . . . . . vende a *dom. Landolfo*, abbate del monast. dei SS. Cirico e Giulitta, i suoi beni siti in Tramonti, *at ipsa Oliba*, per 135 soldi d'oro di tarì.

Perg. di Amalfi, n. 100; arch. di S. M. di Font., (manca il num. per corrosione della pergamena) (1); arch. della SS. Trin., n. 68 — Orig. — Alt. 74 × 32; marginata e rigata; assai danneggiata per corrosione e per macchie, specie nel lato sin. — Inedita.

[† In nomine domini dei salvatoris nostri Iesu christi. anno ab incarnatione eius] millesimo centesimo tricesimo sexto. temporibus [domini nostri Roggerii Sicilie et Italie gloriosissimi reg]is et quinto anno regni eius Amalfi. die quinta mensis feb[ruarii ind. quarta decima . . . . Certum] est me Regalis filia dom. Ursi f. dom. Sergii gratia dei monachus . . . . f. qd. dom. Sergii . . . . qui sum pro vice mea et pro vice [de ipsis filiis meis. et ego] quindeniio a prartibus (*sic*) eorum pro eo quod sunt parvuli et sine [etate. a presenti die prumtissima] volumtate venundedimus et tradidimus vobis [dom.] Landolfo domini gratia monachus et abbas sanctorum martirum Cirici et Iulicte et beate Marie [virgi]nis et at cuncta vestra congregatione huius ss. vestri monasterii. idest plenaria et integra ipsa ereditate et castanieto nostro toto coniuncto et in uno teniente quod habemus in Stras-

---

(1) Appartenne questo doc. all' archivio di S. Maria di Fontanella perchè proveniente dal monast. dei SS. Cirico e Giulitta.

monti (*sic*) positum at ipsa Oliba. cum tote ipse fabricis ibidem habente et cum o[mnia] sivi infra se abentibus et pertinentibus. qui michi ss. Regali obbenit pro infra ipsa dote et donatione . . . Nam vero reclaramus vobis exinde ipse [finis de tota ipsa] ss. ereditate et castanieto nostro quod modo [vobis venundedimus qualiter] et quommodo eos vos et pred. ecclesia vestra eos abere et possidere et frugiare [seu dominare deb]eatis. ha supra nanque ponitur quam et de uno latere fini fine causa de ss. vestro monasterio. de suptus itaque ponitur fini medium flumen. et de alio autem latere ponitur fini fine causa dom. Rogerii de com. Maurone et intingit ibide iusum at ipsum ballone fini fine vestra causa de ss. vestro monasterio. Cum salba via sua ibidem ingrediendi et egrediendi cum omnia causa qui vobis et at ss. exclesia opus at necessarium fuerit. unde nobis exinde nichil remansit vel aliquid vobis exinde exeptuavimus quia plenaria et integra [tota ipsa ss. ereditate et ss.] castanieto sicut est plenum et bacuum cum toto . . . . [et cum omnia] sivi [in]fra se abentibus et pertinentibus sicut tote ss. [finis concluduntur venun]dedimus et tradidimus sine omni minuitate sicut superius legitur. et aliquid nobis exinde ibidem in pred. loco non remansit. Unde et in presentis exinde atcepimus a vos plenaria nostra sanatione idest auri solidos centum triginta quinque de tari boni de Amalfi ana tari quattuor per solidum sicut inter nobis bone boluntatis combenit in omne deliveratione et in omne decesitione. Ut a nunc di[e presenti]s et in perpetuis temporibus plenaria et integra tota ss. nostra venditione seu [traditione qualiter per] ordine superius legitur sia in potestate vestra et de posteris vestris subcessores [et de ss. vestro monasterio] abendi fruendi possidendi vindendi donandi seu comutandi at faciendi et [iudi]candi exinde pro utilitate ss. vestri monasterii omnia quod volueritis sine omni nostra et de nostris eredibus contrarietatem vel requesitionem imperpetuum. Insuper nos et nostris eredes vobis et at ss. monasterio plenaria et integra ss. nostra venditione seu traditione qualiter superius legitur eos antestare et defensare promittimus omni [tempor]e ab omnibus hominibus. Quod si minime vobis exinde fecerimus et omnia [sicut superius legitur] vobis non adimpleverimus componere promittimus nos et nostris eredes vobis et in ss. [vestro monasterio] auri solidos trecentos bizzantinos. et ec chartula nostre venditionis seu traditionis ut superius legitur firma et stavilis permaneat in perpetuum. Et hic melius reclaramus quod superius minime scripsimus ut forsitan quia aliquando tempore qualive chartula exinde inventa dederit qui pertineat in ss. ereditate et castanieto quod vobis modo venundedimus et tradidimus sicut superius legitur vel in eius pertinentiis nos et nostris eredes mittere ille debeamus suptus vos et vestris posteris sup[cessores] de ss. monaste[rio sine vestra damni]etate vel amaricatione per ss. obligata pena. Iterum reclaramus [quod superius] minime scripsimus ut ipsa ripa qui est ibide inter istud quod vobis venundedimus et inter ipsa causa ss. dom. Rogerii de com. Maurone plenaria ipsa ripa qui ibide est vestra sia per ss. obligata pena. Et iterum melius reclaramus quia tote ipse chartule quod exinde abuimus perdedimus ille. set firmamus vobis ut si aliquando tepore (*sic*) qualive chartula exinde inventa dederit nos et nostris eredes mittere ille debeamus suptus vos et vestris posteris subcessores de ss. monasterio sine [vestra] damnietate vel amaricatione iterum per ss. obligata pena.

† Sergius f. dom. . . . . . . t. e.

† Petrus iudex t. e.

† Mastalus iudex t. e.

† Ego Iohannes protonot. f. Ursi f. dom. Iohanni Iudice scripsi.

CXXXIX.

1136 — ind. XIV — 9 marzo — Atrani.

Maria Fagilla f. qd. Petri de Maria dona *pro anima* al monast. di S. Tommaso apost. di Atrani tutti i suoi beni siti in pertinenza di Lettere.

Perg. di Amalfi, n. 101; arch. di S. Maria di Font., n. 229; arch. della SS. Trin., n 369 — Orig. — Alt. 53 1/2 × 19 — Inedita.

A tergo si legge, tra l'altro, in scrittura gotica: « *Charla de certis bonis sitis in Padula Licteris. pertinet ad monast. sancte Marie dominarum ut infra* ».

† In nomine domini dei salvatoris nostri Iesu christi. anno ab incarnatione eius millesimo centesimo tricesimo sexto. die nona mensis martii ind. quarta decima Atrano. Ego quidem Ma-

ria Fagilla f. qd. Petri de Maria (1). a presenti namque die promptissima voluntate pro salute videlicet anime mee meorumque parentum scribere et offerire visa sum in monasterio beati Thome apostoli de hac civitate Atrano. omnia cum omnibus quantumcumque habere visa sum in tota pertinentia Litteris. de paterna et materna substantia sive de dimissione vel donatione aut de compara undecumque vel quomodocumque habeo in iamdicta pertinentia de Litteris. de domibus et hereditatibus et insertetis atque castanietis seu et de silvis sive querquetis aut de terris in ipsa palude. in montibus et in planis vacuum et plenum domesticum et salvaticum cultum vel incultum totum plenarium et integrum sit de pred. monasterio ut superius legitur. In ea videlicet ratione ut ab odierna (2) et imperpetuis temporibus hec omnia suprascripta habeant potestate ipsa abbatissa qui fuerit in prephato monasterio cum ipse alie monache de eodem monasterio requirere totam ss. causam et distringere et dominare seu ordinare atque frugiare illam omnibus diebus usque in sempiternum. Et illa persona tam extranea quam et de genere nostro qui contra hanc chartulam nostre offersionis venire presumpserit et de hec omnia que superius scripta sunt aliquid tollere vel minuare presumserit habeat anathema maledictione a patre et filio et spiritui sancto et partem habeat cum infelicissimo Iuda proditore domini nostri Iesu christi. insuper etiam componere debeat persona illa in pred. monasterio aureos solidos centum byzantinos. et hec chartula nostre offersionis ut superius legitur sit firma imperpetuum. Et super disturbatum legitur. de Maria. Et si aliquam chartulam inventa dederit de hec omnia suprascripta que obtulimus in pred. monasterio sub vestra perveniat potestate. Etiam firmamus vobis ut si aliquando tempore volueritis vendere ss. totam causam pro remeliorandum exinde aut pro utilitate de pred. monasterio potestatem habeatis per ss. obligata pena.

† Maurus Protonobilissimus et iudex t. e.

† Iohannes f. dom. Pantaleonis com. Mauronis t. e.

† Ego Mastalus presb. et scriba scripsi.

---

(1) Questo nome fu corretto, come attesta lo stesso scr*iba*.

(2) Manca la parola *die*.

CXL.

1136 — ind. XIV — 16 maggio — Atrani.

Gemma f. Leonis Bonasera et rel. Ursi da Lapora rende a *dom. Landolfo*, abbate del monast. dei SS. Cirico e Giulitta, la porzione delle terre che quel monastero ha *at Cabole* e l'inserteto *da ipso Rospulo*, che Sergio, suo suocero, aveva da quello ricevuto *at incartaticum*.

Perg di Amalfi, n. 102; arch. di S. Maria di Font., n. 230; arch. della SS. Trin., n. 979 — Orig.— Alt. 22 × 17: alquanto deleta nella parte sup.— Inedita.

✝ In nomine domini dei salvatoris nostri Iesu christi. anno ab incarnatione eius millesimo centesimo tricesimo sexto. medio mense magio ind. quarta decima Atrano. Manifestum facio ego Gemma f. Leonis Bonasera et relicta Ursi da Lapora vobis domino Landolfo dei gratia venerabili monacho et abbati monasterio beate et gloriose dei genitricis et virginis Marie atque beatorum martirum christi Quirici et Iulitte et cuncte vestre congregationi ss. monasterii. quia ammisi vobis in ss. monasterio totam ipsam portionem meam de ipsa hereditate vestra de pred. monasterio quod habetis at Cabole cum ipso inserteto da ipso Rospulo. quod habuimus at incartaticum a Sergio socero nostro a parte de pred. monasterio. Unde firmamus vobis ut amodo et semper licentiam et potestatem habeatis a nostra parte ordinare vobis ss. hereditate et ss. inserteto quomodo vobis placuerit ac facere vobis exinde omnia quecumque volueritis sine omni nostra et de nostris heredibus contrarietatem imperpetuum. Et neque nos neque nostri heredes vobis et at vestris posteris successoribus neque in ss. monasterio nullam requisitionem exinde faciamus per nullum modum imperpetuum. quod si minime vobis exinde fecerimus tunc obligamus nos et nostros heredes at comp(onendum) in ss. monasterio aureos solidos viginti byzantinos. et hec chartula sit firma imperpetuum. Et reclaramus ut ipse chartule incartationis a nostra parte siant rupte et vacue per ss. obligata pena.

✝ Maurus Protonobilissimus et iudex t. e.

† Iohannes f. dom. Pantaleonis com. Mauronis t. e.
† Marinus f. Iohannis de Fontanula t. e.
† Ego Mastalus presb. et scriba scripsi.

CXLI.

1137 — Ruggiero re a. 7 — ind. I — 5 ottobre — Amalfi.

Leo f. dom. Lupini f. dom. Iohannis f. Lupini f. dom. Sergii (?) *Cammaranta* vende ad *Urso f. dom. Sergii monachi Gattula* ed a sua moglie *Ciuzza f. dom. Iohanni Cassimu* un castagneto ed una vigna in Tramonti, *loco Nubella*, per 75 soldi d'oro di tarì.

Perg. di Amalfi, n. 103; arch. di S. Lor., n. CXXV; arch. della SS. Trin., n. 827 — Copia — Taglio convesso nel lato sin.: alt. 63 × largh. mass. 29; danneggiata per corrosione e macchie in tutta la parte sup. — Inedita.

A tergo si legge: « *Mersa de la selva de Novella* ».

† In nomine domini dei salvatoris nostri Iesu christi. anno ab incarnatione eius millesimo centesimo tri[cesimo septimo. tempori]bus domini nostri Roggerii Sicilie et Italie gloriosissimi regis. et septimo anno regni eius [Amalfi. die] quinta mensis octubrii ind. prima Amalfi. Certum est me Leo f. dom. Lupini f. dom. Iohannis f. Lupini f. dom. Sergii (?) Cammaranta. a presenti die promtissima voluntate venundedimus et tra[didimus] vobis Urso f. [dom.] Sergii gratia dei monachi Gattula. et dom. Ciuzza ambo videlicet iugalis f. dom. Iohanni Cassimu. idest plenarium et integrum ipsum castanietum nostrum quod abemus in Trasmonti positum loco nominato a Nubella sicut sibi est totum pred. castanietum nostrum quod vobis modo venundedimus et tradidimus cum omnia sibi infra se habentibus et pertinentibus. Et reclaramus vobis exinde ipse finis seu pertinentias de toto pred. castanieto quod vobis venundedimus et tradidimus sicut superius legitur. a supra namque ponitur fini to[rum] aqua versante. [de] subtus itaque ponitur fini fine causa de ecclesie sancti Ang[eli] de Atrano si[cut demostra ipse] finis de ipsa hereditate de ss. ecclesia sancti Angeli et qualiter iterum demostra ipse finis de ipso castanieto de ss. ecclesia sancti Angeli per ipsi termini.

de uno vero latere ponitur iterum fini fine causa ss. ecclesia sancti Angeli qualiter demostra per ipsi termini qui ibidem constituti sunt. et de alio latere ponitur iterum fini fine causa sancti Angeli qualiter vadit et discernit per ipsi terminis. cum salva via sua et omnia sua pertinentia. unde nichil vobis exinde exeptuavimus. Insimulque et cum istud iterum venundedimus et tradidimus vobis plenaria et integra ipsa petia nostra de vinea quod abemus ibidem in pred. loco Nubella. qui continet finis. a supra namque ponitur fini fine causa sancti Angeli. de subtus itaque ponitur finis via puplica. de uno vero latere ponitur fini fine causa de ipsi da Plazza per ipsi terminis. et de alio autem latere ponitur fini fine causa de Petri de Iaquinto sicut ex omni partes ipsi termini exfina. cum salva via sua cum omnia causa qui vobis et a vestris heredibus opus et necessarium fuerit per ipsa predicta via unde semper ibidem ambulavimus nos et autoribus et parentibus nostris. et alia via exinde abeatis vos et vestri heredibus per pred. hereditatem iam vestra at ipso ss. castanieto vestro quod vobis modo venunde(dimus) et tradidimus sicut superius legitur ibidem ingrediendi et egrediendi cum omnia causa qui vobis et a vestris heredibus opus et necessarium fuerit. iterum unde nichil vobis exinde exeptuavimus quia plenarium et integrum totum pred. castanieto cum pred. hereditate quantum et qualiter in pred. loco Nubella abuimus plenum et vacuum totum vobis eos venundedimus et tradidimus sine omni minuytate sicut superius legitur. et aliquid nobis exinde non remansit ibidem in pred. loco. Unde et in presenti exinde accepimus a vos plenaria nostra sanatione idest auri solidos septuaginta quinque de tari boni de Amalfi ana tari quattuor per solidum sicut inter nobis bone voluntatis combenit in omne deliberatione et in omne decesitione. ut amodo et semper plenaria et integra tota ss. nostra venditione seu traditione qualiter per ordine superius legitur in vestra et de vestris heredibus sit potestatis abendi fruendi possidendi vindendi donandi seu commutandi etiam vestrisque heredibus dimittendi in omnia e in omnibus semper libera et absoluta abeatis potestate affaciendum et iudicandum exinde omnia quod volueritis sine omni nostra et de nostris heredibus contrarietate vel requesitione imperpetuum. Insuper nos et nostri heredes vobis et a vestris heredibus eos antestare et defensare promittimus omni tempore ab omnibus hominibus. Quod si minime vobis exinde fecerimus et omnia ut superius legitur vobis non atinpleverimus componere promittimus nos et nostri heredes vobis et a vestris heredibus dupplo ss. pretium. et hec chartula sit firma in perpetuum. Et hic melius reclaramus quod superius minime scripsimus ut a ipsa pred. petia de vinea iam vestra intingit ibidem a capud fini fine causa ss. Petri de Iaquintu. set per istam pred. petia de vinea via exinde abea omni tempore ipsa pred. causa de ss. ecclesia sancti Angeli sicut continet ipsa merse quod vobis exinde dedimus. et vos et vestris heredibus similiter viam abeatis omni tempore per pred. causa de ss. ecclesia sancti Angeli a pred. hereditate et castanieto iam vestro sicut iterum continet ipsa pred. merse quod vobis dedimus. quia michi ss. Leoni Cammaranta obbenit hec omnia suprascripta quod vobis venundedimus per chartulam comparationis da Constantino da Pecara et da Ciuzza eius iugalis. et ipsa pred. chartula comparationis vobis dedimus cum tote ipse chartule et merse quod inde abuimus. et si plus chartule exinde inventa dederit nos et nostri heredes mittere ille debeamus subtus vos et vestris heredibus sine vestra damnietate vel amaricatione per ss. obligata pena. † Bernaldus f. dom. Iohannis t. e. † Leo f. dom. Iohannis Sfisinati t. e. † Constantinus iudex t. e. † Ego Iohannes protonot. f. Ursi f. dom. Iohanni Iudice scripsi. Quod super disturbatum est legitur. finis de ipso castanieto de ss. ecclesia.

† Matheus f. qd. Aliberti t. e. quia ipsa chartula unde ista exemplata est vidi et legi.

† Pandulfus f. Pantaleonis t. e. quia ipsam chartulam unde ista exempla est vidit et legit.

† Ego Manso f. ss. dom. Iohannis curialis f. ss. dom. Ursi imperialis dissipati hanc chartulam propriis meis manibus exemplavit.

CXLII.

1138 — Ruggiero re a. 7 — ind. I — 20 maggio — Amalfi.

Anna f. dom. Cesarii Brankazzi et rel. qd. dom. Pantaleoni f. dom. Iohannis de com. Urso vende a *dom. Constantino f. qd. dom. Sergii de com. Urso* ed a sua moglie *Marocta f. dom. Iohanni' f. dom. Iohanni de Leone de Constantino com.* i suoi beni siti in Pelagiano, *at ipsa Turina*, per 50 soldi d'oro di tarì.

Perg. di Amalfi, n. 104; arch. di S. Lorenzo, n. CXXVII; arch. della SS. Trin., n. 769 — Orig. — Taglio irregolare nella parte inf.: alt. 65 × largh. mass. 30; marginata e rigata, elegante; corrosa in alcuni punti — Inedita.

† In nomine domini dei salvatoris nostri Iesu christi (1). anno videlicet ab incarnatione eiusde millesimo centesimo tricesimo octabo. temporibus domini nostri Rogerii Sicilie et Italie gloriosissimi regis. et septimo anno regni eius Amalfi. die vicesima mensis magii ind. prima Amalfi. Certum est me Anna f. dom. Cesarii Brankazzi et relicta qd. dom. Pantaleoni f. dom. Iohannis de commite Urso. a presenti die prontissima voluntate venundedimus et tradidimus vobis dom. Constantino f. qd. dom. Sergii de com. Urso et dom. Marocta [ambo videli]ce iugali filia dom. Iohanni et f. dom. Iohanni de Leone de Constantino com. idest plenaria et integr[a tota ipsa] ereditate plenum et bacuum cultum vel incultum et cum plenarie et integre tote ipse bitirine quantos et quales habemus in Pelagiano positum loco nominato at ipsa Turina. sicut est cum casa et palmentum et labellum totum betusto ibidem abente et omnia sivi infra se abentibus et pertinentibus. qui michi ss. Anna obbenit pro ipsa dotem et donatione mea a parte de ss. dom. Pantaleoni viro meo. Nam vero reclaramus vobis exinde ipsas fines seu pertinentias de tota ipsa ss. ereditate et terre et vitirinis quod modo vobis venundedimus et tradidimus sicut superius legitur. qualiter et quommodo eos vos et eredibus vestris illos abere et possidere seu dominare et frugiare debeatis. ha supra namque ponitur fini plenaria ipsa

(1) Queste parole, che occupano tutto il primo rigo, sono scritte in grosse lettere capitali con elementi di scrittura onciale.

via puplica qui pergit de Aieroli in Bectika quantum continet tota ipsa ss. ereditate et bitirine iam vestre. de suptus itaque ponitur iterum fini via puplika que pergit da sancto Luka in Bectica. de uno vero latere ponitur a parte orientis iterum fini via puplika que salet in Aieroli et coniunget ambas pred. vias. et de alio autem latere ponitur a parte occidentis fini fine causa que fuera de ipsa Galla quam modo abet eredes Iohanni Episcopi. sicut exfinat per ipsi terminis in susum usque at pred. via qui pergit in Bectika et per ipsi pred. terminis in iusum usque at pred. via puplika. et a suptus pred. via puplika fini plenarium ipsu ciliu iam vestrum de supra Conka Maiure. et rebolbe inde inda parte orientis per pred. cilio et per fine causa sancte Trinitatis de Bectika et per fine causa de eredibus dom. Iohanni de com. Urso tiio vestro et per fine causa de eredibus Iohanni de Gusto et inde usque in pred. via puplica qui pergit at sancto Luka. cum salba via sua ibidem ingrediendi et egrediendi cum omnia causa qui vobis et at vestris eredibus opus et necessarium fuerit. unde nobis exinde nichil remansit vel aliquid vobis exinde exeptuavimus quia plenaria et integra tota ipsa ss. ereditate nostra cum tote ipse pred. fravice ibidem abente plenum et bacuum cultum vel incultu dommesticum et salbatico cum plenarie et integre tote ipse bitirine ibidem abente et omnia sua pertinentia vobis venundedimus et tradidimus sine omni minuitate sicut superius legitur et aliquid nobis exinde ibidem in pred. loco non remansit. Unde et in presentis exinde atcepimus a vos plenaria nostra sanatione idest auri solidos quinquaginta de tari boni de Amalfi anna (*sic*) tari quattuor per solidum sicut inter nobis bone boluntatis combenit in omne deliverationem et in omnem decessitionem. Ut a nunc die presentis et in perpetuis temporibus plenaria et integra ss. nostra venditione seu traditione qualiter per ordine superius legitur in vestra et de vestris eredibus sit potestatis abendi fruendi possidendi vindendi donandi seu commutandi etia vestrisque eredibus dimittendi. in omnia et in omnibus semper libera et absoluta habeatis potestate at faciendu et iudicandum exinde omnia quod volueritis sine omni nostra et de nostris eredibus contrarietate vel requesitione in perpetuum. Insuper nos et nostris eredes vobis et at vestris eredibus eos antestare et defensare promittimus omni tempore ab omnibus ominibus. et firmamus vobis ut si aliquando tempore qualive chartula exinde inventa dederit nos et nostris eredes mittere illas debeamus suptus vos et vestris eredibus sine v[estra damnietate] vel amaricatione. Quod si minime vobis exinde fecerimus et omnia ut superi[us legitur vobis non atim]pleverimus componere promittimus nos et nostris eredes vobis et at vestris eredibus dupplo ss. pretium. et ec chartula sit firma in perpetuum.

† Sergius f. Leonis de lu Iudice t. e.

† Petrus iudex t. e.

† Iohannes iudex t. e.

† Ego Iohannes proton. f. Ursi f. dom. Iohanni Iudice scripsi.

Et hic melius, reclaramus quia a parte vero occidentis est ibidem fini fine causa de eredibus Iohanni Episcopi que amodum exfinat ipsi terminis [in susu] usque in pred. via puplika et in iusu usque at fine causa de ered[ibus] . . . . f. Mauri de domina Grifa. et fini fine causa de eredibus dom. Iohanni commitis Ursi tii vestri. et per fine causa Io[hanni de Gu]sto. et deinde usque in pred. via puplik[a . . . . . per ss.] obbligata pena.

† Sergius f. Leonis de lu Iudice t. e.

† Petrus iudex t. e.

† Iohannes iudex t. e.

† Ego ss. Iohannes protonot. f. ss. Ursi f. [dom. Iohanni] Iudice scripsi.

CXLIII.

1139 — Ruggiero re — ind. II — 23 luglio.

Iohanne f. qd. dom. Iohanne diac. de Salvia dona alla monaca *Marocta f. qd. Urso Rapicane* tre *petie* di çastagneto, site rispettivamente nei luoghi detti *a la Piccicota*, *ad Quattuor Bille* e *ad Sclara*, pertinenze di Lettere.

Perg. di Amalfi, n. 105; arch. della SS. Trin., n. 117 — Copia — Taglio irregolare: alt. 31 × larg. mass. 21; danneggiata nelle parti estreme — Inedita.

La data che porta questo docum. è quella della copia: l'originale, come si vede dalla firma dello *scriba*, era stato redatto il 12 maggio 1137 ind. XV. Mancano pure le sottoscrizioni in copia dei testimoni e dello *scriba* che dovevano apparire nell'originale.

In testa alla perg. vi sono due croci ricrociate accostate ciascuna da 4 puntini.

† In nomine dei salvatoris nostri Iesu christi. annos ab incarnatione eius millesimus centesimus tricesimus nonus. tem-

poribus domini nostri Roggeri Scicilie Italie gloriosissimi regis. bicesima tertia die mense iulii ind. secunda. Certum est me Iohanne f. qd. dom. Iohanne diaconus de Salvia. a presenti die promtissima voluntate tradere seu donare visus sum vobis dom. Marocta dei gratia monacha et f. qd. Urso Rapicane. idest una pecia de castanietum positum in loco ubi dicimus a la Piccicota pertinentia nostro castello Literis. qui est affine de heredes de Benedicto Sapatino. Et cum istud dedimus vobis iterum alia pecia de castanietum positum in loco ubi dicimus ad Quattuor Bille. et est affine de heredes dom. Leo subdiaconus vero tio meo. Et cum istut iterum dedimus vobis alia pecia de castanietum qui est positum in loco ubi dicimus ad Sclara. qui est affine de pred. heredes de dom. Leo subdiaconus vero tio meo. Et hoc autem dono vobis pro amorem et dilectionem quod in te habeo et pro bonum servitium quod michi exinde fecisti. Ut amodo et semper sint illut in potestate vestra et de heredibus vestris quod exinde facere et iudicare volueris sine omni nostra et de nostris heredibus contrarietatem. Insuper nos et nostros heredes vobis vestrisque heredi[bus] illut antestare et defensare promittimus omni tempore ab omnibus hominibus. Quod si minime vobis exinde fecerimus componere promittimus nos et nostros heredes ad te et ad tuos heredes idest auri solidos decem bizzantinos. et hec chartula sit firma imperpetuum. Memoramus ut si qualibet tempore veniero in istam terram aut meis heredes potestatem habeamus exinde omnia quod voluerimus.

† Ego Landolfus presb. da Cinti ipsa ex[empla vidi] et lexsi et t. s.

† E[go] Se[rgius] presb. Factiruso t. s.

† Ego Stephanus presb. f. dom. Urso presb. rubell(ensi) ipsa exempla vidi et lexi et t. s.

† Ego Leo presb. et scriba ipsa ex[em]pla vidi et lexi et scripta per anni milesimus centesimus tricesimus septimus et duodecima die mense madio ind. quinta decima . . [et scri]psi.

CXLIV.

1139 — ind. II — 24 luglio — Atrani.

Landolfus, abbate del monast. dei SS. Cirico e Giulitta, concede a pastinato a *Lupino f. qd. Iohannis da Gete* ed a sua moglie *Aloara* un castagneto sito in Tramonti, in luogo detto *at Androni,* altrimenti *at Cruci.*

Perg. Mon. soppr., 2ª serie, vol. I, n. 24; arch. di S. M. di Font., n. 234: arch. della SS. Trin., n. 1198 — Orig. — Alt. 55 × 15 1|2 — Inedita.

Questa pergamena, pure appartenendo al fondo membranaceo della SS. Trinità di Amalfi, non sappiamo per quali vicende già si trovava da vari decenni tra le pergamene dei Monasteri soppressi del R. Archivio di Stato di Napoli, quando quel fondo vi fu immesso

✝ In nomine domini dei salvatoris nostri Iesu christi. anno ab incarnatione eius millesimo centesimo tricesimo nono. die vicesima quarta mensis iulii ind. secunda Atrano. Certum est me Landolfus domini gratia presb. et monachus atque abbas monasterii vocavulo beate et gloriose dei genitricis et virginis Marie et beatorum martirum christi Quirici et Iulitte quod constructum et dedicatum est in hac civitate Atrano subtus Montem maiorem. una cum tota nostra congregatione nobiscum manente in ss. nostro monasterio. a presenti die promtissima voluntate tradere et assignare visi sumus vobis Lupino f. qd. Iohannis da Gete et Aloara iugalia. idest plenariam et integram petiam unam de castanieto quod pred. monasterius habet [in Tr]ansmonti positum loco nominato at Androni et loco vocabulo at Cruci. quantum est vacuum et plenum atque silbosum totum vobis eos tradidimus atque assignavimus. qui at pred. nostro monasterio obbenit per chartulam offersionis a dom. Pantaleoni imperiali coropalato f. dom. Sergii f. dom. Mauri de com. Maurone pro anima dom. Drosu iugalie sue. Et reclaramus vobis exinde ipsas fines. a supra namque ponitur fini aqua versante. de subtus itaque ponitur fini ipso vallone. de uno vero latere ponitur fini vestra. de alio autem latere ponitur fini causa ss. nostri monasterii quod incartatum habemus at Stefanum f. Palumbi da

Gete sicut demonstrant ipsi termini et ipsis cruci qui ibidem constituti sunt. cum via sua et omnia sua pertinentia. unde de quantum per ss. fines concluduntur nichil nobis exinde remansit aut aliquid vobis exinde exeptuavimus. In ea videlicet ratione ut ab hodierna die et imperpetuis temporibus vos et filii filiorum vestrorum de generatione in generatione eos pertenere et laborare debeatis. et de presente incipiatis eos scippare et cultare et insurculare et ipso vacuo pastinare et implere eos de tigillos et insurculare eos de ipsa castanea zenzala. talemque curam et certamen exinde habere debeatis ut non pereat set Domino auxiliante proficiat ut pareat apud bonis hominibus. et a die presenti castanee et omne alium frugium quod ibidem Dominus dederit dividere illud debeatis nobiscum et cum nostri posteri successores per medietatem. nos exinde tollamus medietatem et vos medietatem. et ipsa medietate nostra de pred. castanee vos colligatis et siccetis in domo vestra et deponatis nobis eas iusu at litore maris de Reginnis Maioris sicut consuetudo est. et quando aptum est et volemus ibidem cappilare cappiletis vos ibidem cum omni vestro expendio et ipsa ligna laboretis vos cum omni vestro expendio et detis nobis exinde medietatem in pred. loco. Et neque nos neque homo noster vobis ibidem virtutem vel invasionem non faciamus set vindicemus vobis eos ab omnibus hominibus. Quod si vos et vestri heredes bene eos non laboraveritis et cultaveritis et ipsam legem nostram completam nobis non dederitis qualiter superius legitur iactemus vos exinde vacuos et faciatis nobis iustitiam sicut lex fuerit. Quod si minime vobis exinde fecerimus auri solidorum libra una byzantina vobis componere promittimus. et hec chartula sit firma imperpetuum. Nam et michi Pantaleo imperiali coropalatus f. dom. Sergii f. ss. dom. Mauri de com. Maurone hanc chartulam quam vobis fecit ss. dom. Landolfus presb. et monachus et abbas ss. monasterii de pred. castanieto quod superius legitur michi certissime et gratanter placet per ss. obligata pena. Et reclaramus quia at ss. fini vestra est iterum confinalis dom. Iohannes da lu Anglu et Benedictus f. Leonis da Gete.

† Malfreda f. dom. Iohanni t. e.

† Marinus iudex f. dom. Iohannis de Fontanula t. e.

† Alfanus f. dom. Iohannis f. dom. Alfani t. e.

† Ego Mastalus presb. et scriba scripsi.

CXLV.

1139 — ind. II — 24 luglio — Atrani.

Stefanus f. Palumbi da Gete prende a pastinato da *dom. Landulfo*, abbate del monast. dei SS. *Cirico* e Giulitta, un castagneto sito in Tramonti in luogo detto *at Androni et at Cruci.*

Perg. di Amalfi, n. 106; arch. di S. M. di Font., n. 233; arch. della SS. Trin., n. 175 — Orig. — Alt. 51 × 15 1⁄2 — Inedita.

✝ In nomine domini dei salvatoris nostri Iesu christi. anno ab incarnatione eius millesimo centesimo tricesimo nono. die vicesima quarta mensis iulii ind. secunda Atrano. Certum est me Stefanus f. Palumbi da Gete. a presenti die promtissima voluntate scribere et firmare visus sum vobis dom. Landulfo venerabili presb. et monacho atque abbati monasterio beate et gloriose semperque virginis dei genitricis et virginis Marie et beatorum martirum christi Quirici et Iulitte et cuncte vestre congretioni (*sic*) vobiscum manente in ss. monasterio quod constructum et dedicatum est hic in Atrano subtus Montem maiorem. hanc chartulam similem de ipsa que vos scribere michi fecistis. pro quibus tradidisti et assignasti michi plenariam et integram ipsam petiam de castanieto quod predictum monasterium habet in Transmonti positum loco nominato at Androni et at Cruci. quantum est vacuum et plenum atque silbosum totum nobis eos tradidisti et assignasti. qui at ss. monasterio obbenit per chartulam offersionis a dom. Pantaleoni imperiali coropalato f. dom. Sergii f. dom. Mauri de com. Maurone pro anima dom. Drosu iugalie sue. Et reclarastis nobis exinde ipsas fines. a supra namque ponitur finis toru aqua versante. de subtus itaque ponitur finis ipso vallone. de uno vero latere ponitur finis de Lupino f. Iohannis da Gete causa de pred. monasterio sicut demonstrant ipsi termini et ipse crucis qui ibidem constituti sunt. de alio autem latere ponitur finis de dom. Pantaleone f. dom. Sergii de dom. Pantaleone. cum via sua et omnia sua pertinentia. unde quantum per ss. fines concluduntur nichil nobis exinde exceptuastis. In ea videlicet ratione ut ab hodierna die et imperpetuis temporibus nos et unus de filiis nostris et una persona de filii filiorum nostrorum eos pertenere et laborare debeamus et de presente incipiamus eos scippare et cultare et ipso vacuo pastinare et implere eos de tigillos et insurculare eos de ipsa castanea zenzala. talemque curam et certamen exinde habere debeamus ut non pereat set Domino auxiliante proficiat ut pareat apud bonis hominibus. et a die presenti castanee et omne alium frugium quod ibidem Dominus dederit dividere eos debeamus vobiscum per medietatem. vos et vestri successores tollatis exinde medietatem et nos et nostri heredes medietatem. et ipsa pred. medietate vestra de pred. castanee nos colligamus et siccemus in ipsa domo nostra et deponamus vobis eos iusu at litore maris de Reginnis Maioris. et atducamus vobis ipsa sabbatatica sicut consuetudo est. et quando aptum est et voletis ibidem cappilare cappilemus nos ibidem cum omni nostro expendio. et ipsa ligna laboremus nos cum omni nostro expendio et demus vobis exinde medietatem in pred. loco. Et neque vos neque homo vester nobis ibidem virtutem vel invasionem non faciatis set vindicetis nobis eos omni tempore ab omnibus hominibus. Quod si nos et nostri heredes bene eos non laboraverimus et cultaverimus et ipsam legem vestram vobis completam non dederimus qualiter superius legitur iactetis nos exinde vacuos et faciamus vobis iustitiam sicut lex fuerit. Quod si nos bene laborando et cultando et ipsam legem vestram vobis completam dando et volueritis nos exinde iactare faciatis nobis iustitiam sicut lex fuerit. Quod si minime vobis exinde fecerimus auri solidorum libra una byzantina vobis componere promittimus. et hec chartula sit firma imperpetuum.

† Malfreda f. dom. Iohanni t. e.

† Alfanus f. dom. Iohannis f. dom. Alfani t. e.

Et reclaramus ut ubi potemus pastinare tigillos debeamus illos ibidem pastinare. et ubi non potemus illos pastinare non debeamus exinde vobis fieri in occasionem si ibidem non proficit. set ubi proficit ibidem debeamus illos pastinare.

† Malfreda f. dom. Iohanni t. e.

† Alfanus f. dom. Iohannis f. dom. Alfani t. e.

† Iohannes f. dom. Mansonis t. e.

† Ego Mastalus presb. et scriba scripsi.

CXLVI.

1142 — Ruggiero re a. 11 — ind. V — 10 marzo — Atrani.

Ursus da lu Planu f. Leonis de Cennamo, sua moglie *Voccia f. Petri da Toru*, ed i suoi figli Leone e Giovanni, anche in nome degli altri figliuoli, *Cara*, assente, e Pietro e *Tucza*, minorenni, vendono a *Leoni f. Iohannis de Numarii* ed a sua moglie *Drosu*, le loro case in Atrani, *at ipsa Orta*, per un'oncia di tarì di Sicilia.

Perg. di Amalfi, n. 107 ; arch. di S. M. di Font., n. 237 ; arch. della SS. Trin., n. 499 — Orig. — Taglio irregolare all'ang. inf. sin.: alt. 52 1/2 × 25 ; deleta e corrosa lungo il lato sin. — Rip. in parte dal Camera, II, *App.*, n. XXXV.

✝ In nomine domini dei salvatoris nostri Iesu christi. anno ab incarnatione eius millesimo centesimo quadragesimo secundo. temporibus domini [nostri Roggerii dei gratia] Sicilie rex Ytalie dux Capue princes. anno undecimo ducatus eius Amalfi. die deci[ma mensis ma]rtii ind. quinta Atrano. Certi sumus nos Ursus da lu Planu f. Leonis de Cennamo [et Voccia iugalia] f. Petri da Toru. quam et nos Leoni et Iohanni veri germani f. ss. Ursi da lu Pla[nu. qui sumus] vir et uxor et genitor et filii atque matrea et filiastri. et sumus pro vice nostra et pro vice de [Cara filia et filia]stra et vera germana nostra qui est modo in Neapolim. seu et in vicem de Petro [et Tucza] filii et veri germani nostri qui sunt parvuli et sine etatem. et nos istud quindiniiamus [a parte eorum.] a presenti die pruntissima voluntate venundedimus et tradidimus vobis Leoni [f. dom. Io]hannis de Numarii et dom. Drosu iugalie. idest plenarie et integre tote ipse domus nostre [quod ha]bemus hic in Atrano posite at ipsa Orta a s[ubtu]s monasterii puellarum sancti Thome apostoli. sicut sibi sunt ss. domus fravicate et ordinate [a p]avimento et usque at summitatem. et quomodo pari[etes] eius a giro circiter fundati et ordinati sunt cum superioribus et subterioribus haeris et aspectibus suis quam et cum cubucella et cum regie et fenestre et necessarie et pingia et minianium et dua paria de grade unum parium a parte septemtrionis et alium parium a parte occidentis. at fravicandum vobis eos in altum quantum volueritis. Nam vero reclaramus vobis fines seu pertinentias ipsius domus qualiter et quomodo eos vos et vestris heredes abere et possidere seu dominare et frugiare debeatis. a supra namque ponitur a parte orientis parietes liberos abeatis et exinde fenestre abere debeatis. de subtus itaque ponitur a parte occidentis similiter parietes liberos abeatis et exinde fene[stre] quam et grade fravite. et de ipsum vicalem sic redeatis et abeatis sicut ipsa securitatis [contin]et quod vobis dedimus quod fecerat Sergius f. Iohannis Calendola at Leone f. Ursi Sicutelli. de [uno v]ero latere ponitur a parte septemtrionis parietem liberum abeatis. et exinde regie et fenestre et [necessarie et pingia] et grade fravite et plenarium minianium de cantum in cantum et a faciem parietem vestrum . . . . ipse pred. grade vestre continet qui sunt a pred. pariete in foras sicut ipse chartule continet quod [vobis e]xinde [de]dimus. quam et viam exinde abere debeatis in susu et in iusu et ubi pergere volueritis . . . . vie puplice. de alio latere ponitur a parte meridie parietem communalem abeatis ipsa cubucella vestra cum [dom. Co]nstantino da Casanòba. et expedicatum ipso communalem iam in iusum inda occidentem abeatis [parietem] liberum et exinde fenestre et necessarie et pingiam habere debeatis. et iusu a terra abe[atis] regia et viam at ipsum catodeum terraneum cum omnia causa qui vobis et at vestris heredibus opus et necessum fuerit usque i[n sem]piternum. et licentiam et potestatem abeatis ipse ss. domus hoc est ipsos haeres qui vul[go] bentora dicitur de supra ipse pred. domus et de supra ipse pred. grade et cubucella in altum vobis ascendere [fra]vicandum quantum volueritis cum omnibus edificiis et pertinentiis suis. quia neque de tote ss. domus neque de tota eorum edificia et pertinentia nichil nobis remansit aut aliquid vobis exinde exceptuavimus. qui nobis obbenit per chartulam comparationis a Nicolao de Iusto et a Voccia iugalia f. Sergii f. Iohannis Pilingii. et at illis obbenit per chartulam comparationis a dom. Sillecta f. Iohannis f. Sergii Spatella et relicta Leonis f. Ursi [f. Io]hannis de Amata et ab Urso filio suo. et at illis obbenit a pred. viro et genitori eorum. et at illum obbenit [ex paren]torum suorum. et [quan]te chartule exinde abuimus vobis ille dedimus. ipsa vero chartula cum quo illos [comparav]imus a ss. [Ni]colao de Iusto et ab uxori sua non potemus vobis illa dare propter quod perdivimus [eam quando] fuit capta Rabelli ab ipsi Pisani. set firmamus vobis ut si aliquando tempore inbenta [dederit] ipsa pred. chartula vel alia chartula qui pertineat in ss. domus quod vobis venundedimus nos et nostris heredes [mittamus] eas subtus (vestra) potestate et de vestris heredibus sine omni vestra damnietatem vel amaricationem. [Vi]am vero ibidem ab[eat]is de iuxta ipsum parietem de pred. domo vestra ut veniat de latitudinem per totum . . . . a faciem de pred. parietem de pred. domo vestra in susu palmos quattuor et siat omni tempore discopertam usque at celum. et si vultis ibidem vitis ponere et fiere ibidem furcas ut veniat ipse vitis cooper[te] in causa vestra potestatem abeatis. et expedicata ipsa pred. domo vestra indat causa qui fuerat de Nice[ta] qui fuit de domino Pulcharo abeatis viam in iusu usque in via puplica. ut veniat de latitudinem [a fa]ciem de ipse grade vestre indat causa qui fuerat de pred. Niceta palmos quattuor de latitudinem. et ite[rum v]eniat discoperta usque at celum. et iterum de ipse necessarie et de ipse vie et de omnem pertinentia [possi]deatis et dominetis et faciatis sicut ipse pred. chartule continet quod vobis exinde dedimus. quia nobis ex[inde] nichil remansit aut aliquid vobis exinde exceptuavimus. set totum pleniter et sine omni minui[tatem vobis n]os venundedimus et tradidimus sicut superius legitur. Unde accepimus a vobis exinde plenariam [nostram sana]tionem idest uncia una de tari saracenesci de Sicilia moneta domini nostri regis sicut inter nos com[venit in omn]em deliberationem et in omnem decesitionem. ut a nunc die presenti et imperpetuis temporibus in vestra [et de vestris here]dibus sit potestatem faciendi et iudicandi vobis exinde omnia que volueritis sine [omni nostra et de] nostris heredibus contrarietatem imperpetuum. Insuper nos et nostris heredes vobis et at vestris here[dibus eos ant]estare et defensare promittimus omni tempore ab omnibus hominibus. Quod si minime vo[bis exinde fecerimus] et omnia ut superius legitur vobis non atimpleverimus componere promittimus nos et nostris [heredes vobis et at vestris] heredibus dupplo ss. pretium. et hec chartula nostre venditionis sit firma imperpetuum.

[† Ego] Iohannes f. Constantini de Leone com. t. s. script(us).

[†] Malfridus iudex f. dom. Iohannis t. e.

[† Sergius] f. Pantaleonis Mauronis com. t. e.

† Ego Iohannes presb. hanc chartulam manu Sergii curialis scriptam confirmavi.

CXLVII.

1142 — ind. VI — 20 settembre.

Leoni f. qd. Tofilacto de Fluru dona *pro anima* al monastero di S. Maria di Fontanella un castagneto sito *at Casanoba*.

Perg. di Amalfi, n. 108; arch. di S. M. di Font., n. 238; arch. della SS. Trin., n. 257 — Orig. — Alt. 29 × 22; corrosa in alcuni punti nel mezzo — Inedita.

A tergo, in scrittura gotica, si legge: « *Item de castaneto de loco ubi dicitur Casanoba offertum in monast. S. Marie de Fontanella ab ipsis de Floro ut infra continetur* ».

† In nomine domini dei salvatoris nostri Iesu christi. anno ab incarnatione eius millesimo centesimo quadragesimo secundo. die bicesima mensis septembris ind. sexta. Ego quidem Leoni de Fluru f. qd. Tofilacto de Fluru. a presenti die promtissima voluntate dare et tradere seu offerire bisus sum immonasterii pue[llar]um sancte Marie que constructa atque dedicata est at Funtanella. idest plenarium et integrum ipso castanietum plenum et bacuum quodcumque abeo at Casanoba. que continet finis. a supra finis de eredibus de ipsi tii ti (*sic*). de subtus finis flubio. de uno latus finis de Scalensis. per alio latere finis de eredibus de Marini Mitiicola et de Sergi Mitiicola. quantum tote ss. finis concluditur medietatem obbenit michi per chartulam da Stefano bero tio meo. et ipsa alia medietas fuit [de ss.] Tofilacto genitori meo. Ego abeo exinde ipsa por(tione) mea et ipse por(tiones) de Iohanni et de Tofilacto germanis meis. remansit ibi abere Marenda germana mea ipsa por(tionem) suam et Marino nepoti meo ipsa por(tionem) suam. sicut est illut quantum offersit in ss. sancto monasterio. cum bia sua et cum omnibus infra se abentibus et pertinentibus. unde nichil exeptua(vimus) quia dedi et offersit i[llo]s in ss. sancto monasterio pro amore Dei omnipotentis et pro remedium anime mee et de genitor et genitris mea et de ss. fratribus meis. In ea ratione ut amodo et semper fiat impotestate de te domina Maria Fabara gratia dei abbatissa et de posteris tue at faciendum exinde omnia que vo-

lueritis pro utilitate de ss. sancto monasterio sine omni contrarietatem vel requesitionem imperpetuum. Et qui contra an chartulam nostre offersionis benire presumserit et eam rumpere vel minuare exinde ceperint tunc illa persona abeat anathema et maledictionem a patri et filio et spiritui sancto et da ss. sancto monasterio et cum pessimi Iuda Scariothes sit portionarius in infernalis claustris. insuper componat in ss. monasterio auri solidos biginti. et ec chartula sit firma imperpetuum. Ipso disturbatus desuper legitur. eredibus de ipsi tii ti.

† Petrus presb. et primicerius t. s.

† Ego Ferrandus t. s.

† Ego Ademarius protonot. scripsi.

CXLVIII.

1144 — (ind. VII) — 14 febbraio — Amalfi.

Sergius f. Leonis Guarizzuli prende a pastinato da *dom. Landolfo*, abbate del monast. dei SS. Cirico e Giulitta, le terre che quel monastero ha in Tramonti, *at Pecara.*

Perg. di Amalfi, n. 109; arch. di S. M. di Font., n. 239; arch. della SS. Trinità, n. 957 — Orig. — Alt. 37 × 15 1/2; molto deleta e macchiata nel lato destro — Inedita.

† In nomine domini dei salvatoris nostri Iesu christi. anno ab incarnatione eius millesimo centesimo quadragesimo quarto. die quarta decima mensis februarii ind. [septima] Amalfi. Manifestum facio ego Sergius f. Leonis Guarizzuli vobis dom. La[ndolfo domini gratia] sacer et monachus atque abbas ecclesie monasterii sanctorum martirum Cirici [et Iulicte] quod constructum et dedicatum est a supra [Atrano] et at cuncta vestra congregatione ss. monasterii. pro eo vero quia dedistis et atsignastis michi plenariam et integram ipsam hereditatem quam ss. monasterius habet in Tramonti posita loco nominato at Pecara. sicut est cum fabricis et omnia sua pertinentia. sicut per omnes fines et omnem ordinem et rationem continet ipsam chartulam at cartatum quam nobis exinde fecistis. Unde firmamus vobis per hanc chartulam ut amodo et semper nos et nostris heredes filiis filiorum nostrorum in una persona descendente

de nobis usque in sempiternum [illos] habeamus et teneamus et de presente debeamus illos cultare et zappare et putare et lavorare et armare in altum in pergole cum ligna et canne et salici nostre et cum omni nostro expendio. et habeamus exinde de toto cura et certamen seu vigilantia ut parea per bonos homines ut semper dica tertius et quartus homo quia tota ss. hereditate de fine in finem bona est cultata et zappata et putata et lavorata et armata in altum in pergole sicut meret et pertinet. et iam amodo et semper vinum et omne alium frugium quodcumque ibidem Dominus dederit sine fraude et malo ingenio dividere illos debeamus vobiscum per medietatem. vos et vestros posteros successores exinde tollatis medietatem et nos et nostris heredes exinde tollamus medietatem. vinum at palmentum et fructura per tempore suo. et quando venimus at vindemiare faciamus vobis illos scire. et lavemus et stringamus vobis ipsam buctem vestram cum cercli et stuppa vestram ubi inbuctemus vobis ipsa parte vestra de ss. vino. et demus vobis supra sorte per omnem annum de vindemia cofina dua de ube et per omnem palmentum pullum unum. et nutricemus ipsum monachum vestrum at ipsa vindemia sicut nostra erit possivilitatis. Et si nos et nostros heredes bene eos non lavoramus et cultamus et omnia ut superius legitur bene non atinplemus vobis et at vestros posteros potestatem habeatis nos exinde vacui iactare cum causa nostra movilia et faciamus vobis iustitia sicut lex fuerit. Quod si nos et nostros heredes bene lavorando et cultando et omnia ut superius legitur bene atinplendo vobis et at vestros posteros non habeatis potestatem nos exinde iactare vel [commov]ere neque nullam virtutem vel inbasionem nobis ibidem non faciatis neque facere faciatis set magis vindicetis nobis eos ab omnibus hominibus. et qui de nobis et vobis aliquid de ss. placito et conbenientia ut superius legitur minuare vel extornare voluerit componat pars infidelis at partem que firma steterit auri solidos quinquaginta reales. et hec chartula sit firma imperpetuum. Reclaramus ut omni anno de vindemia quando vindemiamus nutricemus duos monachos vestros sicut nostra erit possivilitatis. et ipsi levent panem et cundituram. et unum pondem inde deponamus et unum pondem ibidem levemus per omnem annum de vindemia sine pargiatura per ss. obligata pena.

† Bernaldus f. dom. Iohanni t. e.

Quod super disturbatum est legitur. Atrano.

† Leo f. dom. Iohannis Trilia t. e.

† Sergius f. Leonis de lu Iudice t. e.
† Ego Mauro diaconus et curialis f. dom. Leonis de Argusse scripsi.

CXLIX.

(Sec. XII; intorno alla metà).

Concessione a pastinato di un castagneto sito in luogo detto at ipse Mandre.

Perg. Mon. soppr., 1ª serie, vol. di perg. senza data, n. XXXVI — Orig. — Alt. 36 1/2 × 14; manca la parte superiore; corrosa in vari punti ai margini e deleta in alcune parti — Pubbl. in *R. Neap. Arch. Mon.*, VI, *Append.*, n. XXXVI (p. 211).

Nella parte perduta della pergamena stava tutto il protocollo iniziale, nonchè la prima parte del documento, in cui stavano i nomi delle parti contraenti. Soli elementi di datazione approssimativa sono il nome dello *scriba* e quello del testimone Bernardo, i quali appaiono nella perg. n. CXLVIII, che è del 1144.

. . . .
. . . . . . loco ubi dicitu]r at ipse Mandre. si[cut est cum omnia sua pertinentia et omnibus infra se habentibus et pertinen]tibus. qui fuerat de ipsa de Rodi . . . . qui continet per has fines. ha supra namque pon[itur fini via puplica]. de subtus itaque ponitur fini media ipsam lamam. de uno [latere poni]tur fini causa vestra quod tenet at cartatum Petro Punzo. et de alio autem latere ponitur iterum fini causa vestra quod tenet at cartatum Sergius Petanzum Cafica. cum salva via sua cum omnia causa. unde nichil nobis exinde exceptuastis. In ea enim rationem ut amodo et semper nos et nostros heredes filii filiorum nostrorum usque in sempiternum illos habeamus et teneamus et de presente debeamus illos cultare et zappare et insurculare et inplire illos totum des ipsas castaneas zenzalas. et habeamus exinde de toto cura et certamen seu vigilantia ut per bonos hom[ines] pareat ut semper dicat tertius et quartus homo quia totum [ss.] insertetum de fine in fine bonum est cultatum et insur[culatum] de ipsas cast[aneas zenzalas] si[cut ipse locus meruerit] et semper castanee et [omnem alium frugium quod ibidem Dominus dederit si]ne fraude et malo ingenio

dividere [debeamus per] medietatem. vos et vestros heredes exinde t[ollatis medietatem et no]s et nostros heredes exinde tollamus ipsam aliam [medietatem. casta]nee bone sicke at grate et fructura per tempore suo. [et quando nos] venimus at dividere ipse castanee faciamus vobis illos scire. [et] debeamus vobis atducere ipsa parte vestra de ss. castanee usque in castello Licteris sine pargiatura. et debeamus vobis atducere ipsa sapatatica sicut consuetudo est. et quando ibidem semminamus demus vobis ipso terratico iterum sicut consuetudo est. et omni anno de castaniazzone nos et nostros heredes demus vobis et at vestris heredibus pullum unum bonum. et si nos et nostros heredes bene eos non cultamus et insurculamus et omnia ut superius legitur bene non atimplemus vobis et at vestris heredes potestatem habeatis nos exinde vacui iactare cum causa nostra movilia [et fa]ciamus vobis iustitia sicut lex fuerit. Quod si [nos et nostros heredes] bene cultando et insurculando et [omnia ut superius legi]tur bene atimplendo vobis et at vestris he[redibus non habeatis po]testatem nos exinde iactare vel commov[ere. et nullam] virtutem vel inbasionem nobis ibidem non faciatis [nec fac]ere faciatis. set magis vindicetis nobis eos ab om[nibus] hominibus. et qui de nobis et vobis aliquid de ss. placito [et co]nbenientia cut (*sic*) superius legitur minuare vel extornare voluerit componat pars infidelis at partem que firma steterit auri solidos viginti bizantinos. et hec chartula unde inter nobis ana singule similis fecimus firma permaneat imperpetuum.

† Bernaldus f. dom. Iohanni t. e.

† Petrus iudex t. e.

† Mastalus iudex t. e.

† Ego Mauro diaconus et curialis [f.] dom. Leonis de Argisse scripsi.

CL.

1146 — Ruggiero re a. 15 — ind. IX — 7 febbraio — Amalfi.

Iohannes presb. et primicerius f. qd. Ursi Sapatini, Sergius f. dom. Mauri f. dom. Sergii Scirice, Sergius f. dom. Ursi f. qd. dom. Pulchari, et Constantinus f. dom. Ursi f. dom. Sergii Sclinilli, esecutori testamentari di *dom. Itta f. dom. Mauri f. dom. Gregorii Monsincollu et rel. dom. Sergii f. dom. Ursi Campanella,* vendono a *dom. Manso f. qd. dom. Iohannis Capuani f. qd. dom. Landonis com. de Prata* ed a sua moglie *dom. Anna f. dom. Iohanni f. dom. Constantini f. dom. Marini de Constantino de Marino com.*, tutti i beni che la suddetta *Itta* aveva in Ponte Primaro, per 210 soldi d'oro di tarì.

Perg. di Amalfi, n. 110; arch. di S. Lor., n. CXXXII; arch. della SS. Trin., n. 148 — Orig. — Alt. 69 × 32; rigata e marginata, elegante — Inedita.

† In nomine domini dei salvatoris nostri Iesu christi. anno ab incarnatione eius millesimo centesimo quadragesimo sexto. temporibus domini nostri Roggerii Sicilie regis Apulie ducatus Capue principatus. et quinto decimo anno regni eius Amalfi. die septima mensis februarii ind. nona Amalfi. Certi sumus nos Iohannes presb. et primicerius f. qd. Ursi Sapatini. et Sergius f. dom. Mauri f. dom. Sergii Scirice. et Sergius f. dom. Ursi f. qd. dom. Pulchari. qui sumus distributores per testamentum de domina Itta f. dom. Mauri f. dom. Gregorii Monsincollu et relicta qd. dom. Sergii f. dom. Ursi Campanella. quam et nos Constantinus f. dom. Ursi f. dom. Sergii Sclinilli. qui sum iterum distributor de ss. dom. Itta socera mea pro vicem Gaitelgrime uxori mee filie sue. que iterum ipsa defuncta est. a presenti die promtissima voluntate venundedimus atque et impresentis cessimus et contradidimus vobis dom. Manso f. qd. dom. Iohannis Capuani f. qd. dom. Landonis com. de Prata. et dom. Anna ambo videlicet iugali filia dom. Iohanni f. dom. Constantini f. dom. Marini de Constantino de Marino com. idest plenariam et inte-

gram totam ipsam hereditatem in Ponte Primaro posita que fuit de ss. dom. Itta. sicut sibi est tota ipsa ss. hereditatem cum tote ipse case et fabricis et palmentis et labellis ibidem habentem et cum omnia sivi infra se habentibus et pertinentibus. que pars exinde obbenit at ss. dom. Itta et at pred. dom. Sergio viro suo per chartulam traditionis infra ipsam dotem et donationem illorum da dom. Sikelgaita genitrice et socera illorum relicta ss. dom. Mauri Monsincollu. et pars exinde obbenit at illis per alie chartule comparationis. et ipsa pred. chartula traditionis cum tote ipse pred. chartule comparationis quas exinde habuimus dedimus vobis ille. et firmamus vobis ut si per aliquando tempore qualiscumque alia chartula exinde inventa dederit nos et nostros heredes mittere illas debeamus subtus vos et vestris heredibus sine vestram damnietatem vel amaricationem. Nam vero reclaramus vobis exinde ipse finis seu pertinentie de tota ipsa ss. hereditatem quam vobis modo venundedimus et tradidimus qualiter et quommodo eos vos et vestris heredibus habere et possidere seu dominare et frudiare debeatis. a supra namque ponitur a parte occidentis fini ipsa via puplica que pergit at Malitu et expedicata ipsa pred. via puplica continet fini finem causa heredibus ss. dom. Mauri Monsincollu et per finem causa de ipsi Binosi. de subtus itaque ponitur a parte orientis fini plenarium ipsum murum vestrum fabritum et a subtus pred. muro habeatis usque in medium ipsum flumen. de uno vero latere ponitur a parte septemtrionis salet per finem causa ss. heredibus dom. Mauri Monsincollu usque at caput at finem causa de ipsis pred. Binosi sicut continet ipse pred. chartule. et de alio autem latere ponitur a parte meridie fini ipsa ss. via puplica que iterum pergit at Malitu. et ipse murus fabritus plenarius vester siat. et exinde portam et viam habeatis. cum salve vie sue ibidem ingrediendi et egrediendi. cum omnia causa que vobis et at vestris heredibus opus et necessarium fuerit. et illis qui exinde viam per legem habuerit non illis exinde contretis. Unde nobis exinde nichil remansit vel aliquid vobis exinde exceptuavimus. quia plenariam et integram tota ipsa ss. hereditatem sicut est plenum et vacuum cum tote ipse ss. fabricis ibidem habentem et cum omnia sua pertinentia quantum ipse ss. finis concluditur et quantum et qualiter continet ipse pred. chartule quas vobis dedimus totum vobis illos venundedimus et tradidimus sine omni minuitatem sicut superius legitur. et nullam nobis exinde ibidem remansit set totum pleniter et absque omni minuitatem vobis illos venundedimus et tradidimus qualiter superius legitur. Unde et impresentis exinde accepimus a vos plenariam nostram sanationem idest auri solidos ducentos decem de tari boni de Amalfi de unciis quinque de auro et quinque de argento ana tari quattuor per solidum sicut inter nobis bone voluntatis comvenit. quos pargiavimus et expedimus illis pro anima de ss. dom. Itta qualiter et quommodo illos disposuit et iudicavit ipsa pred. defuncta per ipsum pred. suum testamentum in omnem deliverationem et in omnem decesitionem. Ut amodo et semper plenaria et integra tota ipsa ss. nostra venditione seu traditione qualiter per omni ordinem et rationem superius legitur in vestram et de vestris heredibus sit potestatem habendi fruendi possidendi vindendi donandi seu comutandi etiam vestrisque heredibus dimittendi in omnia et in omnibus semper liveram et absolutam habeatis potestatem at faciendum et iudicandum exinde omnia quod volueritis sine omni nostra et de nostris heredibus et de omni humana persona contrarietatem vel requesitionem imperpetuum. Insuper nos et nostris heredes vobis et at vestris heredibus eos antestare et defensare promittimus omni tempore ab omnibus hominibus. Quod si minime vobis exinde fecerimus et omnia ut superius legitur non atimpleverimus componere promittimus nos et nostris heredes vobis et at vestris heredibus dupplo ss. pretio. et hec chartula sit firma imperpetuum. Ipso disturbatus desuper legitur. iugali filia dom. Iohanni. et in alio loco legitur. occidenti.

† Mastalus iudex t. e.

† Sergius f. Leonis de lu Iudice t. e.

† Bernaldus f. dom. Iohannis t. e.

† Ego Constantinus diaconus et protonot. complevi per manu Sergii clerici scriba.

CLI.

1146 — ind. IX — 11 aprile — (Lettere).

Petrus f. Leoni Rapicane rende a *dom. Pardo* (?) abbate del monast. dei SS. Cirico e Giulitta, una terra di quel monastero sita in Lettere *at Comparato*, che egli aveva anni addietro presa *at cartatum*; e ne riceve in cambio alle stesse condizioni un'altra terra di quel monastero, *at Casole*.

Perg. di Amalfi, n. 111; arch. di S. M. di Font., n. 523 (1); arch. della SS. Trin., n. 969 — Orig. — Taglio irregolare al marg. inf.: alt. 18 × 19; macchiata in qualche punto.

A tergo si legge: « *Charta de Stabi* »; e altrove: « *Casula* ».

† In nomine dei salvatoris nostri Iesu christi. anno ab incarnatione eius millesimo centesimo quadragesimo sexto. [undeci]ma die mense aprelis ind. nona. Manifestum facio ego Petrus f. Leoni Rapicane. vobis dom. [Pardo (?) domini] gratia sacer et monachus atque abbas monasterii sanctorum martirum Cirici et Iulitte qui constructus et dedicatus est a supra Atranu sub Montem maiore. et at cuncta vestra congregatione de pred. monasterio. pro eo vero quia iam sunt anni preteriti quod tenebamus per chartulam at cartatum per medietatem ipsa hereditatem quod ss. vestro monasterio abet hic in Literis posita in loco nominato at Comparato. Iam per bonam combenientiam que nobis et vobis bene complacuit rendidivimus (2) vobis illam. et habetis vos illam libera. et rendivimus vobis ipsa chartula at cartatum quod exinde habuimus. Unde et vos dedistis et tradidistis nobis exinde at vice pro isto quod vobis remisimus tantum de ipsa hereditate quod ss. monasterio habuit at Casole posita quantum nobis modo per has fines reclarastis. a supra

(1) Porta il n. 523, invece che quello che le spettava nell'ordine cronologico (240 a 250), perchè ne fu letta male la data (forse 1406) dall'antico ordinatore dell'archivio.

(2) La sillaba *vi* di questa parola è soprascritta.

ipsa via publica. de subtus fine ipsa lama. de uno vero latere ponitur fine causa de ss. vestro monasterio qui vobis remansit liberum sicut ipsos termines exfinant. et de alio autem latere ponitur fine de heredibus Petri Rapicane. cum salva via sua cum omnia causa et omnia sua pertinentia. In ea enim ratione ut amodo et semper sint illut in potestate nostra et de nostris heredibus at faciendum et iudicandum exinde omnia quodcumque voluerimus sine omni vestra et de vestris posteris successores contrarietate vel requisitione imperpetuum. Et si contra an chartulam venire presumpserimus et omnia ut superius legitur non atimpleverimus componere promittimus nos et nostros heredes at vos et at vestris posteris sucessores idest auri solidi biginti reales. et hec chartula sit firma imperpetuum.

† Ego Muscus presb. t. s.

† Ego Landolfus presb. da Cinti t. s.

† Ego Pe(trus) presb. Factiruso t. s.

† Ego Leo presb. et scriba scripsi.

CLII.

1148 — Ruggiero re a. 17 — ind. XI — 10 maggio — Amalfi.

. . . . *filia dom. Petri Gizzuli et relicta qd. dom. Leonis f. dom. Leonis Picetula,* e suo figlio Leone, anche in nome degli altri figli, assegnano, fra dote e donazione, a *dom. Iohanni f. qd. dom. Pulchari f. dom. Iohannis* (rispettivo genero e cognato) ed a sua moglie *Zucza* (rispettiva figlia e sorella) alcune terre in *Bectica Maioris*, pel valore di 160 soldi d'oro di tarì.

Perg. di Amalfi, n. 112; arch. della SS. Trin., n. 445 — Orig. — Taglio poligonale nel marg. sup., curvo irregolare nel marg. inf.: alt. mass. 81 × largh. mass. 29; rigata e marginata, calligrafica, elegante; danneggiatissima per macchie e corrosione.

[† In nomine domini dei salvatoris nostri Iesu christi. anno ab incarnatione eius millesimo centesimo] quadragesimo octavo. temporibus domini nostri Roggerii Sicilie regis Apulie ducatus

Capue principatus. et septimo decimo anno regni eius Amalfi. die decima mensis magii ind. undecima [Am]alfi. Certum est nos . . filia dom. Petri Gizzuli et relicta qd. dom. Leonis f. dom. Leonis Picetula. et Leo. qui sumus mater et filio. et quindeniamus istud pro parte de toti ipsi alii filii et filie et veris germanis et germane nostre. a presenti die promtissima voluntate dedimus et tradidimus vobis dom. Iohanni iam Domino aux[iliante] gene[rum] et verum cognatum nostrum. f. qd. dom. Pulchari f. dom. Iohannis . . . . et Zucza. ambo videlicet iugalis filia et vera germana nostra. idest infra [ipsam] dotem et do[nationem] vestram pro auri solidis centum sexaginta de tari boni de Amalfi [de] unciis quinque de auro et quinque [de argento ana tari quat]tuor per solidum. plenariam et integram totam ipsam hereditatem nostram et olibet[um in B]ectica Maioris positum. quantum et qualiter comparavimus cum ss. dom. Leone viro et genitore nostro da Gemma que fuit de dom. Marino f. dom. Gregorii Media Candela et da ipsi filii sui. sicut est tota ipsa [ss.] hereditatem cum tote ipse fabricis ibidem habentem et cum omnia sibi infra se habentibus et pertinentibus. et ipsa chartula nostre comparationis quam exinde habuimus cum tote ipse alie chartule veteris [dedimus] vobis ille. et firmamus vobis ut si alia chartula exinde inventa dederit nos et nostris heredes [mittere illam debeamus] subtus vos et vestris heredibus sine vestra damnietate vel amaricatione. [Et reclaramus vobis] exinde ipse finis de tota ipsa ss. hereditate. a supra namque ponitur fini ipsa via que est inter hoc et causa que fuera de dom. Drosu rel. dom. Iohannis Bonagere. quod modo habet heredes Iohannis f. dom. Constantini Falangula. de subtus itaque ponitur descendet fini intus mare. de uno vero latere ponitur a parte orientis fini finem de heredibus ss. Iohannis Falangula. causa que fuera iterum de ss. dom. Drosu Bonagere. et de alio autem latere ponitur a parte occidentis fini finem de dom. Mauro f. dom. Sergii Collogattu. et sic rectum in iusu usque intus mare. cum tota ipsa terra iam vestra ubi sunt ipse olihe et ipsa trasita da cotornices. cum salve vie sue inda mare et inda monte et inda sancti. et ubi pergere volueritis ibidem ingrediendi et egrediendi. cum omnia causa que vobis et at vestris heredibus opus et necessarium fuerit. Et iterum reclaramus vobis exinde ipse finis de toto ipso ss. olibeto. a supra namque ponitur fini finem causa que fuera de ipsi Pinoli sicut demostra per ipsa macerina. de subtus itaque ponitur fini finem de ipsi Giraci per ipsi terminis. de uno vero latere ponitur a parte orientis fini finem causa ecclesie sancti Constantii. et de alio latere a parte occidentis fini finem de Constantino Zenzala. cum salve [vie sue et cum omnia causa et] omnia sua pertinentia. unde nobis exinde nichil remansit vel aliquid vobis ex[inde] exceptuavimus. quia totum vobis illos dedimus et tradidimus infra ipsa ss. dotem et donationem vestram pro ipsi ss. solidi centum sexaginta de tari sine omni minuitate sicut superius [legitur] et sicut continet ipse ss. chartule quod vobis exinde dedimus in omnem deliberationem et in omnem decesitionem. Ut amodo et semper siat in potestate vestra et de vestris heredibus at faciendum [et iudicandum] exinde [omnia que vo]lueritis sine omni nostra et de nostris heredibus contrarietate [vel requesitione imperpetuum. Insuper] nos et nostris [heredes] vobis et at vestris heredibus eos antestare [et defensare promittimus omni tem]pore ab omnibus hominibus. Quod si minime vobis exinde fecerimus [et omnia ut] superius legitur non atimpleverimus componere promittimus nos et nostris heredes vobis et at vestris heredibus dupplo ss. pretio. et hec chartula sit firma imperpetuum.

✝ Sergius iudex t. e.

[✝ Bern]aldus f. dom. Iohannis t. e.

[✝ Sergius] f. Landolfi Capuani [t. e.]

✝ Ego Constantinus diaconus et protonot. complevi per manu Sergii clerici scriba.

CLIII.

1150 — Ruggiero re a. 20 — ind. XIII — 29 agosto — Ravello.

Petrus stratigotus civitatis Rabelli, f. dom. Leonis Musca, sedendo in curia con i giudici ed i *boni homines* di quella città — avendogli *dom. Constantinus presb. f. dom. Ursonis Pironti* esposto di aver prestato ad interesse ai fratelli Petracca e Fortunato, *f. Ursonis Gallardi,* due once di tareni di Sicilia, ricevendone in pegno 15 istrumenti dei loro beni; di aver quindi ottenuta da essa Curia un' epistola d'ingiunzione ai debitori di rendere la somma, e di averne da quelli ricevuta risposta evasiva — concede licenza ad esso Costantino di prender possesso dei beni dei debitori e venderne fino a percepirne la somma suddetta con l' interesse.

Perg. di Amalfi, n. 113; arch. della SS. Trin., n. 20 — Copia — Alt. 41 1/2 × 20; rigata e marginata a sin. — L' originale è riportato per intero dal CAMERA, I, p. 351 sg.

† In nomine domini dei salvatoris nostri Iesu christi. anno ab incarnatione eius millesimo centesimo quinquagesimo. temporibus domini nostri Roggerii dei gratia Sicilie regis Apulie ducatus Capueque principatus. vicesimo anno regni eius ducatus Amalfie. die tertio astantis mensis agusti ind. tertia decima Rabelli. Nos quidem Petrus stratigotus civitatis Rabelli f. dom. Leonis Mussca. cum stetissemus in convento plenarie huius [c]urie prefate civitatis cum iudicibus et bonis hominibus venit coram nostra presentia d[om.] Constantinus presb. f dom. Ursonis Pironti. locutus est dicens. — Domine [ha]beo recl[a]mationem supra Pe[tra]cca et supra Fortunato veri germanis filii Ursonis Gallardi. quoniam iam sunt anni preteriti quod prestavi at illos [u]ncie due tarenorum Sicilie monete domini nostri Roggerii de capitania et at lab[orem]. unde [ded]erunt michi in pignus charte qui[nde]cim ubi continent omnia illorum causa. Et vos [domine] bene scitis quia preteritis diebus mandastis eis

exinde epistolam testatam a ma[ni]bus nostrorum iudicum . . . cendum at illos ut venirent aut mandarent et renderent [no]bis ipse ss. uncie due de pred. tarenis cum ipso labore. quod si non venissent vos deb[ea]tis facere michi exinde iudicatum supra omnia illorum causa quod contin[en]t in ipse charte quas [michi] in pignus exinde posuerunt. et iam domine pertransiit mensem unum quod mandastis eis ipsa pred. epistola et fuit eis hostensa et lecta. et illis talem responsum exinde fecerunt. — Quia modo non sumus adaiati de ire modo at Rabellum. 'set dum inde habemus agium sive nos gendo sive homo mandamus qui pro nostris partibus exinde respondeat. — Et ecce domine pred. epistolam quam vos eis mandastis et ipsum pred. responsum quem taliter continet. Unde obsecro valdeque postulo vestram prudentiam ut assignetis nobis exinde ipsa pred. causa quod continent in ipse ss. charte. et facite nobis exinde iudicatum per la[ud]amentum de ipsis nostris iudicibus. — Cumque talia postulasset pred. dom. Constantinus presb. tunc legere fecimus in pred. convento ipsa pred. epistolam cum pred. responsum quam mandavimus at ss. Petracca et Fortunato coram iudicibus et bonis hominibus. et diximus at illos quomodo nobis exinde laudatis ut inde faciamus. et nobis laudaverunt ut ipsum pred. iudicatum exinde fecissemus. Quapropter et nos pred. Petrus stratigotus per laudamentum de iudicibus et bonis hominibus co[nce]dimus vobis dom. Constantino presb. a parte domini nostri Regis ut licentiam et potestatem habeatis apprehendere [omn]ia causa de pred. Petracca et ss. Fortunato quantumcumque continent in ipse ss. charte quas vobis in pignus posuerunt. tenere et frudiare et dominare illo debeatis et vindere exinde tantum unde volueritis et potueritis. unde vobis tollatis ipse ss. uncie due de pred. tarenis cum ipso labore. sine omni nostra et de nostris posteris contrarietatem et absque contrarietatem de pred. Petracca et de ss. Fortunato et de illorum heredum. Si quis contra hanc chartulam venire presumserit sentiiat talem penam qualem contemtor iustitie habere debet. insuper componat persona illa regales decem. et hec chartula sit firma imperpetuum. Inter virgulum legitur. et cum pred. responsum ✝ Sergius iudex f. Constantini Mutilionis t. e. ✝ Leo iudex f. dom. Iohanni Castaldi t. e. ✝ Ego Iohannes presb. scriba Le[onis] de Ciliano filius scripsi.

✝ Urso f. Leonis de [dom.] Maurone Rogad[io t. e.] quia ipso iudikatu verace unde ista [exem]pla [est] bidi et legit.

† Sergius f. dom. Mauri Rogadii t. e. quia ipso iudi[ca]tu verace unde ista exempla est bidi et legit.

† Ego Sergius presb. scriba Riccardi Boc[c]assi filius scripsi quia ipsum iudicatum verace unde hoc exemplum est vidi et exemplavi.

CLIV.

1151 — Ruggiero re a. 20 — ind. XIV — 20 marzo — Amalfi.

Sergius f. dom. Sergii Agustarizzi, Manso f. dom. Mansonis de Arco, Manso f. dom. Iohannis Capuani, et Sergius f. dom. Landolfi f. dom. Sergii f. ss. dom. Iohannis Capuani, consortes et portionarii della ch. di S. Sebastiano sita *supra Amalfi, subtus ipsa turre de sancto* Felice, assegnano a *dom. Lupino presb. et cardenario f. qd. Iohannis da la Sepe*, le rispettive porzioni di detta chiesa e di tutti i beni pertinenti, a condizione che ne entri in possesso a morte dei suoi zii *dom. Marino et dom. Petrone presb. et cardenarii*, i quali ne hanno il godimento. Alle stesse condizioni, al medesimo Lupino, assegnano le loro porzioni *Iohannes iudex f. dom. Mansonis f. dom. Risi* e *Iohannes presb. f. qd. Leonis de dom. Iohanne*, altri *portionarii* di quella chiesa.

Perg. di Amalfi, n. 114; arch. di S. Lor., n. CXXXIII; arch. della SS. Trin., n. 881 — Orig. — Alt. 73 × 16; alquanto corrosa lungo il marg. destro — Inedita.

A tergo, in scrittura gotica, si legge un transunto del documento.

† In nomine domini dei salvatoris nostri Iesu christi. anno ab incarnatione eius millesimo centesimo quinquagesimo primo. temporibus domini nostri Roggerii Sicilie regis Apulie ducatus Capue principatus. et vicesimo anno regni eius Amalfi. die vicesima mensis martii ind. quarta decima Amalfi. Nos quidem Sergius f. dom. Sergii Agustarizzi. et Manso f. dom. Mansonis de Arco. et Manso f. dom. Iohannis Capuani. et Sergius f. dom. Landolfi f. dom. Sergii f. ss. dom. Iohannis Capuani. qui sumus consortes et portionarii de ecclesia beati Sebastiani christi mar-

tiris qui constructus et dedicatus est a supra Amalfi subtus ipsa turre de sancto Felice. a presenti die promtissima voluntate dedimus et atsignavimus vobis dom. Lupino presb. et cardenario f. qd. Iohannis da la Sepe. idest plenarie et integre [ipse po]rtionis [nostre] quas habemus in ss. ecclesia et in omnia sua pertinentia. Et [vobis] dicimus quantum et qualiter exinde ibidem habemus unusquisque [de nos.] ego autem ss. Sergius Agustarizzus habeo ibidem [un]cias tr[es.] et ego ss. Manso de Arco habeo ibidem uncias duas. [et nos] ss. Manso Capuanus et Sergius Capuanus habemus ibidem ipse portionis nostre a parte de ipsis patricii parentibus nostris. sicut sunt tote ipse ss. portionis nostre de pred. ecclesia. cum cellis et habitatio(nibus) et sepulturis et paramentis et codicibus et cum omni circulo et pertinentie ipsius ss. ecclesie. quam et cum hereditatibus et castanietis et cum ipso legumine de Capri et cum ipsa portione nostra de ipsa mola da la Carnaria. et cum arboribus fructiferis et infructiferis terris ortis campis et viterinis et cum vice de viis suis et omnibus illorum pertinentiis. unde nichil vobis exinde exceptuavimus. In ea enim ratione ut post hobitum de dom. Marino presb. et de dom. Petrone presb. et cardenarii veris germanis tiis vestri. qui illos modo teneunt a nobis per chartulam quam eis inde factam habemus. abinde in antea et omnibus diebus vite tue de te ss. dom. Lupino presb. et cardenario inclite ipse ss. portionis nostre de pred. ecclesia et de omnia sua pertinentia i[n tua] sit potestate at dominandum et frudiandum et nichil exinde mi[nuandum]. et in ss. ecclesia servitium et officium faciatis vel fieri faciatis [die] noctuque sicut pertinet at sacerdotem. et ipsas eius hereditates et [casta]nieta bene laborare et cultare faciatis ut non pereant set [Domino] auxiliante meliorentur et in antea proficiant ut per bonos homines pareant. Et non habeamus licentiam vel potestatem nec in ss. ecclesia vel in causa de pred. ecclesia vobis ibidem supermittere vel ordinare nullum alium presbiterum aut diaconum vel subdiaconum sive clericum seu laicum vel monachum nec nulla alia humana persona cunctis diebus vite tue per nullam occasionem. et neque habeamus potestatem vos inde commovere vel deiactare. neque nullam virtutem vel invasionem vobis ibidem non faciamus neque facere faciamus. set vindicemus vobis illos ab omnibus hominibus cunctis diebus vite tue sicut superius legitur. Post denique hobiti tui de te ss. dom. Lupino presb. et cardenario inclite ipse ss. portionis nostre de pred. ecclesia et de omnia sua pertinentia at nostram et de nostris heredibus perveniat potestatem sine omni amaricatione. Solummodo dare nobis exinde debeatis per omnem unum annum de nati[vitate] Domini et de pasca resurrectionis eius ipsam benedictionem quod proclamat [ipsa] chartula quod exinde factam habemus at ss. dom. Marino presb. et [car]denario vero tio tuo. Et qui de nobis et vobis aliquid de ss. plac[ito] et convenientia ut superius legitur minuare vel extornare voluerit componat pars infidelis at partem que firma steterit auri solidos triginta regales. et hec chartula sit firma. Nam et ego Iohannes iudex f. dom. Mansonis f. dom. Risi firmo vobis ss. dom. Lupino presb. et cardenario ut debeatis iterum habere et tenere et frudiare atque officiare ipse portionis mee quod habeo ex parentorum meorum in ipsa ss. ecclesia et in omnia sua pertinentia cunctis diebus vite tue. qualiter per omni ordine et ratione habetis et tenetis ipse pred. portionis de ss. personis portionarii sine omni minuitate sicut superius legitur per ss. obligata pena. Quod super disturbatum est legitur. turre. et in alio loco legitur. iudex. Et hoc melius reclaramus quia de ambe ipse ss. uncie due de pred. ecclesia quod diximus esse de me ss. Mansone de Arco modo autem clare dicimus quia media uncia est exinde de heredibus dom. Sergii Guindazzi de Neapoli. et ego quindenio illud pro eorum partibus. Et ego Iohannes presb. f. qd. Leonis de dom. Iohanne atsignavi iterum vobis ss. dom. Lupino presb. et cardenario ipsam portionem meam quam habeo in ss. ecclesia sancti Sebastiani et in omnia sua pertinentia qualiter habetis et tenetis ipse alie portionis de ipsi ss. portionarii cunctis diebus vite tue sicut superius legitur per ss. obligata pena.

† Sergius f. Leonis de lu Iudice t. e.

† Sergius iudex t. e.

† Pantaleo f. dom. Sergii t. e.

† Ego Constantinus diaconus et protonot. complevi per manu Sergii clerici scriba.

CLV.

1152 — ind. XV — 25 marzo — Amalfi.

Iohannes f. Iohannis de Milo prende a pastinato da *dom. Anna f. dom. Mansonis Capuani*, abbadessa del' monastero di S. Lorenzo, un castagneto sito in Tramonti, *at Rospulu.*

Perg. di Amalfi, n. 115; arch. di S. Lor., n. CXXXIIII; arch. della SS. Trin., n. 1191 — Orig. — Alt. 33 1/2 × 15 — Inedita.

† In nomine domini dei salvatoris nostri Iesu christi. anno ab incarnatione eius millesimo centesimo quinquagesimo secundo. die vicesima quinta mensis martii ind. quinta decima Amalfi. Ego quidem Iohannes f. Iohannis de Milo. a presenti die promtissima voluntate scribere et firmare visus sum vobis dom. Anna dei gratia monacha et abbatissa monasterii sancti Laurentii de supra Amalfi. et filia dom. Mansonis Capuani. et a cuncta vestra congregatione ss. monasterii. pro eo vero quia dedistis et atsignastis nobis idest plenarium et integrum ipsum castanietum de pred. monasterio quod habetis in Tramonti positum at Rospulu. sicut est plenum et vacuum cum ipsa casa fabrita castaniara ibidem habentem quam ego ibidem fabricavi de mea propria causa. et cum omnia sua pertinentia. qui continet finis. a supra fini aqua versante. de subtus fini causa heredibus Pantaleonis da Lapora et fini causa sancti Quirici. de uno latere fini de ipso alio inserteto vestro de pred. monasterio qui vobis remansit. et de alio latere iterum fini causa sancti Quirici. cum salva via sua cum omnia causa et omnia sua pertinentia. unde nichil nobis exceptuastis. In ea enim ratione ut amodo et semper nos et unus de filiis nostris qualem nobis placuerit et filii filiorum nostrorum usque in sempiternum descendentem in unam personam illos habeamus et teneamus cum ss. monasterio. et de presente incipiamus illos runcare et cultare et ubi fuerit necesse pastinemus tigillos et insurculemus eos de ipsas castaneas zenzalas. et habeamus exinde de toto bonam curam et studium atque certamen seu vigilantiam ut per bonos homines parea ut semper dica tertius et quartus homo quia totum

de fine in finem bonum est runcatum et cultatum et insurculatum plenum de arboribus at bonum frudium atducendum sicut meret et pertinet. et iam amodo et semper castanee et omnem alium frudium quodcumque ibidem Dominus dederit sine fraude et malo ingenio dividere illos debeamus vobiscum et cum vestre postere de pred. monasterio per medietatem. vos et vestre postere exinde tollatis medietatem et nos et nostri heredes exinde tollamus ipsam aliam medietatem ibidem in ss. loco. castanee bone sicce at grate et fructura per tempore suo. et omni annue vos et vestre postere mittatis ibidem unum collectorem et nos et nostri heredes una cum ipso pred. collectore vestro debeamus colligere et siccare tote ipse castanee. et ipsam pred. medietatem vestram de tote ipse pred. castanee sicce nos et nostri heredes cum ipso pred. collectore vestro deponamus vobis exinde ille at litore maris de Reginnis Maioris sine pargiatura. et deponamus vobis sabbatatica sicut consuetudo est. et si ibidem seminamus demus vobis inde terraticum sicut consuetudo est. et non cappilemus exinde ligna sine vestra licentia. set quando cappilamus exinde per licentiam vestram demus vobis illam medietatem laborata in ss. loco. et omni annue nos et nostri heredes dare et atducere debeamus vobis et at vestre postere de pred. monasterio de pascha resurrectionis Domini agnum unum assatum. et sia proprium de ipsa abbatissa sine omni amaricatione. Et si nos et nostri heredes bene illos non cultamus et omnia que superius legitur non atimplemus vobis et at vestre postere potestatem habeatis nos exinde vacuos iactare cum causa nostra movilia et faciamus vobis iustitiam sicut lex fuerit. Et si nos et nostri heredes bene laborando et certando et omnia que superius legitur bene atimplendo vobis et at vestre postere non habeatis potestatem nos inde commovere vel deiactare neque nullam virtutem vel invasionem nobis ibidem facere. set vindicetis nobis illos ab omnibus hominibus. Et qui de nobis et vobis aliquid de ss. placito et convenientia minuare vel extornare voluerit componat pars infidelis at partem que firma steterit auri solidos triginta regales. et hec chartula sit firma imperpetuum. Reclaramus quia atsignastis nobis iterum totum ipsum quilium plenarium qui est susu at caput.

† Leo f. dom. Iohanni Sfisinati t. e.

† Sergius f. Landolfi Capuani t. e.

† Sergius f. Leonis de lu Iudice t. e.

† Ego Sergius clericus et curialis scriba scripsi.

CLVI.

1153 — Ruggiero re a. 18, Guglielmo re a. 3 — ind. I — 3 luglio — Sorrento.

Petrus f. qd. Sergii de Iennario riceve da *dom. Theodonanda*, abbadessa del monast. di S. Maria di Fontanella, una casa sita in *Pipiano*, pertinenza di Sorrento, col diritto di tenerla per 8 anni e con l' obbligo di eseguirvi alcuni lavori entro i primi due anni e di ospitarvi le monache di quel monastero nel tempo della vendemmia.

Perg. di Amalfi, n. 116; arch. di S. M. di Font., n. 399 (1); arch. della SS. Trin., n. 250 — Orig. — Alt. 40 X 16; tagliata nell' ang. inf. destro; corrosa e macchiata in qualche parte — Scrittura sorrentina — Rip. non intieramente dal CAMERA, II, *App.*, n. V.

† In nomine domini dei salvatoris nostri Iesu christi. anno ab incarnatione eius millesimo [cent]esimo quinquagesimo tertio. et octavo decimo anno re[gnant]e domino nostro Rocerio invictissimo rege. et tertio anno regnante domino nostro Guilielmo filio eius item glorioso rege. die tertia mensis iulii ind. prima Syrrento.

Certum est me Petrum f. qd. Sergii de Iennario. a presenti die promtissima voluntate promitto atque in presenti firmo vobis dom. Theodonanda dei gratia monacha et abbatissa monasterii puellarum vocabulo beate et gloriose dei genitricis et virginis Marie qui est dedicata in Fontanella pertinentie civitatis Atrano. hoc est propter quod vos cum cuncta sancta vestra congregatione vestrarum sororum vobiscum manentibus in ss. sancto vestro monasterio per bonam convenientiam que stetit inter nos dedistis michi ipsam casam cum ipsa curte quod ss. monasterius habet in Pipiano pertinentie eiusdem civitatis Syrrenti. in ea videlicet ratione ut amodo et usque ad completum annum unum ego et mei heredes debeamus conciare ipsa pred. casa sicut meruerit et pertinet. et debeamus ibidem ponere

(1) Porta il num. 399, perchè per errore la data fu letta 1253.

regie nove. et amodo et usque ad completis annis duobus debeamus conciare et aggirare ipsa pred. curte et facere ibidem portas. et debeamus ibidem habitare amodo et usque ad completis annis octo primis venturis. et infra pred. annis octo quando ibidem venient ipse monache de pred. monasterio pro ipsa vindemia debeant manere in ipsa pred. casa usque dum ibidem steterint pro ipsa vindemia. sicut in omnibus continet ipsa firma chartula quam vos michi exinde fecistis. Ideoque in presenti promitto et firmo exinde vobis per hanc chartulam ut ego vel mei heredes conciare debeamus ipsa pred. casa et ponere regie nove et aggirare ipsa pred. curte et ponere ibidem portas sicut superius legitur. et debeamus ibidem habitare usque in expletis ss. octo annis. et quando ibi venient ipse monache de ss. vestro monasterio pro ipsa vindemia debeant manere in ipsa pred. casa usque dum ibidem steterint pro ipsa vindemia [s]icut superius legitur [sine] omni data occasione et absque omni amaricatione. Co[mpletis vero] ss. annis octo ipsa pred. casa cum ipsa pred. curte cum o[mnia sua] pertinentia perveniant in potestate [de] pred. monasterio [quia sic ste]tit inter nos. Si autem ego vel mei heredes aliter fecerimus [de omnibus] suprascriptis tunc componere debeamus vobis vestrisque posteris [auri solidos quin]que regales. et hec chartula sit firma. Scripta per manus Iohannis clerici et notarii ac primarii per ss. ind. primam †

† Ego Alagernus f. dom. Iohannis Papara en rogatus a ss. Petro t. subscripsi.

† Ego Iohannes f. dom. Donopaldi rogatus a ss. Petro t. subscripsi.

† Ego idem Iohannes clericus et not. ac primarius complevi per ss. ind. primam. †

CLVII.

1154 — Guglielmo re a. 4 — ind. II — 19 agosto — Amalfi.

Marinus, abbate del monast. di S. Vito in Positano, riceve da . . . . . e dalla sua moglie *Drosu* tutti i loro beni siti *in Bectica Minoris*, già da essi donati a quel monastero 10 anni avanti, e paga loro 50 soldi d'oro di tarì, giusta la convenzione da quelli fatta col suo predecessore abbate Ruggiero; concede ai medesimi gli stessi beni sotto annuo canone di 40 tarì.

Perg. di Amalfi, n. 117 ; arch. di S. M. di Font., n 251; arch. della SS. Trin., n. 353 — Orig. — Alt. 46 × 20 ; alquanto deleta e lievemente corrosa ai margini — Inedita.

† In nomine domini dei salvatoris nostri Iesu christi. anno ab incarnatione eius millesimo centesimo quinquagesimo quarto. temporibus domini nostri Guilielmi dei gratia Sicilie regis Apulie ducatus Capue prin[ci]patus. et quarto anno regni et eius dominationis Amalfi. die nona decima mensis [au]gusti ind. secunda Amalfi. Manifestum facimus nos Marinus domini gratia monachus atque [abbas] monasterii beate et gloriose dei genitricis et virginis Marie et beati Viti christi martiris qui construc[tus] et dedicatus est in Positano. una cum cuncta nostra congregatione ss. monasterii. vobis . . . . et Drosu ambo iugalis. pro eo vero quia iam sunt anni preteriti tempore quondam domini [Rog]gerii bone memorie abbatis antecessoris nostri qui tunc abbas preerat ss. monasterii. de[distis] et tradidistis atque offersistis in ss. monasterio pro remedio anime vestre plenariam et integram totam ipsam hereditatem vestram in Bectica Minoris posita. sicut est plenum et vacuum cum fa[bri]cis et omnia sua pertinentia qualiter et quomodo per finis et omni ordine et ratione continet [ips]a chartula offersionis quam exinde fecistis in ss. monasterio. et tando in illis diebus convenistis vos cum ss. monasterio et debuistis tenere et habere et dominare atque frugiare vobis usque at completos annos decem totam plenariam ipsam ss. hereditatem cum omnia sua

pertin[entia]. et iam at completis ipsis ss. annis decem debuistis recipere et tollere ab ipso pred. monas[terio] auri solidos quinquaginta de tari de Amalfi. et tando plenaria et integra tota ipsa ss. hereditate cum fabricis et omnia sua pertinentia esset propria libera et absoluta de pred. monasterio qualiter et quomodo per omni ordine et ratione continuit ipsum manifestum quod vobis exinde fecit ss. dom. Roggerius abbas antecessor noster. Modo vero complevistis ipsi ss. annis decem et nos venimus pro parte de pred. monasterio et summonuimus vos at recipiendum a nobis ips[os] ss. solidos quinquaginta et renderetis nobis ipsam pred. hereditatem. et vos presentaliter recepistis a nobis ipsi ss. solidi et rendidistis atque atsignastis nobis in ss. monasterio totam ipsam pred. hereditatem cum fabricis et omnia sua pertinentia. Iam convenimus vobiscum per bonam convenientiam nobis et vobis bene et gratanter placentibus. dedimus et atsignavimus vobis iterum totam ipsam pred. hereditatem sicut est cum fabricis et omnia sua pertinentia sine omni minuitate. in tali vero placito atque convenientia ut a die presenti et in antea et usque at obitum vestrum de [vobis] ambobus videlicet iugalibus vel usque dum fuerit voluntas vestra et dum vobis placuerit. debeatis iterum habere et tenere et possidere et dominare atque frudiare vobis inclitam totam ipsam pred. hereditatem cum omnia sua pertinentia. et totum ipsum frudium quodcumque inde exierit proprium vestrum siat at faciendum vobis inde omnia quecumque volueritis. Solummodo da[re] et pargiare nobis exinde debeatis vel at nostros posteros in ss. monasterio per omnem unum [annum] in kalendas septembrias ana tarenos quadraginta bonos de Amalfi sine omni amaricatione. et iterum omni annue debeatis conciare et laborare et armare ipsam pred. hereditatem cu[m o]mni vestro expendio ut iustum fuerit et ut non pereat set Domino auxiliante melioretur et in a[ntea pro]ficiat. et quandocumque placuerit vobis sive at obitum vestrum aut ante obitum vestrum et [si] volueritis nobis rendere in ss. monasterio ipsam pred. hereditatem cum omnia sua pertinentia nos illam debeamus recipere et vos amplius nullam causam exinde non pargietis neque nos vobis exinde aliquid non queramus per nullam rationem. Et iam neque nos neque nostri posteri non habe[amus] licentiam vel potestatem vindere aut donare [ne]que cambiare aut in pignus ponere ne[que extor]nare vel substrahere ipsa pred. hereditatem de pred. monasterio per nullum modum imperpetuum. set o[mni] tempore sit salva in ss. monasterio usque in sempiternum qualiter proclama ipsa pred. off[er]sione quod exinde fecistis in pred. monasterio. Et quandocumque placuerit vobis sive at obitum vestrum sive ante obitum vestrum quandocumque fuerit voluntas vestra et volueritis exinde venire at commanendum in ss. monasterio sive monachi sive layci nos vel nostri posteri debea[mus] vos ibidem recipere cum omni nostro expendio absque omni occasione. et debeamus vos agere et habere cum omni nostro expendio ut iustum fuerit sicut ipsi alii confratribus nostris. et at obitum vestrum debeamus vos iterum ordinare et sepelire at ipse sepulture de pred. monasterio cum omni nostro expendio sicut meruerit absque omni amaricatione. quia sic inter nos stetit. Et qui de nobis et vobis aliquid de ss. placito et convenientia [ut su]perius legitur minuare vel extornare volueritis componat pars infidelis at p[artem qu]e firma steterit auri solidos quinquaginta regales. et hec chartula sit firma im[perpetuum].

† Musco iudex t. e.

† Iohannes dom. Bernaldi filius t. e.

† Sergius f. Landolfi Capuani t. e.

† Ego Sergius clericus et curialis scriba scripsi.

CLVIII.

1155 — Guglielmo re a. 5 — ind. IV — 7 dicembre — Amalfi.

Bocca f. qd. Iohannis de Dayferi et rel. Constantini Angillula vende a suo nipote *Leone f. Constantini Piscopi* ed a sua moglie *Marocta f. Iohannis da Torri* una casa sita in Amalfi, *at Capud de Crucis,* con orto contiguo, per 24 soldi d'oro di tarì.

Perg. di Amalfi, n. 118; arch. di S. Lor., n. 136; arch. della SS. Trin., n. 811 — Orig. — Alt. 33 × 21-24; alquanto deleta nella parte sup. — Inedita.

A tergo si legge: « *Chartula de ipsa domo et orto de Monte Aurio* ».

† In nomine domini dei salvatoris nostri Iesu christi. anno ab incarnatione eius millesimo centesimo quinquagesimo quin-

to. temporibus domini nostri Guilielmi dei gratia Sicilie regis Apulie ducatus Capue principatus. et quinto anno regni eius Amalfi. die septima mensis decembrii ind. quarta Amalfi. Certum est me Bocca f. qd. Iohannis de Dayferi et rel. Constantini Angillula. a presenti die promtissima voluntatem venundedimus et tradidimus vobis Leone nepoti meo f. Constantini Piscopi. et Marocta ambo iugalis. nepoti mea filia Iohannis da Torri. idest plenariam et integram tota ipsa domo nostra fabrita quam habemus hic in Amalfi posita at Capud de [Cru]cis. sicut sibi est tota ss. domo fabricata et ordinata a terra et usque at summitate et quomodo parietes eius a giro circiter fundati et ordinati sunt et cum aeris et suis aspettibus. seu et cum regie et fenestre et pingia et versatoria et coquina et plenaria cisterna et curte de ante ss. domo. et plenarie grade et cum tota ipsa ventoria sua. at fabricandum in altum quantum volueritis. cum omnia hedificia et pertinentia sua. qui nobis obbenit da ipsi genitoribus nostris. et tote ipse chartule quas exinde abuimus dedimus vobis ille. et firmamus vobis ut si alia chartula exinde inventa dederit nos et nostri heredes mittere illas debeamus subtus vos et vestri heredibus sine vestra damnietate vel amaricatione. Et reclaramus vobis exinde ipse finis. at supra namque ponitur a parte occidentis parietem liverum abeatis et ab ista parte abeatis usque in ipsa via puplica qui pergit in Atrano et in Amalfi. de subtus itaque ponitur a parte orientis hoc est a parte a mare parietem liverum abeatis et exinde fenestre. de uno latere ponitur a parte septemtrionis parietem comunalem habeatis cum causa qui fuerat de ipsi de Nola. et a parte meridie iterum parietem live[rum] habeatis. cum salva via sua ibidem ingrediendi et egrediendi cum omnia causa qui vobis et at vestris heredibus opus et necessarium fuerit. Et cum istud iterum venundedimus et tradidimus vobis plenario et integrum totum ipsum ortum quod habuimus ibidem in pred. loco iuxta ipsa ss. domo. sicut est cum omnia sua pertinentia quam et cum omnia sibi infra se habentibus et pertinentibus. Et reclaramus vobis exinde ipse finis de ss. ortum. a supra namque ponitur fini causa vestra. de subtus itaque ponitur a parte a mare continet fini ipsa via puplica qui pergit at Atrano et in Amalfi per subtus. de uno vero latere a parte septemtrionis continet fini causa de ipsi de Nola sicut exfinat tota ipsa sepale plenaria vestra. et de alio autem latere ponitur a parte meridie fini causa de dom. Iohanne presb. Mintana sicut exfinat ipsa sepale plenaria vestra. et ab ista parte oc est at capud de ipso pred. orto habeatis totum ipso terrula qui est a foris ipso muro a parte meridie. sicut vobis continet ipsa securitas quod exinde abetis quas nobis fecit ss. dom. Iohannes presb. cum salva quidem via sua cum omnia causa qui vobis et at vestris heredibus opus et necessarium fuerit. Unde nobis exinde nichil remansit vel aliquod vobis exinde exceptuavimus. quia totum suprascriptum vobis venundedimus et tradidimus sine omni minuitate sicut superius legitur. et nullam nobis exinde in ss. loco non remansit. Unde et in presentis exinde accepimus a vobis plenariam nostra sanationem idest auri solidos viginti quattuor de tari boni de Amalfi de unciis quinque de auro et quinque de argento ana tari quattuor per solidum. sicut inter nobis bone voluntatis convenit. Ut amodo et semper totam ss. nostra venditionem qualiter superius legitur in vestra et de vestris heredibus sit potestate at faciendum et iudicandum exinde omnia quodcumque volueritis sine omni nostra et de nostris heredibus contrarietate vel requesitione imperpetuum. Et nos et nostri heredes vobis et at vestris heredibus illud antestare et defendere promittimus omni tempore ab omnibus hominibus. Quod si minime vobis exinde fecerimus et omnia ut superius legitur non atinpleverimus componere promittimus nos et nostri heredes vobis et at vestris heredibus auri solidos quinquaginta regales. et hec chartula sit firma imperpetuum.

† Iohannes dom. Bernardi filius t. e.

† Sergius f. Landolfi Capuani t. e.

† Musco iudex t. e.

† Ego Iohannes curialis scriba f. Sergii Ferula scripsi.

CLIX.

1156 — Guglielmo re a. 5. — ind. IV — 27 marzo — Amalfi.

Iohannes f. Leonis de Alfano Spizzatortile e sua moglie *Drosu f. Leonis* . . . . . , vendono a *dom. Mastalo f. dom. Sergii* . . . . . ed a sua moglie . . . . . *f. dom. Mansonis Bulcano*, un castagneto sito in Agerola, *at Capud de Pendulo*, per 40 soldi d'oro di tarì.

Perg. di Amalfi, n. 119; arch. di S. M. di Font., n. 253; arch. della SS. Trin., n. 438 — Orig. — Alt. 53 × 36 1/2; molto danneggiata per corrosione nel margine destro; macchiata altrove — Inedita.

A tergo si legge: « *De ipso castanieto de lama de Maniulo* ».

† In nomine domini dei salvatoris nostri Iesu christi. anno ab incarnatione eius millesimo centesimo quinquagesimo sexto. [temporibus] domini nostri Guilielmi dei gratia Sicilie regis Apulie ducatus Capue principatus. et quinto anno regni e[ius Amalfi. die] vicesima septima mensis martii ind. quarta Amalfi. Certi sumus nos Iohannes f. Leonis [de Alfano Spiz]zatortile. et Drosum ambo videlicet iugalis. filia Leonis . . . . [a presenti die promtissima voluntate] venundedimus et tradidimus vobis dom. Mastalo f. dom. Sergii So . . . . [iuga]lis. filia dom. Mansonis Bulcano. idest plenarius et integrus totum ipsum castanietum quantum [et qualiter] habemus in Ageroli positum at Capud de Pendulo. loco nominato at Lama de Maniulo. sicut est totum cum [omnia] hedificia sua quam et cum omnia sibi infra se habentibus et pertinentibus. que nobis obbenit a ss. Leone de Alfano g[eni]tor et socer noster et ab Anna eius iugalis. qui est matrea de me Iohanne per chartulam venditionis. et ipsa chartula venditio[nis] cum qua nobis obbenit dedimus vobis illam. et firmamus vobis ut si qualivet alia chartula exinde inventa dederit que ibidem pertineat nos et nostri heredes mittere illas debeamus subtus vos et vestris heredibus sine vestra damnietate vel amaricatione. Et reclaramus vobis exinde ipse finis de toto ss. castanietum qua[liter] illud vos et

vestris heredes abere et possidere seu frugiare et dominare debeatis. a supra [poni]tur fini finem causa monasterii sancte Trinitatis. que modo est de monasterio Positano. de sub[tus itaque] ponitur fini finem de ss. Leone genitori et socero nostro qualiter exfinat per ipsi terminis quos ibidem [constituti sunt] inter vos et illum. de uno vero latere ponitur a parte orientis fini finem causa de ipso clero e[piscopi] sancti Andree apostoli. et de alio autem latere ponitur a parte occidentis fini media ipsa lama per fines ca[usa dom. Man]soni Capuano. Iterumque reclaramus vobis de toto ipso ss. [castanieto] quod vobis modo [venunde]dimus sicut [superius legitur] ipsas mensurias qualiter et quomodo illud vos et vestri heredes abere seu frudiare atque dom[inare debeatis]. de uno latere continet a parte orientis hoc est fini finem causa ss. cleri episcopi Amalfi de longitudine passi trigi[nta] quattuor. de alio autem latere ponitur a parte occidentis fini ss. media ipsa lama et per finem causa ss. dom. Mansonis Cap[ua]no continet longitudine passos triginta quinque. da capo hoc est a parte septemtrionis fini finem causa ss. monasterii pred. sancte Trinitatis que modo est ss. monasterii Positani continet latitudinem passi triginta sex. de subtus ponitur a p[arte] meridie hoc est fini finem de ss. Leone genitor et socero nostro continet latitudinem passos triginta. cum salva via sua [per finem de] ss. causa de pred. Leone genitori et socero nostro et per finem de pred. Mansone Capuano ibidem ingrediendi et egrediendi. cum omnia [et] quecumque vobis et vestris heredibus opus et necessarium fuerit. Unde nobis exinde nichil remansit vel aliquid vobis [exinde] exeptuavimus. quia quantum ipse ss. finis et ss. mensurie concluditur sicut est totum plenum et vacuum quali[ter ex]finat ipsos termines quam et cum omnia sibi infra se abentibus et pertinentibus et cum vice de viis suis [et cum omnia] hedificia atque pertinentia sua. totum inclitum et sine omni minuitate vobis venundedimus et tradidi[mus quali]ter superius legitur. et nullam nobis exinde non remansit. Unde et in presentis exinde accepimus [a vobis plenaria] nostra sanatione idest auri solidos quadraginta de tari bonis de Amalfi de unciis quinque de auro et quinque de [argento] ana tari quattuor per solidum sicut inter nobis bone voluntatis convenit in omnem deliverationem et in omne[m decesi]tionem. Ut amodo et semper totum inclitum et sine omni minuitate sia in potestate vestra et de vestris heredibus ab[endi] fruendi possidendi vindendi donandi seu comutandi etiam vestrisque heredibus dimittendi in omnia et in omnibusque semper liveram et absolutam abeatis potestatem at faciendum et iudicandum exinde omnia quodcumque volueritis sine omni nostra et de nostris heredibus contrarietatem vel requesitionem imperpetuum. Insuper nos et nostri heredes vobis vel at vestris heredibus illud antestare et defendere promittimus omni tempore ab omnibus hominibus. Quod si minime vobis exinde feceri[mus] et omnia ut superius legitur non atimpleverimus componere promittimus nos et nostris heredes vobis vestrisque heredibus du[pplo] ss. pretium. et hec chartula sit firma atque stavilis permaneat imperpetuum. Ipso disturbatum desuper legit[ur. qui] est matrea de me Iohanne.

† Musco iudex t. e.

† Sergius iudex t. e.

† Sergius f. dom. Sergii Agustarizzi t. e.

† Ego Iohannes curialis scriba f. Sergii Ferula scripsi.

CLX.

1156 — Guglielmo re a. 6 — ind. IV — 27 aprile — Amalfi.

Leo f. Petri Fabarongia prende a pastinato da *dom. Pardo*, abbate del monast. di S. Cirico, alcune terre site in Tramonti, *at Pecaram.*

Perg. di Amalfi, n. 120; arch. di S. M. di Font., n. 254; arch. della SS. Trin., n. 257 — Orig. — Alt. 61 1/2 × 15 1/2; macchiata e corrosa in qualche punto — Inedita.

† In nomine domini dei salvatoris nostri Iesu christi. anno ab incarnatione eius millesimo centesimo quinquagesimo sexto. temporibus domini [nostri] Guilielmi dei gratia regis Sicilie ducatus Apulie et principatus Capue. et sex[to] anno regni eius Amalfi. die vicesima septima mensis aprelis ind. quarta Amalfi. Ego qui[dem] Leo f. Petri Fabarongia. a presenti die promtissima voluntate scribere et firmare visus sum vobis domino Pardo domini gratia sacer et monachus atque abbas monasterii sancti Quirici quod constructum et dedicatum est a supra Atrano. quam et at cuncta vestra congregatione de pred. mona

sterio. hanc chartulam similem de illa quam vos nobis scribere fecistis. pro eo vero quod dedistis et atsignastis nobis idest plenariam et integram ipsam hereditatem vestram de pred. monasterio et castanietum et silbam et canneta et terra vacua totum insimul coniunctum et in uno tenientem in Tramonti positum loco nominato at Pecaram. sicut est plenum et vacuum cum tote ipse fabricis ibidem habentem et omnia illorum pertinentia. Unde reclarastis nobis exinde ipse finis. a supra namque ponitur fini via puplica. de subtus itaque ponitur fini medium flumen. de uno vero latere ponitur fini plenaria ipsa lama. et de alio latere continet iterum fini plenaria ipsa alia lama. cum salva via sua cum omnia causa et omnia eius pertinentia. unde [nic]hil nobis exinde exceptuastis. In ea enim ratione ut amodo et semper nos et nostri heredes filii filiorum nostrorum usque in sempiternum descendentem in unam personam illos habeamus et teneamus at medietatem cum pred. monasterio. et a die presenti ipsa pred. hereditatem incipiamus cultare et laborare et ubi fuerit vacuum et necesse pastinemus et impleamus illos de vitis de bono vindemio qualiter ipse locus meru[eri]t. et laboremus et armemus illos in altum in pergule cum ligna et canne et salicis nostre et cum omni nostro expendio sicut necesse est. et similiter ipsum pred. castanietum cultemus et ubi fuerit vacuum et necesse pastinemus ibidem tigillos et insurculemus eos de ipsa castanea zenzala qualiter meruerit. et habeamus exinde de toto bonam curam et certamen atque studium seu vigilantiam ut per bonos homines pareat ut semper dicat tertius et quartus homo quia tota ipsa pred. hereditate de fine in fine bona est cultata et vitata et potata et zappata et laborata et armata in altum in pergule sicut meret et pertinet. et similiter totum ipsum predictum castanietum bonum est cultatum et insurculatum plenum de arboribus de ipsa castanea zenzala at bonum frugium atducendum sicut est necesse. et iam amodo et semper vinum et fructura seu castanee et omne aliud quodcumque frugium ibidem Dominus dederit sine fraude et inganno atque malo ingenio dividere illos debeamus vobiscum per medietatem. vos et vestri posteri de pred. monasterio exinde tollatis medietatem et nos et nostri heredes exinde tollamus ipsam reliquam medietatem. vinum at palmentum castanee bone sicke at gratem et fructura per tempore suo ibidem in pred. loco. et quando venimus at vindemiare faciamus vobis scire et vindemiemus et pisemus ipse ube. et conciemus vobis ipse buctis vestre cum cercli et stuppa vestro. et labemus et stringamus vobis ille. et imbuctemus vobis ibidem ipsam pred. portionem vestram de pred. vino. et nutricemus vos et ipsi momachi et homines vestri qui ibidem ascenderint at ipsa vindemia sicut consuetudo est secundum nostram possivilitatem et vos atducatis panem et cundimentum. et demus vobis per omnem annum supra sortem cofina quattuor de ube. et per omne dua palmenta de ube pullum unum bonum. et ipsa cammara de supra ipsum buctarium cum ipsum pred. buctarium siat liberum impotestate vestra et de vestris posteris. set si voluerimus potestatem habeamus reponere ibidem in pred. buctario ipsam pred. portionem nostram de pred. vino. et vos et vestri posteri debeatis alipergare in pred. cammara de supra ipsum pred. buctarium vestrum donec quod ibidem steteritis. et quando inde descenditis detis nobis ipsam clavem de pred. cammara. et similiter amodo et semper debeamus per omne annum runcare ipsum pred. castanietum tempore apto sicut necesse est. et debeamus colligere et constringere atque bene siccare tote ipse castanee quante vel quales ibidem Dominus dederit. et dividamus ille vobiscum per medietatem et perequaliter ibidem in pred. loco at ipsam pred. gratem. et ipsam portionem vestram de pred. castanee sicke nos et nostri heredes deponamus ille vobis et vestris posteris omni anno usque at litus maris de ipsa plagia de Reginnis Maioris sine aliqua pargiatura. et demus vobis ipsa sapatatica sicut consuetudo est et supra sortem per omnem annum medium modium de castanei sine omni amaricatione. et non debeamus exinde cappilare arborem sine licentia vestra per nullam occasionem set quandocumque cappilabimus exinde arbore per licentia vesta debeamus illa laborare cum omni nostro expendio. et demus vobis inde medietatem de pred. ligna laborata ibidem in ss. loco. Et cum istud iterum dedistis et atsignastis nobis idest aliam unam petiam de terra vacua que est causa ss. monasterii ibidem in pred. loco de Pecara posita. sicut est cum omnia infra se habentibus et pertinentibus. et reclarastis nobis exinde ipse finis. da capo et da pede et de uno latere fini vie puplice. et de alio latere fini causa ecclesie sancti Iohannis de Supra muro. cum via sua et omnia eius pertinentia. unde nichil nobis exceptuastis. In ea enim ratione ut amodo et semper nos et nostri heredes descendentem in unam personam illos habeamus et teneamus at medietatem cum pred. monasterio. et a die presenti incipiamus illud cultare et zappare et pastenare ibidem quicquid proficierit. et iam amodo et semper qualecumque frugium ibidem Dominus dederit sine fraude et malo ingenio dividamus illos vobiscum per medietatem. vos et vestri posteri exinde tollatis medietatem et nos et nostri heredes exinde tollamus ipsam aliam medietatem ibidem in pred. loco sine omni amaricatione. Et si nos et nostri heredes bene illos non lahoramus et cultamus et omnia ut superius legitur non atimplemus vobis et vestris posteris de pred. monasterio potestatem habeatis nos exinde vacuos iactare cum causa nostra movilia et faciamus vobis iustitiam sicut lex fuerit. Quod si nos et nostri heredes bene laborando et certando et omnia ut superius legitur bene atimplendo vobis et vestris posteris non habeatis potestatem nos exinde commovere vel deiactare neque nullam virtutem vel inbasionem ibidem nobis facere set vindicetis nobis illud omni tempore ab omnibus hominibus. Et qui de nobis et vobis aliquid de ss. placito et convenientia ut superius legitur minuare vel extornare voluerit componat pars infidelis at partem que firma steterit auri solidos [quin]quaginta regales. et hec chartula sit firma imperpetuum. Reclaramus ut [ip]se alie ca[se quod] habet in predicta hereditate siat impotestate nostra et de nostris heredibus at [laborand]um ibidem in pred. loco. et ibidem debeamus siccare omni anno ipse ss. castanee de pred. castanieto quia taliter inter nos stetit. Et iterum reclaramus ut de tote ipse canne et salices quantecumque habentur in ipse ss. cause quas nobis atsignastis debeamus exinde tollere tante quante sufficiat at mittendum in pred. hereditate. et iam tote ipse alie quantecumque inde remanserit dividamus ille vobiscum per omnem annum per medietatem et perequaliter. vos et vestri posteri exinde tollatis medietatem et nos et nostri heredes exinde tollamus ipsam aliam medietatem ibidem in pred. loco sine omni amaricatione. per ss. obligata penam.

† Sergius f. Leonis de lu Iudice t. e.

† Sergius f. Landolfi Capuani t. e.

† Pantaleo f. dom. Sergii t. e.

† Ego Constantinus diaconus et protonot. complevi per manu Lupini clerici scriba.

CLXI.

1156 — Guglielmo re a. 6 — ind. IV — 27 luglio — Amalfi.

Pantaleo f. dom. Sergii f. dom. Pantaleonis f. dom. Constantini de dom. Musco concede *pro anima* a *dom. Anna f. dom. Mansonis Capuani*, abbadessa del monast. di S. Lorenzo, la terza parte dell' acqua della sua fontana *da Pustopla*, perchè possa portarla in conduttura alla chiesa di S. Pietro, pertinente a quel monastero.

Perg. di Amalfi, n. 121; arch. di S. Lor., n 137; arch. della SS. Trinità, n. 912 — Orig. — Alt. 35 × 16 — Inedita.

† In nomine domini dei salvatoris nostri Iesu christi. anno ab incarnatione eius millesimo centesimo quinquagesimo sexto. temporibus domini nostri Guilielmi dei gratia regis Sicilie ducatus Apulie et principatus Capue. et sexto anno regni eius Amalfi. die vicesima septima mensis iulii ind. quarta Amalfi. Manifestum facio ego Pantaleo f. dom. Sergii f. dom. Pantaleonis f. dom. Constantini de dom. Musco. vobis dom. Anna domini gratia monacha et abbatissa monasterii sancti Laurentii de supra Amalfi et filia dom. Mansonis Capuani. quam et at cuncta vestra congregatione de pred. monasterio. pro eo vero quod iam sunt anni preteriti quod habuit ipsum pred. monasterium sancti Laurentii concessum per chartulam da dom. Sergio patricio at portandum ipso aqua de ipsa funtana da Pustopla per formam per ipsam hereditatem que modo nostra propria est at ipsam ecclesiam vestram vocabulo sancti Petri da Pustopla (1). iam enim ipsa pred. aqua que decurreba de pred. funtana per ipsam pred. formam veterem per ipsa pred. causa nostra at ipsam ss. ecclesiam vestram mutavit se et descendit in inferiori loco. et ideo ipsa pred. ecclesia perdidit ipso pred. aqua que decurrere ibi solebat. Modo vero inspiravit Deus in mentem nostram et pro remedio et salute anime nostre et de ipsis defunctis parentibus nostris concedimus et largimur vobis inclitam tertiam par-

(1) V. docum. XXXIII (p. 48).

tem de tota ipsa pred. aqua que decurrit de ipsa pred. funtana que modo esse videtur a foris ipsa porta de pred. hereditate nostra. at portandum illam per formam per ipsam pred. causam nostram usque at ipsam pred. ecclesiam vestram sancti Petri. sicut melius mitigare et arbitrare. potestis. et inde decurrere ibi debeat omni tempore amodo et usque in sempiternum sine omni nostra et de nostris heredibus contrarietate vel requesitione imperpetuum. Et qui contra hanc chartulam venire presumpserit et vacuare eam voluerit habea persona illa anathema et maledictionem a patre et filio et spiritu sancto et partem habea cum Iuda traditore domini nostri Iesu christi. et componat vobis et in pred. monasterio auri solidos centum regales. et hec chartula sit firma imperpetuum. Reclaramus quod superius minime scripsimus quia quindeniamus istud pro parte de totis ipsis filiis et filiabus nostris [per] ss. obligatam penam. et hoc iterum reclaramus quia de ipso pred. aqua de pred. [fun]tana habemus exinde datum de antea medium digitum de aqua at dom. Nicolao ss. domini nostri Regis notario. at portandum in ipsa causa sua. iam enim de ipso aqua que decurrit de pred. funtana excepto illos quod datum at pred. dom. Nicolao habemus inde habeatis ipsam tertiam partem at portandum illos in pred. ecclesia vestra sancti Petri qualiter superius legitur.

† Sergius f. Landolfi Capuani t. e.

† Musco iudex t. e.

† Ricc(ardus) iudex t. e.

† Ego Constantinus diaconus et protonot. comple(vi) per manu Lupini clerici scriba.

CLXII.

1157 — Guglielmo re a. 6 — ind. V — 27 marzo — Amalfi.

Boccia f. Iohannis de Doferi et rel. Constantini f. Mauri de Athanasi vende a suo nipote *Iohanni f. qd. Petri da Torri* ed alla di lui moglie *Marocta* una casa sita in Amalfi *at Caput de Crucis*, con orto contiguo, per 20 soldi d'oro di tarì.

Perg. di Amalfi, n. 122; arch. di S. Lorenzo, n. 138; arch. della SS. Trin., n. 689 — Orig. — Alt. 39 × largh. 26-29; macchiata in qualche punto — Inedita.

A tergo si legge un transunto del doc. in scrittura amalfitana.

† In nomine domini dei salvatoris nostri Iesu christi. anno ab incarnatione eius millesimo centesimo quinquagesimo septimo. temporibus domini nostri Guilielmi dei gratia regis Sicilie ducatus Apulie et principatus Capue. et sexto anno regni eius Amalfi. die vicesima septima mensis martii ind. quinta Amalfi. Certum est me Boccia f. Iohannis de Doferi et rel. Constantini f. Mauri de Athanasi. a presenti die promtissima voluntate venundedimus et tradidimus vobis Iohanni nepoti nostro f. qd. Petri da Torri. et Marocta ambo iugalis nepoti nostra. idest plenariam et integram ipsam domum nostram fabritam que est secundo solareo. quod habemus hic in Amalfi posita at Caput de Crucis iuxta ipsa via puplica a subtus ecclesia sancti Angeli et a supra ipso catodio nostro terraneo de subtus se qui nobis liberum remansit in nostra potestate. sicut sibi est ipsa pred. casa hoc est ips[um] pred. secundum solareum iam vestrum. cum plenaria ipsa camminata sua de intus se a parte occidentis et cum plenaria ipsa cisterna sua de intus se ibidem habentem per intus ipsa pred. camminata vestra. et qualiter est totum fabricatum et ordinatum a terra hoc est da ipso pred. catodio nostro qui nobis remansit in susum in altum usque at summitatem. cum regie et fenestre et necessarie et pingla et bersatoria et plenarie grade fabrite et cum tota ipsa ventora sua de supra superiore. at fabricandum vobis illos in altum quantum volueritis. cum omnia hedificia et pertinentia sua. et salva via sua inda

sancti et inda mare et ubi ire et venire volueritis. cum omnia causa que vobis et at vestris heredibus opus et necessarium fuerit. unde nichil vobis exinde exceptuavimus. Et cum istud insimul venundedimus et tradidimus vobis iterum plenarium et integrum ipsum unum ortum nostrum qui est a parte occidentis. et est a subtus ipsa fenestra de ipsa pred. camminata vestra a parte da mare. et continet per has fines. a supra namque ponitur a parte septemtrionis usque in facie de ipso pariete vestro de ipsa pred. camminata vestra ubi est ipsa pred. cisterna vestra. de subtus continet a parte meridie fini finem de ipso orto de Sergio Brancatulo. de uno latere a parte occidentis continet fini finem de ipso orto qui est de ecclesia sancti Iohannis. et de alio latere a parte orientis descendet per finem de ipso alio orto nostro qui nobis ibidem liberum remansit in nostra potestate. sicut demostra per ipsum promacellum fabritum et per ipsum murum et iam intrabersa per . . . de ipso pred. orto nostro et vadet inda partem orientis usque at finem causa de ipsis Brancatuli. et habeatis exinde ipsam viam at intrare et exire in ipsum pred. ortum iam vestrum. cum omnia causa et omnia sua pertinentia. unde nichil vobis exinde exceptuavimus. quia plenariam et integram ipsam pred. domum nostram cum plenaria ipsa camminata sua et cum ipsa pred. cisterna sua de intus se ibidem habentem quam et cum plenario ipso pred. orto a parte occidentis qui est a subtus ipsa fenestra de ipsa pred. camminata vestra sicut est cum omnia sua pertinentia vobis illos modo venundedimus et tradidimus sine omni minuitate sicut superius legitur. et licentiam et potestatem habeatis illos in altum ascendere fabricando quantum volueritis cum omnia hedificia et pertinentia sua. et potestatem habeatis ibidem macinare cum mole at manu et findere ligna cum ascia et pisare in mortario cum pistillo. et faciatis vobis ibidem omnem alium vestrum servitium qui vobis opus et necessarium fuerit set non malitiose. et quandocumque placuerit vobis vel at vestris heredibus tollere ipsum conductum unde decurrit ipso aqua pluviale per ipsum parietem vestrum da ipso astraco vestro in ipsa cisterna propria nostra que nobis remansit que est in ipso pred. orto nostro ut non ibidem decurrat potestatem habeatis et non siamus vobis inde in occasionem. Qui nobis ss. Boccia et at pred. viro nostro obbenit hec omnia ss. capitula per chartulam comparationis da Petro f. Leonis da Filictu et da Gemma uxore sua filia Petri Savina quam et da Trocta filia sua. et ipse chartule quod inde habuimus dedimus vobis ille. et firmamus vobis ut si alia chartula exinde inventa dederit nos et nostri heredes mittere illas debeamus subtus vobis et vestris heredibus sine vestra damnietate vel amaricatione. et sic illos habeatis et possideatis vos et vestri heredes sicut superius legitur et sicut proclama ipse pred. chartule quod vobis inde dedimus. Unde accepimus exinde a vobis plenaria nostra sanatione idest auri solidos viginti de tari boni de Amalfi de unciis quinque de auro et quinque de argento ana tari quattuor per solidum sicut inter nos convenit in omni deliberatione et in omni decisitione. ut amodo et semper sia in potestate vestra et de vestris heredibus habendi fruendi possidendi vindendi donandi et at faciendum et iudicandum exinde omnia quecumque volueritis sine omni nostra et de nostris heredibus contrarietate vel requesitione imperpetuum. et vindicemus et defendamus vobis illos omni tempore ab omnibus hominibus. Quod si minime vobis exinde fecerimus et omnia ut superius legitur non atimpleverimus componere vobis promittimus dupplo ss. pretio. et hec chartula sit firma imperpetuum. Reclaramus ut aliquando tempore neque nos neque nostri heredes non habeamus potestatem fabricare in altum ipsum pred. ortum nostrum qui nobis remansit neque ipsa pred. cisterna nostra nisi quantum modo est pro lucore et vidito de ipsa pred. casa vestra quod vobis modo vendedimus per ss. obligata pena.

† Musco iudex t. e.

† Riccardus iudex t. e.

† Sergius f. dom. Landolfi Capuani t. e.

† Ego Sergius clericus geminus curialis scripsi.

CLXIII.

(1157) — (Guglielmo re) a. 7 — ind. V — 5 giugno — Atrani.

Gayta f. dom. Mauri f. dom. Gregorii f. dom. Iohanni de Sergio de Mauro com. Monsincollum et rel. dom. Sergii f. dom. Gregorii f. dom. Pantaleonis de Gregorio de Pulcharo com. vende a *dom. Anna f. dom. Mansonis f. dom. Iohanni Capuani*, abbadessa del monast. di S. Lorenzo, le sue terre site *in Ponte Primaro*, per 65 soldi d'oro di tarì.

Perg. di Amalfi, n. 123; arch. della SS. Trin., n. 1047 — Orig. — Alt. 41 × 28 1/2; molto danneggiata per corrosione nel marg. sup. e nel lato sin. — Inedita.

[† In nomine domini dei salvatoris nostri Iesu christi. anno ab incarnatione eius] mill[esimo centesimo quinquagesimo] septimo. [temporibus domini nostri Guilielmi dei gratia regis] Sicilie ducatus Apulie et principatus Capue. et septimo anno regni eius [Amal]fie. die quinta mensis iunio ind. quinta Atrano. Certum est me Gayta f. dom. Mauri f. dom. Gregorii f. dom. Iohanni de Sergio de Mauro com. Monsincollum. et rel. dom. Sergii f. dom. Gregorii f. dom. Pantaleonis de Gregorio de Pulcharo com. a presenti die promtissima voluntate venundedimus et tradidimus vobis dom. Anna dei gratia monacha et abbatissa monasterii puellarum vocavulo beati Laurenzzi (*sic*) christi martiri que constructus et dedicatus est a supra civitate Amalfi. et filia videlicet dom. Mansonis f. dom. Iohanni Capuani. quam et a cunta vestra congregatione vobiscum manentes in ss. vestro [monasterio. i]dest plenariam et integram ipsam hereditatem nostram quod habemus in Ponte Primaro p[ositam. si]cut sibi est plenum atque vacuum cultum vel incultum et cum plenarie et integre tote ipse fabrice ibidem haben[tibus] et cum omnia [sibi] infra se habentibus et pertinentibus. qui michi pred. Gayta quam et at ss. dom. Sergio viro meo [ob]benit per chartulam [comparati]onis a dom. Sicligayta genitrice mea f. dom. Iohannis Com[pa]latii et relicta ss. dom. Mauri [Monsincollum. et ipsa] pred. chartula nostre comparationis non potuimus vobis illa dare pro alia capitu[la] quod ibidem continet nobis. set de[dimus vobis exin]de exempla. et firmamus vobis ut si per aliquando tempore necesse vobis fuerit ipsa pred. chartula verace ego et meis heredes mostrare vobis illa debeamus et at vestre postere successores ante legem et post finem factam at nostram et de nostris heredibus perveniat potestatem sine omni amaricationem. et si aliquam chartulam exinde fuerit inventa qui ibidem pertineat ego et meis heredes mittamus eas subtus potestate vestra et de vestre postere successores sine omni vestra damnietate vel amaricationem. Nam vero reclaramus vobis exinde ipse finis seù pertinentias de tota ipsa ss. hereditate quod vobis modo venundedimus et tradidimus sicut superius legitur. qualiter et quomodo eos vos et vestre postere successores habere et possidere seu frugiare et dominare debeatis. a supra namque ponitur a parte occidentis fini causa que fuit de Urso Binuso. de subtus itaque ponitur fini flumen. de uno vero latere a parte meridie fini causa de ss. vestro monasterio. illos quem ibidem misit ss. dom. Manso Capuano genitori de te ss. dom. Anna abbatissa. et de alio autem laterem a parte septemtrionis fini causa [de] heredes Iohanni Atiurulano. cum salva quidem via sua et omnia sua pertinentia. unde nichil vobis exinde exceptuavimus vel ali[quid nobis] exinde remansit. Iterum et cum istud venundedimus et tradidimus vobis ipsa alia petia nostra de vinea quod habemus iterum ibidem in ss. loco. sicut sibi est plenum atque vacuum cultum vel incultum et cum tote ipse fabrice ibidem habentem et c[um o]mnia sibi infra se habentibus et pertinentibus. qui continet as fines. a supra namque ponitur quam et de uno latere a parte septemtrionis fini causa qui fuit de ss. Urso Binuso. de subtus itaque ponitur fini flumen. de alio autem latere a parte meridie fini fine de ipsa ss. causam quod iam diximus de pred. vestro monasterio. cum salva via sua et omnia sua pertinentia. unde nichil vobis exinde exeptuavimus. qui michi ss. Gayta quam et at ss. viro meo obbenit per ipsa ss. chartula comparationis quod iam super diximus. quoniam de hec omnia que superius legitur qualiter per ss. finis concluditur et quantum in ss. loco habuimus plenum atque vacuum cultum vel incultum totum integrum et sine omni minuitate vobis eos modo venundedimus et tradidimus sicut superius legitur et nullam causam nobis exinde in ss. loco non remansit. Unde accepimus a vobis exinde plenariam nostram sanationem idest auri solidos sexaginta quinque de tari boni de Amalfi ana tari quattuor per solidum sicut inter nobis bone volunta[tis] comvenit in omne deliberationem et in omnem decesitionem. Ut a nunc die presentis et imperpetuis temporibus fiat in potestate [vestra] et de vestris postere successores et de ipso ss. vestro monasterio vindendi donandi commutandi etiam vestrisque posteres [di]mittendi in omnia et in omnibus semper liberam et absolutam habeatis potestatem et affaciendum et iudicandum vobis exinde omnia quecumque volueritis sine omni nostra et de nostris heredibus contrarietatem vel requesitionem imperpetuum. Insuper nos et nostris heredes vobis et at vestris postere successores et at pred. monasterio eos antestare et defensare promittimus omni tempore ab omnibus hominibus. Quod si minime vobis exinde fecerimus et omnia ut superius legitur vobis non atimpleverimus dupplo ss. pretium vobis componere promittimus. et hec chartula sit firma imperpetuum. Quod super disturbatum est legitur. cum omnia. et in alio loco legitur. et in alio virgulo. posteres.

† Iohannes iudex qd. Leonis Animalate filius t. e.

† Bartholomeus f. Pantaleonis de com. Gregorio t. e.

† Ego Iohannes presb. hanc chartulam per manus Mansonis curialis scriptam confirmavi.

CLXIV.

1158 — Guglielmo re a. 7 — ind. VI — 29 marzo — Amalfi.

Marocta rel. qd. Petri f. Constantini Piczari, le sue figliuole *Gayta, Marocta et Gemma,* e la cognata *Theodonanda f. Leonis Coppi et rel. Leonis f. ss. Constantini Piczari* ricevono da *Iohanne de dom. Musco iudice f. dom. Mastali iudicis f. dom. Tauri* 40 soldi d'oro di tarì, e gli trasferiscono il possesso di un *pastinum,* affidato loro dal rispettivo cognato e zio *Constantino Piczaro* assente, sito in Amalfi presso il monast. di S. Lorenzo, perchè esso Giovanni ne goda il frutto in compenso del capitale prestato; a condizione che il *pastinum* sia loro reso dietro il pagamento della somma al ritorno del suddetto Costantino, e qualora costui lo donasse loro, s'intende esso venduto per quella stessa somma.

Perg. di Amalfi, n. 124; arch. di S. Lor., n. 139; arch. della SS. Trin., n. 903 — Orig. — Alt. 44 × 20 — Inedita.

† In nomine domini dei salvatoris nostri Iesu christi. anno ab incarnatione eius millesimo centesimo quinquagesimo octa-

bo. temporibus domini nostri Guilielmi dei gratia regis Sicilie ducatus Apulie et principatus Capue. et septimo anno regni eius Amalfi. die vicesima nona mensis martii ind. sexta Amalfi. Recepimus nos Marocta rel. qd. Petri f. Constantini Piczari. et Gayta et Marocta et Gemma vere germane. que sumus mater et filie. quam et nos Theodonanda f. Leonis Coppi et rel. Leonis f. ss. Constantini Piczari. que sumus ambe vere cognate. et ego pred. Theodonanda quindenio istud pro parte de totis ipsis filiis et filiabus meis qui sunt sine hetate. a te Iohanne de dom. Musco iudice f. dom. Mastali iudicis f. dom. Tauri. idest auri solidos quadraginta de tari boni de Amalfi de unciis quinque de auro et quinque de argento ana tari quattuor per solidum. unde ego pred. Marocta una cum ipse ss. germane filie mee recepimus exinde solidos decem et octo. et ego pred. Theodonanda recepi exinde solidos viginti duos. quos rendedimus at creditores nostros quibus eos dare debuimus. Unde at vicem dedimus vobis exinde at tenendum et dominandum atque frugiandum plenarium et integrum totum ipsum pastinum quod habemus a parte de Constantino Piczaro vero cognato et tio nostro hic in Amalfi positum a subtus monasterio sancti Laurentii. causa que fuerat de dom. Leone presb. Oliba. sicut est plenum atque vacuum cum tote ipse fabricis ibidem habente et salve vie sue. cum omnia causa et omnibus sibi infra se habentibus et pertinentibus. quantum et qualiter per fines et omni ordine et ratione proclamat ipse chartule quas vobis exinde dedimus. unde nichil vobis exinde exceptuavimus. In ea videlicet ratione ut amodo et usque quo ipse pred. Constantinus cognatus et tius noster venerit sive mandaverit in istam terram vos habeatis et teneatis atque dominetis et frugietis totum ipsum pred. pastinum. et ipsum frugium quod inde exierit proprium vestrum sit at faciendum vobis exinde omnia quecumque volueritis pro ipso labore de ss. solidi vestri. set vos illos debeatis laborare cum vestro expendio ut non pereat set Domino atiuvante in antea proficiat. et nos similiter alio tantum at vicem habeamus et teneamus ipsi ss. solidi quadraginta vestri sine labore. et usque quo pred. Constantinus cognatus et tius noster non venerit aut mandaverit in istam terram nos non habeamus licentiam vel potestatem recolligere a vobis ipsum pred. pastinum neque vos exinde commovere vel deiactare neque nullam virtutem vel inbasionem vobis exinde facere neque facere faciamus. set magis vindicemus et defendamus vobis illos ab omnibus hominibus sicut superius legitur.

et ubi primum venerit vel mandaverit in istam terram pred. Constantinus cognatus et tius noster et voluerit aput se habere ipsum pred. pastinum tunc nos vobis dare et pargiare debeamus ipsi ss. solidi quadraginta sicut inter nos ss. personis illos a te recepimus ut superius diximus sine detinentia et absque omni vestra amaricatione. Iterumque firmamus vobis per hanc chartulam ut si Deo volente ipse pred. Constantinus cognatus et tius noster donaverit nobis ipsum pred. pastinum nos vobis illum tando debeamus atsecurare per chartulam. ut iam siat proprium liberum vestrum pro toti ipsi ss. solidi quadraginta vestri at faciendum et iudicandum vobis exinde omnia quecumque volueritis sine vestra damnietate vel amaricatione. et amodo et usque quo vos non expedicamus de toti ss. solidi sive atsecuramus vobis ipsum pred. pastinum non habeamus licentiam vel potestatem vindere aliquid de tote ipse cause nostre aut donare vel impignus ponere seu alienare per nullum modum aut datam occasionem. set vos illos totum habeatis obligatum usque at pred. constituto sicut superius diximus. et si illud presumamus facere siat ructum et vacuum et nullam in se habeat firmitatem. et hec toti ss. solidi quadraginta habeatis illis salvi supra omnia nostra causa hereditates et substantias ut si non fuerimus parate vobis atimplere et facere omnia qualiter per omni ordine et ratione superius legitur licentiam et potestatem habeatis apprehendere omnia nostra causa hereditates et substantias ubicumque exinde paruerit vel inventa dederit et inde vos pargiare et salvare debeatis. et in cuius manibus paruerit ista chartula ipsum expedicemus sicut superius legitur. Iterum firmamus vobis ut si per aliquando tempore potuerimus habere aput nos ipsum pred. pastinum debeamus vobis illum atsecurare pro ipsi ss. solidi quadraginta sine omni amaricatione. Nam et ego pred. Theodonanda rel. ss. Leonis Piczari iterum quindenio istud pro parte de Mira filia mea que est sine hetate per ss. obligata pena. Quod super disturbatum est legitur. ego pred. Theodonanda rel. ss. Leonis Piczari iterum quindenio istud pro parte de Mira filia mea que est sine hetate.

† Sergius f. Leonis de lu Iudice t. e.

† Leo f. dom. Iohanni Sfisinati t. e.

† Ricc(ardus) iudex t. e.

† Ego Constantinus diaconus et protonot. complevi per manu Lupini clerici scriba.

CLXV.

1158 — Guglielmo re a. 7 — ind. VI — 27 aprile — Amalfi.

Il prete *Iohannes Comite*, i fratelli Sergio e Giovanni, *f. Mauri com.*, *Russingio f. qd. Iohannis com.* e *Sergius f. Leonis com.*, anche in nome del germano di quest' ultimo, Giovanni, tutti *consortes et portionarii* della ch. di S. Matteo apost. sita in Agerola *at Memmorano*, vendono ai fratelli Giovanni e Marino, *f. Guido Iobine*, un castagneto di quella chiesa sito in Agerola, *at Finile*, per 4 soldi d'oro di tarì.

Perg. Mon. soppr., 2ª serie, vol. II, n. 91 — Orig. — Alt. 33 × 16 — Inedita.

✝ In nomine domini dei salvatoris nostri Iesu christi. anno ab incarnatione eius millesimo centesimo quinquagesimo octavo. temporibus domini nostri Guilielmi dei gratia Sicilie regis Apulie ducatus Capue principatus. et septimo anno regni eius Amalfi. die vicesima septima mensis aprelis ind. sexta Amalfi. Certi sumus nos Iohannes presb. Comi(te). qui sum custos et rector atque portionarius de ecclesia beati Mathei apostoli et evangelista que constructa et dedicata est in Ageroli posita loco nominato at Memmorano. et Sergius et Iohannes ambi veri germanis f. Mauri com. et Russingio f. qd. Iohannis com. et Sergius f. Leonis com. qui [sumus] co[nsort]es et portionarii de pred. ecclesia beati Mathei apostoli et evangelista. et quinde[nia]mus istud pro parte de Iohanne f. ss. Leonis com. et vero germano de me ss. Sergio com. qui modo non est in istam terram. a presenti die promtissima voluntate venundedimus et tradidimus vobis Iohanne et Marino ambi veri germanis f. Guido Iobine. idest plenariam et integram totam ipsam petia nostra de castanietum quod habuimus in Ageroli positum loco nominato at Einile. sicut est cum omnia sua pertinentia quam et cum omnia sibi infra se habentibus et pertinentibus. que nobis obbenit de pred. ecclesia ex parentorum nostrorum. et non habuimus exinde nullam chartulam vetere quod vobis exinde dare. set firmamus vobis ut si per aliquando tempore aliqua chartula exinde paruerit vel inventa dederit nos et nostri heredes aut nostros successores mittere illam debeamus subtus vos et vestris heredibus sine vestra damnietate vel amaricatione. Et reclaramus vobis exinde ipse finis qualiter illud vos et vestri heredes habere et possidere seu frugiare et dominare debeatis. a supra namque ponitur fini causa de dom. Iohanni et dom. Sergio veri germanis f. dom. Iohannis f. dom. Pardi. da pede continet fini plenarium cilium vestrum. de uno vero latere a parte meridie quam et de alio autem latere a parte septemtrionis fini cause vestre qualiter ex omni parte ipsi terminis exfinant. cum salva via sua ibidem ingrediendi et egrediendi. cum omnia causa que vobis et at vestris heredibus opus et necessarium fuerit. Unde nobis exinde nichil remansit vel aliquid vobis exinde exceptuavimus quia plenariam et integram totam ipsam ss. petia nostra de castanietum sicut est cum omnia hedificia atque pertinentia sua quam et cum omnibus sibi infra se habentibus et pertinentibus totum vobis illud venundedimus et tradidimus atque firmiter assecuravimus sine omni minuitate sicut [su]perius legitur. et nullam nobis exinde de hoc suprascripto non remansit. Unde et in presentis exinde accepimus a vobis plenaria nostra sanatione idest auri solidos quattuor de tari boni de Amalfi de unciis quinque de auro et quinque de argento ana tari quattuor per solidum. quos dedimus et exepedimus (*sic*) pro utilitate de pred. ecclesia. sicut inter nobis bone voluntatis convenit in omnem deliberationem et in omnem decesitionem. Ut amodo et semper totum inclitum et sine omni minuitate siat in potestate vestra et de vestris heredibus habendi fruendi possidendi vindendi donandi seu comutandi etiam vestrisque heredibus dimittendi. in omnia et in omnibus semper liveram et absolutam habeatis potestatem at faciendum et iudicandum exinde omnia quodcumque volueritis sine omni nostra et de nostris heredibus et de omni humana persona pro nostra parte contrarietate vel requesitione imperpetuum. Insuper nos et nostri heredes vobis et at vestris heredibus illud antestare et defensare promittimus omni tempore ab omnibus hominibus. Quod si minime vobis exinde fecerimus et omnia ut superius legitur non atimpleverimus componere promittimus nos et nostri heredes vobis et at vestris heredibus auri solidos viginti regales. et hec chartula sit firma imperpetuum.

† Mauru [f.] Iohannis (?) t. e.

† Leo f. dom. Iohanni Sfisinati t. e.

† Sergius f. dom. Landolfi Capuani t. e.

† Ego Iohannes curialis scriba f. Sergii Ferula scripsi.

CLXVI.

1159 — Guglielmo re a. 8 — ind. VII — 18 marzo — Amalfi.

Gemma Strina rel. Sergii clerici Arcuccia, con suo figlio Giovanni, anche in nome degli altri figli, e *Iohannes f. Iohannis Strina* con suo nipote *Iohanne f. Petri Strina,* promettono dare a *dom. Pantaleoni f. dom. Sergii f. dom. Pantaleonis* annualmente 3 *modia de legumine* sul frutto dei loro beni in Anacapri., che i suddetti Sergio Arcuccia e Petro Strina avevano comprati da *dom. Urso presb. Sanctese* gravati del suddetto peso.

Perg. di Amalfi, n. 125; arch di S. Maria di Font., n. 256; arch. della SS. Trin., n. 907 — Orig. — Alt. 35 1[2 × 12 1[2; macchiata e alquanto deleta in vari punti — Inedita.

† In nomine domini dei salvatoris nostri Iesu christi. anno ab incarnatione eius millesimo centesimo quinquagesimo nono. temporibus domini [nostri] Guilielmi dei gratia regis Sicilie ducatus Apulie et p[rincipatus] Capue. et octabo anno regni eius Amalfi. die octaba decima mensis martii ind. septima Amalfi. Manifestum facimus nos Gemma Strina rel. Sergii clerici Arcuccia. et Iohannes. qui sumus mater et filius. et quindeniamus istud pro parte de ipsis aliis filiis et veris germanis nostris. quam et nos Iohannes f. Iohannis Strina. una cum Iohanne nepote meo f. Petri Strina germani mei. vobis dom. Pantaleoni f. dom. Sergii f. dom. Pantaleonis. pro eo vero quod pred. Sergius Arcuccia una cum ss. Petro Strina comparaverunt da dom. Urso presb. Sanctese f. Petri de Pumaro tote ipse cause sue quante habuit in Anocapri. unde vos pred. dom. Pantaleo solebatis tollere omni annue ex parentorum vestrorum modia tria de legumine at ipsum modium iustum de Capri. Modo vero propter quod nos ss. per[sonis] habemus et tenemus ipse ss. cause que fuerunt de pred. dom. Urso presb. Sanctese firmamus vobis ss. dom. Pantaleoni per hanc chartulam ut amodo et semper nos et nostri heredes dare debeamus vobis et vestris heredibus per omnem annum ipsa pred. tria modia de legumine at ipsum modium iustum de Capri. hoc est nos pred. Gemma et nostri

heredes demus vobis exinde modium unum et medium et nos pred. Iohannes Strina cum pred. Iohanne nepoti meo et nostri heredes demus vobis exinde modium unum et medium sicut consuetudo est usque in sempiternum sine omni contrarietate vel amaricatione. Et si contra hanc chartulam venire presumpserimus et omnia ut superius le[gitu]r non atimpleverimus componere vo[bis] promittimus auri solidos viginti regales. et hec chartula sit firma imperpetuum.

† Leo presb. f. dom. Iohannes t. e.

† Urs presb. Albnu (*sic*) t. e.

† Sergius presb. f. Iohannis t. e.

[†] Ego Constantinus diaconus et protonot. com[plevi per manu Lupini] clerici scriba.

CLXVII.

1159 — Guglielmo re a. 8 — ind. VII — 20 marzo — Atrani.

Bartholomeus f. dom. Pantaleonis f. dom. Leonis de com. Gregorio, dovendo pagare 100 soldi d' oro di tarì a *dom. Theodonanda* abbadessa del monast. di S. Maria di Fontanella, giusta le disposizioni testamentarie di sua zia *dom. Sicligayta rel. dom. Iohannis imperialis coropalati*, col consenso di *dom. Leo f. dom. Gregorii* e di *dom. Iohannes f. dom. Iohannis de dom. Mansone*, *distributores* di essa *Sicligayta*, trasferisce alla suddetta abbadessa per un anno il possesso di un castagneto *da Bulbitum*, a condizione che decorso l'anno paghi la somma e riprenda la terra.

Perg. di Amalfi, n. 126; arch. di S. M. di Font., n. 257; arch. della SS. Trin., n. 1161 — Orig. — Alt. 33 1/2 × 20 1/2; tagliato l'ang. inf. sin.; danneggiata per macchie e per corrosione — Inedita.

† In nomine domini dei salvatoris nostri Iesu christi. anno ab incarnatione eius millesimo centesimo quinquagesimo nono. temporibus domini nostri Guilielmi dei gratia regis Sicilie ducatus Apulie et principatus Capue. et octabo anno regni eius Amalfi. die vicesima mensis martii ind. septima Atrano. Mani-

festum facio ego Bartholomeus f. dom. Pantaleonis f. dom. Leonis de com. Gregorio. vobis dom. T[he]odonanda dei gratia monacha et abbatissa monasterii puellarum vocavulo beate et gloriose dei genitricis et virginis Marie que constructa et dedicata est a foris hanc civitate Atrano in loco qui di[citur] Funtanella. quam et a cuncta vestra congregatione vestrisque sorores manentes in [ss. monaster]io. pro eo vero quoniam quando ve[nit at] obitum suum dom. Si[c]ligayta [vera tia] mea rel. dom. Iohannis imperialis coropalati veri tii mei iudicavit et dispo[suit] per suum testamentum in pred. monasterio auri solidos centum de tari boni de Amalfi ana tari quattuor per solidum. ut debuisset illi parare in pred. monasterio ego pred. Bartholomeus. unde cum dom. Leo f. dom. Gregorii et cum dom. Iohannes f. dom. Iohannis de dom. Mansone. qui sunt distributores de ss. dom. Sicligayta per suum testamentum. iam vero ipsi pred. solidi centum debuit illi dare at pred. dom. Sicligayta ego pred. Bartholomeus. Modo vero stetit inter nos et pro ipsi pred. solidi centum de tari dabo et trado in pred. monasterio a die presentis plenarium et integrum totum ipsum castanietum nostrum da Bulbitum. illud qui est affinem de ipsa causa de ss. monasterio et affinem causa de heredes Sergii Auru[mun]do. in eodem placito et tinore [quod] totum [ipsum fru]gi[um quod] exierit da pred. ca[stanieto] amodo et usque at completum annum unum fiat proprium de pred. monasterio et complente ipso pred. annum unum ego pred. Bartholomeus debea dare in pred. monasterio de propria mea causa toti ipsi ss. solidi centum de tari sine omni vestra amaricationem. et debea se parare ipsi pred. solidi centum in pred. monasterio per consilium nostrum et vestrum et per consilium de ss. dom. Leone f. dom. Gregorii et de ss. dom. Iohannes f. ss. dom. Iohannis de dom. Mansone. et tando ipsum pred. castanietum cum omnia sua pertinentia pervenia in nostra potestate et de nostris heredibus sine omni amaricationem quoniam taliter nobis stetit. et hec chartula nostri manifesti sit firma [et sta]bilis permanea.

† Barthol[omeus] sacerdos f. dom. Pantaleonis de com. Gregorio t. e.

† Sergius f. Pantaleonis Mauro(nis) com. t. e.

† Ego Iohannes presb. hanc chartulam per manus Mauronis curialis scriptam confirmo.

CLXVIII.

1160 — Guglielmo re (a. 10) — ind. VIII — 2 luglio — Atrani.

. . . . . *filia Leonis da Vaniara*, essendo stata ricevuta nel monast. dei SS. Cirico e Giulitta, dona a quel monastero, nelle mani dell'abbate *dom. Pardo*, tutti i suoi beni in pertinenza di Lettere.

Perg. di Amalfi, n. 127; arch. di S. Maria di Font., n. 258; arch. della SS. Trin., n. 233 — Orig.— Alt. 38 × 16 1/2: assai danneggiata per macchie e per corrosione, specie all'ang. sup. destro — Inedita.

† In nomine domini dei salvatoris nostri Iesu christi. anno ab incarnatione eius [millesimo cent]tesimo sexagesimo. temporibus domini nostri Guilielmi dei gratia regis Sicilie duca[tus] Apulle et principatus Capue. et [deci]mo anno regni eius Am[alfi]. die secunda mensis iulii ind. octava Atra[no]. Certum [est me . . . . . filia] Leonis da Vaniara qui fuit nativa de castello Licteris . . . . tes et abitatrices de istam terram. a presenti [die promtissima voluntate] dare et tradere atque offerire visam sum in [monasterio sancti Cirici] que constructus et dedicatus est intus [hac civitate] Atrano a subtus [Mon]te maiore. seu et in manibus atque potestate de vobis dom. Pardo dei gratia monacho et eiusdem monasterio abbate et cunta vestra congregatione ipsius iamdicti monasterii. idest totum illos quantumcumque visam sum habere in pertinentiie de pred. castello Licteris. hoc est vi[neis] et fabricis castanietis terris ortis campis silbis domesticum et salbaticum in montibus et in planis cultum vel incultum ubicumque exinde paruerit vel inventa dederit sive de patrimonio et matrimonio vel de conpara aut de donati[one et] de diminsione totum et integrum et sine omni minuitatem quantumcumque vel quomodocumque in pred. loco Literis habuimus qui nobis pertinea vel pertinere debea. totum vobis illos modo dedimus et trad[idimus] atque offersimus sicut superius legitur. et nullam causam nobis ibidem in ss. loco Licteris non remansit. et quante chartule exinde habuimus vobis ille dedimus. et firmamus vobis ut si alia chartula exinde inventa fuerit nos et nostri heredes mittamus eam sub vestra et

de vestris posteris potestate. Eam videlicet rationem ut amodo et semper inclita ipsa pred. nostra tra[ditione] seu offersione qualiter et quomodo superius legitur in vestra et de vestris [poste]ris sit potestatem habendi fruendi vindendi dominandi ordinandi faciendi et iudicandi vobis exinde omnia quecumque volueritis sine omni nostra et de nostris heredibus contrarietatem imperpetuum. Insuper nos et nostri heredes vobis vestrisque posteris successoribus hec supra dicta omnia que in pred. monasterio obtulimus defendere et vindicare debeamus [om]ni [temp]ore hab omnibus hominibus. Hec omnia supra dicta in pred. monasterio [off]ersimus propter quod recepistis me in societate vestra et fecistis me unam de sororibus hanc confratibus vestris. et propter quod ab odierna die et usque at obitum meum vos et vestri posteris successo[res debeatis me nutri]care [vestire et] calciare iusta ratione et secundum sit possivilitate de [pred.] monasterio. et at obitum meum facere me sepelire assepultura sicut unam de sororibus et confratibus vestris. Quod si minime vobis exinde fecerimus et omnia ut superius legitur vobis non hatinpleverimus auri solidos viginti regales vobis componere promittimus. [et] hec chartula sit firma imperpetuum.

† Alibertus f. dom. Petri t. e.

† Alfanus iudex f. dom. Iohannis t. e.

† Ego Manso protonot. f. dom. Iohannis curialis f. dom. Ursi imperialis dissipati scripsi.

CLXIX.

1161 — Guglielmo re a. 11 — ind. IX — 8 maggio — Amalfi.

I germani Sergio, Leone e Costantino *Caridenti, f. qd. dom. Constantini de Sergio* si dividono le loro case, site in Amalfi presso la ch. di S. Simone, e le loro terre site *in Plagiano.*

Perg. di Amalfi, n. 128; arch. della SS. Trin., n. 1168 — Orig. — Alt. 77 × 25; rigata; macchiata e alquanto deleta nella parte sup., corrosa in un punto del marg. sin. — Inedita.

† In nomine domini dei salvatoris nostri Iesu christi. anno ab incarnatione eius millesimo centesimo sexagesimo primo.

temporibus domini nostri Guiliemi dei gratia regis Sicilie ducatus Apulie et principatus Capue. et undecimo anno regni eius Amalfi. die octava mensis magii ind. nona Amalfi. Chartula firma mersis divisionis facta a nobis quidem videlicet Sergio et Leone et Constantino Caridenti toti tres veri germanis. f. qd. dom. Constantini de Sergio. qualiter per bonam convenientiam dividere et diffinire [visi sumus] inter nos plenarie et integre tote ipse domus nostre fabrite nove et veteris quante et qualiter habemus hic in Amalfi in vicus et iuxta ecclesia sancti Samone. sicut fabricate et ordinate sunt a terra et usque at summitatem cum omnia hedificia et pertinentia eorum. quod divisimus ille inter nos in tribus portionibus sicut modo dicimus. Primis omnibus de plenario [ipso] tertio membro maiore de supra superiore de ipsa domo nostra vetere qualiter et quomodo sibi fabricatum et ordinatum est cum plenaria ipsa coquina sua de supra ipse grade et cum regie et fenestre et necessarie et omnia hedificia et pertinentia [eorum et] cum plenario ipso vento suo de supra superiore de pred. tertio membro et de ss. coquina sua. et salva via sua per ambe [ipse pred. vie] et per ipse porte de via et per ipse grade fabrite comunalis a terra et usque at summitatem. et ipsa filatoria . . . . sunt modo in ipso pred. tertio membro siant omni tempore clausa et serrata. excepto habea sibi ibidem unum fila[torium at fila]re supra ipso secundo membro de subtus. et quantum continet da ipsa regia de pred. tertio membro per intus inda partem occidentis aliquando tempore non habea potestatem ibidem pisare cum mortario aut cum pila neque macinare cum mole at manu. excepto si voluerit ibidem tessere feminile a terra potestatem habea. set quantum continet da ipsa pred. regia inda partem orientis in quantum sua pertinentia est potestatem habea pisare ibidem in mortario et in pila et macinare cum mole at manu et facere sibi ibidem omnem alium servitium qui ei opus et necessarium fuerit sine damno faciendo et sine malitia. et de presente debea fabricare ipsam regiam que modo est ibidem que intra in ipsa camminata da latus de iuxta se a parte septemtrionis et numquam illam aperia per nullam occasionem de istud autem qualiter superius legitur. unde nichil exceptuavimus. fecimus exinde unam portionem. tetigit me ss. Leone. Seu et de plenario ipso alio tertio membro de supra superiore de ipsa alia domo nostra nova. cum plenaria ipsa camminata sua de iuxta se que fuit de ipsa domo vetere sicut sibi est fabricatus et ordinatus cum regie et fenestre et necessarie. et cum uno filatorio at filare supra ipso secundo membro de sub[tus] quam et cum plenaria ipsa una apothea terranea de subtus que est a lamia. et a latus domus de ipsis Cannabuzza. sicut est cum omnia hedificia et pertinentia sua et cum tantum de ipso vento de supra superiore de pred. tertio membro suo novo quantum et qualiter demostra ambe ipse due crucis quod ibidem signavimus abinde in iusu inda parte meridie usque at finem domus de ipsis pred. Cannabuzza. at fabricandum sibi illud in altum quantum voluerit. cum omnibus hedificiis et pertinentiis suis et cum plenario ipso vento de supra ipsa pred. camminata sua vetere at cooperiendum sibi illud a fabrica qualiter voluerit. et habea i[bi]dem intrata et exita in ipsa pred. camminata sua et in ipsum pred. tertium membrum suum per ipsam regiam de ss. camminata sua quam habet a parte occidentis iuxta ipse grade de pred. domo vetere. et potestatem habea disrumpere ipsum parietem qui est supra ipsum ventum de pred. camminata sua et at faciem de ipsa pred. coquina de ss. tertio membro vetere et facere sibi ibidem regiam pro intrare et exire inde in ipsum pred. ventum suum de ss. portione sua. et si voluerit sibi illud cooperire at fabrica in quantum sua pertinentia est potestatem habea. et debea se prindere sine refusura in ipsum astraco novo et in ipsum pred. parietem quod aperuerit cum ipsa fabrica quod ibidem fecerit de istud iterum qualiter superius legitur et salva via sua per ambe ipse pred. vie et per ipse porte de iusu de via et per ipse pred. grade fabrite comunalis a terra et usque at summitatem. set si voluerit ista pred. portio fabricare sibi ipse grade in ss. domo sua nova unde de antea ibidem fuerunt non debea habere viam per ipse pred. grade de ss. domo vetere per nullam occasionem. unde nichil exceptuavimus. fecimus exinde ipsam aliam unam portionem. tetigit me ss. Constantino. Seu et de plenario ipso secundo membro de media loca de ipsa pred. domo nova. cum plenaria ipsa alia apothea terranea de subtus se quam et cum plenarie ambe ipse due alie case insimul coniuncte de secundo membro de pred. domo vetere. et cum plenaria ipsa camminatella que est modo coquina de iuxta se et cum plenario ipso furno fabrito de subtus se et cum plenaria ipsa mandrolla de subtus ipse grade. qualiter sibi est totum fabricatum et ordinatum cum regie et fenestre et necessarie et cum omnia hedificia atque pertinentia sua. et cum tantum de ipso vento de supra ipso pred. tertio membro novo quantum et qualiter exinde remansit ab ipse pred. due crucis in susu usque at finem domus de ipsis Sabastanis. at fabricandum sibi illud in altum quantum voluerit. cum omnibus hedificiis et pertinentiis suis. et salve vie sue per ipse vie et per ipse pred. porte de via et per ipse ss. grade fabrite comunalis a terra et usque at summitatem. et potestatem habea intrare et exire in ipsum pred. secundum membrum suum novum per intus ipsa pred. camminatella sua que est modo coquina. et si voluerit fabricare sibi grade per intus ipsa porta de iusu de via de ss. domo vetere prò sallire et descendere in ipsum pred. secundum membrum suum novum potestatem habea sicut melius mitigare potuerit. tamen ut nullum impedimentum facia at ipse vie que ibidem sunt in iusu et in susu. et potestatem habea sallire in ipsum pred. ventum suum novum per ipse alie grade fabrite de foras que fuerunt de pred. domo nova pro faciendo sibi ibidem opus et necessarium suum et at fabricandum sibi illud in altum quantum voluerit sicut superius diximus. et similiter potestatem habea sallire in ipsum pred. ventum de pred. domo vetere per ipse pred. grade comunalis pro spandere ibidem panni et grano et filato. et ipsa una porta maiore que est in media loca de ss. grade de pred. domo vetere siat omni tempore sine serratura. et faciamus ibidem unum clustellum ligneum per intus cum tribus clavibus et unusquisque de nobis tenea inde unam clavem. et ipse alie due porte que sunt ibidem de supra siant omni tempore sine serratura de clavis. et si voluerit ista pred. portio aperire sibi regiam in ipsum parietem qui est inter una casa et alia de pred. secundo membro vetere potestatem habea. aut si voluerit et potuerit aperire sibi ibidem fenestra a parte occidentis potestatem iterum habea de istud totum qualiter superius legitur. unde nichil exceptuavimus. fecimus exinde ipsam aliam portionem. tetigit me ss. Sergio. Et ipsum predictum furnum sia subiucatum ut non facia se ibidem pane. et ipsa curte que est inter ipsa pred. domo vetere et inter ipsum parietem de ecclesia sancti Samone sia omni tempore discoperta et vacua et sia comunalis de tote ss. tribus portionis. at andandum exinde et at sedendum ibidem et pisandum et macinandum et findendum ligna et at faciendum ibidem unaqueque portio opus suum excepto fabrica. et ipsa sedia feminiles quod habemus in ss. ecclesia sancti Samone siant omni tempore comunales de tote ss. tribus portionibus. Iterumque partivimus inter nos plenarie tote ipse hereditatis nostre quod habemus in Plagiano posite. sicut sunt cum fabricis et omnia sua pertinentia. et fecimus inde tres portionis sicut modo dicimus. Primis namque de ipsa una hereditate nostra de iuxta ecclesia sancti Iohannis quantum et qualiter est de fine in finem plenum et vacuum cum fabricis et omnia sua pertinentia. et salva via sua cum omnia causa. unde nichil exceptuavimus fecimus inde unam portionem. cum alii solidi sex refusura. et tetigit me ss. Constantino. Seu et de plenaria tota ipsa alia hereditate nostra de iuxta ecclesia sancti Luca. sicut est plenum et vacuum cum fabricis et omnia sua pertinentia fecimus inde due portionis caput fixu de susu in iusu sicut modo dicimus. unam portionem exinde fecimus a parte orientis et aliam a parte occidentis. et termines de petra infra portionem et portionem posuimus da caput usque at pedem. qualiter descendet da caput da ipso canto de ipso muro de dom. Leone iudice Trilia ubi posuimus unum terminem. abinde rectum in iusu usque in ipsum cantum de supra a parte orientis de ipsa cammara. et iam da ipso alio canto de subtus de ss. cammara hoc est ipsum cantum a parte orientis qui est iuxta ipsa cisterna revolvet, et facit angulum et vadet rectum inda parte occidentis per faciem de pred. cammara palmi duodecim usque in ipsam crucem quod ibidem signavimus. et iam abinde descendet in iusu sicut exfina per ipsi terminis quod ibidem posuimus usque at pedem in quantum nostra pertinentia est. Iam ipsa pred. una portione quod fecimus a parte orientis quantum et qualiter est de longitudine et latitudine de fine in finem plenum atque vacuum. cum plenario ipso buctario terraneo et palmentum et labellum et cisterna ibidem habentem et cum omnia sua pertinentia et qualiter exfina per ipsi ss. terminis. et habea sibi ibidem viam a parte orientis per causa sua per ipsum tractorarium. cum omnia causa. unde nichil exceptuavimus. tetigit me ss. Sergio. Et ipsam aliam pred. portionem quod inde fecimus a parte occidentis quantum et qualiter est de fine in finem de longitudine et latitudine plenum atque vacuum cum ipsa pred. cammara fabrita de supra pred. buctario. et cum omnia sua pertinentia et qualiter exfina per ipsi ss. terminis. et habea sibi ibidem viam per ipsum pitingium a parte occidentis per causa sua et per ipsum murum suum et porta sua. et omni tempore potestatem habea ista ss. portio a parte occidentis gire et venire at ipsum pred. palmentum et labellum per causa de ipsa ss. portione a parte orientis pro vindemiare et appizzuleare ibidem. et tollere et implere sibi aqua de ipsa pred. cisterna que ibidem est at faciendum exinde suam hutilitatem set non malitiose. et debea serrare ipsam regiam que modo est in ipso pred. buctario et ipsam fenestram que est supra ipso pred. buctario et aperiat sibi ibidem regiam a parte de ipsa pred. causa sua. Hec omnia suprascripta nobis divisimus et diffinivimus et nobis exinde apprehensimus qualiter superius legitur. et unusquisque de nobis faciat de ipsa sua portione omnia que voluerit. Verumtamen stetit inter nos ut si per aliquando tempore qualibetcumque de nobis ss. tribus germanis venierit at vindere ipsam pred. portionem suam de ss. hereditatis non habea potestatem vindere illos in extranea persona nisi at ipsis aliis fratribus suis. si illud comparare voluerint in tantum pretium quantum inde invenierit da tertio et quarto homine sine omni amaricatione. Qui autem de nobis se extornare voluerit perda ipsam portione sua. et hec chartula mersis unde inter nos ana singule similis fecimus firma permanea imperpetuum. Et hoc reclaramus quia remansit nobis in comunem at tote ss. tribus portionis ipse viterine nostre et ipsa trasita nostra cum ipse portionis nostre de ipsis ecclesiis. Et ego pred. Sergius habeo et teneo ipsa chartula comparationis de ipsa pred. domo vetere et ipsa alia chartula comparationis de ipsa pred. domo nova cum alie chartule duodecim pertinentes de ss. domibus. et ego pred. Leo habeo et teneo ipse chartule pertinentes de ss. hereditate da sancto Luca que sunt per numerum chartule viginti una et ipse chartule pertinentes de ipse ss. portionis nostre de pred. ecclesie et de ipse pred. viterine et de ipsa pred. trasita comunales. Unde firmamus inter nos ut omni tempore faciamus ille tote salve. et quandocumque inter nobis [neces]se fuerint excutere et mostrare inter nobis ille de[bea]mus omni tempore ante legem sine omni amaricatione. Nam et nobis Marocta f. dom. Ursi Galatuli que sum uxor de pred. dom. Sergio. et Anna f. dom. Mauri da la Rocca que sum uxor de pred. dom. Leone. hec chartula qualiter s[uperius] legitur certissime placet per ss. obligata pena. Et hoc melius reclaramus quod superius minime scripsimus quia ipsa pred. portione quod fecimus a parte occidentis de pred. hereditate da sancto Luca qualiter per ordine superius diximus tetigit me ss. Leone per ss. obligata pena.

† Landolfus f. dom. Mansonis Capua(ni) t. e. (1).

---

(1) La sottoscrizione di questo teste è ripetuta accanto a quella di Sergio Agustarizzo.

✝ Leo f. dom. Iohanni Sfisinati t. e.
✝ Sergius f. Sergii Agustarizzi t. e.
✝ Ego Sergius clericus geminus et curialis scripsi.

CLXX.

1164 — ind. XIII (*sic*) — 1 febbraio — (Lettere).

Athenasio f. qd. Urso de Docibile prende a parziaria da *dom. Pardo*, abbatè del monast. di S. Quirico, una terra sita in pertinenza di Lettere, *ad Comparatum*.

Perg. di Amalfi, n. 129; arch. di S. M. di Font., n. 260; arch. della SS. Trinità, n. . . . — Orig. — Taglio irregolare nel marg. inf.: alt. 47 × 18; corrosa in un punto del marg. sin. in basso — Inedita.

✝ In nomine domini dei salvatoris nostri Iesu christi. anno ab incarnatione eius millesimo centesimo sexagesimo quarto. primo die mense februario ind. tertia decima. Ego quidem Athenasio f. qd. Urso de Docibile. a presenti etenim die promtissima voluntate scribere et firmare visus sum vobis dom. Pardo domini gratia sacerdos et abbas monasterio sancti Quirici qui constructus et dedicatus est intus in civitate Atrano a subtus Monte maiore. et ad cuncta vestra congregatione vestrisque fratribus manentes in ss. monasterio. idest hanc chartulam similem de illam quam nobis scribere fecistis. pro eo vero quia assignastis michi ad laborandum tota ipsa hereditate quam pred. monasterius habet in pertinentiis de hoc castello Licteris ubi vocamus ad Comparatum. sicut sibi est plenum atque bacuum et cum tote ipse fabrice ibidem habentem et cum omnia sibi infra se habentibus et pertinentibus. Et reclarastis nobis exinde ipse finis. da capud continet fini causa propria de pred. monasterio sicut ipsa sepale demonstrat quod laborat Leoni de Anthiocia. da pede continet finis causa propria vestra. de uno latere ponitur fini causa de pred. monasterio quod tenet ad laborandum Riccardo et Roberto de Docibile. et de alio autem latere continet finis causa de Petro de Brengari et fini ipsa cava. et dedistis nobis illut cum via sua et omnia sua pertinentia unde nobis exinde nichil exceptuastis. In ea enim ratione ut amodo et semper nos et heredes nostras filii filiorum nostrorum de generatione in generatione illos habeamus et teneamus ad medietate. et de presentem debeamus illos cultare et bitare et laborare cum ligna et canne et salici nostre et cum omni nostro expendio sicut necessum est. et habeamus exinde de totum curam et certamen seu vigilantia atque studium ut pareat per bonis hominibus ut semper dicat tertius et quartus homo quia ss. hereditate bona est cultata et bitata et zappata et laborata et armata sicut meret et pertinet. et iam amodo et semper vinum et omnem alium frugium quodcumque ibidem Dominus dederit sine fraude et omni malo ingenio dividere illos debeamus vobiscum per medietate. vos et vestris successores tollatis exinde medietate et nos et nostris heredes tollamus exinde alia reliqua medietate ibidem in pred. loco. vinum ad palmentum fructura per tempora sua. et quando veniemus ad bindemiare facimus vobis illut scire. et nos et heredes nostras debeamus vindemiare et pisare ipse uve. et labemus et distringamus vobis ipse bucti vestre cum circli et stuppa de pred. vestro monasterio. et inbutemus ibidem ipsa pred. medietate vestra de pred. musto. et nutricemus vos de coquinatum ad ipsa vindemia sicut nostra possibilitas fuerit. Et forsitan quia nos et nostri heredes bene eos non laboramus et cultamus et omnia ut superius legitur bene non adimplemus vobis et vestris posteris potestatem habeatis nos exinde iactare cum causa nostra mobilia. et faciamus vobis iustitiam sicut lex fuerit. Quod si nos et heredes nostras bene eos laboramus et cultamus et omnia ut superius legitur bene adimplemus vos et vestris posteris non habeatis potestatem nos exinde commovere vel iactare neque nullam virtumtem (*sic*) vel invasione nobis ibidem facere neque facere faciatis. set vindicetis nobis illut ab omnibus hominibus. Et qui de nobis et vobis aliquid de ss. placito et convenientia minuare vel extornare voluerit componat pars infidelis a partes que firma steterit auri solidos quinquaginta regales. et her (*sic*) chartula sit firma imperpetuum. Ubi disturbatum est legitur. Leo de Anthiocia. de pred. monasterio. Memoramus quod superius minime scripsimus quia ss. hereditate debeamus illam laborare appali et ad pluppi. et quando faciemus vos scire ut veniatis [ad cap]ere ipsa ss. medietate vestra de pred. musto nutricemus unum hominem [vestrum] qui ibi venerit pro parte de ss. monasterio secundum nostre possibilita[tis]. . . . est per ss. ratione et pena obligata.

† Ego Pe(trus) f. . . . . . . iudex t. s.
† Ego Landolfus.
[† Ego . . . . pres]b. da Cinti t. s.
† Ego Urso presb. et scribam scripsi.

CLXXI.

1164 — Guglielmo re a. 14 — ind. XII — 22 luglio — Amalfi.

Sergius f. Iohannis da Lauri prende a pastinato da *dom. Pardo*, abbate del monast. di S. Quirico, una vigna sita in Tramonti, *at Lauri*.

Perg. di Amalfi, n. 130 ; arch. di S. M. di Font., n. 261 ; arch. della SS. Trin., n. 228 — Orig. — Tagliato l'ang. inf. destro : alt. 82 × 20 ; deleta all'ang. sup. destro — Inedita.

† In nomine domini dei salvatoris nostri Iesu christi. anno ab incarnatione eius millesimo centesimo sexagesimo quarto. [temporibus domini nostri Guilielmi] dei gratia regis Sicilie ducatus Apulie et principatus Capue. et quarto decimo anno regni eius [Amalfi. die vicesima] secunda mensis iulii ind. duodecima Amalfi. Ego quidem Sergius f. Iohannis da Lauri. a presenti die prom[tissima voluntate] scribere et firmare visus sum vobis dom. Pardo domini gratia monacho et abbati monasterii sancti Quirici de supra [Atrano. quam et at] cuncta vestra congregatione de pred. monasterio. hanc chartulam similem de illa quam vos nobis scribere fecistis. propt[er quod dedistis] et assignastis nobis plenariam et integram unam petiam de vinea in Tramonti posita at Lauri que est causa de [pred. mona]sterio. sicut est cum cammara fabrita et palmentum et labellum ibidem habentem et cum omnia sua perti[nentia] qualiter et quomodo per finis et omni ordine et ratione proclama ipsa pred. chartula assignationis quod nobis inde fecistis. In ea videlicet ratione ut amodo et semper nos et nostri heredes filii filiorum nostrorum descendentem in unam personam usque in sempiternum illos habeamus et teneamus at tertie. et de presente incipiamus et studeamus illos laborare et cultare et ubi est vacuum et necesse pastinemus

et impleamus illud de vitis de bono vindemio qualiter ipse locus meruerit. et laboremus et armemus illos in altum in pergule sicut necesse est. Verumtamen vos et vestri posteri dare nobis ibidem debeatis omni anno tota ipsa ligna quanta necesse fuerit at laborandum illos. canne vero et salices faciamus ibidem in pred. vinea unde illos laboremus. et si inde remanserit de pred. canne et salicis demus vobis inde due parti et nos inde tollamus tertiam partem. et habeamus exinde de toto bonam curam et studium atque vigilantiam ut per bonos homines parea ut semper dica tertius et quartus homo quia totum de fine in finem bonum est cultatum et vitatum et potatum et zappatum et laboratum sicut meret et pertinet. et iam amodo et semper vinum et fructura et omne alium frudium quodcumque ibidem Dominus dederit partire illos debeamus vobiscum in tertiam partem sine fraude et malo ingenio ibidem in pred. loco. vos et vestri posteri tollatis inde due parti et nos et nostri heredes tollamus inde tertiam partem. vinum at palmentum et fructura per tempore suo. et quando venimus at vindemiare faciamus vobis scire et debeamus vobis vindemiare et pisare ipse uve et lavemus et stringamus vobis ipse bucti vestre cum cercli vestri et stuppa vestro. et inbuctemus vobis ibidem ipse portionis vestre de pred. vino ibidem in ipso pred. loco. et demus vobis omni anno supra sortem cofinum unum de uve et per omnem palmentum pullum unum. et nutricemus ipsum hominem vestrum quem ibidem miseritis pro ipsa vindemia sicut nostra erit possibilitatem et ipse atducat sibi panem et cundimen. Et si nos et nostri heredes bene illos non laboramus et cultamus et omnia que superius legitur non atimplemus vobis et vestris posteris potestatem habeatis nos exinde vacuos iactare cum causa nostra movilia. et faciamus vobis inde iustitiam sicut lex fuerit. Quod si nos et nostri heredes bene laborando et certando et omnia que superius legitur bene atimplendo vobis et vestris posteris non habeatis potestatem nos inde commovere vel deiactare neque nullam virtutem vel invasionem nobis ibidem non faciatis neque fieri faciatis. set vindicetis et defendatis nobis illos ab omnibus hominibus. Et qui de nobis et vobis aliquod de ss. placito et convenientia ut superius legitur minuare vel extornare voluerit componat pars infidelis at partem que firma steterit auri solidos triginta regales. et hec chartula sit firma imperpetuum. Quod super disturbatum est legitur. descendentem in unam personam.

† Leo f. dom. Iohanni Sfisinati t. e.

† Mauro Collug(atto?) t. e.
† Mastalus dom. Tauri filius t. e.
† Ego Sergius clericus geminus et curialis scripsi.

CLXXII.

1165 — Guglielmo re a. 13 (*sic*) — ind. XIII — 12 gennaio — Gragnano.

Petrus f. qd. Iohanne de Bilingarius, avendo avuto contesa col monast. di S. *Cirico* circa la spettanza di una vigna *in Casole* e di un castagneto *in Cisternula*, ed essendo state quelle terre assegnate per giudicato al monastero, rilascia una *chartula securitatis* a *dom. Pardo*, che ne è l' abbate.

Perg. di Amalfi, n. 131; arch. di S. Maria di Font., n. 262; arch. della SS. Trin., n. 914 — Orig. — Alt. 41 1/2 × 17 — Inedita.

† In nomine domini dei salvatoris nostri Iesu christi. anno ab incarnatione eius millesimo centesimo sexagesimo quinto. temporibus domini nostri Guilielmi dei gratia Sicilie rex Apulie ducatus Capue principatus. et tertio decimo anno regni eius Amalfi. die duodecima mensis ianuarii ind. tertia decima Graniano. Nos quidem Petrus f. qd. Iohanne de Bilingarius a presenti die promtissima (1) scribere et firmare visus sum vobis dom. Pardo gratia deo sacerdos et monachus atque abbas de monasterio sancti Cirici christi martiris dedicatus atque constructus est super civis Atrano. han chartulam plenaria securitatis pro eo quia abuimus intentiones vobiscum de ipsa petia de vinea cum una cammara frabita intus abentes posita in Casole. qui conti(net) finis. a supra finis nostra per ipsi terminis. de suptus et per uno latus finis rebus ss. monasterio. per ali(um) lat(us) finis causa qui fuit de Maria f. Pe(tri) de Auria uxore Marino de Ingizzin. qui fut (*sic*) de dote de pred. Maria. Et iterum abuimus intentio(nes) vobiscum de ipsa petia de castanietis positum in Cisternula per hec fines. a supra finis torum aqua versante. de suptus finis ipsa beterale. de uno lat(us) finis cau-

(1) Qui lo *scriba* ha omessa la parola *voluntate*.

sa qui fuit de dom. Leoni presb. qui fuit consobrino fratri de pred. Maria f. de Pe(tro) Auria. per ali(um) lat(us) finis causa qui fuit dote de pred. Maria uxor ss. Marino de Ingizzin et de Sellecta vera ger(mana) sua. Iam qantum (*sic*) tote ss. fines concluditur pred. petia de vinea cum ipsa ss. cammara intus abentes et pred. petia de casta(nietis) offersit illos per firmissima chartula offersione ss. Marinus de Ingizzin cum ss. Maria uxore sua in ss. sancto monasterio. postea vero qando venit at suum obbitum pred. Maria dimisit illos per suum testamentum at me ss. Petrus de Bilingarius. unde abuimus inde inter nos multas altercatio(nes). unde perreximus exinde at legem et iudicatum fut (*sic*) ab ipsis iudicibus et bonis hominibus ut ipsa ss. petia de castanietum et pred. petia de vinea cum pred. cammara intus abentes et cum omnia intus abentes et pertinentes fuisset de pred. sancto monasterio per ipsa ss. firmissima chartula offersione. Unde pro qua taliter laudaverunt ipsi iudicibus a die presenti assicuramus illos in ss. sancto monasterio et per te idem ss. domino Pardo dei gratia sacerdo et monachu atque abbas ss. sancto monasterio. ut iam aliqando tempore neque nos neque nostris heredes vel nulla alia persona pro nostra parte et neque cum scripta vel sine scripta vel per nulla data aut inventa ratione exinde non queramus vel querere faciamus per nullam inventa ratione (1) vos ss. dom. Pardus aut vestris posteris successores neque nullam humana persona pro parte ss. sancto monasterio. Et si contra han chartulam venire presupserimus componere promittimus nos et nostris heredes vobis vestrisque posteris auri solidos quinquaginta regales. et hec chartula sit firma in perpetuum. Inter virgulum legitur. exinde non queramus vel querere faciamus per nullam inventa ratione. Ubi super est disturbatum legitur. filia de Pe(tro) de Auria.

† Ademarius iudes t. e.

† Alexsander iudes t. e.

Ego Sergius not. scripsi.

---

(1) Le parole *exinde non queramus vel querere faciamus per nullam inventa ratione*, sono interlineari.

CLXXIII.

1166 — Guglielmo re a. 15 — ind. XIV — 3 febbraio — Amalfi.

Pulcharus f. dom. Leonis f. dom. Puchari f. dom. Leonis f. dom. Lupi Budeti e sua moglie *Anna f. dom. Iohannis f. qd. Cola . . . . f. Leonis de Niceta*, vendono ad *Urso Musketta f. Sergii Subcoda* ed a sua moglie *Zucza f. Sergii Scangula*, le loro case con attiguo orto, in Amalfi, *in Caput Crucis*, per 15 soldi di tarì.

Perg. di Amalfi, n. 132; arch. di S. Lorenzo, n. 141; arch. della SS. Trin., n. 703 — Orig. — Alt. 39 × 25; deleta specialmente ai margini, corrosa nella parte alta del marg. destro — Inedita.

† In nomine domini dei salvatoris nostri Iesu christi. anno ab incarnatione eius millesimo centesimo sexagesimo sexto. [temporibus domini] nostri Guilielmi dei gratia regis Sicilie ducatus Apulie et principatus Capue. et quinto decimo [anno regni eius] Amalfi. die tertia mensis februarii ind. quarta decima Amalfi. Certi sumus nos Pulcharus f. dom. L[eonis] f. dom. Pulchari f. dom. Leonis f. dom. Lupi Budeti et Anna ambo iugalis. filia dom. Iohannis f. qd. Cola . . . . [f.] Leonis de Niceta. a presenti die promtissima voluntate venundedimus et tradidimus vobis Urso Musketta [f.] Sergii Subcoda. et Zucza ambo iugalis filia Sergii Scangula. idest plenarie et integre tote ipse case nostre f[abrite] cum plenaria ipsa camminata et cum plenaria ipsa coquina et cum plenaria ipsa cisterna et cum tota ipsa terra [va]cua ubi est modo ipsum arborem de belumbra et usque in ipsa via. set et cum plenario toto ipso orto nostro q[uod ibidem ha]bemus et cum plenarie tote ipse casaline nostre et terra nostra et omnia quantum et qualiter habuimus in Caput Crucis hic in Amalfi a subtus ecclesia sancte Marie que dicitur de Monte Aureo. sicut est totum cum omnibus he[difi]ciis et necessariis atque pertinentiis suis seu et cum tota ipsa ventora sua de supra superiore at fabricandum illos in altum quantum volueritis. cum omnibus hedificiis atque pertinentiis suis et cum salve vie sue ibidem [ingre]diendi et egrediendi cum omnia causa que vobis

et at vestris heredibus opus et necessarium fuerit. que fuerat tota de dom. Mansone f. dom. Iohannis Strina qui fuit socero meo de me pred. Pulcharo. et ipse pred. dom. Manso una cum ip[sis fili]is suis cognatibus meis habuerunt illos datum et traditum infra ipsa dote et donatione mea et de Dro[su ante]riore uxore mea filia et germana illorum. qualiter et quomodo per fines et omni ordine et ratione procl[amat] ipsa chartula traditionis quod nobis exinde fecerunt cum ipsa alia chartula securitatis quod nobis postea fecerunt [ipsi] filii sui veri cognati nostri. et iam quando venit at obitum suum ss. Drosu anteriore uxore mea dimisit et iudicavit . . . in potestate mea tote ipse cause sue qualiter et quomodo proclamat ipsum testamentum suum quod inde ha[buimus]. et tote ipse chartule nove et veteris quante et qualiter exinde habuimus dedimus vobis ille. et firmamus [vobis] ut si qualibetcumque alia chartula exinde paruerit vel inventa dederit que ibidem pertineat nos et nostri here[des] mittere illas debeamus subtus vobis et vestris heredibus sine vestra damnietate vel amaricatione. et ipsum [testa]mentum de ss. Drosu anteriore uxore mea non potuimus vobis illum dare pro alia capitula que ibi continet. set quandocumque vobis et at vestris heredibus necesse fuerit per omni vice nos et nostri heredes excutere et mostrare vobis illum debeamus et at vestris heredibus omni tempore ante legem sine omni occasione vel amaricatione. Unde nobis exinde nichil remansit vel aliquid vobis exinde exceptuavimus. quia omnia quantum et qualiter ibidem [in] ipso pred. loco habuimus sicut ipse pred. chartule proclamat quod vobis inde dedimus totum vobis illos modo venun[ded]imus et tradidimus sine omni minuitate sicut superius legitur et nullam causam nobis exinde ibidem non [remansit]. et taliter illos totum habeatis et possideatis et dominetis et frugietis atque fabricetis vos et [vestris] heredes qualiter et quomodo per fines et omni ordine et ratione proclamat ipse pred. chartule quod vobis inde dedimus. Unde et in presenti exinde accepimus a vobis plenaria nostra sanatione idest auri solidos quindecim de tari boni [de] Amalfi de unciis quinque de auro et quinque de argento ana tari quattuor per solidum. sicut inter nos bone voluntatis convenit in omni deliberatione et in omni decisitione. ut amodo et semper siat totum proprium vestrum et in po[te]state vestra et de vestris heredibus habendi fruendi possidendi vindendi donandi et at faciendum et iu[dicand]um [exinde omnia] quecumque volueritis sine omni nostra et de nostris heredibus contrarietate vel requesitione im[perpetuum]. Insuper nos et nostri heredes vobis et at vestris heredibus illos totum antestare et defensare atque vindica[re] debeamus omni tempore ab omnibus hominibus. Quod si minime vobis exinde fecerimus et omnia ut superius legi[tur non] atimpleverimus componere promittimus nos et nostri heredes vobis et at vestris heredibus auri solidos triginta regales. et hec chartula [sit firma].

† Marinus f. Sergii de lu Iudice t. e.

† Manso f. dom. Iohannis Capuani t. e.

† Mastalus dom. Tauri filius t. e.

† Ego Sergius clericus geminus et curialis scripsi.

CLXXIV.

1166 — Guglielmo re a. 1 — ind. XV — 26 settembre — Lettere.

Iohanne f. qd. Petro Petantio, di Lettere, prende a pastinato da *dom. Pardo,* abbate del monast. di S. Cirico, un castagneto sito in pertinenza di Lettere, *ad Maurule.*

Perg. di Amalfi, n. 133; arch. di S. M. di Font., n. 263; arch. della SS. Trinità, n. 931 — Orig. — Alt. 69 × 15 1/2 — Inedita.

† In nomine domini dei salvatoris nostri Iesu christi. anno ab incarnatione eius millesimo centesimo sexagesimo sexto. temporibus domini nostri Guilielmi dei gratia regis Sicilie ducatus Apulie et principatus Capue. et primo anno regni eius castello Lictere. quinta die astante mense septembris ind. quintadecima. Ego quidem Iohanne f. qd. Petro Petantio de pred. castello Lictere. a presenti etenim die promtissima voluntate scribere et firmare visus sum tibi dom. Pardo sacer et monachus atque abbas monasterii beati Cirici christi martiris quod constructum et dedicatum est supra Atrano. tibi et ad cuncta vestra congregatione de pred. vestro monasterio. idest hanc chartulam simile de illam quam (1) nobis scribere fecistis de ipsa petia vestra de castanietum qui est causa de vestro monasterio qui est posita ubi vocamus ad Maurule pertinentia pred. nostro

(1) L'amanuense aveva scritto *quem* e poi ha corretto *quam*.

castello. qui est per has fines. a supra namque ponitur fini media ipsa turina per fine causa de pred. monasterio. de suptus itaque ponitur media lama. de uno latere ponitur fine causa ecclesie sancte Marie de Atrano. et de alio latere ponitur iterum fine causa de pred. monasterio quod tenet Athenasio de Cazzutto. cum salva via sua et omnia sua pertinentia. unde nobis exinde nichil exeptuastis. In ea enim videlicet ratione ut amodo et semper nos et nostros heredes filii filiorum nostrorum de generatione in generatione usque in sempiternum illos totum habeamus et teneamus ad medietate cum ss. monasterio. et addie presenti et in antea et omni tempore habeamus exinde studium ad cultandum et frudiandum illos sicut necesse est. et ubi fuerit vacuum pastinemus et impleamus illos de tigillos et insurculemus eos de castaneis zenzalis. et habeamus exinde semper bonam curam et studium atque certamen seu vigilantia ut pareat per bonos homines ut semper dicat tertius et quartus homo quia totum de fine in fine bonum est cultatum et insurculatum et frugiatum et ad bonum frudium adducendum sicut meret et pertinet. et iam amodo et semper nos et nostros heredes debeamus colligere et siccare tote ipse castanee quod Dominus ibidem dederit. et vobiscum ille sine fraude et (1) malo ingenio partire debeamus per medietate ad ipsa grate. et quando veniemus ille ad partire faciamus vobis illut scire. nos et nostros heredes tollamus inde medietate et vos et vestros posteros tollatis exinde ipsa alia reliqua medietate. set quando miseritis ipsum missum vestrum ad recipiendum ibidem ipsa pred. medietate vestra de pred. castanee sicce debeamus illum nutricare secundum nostram possibilitatem. et demus ad illum ante sorte due quarte de castanee sicce ad quarta iusta de pred. nostram terram. Et si nos et nostros heredes bene illos non cultamus et frugiamus et omnia que superius legitur non adimpleverimus vobis et ad vestris posteris potestatem habeatis vos et vestros posteros exinde nos vacuos iactare cum causa nostra mobilia. et faciamus vobis iustitiam sicut lex fuerit. Quod si nos et nostros heredes bene raborando (*sic*) et certando et omnia que superius legitur bene adimplendo vobis et vestros posteros non habeatis potestatem nos inde commovere vel iactare neque nullam virtutem vel invasione nobis ibide faciatis neque facere faciatis. set vindicetis et defensetis nobis illos ab omnibus ho-

(1) Vi è un segno illeggibile per cattiva correzione, che va interpretato *et*.

minibus. Et qui de nobis et vobis aliquid de ss. placito et convenientiam minuare vel extornare voluerint componat pars infedelis ad partes que firma steterit auri solidos triginta regales. et hec chartula sit firma imperpetuum. Memoramus quia ubi scripsimus de uno latus finis causa de sancta Maria non est ita set est finis causa de dom. Sergio com. Mauronis quod tenet ad laborandum her(edes) de Sergio Vulpola et de Iohanne Porcaru.

† Ego Pe(trus) f. dom. Truppoal(di) iudex t. s.

† Ego Sergius presb. f. de Vernardu da Pluppitu t. s.

† Ego Urso presb. et scribam scripsi.

CLXXV.

1167 — Guglielmo re a. 2 — ind. XV — 5 agosto — Amalfi.

Leo f. Iohannis Bastalli, avendo conteso a *Iohanni f. Leoni Pagurilli* il possesso di una parte di una *viterina, que dicitur da le* *Fonti*, in Vettica Minore, e non avendo potuto addurne le prove davanti ai giudici, rilascia al possessore una *chartula securitatis.*

Perg. di Amalfi, n. 134 ; arch. della SS. Trin., n. 796 — Orig. — Taglio curvo irreg. nel marg. inf.: alt. mass. 26 × 24 1/2 ; corrosa in un punto in centro — Inedita.

† In nomine domini dei salvatoris nostri Iesu christi. anno ab incarnatione eius millesimo centesimo sexagesimo septimo. temporibus domini nostri Guilielmi dei gratia regis Sicilie ducatus Apulie et principatus Capue. et secundo anno regni eius Amalfi. die quinta mensis agusti ind. quinta decima Amalfi. Ego quidem Leo f. Iohannis Bastalli. a presenti die promtissima voluntate scribere et firmare visus sum vobis Iohanni f. Leoni Pagurilli. hanc chartulam plenariam securitatis. propter quod habuimus vobiscum multas altercationes de ipsa viterina que dicitur da le Fonti in Bectica Minori posita in quantum continet tota ipsa pred. viterina. Diximus vobis quia habemus portionem ex parentorum nostrorum in ipsa pred. viterina. et vos

nobis respondistis et dixistis. — Absit hoc et veritas non est quia nullam portionem ibidem habetis. quoniam hodie per annos quadraginta et plus nos illam totam habuimus et tenuimus et dominavimus et frudiavimus sine calumnia. et [neque] vos neque ipsi genitores vestri nullam causam ibidem habuistis. — Et nobis altercantibus perreximus exinde at iudicium. et iudicatum est exinde inter nos ut si nos ex parte nostra potuissemus vobis mostrare sive ordini aut testimonia quomodo habuissemus portionem in ipsa ss. viterina vos nobis illos atsecurassetis. et si neque ordini neque testimonia exinde ostendere non potuissemus tunc debuissetis nobis exinde iurare vos pred. Iohannes at sancta dei evangelia et diceres per sacramentum per ista [ss.] Dei evangelia. — Quia neque vos neque ipsi genitores vestri nec partem nec sortem nec nullam dominationem habuistis in ipsa pred. viterina [set] causa propria nostra est et nos illam habuimus et possedimus et dominavimus et frugiavimus hodie per annos quadraginta [et] plus sine calumnia.—Iam nos neque ordini neque testimonia exinde ostendere non potuimus. set de presente iurastis nobis exinde vos pred. Iohannes at sancta Dei evangelia qualiter nobis laudatum fuit. Propterea firmamus vobis exinde hanc chartulam plenariam et integram securitatis in omni deliberatione et in omni deci[sitione ut i]am aliquando tempore neque ego pred. Leo aut mei heredes nec nullus homo pro mea parte non queramus nec que[rere faciamus] te ss. Iohannem aut tuos heredes nec nullum hominem pro tua parte aliquid de tota ipsa ss. viterina unde vos modo quesivimus et atsecuravimus per omnia attrasactum sicut superius legitur per nullum modum imperpetuum. set amodo et semper siat tota propria libera et absoluta vestra et de vestris heredibus at faciendum et iudicandum exinde omnia quecumque volueritis sine omni nostra et de nostris heredibus contrarietate vel requesitione imperpetuum. Et si contra hanc chartulam [ve]nire presumpserimus et omnia ut superius legitur non atimpleverimus componere promittimus nos et nostri heredes vobis et at vestris heredibus [au]ri solidos viginti regales. et hec chartula sit firma imperpetuum. Nam et michi Theodonanda f. Iohannis Bininoli et uxor ss. Leonis Bastalli hec omnia suprascripta qualiter superius legitur certissime et gratanter placet. et nos ambo ss. iugales quindeniamus istud pro parte de totis ipsis filiis et filiabus nostris per ss. obligata pena.

† Mastalus dom. Tauri filius t. e.

† Pantaleo f. dom. Guaferii t. e.
† Iohannes f. dom. Sergii Agustarizzi t. e.
† Ego Sergius clericus geminus et curialis scripsi.

CLXXVI.

1167 — Guglielmo re a. 2 — ind. I — 17 dicembre — Amalfi.

Maru rel. Sergii f. Iohannis da le Olibe e suo figlio Pietro vendono alla ch. di S. Pietro *a Supramuro* di Amalfi, nelle mani del rettore *dom. Leone presb. f. dom. Mansonis Sebastiani*, una terra in Vettica Minore, per 5 soldi d'oro di tarì.

Perg. di Amalfi, n. 135; arch. di S. Lorenzo, n. 142; arch. della SS. Trin., n. 824 — Orig. — Alt. 31 × 29; alquanto macchiata nella parte sin. — Inedita.

A tergo, in scrittura gotica, si legge: « *Pertin. monast. sancti Laurentii dominarum. pro parte* eccl. *sancti Petri de supra muro de possessionibus Finestri extra Amalf(iam)* ».

† In nomine domini dei salvatoris nostri Iesu christi. anno ab incarnatione eius millesimo centesimo sexagesimo septimo. temporibus domini nostri Guilielmi dei gratia regis Sicilie ducatus Apulie et principatus Capue. et secundo anno regni eius Amalfi. die septima decima mensis decembris ind. prima Amalfi. Certum est me Maru rel. Sergii f. Iohannis da le Olibe. et Petrus. qui sumus mater et filius. a presenti die promtissima voluntate venundedimus et tradidimus vobis omnibus consortibus et portionariis quanti et quales estis de ecclesia sancti Petri apostoli que constructa et dedicata est hic in Amalfi a Supra muro. atque per vos in ipsa pred. ecclesia seu et in manibus de dom. Leone presb. f. dom. Mansonis Sebastiani qui est modo custos et rector de pred. ecclesia. idest plenaria et integra totam ipsam petiam nostram de terra. plenum atque vacuum quantum et qualiter habemus a supra Bectica Minori positum iuxta finem causa de pred. ecclesia. sicut est cum tote ipse fabricis ibidem habentem atque cum omnia sibi infra se habentibus et pertinentibus. quod ego ss. Maru una cum pred. Sergio viro meo comparavimus illos da Sergio f. Mauri da lu Rumbu et da Drosu uxore sua. et ipsa

chartula nostre comparationis cum tote ipse alie chartule veteris quod exinde habuimus dedimus et atsignavimus vobis ille in ss. ecclesia. et firmamus vobis ut si qualibetcumque alia chartula exinde paruerit aut inventa dederit que ibidem pertineat nos et nostri heredes mittere illas debeamus subtus vobis et vestris heredibus pro parte de pred. ecclesia sine vestra damnietate vel amaricatione. Et reclaramus vobis exinde ipse finis. a supra namque ponitur fini ipsa via puplica que vadet inda Fenestro et inda Ageroli. de subtus itaque ponitur fini finem causa de pred. ecclesia sancti Petri et per finem causa de Constantino de Barbara per ipsa macerina plenaria vestra. de uno latere ponitur a parte orientis iterum fini finem causa de pred. Constantino de Barbara. et de alio latere a parte occidentis iterum fini finem causa de pred. ecclesia sancti Petri. Cum salve vie sue in susu et in iusu et ubi ire et venire volueritis. unde semper ibidem ambulavimus nos et ipsi autores nostri sicut per omni ordine et ratione proclama ipsa pred. chartula nostre comparationis cum ipse alie chartule veteris quod vobis inde dedimus. ibidem ingrediendi et egrediendi cum omnia causa que vobis et a vestris heredibus opus et necessarium fuerit. Unde nobis exinde nichil remansit vel aliquid vobis exinde exceptuavimus. quia totum vobis illos modo vendedimus et tradidimus in ss. ecclesia sine omni minuitate sicut superius legitur et sicut proclama ipse pred. chartule quod vobis inde dedimus. et nullam causam nobis exinde remansit. Unde accepimus exinde a vobis plenariam nostram sanationem idest auri solidos quinque de tari boni de Amalfi de unciis quinque de auro et quinque de argento ana tari quattuor per solidum sicut inter nos bone voluntatis convenit. et pars inde condonavimus pro amore Dei et pro mercede anime nostre in ipsa pred. ecclesia sancti Petri in omni deliberatione et in omni decisitione. Ut amodo et semper siat totum proprium de ss. ecclesia sancti Petri et in manibus de ipsis rectoribus de ss. ecclesia at dominandum et frugiandum atque in potestate vestra de vobis omnibus ss. portionariis quanti estis de pred. ecclesia seu et de vestris heredibus at faciendum et iudicandum exinde pro hutilitate et opus de pred. ecclesia omnia quecumque volueritis sine omni nostra et de nostris heredibus contrarietate vel requesitione imperpetuum. Insuper nos et nostri heredes vobis et at vestris heredibus atque in ss. ecclesia illos totum antestare et defendere atque vindicare debeamus omni tempore ab omnibus hominibus. Quod si minime vobis exinde fecerimus et omnia ut superius legitur non atimpleverimus componere promittimus nos et nostri heredes vobis et at vestris heredibus atque in ss. ecclesia auri solidos viginti regales. et hec chartula sit firma imperpetuum. Reclaramus ut omni tempore habeatis ibidem viam in iusu per ipsa causa que fuera de Leone Pironti cum omnia causa et omnia sua pertinentia sicut proclamat ipsa pred. chartula nostre comparationis quod vobis inde dedimus in ss. ecclesia sancti Petri. per ss. obligata pena.

† Mauro Collog(atto?) t. e.

† Pantaleo f. dom. Guaferii t. e.

† Leo f. dom. Iohanni Sfisinati t. e.

† Ego Sergius clericus geminus et curialis scripsi.

CLXXVII.

1168 — Guglielmo re a. 2 — ind. I — 10 aprile — Atrani.

Iohannes f. dom. Musci f. dom. Leonis f. dom. Iohannis de Mauro de Leone de Pardo com., a richiesta di *dom. Pardus* abbate del monast. dei SS. Quirico e Giulitta, gli dichiara che suo padre permutò con *dom. Landolfus*, *olim* abbate dello stesso monastero, un castagneto sito in Tramonti *a Petra pirtusa*, ricevendone in cambio 24 *pergule* di vigna; e ciò perchè il monastero ha perduto l'istrumento di permuta.

Perg. di Amalfi, n. 136; arch. di S. M. di Font., n. 265; arch. della SS. Trinità, n. 230 — Orig. — Alt. 34 × 17; qualche piccola macchia in alto — Inedita.

† In nomine domini dei salvatoris nostri Iesu christi. anno ab incarnatione eius millesimo centesimo sexagesimo octabo. temporibus domini nostri Guilielmi dei gratia regis Sicilie ducatus Apulie et principatus Capue. et secundo anno regni eius Amalfi. die decima mensis aprelis ind. prima Atrano. Manifestum facio ego Iohannes f. dom. Musci f. dom. Leonis f. dom. Iohannis de Mauro de Leone de Pardo com. vobis domino Pardus domini gratia sacer et monachus atque abbas monasterii sancti

Quirici et Iulicte que constructus et dedicatus est intus hanc civitate Atrano a subtus Monte maiore. quam et a cunta vestra congregatione vestrisque fratribus manentes in ss. monasterio. pro quibus iam sunt anni preteriti quod pred. genitor meus fecit cambium cum dom. Landolfus qui olim abbas fuit ss. monasterio. et ipse pred. genitor meus dedit in cambio a pred. monasterio ipsa petia sua de castanietum quod ipse tando abebat in Tramonti a Petra pirtusa affine de ipsa alia causa de ss. monasterio. et ipse pred. dom. abbas Landolfus dedit inde in cambio a ss. genitori meo ipse pergule viginti quattuor de vinea qui tando terra vacua erat quod pred. monasterius habebat infra ipsa causa nostra da Cabula. et fecerunt exinde tando inter se charte de cambio. iam ipsa charta quod ipse pred. dom. Musco genitor meus fecit exinde a pred. dom. Landolfo abbas perdidistis illa et minime invenire illa potuistis. Unde modo rogastis nos ut comfirmassemus atque assecurassemus in pred. monasterlo ipso ss. cambio. et nos de presentem aquie[sc]imus ipsum rogum vestrum et scribimus et firmamus vobis per hanc chartulam nostri manifesti ut ipsum ss. cambium sia firmum et stabile imperpetuum. et fiat omni tempore in potestate vestra et de vestris posteris successoribus et de ss. monasterio affaciendum et iudicandum exinde omnia quecumque volueritis sine omni nostra et de nostris heredibus contrarietate imperpetuum. Insuper nos et nostri heredes vobis et a vestris posteris successoribus et a ipso ss. monasterio defendere et vindicare illos debeamus omni tempore hab omnibus hominibus. Quod si minime vobis exinde fecerimus auri solidos triginta regales vobis componere promittimus. et hec chartula sit firma imperpetuum. Quod super disturbatum est legitur. Musco genitor meus. et in alio loco legitur. dom. Landolfu abbas.

† Pandulfus f. Pantaleonis t. e.

† Pantaleo f. qd. Sergii Neapolitani t. e.

† Ego Manso f. dom. Iohannis curialis f. dom. Ursi imperialis dissipati scripsi.

CLXXVIII.

1169 — Guglielmo re a. 4 — ind. II — 20 maggio — Amalfi.

I germani Giovanni, Donadio, Amato e Leone, *f. dom. Sergii f. dom. Iohannis f. dom. Sergii qui dicebatur da Tabernata*, si dividono i beni che hanno in comune in Amalfi, *Pigellula, Matizzano, Tabernata, Pustractum.*

Perg. di Amalfi, n. 137; arch. di S. Lorenzo, n. 144; arch. della SS. Trinità, n. 144 (?) — Orig. — Alt. 76 1/2 × 31; rigata e marginata a sin., calligrafica; macchiata e alquanto corrosa in basso — Rip. in parte dal CAMERA, I, p. 350 sg.

† In nomine domini dei salvatoris nostri Iesu christi. anno ab incarnatione eius millesimo centesimo sexagesimo nono. temporibus domini nostri Guili[elmi] dei gratia regis Sicilie ducatus Apulie et principatus Capue. et quarto anno regni eius Amalfi. die vicesima mensis magii ind. secunda A[malfi]. Chartula firma mersis divisionis facta a nobis quidem videlicet Iohanne et Donaddeo et Amato et Leone. toti quattuor veri germani filii dom. Sergii f. dom. Iohannis f. dom. Sergii qui supernomen dicebatur da Tabernata. qualiter per bonam convenientiam dividere et diffinire visi sumus inter nos plena[rie] et integre tote ipse cause nostre quod habuimus in comunem a parte de ipso patrimonio et matrimonio nostro de intus civitate et de foris. quod divisimus illos totum inter nos sicut modo dicimus. Primis omnibus de plenaria tota ipsa domo nostra maiore de hanc terra Amalfi at ipsam Resinam a supra flumen et prope ecclesia sancte Marie de ipsis de Argusse. qualiter sibi est fabricata et ordinata cum plenaria ipsa camminata de intus ipsa porta et cum ipsa necessaria de iuxta se ibidem habentem seu et cum regie et fenestre atque filatoria at filandum et cum omnia hedificia atque pertinentia sua. et salva via sua at sallire et descendere per ipse grade fabrite comunalis a terra et usque at summitatem. cum omnia causa que opus et necessarium fuerit. de istud qualiter superius legitur unde nichil exceptuavimus fecimus inde unam portionem. et tetigit me ss. Iohanne. Seu et de plenarie ambe ipse due camminate que sunt a parte orientis coniuncte cum ipsa pred. casa maiore. qualiter sibi sunt fabricate et or-

dinate cum ipso granario fabrito suo qui est inter unam camminata et alia seu et cum plenaria ipsa coquina et cum ipsa cisterna atque cum regie et fenestre et cum ipso arculillo de foras ipse grade seu et cum omnia hedificia atque pertinentia sua. et salva via sua at sallire et descendere per ipse grade fabrite comunalis a terra et usque at summitatem cum omnia causa que opus et necessarium fuerit. de istud autem qualiter superius legitur unde nichil exceptuavimus fecimus inde aliam unam portionem, et tetigit me ss. Leone. Et ego pred. Leo et mei heredes potestatem habeam exire in ipsum astracum qui est de pred. Iohanne fratri meo de ipsa pred. domo sua maiore pro spandere ibidem panni et grano et filato et pro videre et manducare ibidem sine damno ibidem faciendo per malitia. et similiter ego pred. Iohannes et mei heredes potestatem habeam sallire in ipsa ventora que sunt de ipse pred. camminate de ss. Leone fratri meo et in ipsum ventum suum de pred. coquina sua et de ipsa pred. cisterna sua et de ipsa atria de pred. grade pro spandere ibidem panni et grano et filato et pro videre et manducare ibidem sine damno faciendo per malitia. Iterumque partivimus inter nos plenariam et integram totam ipsam hereditatem nostram de Pigellula at Ortellum positum. et fecimus inde due portionis caput fixum sicut modo dicimus. Unam portionem exinde fecimus a parte orientis at finem causa de ipsis Sirrentini. qualiter sibi est cum casa fabrita solarata et palmentum et labellum et cisterna et coquina et balneo ibidem habentem et cum omnia sua pertinentia et sicut exfinat per ipsi terminis quod ibidem posuimus infra portione et portione. unde nichil exceptuavimus. tetigit me ss. Iohanne. et de quantumcumque michi pertinuerit in ipsa pred. portione mea de ipso andito da pede at cooperiendum desuper ipsa via puplica potestatem habeam cooperire michi illos. Seu et ipsa alia una portione exinde fecimus a parte occidentis at finem causa de dom. Sica f. Leonis de dom. Iohanne. qualiter sibi est cum cammara fabrita solarata et cisterna cum cammara de supra se et coquina et palmentum et labellum coopertum ibidem habentem atque cum omnia sua pertinentia et sicut exfinat per ipsi termini quod ibidem posuimus infra portione et portione. unde nichil exceptuavimus. tetigit me ss. Leone. et de quantumcumque michi pertinuerit in ipsa pred. portione mea de ipso pred. andito da pede at cooperiendum desuper ipsa via puplica potestatem habeam cooperire michi illos. et omni tempore ipsa pred. portio mea de me pred. Leone viam ibidem habeam per ipsa pred. portione de ss. Iohanne fratri meo. cum omnia causa sine damno faciendo per malitiam. Et cum istud iterum partivimus inter nos tota ipsa alia terra nostra de foras de iuxta se a parte orientis de supra Matizzano. et fecimus inde due portionis caput fixum. Unam portionem inde fecimus a parte septemtrionis qualiter descendet da ipsa via puplica et usque iusum at pedem in quantum nostra pertinentia est. qualiter exfinat per ipsi termini et per ipse crucis quod ibidem constituimus da caput usque at pedem. et tuli illos ego pred. Iohannes. Et ipsam aliam unam portionem exinde fecimus a parte meridie qualiter descendet iterum da ipsa pred. via puplica et usque iusum at pedem in quantum nostra pertinentia est. sicut exfinat per ipsi terminis et per ipse crucis quod ibidem constituimus da caput usque at pedem. et tuli illos ego pred. Leo. vie vero ibidem unaqueque portio habeat per causa sua. Similiter et cum istud iterum partivimus inter nos plenarium ipsum castanietum nostrum da Tabernata hoc est de ipso plano. et fecimus exinde due portionis per trabersum at stoccatum et termines de petra infra portione et portione ibidem posuimus. Unam portionem exinde fecimus a parte de supra hoc est a parte occidentis at finem causa de sancto Sebastiano. et tuli illos ego pred. Iohannes. et ipsam aliam unam portionem exinde fecimus a parte de subtus hoc est a parte orientis. et tuli illos ego pred. Leo. et omni tempore ipsa pred. portio de me pred. Leone viam ibidem habeam per ipsa pred. portione de ss. Iohanne fratri meo. cum omnia causa sine damno faciendo per malitiam. Seu et de plenaria et integra tota ipsa alia hereditate de Pigellula at Ortellum que fuera de ipsis Ramari. qualiter sibi est cum casa fabrita solarata et palmentum et labellum et cisterna et coquina ibidem habentem. quantum et qualiter sibi est de fine in finem vinea et castanietum et silva plenum et vacuum cultum vel incultum et montuosum atque petrosum. et qualiter salet da ipsa via puplica da pede plenaria at cooperiendum sibi illam desuper cum vinea et andito. et de uno latere a parte occidentis salet per ipsa lama plenaria et usque susum at caput at ipsa via puplica stabiana et de alio latere a parte orientis salet per finem causa de dom. Sica f. Leonis de dom. Iohanne et per finem de ipsa pred. portione de ss. Iohanne fratri nostro. sicut exfinat per ipsi termini et intraversa de supra ipsa pred. causa de ss. Iohanne fratri nostro et salet inde in susum. cum plenarie tote ipse viterine nostre de foris ipsa portula da Gradillo et usque at bocca de Aqua de Fago. et cum plenario ipso moliniano da Caput de Scanno et usque in quantum nostra pertinentia est. de istud autem qualiter sibi est totum insimul coniunctum et in uno teniente cum omnia sua pertinentia unde nichil exceptuavimus fecimus inde due portionis insimul coniuncte. et tetigit nos ambo ss. germani Donaddeo et Amato. Partivimus iterum inter nos totum illos quod habuimus at Pustractum. et fecimus exinde quattuor portiones sicut modo dicimus. qualiter descendet da caput per amba ipsa cantora a parte meridie de ipsa cammara fabrita in iusum inda parte orientis usque at ipsam crucem et terminem quod posuimus ibidem separatum ab ipso canto de subtus de pred. casa passi cammisali duo et palmi quinque. et iam abinde intraversa et exiet in foras inda parte septemtrionis usque in ipsa via puplica da latus sicut exfinat per ipsi alii terminis et cruces quod ibidem constituimus. de istud autem qualiter superius legitur sicut est plenum et vacuum cum ipsa pred. casa fabrita et palmentum et labellum et cisterna ibidem habentem atque cum omnia sua pertinentia fecimus exinde due portionis insimul coniuncte. et tulimus illos nos ambo ss. germani Donaddeo et Amato. Iam de toto ipso alio quantumcumque exinde ibidem remansit fecimus inde due portionis at stoccatum per trabersum. Unam portionem exinde fecimus a parte de supra. quantum est da ipse crucis quod signavimus per faciem de ipsi monti abinde in susum usque at caput in quantum nostra pertinentia est. sicut exfinat per ipse pred. crucis et termines quod ibidem posuimus. et tetigit me ss. Iohanne. Et ipsam aliam portionem exinde fecimus a parte de subtus quantum est da ipse pred. crucis quod signavimus per faciem de ipsis montis qui sunt per pedem de illos de pred. Iohanne fratri nostro et usque iusum at pede in ipsa via puplica. et qualiter descendet per ipsam finem de illos qui tetigit ss. Donaddeo et Amato per ipse crucis et intraversa per pede de ipsa fine illorum hoc est da ipsa cruce et termine qui est separatum da ipso canto de subtus de pred. casa hoc est ipsum cantum a parte meridie passi duo et palmi quinque. et qualiter vadet abinde rectum in foras inda parte septemtrionis usque in ipsa pred. via puplica. sicut exfinat per ipse crucis et termines quod ibidem posuimus. et tuli illos ego pred. Leo. Et iunximus ibidem in ipsa pred. portione mea de me pred. Leone totam ipsam sepulturam nostram quod habuimus in episcopio sancti Laurentii de Scala. Vie vero ibidem habeat unaqueque portio per causam sua. Iterumque partivimus inter nos in quattuor portionibus tota ipsa castanieta quod habemus de parentorum nostrorum in Tabernata positum. sicut modo dicimus. Primis omnibus de ipso castanieto da la cammara qui est at finem de illos de Amorosa. qualiter sibi est plenum et vacuum cum omnia sua pertinentia fecimus inde due portionis insimul coniuncte. et tulimus illos nos ambo ss. germani Donaddeo et Amato. Seu et de ipso alio castanieto qui est at finem de Donaddeo et Amato et at finem causa de Maio Vicaro qualiter exfinat per ipsi termini sicut est plenum et vacuum cum omnia sua pertinentia. fecimus inde unam portionem. et tuli illos ego pred. Leo. et omni tempore ego pred. Leo et mei heredes viam ibidem habeamus per ipse pred. portionis de pred. Donaddeo et Amato fratribus meis cum omnia causa sine damno faciendo per malitiam. Seu et de ipsa alia petia de castanieto qui est in pede de ipsa pred. portione de pred. Leone hoc est ab ipsa Reiòla in iusum et da ipsi termini qui sunt ibidem inter hoc et illud de pred. Leone. abinde in iusum usque at pedem et ab uno latere est at finem de media lama per finem de illos de pred. Donaddeo et Amato et ab alio latere est at finem causa de sancta Scolastica. quam et cum ipsa alia petia de castanieto qui est at finem de sancto Sebastiano et at finem de illos de Amorosa per media lama unde currit ipso aqua. et cum toto ipso ponticito da pede ibidem coniunctum qui est [at finem] de pred. [Leo]ne fratri nostro sicut exfinat per ipsi terminis. qualiter sibi est totum plenum et vacuum cum omnia sua pertinentia. fecimus [inde unam por]tionem. et tuli illos ego pred. Iohannes. et omni tempore ego pred. Iohannes et mei heredes viam habeamus inda sancti et inda Amalfi per ipse pred. portionis de pred. Donaddeo et Amato fratribus nostris. cum omnia causa sine damno faciendo per malitiam. Et ipsa cammara fabrita que est in ipse pred. portionis de pred. Donaddeo et Amato siat omni tempore comunalis de nobis ss. quattuor germanis at siccandum ibidem ipse castanee. Hec omnia suprascripta nobis divisimus et diffinivimus et nobis exinde apprehensimus qualiter superius legitur et unusquisque de nobis faciat de ipsa sua portione omnia quecumque voluerit. Qui autem de nobis se extornare voluerit perda ipsam portionem suam. et hec chartula mersis unde inter nós ana singule similis fecimus ut superius legitur firma et stabilis permaneat imperpetuum. Reclaramus ut ego pred. Iohannes et mei heredes debeam sallire in ipsa ventora de pred.

portione de pred. Leone fratri meo de hanc terra Amalfi cum scala de ligno. et pred. Leo debeat fabricare ipse regie de ipsa pred. camminata sua et de ipso granaro suo da terra et usque susum at summum. ut equalis sia ipse parietis sine sagittara et pertusum qui est per intus de ipsa pred. casa maiore de pred. Iohanne. et debeat sibi pred. Leo aperire ibidem regia de foras in ipsum parietem de pred. camminate sue qui est at ipse grade. et ipsa pred. via da Pigellula at Ortellum quod debeo dare ego pred. Iohannes at pred. Leone fratri meo siat qualiter intra de subtus ipsa casa et curte de ipsi Sirrentini et intrare in ipsa portione de me pred. Iohanne et descendere per ipse grade qui sunt de [subtu]s ipsa curte qui est [de] subtus ipso buctario et palmento nostro.

† Pantaleo f. dom. Guaferii t. [e.]

† Ego Sergius clericus geminus et curialis scripsi.

CLXXIX.

1169 — Guglielmo re a. 4 — ind. II — 20 giugno — Atrani.

Il prete *Urso f. dom. Iohanni presb. f. qd. Ursi f. Fusci Pisacane* riceve in assegno da *dom. Pardus*, abbate del monastero dei SS. Quirico e Giulitta, le *quinte* che quel monastero ha nelle chiese di S. Maria *da Muru longu* e di S. Maria *de Subtus cripta*, ed i beni ad esse pertinenti, con l'obbligo di officiarvi.

Perg. di Amalfi, n. 138; arch. di S. M. di Font., n. 269; arch. della SS. Trin., n. 232 — Orig. — Alt. 36 × 17; alquanto macchiata — Inedita.

A tergo, in scrittura gotica, si legge: « *De renunciatione facta de eccl. sancte Marie de Subgrutta prope* . . . . . *super mon[te]* . . . . . ».

† In nomine domini dei salvatoris nostri Iesu christi. anno ab incarnatione eius millesimo centesimo sexagesimo nono. temporibus domini nostri Guilielmi dei gratia regis Sicilie ducatus Apulie et principatus Capue. et quarto anno regni eius Amalfi.

die vicesima mense iunio ind. secunda Atrano. Ego quidem Urso presb. f. dom. Iohanni presb. f. qd. Ursi [f.] Fusci Pisacane. a presenti die promtissima voluntate scribere et firmare vi[sus] sum vobis dom. Pardus dei gratia sacer et monachus atque abbas monasterii sancti [Quirici] et Iulicte que construc[tus et] dedicatus est intus hanc civitate Atrano a sub[tus] Monte maiore. et cunta vestra congregatione. hanc chartulam similis de illa quod vos nobis scribere fecistis. pro quibus dedistis et assignastis nobis idest ipse quinte quam pred. monasterius habet a parte de dom. Pantaleone Oblagita f. dom. Mansoni presb. in ecclesia sancte Marie da Muru longu et in sancta Maria de Subtus cripta. sicut sibi est ipse pred. quinte quam pred. monasterius habet in ambe ss. ecclesie fabricate et ordinate cum cellis et sepulturis et codicibus et paramentibus suis nec non et cum hereditatibus et castanietis et terris et ortis campis et silvis domesticum et salvaticum quam et cum omni circulo suo et cum omnibus sibi habentibus et pertinentibus. unde nichil nobis exinde exeptuastis. In eam enim rationem ut post obitum de ss. dom. Iohanni presb. genitori nostro et usque a obitum meum ipse ss. quinte de ambe ss. ecclesie et de omnia eorum pertinentia in nostra sit potestate a dominandum et frugiandum atque officiandum et nichil exinde minuandum. et in ambe ss. ecclesie servitium et officium faciamus vel facere faciamus die noctuque sicut pertinet assacerdote. et ipse eius hereditatibus et castanietis bene laborare et cultare faciamus ut non perea set Domino auxilian[te] proficiant et acrescant ut laudabile sia. et non abeatis licentia vel potestate no[bis] ibidem supermittere vel ordinare nullum alium presbiterum vel diaconum aut subdiaconum sive clericum aut monachum nec laycus nec nulla alia humana persona cuntis diebus vite mee per nulla occasione. et neque habeatis licentia vel potestate nos exinde commovere vel deiactare neque nulla virtute vel invasione nobis ibidem facere neque facere faciatis. set vindicetis nobis illos hab omnibus hominibus. Solummodo dare exinde debeamus vobis et a vestri posteris successoribus pro benedictione per omne annum usque a obitum meum ciria duá de nativitas Domini et alia ciria dua de pasca resurrectio Domini. Post denique obitum meum de me pred. Urso presb. ipse ss. quinte de ambe ss. ecclesie et de omnia eorum pertinentia a vestra et de vestris posteris et de pred. monasterio pervenia potestate sine omni minuytate. Quod si minime vobis exinde fecerimus auri solidos triginta regales vobis componere promittimus. et hec chartula sit firma permanea (*sic*).

† Iohannes choropalatus f. qd. Musci t. e.

† Sergius f. dom. Iohannis t. e.

† Ego Manso f. dom. Iohannis curialis f. dom. Ursi imperialis dissipati scripsi.

CLXXX.

1169 — Guglielmo re a. 4 — ind. III — 10 ottobre — Amalfi.

Cesarius diac. et abbas f. dom. Gregorii Brancatii, di Napoli, *Iohannes iudex f. dom. Sergii Neapolitani*, e *Manso f. dom. Iohannis Capuani*, quali esecutori testamentari di *dom. Aloara f. dom. Iohannis de com. Urso*, vendono a *Bernaldo f. dom. Constantini iudicis f. . . . . de com. Urso* ed a sua moglie *Purpura f. dom. Mauri f. dom. Mauri angularii*, i beni che essa Aloara aveva in *Plagiano*, *at Argillurum*, per 143 soldi d'oro di tarì.

Perg. di Amalfi, n. 139; arch. di S. Lor., n. 145; arch. della SS. Trinità, n. 668 — Orig. — Alt. 65 1/2 × 28 1/2 — 24; rigata e marginata, calligrafica, elegante; deleta e leggermente corrosa in alto e sul marg. destro — Inedita.

† In nomine domini dei salvatoris nostri Iesu christi. anno ab incarnatione eius millesimo centesimo sexagesimo nono. temporibus domini nostri Guilielmi dei gratia regis Sicilie ducatus Apulie et principatus Capue. et quarto anno regni eius Amalfi. die decima mensis octubris ind. tertia Amalfi. Nos quidem Cesarius diaconus et abbas f. dom. Gregorii Brancatii de civitate Neapoli. et Iohannes iudex f. dom. Sergii Neapolitani. et Manso f. dom. Iohannis Capuani. qui sumus distributores per testamentum de dom. Aloara f. dom. Iohannis de com. Urso. a presenti die promtissima voluntate venundedimus et tradidimus vobis Bernaldo f. dom. Constantini iudicis f. . . . . de com. Urso. et dom. Purpura ambo iugalis filia dom. Mauri f. dom. Mau-

ri angularii. id[est plena]riam et integram totam ipsam hereditatem que fuerat de ss. dom. Aloara quam habuit ex parentorum suorum in Plagiano positum loco nominato at Argillurum. sicut est plenum et vacuum cum casa fabrita que est buctarium et palmentum et lavellum coopertum et cisterna ibidem habentem atque cum omnia sibi infra se habentibus et pertinentibus. et quante chartule exinde habuimus dedimus vobis ille. et firmamus vobis ut forsitan quia per aliquando tempore qualibetcumque alia chartula exinde paruerit vel inventa dederit que ibidem pertineat tunc nos et nostri heredes mittere illas debeamus subtus vobis et vestris heredibus sine vestra damnietate vel amaricatione. set ipsum pred. testamentum de ss. dom. Aloara cuius nos distributores sumus non potuimus vobis illum dare pro multa alia capitula que in eo continet. set firmamus vobis ut si per quolibet temp[ore] sive vobis vel at vestris heredibus necesse fuerit ipsum pred. testamentum tunc per omnem vicem [nos] et heredes nostri excutere et mostrare vobis illum debeamus omni tempore ante legem sine omni occasione vel amaricatione. et post finem factam at nostram et de nostris heredibus perveniat potestatem. at mostrandum vobis illum et at vestris heredibus omni tempore ante legem qualiter superius legitur. Unde reclaramus vobis exinde ipse finis seu pertinentie qualiter et quomodo illos vos et vestri heredes habere et possidere seu dominare atque frugiare debeatis. a supra namque ponitur fini ipsa via puplica plenaria vestra at cooperiendum illam desuper cum vinea et andito. de subtus itaque ponitur fini finem causa de heredibus dom. Iohannis de com. Urso per ipsa macerina plenaria vestra et qualiter exfinat per ipsi termini qui ibidem positi sunt a subtus ipsa pred. macerina vestra. de uno latere ponitur a parte occidentis salet da pede per finem causa de ipsis da Balba illos qui fuerat de ipsis Bonibassi. et iam intraversat et faciet ibidem angulum at pedem per finem illorum et exiet usque in medio ipso pitinio. set in quantum continet ipse pred. angulus potestatem habeatis figere ipse furke vestre a subtus ipsa pred. macerina vestra per finem causa de ipsis pred. da Balba. et deinde revolvet et salet in susum per finem de ipso pred. medio pitinio usque at caput at ipsa pred. via puplica. et de alio latere ponitur a parte orientis fini finem causa de heredibus dom. Pardi de com. Urso veritii vestri. cum salva via sua ibidem ingrediendi et egrediendi cum omnia causa que vobis et at vestris heredibus opus et necessarium fuerit.

verumtamen si aliquis exinde viam per legem habuerit non illos exinde contretis. Unde nobis exinde nichil remansit vel aliquid vobis exinde exceptuavimus. quia plenariam et integram totam ipsam pred. hereditatem quantum et qualiter ipse ss. finis concluditur plenum atque vacuum cum ipse pred. fabricis ibidem habentem atque cum omnia sibi infra se habentibus et pertinentibus totum vobis illos modo venundedimus et tradidimus sine omni minuitate sicut superius legitur. Unde et in presenti exinde accepimus a vobis plenariam nostram sanationem idest auri solidos centum quadraginta tres de tari boni de Amalfi de unciis quinque de auro et quinque de argento ana tari quattuor per solidum sicut inter nos bone voluntatis convenit. quos expedimus et pargiavimus et fecimus exinde qualiter et quomodo disposuit et iudicavit ss. dom. Aloara per ipsum pred. suum testamentum in omni deliberatione et in omni decisitione. Ut amodo et semper siat proprium vestrum et in potestate vestra et de vestris heredibus habendi fruendi possidendi vindendi donandi seu comutandi et at faciendum et iudicandum exinde omnia quecumque volueritis sine omni nostra et de nostris heredibus contrarietate vel requesitione imperpetuum. Insuper nos et nostri heredes vobis et at vestris heredibus illos antestare et defensare atque vindicare debeamus omni tempore ab omnibus hominibus. Quod si minime vobis exinde fecerimus et omnia ut superius legitur non atimpleverimus componere promittimus nos et nostri heredes vobis et at vestris heredibus dupplo ss. pretio. et hec chartula sit firma imperpetuum.

† Iohannes f. dom. Sergii Agustarizzi t. e.
† Pantaleo f. dom. Guaferii t. e.
† Pandolfus f. dom. Muski t. e.
† Ego Sergius clericus geminus et curialis scripsi.

CLXXXI.

1171 — Guglielmo re a. 5. — ind. IV — 3 maggio — Atrani.

I germani Sergio, Orso e Pietro, *f. Leonis f. Iohannis da la Parruczula*, rendono a *dom. Pardo*, abbate del monast. dei SS. Quirico e Giulitta, il possesso di una terra di esso monastero *in loco Làuri*, che il loro avo Giovanni aveva presa a pastinato da *dom. Roggerio imperialis protonobilissimo de com. Maurone,* antico proprietario di quella terra.

Perg. di Amalfi, n. 140; arch. di S. M. di Font., n. 271; arch. della SS. Trin., n. 891 — Orig — Taglio irregolare curvo nel marg. inf.: alt. mass. 26 × 23 — Inedita.

A tergo, in scrittura amalfitana, si legge: « *Manifestum de ipsum Carambone quod fecit filii Leonis da la Parruzzula* ». E più giù, in scrittura gotica: « *Instrum. de tota ipsa terra que dicitur lo Carambone sita in Tramonti ubi dicitur Lauri. modo vero est castanietum per has fines videlicet . . .* ».

† In nomine domini dei salvatoris nostri Iesu christi. anno ab incarnatione eius millesimo centesimo septuagesimo primo. temporibus domini nostri Guilielmi dei gratia regis Sicilie ducatus Apulie et principatus Capue. et quinto anno regni eius Amalfi. die tertia mensis magii ind. quarta Atrano. Manifestum facimus nos Ser(gio) et Urso et Petri. toti tres veri germanis. f. Leonis f. Iohannis da la Parruczzula. vobis dom. Pardo domini gratia sacer et abbas monasterii sancti Quirici et Iulicte que constructus est intus hanc civitate Atrano. quam et a cunta vestra congregatione vestrisque fratribus manentes in pred. monasterio. pro quibus iam sunt preteriti anni quod dom. Roggerio imperialis protonobilissimo de com. Maurone abuit assignatum atque incartatum per chartulam incartationis a ss. Iohanne abio nostro tota ipsa terra sua da ipsum Carambone. qui de antea vinea fuit et modo est castanietum cappilatum. qui est in loco proprio Lauri et est modo causa propria de ss. monasterio. Modo vero per bonam comvenientia quam inter nos et vos abuimus remisimus et assecuravimus vobis tota ss. causa quantumcumque incartatum abuit ss. abio nostro. in eam rationem

ut ab odierna die et imperpetuis temporibus fiat in potestate vestra et de vestris posteris et de pred. monasterio affaciendum et iudicandum vobis exinde omnia quecumque volueritis sine omni contrarietate nostra et de nostris heredibus imperpetuum. et ipsa ss. chartula incartationis perdedimus illa et non potemus illa invenire quia nescimus quod facta est. set firmamus vobis ut ab odierna die fiat ructa et vacua et nulla in se habea firmitate. et si inventa fuerit nos et nostri heredes mittere illa debeamus subtus potestate vestra et de vestris posteris et de pred. monastério sine omni vestra damnietate vel amaricatione quia sic nobis stetit. Quod si minime vobis exinde fecerimus auri solidos decem regales vobis componere promittimus. et hec chartula sit firma imperpetuum.

† Alfanus f. dom. Pantaleo com. Mauronis t. e.

† Iohannes choropalatus f. qd. Musci t. e.

† Ego Manso f. dom. Iohannis curialis f. dom. Ursi imperialis dissipati scripsi.

CLXXXII.

1172 — Guglielmo re a. 6 — ind. V — 22 gennaio — Amalfi.

Urso f. qd. Ursi Bininoli e sua moglie *Gemma f. Palumbi Vespuli*, anche in nome dei rispettivi germani e cognati Giovanni e Sergio, assenti, col consenso di *dom. Marino presb. f. qd. dom. Marini Gamardella* e del loro zio *Muscho Bininolo*, esecutori testamentari della rispettiva madre e suocera Gemma, vendono a *dom. . . . . f. dom. Iohannis f. dom. Petri Castallomata*, un castagneto sito a *Pustractu*, per 20 soldi d'oro di tarì.

Perg. di Amalfi, n. 141; arch. di S. Lor., n. 149; arch. della SS. Trin., n. 1126 — Orig. — Alt. 48 × 29 1/2; rigata e marginata; macchiata e deleta in vari punti — Inedita.

A tergo si legge una breve *notitia* del documento.

† In nomine domini dei salvatoris nostri Iesu christi. anno ab incarnatione eius millesimo centesimo septuagesimo secundo.

temporibus domini nostri Guilielmi dei gratia regis Sicilie du[catus] Apulie et principatus Capue. et sexto anno regni eius Amalfi. [die v]icesima secunda mensis ianuarii [ind.] quinta Amalfi. Certi sumus nos Urso f. qd. Ursi Bininoli [et Ge]mma ambo videlicet iugalis filia Palumbi Vespuli. et quindeniamus istut pro parte de Iohanne et Sergio (1) ver[os ger]manos et cognatos nostros qui non est modo in ist[a ter]ra propter quod est de foris. quam et per consensum de dom. Marino presb. f. qd. dom. Marini qui postmodum presbiter factus est Gamardella et de Muscho Bininolo vero tio nostro. qui sunt distributores de Gemma genitrice et socera nostra per suum testamentum. nam et nobis ss. Marino presb. et pred. Muscho hec chartula certissime placet. a presenti die promtissima voluntate venundedimus et tradidimus vobis dom. . . . f. dom. Iohannis f. dom. Petri Castallomata. idest plenariam et integram petiam un[am de te]rra nostra [quam et cas]tanietum [et si]lba uno teniente. quod habe[mus at] Pustracu positum. sicut est plenum et vacuum que nobis obbenit ex parte genitoribus nostris. et at illis obbenit per chartulam co[mparationis] et per chartulam mersis qualiter divisit cum dom. Constantino f. qd. dom. Iohannis Pillizza et cum. dom. Anna ambo iugalis filia dom. Mansonis Strina. et ipse chartule quas nos exinde habuimus dedimus vobis ille quam et ipsa ss. merse. et firmamus vobis ut si alia chartula exinde paruerit vel inventa dederit nos et nostri heredes mittere illas debeamus subtus vobis et vestris heredibus sine omni vestra damnietate vel ama[ricatione]. Et reclaramus vobis exinde ipse finis seu pertinentia qualiter et quomodo vos et heredes vestri illos dominare et frugiare debeatis. a supra nanque ponitur de suptus ipsa macerina de ipsa curte de ante ipsa domo de pred. dom. Constantino Pillizza qualiter vadit et sicut demostrat ipsis terminis et ipse crucis quod ibidem sunt battite in ipso monte. et qualiter salet per ipsi terminis et crucis qui sunt signate in susu usque in ipso pestello qui est per finem causa [de dom.] Bernaldo de com. Urso. et qualiter descendit abinde per media lama qui est at finem de ipso pred. [casta]nieto iam vestro a parte septemtrionis. qualiter descendet usque at pedem et iam intraversa per ipso cilio plenario vestro et salet per finem inda parte meridie per finem de causa dom. Mathei Gattula et expedicatam finem eius iterum salet per fi[nem de c]ausa dom. Pan-

(1) Il nome *Sergio*, come nota in fine lo stesso curiale, è interlineare.

taleonis Manugrassa. sicut ex omni parte ipsi terminis exfinat. cum salb[a vi]a sua per ipsa plazza et per ipsa causa de pred. dom. Constantino ibidem ingrediendo et egrediendum cum omnia causa [quod vobis] et vestris heredibus opus et necessarium fuerit sine damno faciendo per malitiam. et sicut proclamat ipsa ss. m[ersis quam vobis de]dimus modo. Unde nobis exinde nichil remansit vel aliquid vobis exinde exeptuavimus quia [omnia suprascripta ad v]os modo venundedimus et tradidimus sine omni minuitate per omnia at transactum sicut per omnia superius [legitur]. Unde accepimus exinde a vobis plenariam nostram sanationem idest auri solidos viginti de tari boni de Amalfi de uncie quinque de auro et quinque de argento ana tari quattuor per solidum sicut inter nos bone voluntatis convenit in omni deliberatione et in omni decisitione. Ut amodo et semper siat totum proprium vestrum et in potestate vestra et de vestris heredibus habendi fruendi possidendi vindendi donandi comutandi et at faciendum ed iudicandum exinde omnia quodcumque volueritis sine omni nostra et de nostris heredibus contrarietate vel requesitione imperpetuum. Insuper nos et nostri heredes vobis et at vestris heredibus illos totum antestare et defendere promittimus omni tempore ab omnibus hominibus. Quod si minime vobis exinde fecerimus et omnia ut superius legitur non atinpleverimus componere promittimus nos et nostri heredes vobis et at vestris heredibus auri solidos quinquaginta regales. et hec chartula sit firma imperpetuum. Et reclaramus quod isti ss. solidi viginti quos nobis exinde dedistis dedimus et tradidimus a[tque] persolvimus toti ipsi at Iohanne vero cognato nostro f. Contardi de Nuceria et at Anna eius iugalis vera germana nostra filia ss. Ursi genitoris nostri. Quod superius legitur inter virgululum (*sic*) et virgulum. Sergio.

† Pantaleo f. dom. Guaferii t. e.

† Mauro f. dom. Iohanni f. dom. Mansonis t. e.

† Pandolfus f. dom. Muski t. e.

† Ego Lupinus presb. et curialis f. qd. Iohannis scripsi.

CLXXXIII.

1172 — Guglielmo re a. 6 — ind. V — aprile — (Salerno).

Marinus f. qd. Constantini f. Aliberti com. trasferisce ai germani *Iohanni iudici et Pantaleoni f. qd. Sergii f. Iohannis Neapolitani*, riceventi anche in nome dell' altro loro germano Sergio, il possesso della metà di alcune terre site *in Iudayca* della città di Salerno, col patto che essi vi debbano spendere 100 once d' oro di tareni di Sicilia per edificarvi case ed un fondaco, di cui la metà debba tornare in possesso di esso Marino.

Perg. di Amalfi, n. 142; arch. di S. Lor., n. 150; arch. della SS. Trin., n. 533 — Orig. — Scritta per largo; taglio irregolare nel marg. inf.: alt. mass. 33 × largh. 84 — Scrittura longobarda salernitana — Inedita.

A tergo è scritto un transunto del documento

† In nomine domini dei eterni et salvatoris nostri Iesu christi. anno ab incarnatione eius millesimo centesimo septuagesimo secundo. et sexto anno regni domini nostri Guilielmi Sicilie et Ytalie gloriosissimi regis. mense aprelis quinta indictione. Ante me Iohannem iudicem. Marinus f. qd. Constantini qui fuit filius Aliberti comitis. coniunctus etiam cum Iohanne iudice ducatus Amalfie et Pantaleone germanus f. qd. Sergii qui fuit filius Iohannis Neapolitani. ipsi tamen germani pro parte eorum et Sergii germani eorum filii qd. ss. Sergii. Et sicut ipsi Marino placuit sponte per con(venientiam) per hanc cartulam tradidit ipsis Iohanni iudici et Pantaleoni pro parte eorum et ss. Sergii germani eorum integram medietatem de terris cum casis ligneis solaratis et de aliis terris inter quas anditus duo. quas omnes ipse Marinus sibi pertinere dixit intra hanc Salernitanam civitatem inter murum et muricinum in Iudayca istius civitatis. quas dixerunt esse per fines et men(suras) iusto pede manus hominis mensuratas. a parte septemtrionis finis platea que per ipsam Iudaycam ducit. in qua scale lignee et desuper minianea

earundem casarum posita et constructa esse videntur. et per ipsam plateam transgreditur per ipsum anditum mensurati pedes quinquaginta unus et planta cum police. incipiendo mensurari ab occidentali septemtrionali cantone diffusorii quod ipse Marinus sibi pertinere dixit eundo in partem occi(dentis) usque strectulam. ab ipsa parte occidentis fini medi(ante) ipsa strectula et pedes quadraginta unus et medium. qualiter vadit usque murum qui discendit ab aliis terris cum casis fabritis solaratis et partim dirutis cum scalis fabritis quas ipse Marinus sibi et Marocte uxori. sue et filiis eorum pertinere dixit. a parte meridie fini medi(ante) [ipsa] . . . quem anditum ducere videtur et in altum per ipsum anditum transgredien(do) ipsum anditum quod inter ipsas terras ducit mensurati pedes alii quinquaginta unus incipiendo mensurari ab ipsa strectula eundo in orientem usque ipsum diffusorium. ab ipsa parte orientis finis ipso diffusorio quod fluere et discurrere videtur per foramen in ipso muro factum usque mare. et per ipsum diffusorium mensurati pedes triginta octo [ad ipso] muro usque ipsam plateam primo fine. Quod videlicet diffusorium dicitur esse de latitudine per partem septemtrionis iuxta ipsam plateam pedum trium minus unciis duabus et per partem meridie iuxta ipsum murum pedum trium. Et ipsum anditum quod ut dictum est ducit inter ipsas terras. ducit ab ipsa platea usque mare per portellam in ipso muro constructam. quod dixerunt esse ab ipsa portella in supra in omni loco pedum quinque. Et ipsam strectulam dixerunt esse de latitudine in parte septemtrionis iuxta ipsam plateam pedum trium et in parte meridie iuxta ipsum murum pedum duorum et tertie partis unius pedis. Necnon ipse Marinus per con(venientiam) per hanc eandem cartulam tradidit ipsi Iohanni iudici et pred. Pantaleoni germano suo pro parte eorum et ss. Sergii germani eorum integram medietatem de omnibus ss. terris et casis fabritis solaratis et dirutis cum scalis fabritis. que et qualiter ipsi Marino et pred. Marocte uxori sue et filiis eorum tum titulo traditionis a Iohanne sirrintino qui dicitur de Domina Mira f. qd. Iohannis sirrintini facte tum quibuscumque aliis modis quolibet modo pertinent. Quas a parte septemtrionis ad ipsum murum et a parte orientis ad ipsum anditum quo per ipsam portellam exitur coniunctas esse dixerunt. et illud totum ipse Marinus eidem Iohanni iudici et pred. Pantaleoni germano suo pro parte eorum et ss. Sergii germani eorum ut dictum est tradidit. cum omnibus que intra illud sunt cunctisque suis pertinentiis et cum vice de ss. platea et anditis et de aliis anditis et viis suis et cum medietate ipsius diffusorii et cum simili portione de muni(mini)bus exinde continentibus. Ea ratione ut integra ipsa traditio qualiter super legitur semper sit in potestate ipsorum germanorum et heredum omnium eorum. et ipsi germani et heredes omnium eorum licentiam habeant de eadem traditione in subsequenti tenore facere quod voluerint. Tantum ipsi germani et eorum heredes amodo usque duos annos completos in fabricandis et costruendis casis cum fundico in pred. terris que sunt ab ipso muro in supra usque ipsam plateam de eorum proprio centum uncias auri tarenorum monete Sicilie expendere debent. Quibus expensis si pred. Marino eiusque heredibus abinde in antea usque sex menses in pred. terris amplius edificare et construere placuerit et etiam quod dirutum est de ss. terris cum casis fabritis solaratis rehedificare. tunc comunibus expensis omnium ipsorum germanorum et pred. Marini et heredum omnium eorum totum illud proficiatur et rehedificetur iusta ratione. Quarum expensarum medietas ipsos germanos et eorum heredes et altera medietas ipsum Marinum et eius heredes respicere debet. Quibus omnibus ut dictum est constructis et redificatis integra medietas ex eis sit in potestate ipsorum germanorum et heredum eorum. et reliqua medietas sit in potestate ipsius Marini et heredum eius facien(dum) quod volue(rint). quia sic inter eos stetit. Unde per convenientiam ipse Marinus guadiam ipsi Iohanni iudici et pred. Pantaleoni pro parte eorum et ss. Sergii germani eorum dedit. et fideiussorem eis pro eorum et illius parte posuit semetipsum. Et per ipsam guadiam ipse Marinus obligavit se et suos heredes semper defendere ipsis germanis et illorum omnium heredibus integram ipsam tradi(tionem) in ss. ratione ab omnibus hominibus. et tribuit licentiam ut quando omnes ipsi germani et eorum heredes voluerint potestatem habeant ipsam traditionem in ss. ratione pro se defendere qualiter voluerint cum omnibus muniminibus et rationibus quas de ea ostenderint. Et si sicut superius scriptum est ipse Marinus et eius heredes non adimpleverint et suprascripta vel ex eis quicquam removere aut contradicere presumpserint per ipsam guadiam obligavit se et suos heredes componere ipsis germanis et illorum omnium heredibus ducentos auri solidos regales et sicut suprascriptum est adimplere. Preterea et Iohannes f. qd. Iohannis qui fuit germanus ss. Marini in meam accedens presentiam omnia que ss.

Marinus patruus eius gessit rati habitionem confirmans obligavit se et suos heredes si suprascripta vel ex eis quicquam removere aut contradicere presumpserint componere omnibus ipsis germanis eorumque heredibus ducentos auri solidos regales. et suprascripta semper firma permane(ant). Et hoc recolo quoniam quedam edificia de ss. casis ligneis constructa esse videntur super ipsum anditum iuxta ipsam portellam. Quod autem superius disturbatum est legitur. muro quo. Et taliter tibi Petro not. et advocato scribere precepi.

† Ego q. s. Iohannes iudex.

CLXXXIV.

1172 -- Guglielmo re a. 7 — (ind. V) — 29 maggio — Amalfi.

Iohannes f. qd. Leonis Pappa prende in locazione da *dom. Pardo*, abbate del monast. di S. Quirico, le *tertie* (4 mesi per anno) che quel monastero ha sul molino *at ipsa Pumice*, per lo spazio di 12 anni, sotto annuo *mansionatico* di 7 tarì.

Perg. di Amalfi, n. 143; arch. di S. M. di Font., n. 272; arch. della SS. Trin., n. 984 — Orig. — Taglio trapezoidale; alt. 20 × 25 1/2 — 16; deleta e lievemente corrosa in qualche parte — Inedita.

A tergo, in scrittura gotica, si legge: « *Millesimo centesimo septuagesimo secundo. hic continetur qualiter monast. sancte Marie de dominabus Amalfie habet menses quatuor in mola aquaria sita foris porta Amalfie prope eccl. sancte Marie de Pumice* ». E in seguito: « *Locatio facta per abbatem ipsius monasterii ut infra continetur anno domini M. CCCCXVI die II iunii IX ind. facta est locatio Nicolao Gambie. . . . .* »

† In nomine domini dei salvatoris nostri Iesu christi. anno ab incarnatione eius millesi[mo cen]tesimo septuagesimo secundo. temporibus domini nostri Guilielmi dei gratia regis Sicilie ducatus Apulie et principatus Capue. et septimo anno regni eius Amalfi. die vicesima nona mensis magii [ind. quinta] Amalfi. Manifestum facio ego Iohannes f. qd. Leonis Pappa. vobis dom. Pardo gratia dei sacer et monacho atque abbas monasterii sancti Quiri[ci a] supra Atrano. et at cuncta vestra congregatione ss.

monasterii. propter quod convenimus vobiscum modo presente et dedistis atque atsignastis nobis inclite ipse tertie vestre qui sunt menses quattuor [per annum] quod habetis a parte de pred. monasterio in ipsa mola aquaria foris porta istius civitatis at ipsa Pumice de supra ecclesia s[ancte] Marie da Flu[mine.] qualiter sibi est cum via sua et omnia eius pertinentia. unde nichil nobis exinde [exept]uastis. In ea videlicet ratione ut amodo et usque at completis annis duodecim debeamus habere et tenere ipse pred. tertie vestre de pred. [mola] at macinandum et at faciendum ibidem omne ser[vitium] qui nobis opus et necessarium fuerit. et quodcumque ibidem laboramus et acquirimus proprium nostrum siat sine omni minuitate. solummodo dare et pargiare exinde debeamus vobis vel at vestris posteris mansionatico per omnem unum annum hoc est in vigilia sancti Martini de mense nobembrio auri tari septem boni de Amalfi sine omni querela et occasione. et iterum debeamus vobis macinare pro opu[s] de pred. monasterio sine pargiatura sicut facere solemus. Et ho[c cla]re dicimus quia ipso mansionatico de istis duobus annis venturis hoc est de isto primo anno et de ipso alio secundo anno proximo venturo dedimus et pargiavimus vobis illos modo presente. et vos exinde fecistis hutilitatem de pred. monasterio. et a[nte] ss. annis duodecim non habeatis potestate nos exinde comovere vel deiactare neque nullam virtutem vel inbasione nobis ibidem facere neque facere faciatis. set vindicetis nobis eos ab omnibus hominibus. Complente vero ipsi ss. duodecim annis tunc ipse ss. tertie vestre de pred. mola hoc est ipsi ss. menses quattuor qui exinde in ss. monasterio pertinuerit per annum in vestra et de vestris posteris de pred. monasterio perveniat potestate sine omni contrarietate vel amaricatione. Et qui de nobis et vobis aliquid de ss. placito et convenientiam ut superius legitur minuare vel extornare voluerit componat pars infidelis at partem que firma steterit auri solidos decem regales. et hec chartula sit firma. Et hoc melius reclaramus quia ipse mole et fuso et sternimento et trimodia et ferramenta de pred. mola sunt tota propria libera nostra de me ss. Iohannes Pappa.

† Mastalus dom. Tauri filius t. e.

† Leo f. dom. Iohanni Sfisinati t. e.

† Marinus f. Sergii de lu Iudice t. e.

† Ego Constantinus curialis f. dom. Leonis Ramarii scripsi.

CLXXXV.

1172 — Guglielmo re a. 7 — ind. V — 25 giugno — Amalfi.

Leo f. qd. dom. Sergii da Tabernata fa il suo testamento, disponendo delle sue sostanze in *Pigellula* ed altrove.

Perg di Amalfi, n. 144; arch. di S. Lor., n. 151; arch. della SS. Trin., n. 795 — Orig. — Alt. 42 1/2 × 28; rigata e marginata, calligrafica — Inedita.

† In nomine domini dei salvatoris nostri Iesu christi. anno ab incarnatione eius millesimo centesimo septuagesimo secundo. temporibus domini nostri Guilielmi dei gratia regis Sicilie ducatus Apulie et principatus Capue. et septimo anno regni eius Amalfi. die vicesima quinta mensis iunii ind. quinta Amalfi. Chartula firma testamenti facta a me quidem videlicet Leo f. qd. dom. Sergii da Tabernata. pro quibus quod cecidi in maiorem infirmitatem et cotidie magis me expecto morire quam vivere. proinde vocare feci ante me ipsum scriba curialem cum aliis bonis hominibus. et coram eis volo disponere et ordinare animam meam et omnes faccultates meas qualiter post meam defunctionem se exinde facere debeat. Primis volo et firmiter dispono ut post obitum meum ut ipsi meis distributores quos in hoc meum testamentum constituo debeant vindere ipsam inclitam totam hereditatem meam quantum et qualiter me tetigit in Pigellula iuxta ipso qui est de Iohanne germano meo: sicut est totum plenum et vacuum sicut per omni ordine et ratione continet ipsam mersem. quam et cum tote ipse camminate de hanc terra Amalfi qualiter et quomodo proclamat ipsa ss. merse quod nobis toti quattuor germanis ana singule similis fecimus. et iam totum ipsum pretium quod exinde se tulerit debeant ipsi distributores mei expendere et distribuere illos pro anima mea qualiter ego hic inferius illos iudicabo. Volo enim et clare dico ut de ipso ss. pretio retdantur se exinde totum ipsum debitum quod ego debeo at ipsis creditoribus meis et in primis omnibus dentur se pro decima at domino archiepiscopo sancti Andree apostoli pro decima et pro aliis rebus quod est pro ipsa sepultura et pro cerostatis et turibulis auri solidos decem. et in ipsa fraternitate de Amalfi alios solidos quadraginta. et pro cera et

cilicio et ubicumque necesse fuerit in die depositionis mee ut melius mitigare possunt et qualiter illis melius Dominus auxiliaverit. et dentur se at dom. Pascha vera germana mea uxor quidem dom. Mauri Ferula unciam unam de tari. et similiter dentur se at Sergium verum nepotem meum quod fecit Amatus verus germanus meus mediam unciam de tari. et si bona vult facere chartula allibertationis at ipsis germanis meis de ipsum infantem quod fecit in domo mea dentur ei unciam unam de tari et toti ipsi panni mei da iacere. et iam quodcumque exinde remanet de ipsi ss. solidi quod tulerint se de ipsa pred. vinea da Pigellola sia in manibus et in potestate de ipsis pred. meis distributoribus at dandum et distribuendum ubi melius providerit pro anima mea et sit in Deo et in anime illorum. Iterum volo et firmiter dispono ut iam totum quantum et qualiter habeo omnia cum omnibus plenarie et integre tote ipse hereditatibus mee et castanieta plenum atque vacuum cultum vel incultum domesticum et salvaticum in planis et in montibus de intus civitate et de foris civitate ubicumque inde paruerit vel inventa dederit que michi pertinea vel pertinere videatur de patrimonio aut matrimonio undecumque vel quomodocumque. exepto illut quod totum superius dispositum et iudicatum habeo et ipsa sepultura quod habeo data et tradita atque donata at dom. Leo exadelfo germano meo f. dom. Constantini Compaleone sia proprium liberum et absolutum in manibus et in potestate de Amato et de Donaddeo veris germanis meis at faciendum et iudicandum exinde omnia quodcumque voluerint et sine contrarietate de omni humana persona. et sicut per omni ordine et ratione continet ipsa merse sic illos totum habere et dominare et frugiare debeant qualiter per omni ordine et ratione illos proclama ipsa ss. mersis. Volo enim et rogo ut in omnia et in omnibus siant michi distributores dom. Urso f. qd. dom. Iohannis Castallomata et ss. Amatus verus germanus meus at complendum et ordinandum et at faciendum omnia qualiter et quomodo per omni ordine et ratione superius legitur sicut dispositum et iudicatum habeo. Et qui hoc meum testamentum rumpere vel disturbare voluerit habea personam illam anathema et maledictionem a patre et filio et spiritui sancto et partem habea cum Iuda traditore domini nostri Iesu christi et componat auri solidos centum regales. et hec chartula sit firma imperpetuum. Quod superius disturbatum est legitur. iuxta ipso qui est de Iohanne germano meo.

† Marinus f. Sergii de lu Iudice t. e.
† Mauro f. dom. Iohanni f. dom. Mansonis t. e.
† Manso f. dom. Iohannis Capuani t. e.
† Ego Lupinus presb. et curialis f. qd. Iohannis scripsi.

CLXXXVI.

1174 — Guglielmo re a. 8 — ind. VII — 3 gennaio — Atrani.

Leo f. Sergii da Lapora prende a pastinato da *dom. Pardus*, abbate del monast. dei SS. Quirico e Giulitta, una vigna e due *petiole* di castagneto site in Tramonti, *at Cabula.*

Perg. di Amalfi, n 145: arch. di S. M. di Font., n. 273; arch. della SS. Trin., n. 1099 — Orig. — Alt. 37 × 27 1|2: macchiata in qualche punto — Inedita.

† In nomine domini dei salvatoris nostri Iesu christi. anno ab incarnatione eius millesimo centesimo septuagesimo quarto. temporibus domini nostri Guilielmi dei gratia regis Sicilie ducatus Apulie et principatus Capue. et octavo anno regni eius Amalfi. die tertia mensis ianuarii ind. septima Atrano. Certum est me Leone f. Sergii da Lapora. a presenti die promtissima voluntate scribere et firmare visus sum vobis dom. Pardus domini gratia sacer et monachus atque abbas monasterii sancti Quirici et Iulicte que constructus et dedicatus est intus hanc civitate Atrano a subtus Monte maiore. quam et cunta vestra congregatione vestrisque fratribus manentes in pred. monasterio. hanc chartulam simile de illa quod vos nobis scribere fecistis pro quibus dedistis et assignastis michi idest plenariam et integram ipsa petia de vinea cum ipsa petiola de castanietum da pede cappilatum ibique coniuntum quam pred. monasterius abet in Tramonti a Cabula. cum ipsa alia petiola de castanietum da la ripa qui est iterum in pred. loco a Kabula quam ibidem ahet ipse pred. monasterius. sicut sibi est plenum atque vacuum et cum omnia sibi infra se abentibus et pertinentibus. Et reclarastis nobis fines de pred. petia de vinea et castanieto coniunto. da capo fini via. da pede fini medium vallone. de uno latere fini causa sancti Felici de Tramonti. et de alio autem latere fini

causa de pred. monasterio quod tenet incartatum here (*sic*) de Iohanni de Numilo. cum via sua et omnia sua pertinentia. Et pred. petia de castanietum da la ripa continet as fines. da capo et de uno latere fini causa monasterio sancte Trinitatis de Rabelli. da pede fini medium vallone. et de alio autem latere fini causa de ss. vestro monasterio. cum via sua et omnia sua pertinentia. unde nichil nobis exinde exeptuastis. In eam rationem ut amodo et semper nos et unus de filiis filiorum nostrorum de generatione in generatione de masculina progenie illos abeamus et teneamus pred. vinea a tertia parte et pred. castanietum a medietate. et de presentem pred. vinea cultare et bitare et laborare debeamus in altum in pergule cum omni nostro expendio sicut necessum est. Solummodo vos et vestri posteri successores dare nobis debeatis per omni uno anno usque in sempiternum in pred. loco tanta ligna et canne et salici et torte ut sufficia allaborandum pred. hereditatem. et si placet vobis vel a vestri posteri per aliquando tempore de cappilare de ipsi arboribus de ambe ss. petie de castanietum pro mittere in pred. vinea nos et nostri heredes debeamus illa cappilare et conciare et mittere in pred. vinea. et si potemus facere canne et salici in pred. loco debeamus ille ibidem facere. et abeamus exinde de totum bona curam et certamen seu vigilantia atque studium ut laudabile sia et per bonis hominibus parea ut semper dica tertius et quartus homo quia tota ss. vinea bona est cultata et bitata et potata et laborata sicut meret et pertinet et zappata duas vices per annum tempore abto et ambe ss. petie de castanietum cultatum et studiatum et insurculatum sicut necessum est. et iam amodo et semper vinum et fructura et omne alium frugium quodcumque Dominus dederit in pred. vinea sine fraude et malo ingenio dividere illos debeamus vobiscum in tertiam parte vos et vestri posteris tollatis inde portiones due et nos et nostri heredes tollamus inde portionem unam hoc est tertiam parte ibidem in pred. loco. vinum a palmentum fructura per tempora sua. et tote ipse castanee et omne alium frugium quodcumque Dominus dederit in ambe ss. petie de castanietum dividere illos vobiscum per medietate. vos et vestri posteris tollatis inde medietate et nos et nostri heredes tollamus inde ipsa alia medietate. et ss. castanee nos ille colligere et siccare debeamus et deponere vobis ille per omne annum usque allitore maris de Reginnis Maioris. et attucamus vobis ipsa sabbatatica ut iustum siat. et quando venimus a vindemiare faciamus vobis illos scire. et debeamus vindemiare et pisare ipse ube. et labemus et distringamus vobis ipse bucti vestre cum circli et stuppa vestrum. et inbuctemus vobis ibidem ipso ss. vino vestro. et demus vobis supra sorte cofinum unum de ube et per omne palmentum pullum unum. et nutricemus ipsa persone qui venerit a vindemiare pro parte de pred. monasterio de coquinatum sicut nostra erit possivilitate. et per omne unum annum tempore vindemie nos et nostri heredes vobis et a vestris posteris lebare debeamus pondum unum da litore maris de Reginnis Maioris et usque in pred. loco et alium pondum unum vobis deponamus. Et forsitan quia nos et nostri heredes bene eos non laboraverimus et cultaverimus et omnia ut superius legitur bene non atinpleverimus qualiter superius legitur iactetis nos exinde vacuos cum causa nostra mobilia et faciamus vobis iustitia sicut lex fuerit. Quod si nos et nostri heredes bene illos laborando et cultando et omnia ut superius legitur vobis et a vestris posteris dando non abeatis potestatem nos exinde commovere vel deiactare neque nulla virtute vel invasione nobis ibidem facere neque facere faciatis. set vindicetis et defendatis nobis illos omni tempore ab omnibus hominibus. Et qui de nobis et vobis aliquid de ss. placito [seu conveni]entia minuare vel extornare voluerit componat pars infidelis a parte que firma steterit auri solidos viginti regales. et hec chartula [unde in]ter nobis ana singule similis fecimus sit firma imperpetuum. Et reclaramus ut debeamus abitare omni tempore in pred. loco et debeamus il[los] ahere nos et unum de filiis nostris et una persona de filii filiorum nostrorum de generatione in generatione qui placea vobis et a vestris posteris successores qualiter superius legitur per ss. obligata pena.

† Pandulfus f. Pantaleonis t. e.

† Iohannes choropalatus f. qd. Muski t. e.

† Pantaleo f. qd. Sergii Neapolitani t. e.

† Ego Manso f. dom. Iohannis curialis f. dom. Ursi imperialis dissipati scripsi.

CLXXXVII.

1174 — Guglielmo re a. 9 — ind. VII — 15 giugno — Atrani.

Pardus, abbate del monast. dei SS. Quirico e Giulitta, concede in colonia in parti divise ai germani Giovanni e Pietro, *f. Sergii f. Leonis Guarizzuli*, una terra in *Pecara*, che l'abbate Landolfo suo antecessore aveva concessa in colonia *at una persona tenendum* al loro padre Sergio.

Perg. di Amalfi, n. 146; arch. di S. M. di Font., n. 274; arch. della SS. Trin., n. 935 — Orig. — Alt. 34 1|2 × 19 — Inedita.

† In nomine domini dei salvatoris nostri Iesu christi. anno ab incarnatione eius millesimo centesimo septuagesimo quarto. temporibus domini nostri Guilielmi dei gratia regis Sicilie ducatus Apulie et principatus Capue. et nono anno regni eius Amalfi. die quinta decima mensis iunio ind. septima Atrano. Manifestum facimus nos Pardus domini gratia sacer et monachus atque abbas monasterii sancti Quirici et Iulicte que constructus et dedicatus est intus hanc civitate Atrano a subtus ipsum Monte maiore. una cum cunta nostra congregatione nostrisque fratribus manentes in ss. monasterio. vobis Iohannes f. Sergii f. Leonis Guarizzuli. pro quibus iam sunt preteriti anni quod dom. Landolfus presb. et monachus atque abbas ss. monasterii anticessores nostri cum cunta congregatione de pred. monasterio incartavit per chartulam a pred. Sergio genitori tuo a medietate at una persona tenendum tota ipsa hereditatem et fabricis quam pred. monasterius abet in Pecara. sicut est cum omnia sua pertinentia qualiter et quomodo per finis et omni ordine et ratione proclama ipsa pred. chartula incartationis. iam sicut humanum est pred. Sergio genitori tuo migravit ex hoc mundo. Modo vero venistis tu pred. Iohannes una cum Petrus fratri tuo et dixistis nobis.— Quia pred. hereditate non potemus illa bene laborare unum de nos ambo ss. germanis. si placet vobis date nobis pred. hereditate a me pred. Iohannes et at Petrus fratri meo. ut dividamus illa inter nobis in due portiones et laboremus illa sicut meret

et pertinet. — Iam per bona comvenientia quam inter nos habuimus divisimus pred. hereditate in due portiones. et una portio dedimus inde at te pred. Iohannes sicut ipsi termini exffina. in eam rationem ut amodo et usque in sempiternum tu pred. Iohannes et una persona de filiis filiorum vestrorum illos abeatis et teneatis a medietate et laboretis illos cum omni vestro expendio. et debeatis inde rendere ratione nobis et a nostris posteris pred. monasterio. et atinplere omnia in pred. monasterio qualiter et quomodo per omni ordine et ratione proclama pred. chartula incartationis quod inde habet pred. Petrus fratri tuo quod inde abuit pred. genitor vester. et quando necesse est vobis pred. chartula incartationis pro ipsa portione tua de pred. hereditate quod tenetis allaborandum ipse pred. Petrus fratri tuo et suis heredes vobis et a vestris heredibus debea illa mostrare sine omni amaricatione. Quod si minime vobis exinde fecerimus auri solidos viginti regales vobis componere promittimus. et hec chartula sit firma imperpetuum. Nam et michi ss. Petrus hec chartula qualiter superius legitur michi certissime et gratanter placet et a mea parte firma et stabile sia imperpetuum per ss. obligata pena.

† Pandulfus f. Pantaleonis t. e.

† Sergius f. dom. Iohanni t. e.

† Ego Manso f. dom. Iohannis curialis f. dom. Ursi imperialis dissipati scripsi.

CLXXXVIII.

1174 — Guglielmo re a. 9 — ind. VII — 13 luglio — Atrani.

Sergius f. qd. Sergii da la Parruzzula prende a pastinato da *dom. Pardus*, abbate del monast. dei SS. Quirico e Giulitta, un castagneto sito in Tramonti, *allu Rospulo.*

Perg. di Amalfi, n. 147; arch. di S. M. di Font., n. 275; arch. della SS. Trin., n. 713 — Orig. — Alt. 40 × 17 — Inedita.

† In nomine domini dei salvatoris nostri Iesu christi. anno ab incarnatione eius millesimo centesimo septuagesimo quarto. temporibus domini nostri Guilielmi dei gratia regis Sicilie du-

catus Apulie et principatus Capue. et nono anno regni eius Amalfi. die tertia decima mensis iulii ind. septima Atrano. Certum est me Sergius f. qd. Sergii da la Parruzzula. a presenti die promtissima voluntate scribere et firmare visus sum vobis dom. Pardus domini gratia sacer et monachus atque abbas monasterii sancti Quirici et Iulicte que constructus et dedicatus est intus hanc civitate Atrano. quam et cunta vestra congregatione vestrisque fratribus in pred. monasterio. hanc chartulam simile de illa quod vos nobis scribere fecistis pro quibus dedistis et assignastis michi idest plenarium et integrum ipsum castanietum vestrum quam pred. monasterius abet in Tramonti positum loco nominato allu Rospulo. que continet as fines. a supra fini ipsa silba de pred. vestro monasterio. de subtus et de uno latere fini causa monasterii puellarum sancti Laurentii de civitate Amalfi. et de alio autem latere fini ipsum vallone qui est inter hoc et ipsa alia causa de pred. vestro monasterio. cum salba quidem via sua et omnia sua pertinentia. unde nichil nobis exinde exeptuastis. In eam enim videlicet ratione ut ab odierna die et imperpetuis temporibus eg[o] et unus de filiis meis et una persona de filii filiorum nostrorum de generatione in generatione usque in sempiternum qui placea vobis et a vestris posteris successores illu pertinere et abere debeamus. et de presentem incipiamus illud runcare et cultare atque studiare et si abet ibidem vacuum pastinare et inplere illos de tigillos et insurculare illos de ipsa castanea zenzala. et ipsi tigilli quod iactaverit ipse cippe similiter insurculare ille debeamus de ipsa castanea zenzala. talemque curam et certamen exinde abere debeamus ut Domino auxiliante proficia et acrescant ut laudabile sia et per bonis hominibus parea ut semper dica tertius et quartus homo quia totum pred. castanietum de fine in fine bonum est cultatum et pastinatum et runcatum et insurculatum et studiatum sicut meret et pertinet. et iam amodo et semper castanee et omne alium frugium quodcumque exinde exierit per omni anno sine fraude et malo ingenio dividere illos debeamus cum pred. monasterio per medietate. castanee sicce at grate fructura per tempora sua. vos et vestri posteris tollatis exinde medietate et nos et nostri heredes tollamus exinde medietate. et ipsa pred. medietate vestra de pred. castanee nos ille colligamus et siccemus et deponamus vobis ille usque allitus maris de Reginnis Maioris sine pargiatura. et attucamus vobis ipsa sabbatatica sicut consuetudo est. Quod si nos et nostri heredes bene eos non laboramus et cultamus et omnia ut superius legitur bene illos non atinplemus qualiter superius legitur iactetis nos exinde vacuos cum causa nostra mobilia et faciamus vobis iustitia sicut lex fuerit. Quod si nos et nostri heredes bene illos laborando et certando et omnia ut superius legitur bene atinplendo vobis et a vestris posteris non abeatis potestatem nos exinde commovere vel deiactare neque nulla virtute vel invasione nobis ibidem facere neque facere faciatis. set vindicetis et defendatis nobis illos omni tempore ab omnibus hominibus. Et qui de nobis et vobis aliquid de ss. placito et comvenientia minuare vel extornare voluerit componat pars infidelis a partem que firma steterit auri solidos viginti regales. et hec chartula sit firma imperpetuum.

† Bartholomeus f. Pantaleonis de com. Gregorio t. e.

† Alfanus f. dom. Pantaleonis com. Mauronis t. e.

† Sergius f. Pantaleonis Mauronis com. t. e.

† Ego Manso f. dom. Iohannis curialis f. dom. Ursi imperialis dissipati scripsi.

CLXXXIX.

1175 — Guglielmo re a. 10 — ind. VIII — 22 luglio — Amalfi.

I germani *Iohannes presb. et Urso cler., f. qd. Sergii f. Petri* . . . . si dividono tre terre site in *Aliola*, che essi avevano comprate, una dai germani *Iohanne et Anna f. Sergii f. qd. Iohannis Mancatelli*, un' altra da *Gemma f. qd. Sergii Ferraci et rel. qd. Iohannis Imperato,* la terza da *Urso f. qd. Iohannis Imperato* e da sua moglie *Theodonanda f. qd. Sergii Ferraci.*

Perg. di Amalfi, ant. fondo, n. 7 — Orig. — Taglio irregolare al marg. destro: alt. 28 × 19 1/2: forata nel centro, macchiata nella parte sup. — Inedita.

† In nomine domini dei salvatoris nostri Iesu christi. anno ab incarnatione eius millesimo centesimo septuagesimo quinto. [tem]poribus domini nostri Guilielmi dei gratia regis Sicilie ducatus Apulie et principatus Capue. et decimo an[no reg]ni eius Amalfi. die vicesima secunda mensis iulii ind. octava Amalfi.

Chartula firma mersis [inter nos] quidem videlicet Iohannes presb. et Urso cler. ambi veri germani f. qd. Sergii f. Petri. . . . . . [per bo]nam conv[enienti]am dividere et diffinire visi sumus inter nobis tote i[pse compare quantum] et qualiter [nos am]bi ss. germani in comune comparavimus iam sunt [anni] preteriti. scili[cet] per [nomi]natim plenariam et integram totam ipsam compara quod fecimus da Io[hanne] et Anna ambo veri germani f. Sergii f. qd. Iohannis Mancatelli. et ipsa alia compara [quod] in comune iterum comparavimus da Gemma f. qd. Sergii Ferraci et relicta qd. Iohannis Impera[to]. set et ipsa alia compara quod insimul in comune comparavimus da Urso f. qd. Iohannis Imperato et da Theodonanda uxore sua f. qd. Sergii Ferraci. quod divisimus illos totum inter no[bis] in due portionis sicut modo dicimus. Unam portionem exinde fecimus sicut est plenaria et integra tota ipsa ss. compara quod comparavimus da ss. Iohanne Mancatello et da Anna vera germana sua sicut per omni ordine et ratione proclamat ipsa chartula comparationis quod nobis exinde fecerunt. sicut sibi est plenum et vacuum seu et cum tote ipse fab[ri]cis ibidem habentem et cum omnia sibi infra se habentibus et pertinentibus. sicut est de fine in finem et de canto in cantum de longitudine et latitudine. unde nichil exceptuavimus. et tuli illam ego ss. Urso. et remisi exinde vobis ss. dom. Iohanni presb. vero fratri meo totum q[uan]tum et qualiter michi refundere debuistis de ipsa dote quod dedimus at ipsa vera germana nostra. et nullam causam michi exinde remansisti at dare. Iam de tota ipsa alia compara quod [su]perius diximus. quantum et qualiter comparavimus da pred. Gemma f. ss. Sergii Ferraci et [re]licta ss. Iohannis Imperato. et ipsa alia ss. [compa]ra quod comparavimus da Urso f. qd. Iohannis [Im]perato et da Theodonanda uxore sua f. [qd. Sergii Ferraci qu]antum et qualiter sibi est de fine in finem de longitudine et lati[tudine de canto in can]tum plenum atque vacuum cum omnia sibi infra se habentibus et pertinentibus. et sic[ut proclamat] ipse ss. due chartule iamdicte nostre comparationis. unde nichil e[xeptuavimus. fe]cimus exinde aliam secundam portionem et tuli illam ego ss. Iohannes presb. et remisistis e[xin]de michi vos ss. Urso cler. vero fratri meo totum quantum et qualiter vobis dare debui de ipsa dote quod pargiasti at ipsa ss. [vera germana] nostra sicut superius diximus. et ipsa tota ss. causa quod inter nos di[visimus quant]um et qualiter superius legitur quod nos comparavimus est positum in

Aliola. H[ec omnia] suprascripta nobis divisimus et diffinivimus et nobis exinde apprehensimus qualiter superius legitur. et unusquisque de nobis faciat de sua portione omnia quecumque voluerit. Qui autem de nobis se extornare voluerit perdat ipsa portione sua. et hec chartula mersis unde nobis exinde ana singule similis fecimus firma et stabilis permaneat imperpetuum.

† Marinus f. Sergii de lu Iudice t. e.

† Sergius f. qd. dom. Mauri Gattula t. e.

† Pandolfus f. dom. Muski t. e.

† Ego Lupinus presb. et curialis f. qd. Iohannis scripsi.

CXC.

1176 — Guglielmo re a. 10 — ind. IX — 6 aprile — Amalfi.

Amatus f. dom. Sergii f. qd. dom. Iohannis da Tabernata fa il suo testamento, disponendo dei suoi beni in Amalfi, *Pigellula*, *Pustracto*, ed altrove.

Perg. di Amalfi, n. 148; arch. di S. Lor., n. CLV; arch. della SS. Trin., n. 152 — Orig. — Alt. 51 × 25 — Inedita

A tergo, in scrittura gotica, si legge: « *Chartula de apteca de la Sandala* ».

† In nomine domini dei salvatoris nostri Iesu christi. anno ab incarnatione eius millesimo centesimo septuagesimo sexto. temporibus domini nostri Guilielmi dei gratia regis Sicilie ducatus Apulie et principatus Capue. et decimo anno regni eius Amalfi. die sexta mensis aprelis ind. nona Amalfi. Chartula firma testamenti facta a me quidem videlicet Amatus f. dom. Sergii f. qd. dom. Iohannis da Tabernata. propter quod cecidi in magnam et validam infirmitatem et timeo iudicium omnipotentis Dei ne forte me mors subitanea preoccupet aut officium lingue mee perda et causa denique mea iniudicata remanea. Proinde vocare feci ante me ipsum scribam curialem cum aliis bonis hominibus. et coram eis volo disponere et ordinare animam meam et omnes facultates meas qualiter facere se exinde debea post meam defunctio(nem). Primis omnibus volo atque dispono ut ipsi meis distributores quos in hoc meum testamentum constituo debeant vindere plenariam et integram totam ipsam por-

tionem meam quantum et qualiter me tetigit per chartulam merse de ipsa hereditate nostra da Pigellula et castanietum et silva illu quod fuit de ipse Ramare. et pretium quod inde tulerit debeant exinde facere sicut modo hic inferius reclarabo. In primis dentur se in monasterio Capreoli at sancto Petro pro parandum exinde ibi ipsi mei distributores in pred. ecclesia sancti Petri apostoli monasterio de Capreoli uncias sex tarenorum. et debeant me ibidem sacrare monachus et sepelire ibidem cadaver meum. et debeant iterum dare in ipsa confraternitate de Amalfi solidos quadraginta pro faciendum exinde michi officium sicut at unum de confratribus sacerdotum. et dentur at dominum archiepiscopum pro decima unciam unam tarenorum. et in ipsa frabrica de ecclesia sanctorum Cosme et Damiani iterum unciam unam tarenorum. et at dom. Iohanne vero fratri meo iterum dentur unciam unam tarenorum. et at Donadeo verus frater meus iterum unciam unam tarenorum. et debeant ipsi mei distributores facere totum ipsum alium expendium sicut necesse erit in die depositionis mee at usum istius civitatis sicut melius Deus eos auxiliaverit. Iterum volo atque dispono ipsa domus mea de hanc terra Amalfi quod ego comparavi at ipsa Resina debea exinde habere Sergius procreatus meus ipso membro terraneo cum ipso orto de ante se sicut sibi est fabricatus et ordinatus cum omnia edificia et pertinentia sua. et ipsa media cisterna et ipso alio membro de supra sia de Galia genitrice sua. et ipsa reliqua medietate de pred. cisterna et ipso astraco de supra superiore et ipse grade et porta a terra et usque at summitate sia omni tempore comunalis de pred. Sergio et de matre sua pred. Galia. Et similiter plenariam et integram totam ipsam portionem meam de Pustracto et totum ipsum que michi pertinet de foris cancello qui est at Urtello et ipso que michi pertinet de ipso castanieto de lu Plano totum inclitum et sine omni minuitate sia de pred. Sergio at faciendum sibi exinde omnia quecumque voluerit. Similiter volo atque dispono ut totum quantumcumque michi pertinet de ipso castanieto quod in comune habeo cum ipsa ecclesia de ipso episcopatu de Scala quod est at Tabernata sia de pred. ecclesia Scala. et ipsi pred. distributores debeant exinde recipere chartula manifesti ut facia michi exinde omni annue vigilia et missa in die anniversarii mei. Iterumque clare dico ut si pred. Iohannes frater meus vult comparare ipsa pred. hereditate et castanieto et silva illud quod fuit de ipse pred. Ramare quodcumque se potest exinde tollere da secunda vel tertiam personam ipse debea dare inde minus uncie due de tari. et si ipse non vult illam comparare et vult illam comparare dom. Urso Castallomata det inde minus unciam unam de tari quod se exinde habere potest. Iam quodcumque remanserit de pred. unciis de pred. hereditate et castanieto et silva postquam atimpleverit se omnia qualiter superius legitur sia in manibus et in potestate de pred. meis distributores et comunaliter illud debea expendere ubi ipsi melius providerit secundum bonam discretionem eorum pro remedio anime mee. et sit in Deo et in anime eorum. Volo et rogo ut sia michi distributores ss. dom. Urso f. dom. Iohannis Castallomata et pred. dom. Iohannes verus germanus meus at faciendum et dandum atque distribuendum omnia qualiter et quomodo per omni ordine et ratione superius legitur. Et qui hoc meum testamentum rumpere vel disturbare voluerit illa persona habea anathema et maledictione a patre et filio et spiritui sancto et partem habea cum Iuda traditore domini nostri Iesu christi et insimul manea cum illo in inferno. insuper componere debea auri solidos centum regales. et hec chartula nostri testamenti firma et stabilis permanea imperpetuum. Quod super inter virgulum et virgulum scriptum est legitur. Scala.

† Sergius f. qd. Sergii de lu Iudice t. e.

† Pantaleo f. dom. Guaferii t. e.

† Ego Lupinus presb. et curialis f. qd. Iohannis scripsi.

CXCI.

1176 — Guglielmo re a. 11 — ind. IX — 15 agosto — Amalfi.

Galia rel. qd. Amati f. dom. Sergii da Tabernata e Sergio figlio naturale del suddetto Amato, suoi esecutori testamentari, avendo ricevuto da *dom. Urso f. dom. Iohannis f. qd. dom. Petri Castallomata,* altro esecutore testamentario di Amato, il resoconto della sua gestione, gli rilasciano una *chartula securitatis.*

Perg. di Amalfi, n. 149; arch. di S. Lor., n. 157; arch. della SS Trin., n. 788— Orig. — Alt. 32 × 28: lievemente macchiata nella parte destra — Inedita.

† In nomine domini dei salvatoris nostri Iesu christi. anno ab incarnatione eius millesimo centesimo septuagesimo sexto.

temporibus domini nostri Guilielmi dei gratia regis Sicilie ducatus Apulie et principatus Capue. et undecimo anno regni eius Amalfi. die quintadecima mensis agusti ind. nona Amalfi. Nos quidem Galia relicta qd. Amati f. dom. Sergii da Tabernata. quam et nos Sergius f. naturalis ss. Amati da Tabernata. qui sumus distributores per testamentum de pred. defunto et sumus ambo mater et filio. a presenti die promtissima voluntate scribere et firmare visi sumus vobis dom. Urso f. dom. Iohannis f. qd. dom. Petri Castallomata. qui estis iterum unam nobiscum distributore de pred. defunto. hanc chartulam plenariam securitatis. propter quod tote ipse cause quante et qualiter habuistis et tenuistis de pred. defunto viro et genitori nostro sive in vita sua vel at hobitum suum aut post hobitum suum per qualibet ratione de presente de omnia cum omnibus fecistis nobis exinde bone et directe rationes. et dedistis atque pargiastis illos totum in manibus nostris et apud nos illos totum recepitum habemus sine omni minuitate. et expedicastis et diffinistis nos exinde cum omni bona voluntate per omnia a trasactum. qui non remansistis nobis exinde at dare nullam qualibetcumque causa unde vos querere aut calumniare possamus pro parte de pred. defunto viro et genitori nostro etiam at unum denarium valientem. Propterea firmamus vobis exinde per hanc chartulam plenariam et integram securitatis ut iam aliquando tempore neque nos ss. personis mater et filio nec nostri heredes nec nullus homo pro nostra parte et neque pro parte de pred. defunto viro et genitori nostro non queramus nec querere faciamus vos pred. dom. Urso aut vestros heredes nec nullus hominem pro vestra parte aliquid de hec omnia suprascripta que superius legitur. et neque de nulla alia qualibetcumque causa vel querimonia quod homo dicere vel cogitare potest. neque de stavile aut de movile neque cum scripta vel sine scripta neque cum testimonia vel sine testimonia neque per curte vel sine curte neque cum sacramento vel sine sacramento et neque cum nulla alia qualibetcumque inventa ratione per nullum modum aut data occasionem imperpetuum. Et si contra hanc chartulam venire presumpserimus et omnia ut superius legitur non atimpleverimus componere vobis promittimus auri solidos triginta regales. et hec chartula sit firma imperpetuum. Et hoc melius reclaramus quia michi ss. Sergio dedistis vos ss. dom. Urso ipsa media uncia de tari quod michi dimisit et iudicavit Leo tio meo f. ss. dom. Sergii da Tavernata per ipsum testamentum suum quando venit at suum hobitum sine omni minuitate et absque omni occasione per ss. obligata pena. Et iterum reclaramus et firmamus vobis quia habemus et tenemus ipsum pred. testamentum verace de pred. defuncto viro et genitori nostro unde vos habetis ipsam similem exempla. tunc nos et nostri heredes per omne vice excutere et mostrare vobis debeamus ipsum pred. testamentum verace omni tempore ante lege et sine lege sine vestra damnietate vel amaricatione per ss. obligata pena.

† Manso f. dom. Iohannis Capuani t. e.

† Iohannes f. dom. Sergii Agustarizzi t. e.

† Sergius f. qd. Sergii de lu Iudice t. e.

† Maurus curialis f. dom. Leonis Ramarii scripsi hanc chartulam et confirmavit.

CXCII.

1176 — Guglielmo re a. 11 — ind. IX—agosto — (Salerno).

Truppoaldus iudex, richiesto da *Matheus f. qd. Marini Neapolitani olim Regis iustitiarii f. Constantini f. Aliberti com.*, gli conferma il possesso di alcune terre e case in Salerno, già trasferito a suo padre Marino da *Iohannes de Domina Mira f. qd. Iohannis sirrentini* in virtù di una *chartula traditionis* in data del luglio 1171.

Perg. di Amalfi, n. 150; arch. di S. Lor., n. CLVIII; arch. della SS. Trin., n. . . . . — Orig. — Alt. 47 1/2 × 46; molto danneggiata per macchie e per corrosione specie nel lato destro — Scrittura longobarda salernitana — Inedita.

† In nomine domini dei eterni et salvatoris nostri Iesu christi. anno ab incarnatione eius millesimo centesimo septuagesimo sexto. et undecimo anno regni [domini nostri] Gui[lielmi Sicilie] et [Ita]lie gloriosissimi regis. mense agusto nona indictione. Ante me Truppoaldum iudicem venerunt Matheus f. qd. Marini Neapolitani olim ss. dom. nostri regis iustitiarii qui fuit f. Constantini f. [Aliberti com. qui fuit] amalfitanus . . . . . dictus est Neapolitanus. et ostenderunt unam cartulam quem continebat. — In nomine domini dei eterni et salvatoris nostri Iesu christi. anno ab incarnatione eius millesimo centesimo septuagesimo primo. et sexto anno regni [domini nostri Guilielmi Sicilie] gloriosissimi

regis. mense iulio quarta indictione. Ante nos Guaferium Romoaldum Iohannem et Matheum iudices. Iohannes sirrentinus qui dicitur de Domina Mira f. qd. Iohannis sirrentini [coniunctus] cum Marino qui d[ictus est Neapolitanus olim] ss. dom. nostri regis iustitiario f. qd. Constantini qui fuit f. Aliberti com. et sicut ipsi Iohanni congruum fuit sponte per convenientiam per hanc cartulam tradidit ipsi Marino [integras terras] cum casi[s fabricatis solaratis] quas Gaytelgrime qd. uxori sue f. qd. Eboli qui fuit f. Landulfi qui fuit germanus ss. Constantini et fuit f. ss. Aliberti com. pertinuisse dixerunt intra hanc Saler[nitanam civitatem prope litus] maris. et coniunctas . . . . . . veteri muro istius civitatis. Quas dixerunt esse per has fines. a parte orientis finis terrola vacua que edificiis case fabricate solarate de qua ipse Marinus portionem [ut dictum est pertinere dixerunt.] et finis scale fabricate comunes quibus ad ipsas casas et pred. alteram terram [cum casa de qua] sibi ipse Marinus portionem ut dictum est pertinere dixerunt ascenditur qualiter vadit usque [pred. murum istius] civitatis. a parte septemtrionis finis ipse murus in quantum ipse murus eisdem terris cum casis coniunctus esse videtur. a parte occidentis finis andi(tum) comune. . . . . et finis quo scala lignea et . . . . . . constructa esse dixerunt. per quam videlicet scalam ligneam ad primum occidentalem solarium unius ex ipsis casis ascenditur. et revolvit in partem orientis secus terrol[am va]cuam [que fuit ss. Gayt]elgrime. et rev[olvit in] partem meridiei secus eandem terrolam vacuam usque ad fines aliorum. ab ipsa parte meridiei finis terra vacua aliorum sicut totus paries fabricatus istius case discer(unt). qualiter vadit us[que ad] fines. . . . [e]difici pred. case de qua sibi ipse Marinus portionem pertinere dixerunt cohopertam. a parte orientis ad andi(tum) coniuncta esse dixerunt. quod videlicet andi(tum) eundo in septemtrionem ducit secus ipsas scalas comunes. et exit per portam que [in ipso muro] civit(atis) constructa esse dixerunt. Et easdem terras cum casis ipse Iohannes eidem Marino ut dictum est tradidit cum omnibus que intra ipsam traditionem sunt cunctisque suis pertinentiis et cum ss. terrola vacua que eidem Gaytelgrime pertinuisse dicitur et cum cubicello in pede ipsarum scalarum comunium constructo. quod videlicet cubicellum a parte orientis ad ipsum anditum quod ut dictum est ducens in partem septemtrionis exit per portam in ipso muro constructa [coniunctum] est. et cum vice de ss. anditis et de pred. terrola edificiis pred. case cohoperta de qua sibi ipse Marinus portionem ut dictum est pertinere dixerunt. et de aliis anditis et viis suis et de ipsa porta [in ipso muro] constructa et cum vice de ss. scalis comunibus et vallatorio et fenestris earum. usque vallatorium quod est ante hostium superioris solarii ipsarum casarum. et ante hostium super[ioris solarii . . . . ipsi] Marinus et ss. Gaytelgrime pertinere dixerunt. et cum integris ipsis scalis ab ipso vallatorio supra et cum integris edificiis et qoquina (*sic*) in sumitate ipsarum [scalarum] constructa . . . . et edificata est. et eidem Gaytelgrime pertinuit secundum suas rationes. Ea ratione ut integra ipsa traditio qualiter super legitur semper sit in protestate ipsius Marini . . . . heredes licentiam habeant de eadem traditione facere quod voluerint. Et propter confirmationem istius traditionis ipse Iohannes dixit se suscepisse ab ipso Marino ducen[tos] solidos . . . . omni deliberatione. Et per convenientiam ipse Iohannes guadiam ipsi Marino dedit et fideiussores ei posuit semetipsum et Cesareum socerum suum f. qd. Guaferii . . . . [et per ipsam guadiam] ipse Iohannes obligavit se et suos heredes semper defendere ipsi Marino et illius heredibus integram ipsam traditionem qualiter super legitur ab Obricza uxore sua f. ss. Ces[arei] et illi[us heredibus] . . . . Et tribuit licentiam ut quando ipse Marinus et eius heredes voluerint potestatem habeant ipsam traditionem per se defendere qualiter voluerint. cum omnibus muniminibus et rationibus quas [de ea ostenderint. Et si] sicut superius scriptum est ipse Iohannes et eius heredes non adimplerint et suprascripta vel ex eis quicquam removere aut contradicere presumpserint per ipsam guadiam [obligavit se et] suos heredes [componere ipsi Marino et] illius heredibus centum auri solidos regales et sicut supra scriptum est adimplere. Preterea et ss. Obricza uxor ipsius Iohannis in meam ss. Romoaldi iudicis accedens presentiam [omnia que ss. Iohannes vir eius] gessit secundum legem et Romanorum consuetudinem qua vivit rati habitione confirmavit. Quod autem superius disturbatum est legitur. et ss. Gaytelgrime pertinere dixit. Et taliter tibi Bar[tholomeo notario] qui interfuisti scribere precepimus. Memorantes quoniam ex speciali rescripto sancte maiestatis regie super questione ss. casarum et aliarum rerum inter ipsum Iohannem et Marinum . . . .

. . . . nobis secundum usum et consuetudinem civitatis Salerni decisio est mandata et utraque parte coram nobis allegante. priusquam iudiciali . . . . ss. [tra]ditio est secuta. Ego q. s. Guaferius iudex. Ego q. s. Romoaldus iudex. Ego q. s. Iohannes iudex. Ego q. s. Matheus iudex. Cum autem . . . . parte sua et Eboli et Gregorii germanorum suorum f. qd. ss. Marini et ipse Pantaleo pro parte sua et Iohannis iudicis Amalfie et Sergii . . . . nus ipsam. . . . . declarari iuberem. Quorum ego precibus annuens totam ipsam cartulam per ordinem in hac cartula pro parte ss. M[arini . . . . et ss. ger]manorum. . . . . declarare iussi. memorans quia quod superius disturbatum est legitur. terrola.

† Ego q. s. Truppoaldus iudex.

CXCIII.

1176 — Guglielmo re a. 11 — ind. X — 12 settembre — Scala.

Cirri f. qd. dom. Constantini de Aqua dona alla chiesa del monast. di S. Giuliano sita in monte Cervellano, pertinenza di Scala, nelle mani dell' abbate *dom. Amalfitano,* un castagneto sito *ubi dicitur Aqua Stia.*

Perg. Mon. soppr., 2.ª serie, vol. III, n. 186 — Orig. — Alt. 34 1/2 × 22 — Inedita.

† In nomine domini dei salvatoris nostri Iesu christi. anno ab incarnatione eius millesimo centesimo septuagesimo sexto. temporibus domini nostri Guilielmi dei gratia Sicilie invictissimi et precellentissimi regis Apulie ducatus Capue principatus. et undecimo anno regni eius ducatus Amalfie. die duodecima mensis september ind. decima civitate Scala. Nos quidem Cirri f. qd. dom. Constantini de ipso Aqua. a presenti namque die promtissima voluntate dedimus et tradidimus adque offersimus in ipsa hecclesia monasterii vocabulo sancti Iuliani christi martiris que

constructum et dedicatum est in monti Cervellani pertinentie huius prefate civitate Scala. idest in manu tua de te dom. Amalfitano presb. et abas custos et rector ss. ecclesia sancti Iuliano christi martiris. ipso castanieto meo qui abeo a monte ubi dicitur Aqua Stia. qui michi obenit a parte de pred. genitori meo. et continet per as fines. a supra fini ipsa via puplica. de suptus quam et de uno latere continet fini causa de ecclesia sancti Iohannis de ipso Aqua. et de alio latere continet fini ipso flumen. cum salva quidem via sua et omnia sua pertinentia. unde nobis (1) exinde exeptuávimus. iam vero quantum in ss. finis concluditur cum ipsa cammara ibidem abente plenum et vacuum totum illos in ipsa ss. ecclesia offersimus sicut superius legitur. et ubicumque inventa dederit de mea causa tam de mobilibus quam et de stabilibus totum illos in ipsa ss. ecclesia offersimus. Ec omnia offersimus iam dicto in pred. ecclesia pro redemtione animabus patri et matri mee et pro anima mea et pro animabus omnium defuntorum meis consanguineis. ut a nunc die presente et in perpetuis temporibus fiad de ss. ecclesia a faciendum et iudicandum exinde pred. dom. Amalfitano presb. et abas custos et rector pred. ecclesia vel suis successoribus omnia quodcumque voluerit pro utilitatem et proficuum de ss. ecclesia sine omni nostra et de nostris eredes et de omni umana persona contrarietate vel requesictione in perpetuum. Insuper nos et nostris eredes ipso ss. castanietum antestare et defensare promittimus omni tempore in ipsa ss. ecclesia ab omnibus hominibus. et ipse chartule quod exinde abui de pred. castanietu perdedimus ille et invenire non potuimus ille. si per aliquando tempore inventa dederit ipse ss. chartule que pertinet in ipso ss. castanietum pervenire debea in ipsa ss. ecclesia. Et qui contra han chartulam venire presupserit et de hoc predicto de ss. ecclesia tollere vel minuare voluerit illa persona conponere debea in ss. ecclesia auri solidos decem realis. et hec chartula qualiter superius legitur firma et stabilis permanead in perpetuum.

† Ego Amatus f. dom. Sergii de Amato t. s.

† Iohannes f. dom. Constantini Fresarii t. e.

† Girbinus f. dom. Mauri de Amato t. e.

† Constantinus diaconus scriba f. qd. dom. Iohannis Cacciori scripsit.

---

(1) Dovrebbe invece leggersi: *unde nichil vobis.*

CXCIV.

1177 — Guglielmo re a. 11 — ind. X — 11 gennaio — Amalfi.

Henricus, abbate del monast. di Positano, permuta con *dom. Dionisio* arcivescovo di Amalfi la ch. di S. Elia in Amalfi *supra Lardariam* con tutti i suoi beni (eccetto quelli che ha in Gragnano), i beni che furono di *Sergio* Scor*phina* in Vettica Minore, due *apothece* e un molino; e ne riceve in cambio la ch. di S. Pietro *in Laurito* con tutti i beni che l'Arcivescovato ha in questo luogo.

Perg. di Amalfi, n. 151; arch. di S. M. di Font., n. 278; arch. della SS. Trin., n. 95 — Orig. — Taglio rettang. con angoli arrotondati: alt. 64 × 30; rigata e marginata, calligrafica; macchiata e forata in qualche punto — Inedita.

† In nomine domini dei salvatoris nostri Iesu christi. anno ab incarnatione eius millesimo centesimo septuagesimo septimo. temporibus domini nostri Guilielmi dei gratia regis Sicilie ducatus Apulie et principatus Capue. et undecimo anno regni eius Amalfi. die undecima mensis ianuarii ind. decima Amalfi. Chartula firma commutationis facta a me quidem videlicet Henrico monasterii Positani abbate. vobiscum quidem presente videlicet dom. Dionisio dei gratia sancte Amalfitane ecclesie venerabili archiepiscopo karissimo in christo patre nostro. pro eo vero quia stetit inter nos per bonam convenientiam [quod] nobis et vobis gratanter complacuit dedimus atque commutavimus et tradidimus ¦pro parte de ss. monasterio Positani vobis et successoribus vestris et in pred. Amalfitana ecclesia. idest plenariam et integram totam ecclesiam vocabulo beati Helie que constructa et dedicata est a parte occidentis iuxta murum civitatis Amalfie supra ipsam Lardariam. sicut est cum domibus et cellis et sepulturis cum vineis et castanietis terris silvis campis domesticis et salvaticis in montibus et in planis ubicumque exinde paruerit vel inventa dederit. cum vice de viis suis et omnibus infra se habentibus et pertinentibus. ita quod de omnia que at ss. ecclesiam pertinet nobis et in ss. monasterio nichil

remansit. set totum et sine omni minuitate in commutatione vobis et successoribus vestris et ecclesie Amalfitane dedimus et tradidimus. excepto illud quod in pertinentia Graniani ipsa ss. ecclesia sancti Helie habuit quod at opus ss. monasterii Positani tenuimus. Iterumque cum isto pro eadem commutatione dedimus et tradidimus vobis et successoribus vestris et in pred. Amalfitana ecclesia totam et integram ipsam hereditatem que fuit de Sergio Scorphina positam in Becticam Minorem. que est iuxta vinea de heredibus Iohannis Capuani. sicut est ipsa ss. vinea cum domibus et cum vice de viis suis et omnibus infra se habentibus et pertinentibus. Et iterum dedimus et tradidimus in commutatione pro parte de pred. monasterio plenariam et integram ipsam apothecam terraneam que est in civitate ista in ipso imbulo a parte maris. que fuit de Sergio iudice Mannarino et est subtus ipsa domo de Manso de dom. Iohanne que iterum fuit de pred. Sergio iudice. sicut est fabricata et ordinata cum regia a parte de ipso pred. imbulo et fenestris a parte maris et cum vice de viis suis et omnibus infra se habentibus et pertinentibus. Iterumque cum isto dedimus pro parte de pred. monasterio plenariam et integram ipsam apothecam que fuit de Musco iudice Pizzillo. que est supra flumen in campo sancti Stephani et est supra ipsas apothecas ss. vestri episcopii et cappelle Amalfie. sicut est fabricata et ordinata cum regiis et fenestris et cum ponte de supra flumen et cum vice de viis suis per ipsum pontem et omnibus infra se habentibus et pertinentibus. Et iterum cum isto dedimus et tradidimus pro parte de pred. monasterio plenariam et integram ipsam molam aquariam cum ipsa cammera que est intus civitatis Amalfie in loco qui dicitur at ipsam Fistulam. sicut est fabricata et ordinata cum regiis et fenestris et cum ipsa aquaria sua et cum vice de viis suis et omnibus infra se habentibus et pertinentibus. Unde de hoc toto suprascripto et de omnibus sibi pertinentibus quod vobis et successoribus vestris et ecclesie Amalfitane pro parte de pred. monasterio in commutatione dedimus nobis exinde et in pred. monasterio nichil remansit. et totas ipsas chartulas sive offersionum sive de compara sive de donatione undecumque vel quomodocumque hoc totum suprascriptum at pred. monasterium pertinuit vobis in ss. ecclesia Amalfitana dedimus. et si alie chartule exinde invente fuerint nos et successores nostri illas subtus vobis et vestris successoribus de pred. Amalfitana ecclesia mittere debeamus sine aliqua vestra dampnietate vel amaricatione. Ea videlicet ratione ut ab odierna die et in perpetuis temporibus vos et successores vestri de pred. Amalfitana ecclesia licentiam et potestatem habeatis hoc totum suprascriptum quod vobis et successoribus vestris et ecclesie Amalfitane nos pro parte de pred. monasterio in commutatione dedimus ordinare frugiare et facere exinde omnia que vobis et successoribus vestris de pred. Amalfitana ecclesia placuerit sine omni nostra et de nostris posteris successoribus contrarietate vel amaricatione. set nos et nostri posteri successores de pred. monasterio vobis et successoribus vestris et Amalfitane ecclesie hoc totum predictum quod in commutatione dedimus defendere et excalumpniare debeamus ab omnibus hominibus sine omni vestra et de vestris successoribus dampnietate vel amaricatione imperpetuum. Pro quibus at vicem dedistis et commutastis atque tradidistis pro parte de pred. Amalfitana ecclesia nobis et successoribus nostris et in pred. monasterio Positani idest plenariam et integram totam ecclesiam beati Petri apostoli que constructa et dedicata est in Laurito. sicut est cum cellis et sepulturis cum vineis et castanietis terris silvis campis domesticis et salvaticis in montibus et in planis ubicumque exinde paruerit vel inventa dederit. cum vice de viis suis et omnibus infra se habentibus et pertinentibus, que fuit proprietas de pred. vestro archiepiscopatu Amalfie. et quantum in pertinentia Lauriti ecclesia Amalfitana habuit ita quod in suprascripto Laurito aliquid vobis vel ecclesie Amalfitane non remansit. set totum et inclitum et absque omni minuitate commutastis dedistis et tradidistis nobis et successoribus nostris et in pred. monasterio. preterquam si presbiter quem at serviendum in ipsa ecclesia statuerimus contra ordines suos deliquerit a vobis seu vestris successoribus de ipso crimine iudicetur. et totas ipsas chartulas quas exinde habuistis dedistis nobis illas. et si alie chartule exinde invente fuerint vos et successores vestri sub nostra et de nostris successoribus potestate mittere illas debeatis. In ea enim iterum videlicet ratione ut ab odierna die et imperpetuis temporibus nos et successores nostri de pred. monasterio licentiam et potestatem habeamus de pred. ecclesia et de omnibus sibi pertinentibus et de quantum in ss. loco Lauriti ss. vestra ecclesia Amalfitana habuit et tenuit ordinare et facere quicquid in pred. monasterio opus et necessarium fuerit usque in sempiternum sine omni vestra et de vestris successoribus contrarietate vel amaricatione. et vos et vestri posteri successores de pred. Amalfitana ecclesia illud defendere et excalumpniare debeatis omni tempore in pred. monasterio ab omnibus hominibus sine omni dampnietate de pred. monasterio imperpetuum. Quicumque vero de nobis et vobis hanc nostram ss. commutationem rumpere vel extornare voluerit componat pars infidelis at partem que firma steterit auri solidos centum regales. et hec chartula nostre commutationis firma et stabilis sicut superius legitur permaneat imperpetuum. Et reclaramus quia hoc totum suprascriptum quod nos pred. Henricus abbas pro parte de pred. monasterio vobis et successoribus vestris et in pred. Amalfitana ecclesia in commutatione dedimus fecimus illud atque commutavimus per consensum et voluntatem totius conventus de pred. monasterio.

† Iohannes (1) iudex t. e.

† Riccardus iudex t. e.

[†] Sergius f. qd. dom. Mauri Gattu[li] t. [e.]

† Ego Fortunatus diaconus et curialis f. qd. Petri scripsi.

CXCV.

1177 — Guglielmo re a. 11 — ind. X — 5 marzo — Amalfi.

Rogata f. dom. Iohannis presb. de Anna et rel. Mauri f. qd. Ursi Garofali (?), anche in nome del figlio minorenne Marino, vende a *dom. Iohanni f. Constantini* . . . . ed a sua moglie *Carafilia f. qd. dom. Ursi Mosca*, un castagneto di 121 *pergule*, sito in *Furcella*, per 12 once di tareni di Sicilia.

Perg. di Amalfi, ant. fondo, n. 8—Orig.—Taglio trapezoidale: alt. 65×25 1/2; rigata: molto corrosa lungo il marg. destro — Inedita.

† In nomine domini dei salvatoris nostri Iesu christi. anno ab incarnatione eius millesimo centesimo septuag[esimo septi]mo. temporibus domini nostri Guilielmi dei gratia regis Sicilie ducatus Apulie et principatus [Capue]. undecimo anno regni eius Amalfi. die quinta mensis martii ind. decima A[malfi. Cer]tum est me Rogata f. dom. Iohannis presb. de Anna et relicta

---

(1) La firma *Iohannes* è espressa in un monogramma caricato sul segno di croce.

Mauri f. qd. Ursi Garof[ali (?) et ego] istud quindenio pro parte de Marino filio meo qui est modo sine etate. a presenti die [prum]tissima voluntate venundedimus et tradidimus vobis dom. Iohanni f. Const[antini] .... et dom. Carafilia f. qd. dom. Ursi Mosca. qui sitis ambo iugalis. idest plenarium et [integrum] totum ipsum castanietum qui sunt per numerum pergule centum viginti una. iuste per men[suriam] hab[et] in Furcella positum. sicut est plenum et vacuum cum omnia sibi infra se haben[tibus et pertinentibus. quod] michi obbenit a parte de ss. viro meo. et at ss. viro meo iterum obbenit per chartulam compar[ationis. quod venun]dedit Stefanus f. qd. Mansonis Reiola. et at illis iterum obvenit ex parentorum [suorum] quam et per chartulam merse quando partierunt cum Iohanne fratri suo. quod nobis mostrare debet sicut continet ipsa chartula iamdicta nostre comparationis. et si alia qualibetcumque chartula exinde inventa fuerit per qualibetcumque tempore nos et nostri heredes mittere illa debeamus subtus vobis et vestris heredibus sine vestra damnietate vel amaricatione. Nam vero reclaramus vobis exinde ipse finis seu pertinentiis de toto plenario ipso pred. castanieto nostro quod vobis modo venundedimus et tradi[dimus] qualiter et quomodo illos vos et vestri heredes habere et possidere seu do[mina]re et frudiare debeatis. a supra namque ponitur continet fini finem causa de [heredi]bus Ravellensis qualiter demostra per ipsis terminis qui sunt ibidem [positi] inter vos et illis. de suptus itaque ponitur fini finem causa de here[dibus . . . . Ro]gadio sicut exfinat per ipsi termini qui ibidem positi sunt. de uno vero [latere po]nitur a parte occidentis descendet da caput per finem de ipso castanieto qui [est de] heredes de pred. Iohanne Reiola usque in caput de ipsa vinea de pred. heredes de pred. Iohanne qu[aliter] demostra per ipsi termini qui sunt confinales positi inter vos et illut. et iam [abinde] intraversa et vadet inda parte orientis per caput de ipsa pred. vinea sua sic[ut] exfinat iterum per ipsi termini qui ibidem positi sunt et revolvet et descendet in iusum per ipsa pred. finem suam usque at finem causa de ipsi ss. Rogadio qualiter demostra per ipsi terminis. et de alio latere ponitur a parte orientis salet da pede per finem causa de ipsis Azzaruli. et expedicata finem illorum continet iterum per finem causa de pred. Iohanne Reiola et expedicata iterum finem eius salet per finem causa monasterii sancte Trinitatis de ipsa Caba. qualiter exfinat ex omni parte ipsi ter[minis] qui ibidem confinales positi sunt. cum salva via sua ibidem ingrediendi et eg[redi]endi. cum omnia causa que vobis et at vestris heredibus opus et necessarium fuerit. [et si] quis inde viam per legem habuerit non illam eis contretis. Unde nobis exin[de nichil] remansit vel aliquid vobis exinde exceptuavimus quia plenarium et integrum [totum] pred. castanietum nostrum qui sunt per numerum pergule centum viginti una ius[te per men]suria sicut est plenum et vacuum qualiter ipse ss. finis concluditur cum [omnibus] infra se habentibus et pertinentibus totum vobis illos modo venundedimus et [tradidi]mus sine omni minuitate per omnia at trasactum sicut superius legitur et nullam causam nobis exinde non remansit. Unde et in presenti exinde accepimus a vobis plenariam nostram sanationem idest uncie duodecim tarenorum bonorum monete Sicilie sicut inter nos exinde bone voluntatis convenit. quos de presente rendedimus ipsi solidi centum quo[s da]re debuimus at Tauro genero meo f. Constantini Scannapeco. et ipsum memor(atorium) quem ei [exin]de fecimus dedimus vobis illum capsatum. et ipso alio superfluum rendedi pro ipso deb[ito quod] factum habuimus de ipso expendio quod fecimus at ipsam defunctionem de ipso fili[o meo qui] defunctus est in hoc presente anno in omni deliberatione et in omni decisiti[one mo]do et semper totum inclitum et sine omni minuitate siat in potestate vestra et [de vestris he]redibus habendi fruendi possidendi vindendi donandi comutandi et at fa[ciendum] et iudicandum exinde omnia quecumque volueritis sine omni nostra et de nostris hered[ibus] contrarietate vel requesitione imperpetuum. Insuper nos et nostri heredes vobis et at vestris he[redi]bus illos totum antestare et defensare atque vindicare debeamus o[mni tempore] ab omnibus hominibus. Quod si minime vobis exinde fecerimus et omnia ut [superius] legitur non atimpleverimus componere promittimus nos et nostri heredes [vobis et at] vestris heredibus auri solidos centum regales. et hec chartula nostre venditionis s[eu tradi]tionis qualiter per omni ordine et ratione superius legitur firma et stabilis [perma]nea imperpetuum.

† Marinus f. Sergii de lu Iudice t. e.

† Sergius f. qd. dom. Mauri Gattula t. e.

† Costantinus dom. Sergii Collogattu t. e.

† Ego Lupinus presb. et curialis f. qd. Iohannis scripsi.

CXCVI.

1177 — Guglielmo re a. 12 — ind. X — 2 luglio — Amalfi.

Iesfridus f. Ursi Cacciaranu, sua moglie *Sica f. Iohannis f. Alfani Caccabellu* e la loro figlia *Gayta*, anche in nome degli altri figli minorenni, vendono a *dom. Urso f. dom. Iohannis f. qd. dom. Petri Castallomata*, le loro terre in *Pugellula*, per 6 once di tareni di Sicilia.

Perg. di Amalfi, n. 152; arch. di S. Lor., n. 160; arch. della SS. Trin., n. 628 — Orig. — Alt. 80 × 30 1/2; rigata e marginata, calligrafica, elegante — Inedita.

† In nomine domini dei salvatoris nostri Iesu christi. anno ab incarnatione eius millesimo centesimo septuagesimo septimo. temporibus domini nostri Guilielmi dei gratia regis Sicilie ducatus Apulie et principatus Capue. et duodecimo anno regni eius Amalfi. die secunda mensis iulii ind. decima Amalfi. Certi sumus nos Iesfridus f. Ursi Cacciaranu. et Sica ambo iugalis filia Iohannis f. Alfani Caccabellu. quam et nos Gayta. qui sumus genitores et filia et sumus pro vicibus nostris quam et pro vice de totis ipsis aliis filis et [fili]abus atque veris germanis et germane nostre qui sunt sine hetate. et nos istud quindeniamus pro partibus illorum. a presenti die promtissima voluntate venundedimus et tradidimus vobis dom. Urso f. dom. Iohannis f. qd. dom. Petri Castallomata. idest plenariam et integram totam ipsam hereditatem nostra et castanietum et silva quantum et qualiter habemus undecumque vel quomodocumque per quolibet ratione in Pugellula positum. qualiter et quomodo sibi est totum insimul coniunctum et in uno teniente de finem in finem de longitudinem et latitudinem plenum atque vacuum cultum vel incultum domesticum et salvaticum. cum plenarie tote ipse case et fabricis ibidem habentem seu et omnia cum omnibus sibi infra se habentibus et pertinentibus. qui nobis obbenit per chartulam traditionis da Theodonanda socera et genitrice nostra relicta ss. Iohannis soceri et genitori nostri. et a ss. Theodonanda socera et genitrice nostra obbenit ipsum pred. castanietum et vinea per chartulam comparationis da

Iohannes quod procreavit dom. Sergio iudex f. dom. Sergii f. dom. Alderico f. dom. Sergii f. dom. Ursi Aurifice et da Theodonanda eius iugalis. et a illis iterum obbenit per chartulam comparationis da ss. dom. Sergio iudice genitori et socero illorum. et a illum iterum obbenit ex parentorum suorum. et ipsa pred. silva obbenit a ss. iugalibus soceris et genitoribus nostris per chartulam traditionis atque donationis da dom. Ytta f. ss. dom. Sergii iudicis et relicta dom. Pantaleonis f. dom. Gregorii quam, et da dom. Gregorio filio suo. et ipsa pred. chartula nostre traditionis cum ambe ipse ss. due chartule comparationis et cum ipsa merse cum quo illos totum partivit ss. dom. Sergio una cum dom. Manso fratri suo f. ss. dom. Alderico seu et cum tote ipse alie chartule quante et qualiter exinde habuimus ibidem pertinentes dedimus et atsignavimus vobis ille. et iterum firmamus vobis ut si alia qualibetcumque chartula exinde paruerit vel inventa dederit per aliquando tempore que ibidem pertinea nos et nostris heredes mittere illa debeamus subtus vobis et vestris heredibus sine vestra damnietate vel amaricatione. Nam vero reclaramus vobis exinde ipsas fines seu pertinentias de tota ss. causa quas vobis modo venundedimus et tradidimus sicut superius legitur qualiter et quomodo illos vos et vestri heredes habere et possidere seu dominare et frudiare debeatis. a supra namque ponitur fini via puplica. de subtus itaque ponitur iterum finis via puplica. de uno latere ponitur a parte meridie qualiter venerit rectum da ipsum cantum de ipsa grocta Ranula usque a ipsa cruce quod signata est in ipsum pistellum qui est a supra ipsa via puplica sic rectum usque a ipsu cantum de ipsum murum de iuxta pred. via puplica. et iam salet da ipsum cantum de pred. grocta rectum de subtus ipsa ripa plenaria vestra usque a ipsa alia cruce qui signata est in ipsum montem. et deinde dirizza et salet in susu per finem causa quod modo habet Marino Lispolu illos qui fuera de ipsi Dentici usque a ipsa alia cruce qui signata est in ipsum montem de subtus ipsum murum. et iam da pred. cruce intraversa et vadit a partem septemtrionis usque a ipsum montem plenarium vestrum ubi est signata ipsa cruce. et iam da pred. cruce salet rectum in susu usque a capud a pred. via puplica. et de alio latere ponitur a parte septemtrionis descendet da capud rectum per finem causa ecclesie sancte Marie sicut demostra per ipsa crucem. et expedicata eius finem descendet per finem vestra de illos quod ibidem de a[n]tea habetis. et iam facit angulum per finem vestra inda partem septemtrionis et iam abinde dirizza et descendit in iusus per finem causa de Iohannes de Fluro usque a pede a pred. via puplica sicut demostra et exfina per ipsa alia cruce. Cum salve vie sue ibidem ingrediendi et egrediendi cum omnia causa que vobis et a vestris heredibus opus et necessarium fuerit. Unde nobis exinde nichil remansit aut aliquid vobis exinde exceptuavimus. quia totum inclitum et sine omni minuitate quantum et qualiter in toto ss. loco Pugellula habuimus vinea et castanietum et silva et fabricis. sicut est totum insimul coniuctum et in uno tenientem plenum atque vacuum cultum vel cultum (*sic*) domesticum et salvaticum asperum et montuosum seu et cum omnibus sibi infra se habentibus et pertinentibus totum vobis illos modo venundedimus et tradidimus per omnia at trasactum qualiter superius legitur. et taliter eos amodo et semper vos et vestri heredes habere et possidere seu dominare et frudiare debeatis sicut superius legitur et sicut per finis et omni ordine et ratione continet ipse ss. chartule quas vobis inde dedimus. et nulla causa nobis exinde in toto ss. loco Pugellula non remansit. Unde et in presenti exinde accepimus a vobis plenariam nostra sanationem idest uncie sex tarenorum bonorum monete Sicilie sicut inter nobis bone voluntatis convenit in omne deliveratione et in omne decesitione. Ut amodo et semper sia impotestate vestra et de vestris heredibus habendi fruendi possidendi dominandi vindendi donandi et a faciendum et iudicandum exinde omnia quecumque volueritis sine omni nostra et de nostris heredibus contrarietate vel requisitione imperpetuum. Insuper nos et nostris heredes illos totum antestare et defensare seu vindicare et excalumniare debeamus omni tempore ab omnibus hominibus. Quod si minime vobis exinde fecerimus et omnia ut superius legitur non atimpleverimus componere vobis promittimus dupplo ss. pretio. et hec chartula sit firma imperpetuum. Quod super disturbatum est legitur. dei gratia regis.

† Sergius f. qd. dom. Mauri Gattula t. e.

† Mastalus dom. Tauri filius t. e.

† Iohannes f. dom. Pantaleonis t. e.

† Maurus curialis f. dom. Leonis Ramarii scripsit hanc chartulam et confirmavit.

CXCVII.

1177 — Guglielmo re a. 12 — ind. X — 27 luglio — Amalfi.

Anna f. dom. Mansonis Capuani, abbadessa del monast. di S. Lorenzo, concede *ad medietatem* (pastinato) a *Petro f. qd. Dominici de Licar(do?)* una vigna sita in pertinenza di Lettere.

Perg. di Amalfi, n. 153; arch. di S. Lor., n. CLXI; arch. della SS. Trin., n. 1187 — Orig. — Alt. 33 × 20 1/2; alquanto macchiata sul marg. destro — Inedita.

† In nomine domini dei salvatoris nostri Iesu christi. anno ab incarnatione eius millesimo centesimo septuagesimo septimo. temporibus domini nostri Guilielmi dei gratia regis Sicilie ducatus Apulie et principatus Capue. et duodecimo anno regni eius Amalfi. die vicesima septima mensis iulii ind. decima Amalfi. Certum est me Anna domini gratia monacha et abbatissa monasterii puellarum beati Laurentii christi martiris quod constructum et dedicatum est supra Amalfi et filia dom. Mansonis Capuani. una cum cuncta congregatione ss. monasterii. a presenti die promtissima voluntate dedimus et atsignavimus vobis Petro f. qd. Dominici de Licar(do?) de pertinentia Litteris. idest plenariam et integram totam ipsam vineam nostram de pred. monasterio in pertinentia Litteris positum. qualiter sibi est totum de longitudine et latitudine de canto in cantum et de fine in finem plenum atque vacuum cum omnia sibi infra se habentibus et pertinentibus. et continet finis. a supra finis Benedicti Mustazzo quod tenet a cartatico de pred. monasterio. quam et da pede iterum per finem nostram quod tenet a car(tatico) heredes Ursi Rapicane tiis vestris. de uno latere continet fini nostre illud quod tenet Petro Petanzo. quam et de alio latere continet finis de Urso de la Monacha et de nepotis sui. et per finem nostram de illud quod tenet Leo Boe. cum salva via sua cum omnia causa et omnia eius pertinentia. unde nichil vobis exinde exceptuavimus. In ea videlicet ratione ut amodo et semper vos et vestri heredes filii filiorum vestrorum de generatione in ge-

neratione usque in sempiternum descendente in unam personam (1) illos totum habeatis et teneatis a medietatem. et de presente toto ipso vacuo de pred. vinea scippetis et cultetis et pastinetis et inpleatis eos de vitis de bono vindemio qualiter ipse locus meruerit. et laboretis et armetis eos totum in altum a pergule cum omni vestro expendio sicut necesse fuerit et habeatis exinde de totum bonam curam et studium atque certamen seu vigilantia ut per bonos homines parea ut semper dica tertius et quartus homo quia tota ipsa pred. hereditate nostra de fine in finem bona est scippata cultata bitata et pastinata zappata et putata et laborata et armata in altum a pergule sicut meret et pertinet. et iam amodo et semper vinum et omnem alium frugium quodcumque ibidem Dominus dederit vel inde exierit omni annue undecumque vel quomodocumque per qualibet ratione sine fraude et inganno atque malo ingenio dividere illos totum debeatis nobiscum et cum nostre postere per medietatem et perequaliter. nos et nostre postere exinde tollamus inclitam ipsam medietatem nostram et vos et vestri heredes exinde tollatis ipsa reliquam medietatem vestram ibidem in pred. loco. vinum a palm(entum) et fructura per tempore suo. et quando venitis a vindemiandum ipsa pred. hereditate nostra tempore vindemie faciatis nobis scire. et vindemietis et pisetis ipse uve et appizzolietis et labetis et stringatis nobis ipse buctis nostre sicut necesse est cum cercli vestri et stuppa vestram. et inbuctetis nobis in buctario nostro ibidem ipsa por(tionem) nostram de pred. vino. et nutricetis ipse monache quas ibidem dirigimus a ipsa vindemia de pred. hereditate cum omni vestro expendio sicut erit vestra possibilitate. et detis nobis iterum ipso bibere per omne uno anno. et per omnem (*sic*) duos annos faciatis nobis et a nostre postere unum servitium. Et si vos et vestri heredes bene illos non laboratis et cultatis et omnia qualiter superius legitur non atimpletis nobis nos et nostre postere potestatem habeamus vos exinde vacuos iactare cum causa vestra movilia. et faciatis nobis iustitiam sicut lex fuerit. Quod si vos et vestri heredes bene laborando et certando et omnia qualiter superius legitur bene atimplendo nobis et nostre postere non habeamus potestatem vos exinde comovere vel deiactare neque nullam virtutem vel in-

(1) Le parole *descendente in unam personam*, come avverte lo stesso curiale, sono interlineari.

vasione vobis ibidem facere vel facere faciamus. set vindicemus et defendamus illos vobis et vestris heredibus omni tempore ab omnibus hominibus. Et qui de nobis et vobis aliquid de ipso ss. placito et convenientia ut superius legitur minuare vel extornare voluerit componat pars infidelis a partem que firma steterit auri solidos triginta regales. et hec chartula sit firma imperpetuum. Quod inter virgulum et virgulum scriptum est legitur. descendentem in unam personam.

† Marinus f. Sergii de lu Iudice t. e.

† Iohannes f. qd. dom. Iohannis t. e.

† Ego Lupinus presb. et curialis f. qd. Iohannis scripsi.

CXCVIII.

1177 — Guglielmo re a. 12 — ind. XI — 28 dicembre — Amalfi.

Dionisius, arcivescovo di Amalfi, concede *ad laborandum* a *Guilielmo f. qd. Petri Rapicane* di Lettere, una vigna del monast. di S. Quirico, sita in *Casole*.

Perg. di Amalfi, n. 154; arch. di S. M. di Font., n. 279; arch. della SS. Trin., n. 736 — Orig. — Alt. 40 1/2 × largh. mass. 14; tagliato l' ang. inf. destro; alquanto deleta e corrosa in alcune parti del lato destro — Rip. in parte dal Camera, II, p. 669.

† In nomine domini dei salvatoris nostri Iesu christi. anno ab incarnatione eius millesimo centesimo septuagesimo septimo. temporibus domini nostri Guilielmi dei gratia regis Sicilie ducatus Apulie et principatus Capue. et duodecimo anno regni eius Amalfi. die vicesima octaba mensis decembris ind. undecima Amalfi. Nos quidem Dionisius divina favente clementia humilis Amalfitanorum archiepiscopus. a presenti die promtissima voluntate dedimus et atsignavimus a laborandum vobis Guilielmo f. qd. Petri Rapicane de castello Licteris. idest unam petiam de vinea po[sita i]n Casole pertinentia ss. castelli Licteris. que est proprietas nostri monasterii sancti Quirici situm supra Atrano. quod in demanio nostri archiepiscopatus esse videtur. Et reclaramus vobis exinde ipsas fines. a supra fine causa de heredibus Ursonis Rapicane de Theodonanda. a suptus

fine media lama. de uno latere finis causa de pred. monasterio quod labora Urso Rapicane qui dicitur Mariconda. de alio autem latere fine causa de heredibus vestris de te ss. Guilielmo quod genuistis in Maiorina anteriore uxori tua. cum vice de viis suis et omnia infra se habentibus et pertinentibus. unde nichil vobis exinde exeptuavimus. set totum inclitum et sine minuitate vobis illud modo dedimus et ats[ign]avimus a laborandum. In ea enim ratione ut amodo et semper vos et vestri heredes filii filiorum vestrorum de generatione in generatione illud habeatis et teneatis a medietatem cum ss. monasterio. et de presentem incipiatis illud totum cultare et zappare et propaginare de vitis bone vindemie. et laborare et armare in altum in pergule sive in palos qualiter ipse locus meruerit. ut semper dica tertius et quartus homo quia tota ipsa pred. causa de fine in fine bona est cultata et zappata et propaginata et laborata et armata sicut meret et pertinet. et iam amodo et semper vinum et omne alium frugium quodcumque ibidem Dominus dederit dividere illos debeatis cum ipsis rectoribus de pred. monasterio per medietatem. et ipsi rectores de pred. monasterio exinde tollant medietatem et vos et vestri heredes exinde tollatis ipsam aliam reliquam medietatem ibidem in ss. loco. vinum at palmentum et fructura et omne alium frugium per tempore suo. et quando venitis at vindemiare faciatis eos scire at ipsi rectores de pred. monasterio et vindemietis et pisetis et atpizuletis at eos ipsas uvas. et detis at eos exinde medietatem qualiter superius legitur. et detis at eos ipsum bibere sicut consuetudo est ipsius terre. Et si vos et vestri heredes bene eos non laboratis et cultatis et omnia ut superius legitur at ipsi rectores de pred. monasterio non atimpleveritis licentiam et potestatem habeamus sive nos vel ipsi rectores de pred. monasterio vos exinde vacuos iactare cum causis vestris mobilibus et faciatis nobis iustitia sicut lex fuerit. Quod si vos et vestri heredes bene eos laborando et cultando et omnia ut superius legitur at ipsi rectores de pred. monasterio bene atimplendo non habeamus potestatem vos exinde commovere vel deiactare neque nullam virtutem vobis ibidem non faciamus neque facere faciamus. set vindicemus vobis eos ab omnibus hominibus. et omni tempore vos et vestri heredes debeatis eos laborare qualiter superius legitur cum omni vestro expendio. Et qui de nobis et vobis aliquid de pred. placito et convenientia minuare vel extornare voluerit componat pars infidelis at [partem] que firma steterit auri solidos triginta regales. et hec chartula sit [firma] imperpetuum.

† Ego Dionisius humilis Amalfit(anorum) archiepiscopus.

† Leo diaconus et primicerius ancorarius t. e.

† Sergius diaconus Sfisinatus (1) t. e.

† Urso presb. et sacrista t. e.

† Ego Fortunatus diaconus et curialis f. qd. Petri scripsi.

CXCIX.

1178 — Guglielmo re a. 13 — ind. XII — novembre — (Lettere).

Leo f. qd. Iohanne Rapicane e sua moglie *Mensana* vendono a *Iohanne f. qd. Ursi da la Turina,* di Scala, una *pergula* di vigna sita *ad Casole,* per 17 tarì d' oro di Amalfi.

Perg. di Amalfi, n. 155 ; arch. di S. M. di Font., n. 280; arch. della SS. Trin., n. 142 — Orig. — Alt. 44 × 18 ; taglio all'ang. inf. destro ; molto macchiata e deleta nella parte destra — Inedita.

† In nomine domini dei salvatoris nostri Iesu christi. anno ab incarnatione eius [millesimo centesimo] septuagesimo hoctavo. et tertio decimo anno regni [domini nostri Gui]lielmi Sicilie et Italie gloriosissimi regis. mense nov[embris duo]decime inditionis. Certi sumus nos Leo f. qd. Iohanne Rapic[ane] et Mensana iugalia. a presenti etenim die promtissima voluntate venundedimus et tradidimus vobis Iohanne f. [qd. Ursi (2) da] la Turina de civitate Scala et modo est manentes de [ca]stello Licteris. idest una pergula de ipsa vinea mea qui est posi[ta] ubi dicitur ad Casole pertinentia ss. castelli. et dicimus vobis ex[in]de ipse finis. da supra et de uno latus fini mea. de subtus fini via puplica. de alio autem latere fini ipsa cammera vestra. et [dedimus] vobis illut cum via sua et omnia sua pertinentiam. unde vobis exin[de] nichil except(uavimus). Pro eo vero quod de presentem recepimus nos exinde a vos inclita nostra sanatione idest auri

---

(1) Il Camera (l. c.) riporta: *Sirrentinus,* ma in realtà non si leggono che le lettere *sfi* sormontate da due trattolini di abbreviazione, le quali fanno piuttosto pensare al cognome abbastanza comune *Sfisinatus.*

(2) V. docum. CCIV.

tari decem et septem monete Amal[fi] sicut inter nobis convenit. et potestatem abeatis ibidem [fabricare et as]cendere in altum quantum volueritis et potueritis in omnem deli[be]rationem et decesitionem. ut amodo et semper sint illut in potes[tate vestra] et de vestris heredibus quod exinde facere et iudicare volueri[tis sine nostra] et de nostris heredibus contrarietatem vel requesitionem imperpetuum. [Insuper nos et nostri] heredes vobis vestrisque heredibus illut antestare et defensare [promittimus] ab omnibus ominibus. quod si minime vobis exinde fecerimus componere promittimus nos et nostris heredes vobis vestrisque heredibus duplo ss. pretio. et [hec chartula] sit firma imperpetuum. Memoramus quia ss. terra taliter ven[undedimus] ad te pred. Iohanne qualiter ad dom. Mobilia uxori tua [per ss. sanati]one et obligata pena.

† Ego Taligrimus diaconus t. s.

† Ego Stephanus presb. f. Ioanni de Pulcharo t. s.

† Ego Sergius presb. Bernardi da Pluppitu filius t. s.

† Ego Guilielmus scribam qd. dom. Truppoaldi iudicis filius scripsi.

CC.

1179 — Guglielmo re a. 14 — ind. XII — 10 maggio — Amalfi.

Sergius f. dom. Leonis f. dom. Iohannis Rascica f. dom. Leonis f. dom. Iohannis f. qd. dom. Leonis dona *pro anima* alla ch. di S. Michele Arcangelo che si erige in *Pigellula, at Ortello*, nelle mani del patrono *Urso f. dom. Iohannis Castallomata*, una *apothega terranea* in Amalfi.

Perg. di Amalfi, n. 156; arch. di S. Lor., n. 163; arch. della SS. Trin., n. 653— Orig. — Alt. 45×26 ; taglio all' ang. inf. sin.; macchiata e deleta in una parte in basso; calligrafica — Inedita.

† In nomine domini dei salvatoris nostri Iesu christi. anno ab incarnatione eius millesimo centesimo septuagesimo nono. temporibus domini nostri Guilielmi dei gratia regis Sicilie ducatus Apulie et principatus Capue. et quarto decimo anno regni eius Amalfi. die decima mensis madii ind. duodecima Amalfi.

Certum est me Sergius f. dom. Leonis f. dom. Iohannis Rascica f. dom. Leonis f. dom. Iohannis f. qd. dom. Leonis. a presenti die promptissima voluntate atque pro salute et remedio atque medela anime mee et parentum meorum tradere seu donare atque offerire visus sum in ecclesia beatissimi Michahelis archangeli que incepta iam est at fabricandum et construendum in Pigellula loco nominato at Ortello. quam et in manibus et in potestate de te Urso f. dom. Iohannis Castallomata qui es patronus et dominator atque rector et gubernator ipsius ss. ecclesie. idest plenariam et integram totam ipsam apothega nostra fabrita terranea quam habemus hic in plano Amalfi posita prope ipsa porta da la Sandala et iuxta ipsa porta que dicebatur Flaianella et a supra ipsa aquaria de ipso flubio et a subtus ipsa apothega que est de ecclesia sancti Iohannis de Supra muro. iam qualiter et quomodo sibi est tota ipsa ss. apothega fabricata et ordinata de canto in cantum de fine in fine de longitudine et latitudine atque altitudine. cum regie et fenestre et omnia hedificia et pertinentia sua. que michi obbenit per chartulam comparationis da dom. Theodonanda f. dom. Petronis f. qd. dom. Muski Faba et rel. dom. Mauri f. dom. Leonis Rama rii. et ipsa pred. chartula comparationis quam et cum tote ipse alie chartule quante et qualiter exinde habuimus dedimus et atsignavimus ille at te pred. Urso in ss. ecclesia. et firmamus vobis ut si per aliquando tempore alia chartula exinde paruerit vel inventa dederit que in pred. apothega pertinea tunc nos et heredes nostri mittere illas debeamus subtus vobis et at vestri posteris de pred. ecclesia sine vestra dampnietate vel amaricatione. Unde reclaramus vobis exinde ipse finis. a parte vero orientis parietem communalem habeatis cum ipsa alia apothega terranea que est iterum de pred. ecclesia sancti Iohannis. a parte namque occidentis parietem communalem habeatis cum ipsa apothega que fuera de heredibus Iohannis f. Maria qui dicitur Grassa. quod comparavit da heredibus dom. Constantini Ramarii. a parte quoque septemtrionis parietem liberum habeatis et exinde regia et via. et a parte itaque meridie iterum parietem liberum habeatis et exinde fenestra et necessaria et pingium. cum salva via sua ibidem ingrediendi et egrediendi. cum omnia causa que vobis et at vestris posteris de pred. ecclesia opus et necessarium fuerit. Unde nobis exinde nichil remansit aut aliquid vobis exinde exceptuavimus. quia totum inclitum et sine omni minuitate quantum et qualiter exinde habuimus per ipsa continentia de pred. chartule nostre comparationis sicut superius legitur illos dedimus et tradidimus seu offersimus in ss. ecclesia et in manibus et in potestate de te pred. Urso. In ea enim ratione ut amodo et semper sit proprium liberum et absolutum de ss. ecclesia et rectorum eius at tenendum et dominandum atque frudiandum illam et at faciendum et ordinandum de illa omnia quecumque voluerit sine omni nostra et de nostris heredibus contrarietate vel amaricatione imperpetuum. Verumptamen neque vos pred. Urso neque vestris posteri sucessores de pred. ecclesia nec nullus homo pro parte ipsius ss. ecclesie non babeatis licentiam vel potestatem ipsam pred. apothega tollere vel substrahere de pred. ecclesia neque vindere vel alienare seu cambiare aut in pignus ponere per nulla inventa occasione imperpetuum. set omni tempore manea in potestate de pred. ecclesia et rectorum eius usque in sempiternum. et amodo et semper ipsi rectores et officiatores de pred. ecclesia debeant exinde facere michi in medio mense ianuario unam vigilia et celebrare unam missa cum congruis orationibus. et unam alia vigiliam et aliam una missam cum orationibus in medio mense september per omnem unum annum usque in sempiternum absque omni occasione et contrarietate. videlicet dum vixero pro incolumitate et prosperitate corporis et remedio peccatorum. et post meum obitum pro salute et medela atque remedio anime mee usque in sempiternum. Et nos et nostri heredes vindicemus et defendamus eos in ss. ecclesia omni tempore ab omnibus hominibus in ss. ratione qualiter superius legitur. Quod si aliquis contra hanc chartulam venire presumpserit vel in aliquo minuare vel extornare voluerit illa persona habea anathema et maledictione a patre et filio et spiritui sancto et parte habea cum Iuda traditore domini nostri Iesu christi. insuper componat vobis vestrisque [posteris successores] auri solidos centum regales. et hec chartula qualiter superius legitur firma et stabilis [permaneat imperpetuum.] Quod super disturbatum est legitur. est me.

† Iohannes f. dom. Pantaleonis. t. e.

† Pandolfus f. dom. Muski t. e.

† Mauro f. dom. Iohanni f. dom. Mansonis t. e.

† Ego [For]tunatus diaconus et curialis f. qd. Petri scripsi.

CCI.

1179 -- Guglielmo re a. 14 — ind. XIII — novembre — (Salerno).

Romoaldus arcivescovo di Salerno, presente Accardo giudice di Olevano, ed assistito da Musco abbate, da Gualtiero suo camerario, da Pietro de Camera suo siniscalco e da altri, conferma a *Thomasius fabricator f. Guidonis* ed ai suoi figli Bonifacio, Giovanni e Giacomo, il possesso di alcune terre in Olevano, in luogo detto Gaiano.

Perg. di Amalfi, n. 157; arch. di S. Lorenzo, n. 164 (1); arch. della SS. Trin., n. 309 — Orig. — Scritta in largo: alt. 30 × 75; alquanto macchiata e corrosa al marg. destro — Scrittura longobarda salernitana elegante — Inedita.

A tergo, in scrittura gotica, si legge: « *Carta* (*de*) *curte que fuit Tafure in Olibano in loco Gaiani et modo est monasterii sancti Laurentii de Amalfia* ».

† In nomine domini nostri Iesu christi. anno ab incarnatione eius millesimo centesimo septuagesimo nono. et quartodecimo anno regni domini nostri Guilielmi Sicilie et Italie gloriosissimi regis. et vicesimo quinto anno pontificatus domini nostri Romoaldi dei gratia viri valde venerabilis secundi salernitani archiepiscopi. mense novembris ind. tertiadecima. Dum in presentia ss. domini nostri Romoaldi dei gratia salernitani archiepiscopi essem ego Accardus iudex Olivani. residentibus ibidem abbate Musco. Gualterio eiusdem domini camerario. Petro de Camera suo senescalco. Clario et aliis probis idoneis hominibus. Thomasius fabricator f. qd. Guidonis simul cum filiis suis Bonifacio Iohanne adque Iacobo. ad pedes ss. domini provolutus umiliter misericordiam ipsi domino exigebat quatinus amore Dei omnipotentis et anime patris et matris eius donaret adque concederet eis totum et integrum dominium suum quod habere videtur in una pectia de terra cum vinea aliisque arboribus quam ipse Thomasius simul cum ss. filiis

(1) Manca a tergo della perg. il num. di S. Lorenzo, ma il documento è trascritto col num. 164 nel Cod. Perris.

suis pastinaverat loco Olivani ubi proprie Gaianus dicitur. et de una alia pectia de terra in eodem loco Gaiani quam habere videtur super domum suam fabricatam in qua residens est. Nec non et omnes circumastantes pariter cum filiis suis supliciter rogavit ut ipsi pro se et filiis suis pred. domino preces eorum effunderent. qui omnes pro eo pred. dominum nostrum ut petitioni et voluntati ipsius Thomasii et ss. filiorum eius satisfaceret devote et diutissime deprecati sunt. Dominus itaque noster ss. Archiepiscopus sua solita benignitate et gratia qui cotidie non solum suos fideles sibi elegit conservare inmo premiis et beneficiis de infidelibus fideles et de inimicis amicos efficere. congnita legalite (*sic*) ss. Thomasii et filiorum suorum pro bono et utili servitio quod ipsi domino nostro et ecclesie Archiepiscopatus salernitani cotidie fecit. et auditis precibus omnium circumastantium pro eodem Thomasio et filiis suis fusis. concessit dedit adque ad semper habendum confirmavit ipsi Thomasio et ss. filiis suis et heredibus eorum omnium in perpetuum integrum suum dominium et quicquit iuris habere videtur in eadem pred. terra cum vinea quam sicut dictum est ipse Thomasius et filii eius pastinaverant in pred. loco Gaiani. que est per hos fines et men(suras) iusto passu hominis men(surata). ab oriente fine rerum heredum qd. Palalarmi quas tenent ab Archiepiscopatu salernitano cum medietate vie puplice que vadit ad sanctam Mariam que dicitur Meloniana sunt passus quattuordecim minus pedes duo. a septemtrione fine terra et vinea aliorum sunt passus per mediam sepem men(suratos) triginta duo et pedes duo. et revolvit quasi in orientem sicut media sepis discernit iusta vineam Guilielmi f. qd. Petri de Sanobeni sunt passus decem et octo. item a septemtrione fine Iohannis de Laulecta f. Ursonis de Laulecta sunt passus tredecim. et revolvit aliquantulum fine ipsius Thomasii et filiorum eius sunt passus viginti quinque et medium. ab occidente fine Petri Padulensis et fratrum eius sunt passus triginta duo. cum medietate ss. vie puplice. item a meridie fine ipsa via puplica sunt passus sexaginta octo et pes unus. et coniungitur cum priori fine. Similiter concessit donavit adque ad semper habendum confirmavit ipsi Thomasio et ss. filiis suis integrum suum dominium et quicquit iuris habere videtur ss. dominus noster archiepiscopus in unam aliam pectiolam de terra ss. vacua in ss. loco Gaiani iusta domum ipsius Thomasii. que est per hos fines et mensuras iusto passu hominis mensurata. ab oriente fine Archiepiscopii sunt passus undecim minus pes et planta. a septemtrione fine via puplica sunt passus decem et pes [unus]. ab occidente fine aliorum et via vicinalis sunt passus undecim minus pes unus et medius. a meridie fine domus ipsius Thomasii sunt passus octo et palmi quattuor. et coniungitur cum priori fine. Cum omnibus que intro ipsas terras sunt cuntisque suis pertinentiis et vice de viis suis. et cum toto iure nostro Archiepiscopatui pertinente. Ea ratione ipsi ss. Th[oma]sio et filiis suis et heredibus eorum omnium ss. dominus noster Archiepiscopus donavit concessit adque ad semper habendum confirmavit ss. terras quatinus neque a ss. domino nostro Archiepiscopo neque a suis successoribus de ss. terra cum vinea et alia vacua qualiter superius legitur ipse Thomasius et filii sui et heredes eorum omnium habeant aliquam contrarietatem requisitionem vel molestiam. set in perpetuum ipsas terras tam ipse Thomasius quam et filii eius et heredes eorum omnium prout superius scriptum est habeant possideant et dominentur et faciant ex eis iure hereditario omnia que voluerint. Et ne inposterum aliquo tempore adversus ipsum eundem Thomasium et filios suos et heredes eorum omnium aliqua possit oriri actio unde anime ss. domini nostri Archiepiscopi salus inpediretur ad perpetuam ipsius Thomasii et filiorum suorum et heredum omnium eorum defensionem michi ss. Accardo iudici hanc cartulam per manus Petri mei notarii scribere et mea propria manu subsignari precepit. Cuius precepto et vol[un]tati ego Accardus iudex satisfacere ut meo domino cupiens taliter tibi prefato Petro not. scribere precepi et signo crucis nostre auctoritatis subscribendo corroboravi.

† Ego q. s. Accardus iudex.

CCII.

1179 — Guglielmo re a. 14 — ind. XIII — 10 dicembre — Atrani.

Urso f. Sergii da Lapora rende a *dom. Leoni f. qd. dom. Sangilii de civitate Sirrento*, abbate del monast. dei SS. Quirico e Giulitta, il possesso delle terre site in Tramonti, *a Ballano*, che suo padre Sergio insieme al di lui fratello Giovanni, aveva prese *ad incartatum* da quel monastero.

Perg. di Amalfi, n. 158; arch. di S. M. di Font., n. 282; arch. della SS. Trin., n. 143 — Orig. — Taglio irregolare al marg. inf.: alt. 24 × 20; corrosa al marg. sin. in alto — Inedita.

[† In] nomine domini dei salvatoris nostri Iesu christi. anno ab incarnatione eius millesimo centesi[mo s]eptuagesimo nono. temporibus domini nostri Guilielmi dei gratia regis Sici[lie d]ucatus Apulie et principatus Capue. et quarto decimo anno regni eius [Amalf]i. die decima mensis decembris ind. tertia decima Atrano. Ma[nife]stum facio ego Urso f. Sergii da Lapora. vobis dom. Leoni domini gratia veneravi[li abb]as monasterii sancti Quirici et Iulicte que constructus et dedicatus est [intus] hanc civitate Atrano a subtus Monte maiore. et f. qd. dom. [Sang]ilii de civitate Sirrento. quam et a cunta vestra congregatione vestrisque fratribus manentes ss. monasterio. pro quibus iam sunt preteriti anni quod ss. Sergio genitor meus una cum Iohanne vero fratri suo tio meo abuit incartatum plenariam ipsam hereditatem et castanietum totum coniunto et in uno teniente. quam pred. monasterius abet in Trasmonti a Ballano. qualiter per omnia proclama ipsa chartula incartationis. Modo vero ego pred. Urso comvenivi me vobiscum per bona comvenientia et quantumcumque michi pred. Urso pertinere videtur de tota ss. causa quantum pred. chartula incartationis proclama sive in portione mea vel per qualivetcumque alia rationem ab odierna die remitto et assicuro vobis illos. in eam rationem ut fiat in potestate vestra et de vestris posteris successores et de pred. monasterio affaciendum vobis exinde omnia quecumque volueritis sine omni nostra et de nostris heredibus contrarietate vel requesitione in perpetuum. et ipsa pred. chartula incartationis vobis illa dare non potuimus propter quia abet illa pred. Iohanni tio meo. set firmamus vobis ut quantum nobis inde pertinet a mea parte fiat ructa et vacua et nulla in se abea firmitate. et quantum vobis inde remittimus potestatem abeatis illos incartare et dare allaborare cui volueritis. Quod si minime vobis exinde fecerimus auri solidos viginti regales vobis componere promittimus. et hec chartula sit firma in per[petuum.] Nam et michi Gayta qui sum uxor de pred. Urso hec chartula michi certissime et [gra]tanter placet et a mea parte firma et stabilis sia in perpetuum per ss. obligata pena.

† Se[rgius] iudex f. qd. Lupini de Ferraci t. e.

† Sergius f. Pantaleonis Mau(ronis) com. t. e.

† Iohannes angularius dom. Leonis filius t. e.

† Ego Manso f. dom. Iohannis curialis f. dom. Ursi imperialis dissipati scripsi.

CCIII.

1180 — Guglielmo re a. 15 — ind. XIII — 23 luglio — Amalfi.

Sergius da Tabernata fa il suo testamento, disponendo dei suoi beni in Amalfi, *Pugèllula*, *Tabernata* ed altrove.

Perg. di Amalfi, n. 159; arch. di S. Lor., n. CLXV; arch. della SS. Trinità, n. 111 — Orig. — Alt. 48 × 39; lievemente corrosa in alcuni punti; rigata e marginata a sin.; calligrafica — Inedita.

A tergo, in scrittura gotica, si legge: « *Carta testamenti de Sergio de Tabernata. dimisit hereditatem suam sancto Laurentio et specialiter apotegam de Sandala et possessiones [in] Puge[llu]la.* »

† In nomine domini dei salvatoris nostri Iesu christi. anno ab incarnatione eius millesimo centesimo octuagesimo. temporibus domini nostri Guilielmi dei gratia regis Sicilie ducatus Apulie et principatus Capue. et quinto decimo anno regni eius Amalfi. die vicesima tertia mensis iulii ind. tertia decima Amalfi. Chartula firma testamenti facta a me quidem videlicet Sergius da Tabernata. propter quod cecidi in valida infirmitate et cotidie me expecto magis morire quam vivere. Proinde cepi cogitare

misericordiam omnipotentis Dei et iudicia eius que magna sunt et terribilià valde. ne forte quod absit subito moriar aut officium lingue mee perdam et causas denique meam iniudicata remanea et anima meam in illo futuro seculo detrimentum patiatur. Unde feci vocare ante me ipsum scribam curialem cum aliis bonis hominibus. et coram eis volo disponere et ordinare animam meam et omnes faccultates meas qualiter et quomodo se exinde atgere debeam post meam defunctione. Primis omnibus volo ut ipsis mei distributores quos in hoc meum testamentum constituo licentiam et potestatem habea vice et autoritate mea atque pro parte mea vindere et tradere at dom. Urso f. dom. Iohannis Castallommata tota ipsa media hereditate mea sicut est cum fabricis et omnia eius pertinentia. illa videlicet quod cum illo in commune habeo que est posita in Pugellula at Ortellum. et plenarium et integrum ipsum castanietum et silva quod habeo in Tabernata at ipsum planum. sicut est cum omnia eius pertinentia. quam et totum quantum et qualiter habeo at foris ipso cancello vinea et silva et castanietum et terra vacua. sicut est iterum cum omnia eius pertinentia. pro uncias decem et octo tarenorum bonorum monete Sicilie. et facia ipsi inde at eum chartulam venditionis sicut consuetudo est. et iam ubi ipsi pred. mei distributores habuit venditum tota ipsa ss. causa at pred. dom. Urso pro uncias decem et octo tarenorum Sicilie in primis dentur atque rendantur se exinde uncie decem pro ipso debito quod dare debeo per memoriam. et ipse alie relique uncie octo quod exinde remanserit expendantur atque distribuantur ille pro anima mea ipsi subscripti mei distributores sicut ego hic inferius per ordinem reclaramus. Volo ut dentur se exinde in ipsa confraternitate cleri Amalfie solidos quadraginta et pro dec[ima] at domino archiepiscopo alios solidos decem. et in die obiti mei pro ciria et stamengia et in aliis expendiis que michi necesse fuerit at sep[elien]dum ipsum cadaver meum quam et in ipsa angustia expendantur solidos decem. Iterumque volo ut dentur se exinde in ipsa fabrica de ipso campanario episcopio Amalfie solidos quinque. dentur se exinde at Amorosa et at dom. Iohanne Carulo viro suo media uncia de tari. dentur se exinde at ipsa infantula filia de Anna tia mea quando venerit se at maritandum solidos quinque Amalfie et reservet illos at eam Daria genitrix mea. dentur se exinde at Teliara solidos quinque et at dom. Iohanni presb. spirituali patri meo alios solidos quinque. Volo ut dentur se exinde at Iohanni Fasulo solidos duo et at Sergio filio suo alios solidos duo et at Bartholomeo Palminterio solidos duo. dentur se exinde at Anna Cannabara pro anima mea solidos duo. Et iterum volo ut ipsa alia hereditate da ipsa Cruce sicut est cum omnia eius pertinentia cum ipsa domo de hanc terra Amalfie cum toto ipso mobilia quodcumque habeo et ubicumque paruerit vel inventa dederit de mee cause que michi pertinea vel pertineri videatur per qualibet ratione exepto illo quod exinde superius dispositum et iudicatum habeo. totum inclitum et sine omni minuitate sia de pred. Daria genitrix mea at faciendum exinde quod voluerit. Volo ut de ipse pred. uncie octo quod iudicavi pro anima mea dentur inde in monasterio sancti Laurentii solidum unum et medium. et in monasterio sancti Basili tarenos tres Amalfie. et in monasterio sancte Helene tarenos tres. et in monasterio sancti Nicolay da Campo alios tarenos tres. et in monasterio sancti Quirici tarenos quinque. Veruntamen ut si pred. dom. Urso Castallommata noluerit comparare tota ipsa ss. causa quod supra legitur pro unciis decem et octo qualiter superius legitur potestatem habea ipsi pred. mei distributores vindere illos at alie persone et ipsum pretium quod inde tulerit retdant exinde ipsum pred. debitum quod dare debeo. et ipso alio expendantur pro anima mea in ss. ratione qualiter superius legitur. et ipse pred. dom. Urso ubi Deo volente habuerit hedificata et consumata ipsa ecclesia sua sancti Michaelis archangeli que est incipita at fabricandum in Pugellula debea ordinare at faciend[um] michi per unoquoque anno usque in sempiternum pro anima meam vigilias duas et misse cum orationibus sine omni occasione. Volo ut fiat michi per omnia distributores ss. Daria genitrix mea et pred. Sergius f. ss. Iohanni Fasulo at distribuendum et atinplendum hec omnia suprascripta qualiter superius legitur. Et qui hunc meum testamentum disrumpere vel disturbare voluerit illa persona habea (1) et maledictionem a patre et filio et spiritui sancto et partem habea cum Iuda traditore domini nostri Iesu christi. insuper componat auri solidos centum regales. et hec chartula sit firma imperpetuum. Nam et michi ss. Daria que sum genitrix de pred. Sergio da Tabernata filio meo hec chartula testamenti qualiter per omnia superius legitur michi certissime et gratanter placet et a mea parte firma et stabilis permanea imperpe-

---

(1) Manca la parola *anathema*.

tuum per ss. anathema et obligata penam. Quod super disturbatum est legitur. tota ipsa media hereditate mea.

† Sergius f. qd. dom. Mauri Gattula t. e.

† Manso f. dom. Iohannis Capuani t. e.

† Mastalus dom. Tauri filius t. e.

† Ego Marinus clericus et curialis f. dom. Iohannis Rizzuli scripsi.

CCIV.

1180 — Guglielmo re a. 15 — ind. XIV — 3 novembre — Scala.

Iohannes f. qd. Ursi da la Turina, con sua moglie *Mabilia* e le loro figlie *Carate*, *Prisi et Farande*, donano *pro anima* al monast. di S. Maria di Fontanella (?) 4 *putee* ed alcune *petie* di terra in pertinenza di Lettere.

Perg. di Amalfi, n. 160; arch. di S. M. di Font., n. 284; arch. della SS. Trin., n. 333 — Orig. — Alt. 34 × 24; danneggiatissima per corrosione e per macchie, molto deleta nelle parti conservate — Inedita.

A tergo, si legge tra l'altro, in scrittura gotica: « . . . . *mon. sancte Marie dominarum* . . . . . ».

[† In] nomine domini dei salvatoris nostri Iesu christi. anno ab incarnatione eius millesimo centesimo ob[tuagesi]mo. temporibus domini nostri Guilielmi dei gratia invictissimi et precellentissimi regis Sicilie ducatus Apulie et principatus Capue. et quinto decimo anno regni eius Amalfi. die tertia mensis nobembris ind. quarta decima civitate Scala. Nos quidem Iohannes [f.] qd. Ursi da la Turina. et nos Mabilia eius iugalia. et [nos] Carate Prisi et Farande ambe vere germane. et sumus genitor et filie. a presenti die promtis[sim]a De[i ca]ritate et amore animarumque nostrarum redemtione seu omnium defuntorum parentum nostrorum dare et tradere adque offerire [visi su]mus [in monasterio . . . . qu]e constructum et dedicatum est in[tu]s civita[te] . . . .
. . . .
. . congregatione iamdicti monasterii. [idest plenarie] et integre ipse quattuor putee nostre fabrite et ipse pectie nostre de

terra plenum et [vacu]um quantum et qualiter abemus in pertinentiis de castello Licteris [sicut] sibi sunt ipse ss. quattuo[r putee fa]brite et ordinate cum vie sue et omnia eorum pertinentie et tota ipsa terra quantumcumque ibidem abemus per qu[ali]bet ratione. idest plenum et vacuum et cum vie sue et omnibus sibi abentibus et pertinentibus. unde nichil vobis exinde exeptu[avi]mus. set plenaniter et sine omni minuitate quantum et qualiter abuimus in tota pertinentia de ss. castello Licteris hok est . . . . potee et fabricis et terra plenum et vacuum totum vobis dedimus et tradidimus impresenti concetdimus in [ss.] monasterio asque nulla minuitate qualiter s[upra di]ctum [est]. qui nobis obvenit per plures chartulas com[par]ationis. et tote ipse ss. compationis (*sic*) cum tote ipse alie chartule quod inde abuimus vobis ille dedi[mus. et firmamus vobis ut si alias chartulas inbenta dederit] nos et meis he[redes] mitt[amus] ille suptus [vestram potestatem] . . . .
. . . .
. . . .
. . . .
. . et ratione ut [amo]do [et semper] incl[ita] ipsa pred. nostra [trad]ition[e a]dque offersi[one qualiter] et quomodo superius legitur in vestra et de vestris posteris sit potestate abendi fruendi dona[ndi vindend]i faciendi iudicandi exinde omnia quodcumque volueritis sine omni nostra et de nostris he[redes] et [de omni h]umana persona contrarietate vel requisitione imperpetuum. etiam taliter illos abeatis et possideatis et dominetis [adque] frugietis qualiter per omnia proclama ipse ss. chartule quas vobis exinde dedimus. Insuper nos et [nostri heredes vobis et] at vestris posteris [quam] et ad ipso ss. monasterio eos cum illos defendere et vindicare ad[que antestare] debeamus omni tempore ab omnibus ominibus. et si contra an chartulam venire presumseri[mus] . . . .
componere promittimus nos et nostris heredes vobis vestrisque [posteris auri solidos] quinquaginta [regales. et hec chartula sit firma] imperpetuum.

[†] . . . . is Copp(ula) filius t. e.

† Matteo dom. Capuano sacc . . . filius t. e.

[† Ego . . . . f.] qd. dom. Martini Copp(ula) scripsi.

CCV.

1181 — Guglielmo re a. 15 — Ind. XIV — 15 febbraio — Atrani.

Urso f. Leonis f. Ursi da Lauri rende a *dom. Leoni f. qd. Sangilii de civitate Sirrento*, abbate del monastero dei SS. Quirico e Giulitta, il possesso di alcune terre site in Tramonti, a *Paternu maiore*, che il suo avo *Urso* insieme ad *Urso f. Leonis da Lauri* aveva prese *ad laborandum*.

Perg. di Amalfi, n. 161; arch. di S. M. di Font., n. 286; arch. della SS. Trinità, n. 144 — Orig. — Alt. 33 1[2 × 26; alquanto macchiata — Inedita.

A tergo, in scrittura gotica, si legge: « *Pa[terno] Maiuri . . . ubi dicitur ad Campanoro. pro monast. sancte Marie dominarum de Amalfia* ».

† In nomine domini dei salvatoris nostri Iesu christi. anno ab incarnatione eius millesimo centesimo octuagesimo primo. temporibus domini nostri Guilielmi dei gratia regis Sicilie ducatus Apulie et principatus Capue. et quinto decimo anno regni eius Amalfi. die quinta decima mensis frebuarii ind. quarta decima Atrano. Manifestum facio ego Urso f. Leonis f. Ursi da Lauri. vobis dom. Leoni domini gratia monachus atque abbas monasterii sancti Quirici et Iulicte que constructus et dedicatus est intus hanc civitate Atrano a subtus Monte maiore. et f. qd. dom. Sangilii de civitate Sirrento. quam et a cunta vestra congregatione vestrisque fratribus ipsius monasterii. pro eo vero quod iam (1) preteriti anni quod ss. Urso da Lauri abio meo una cum Urso f. Leonis da Lauri tenuerunt allaborandum per chartulam incartatio(nis) a medietate ipsa hereditate et fabricis quam pred. monasterio abet in Trasmonti loco nominato a Paternu maiore. qualiter per omnia continet ipsa pred. chartula incartationis quod inde abemus. Modo vero ego pred. Urso comvenivit me vobiscum per bona comvenientia et a die presenti remitto et assicuro vobis et in pred. monasterio inclita ipsa portione mea quantum me pred. Urso tetigere vel

(1) È stata omessa dallo *scriba* la parola *sunt*.

pertinere debuera allaborandum de ss. hereditate per ipsa pred. chartula incartationis pro parte de ss. Urso da Lauri abio meo. ut fiat in potestate vestra et de vestris posteris et de pred. monasterio affaciendum inde omnia quecumque volueritis sine omni nostra et de nostris heredibus contrarietate vel requesitione in perpetuum. et ipsa pred. chartula incartationis vobis illa rendedimus. In ea ratione ut vos debeatis facere a ipsa heredes de ss. Urso f. ss. Leonis da Lauri de ipsa portione sua de ss. incartatione ut iustum est. ut bene possat ahere ipsa ss. portio sua allaborandum pro ipsa continentia de pred. chartula incartationis ut iustum fiat. quia taliter inter nobis stetit. Iterum similiter ss. Urso da Lauri abio meo abuit incartatum per alia chartula incartationis ipsa hereditate et castanietum quam pred. monasterio abet in Trasmonti a Paternu maiore sicut pred. chartula incartationis proclama. Modo vero placuit nobis et vobis et per bona comvenientia quam inter nobis stetit remittimus et assecuramus vobis illos et in pred. monasterio. ut fiat omni tempore in potestate vestra et de vestris posteris et de pred. monasterio sine omni contrarietate nostra et de nostris heredibus et de omni humana persona pro nostra parte in perpetuum. et ipsa pred. chartula incartationis vobis illa rendedimus. etiam hoc quod vobis et in pred. monasterio vobis modo remisimus potestatem abeatis illos incartare et dare allaborare cum chartula vel sine chartula cuy volueritis vel potueritis quia michi libenter placet. de illos quod vobis remisimus sicut supra legitur. quia sic nobis stetit. Quod si minime vobis exinde fecerimus auri solidos viginti regales vobis componere promittimus. et hec chartula sit firma in perpetuum. Quod super disturbatum est legitur. vobiscum.

† Matheus f. qd. Aliberti t. e.

† Bartholomeus f. Pantaleonis de com. Gregorio t. e.

† Ego Manso f. dom. Iohannis curialis f. dom. Ursi imperialis dissipati scripsi.

CCVI.

1181 — Guglielmo re a. 16 — ind. XIV — 27 maggio — Ravello.

Claritia f. dom. Iohannis Cafari et uxor Leonis f. dom. Ursonis Bove e suo figlio *Sergius clericus*, anche in nome del rispettivo marito e padre, assente, donano *pro anima* alla ch. di S. Vito *in Sabuco*, nelle mani del vescovo di Ravello, *dom. Iohanni f. dom. Leonis f. dom. Sergii Rufuli*, la terza parte delle terre che hanno *in pertinentia de Campo, in loco qui dicitur Filibola.*

Perg di Amalfi, n. 162; arch. della SS. Trin., n. 253 — Orig. — Taglio irre golare al marg. inf.: alt. mass. 80 × 26; rigata e marginata — Inedita.

A tergo si legge un transunto del doc., e in fine: « *Vide instrumentum signatum num. 255* ».

† In nomine domini dei salvatoris nostri Iesu christi. anno ab incarnatione eius millesimo centesimo octuagesimo primo. et sexto decimo anno regni domini nostri Guilielmi dei gratia Sicilie invictissimi et precellentissimi regis Apulie ducatus Capue principatus. quinto die astante mensis madii ind. quartadecima Rabelli. Nos quidem Claritiia f. dom. Iohannis Cafari et uxor Leonis f. dom. Ursonis Bove. et Sergius clericus f. ss. dom. Leonis Bove. et sumus ambo mater et filius. et sumus in vice nostra quam et pro vice de pred. dom. Leone viro et genitori nostro qui non est modo in ista terra et nos istud quindiniiamus pro parte sua. a presenti die promtissima voluntate donare et tradere seu offerire visi sumus vobis dom. Iohanni dei gratia venerabili episcopo huius prefate civitatis et filio dom. Leonis f. dom. Sergii Rufuli. et per vos in ipsa ecclesia vestra sancti Viti martiris christi. quam vos construxistis et dedicastis in Sabuco. idest plenariam et integram ipsam tertiiam partem nostram quam habuimus in ipso castanieto et terra plenum et vacuum quod est in pertinentiia de Campo in loco qui dicitur Filibola. que at me ss. Claritiia obbenit ipsa pred. tertiiam partem a dom. Boccia matre mea. Et chartule non habuimus quod vobis inde dedissemus. set firmamus vobis ut si per aliquando tem-

pore paruerit chartule que ibi pertineant nos et nostri heredes mittamus ille subtus vestra potestate et de iamdicta ecclesia sine omni amaricatiione. Nam vero reclaramus vobis fines de toto pred. castanieto et terra plenum et vacuum. unde vobis donavimus et per vos in ss. ecclesia ipsam prenominatam tertiiam partem nostram quam ibidem habuimus. a supra namque ponitur finis torum aqua versante. de subtus itaque ponitur finis causa Leonis f. dom. Constantini Rogadio. et fini fine causa de ipsis Firmica et iterum vadit per finem causa Sabelli f. dom. Iohannis Factirusi. et salet ista finis in susu per causa similiter de pred. Savelli Factiruso. et descendit in iusum per pred. causa sua usque in finem causa de ipsis da la Persone et de ipsis Feczari. ex uno vero latere ponitur finis causa de ipsis de Scimmosa. et de alio latere continet finis causa de ipsis Zinziricrapa usque in ipsa via puplica. et facit ibidem angulum inda parte septemtrionis et salet in susu per finem causa de pred. Zinziricrapa usque in aqua versante. Et iam quantum inter has ss. fines concluditur castanietum terra plenum et vacuum cultum vel incultum domesticum et salvaticum plenariam et integram ipsam pred. tertiiam partem nostram quam ibidem habuimus vobis exinde donavimus et tradidimus et per vos in ss. ecclesia vestra sancti Viti. cum salva quidem via sua et omnia sua pertinentiia. Et de ipsa ss. tertiiam partem nostram nichil vobis exinde exceptuavimus nec aliquid nobis exinde ibidem remansit. Que vobis donavimus et tradidimus atque obtulimus et per vos in ss. ecclesia pro amore Dei omnipotentis et pro remedium anime nostre et parentum nostrorum. sicut inter nos bone voluntatis convenit in omnem deliberatiionem et in omnem dequisitiionem. Ut ab oc die presenti et imperpetuis temporibus ipsam ss. tertiiam partem nostram de pred. castanieto sit de ipsa prefata ecclesia sancti Viti at faciendum et iudicandum exinde omnia que voluerit sine omni nostra et de nostris heredibus contrarietate vel requisitiione imperpetuum. Et nos et nostri heredes defendamus et vindicemus illam omni tempore in ss. ecclesia ab omnibus hominibus. quia taliter vobis illud firmamus coram presentiia subscriptorum testium. et hec chartula sit firma imperpetuum. Disturbatum legitur. Sergii.

† Cioffus f. dom. Sergii Bove t. e.

† Iacobus tesstis f. dom. Constantini Rogadio ests (*sic*).

† Ego Leo presb. scriba Constantini Mutilionis iudicis filius scripsi.

CCVII.

1181 — Guglielmo re a. 16 — ind. XV — 3 dicembre — Atrani.

Iohannes f. Ursi da Lauri prende a pastinato da *dom. Leoni f. qd. dom. Sangilii de Sirrento*, abbate del monast. dei SS. Quirico e Giulitta, una terra sita in Tramonti, *a Lauri.*

Perg. di Amalfi, n. 163; arch. di S. M. di Font., n. 285; arch. della SS. Trin., n. 136 — Orig. — Taglio irreg. al marg. inf.: alt. mass. 62 1/2 × 23 — Inedita.

† In nomine domini dei salvatoris nostri Iesu christi. anno ab incarnatione eius millesimo centesimo octuagesimo primo. temporibus domini nostri Guilielmi dei gratia regis Sicilie ducatus Apulie et principatus Capue. et sexto decimo anno regni eius Amalfi. die tertia mensis decembris ind. quinta decima Atrano. Cer[tum] est me Iohannes f. Ursi da Lauri. a presenti die promtissima voluntate scribere et firmare visus sum vobis dom. Leoni domini gratia monachus et abbas monasterii sancte et gloriose dei genitricis et virginis Marie et beatorum martirum Quirici et Iulicte que constructus et dedicatus est intus hanc civitate Atrano a subtus Monte maiore et f. qd. dom. Sangilii de civitate Sirrento. quam et cunta vestra congregatione vestrisque fratribus manentes in pred. monasterio. hanc chartulam simile de illa quod vos nobis scribere fecistis. pro quibus dedistis et assignastis nobis idest plenariam et integram ipsa hereditatem quam pred. monasterius abet in Trasmonti a Lauri. sicut sibi est plenum et vacuum et cum fabricis et omnia sibi abentibus et pertinentibus. que continet as fines. da capo fini causa ecclesie sancti Michaelis et fini causa de Urso Biffula et fini causa heredes Sergii da Lapora. da pede fini via puplica. de uno latere a parte septemtrionis fini causa propria mea de me pred. Iohanne da Lauri sicut ipsi termini demostra. et de alio autem latere a parte meridie fini causa que fuera de dom. Petro presb. et abbati de Landone. cum salva quidem via sua et omnia sua pertinentia. unde nichil nobis exinde exeptuastis. In eam enim videlicet rationem ut amodo et semper nos et

unus de filiis nostris èt unam persona de filii filiorum nostrorum de generatione in generationem de masculina progenie illos abeamus et teneamus a tertiam parte. et de presente illos debeamus cultare et bitare et laborare in altum in pergule cum legature nostre et cum omni nostro expendio. set canne et salici faciamus in pred. loco. set vos et vestris posteris dare debeatis nobis et a nostris heredibus omni anno in pred. loco tanta ligna ut sufficia allaborandum tota pred. hereditate. et habeamus exinde de totum bonam curam et certamen seu vigilantia atque studium ut laudabile sia et per bonis hominibus parea. ut semper dica tertius et quartus homo quia tota pred. hereditate de fine in fine bona est cultata et bitata et potata et laborata et armata sicut meret et pertinet et qualiter ipse locus meruerit et zappata duas vices per annum tempore abto. et iam amodo et semper vinum et fructura seu et omne alium frugium quodcumque ibidem Dominus dederit sine fraude et omni malo ingenio dividere illos debeamus vobiscum in tertiam parte. vos et vestri posteris tollatis inde portiones due et nos et nostri heredes tollamus inde portione una hoc est tertiam parte ibidem in pred. loco. vinum a palmentum fructura per tempora sua. et quando venimus a vindemiare faciamus vobis illos scire. et debeamus vobis vindemiare et pisare ipse ube. et labemus et distringamus vobis ipse bucti vestre cum circli et stuppa vestrum. et inbuctemus vobis ipse due portiones vestre de pred. vino. et demus vobis supra sorte per omne annum cofina dua de ube et per omne palmentum pullum unum. et quando vindemiamus nutricemus vos de coquinatum sicut nostra erit possivilitate. et deponamus vobis per omne annum pondum unum. Et si forsitan quia nos et nostri heredes bene illos non laboraverimus et cultaverimus et omnia ut superius legitur bene illos non atinpleverimus vobis et a vestris posteris qualiter supra legitur iactetis nos inde vacuos cum causa nostra mobilia et faciamus vobis iustitia sicut lex fuerit. Quod si nos et nostri heredes bene laborando et certando et omnia qualiter superius legitur bene atinplendo vobis et a vestris posteris sicut supra legitur non abeatis potestatem nos exinde commovere vel deiactare neque nulla virtute vel invasione nobis ibidem facere neque facere faciatis per nullum modum aut data occasione. set vos et vestri posteris nobis et a nostris heredibus vindicetis et defendatis et scalumnietis illos ab omnibus hominibus. Et qui de nobis et vobis aliquid de ss. placito et comvenientia ut supra legitur minuare vel extornare voluerit compo(nat) pars infidelis a partem que firma steterit auri solidos viginti regales. et hec chartula unde inter nobis ana singule similis fecimus sit firma imperpetuum.

† Bartholomeus f. Pantaleonis de com. Gregorio t. e.

† Pantaleo f. qd. Sergii Neapolit(ani) t. e.

† Ego Manso f. dom. Iohannis curialis f. dom. Ursi inperialis dissipati scripsi.

CCVIII.

1182 — Guglielmo re a. 16 — ind. XV — 3 marzo — Atrani.

Iohannes, figlio naturale di *Gemma f. Constantini da Salerno,* dona *pro anima* a *dom. Leoni f. dom. Sangilii de Sirrento,* abbate del monast. dei SS. Quirico e Giulitta, un orto in Atrani.

Perg. di Amalfi, n. 164; arch. di S. M. di Font., n. 287; arch. della SS. Trin., n. 145 — Orig. — Alt. 44 1/2 × 23 1/2 — Inedita.

† In nomine domini dei salvatoris nostri Iesu christi. anno ab incarnatione eius millesimo centesimo octuagesimo secundo. temporibus domini nostri Guilielmi dei gratia regis Sicilie ducatus Apulie et principatus Capue. et sexto decimo anno regni eius Amalfi. die tertia mensis martii ind. quinta decima Atrano. Certum est me Iohannes naturalis filius Gemma filia Constantini da Salerno. a presenti die promtissima voluntate dedimus et tradidimus atque assecuravimus vobis dom. Leoni domini gratia monachus et abbas monasterii sancti Quirici et Iulicte que constructus et dedicatus est a supra hanc civitate Atrano a subtus Monte maiore et filius dom. Sangilii de civitate Sirrento. quam et a cunta vestra congregatione vestrisque fratribus de pred. monasterio. idest plenarium et integrum ipsum ortum nostrum plenum et vacuum quod habemus hic in Atrano positum iusta ipse domus nostre et iusta ipsum ortum de pred. monasterio. sicut sibi est totum pred. ortum quam vobis modo dedimus et tradidimus plenum et vacuum de fine in fine de longitudine et latitudine seu et cum omnia sibi infra se abentibus et pertinentibus. Unde reclaramus vobis exinde ipse finis

qualiter et quomodo illud vos et vestris posteris quam et ipso pred. monasterio abere et possidere seu frugiare et dominare debeatis. a supra namque ponitur a parte septemtrionis fini causa de pred. monasterio. de subtus a parte meridie fini ipsum murum plenarium vestrum qui est iusta ipse domus nostre. de uno vero latere a parte orientis fini causa de Marocta Brancia sicut demostra ipsum murum plenarium vestrum. et de alio autem latere a parte occidentis fini ipsa via qualiter demostra iterum ipsum murillum qui exinde fabritus est iusta ipse domus nostre et iùsta ipse domus de Limpiasa tia mea. cum salva quidem via sua cum omnia causa et omnia sua pertinentia. unde nichil vobis exinde exeptuavimus. qui michi pred. Iohanne obbenit da pred. Gemma genitrice mea. et a illa obbenit per chartulam comparationis da pred. Marocta Brancia. et ipsa pred. chartula perdedimus illa et nescimus quod facta est. set firmamus vobis si per aliquando tempore inventa fuerit pred. chartula comparationis tunc nos et nostris heredes mittamus eas subtus potestate vestra et de vestri posteris et de pred. monasterio sine omni amaricatione. Et ipsum pred. 'ortum qualiter superius legitur vobis illud dedimus et tradidimus pro magno amore et dilectione quod in vos abuimus et pro remedium anime de pred. genitrice mea. et pro quibus dedistis michi tari tres boni de Amalfi in omne deliberatione et in omne decesitione. Ut amodo et semper fiat in potestate vestra et de vestris posteris et de pred. monasterio abendi fruendi possidendi dominandi faciendi et iudicandi vobis exinde omnia quecumque volueritis sine omni nostra et de nostris heredibus contrarietate vel requesitione in perpetuum. Insuper nos et nostri heredes vobis et a vestris posteris quam et a ipsum pred. monasterium illud defendere et vindicare atque scalumniare debeamus omni tempore ab omnibus hominibus. Quod si minime vobis exinde fecerimus auri solidos decem regales vobis componere promittimus. et hec chartula sit firma in perpetuum. Nam et michi pred. Limpiasa f. ss. Constantini da Salerno qui sum tia de pred. Iohanne hec chartula qualiter superius legitur michi certissime et gratanter placet et a mea parte firma et stabile sia in perpetuum per ss. obligata pena.

† Bartholomeus f. Pantaleonis de com. Gregorio t. e.

† Sergius f. dom. Sergii Nealitani (*sic*) t. e.

† Ego Manso f. dom. Iohannis curialis f. dom. Ursi inperialis dissipati scripsi.

CCIX.

1182 — Guglielmo re a. 17 — ind. I — 10 novembre — Amalfi.

Petrus f. Iohannis da Sancti e sua nuora *Blactu f. Iohannis da Piro*, anche in nome del rispettivo figlio e marito Giovanni, minorenne, vendono ai fratelli Sergio e Leone, *f. qd. Iohannis Lispuli*, una terra in Agerola, *at Butablo*, per 6 soldi d'oro di tarì.

Perg. di Amalfi, n. 165; arch. di S. Lor., n. 170; arch. della SS. Trinità, n. 813 — Orig. — Alt. 32×26 1/2; alquanto macchiata e deleta — Inedita.

† In nomine domini dei salvatoris nostri Iesu christi. anno ab incarnatione eius millesimo centesimo octuagesimo secundo. temporibus domini nostri Guilielmi dei gratia regis Sicilie ducatus Apulie et principatus Capue. et septimo decimo anno regni eius Amalfi. die decima mensis novembris ind. prima Amalfi. Certi sumus nos Petrus f. Iohannis da Sancti. et Blactu f. Iohannis da Piro et uxor Iohannis f. ss. Petri. qui sumus socer et nora. et sumus pro vicibus nostris quam et pro vice de pred. Iohanne filio et viro nostro qui est modo infra etate et nos istut quindeniamus pro parte sua. a presenti die promtissima voluntate venundedimus et tradidimus vobis Sergio et Leo veris germanis f. qd. Iohannis Lispuli. idest plenariam et integram petiam unam de terra quod habemus in Ageroli loco nominato at Butablo. sicut est plenum et vacuum cum omnia sibi infra se habentibus et pertinentibus. quod nobis obbenit a parte de pred. genitori de me ss. Petro. et ipse chartule quod exinde habemus dedimus vobis ille et si plus chartule exinde habemus vel exinde paruerit nos et nostri heredes mittere ille debeamus subtus vobis et vestris heredibus sine vestra damnietate vel amaricatione. Et reclaramus vobis exinde ipse finis. da capo continet fini ipsa via puplica que est inter hoc et causa nostra de illos quod nobis remansit. da pede continet fini media lama. de uno latere ponitur fini causa Sergii veris germanis et tii nostri filii ss. Iohannis da Sancti. et de alio latere ponitur finis vestra de illos quod ibidem de antea habetis. cum salva via sua cum omnia

causa que vobis et at vestris heredibus opus et necessarium fuerit. unde nichil vobis exinde exceptuavimus quia totum quantum et qualiter ipse ss. finis concluditur sicut est plenum et vacuum cum omnia sibi infra se habentibus et pertinentibus totum vobis illos modo venundedimus et tradidimus sine omni minuitate per omnia at trasactum qualiter superius legitur. Unde et in presenti exinde accepimus a vobis plenariam nostram sanationem idest auri solidos sex boni de tari monete Amalfie ana tari quattuor per solidum sicut inter nos exinde bone voluntatis convenit in omni deliberatione et in omni decisitione. Ut amodo et semper siat totum proprium liberum vestrum et in potestate vestra et de vestris heredibus at faciendum et iudicandum exinde omnia quod volueritis sine omni nostra et de nostris heredibus contrarietate vel requesitione imperpetuum. et nos et nostri heredes vindicemus et defendamus vobis illos et at vestris heredibus omni tempore ab omnibus hominibus. Quod si minime vobis exinde fecerimus et omnia ut superius legitur non atimpleverimus componere promittimus nos et nostri heredes vobis et at vestris heredibus dupplo ss. pretio. et hec chartula sit firma imperpetuum.

† Io(hannes) f. dom. Sergii Agustarizzi t. e.

† Marinus f. Sergii de lu Iudice t. e.

† Ego Lupinus humilis presb. scriba scripsi.

CCX.

1182 — Guglielmo re a. 17 — ind. I — 17 novembre — Scala.

Urso f. qd. Sergii Pironti de castello Pini, abitatore di Scala, vende a suo genero *dom. Leoni f. Iohannis Mazzamorta* una vigna sita in *Puntone, in vico sancti Andree ap.*, per once . . . di tareni di Sicilia.

Perg. di Amalfi, n. 166; arch. di S. M. di Font., n. 288; arch. della SS. Trin., n. 146 — Orig. — Taglio irregolare al marg. inf.: alt. 28 × 27; macchiata, corrosa in varie parti — Inedita.

† In nomine domini dei salvatoris nostri Iesu christi. anno ab incarnatione eius millesimo centesimo octuagesimo secundo.

temporibus domini nostri Guillelmi dei gratia regis invictissimi Sicilie Apulie ducatus Capue principatus. et anno septimo decimo regni eius ducatus Amalfie. die septimo decimo mensis novembris ind. prim[a civi]tate Scala. Certum est quod nos Urso f. qd. Sergii Pironti qui fui nativus de castello Pini et modo [sum habi]tator huius prefate civitatis Scale. a presenti die propmtissima (*sic*) voluntate venundedimus atque in [presenti] concessimus et tradidimus vobis dom. Leoni genero meo et filio Iohannis Mazzamorta qui fuit nativus de pred. caste[llo] Pini et modo est habitator huius pred. civitatis. idest plenariam et integram ipsam vineam et terram plenum et vacuum quantum et quale habui in Puntone positum in vico sancti Andree apostoli. quod michi obvenit per chartulam testamenti da Boccia f. qd. Ursi Aczaruli. et ipsam pred. chartulam testamenti et alias chartulas quas inde habui dedi vobis illas firmans vobis ut si alia chartula exinde paruerit nos et nostri heredes mittere illam debeamus sub vestra et de vestris heredibus potestate sine vestra amaricatione. Nam vero reclaramus vobis exinde ipsas fines quomodo illud debeatis habere et possidere seu frugiare et dominari debeatis. a supra namque ponitur finis cause Sergii Ficetule. de subtus vero ponitur finis cause Sergii f. qd. Leonis Inperatoris. de uno vero latere ponitur finis cause de ipsis Iuven. (1) et expedicata fine (2) eorum facit angulum elargando et iam descendit per finem cause Leonis de Iannu. de alio vero latere ponitur finis cause Iohannis Compaleonis. Q[uan]tum ergo per has fines concluditur vinea et terra plenum et vacuum totum vobis illud vendidimus et t[radidi]mus sine omni minuitate. cum vice de viis suis seu et cum omnibus infra se habentibus [et pertinen]tibus. unde nichil exeptuavimus set plenarium et integrum totum vobis illud vendidimus s[ine omni] minuitate. Unde et in presenti exinde accepimus a vobis plenariam nostram sanationem idest unc . . . de tarenis domini regis monete Sicilie sicut inter nos bona voluntate convenimus in omnem deliberationem [et in omnem] decesitionem. ut a nunc die presenti et in perpetuis temporibus in vestra et de vestris heredibus sit potestate ad faciendum et iudicandum exinde omnia quecumque volueritis sine omni nostra et de nostris heredibus contrarietate vel requisitione in perpetuum. Insuper nos et nostri heredes

---

(1) Questo cognome è abbreviato per troncamento.

(2) La parola, corretta, par *fiece*, ma è evidentemente *fine*.

vobis vestrisque heredibus illud antestare et defensare promittimus omni tempore ab omnibus hominibus. Quod si minime vobis exinde fecerimus con[ponere] vobis promittimus duplum ss. pretium. et hec chartula sit firma in perpetuum. Nam et michi Paske f. ss. Urso [et re]licte Petri Casolle hec chartula quam scribere fecit ss. genitor meus michi certissime et grata[nter placet] per ss. obligata penam. Et ubi supra est disturbatum legi[tur. M]az. et inter virgulum et virgulum legitur. zamo[rta].

† Constantinus Iohannis de Marino filius t. e.

† Ser[gius]' . . . . . era t. e.

† Consul scriba f. qd. dom. Iohannis Malardi scripsit.

CCXI.

1182 — Guglielmo re a. 17 — ind. I — 30 novembre.

Guerrasius f. qd. Iohanne de Sassu Bocca grassu, di Lettere, prende a pastinato da *dom. Aloara f. dom. Iohannis curialis f. dom. Ursi imperialis dissipati f. dom. Iohannis iudicis*, abbadessa del monast. di S. Tommaso di Atrani, un castagneto in luogo detto *a la Pizzicota,* in pertinenza di Lettere.

Perg. di Amalfi, n. 167; arch. di S. M. di Font., n. 289; arch. della SS. Trin., n. 1118 — Orig. — Taglio irregolare al marg. inf.: alt. mass. 40 × 19 1/2; lievemente deleta nella parte sup., macchiata in basso — Inedita.

† In nomine domini dei salvatoris nostri Iesu christi. anno ab incarnatione eius millesimo centesimo octuagesimo secundo. et septimo decimo anno regni domini nostri Guilielmi Sicilie et Italie gloriosissimi regis. ultimo die mense novembris prima indictione. Ego quidem Guerrasius f. qd. Iohanne de Sassu Bocca grassu de castello Licteris. a presenti [die promtissima voluntate scribere et firmare visus sum vobis dom. Aloara gratia dei monacha et abbatissa monasterii puellarum vocabulo sancti Thome apostoli qui constructus et dedicatus est intus civitate Atrano subtus Monte maiore a ipsa Orta. et filia dom. Iohannis curialis f. dom. Ursi inperialis dissipati f. dom. Iohannis iudicis. idest an chartulam simile de illam quod nobis scribere fecistis ad lavorandum de plenaria et integra ipsa petiia de castanietum

quam abet pred. monasterio in pertinentiia de oc castello Licteris in loco qui dicitur a la Pizzicota. que continet as fines. da caput finis (1) de heredibus Constantini Tramontanum. da pede finis causa de Iohanne Caputo. de uno latere finis de ipsa congregatione de oc pred. castello Licteris. de alio latere finis de pred. heredibus Constantini Tramontanum et finis de heredibus Leoni Petanzum. et dedistis nobis illut cum via sua et omnia sua pertinentiia. unde nobis exinde nichil exeptuastis. In eam ratiionem ut amodo et semper illut teneamus nos et nostris heredes filii filiorum nostrorum de generatione in generatione a medietatem. et de presentem debeamus illos cultare et ubi vacuum abet pastinare et inplere illos de tigillos et insurculare eos de castanee zenzale cum omni nostro expendio. et abeamus exinde de totum cura seu certamen vigilantiia atque studium ut laudabilem fiat per bonis ominibus ut semper dicat tertius et quartus omo quia totum pred. castanietum bonum est pastinatum et inserculatum de fine in fine sicut ipse locus meruerit. et iam amodo et semper castanee et fructura seu alium omnem frudium quod indem exierit sine fraude et malo ingenio dividere illos debeamus vobiscum et cum vestris posteris per medietatem in pred. loco. castanee sicce bone ad grate fructura per tempore suo. vos et vestre postere tollatis exinde medietate et nos et heredes nostras ipsa reliqua medietate. et ipse pred. castanee nos ille colligamus et sicemus. et per tempore castanee faciamus vobis scire omni anue ut mittatis ipse monache vestre qui recipiat ipsa medietate vestra. debeamus ille nutricare sicut erit nostra possibilitatem. Quod si nos vel nostris heredes bene illos non lavomus (*sic*) et cultamus et ipsa iustitiia vestra completa non damus qualiter superius legitur iactetis nobis inde vacuos et faciamus vobis iustitiiam sicut lex fuerit. Quod si nos et nostris heredes bene illut lavoramus et cultamus et ipsa iustitiia vestra conpletam damus non abeatis potestate nobis inde iactare nec birtute vel invasione ibide nobis facere set vindicetis nobis illut omni tempore ab omnibus ominibus. Quod si minime vobis exinde fecerimus auri solidos decem regales componere vobis promittimus. et hec chartula sit firma imperpetuum. Inter virgulos legitur. da caput [finis]. Et reclaramus quia ipse ss. castanee debemus vobis ille dare in castello Licteris a domus nostra.

---

(1) Le parole *da caput finis* sono interlineari.

† Ego Paganus subdiaconus t. s.

† Ego Taligri dieconus (*sic*) t. s.

† Ego Guilielmus scribam qd. dom. Truppoaldi iudicis filius scripsi.

CCXII.

1183 — Guglielmo re a. 17 — ind. I — 10 aprile — Atrani.

Pandulfus f. dom. Pantaleonis f. dom. Iohannis f. dom. Iohannis de Pantaleone dona *pro anima* al monastero di S. Angelo *da Mare* di Atrani, nelle mani dell' abbadessa *dom. Truda f. dom. Sergii f. dom. Sergii Neapolitano*, una vigna in Tramonti, *at Paterno maiorem*, e la sua porzione di una *planca* in *Reginnis Maioris*.

Perg. di Amalfi, n. 168; arch. di S. M. di Font., n. 290; arch. della SS. Trin. n. 852 — Orig. — Taglio irreg. al marg. inf.: alt. mass. 36 1/2 × 32 — Inedita.

† In nomine domini dei salvatoris nostri Iesu christi. anno ab incarnatione eius millesimo centesimo octuagesimo tertio. temporibus domini nostri Guilielmi dei gratia regis Sicilie ducatus Apulie et principatus Capue. et septimo decimo anno regni eius Amalfi. die decima mensis aprelis ind. prima Atrano. Certum est me Pandulfus f. dom. Pantaleonis f. dom. Iohannis et f. dom. Iohannis de Pantaleone. a presenti die promtissima voluntate dedimus et tradidimus atque offersimus in monasterio puellarum sancti Angeli qui dicitur da Mare qui constructum et dedicatum est in ac prefate civitatis Atrano prope litus arene maris. ubi nos consortes et portionarii sumus. quam et in manibus de te dom. Truda gratia dei venerabilem monacha et abbatissa ss. monasterii filia dom. Sergii et f. dom. Sergii Neapolitano. seu et a cunta vestra congregatione de pred. monasterio. idest pro mercede et remedio anime mee plenaria et integram ipsa una petia nostra de vinea quod habemus in Tramonti posita loco nominato a Paterno maiorem de subtus ipsa via puplica. sicut est de fine in finem de longitudine et latitudinem plenum atque vacuum cum omnia sua pertinentiam. unde reclaramus vobis exinde ipse finis. da caput conti(net) fini ipsa pred. via puplica. da pede et de uno latere fini causa heredes dom. Iohannis iudice

Animalata et fini ipsa via qui vadit a la funtana et de alio latere fini causa sancti Iohannis da Paterno maiorem. cum salva via sua cum omnia causa et omnia sua pertinentiam. unde nichil vobis exinde exeptuavimus. quia totum inclitum et sine omni minuitate quantum et qualiter ipse ss. finis concluditur cum omnia sua pertinentiam vobis illos modo dedimus et tradidimus atque offersimus in ss. monasterio et pro remedio et salutis anime mee sine omni minuitate qualiter superius legitur. Et iterum insimul cum istud dedimus et tradidimus atque offersimus in pred. monasterio inclita tota ipsa portionem meam de plenariam et integram tota ipsa planca quod habemus in Reginnis Maioris. qui michi obbenit a parte de dom. Iohanne de Pantaleo. In ea videlicet ratione ut amodo et semper fiat tota ss. causa propria de pred. monasterio et in potestate vestra et de vestre postere illos habendi fruendi dominandi et a faciendum exinde omnia que volueritis hopus et hutilitate de ss. monarterio sine omni nostra et de nostris heredibus contrarietate vel requisitione imperpetuum. Et aliquando tempore neque vos aut vestre postere non habeatis potestate illos vindere aut donare vel cambiare neque in pignum ponere nec alienare de pred. monasterio per nulla occasionem. set omni tempore fiat salvum in ss. monasterio pro anima mea sicut superius legitur. et faciatis exinde orationem pro anima mea ut iusstum fuerit. Et illa persona qui contra hanc chartulam venire presupserit et rumpere ea voluerit habeat hanathema et maledictio a patre et filio et spiritui sancto et parte habea cum Iuda traditorem domini nostri Iesu christi. insuper componere vobis debea auri solidos mille. et hec chartula sit firma in perpetuum. Quod super disturbatum est legitur. seu et a cun.

† Alfanus f. dom. Pantaleo com. Mauronis t. e.

† Iohannes angularius dom. Leonis filius t. e.

† Ego Pascha presb. et curialis scripsi.

CCXIII.

1183 — Guglielmo re a. 18 — ind. II — 11 novembre — Amalfi.

Matheus f. qd. Petri de Falcone prende a pastinato da *dom. Anna f. dom. Alferii*, abbadessa del monast. di S. Lorenzo, una terra sita in *Paterno pizzulo.*

Perg. di Amalfi, n. 169; arch. di S. Lor., n. 172; arch. della SS. Trinità, n. 507 — Orig. — Alt. 40 1/2 × 22: deleta con danno alla scrittura — Inedita.

✝ In nomine domini dei salvatoris nostri Iesu christi. anno ab incarnatione eius millesimo centesimo octuagesimo tertio. temporibus domini nostri Guilielmi dei gratia regis Sicilie ducatus Apulie et principatus Capue. et octavo decimo anno [regni] eius Amalfi. die undecima mensis novembris ind. secunda Amalfi. Certum est me Matheus [f. qd.] Petri de Falcone. a presenti die promtissima voluntate scribere et firmare visus sum vobis dom. Anna [dei grati]a monacha et abbatissa monasterii puellarum beati Laurentii christi martiris quod constructum et dedicatum [est] a supra Amalfi et filia dom. Alferii [Vulcani]. seu et at tota ipsa congregatione ss. monasterii hanc chartulam similem de illa quam nobis scribere fecistis. propter quod dedistis et atsignastis michi idest plenariam et in[teg]ram totam ipsam hereditatem vestram de pred. monasterio quod habetis in Paterno pizzulo. sicut sibi est plenum et vacuum cum fabricis et omnia sibi infra se h[abentibus] et pertinentibus. que continet per as fines. da capo finis causa heredes dom. Mansonis de dom. Iohanne. et descendet ex uno latere per finem dom. Mauri f. ss. dom. Iohannis [us]que in pede et vadit per ipsa via puplica et salet ex alio latere per finem causa ss. heredes pred. dom. Mansonis et per finem nostram illos quod ibidem de a[ntea] habeo. et iterum salet per finem causa Constantini Campanilis soceris mei et per ipsa cava. cum salva via sua et omnia sua pertinentia. unde nichil nobis exinde e[xeptu]astis. In ea videlicet ratione ut amodo et semper ego et mei heredes filii filiorum meorum de generatione in generationem usque in sempiternum descendentem in unam personam de me illos totum habeamus [et] teneamus [at] medietatem cum ss. monasterio. et de presente incipiamus illos totum cultare et [fru]giare et laborare qualiter meruerit. et ubi fuerit vacuum et necesse in pred. hereditate [pasti]nemus et impleamus illos totum de vitis de bono vindemio qualiter ipse locus meruerit. [et labo]remus et armemus illos totum in altum at pergule cum ligna et canne et salicis nostre et cum [omni nostro] expendio sicut necesse est. et habeamus exinde de toto semper bonam curam et bo[num studium] atque bonam certamen seu vigilantia ut per bonos homines parea ut semper dica ter[tius] et quartus homo quia tota ipsa ss. hereditate de fine in finem bona est cul[ta]ta et vitata et potata et zappata et laborata et armata in altum at pergule sicut meret [et] pertinet. et iam amodo et semper vinum et omne aliud frugium quodcumque ibidem Dominus dederit [ve]l inde exierit per quamlibetcumque rationem sine fraude et malo ingenio dividere illos to[tum] debeamus vobiscum per medietatem. vos et vestre postere de pred. monasterio tollatis inde me[di]etatem et nos et nostri heredes tollamus ipsa alia reliqua medietatem. vinum at palmen[tu]m et fructura per tempore suo. et quando venimus at vindemiare tempore vindemie [fac]iamus vobis scire et debeamus vobis vindemiare et pisare ipse uve et appizzoliare. [et l]avemus et stringamus vobis ipse buctis vestre cum stuppa vestram et cercli nostri. et inbuc[tem]us vobis ibidem ipsa portione vestra de ipso vino in ipso pred. loco. et demus omni anno supra sor[tem] cofina tria de uve et per omnem palmentum pullum unum. et nutricemus ipsa mona[ch]a que ibidem miseritis pro ipsa vindemia sicut [nostra] erit possibilitate et ipsa atducat si[bi] pane et condimen. et omni anno atducamus vobis ipso uno cofino de ipse pred. uve usque at ipso [pred.] monasterio vestro pro ipsa mensa sine pargiatura. et tote ipse salicis quod ibidem fecerimus in pred. hereditate tollatis exinde ipsa medietate vestra ibidem in pred. loco sine omni occasione. Et si nos [et] nostri heredes bene illos totum non laboramus et cultamus et omnia que superius legitur non at[im]plemus vobis et at vestre postere potestatem habeatis nos exinde vacuos iactare cum causa nostra [mobili]a. et faciamus vobis iustitiam sicut lex fuerit. Quod si nos et nostri heredes bene laborando et cer[tando] et omnia que superius legitur bene atimplendo vobis et at vestre postere non habeatis potestatem [nos exin]de comovere vel deiactare neque nullam virtutem vel invasionem nobis ibidem facere [nec facere] faciatis. set vindicetis et defendatis illos nobis et at nostris heredibus omni tempore ab omni[bus] hominibus. Et qui de nobis et vobis aliquod de ss. placito et conbenientia ut superius legitur minuare vel extornare voluerit componat pars infidelis at partem que firma steterit [au]ri solidos triginta regales. et hec chartula sit firma imperpetuum. Quod supra disturbatum est legitur. per [omnem] palmentum pullum unum. et in alio loco. sicut nostra erit possibi.

† Sergius f. qd. Sergii de lu Iudice t. e.

† Manso f. dom. Landulfi Capuani t. e.

† Mastalus dom. Tauri filius t. e.

[† Ego] Lupinus humilis presb. scriba scripsi.

CCXIV.

1184 — Guglielmo re a. 18 — ind. II — 14 gennaio — Amalfi.

Anna f. dom. Sergii de Palumbo, avendole ceduto sua sorella *dom. Rigale, uxor dom. Mansoni f. dom. Sergii f. dom. Mansonis erarii*, una porzione dei suoi beni per far la dote di essa Anna in occasione delle sue nozze, dona ora a quella in compenso una parte dei suoi beni.

Perg. Mon. soppr., 2.ª serie, vol. III, n. 211 — Orig. — Alt. 27 × 19; alquanto deleta specie presso i margini — Inedita.

† In nomine domini dei salvatoris nostri Iesu [christi. anno ab incarnatione] eius millesimo centesimo octuagesimo [quarto]. temporibus domini nostri G[uilielmi] dei gratia regis Sicilie ducatus Apulie et principatus Capue et octavo decimo anno regni eius Amalfi. die quarta decima mensis ianuarii ind. [secun]da Amalfi. Ego quidem Anna f. dom. Sergii de Palumbo. a presenti die promtissima voluntate scribere et firmare visa sum vobis dom. Rigale vera germana mea f. ss. dom. Sergii genitori nostri et uxor dom. Mansoni veri cognati mei f. dom. Sergii f. dom. Mansonis Erarii hanc chartulam plenaria securitatis [seu con]firmationis. propter quod gratia domini maritavi me in civitate Neapoli. set vos pred. dom. Rigale antiparastis vos et misistis infra ipsa dote mea tantum de rebus vestris quantum inter nos et vos bone voluntatis convenit. Unde et ego pred. Anna a die presenti mea bona spontanea voluntate dedi et tradidi seu do-

navi et firmiter atsecuravi exinde vobis idest inclita tota ipsa portione mea quantum et qualiter me tetigere aut pertinere debuera a parte de ipso [patri]monio et matrimonio meo tam de stabilibus quam et de movilibus portiones . . . . . ubicumque exinde [paru]erit vel inventa dederit de mea causa que michi pertinea vel pertinere debuera undecumque vel quomodocumque pro qualibet ratione. Unde nobis exinde nichil remansit aut aliquid vobis exinde exceptuavimus. et nulla causa nobis exinde remansit. In ea videlicet ratione ut amodo et semper sia totum proprium liberum et obsolutum vestrum et in potestate vestra et de vestris heredibus at faciendum et iudicandum exinde omnia quecumque volueritis sine omni nostra et de nostris heredibus contrarietate vel requesitione imperpetuum. Insuper firmamus vobis exinde per hanc chartulam plenaria et integra securitatis ut iam aliquando tempore neque ego pred. Anna neque mei heredes nec nullus homo pro mea parte non queramus nec querere faciamus vos ss. dom. Rigale aut vestros heredes nec nullum homine pro vestra parte aliquid de hec omnia suprascripta que superius legitur et neque de nulla alia qualibetcumque causa vel querimonia quod homo dicere vel cogitare potest per nullum modum aut data occasione imperpetuum. et si contra hanc chartulam venire presumpserimus et omnia ut superius legitur non atimpleverimus componere vobis promittimus auri solidos centum regales. et hec chartula sit firma imperpetuum.

† Sergius f. qd. dom. Mauri Gattula t. e.

† Marinus f. Sergii de lu Iudice t. e.

† Manso f. dom. Landulfi Capuani t. e.

† Ego Constantinus curialis f. dom. Leonis Ramarii scripsi.

CCXV.

1184 – Guglielmo re a. 19 – ind. II – 10 giugno – Amalfi.

I germani *Matheus et Sergius f. dom. Mauri Gatula f. dom. Pantaleonis f. dom. Leonis f. dom. Pantaleonis de Leone de Pantaleone de Iusto com.*, e *Sergius f. dom. Iohannis f. dom. Sergii f. dom. Pandonis f. dom. Sergii de Urso com. de Pardo com.*, esecutori testamentari del rispettivo nipote e germano *Mauro f. ss. dom. Iohannis de com. Urso*, vendono a *dom. Bernaldo f. dom. Constantini iudicis f. dom. Sergii f. dom. Pardi f. dom. Sergii de ss. Urso com. de pred. Pardo com.*, ed a sua moglie *Purpura f. dom. Mauri f. dom. Mauri f. dom. Constantini de Leone com.*, una vigna sita *in Plagiano*, per 8 once di tareni di Sicilia.

Perg. di Amalfi, n. 170; arch. di S. Lor., n. 174; arch. della SS. Trin., n. 16— Orig. — Taglio convesso nel marg. sup.: alt. 83 × 46; rigata e marginata, calligrafica, elegante; alquanto corrosa lungo il marg. destro, macchiata in qualche punto. — Inedita.

† In nomine domini dei salvatoris nostri Iesu christi. anno ab incarnatione eius millesimo centesimo octuagesimo quarto. t[emporibus] domini nostri Guilielmi dei gratia regis Sicilie ducatus Apulie et principatus Capue. et nono decimo anno regni eius A[malfi. die] decima mensis iunii ind. secunda Amalfi. Certi sumus nos Matheus et Sergius ambo veri germanis. [f. dom.] Mauri Gatula f. dom. Pantaleonis f. dom. Leonis f. dom. Pantaleonis de Leone de Pantaleone de Iusto com. qu[am et] nos Sergius f. dom. Iohannis f. dom. Sergii f. dom. Pandonis f. dom. Sergii de Urso com. de Pardo com. qui sumus distributores per testamentum de Mauro vero nepoti et germano nostro f. ss. dom. Iohannis de com. Urso. cognato et genitori nostro. a presenti d[ie prumti]ssima voluntate venundedimus et tradidimus vobis dom. Bernaldo f. dom. Constantini iudicis f. dom. Sergii f. dom. Pardi [f. dom.] Sergii de ss. Urso com. de pred. Pardo com. et dom. Purpura ambobus videlicet iugalibus. filia dom. Mauri et f. dom. Mauri f. dom. Co[nstantini] de Leone com. idest plenariam

et integram tota ipsa petia de vinea quantum et qualiter nobis remansit de plenaria et integra tota ipsa h[eredi]tatem quam ss. Maurus nepus et germanus noster habuit in Plagiano posita. quia ipso alio de ss. hereditate venundedimus illud .... at dom. Pandulfo f. dom. Pantaleonis. Iam qualiter et quomodo sibi est tota ipsa pred. petia de vinea iam propria libera vestra sit [quam vobis] modo venundedimus sicut supra legitur de fine in fine de longitudine et latitudine cultum vel incultum plenum atq[ue] vacuum cum plenarie tote ipse case et fabricis ibidem habente. seu et omnia cum omnibus sibi infra se habentibus et pertinentibus. que nobis obvenit per auctoritate de ispo testamento de pred. defuncto vero nepoti et fratri nostro. et at illum obvenit tota ss. causa a parte de toto ipso patrimonio et matrimonio suo. quam et in portione per chartulam merisis quando partivit una mecum pred. Sergius de com. Urso fratri suo tote ipse cause quas in comune habuimus a parte de ipsis pred. genitoribus nostris. et ipsum pred. testamentum et ipsa ss. merse de p[red.] defuncto non potuimus vobis ille dare pro alia capitula quod ibidem proclamat. set exemplavimus ille et dedimus vobis inde [at] tenendum ipse similis exemple. et firmamus vobis ut quandocumque vobis vel at vestris heredibus necesse fuerit sive ipsum pred. te[stamen]tum vel ipsa ss. merse veracis. unde vos habetis ipse similis exemple. sive ambe insimul sive una vel alia. pro aliqua defensione vestra de hoc suprascripto quod vobis modo venundedimus. tunc nos et nostri heredes per omnem vicem excutere et mostrare vobis ille debeamus et at vestris heredibus omni tempore ante lege et sine lege. sine vestra et de vestris heredibus damnietate vel amaricatione. Insuper firmamus vobis ut si qualibet chartula exinde paruerit aut inventa dederit per aliquando tempore qui ibidem pertineat nos et nostri heredes mittere illam debeamus subtus vobis et vestris heredibus sine vestra damnietate vel amaricatione. Nam vero reclaramus vobis ipse finis seu pertinentie de hoc suprascripto quod vobis modo venundedimus sicut superius legitur. qualiter et modo illud vos et vestri heredes habere et possidere seu dominare et frudiare debeatis. at supra namque ponitur quam et de uno latere ponitur a parte orientis finis vestra de ipsa alia causa vestra quam ibidem in ss. loco de antea habetis. de subtus itaque ponitur finis causa de pred. dom. Pandulfo de illos quod nos et modo venundedimus sicut supra legitur. qualiter exfinat et demostrat per ipsum murum fabritum plenarium iam vestrum. et de alio latere ponitur a parte occidentis fini fine causa heredibus Ursi da Balba. cum salva via sua ibidem ingrediendi et egrediendi cum omnia causa que vobis et at vestris heredibus et necessarium fuerit. Unde nobis exinde nichil remansit aut aliquid vobis exinde exceptuavimus. quia totum inclitum et sine omni minuitate quantum et qualiter ipse ss. finis concluditur plenum atque vacuum cum ipse ss. fabricis ibidem habente atque cum omnia sibi infra se habentibus et pertinentibus. vobis illos modo venumdedimus et tradidimus per omnia at trasactum qualiter superius legitur. Unde et in presentis exinde accepimus a vobis plenariam nostram sanatione. idest uncias octo tarenorum bonorum monete Sicilie. sicut inter nobis bone voluntatis convenit. quos dedimus et expedimus pro anima de pred. defuncto nepoti et fratri nostro sicut illos ipse iudicavit per pred. suum testamentum in omne deliberatione et in omne decesitione. Ut amodo et semper siat totum proprium liberum et absolutum vestrum et in potestate vestra et de vestris heredibus vel cui per vos datum et traditum fuerit habendi fruendi possidendi donandi et at faciendum et iudicandum exinde omnia quecumque volueritis. sine omni nostra et de nostris heredibus atque de omni humana persona pro nostra parte et de pred. defuncto contrarietate vel requisitione imperpetuum. et nos et nostri heredes vindicemus et defendamus illud vobis et at vestris heredibus omni tempore ab omnibus hominibus. Quod si minime vobis exinde fecerimus et omnia ut superius legitur non atimpleverimus componere vobis promittimus auri solidos centum regales. et hec chartula sit firma imperpetuum. Nam et michi Marinus f. dom. Sergii f. dom. Leonis de lu Iudice qui sum distributor iterum de pred. defuncto per pred. suum testamentum hec chartula venditionis qualiter et quomodo per finis et omni ordine et ratione superius legitur certissime et gratanter placet. et a mea parte firma et stavilis permaneat imperpetuum per ss. obligata pena. Reclaramus quod superius minime scripsimus ut vos ss. iugales et vestris heredes via habeatis at ss. causa quod vobis modo venundedimus per ipsa causa vestra quam in ss. loco de antea habetis. Insuper memoramus ut ipsum pred. testamentum et ss. merse veracis unde vos habetis pred. exemple habeo et teneo ille ego pred. Sergius de com. Urso. debeamus ille tenere nos et nostri heredes et facere ille salve et mostrare vobis ille debeamus et at vestris heredibus in ss. ratione qualiter superius legitur per ss. obligata pena.

† Iohannes f. qd. dom. Iohannis t. e.

† Ego ss. Sergio f. qd. dom. Mauri Gattula t. s.

† Ego sum per scriptus (*sic*) Marinus f. Sergii de lu Iudice me sum scriptum (*sic*).

† Ego Constantinus curialis f. dom. Leonis Ramarii scripsi.

CCXVI.

1184 — Guglielmo re a. 19 — ind. III — 15 novembre — Amalfi.

Constantinus f. qd. Ursi da le Olive e sua moglie *Palma f. Petri Bininoli* vendono a *Petro f. qd. Iohannis Cicerarii* ed a sua moglie *Alferana f. Leonis da Sancto Angelo*, alcune terre in *Pugellula, a Ortellum,* per 8 soldi di tarì.

Perg. di Amalfi, n. 171; arch. di S. Lor., n. 175; arch. della SS. Trin., n. 975— Orig. — Alt. 36 1/2 × 17 1/2; lievemente corrosa in qualche punto — Inedita.

† In nomine domini dei salvatoris nostri Iesu christi. anno ab incarnatione eius millesimo centesimo octuagesimo quarto. temporibus domini nostri Guilielmi dei gratia regis Sicilie ducatus Apulie et principatus Capue. et nono decimo anno regni eius Amalfi. die quinta decima mensis novembris ind. tertia Amalfi. Certi sumus nos Constantinus f. qd. Ursi da le Olive. et Palma ambo iugalis. filia Petri Bininoli. a presenti die promptissima voluntate venundedimus et tradidimus vobis Petro f. qd. Iohannis Cicerarii. et Alferana ambo iugalis. filia Leonis da Sancto Angelo. idest plenaria ipsa petia suprascripta (*sic*) de vinea et castanietum et silva et terra vacua totum insimul coniunctum et in uno teniente. quod habemus in Pugellula positum ubi dicitur a Ortellum. sicut est de fine in finem plenum atque vacuum domesticum et salvaticum seu et cum tote ipse domus et fabricis ibidem habente atque cum omnia sibi infra se habentibus et pertinentibus. que michi pred. Constantino obbenit per chartulam traditionis da pred. Urso genitori meo et da Sillecta eius iugalis genitrice mea. et ipsa pred. chartula traditionis cum tote ipse alie chartule quas inde habuimus de-

dimus vobis ille. et firmamus vobis ut si alia chartula exinde inventa fuerit dare vobis illa debeamus sine omni occasione. Et reclaramus vobis exinde ipse finis. da caput continet finis ipsa via puplica. da pede quam et de uno latere a parte meridie continet finis causa de Basillocta germana et cognata nostra et per finem causa de Iohanne Vespulo et iam da ipsa fine de pred. causa de pred. Iohanne Vespulo salet in susu rectum per caput de ipso muro de pred. Iohanne Vespulo usque susu in ipsa revoltola. sicut demonstrat ipsa crux qui ibidem est et ipso petrario que est a parte de supra de ipso pred. muro fabrito de pred. Iohanne Vespulo vester fiat. et de alio autem latere a parte septemtrionis continet finis causa de Iohanne Pansillo sicut exfinat per ipsi terminis. cum salva via sua ibidem ingrediendi et egrediendi. cum omnia causa que vobis et at vestris heredibus opus et necessarium fuerit. Unde nichil vobis exinde exceptuavimus. quia totum inclitum et sine omni minuitate vobis illos modo venundedimus et tradidimus per omnia attrasactum qualiter superius legitur. salva tamen ipsa via puplica que est per ss. causa quod vobis modo venundedimus. Unde et in presenti exinde accepimus a vobis plenaria ss. sanatione idest auri solidos octo de tari boni de Amalfi ana tari quatuor per solidum. sicut inter nobis bone voluntatis convenit in omni deliberatione et in omni decesitione. Ut amodo et semper fiat totum proprium liberum [integrum] et absolutum vestrum et in potestate vestra et de vestris heredibus at faciendum et [i]udicandum exinde omnia quod volueritis sine omni nostra et de nostris heredibus contrarietate vel requesitione imperpetuum. et nos et nostri heredes vindicemus et defendamus illos vobis et at vestris heredibus omni tempore ab omnibus hominibus. Quod si minime vobis exinde fecerimus et omnia ut superius legitur non atinpleverimus componere vobis promittimus dupplo ss. pretio. et hec chartula sit firma imperpetuum. Nam et michi ss. Sillecta f. Ioannis da Penna que sum genitrix de pred. Constantino filio meo hec chartula qualiter per omnia superius legitur certissime placet. et at mea parte firmum et stabile permaneat per ss. obligata pena.

† Mastalus dom. Tauri filius t. e.

† Sergius f. qd. dom. Mauri Gattula t. e.

† Ego Marin[u]s diaconus Rizzolus et curialis scripsi.

CCXVII.

1184 — Guglielmo re a. 19 — ind. III — 20 dicembre — Atrani.

Laurentius f. qd. Sergii da Lapora rende a *dom. Leoni f. qd. dom. Sangilii de Sirrento*, abbate del monast. dei SS. Quirico e Giulitta, il possesso di una vigna sita in Tramonti, *at Cabula*, e di un castagneto sito ivi, *at ipsa Ripa*, che da alcuni anni aveva presi *ad laborandum*.

Perg. di Amalfi; n. 172; arch. di S. M. di Font., n. 291; arch. della SS. Trin., n. 170 — Orig. — Taglio irregolare al marg. inf.: alt. mass. 33 1/2 × 18; lievemente macchiata in qualche punto — Inedita.

✝ In nomine domini dei salvatoris nostri Iesu christi. anno ab incarnatione eius millesimo centesimo octuagesimo quarto. temporibus domini nostri Guilielmi dei gratia regis Sicilie ducatus Apulie et principatus Capue. et nono decimo anno regni eius Amalfi. die vicesima mensis decembris ind. tertia Atrano. Manifestum facio ego Laurentius f. qd. Sergii da Lapora vobis dom. Leoni domini gratia monachus et abbas monasterii sancti Quirici et Iulicte que constructus et dedicatus est intus hanc civitate Atrano a subtus Monte maiore. et filius qd. dom. Sangilii de civitate Sirrento. quam et at cunta vestra congregatione vestrisque fratribus de pred. monasterio. pro eo vero quod iam sunt preteriti anni quod tenuimus allaborandum per chartulam incartatio(nis) ipsa petia de vinea quam pred. monasterius abet in Trasmonti at Cabula. et ipsa petia de castanietum quam pred. monasterius abet in Trasmonti at ipsa Ripa. qualiter et quomodo per finis et omni ordine et ratione continet ipsa pred. chartula incartationis quod inde abemus. Modo vero comvenivimus nos exinde vobiscum per bona comvenientia et quantum michi exinde pertinuit de tota ipsa ss. causa at tenendum allaborandum per ipsa continentia de pred. chartula incartationis rendedimus et remisimus atque assignavimus vobis illos. ut fiat in potestate vestra et de vestris posteris et de pred. monasterio affaciendum et iudicandum exinde omnia quecumque volueritis. et etiam si volueritis illos incartare vel dare illos allaborare cum chartula vel sine chartula potestatem abeatis. et ipsa pred. chartula incartationis rendedimus vobis illa. Insuper etia scribimus et firmamus vobis per hanc chartulam nostri manifesti ut iam aliquando tempore neque ego pred. Laurentius nec meis heredes nec nullus homo pro nostris partibus non queramus nec querere faciamus vos nec vestris posteris nec nullus homo pro parte de pred. monasterio nulla videlicet causa de hec omnia ss. capitula quod vobis remisimus sicut superius legitur per nullum modum in perpetuum. Quod si minime vobis exinde fecerimus auri solidos triginta regales vobis componere promittimus. et hec chartula sit firma inperpetuum.

† Alfanus f. dom. Pantaleo com. Mauronis t. e.

† Sergius f. dom. Sergii Neapolitani t. e.

† Ego Manso f. dom. Iohannis curialis f. dom. Ursi inperialis dissipati scripsi.

CCXVIII.

1186 — Guglielmo re a. 20 — ind. IV—10 marzo — Atrani.

Thoma f. qd. Iohanni Boccacornu f. qd. Constantini Cannavirde e sua moglie *Gemma f. dom. Leonis f. dom. Sergii f. dom. Leonis f. dom. Iohannis de Berna commitissa*, anche in nome dei figli minorenni, vendono a *dom. Leoni f. dom. Sangilii de Sirrento*, abbate del monast. dei SS. Quirico e Giulitta, una parte di un orto sito in Atrani, *a Mangano.*

Perg. di Amalfi, n. 173; arch. di S. M. di Font., n. 292; arch. della SS. Trin., n. 950 — Orig. — Alt. 37 1/2 × 16; leggermente macchiata sul marg. destro — Inedita.

A tergo, in scrittura gotica, si legge: « *de orto Atrani supra eccl. sancti Andree de Mangano. pertinet ad monast. sancte Marie dominarum* ».

† In nomine domini dei salvatoris nostri Iesu christi. anno ab incarnatione eius millesimo centesimo octuagesimo sexto. temporibus domini nostri Guilielmi dei gratia regis Sicilie ducatus Apulie et principatus Capue. et vicesimo anno regni eius Amalfi. die decima mensis martii ind. quarta Atrano. Certi sumus nos Thoma f. qd. Iohanni Boccacornu f. qd. Constantini Canna-

virde. et Gemma ambo iugalis filia dom. Leonis f. dom. Sergii f. dom. Leonis f. dom. Iohannis de Berna commitissa. et quindeniamus istud pro parte de totis ipsis filiis nostris qui sunt sine hetate. a presenti die promtissima voluntate venundedimus et tradidimus vobis dom. Leoni domini gratia monachus atque venerabili abbas monasterii sancti Quirici et Iulicte qui constructus et dedicatus est intus hanc civitate Atrano a subtus Monte maiore. et filius videlicet dom. Sangilii de civitate Sirrento. quam et at cunta vestra congregatione vestrisque fratribus manentes in pred. monasterio. idest tantum da capo de ipsum ortum nostrum quod abemus intus hanc civitate Atrano a Mangano iusta ipsa domus nostra a subtus pred. monasterio quantum per finis vobis modo reclaramus. da capo fini ipsum monte de pred. monasterio. da pede fini ipsum ortum nostrum qui nobis ibidem remansit sicut demostrat ipsa macerina plenaria vestra in qua ibidem murum fabricare debetis. de uno latere a parte septemtrionis fini ipsum monte magnum. et de alio latere a parte meridie fini causa propria de pred. monasterio. cum salva via sua cum omnia causa per pred. causa de ss. monasterio. unde nichil vobis exinde exeptuavimus. qui nobis obbenit totum pred. ortum unde vobis venundedimus modo illos quod supra legitur per chartulam comparationis da Lupino f. Sigimundi Galatuli et da Rigale uxori sua. et ipsa pred. chartula comparationis cum ipse alie chartule quod inde abuimus non potuimus vobis ille dare pro ipsa pred. causa nostra qui nobis ibidem remansit. set firmamus vobis si per aliquando tempore necesse fuerit vobis ss. chartule pro aliqua vestra defensione nos et nostri heredes vobis et a vestri posteris excutire et mostrare ille debeamus omni tempore per omne vice ante lege et sine lege. et post fine facta a nostra perveniat potestate. Unde dedistis nobis inde tari tres boni de Amalfi sicut inter nobis comvenit. ut amodo et semper fiat in potestate vestra et de vestris posteris successores et de pred. monasterio affaciendum opus et hutilitate de pred. monasterio omnia que volueritis sine omni nostra et de nostris heredibus contrarietate imperpetuum. Insuper nos et nostri heredes vobis et a vestris posteris quam et at ipso ss. monasterio illos defendere et vindicare debeamus omni tempore ab omnibus hominibus. Quod si minime vobis exinde fecerimus auri solidos quinque regales vobis componere promittimus. et hec chartula sit firma imperpetuum.

† Matheus f. qd. Aliberti t. e.
† Sergius f. qd. dom. Cioffi (?) t. e.
† Ego Manso f. dom. Iohannis curialis f. dom. Ursi imperialis dissipati scripsi.

CCXIX.

1186 — Guglielmo re a. 21 — ind. V — 20 dicembre — Amalfi.

Leo f. dom. Iohannis Trilia vende a *dom. Anna f. dom. Alferii Vulcani*, abbadessa del monast. di S. Lorenzo, un castagneto in Agerola, *at ipsum Caballum,* per 10 once di tareni di Sicilia.

Perg. di Amalfi, n. 174: arch. di S. Lor., n. 178; arch. della SS. Trin., n. 456— Orig. — Alt. 67×31; angoli inf. arrotondati; corrosa, macchiata in qualche punto — Inedita.

† In nomine domini dei salvatoris nostri Iesu christi. anno ab incarnatione eius millesimo centesimo octuagesimo sexto. temporibus domini nostri Guilielmi dei gratia regis Sicilie ducatus Apulie et principatus Capue. et vicesimo primo anno regni eius Amalfi. die vicesima mensis decembris ind. quinta Amalfi. Certum est me Leo f. dom. Iohannis Trilia. a presenti die promptissima voluntate venundedi et tradidi vobis dom. Anna monacha et abbatissa monasterii beati Laurentii levite et martiris christi quod constructum et dedicatum est a supra hac civitate Amalfe. et filia dom. Alferii Vulcani de civitate Sirrenti. et per vos in ipsa ss. ecclesia. idest plenarium et integrum totum ipsum castanietum meum quantum et qualiter habeo sive tenui atque dominavi seu possidevi et frudiavi sive de compara sive per qualicumque alia inventa ratione in Ageroli positum at ipsum Caballum. iam qualiter et quomodo sibi est ipsum pred. castanietum quod vobis modo venundedimus et tradidimus sicut superius legitur de fine in fine atque de canto in cantum de longitudine et latitudine plenum atque vacuum domesticum et salvaticum asperum et montuosum. atque cum ipsa cammara fabrita ibidem habente et omnia cum omnibus sibi infra se habentibus et pertinentibus. et ipse chartule cum quo michi ob-

benit scadivit michi et minime ille inveni[re p]otuimus ut vobis ille dare. set firmamus vobis ut si per aliquando tempore qualibet chartula exinde paruerit vel inventa dederit tunc nos et nostri heredes mittere illas debeamus subtus vobis et postere vestre de pred. monasterio sine vestre dampnietatem vel amaricatione. Nam vero reclaramus vobis exinde ipse finis seu pertinentia de toto ipso ss. castanieto qualiter et quomodo illos totum semper habere et possidere seu dominare et frudiare debeatis. a supra namque ponitur continet finis ipse viterine de ipsis Agerolani qui dicitur da Pitru. de subtus itaque ponitur continet finis causa de Sergio Iovene et expedicata eius fines vadit inda occidente per finem causa de pred. monasterio quas ibidem de antea habuit. de uno vero latere a parte orientis salet da pede per finem causam de Leo de Optimo et abinde facit angolum inda occidente per finem de pred. monasterio et salet in susu per eius fines. et abinde facit alium angulum et venit inda oriente per fine causa de pred. Leone de Optimo. et iam abinde ascendit in susu per eius fines usque in fine causa de heredibus dom. Mauri Collogatto. et iam abinde ascendit in susu per finem de ipsis pred. Collogatto usque at caput in ipse ss. viterine. et de alio autem latere a parte occidentis salet iterum da pede anguliandum in susu da fine causa de pred. monasterio. et per finem de ipso domnico. et iam da ipsa pred. causa de pred. domnico ascendit usque at caput per eius fines usque in ipse pred. viterine da caput. qualiter ex omni parte ipsi terminis exfina. cum salva via sua cum omnia causa et omnia sua pertinentiam. unde nobis exinde nichil remansit vel aliquod vobis exinde exeptuavimus quia totum inclitum et sine omni minuitate quantum et qualiter ipse ss. finis concluditur et quantum in toto ipso ss. loco habuimus sive de compara sive per qualibet ratione sicut est totum plenum et vacuum et cum ipsa ss. cammara ibidem abente et cum omnia sua pertinentiam vobis illos totum venundedimus et tradidimus atque firmiter atsecuravimus sine omni minuitate per omnia attrasactum qualiter superius legitur. et nullam causam nobis exinde in toto ipso ss. loco nobis non remansit. Unde et in presenti exinde accepimus a vobis plenariam nostra sanationem idest uncias decem tarenorum bonorum moneta Sicilie sicut inter nobis bone voluntatis convenit. unde pars exinde retdedimus a dom. Matheo Markesano de civitate Salerni olim straticoto Amalfie pro debito quod ei dare debuimus. et recolliximus exinde da illum ipse domus nostre de hac civitate Amalfie quod nobis aprehense habuit per iudicatum pro parte de Iohanne filio [me]o qui defunctus est. et de ipso alio quod nobis exinde remansit fecimus exinde opus et hutilitatem nostram que nobis necesse fuerit in omni deliberatione et in omni decesitione. ut amodo et semper hec ss. nostra venditio seu traditio qualiter et quomodo superius legitur sit propria libera et absoluta de ss. monasterio sancti Laurentii quam et in manibus et in potestate vestra de te ss. dom. Anna abbatissa et de vestre postere successores vel cui per vos datum et traditum fuerit. habendi fruendi possidendi vindendi donandi et at faciendum et iudicandum exinde omnia quod volueritis sine omni mea et de meis heredibus atque de omni humana persona pro mea parte contrarietatem vel requesitionem imperpetuum. Insuper nos et nostri heredes vobis et vestre postere successores et in pred. monasterio illos totum antestare et defensare atque vindicare et excalumpniare debeamus omni tempore ab omnibus hominibus. Quod si minime vobis exinde fecerimus et omnia ut superius legitur non atinpleverimus componere vobis promittimus dupplo ss. pretiö. et hec chartula sit firma imperpetuum. Nam et michi Muskus f. dom. Pardi. et michi Sivilla ambo iugalis filia ss. dom. Leonis Trilia hec chartula qualiter et quomodo per omnia superius legitur certissime et gratanter placet. et a nostra parte firmam et stabilis permanea imperpetuum. et nos pred. iugales quindeniamus istud pro parte de ipsis filiis nostris qui sunt modo sine hetate. Insuper firmamus vobis ss. dom. abbatissa et per te in pred. monasterio ut nos et nostri heredes omni tempore vindicemus et defendamus vobis et in pred. monasterio ista ss. venditio ab omnibus hominibus sine omni occasionem per ss. obligata penam. quod super disturbatum est legitur. fabrita.

† Sergius f. qd. dom. Mauri Gattula t. e.

† Pandolfus f. dom. Muski t. e.

† Mauro f. [dom. Io]hanni t. e.

† Ego Marinus diaconus Rizzolus et curialis scripsi.

CCXX.

1187 — Guglielmo re a. 21 — ind. V — 7 aprile — Amalfi.

Urso f. qd. Sergii Piscopi e sua moglie *Marocta f. Iohannis de Alderigo* vendono a *dom. Sergio f. Sergii Grunii* ed a sua moglie *dom. Rigale f. dom. Gualandi f. dom. Andrea de civitate Ienua*, alcuni fabbricati con orti siti in Amalfi, *a supra ipse Canalis* per once 8 e mezza di tareni di Sicilia.

Perg. di Amalfi, n. 175; arch. di S. Lorenzo, n. 179; arch. della SS. Trin., n. 308 (?) — Orig. — Taglio irreg. al marg. inf.: alt. mass. 82 1|2 × 28; rigata e marginata, calligrafica, elegante; alquanto macchiata — Inedita.

A tergo si legge: « *Instrumentum venditionis certarum domorum de . . . de Grugno nessio si spectat ad monast. sancti Laurentii* ».

† In nomine domini dei salvatoris nostri Iesu christi. anno ab incarnatione eius millesimo centes[imo] oc[tua]gesimo septimo. temporibus domini nostri Guilielmi dei gratia regis Sicilie ducatus Apulie et principatus Capue. et vicesimo primo anno regni eius Amalfi. die septima mensis aprelis ind. quinta Amalfi. Certi sumus [no]s Urso f. qd. Sergii Piscopi [et Ma]rocta anbo iugalis filia Iohannis de Alderico. a presenti die promtissima voluntate venundedimus et tradidimus vobis dom. Sergio f. Sergii Grunii (1) et dom. Rigale anbobus videlicet iugalibus filia dom. Gualandi f. dom. Andrea de civitate Ienua. idest plenarie et integre tote ipse case et domibus et camminate et andita et atria et coquine et cammara et apothee et ortura. quantum et qualiter habuimus hic in Amalfi positum loco nominato a supra ipse Canalis. iam qualiter et quomodo sibi est plenaria ss. domus et fundico. iam proprium liberum vestrum fabricatum et ordinatum a terra et usque at summitate. et quommodo parietes illius at giro circiter fundati et ordinati sunt cum subterioribus et superioribus aheris et suis aspectibus seu et cum regie et fenestre et balconatura et necessarie pingia et bersatoria et

(1) Questo cognome è scritto su altra parola precedentemente raschiata.

plenarie grade fabrite et porte et via atque cum omnibus aliis hedificiis et pertinentiis suis. quam et cum plenaria tota ipsa ventora sua de supra superiore at fabricandum et elevandum vobis illo[s] in altum quantum volueritis. cum omnia hedificia et pertinentia sua. seu et cum plenaria et integra tota ipsa ss. or[t]a ibique coniuncta a parte occidentis plenum et vacuum qualiter sibi sunt congirata amorata usque in f[in]e ecclesia sancti Iacobi [et] de heredibus dom. Sergii f. dom. Leonis de lu Iudice. in quantum ss. pertinentia est. cum om[nia] sibi infra se habentibus et pertinentibus. qui nobis obbenit per chartulam traditionis da Theodonanda socera et genitrice nostra filia naturalis dom. Sergii f. dom. Iohannis Mansarini [et] relicta ss. Iohannis soceri et genitori nostro. filii naturalis dom. Sergii iudicis de Alderico. et at ss. Theodonanda socera et genitrice nostra obbenit a parte de pred. Iohanne viro suo. et at ss. Iohanne viro suo socero et genitore nostro obbenit per chartulam comparationis da dom. Agiltruda f. dom. Landulfi et f. qd. dom. Landulfi com. et relicta dom. Lupini f. dom. Sergii de Lupino de Sergio iudice quam et da ipsis filiis suis. et at illa iterum obbenit ex parentorum suorum. et ipsa ss. chartula nostra traditionis cum ipsa pred. chartula comparationis et cum tote ipse alie chartule quante et qualiter exinde habuimus ibidem pertinentes dedimus vobis ille. et firmamus vobis ut si alia qualibetcumque chartula exinde paruerit vel inventa dederit per aliquando tempore qui pertineat in hoc suprascripto quod vobis modo venundedimus. tunc nos et nostri heredes mittere illam debeamus subtus vobis et vestris heredibus sine vestra dapnietate vel amaricatione. Unde reclaramus vobis exinde de toto ipse finis. a parte vero orientis at pred. domibus iam vestre parietem vestram habeatis facie at facie cum ipsa domo quod modo est de Iohanne de Fuscarene et propria nostra qui nobis remansit. set de antea fuerat de dom. Maria relicta Cyri Ursi Sementarii. et ipse grade qui ibidem sunt libere vestre siat. a parte namque occidentis at tota ss. domus et casaline iam [vest]re parietem liberum habeatis et exinde regie et necessarie et grade qui ascendet at pred. orta iam vestra. et pred. orta plenaria vestra siat cum plenaria tota ipsa mura in quantum nostra pertinentia est. a parte quoque meridie parietem liberum habeatis et exinde fenestre et necessarie et versatoria sicut illos proclamat ipsa pred. chartula comparationis quam vobis inde modo dedimus. a parte itaque septemtrionis parietem comunalem habeatis cum domo vestra quod ibidem de antea habetis et cum domino Guilielmo cognato et vero fratri vestro. causa que fuerat de heredibus dom. Petri Bracacorata. sicut illos proclamat ipsa pred. chartula comparationis quam vobis dedimus. Cum salva via sua per ipsa porta libera vestram et inde in iusum per ipsum arcum et de supra ipsum flumen. et per ipse grade usque at ipsa via sicut ipsa pred. chartula comparationis continet ibidem ingrediendi et egrediendi cum omni causa que vobis et at vestris heredibus opus et necessarium fuerit. Unde nobis exinde nichil remansit aut aliquid vobis exinde exceptuavimus. quia totum inclitum et sine omni minuitate quantum et qualiter habuit et tenuit et possedit et dominavit et frudiavit ss. Theodonanda una cum pred. Iohanne viro suo soceris et genitoribus nostris per qualicumque modum vel per qualicumque alia ratione quod nobis per ss. chartula traditionis dedit hedificatum et non hedificatum cum omnibus suis pertinentiis vobis illos modo venundedimus et tradidimus sicut superius legitur et sicut illos proclamat ipse ss. chartule quas vobis inde dedimus. et nulla causa nobis exinde a parte de pred. socera et genitrice nostra non remansit. Unde et in presenti exinde accepimus a vobis plenariam ss. sanatione idest uncie octo et media tarenorum bonorum monete Sicilie sicut inter nobis bone voluntatis convenit in omne deliberatione et in omne decesitione. Ut amodo et semper totum inclitum et sine omni minuitate siat proprium liberum vestrum et in potestate vestra et de vestris heredibus habendi fruendi possidendi donandi et at faciendu et iudicandum exinde omnia quecumque volueritis sine omni nostra et de nostris heredibus contrarietate vel requisitione imperpetuum. Insuper nos et nostri heredes vobis vestrisque heredibus illos totum antestare et defensare seu vindicare et excalumniare debeamus omni tempore ab omnibus hominibus. quod si minime vobis exinde fecerimus et omnia ut superius legitur non atimpleverimus componere vobis promittimus auri solidos centum regales. et hec chartula sit firma imperpetuum. Et hoc melius reclaramus vobis ut in quantum continet toto ipso pariete de ipsa cammara vestra que est a parte meridie aliquando tempore nec pingium nec bersatorium ibidem non faciatis per nulla occasione. set ipso acqua debeatis vobis reccepire per ipsa conductura vestra de ipsa . . . . decurrere iusum per causa vestra. sicut nunc modo esse videtur. et ipsa . . . . dom.

Guilielmo cognato et fratri vestro. a supra ipsa curte vestra. omni tempore debeat illam ibi[dem .... qu]aliter illos proclamat in ipsum manifestum quod exinde habet a parte de i[ps .... Quod super disturbatum] est legitur. et hoc. et in alio loco legitur. Iohannis.

† Mau[rus] f. [dom.] Iohannis t. e.

† Mastalus dom. Tauri filius t. e.

† Ego Constantinus curialis f. dom. Leonis Ramarii scripsi.

CCXXI.

1187 — Guglielmo re a. 22 — ind. VI — 9 settembre — Atrani.

Petrus f. qd. Constantini Campanile prende a pastinato dal prete *dom. Iohanni f. qd. Adelmario*, rettore della ch. di S. Maria *a Bando* in Atrani, col consenso dei *portionarii* di quella chiesa, un castagneto sito in Tramonti, *a Ficarola.*

Perg. di Amalfi, n 176; arch. di S. M. di Font., n. 293; arch. della SS. Trinità, n. 636 — Orig. — Taglio all'ang. inf. sin.: alt. 39 × 30 1/2; alquanto deleta lungo il marg. sin. — Inedita.

† In nomine domini dei salvatoris nostri Iesu christi. anno ab incarnatione eius millesimo centesimo octuagesimo septimo. temporibus domini nostri Guilielmi dei gratia regis Sicilie ducatus Apulie et principatus Capue. et vicesimo secundo anno regni eius Amalfi. die nona mensis setembris ind. sexta Atrano. Certum est me Petrus f. qd. Constantini Campanile. a presenti die promtissima voluntate scribere et firmare visus sum vobis domino Iohanni presb. f. qd. Adelmario. qui sis custos et rector ecclesie sancte et gloriose dei genitricis et virginis Marie que constructa et dedicata est hic in Atrano posita a Bando. pro quibus dedistis et tradidistis michi per consum (*sic*) et voluntate de ipsi portionarii de pred. ecclesia quanti sunt modo in istam terra. idest plenarium et integrum totum ipsum castanietum qui est modo cappilatum quam pred. ecclesia ahet in Trasmonte in loco qui dicitur afFicarola. sicut sibi est plenum atque vacuum. quam et cum omnia sibi infra se abentibus et pertinen-

tibus. Unde reclarastis nobis exinde ipse finis. a supra namque ponitur a parte orientis quam et de uno latere a parte septemtrionis continet fini causa monasterii sancti Laurentii de supra civitate Amalfi. da pede a parte occidentis fini plenaria ipsa ripa usque in fine de ipsa silva qui remansit in pred. ecclesia sancte Marie. et de alio latere a parte meridie fini causa ecclesie sancti Sebastiani de civitate Amalfi. cum salva quidem via sua cum omnia causa et omnia sua pertinentia. unde nichil nobis exinde exeptuastis. In eam enim rationem ut amodo et semper nos et unus de filiis nostris et unam persona de filii filiorum nostrorum de generatione in generationem illud qui melius inde exierit qui placeat vobis et a vestris posteris illos abeamus et teneamus totum plenario ipso plano a medietate. et tota ipsa ripa usque at ipsa silba de pred. ecclesia teneamus at tertiam parte. et da presente incipiamus totum ipso pred. plano cultare et si abet ibidem vacuum pastinare et inplere illos de tigillos et insurculare illos de ipsa castanea zenzala sicut meret et pertinet et facere inde castanietum sicut meruerit. et runcare et cultare illos debeamus sicut meruerit. et iam castanee et omne alium frugium quod exierit de pred. plano de pred. castanieto dividere illos debeamus vobiscum per medietate et perequaliter. vos et vestri posteris tollatis inde medietate et nos et nostri heredes tollamus inde ipsa alia medietate. hoc est castanee sicce at grate fructura per tempora sua. et ipse pred. castanee nos ille colligamus et siccemus et deponamus ipsa medietate vestra usque allitus maris de Reginnis Maioris sine pargiatura. et attucamus vobis ipsa sabbatatica sicut consuetudo est. et quando placet vobis et a vestris posteris cappilare pred. castanietum per voluntate de ipsi portionarii nos vel nostri heredes debeamus illum cappilare vel facere cappilare et conciare et laborare pred. ligna sicut meruerit et dividere illas in pred. loco per medietate. nos et nostri heredes tollamus inde medietate et vos et vestris posteris tollatis inde ipsa alia medietate in pred. loco. Et similiter tota pred. ripa debeamus inde facere furesta et cultare et studiare illa. et si abet ibidem vacuum pastinare et inplere illos de tigillos sicut meruerit. et quando placet vobis vel a vestri posteris de cappilare pred. furesta per licentia de ipsi portionarii nos vel nostri heredes debeamus illa cappilare et conciare pred. ligna et dividamus illa in pred. loco in tertia parte. vos et vestri posteris tollatis inde portiones due et nos et nostri heredes portione una. Et et

Quod si nos et nostri

tota ipsa hereditate nostr[a quod habemus at Polberosa. sicut
fabricis cum omnia sibi] infra se habentibus et pertinentibus plenum et vacuum seu et tote ipse . . . . . . nostre quante et qualiter habemus quod nobis pertinet cum omnia illorum pertinentia quod divisimus illos inter nos et feci- . . . . que causa ana due portiones sicut modo dicimus. Primis omnibus fecimus de ipsa ss. hereditate due portiones quod partivimus illos . . . . . . de susu in iusu et termines infra portionem et portionem exinde ibidem posuimus. unam portionem exinde fecimus a parte septemtrionis [et alteram] a parte meridie ipsa unam por[tionem] que est a parte septemtrionis sicut demostra ipsa cruce quod fecimus in ipso pariete fabricare] . . . . gnata infra ipsa unam domo et alia et qualiter descendet rectum in iusu per ipsi terminis [usque] in pede . . . . est. et sicut est cum tota ipse fabricis ibidem habentem et usque in causa quod fuit de Urso fratri et tio nostro quod [modo . . . . accusque est a parte septemtrionis. et per finem heredes Iohannis veris germanis et tii nostri. qualiter sibi est ple[num et vacuum] . . . . et viandare [debea omni tempore cum omnia causa et] redeundo . . . . ipsa pred. via sicut consuetudo est. et licentiam et [pote]sta- . . . . quod [pasti]navimus in ipso . . . . ipso [vadi] abinde per facie de ipso pred. cilio . . . . fecimus in pred. cilio de subtus. in pede et iam abinde iterum descendet in iusu per ipsi pred. termini . . . . [in]fra ss. portionem et portionem. de istut vero qualiter sibi est domesticum et salvaticum. unde nichil exceptuavimus. [et tuli il]los ego pred. Sergius. Iam de toto ipso alio quantumcumque exinde remansit ab ipsa pred. cruce de pred. cilio alto et da ss. ter[mini] et da ipsa facie de pred. cilio de subtus et sicut demostra ipsa pred. alia cruce de subtus de pred. cilio alio abinde quali[ter] demostra ipsi ss. termini et usque at finem de ipsi Lantari. que est a parte septemtrionis. de istut autem qualiter sibi est plenum et vacuum domestic- . . . . sticum unde nichil exceptuavimus. fecimus

vos et vestris posteris vindicetis illos nobis et a nostris heredibus. Quod si nos et nostri heredes bene illos non laboraverimus et cultaverimus et omnia ut superius legitur bene illos non atinpleverimus vobis et a vestris posteris iactetis nos inde vacuos cum causa nostra mobilia. et faciamus vobis iustitia sicut lex fuerit. Quod si nos et nostri heredes bene laboraverimus et cultaverimus et omnia ut supra legitur bene atimpleverimus vobis et a vestris posteris non abeatis potestatem nos exinde iactare per nullum modum. Quod si minime vobis exinde fecerimus auri solidos viginti regales vobis componere promittimus. et hec chartula sit firma imperpetuum. Quod super disturbatum est legitur. scribere. et in alio loco. pred. furesta per licentia.

† Matheus f. qd. Aliberti t. e.

† Matheus f. dom. Sergii Cappasancta t. e.

† Ego Manso f. dom. Iohannis curialis f. dom. Ursi imperialis dissipati scripsi.

CCXXII.

1187 — Guglielmo re a. 22 — (ind. VI) — 12 settembre — Amalfi.

Sergius f. qd. Stefani Lantari e suo figlio *Marinus* si dividono i loro beni siti *at Polberosa.*

Perg. di Amalfi, n. 177; arch. di S. Lor., n. 180; arch. della SS. Trinità, n. 639 — Orig. — Taglio trapezoidale: alt. 45 1/2 × largh. 30 26; danneggiatissima: in massima parte deleta per grandi macchie; molto corrosa in alcune parti; calligrafica — Inedita.

A tergo si legge: « *Charta de dom. Urso Castallomata* ».

† In nomine domini dei salvatoris nostri Iesu christi. anno ab incarnatione eius millesimo centesimo octuagesimo septimo. temporibus domini nostri Guilielmi dei [gratia re]gis Sicilie ducatus Apulie et principatus Capue. et vicesimo secundo anno regni eius Amalfi. die duodecima mensis septembris ind. [sex]ta Amalfi. Chartula firma mersis divisionis facta a nobis quidem videlicet Sergius f. qd. Stefani Lantari. quam et Marinus. qui sumus idest genitor et filius. qualiter per bona convenientia dividere et diffinire visi sumus inter nos plenariam et integram

tota ipsa hereditate [nostr]a quod habemus at Polberosa. sicut est cum fabricis et omnia sibi infra se habentibus et pertinentibus plenum et vacuum seu et tote ipse . . . . . nostre quante et qualiter habemus quod nobis pertinet cum omnia illorum pertinentia. quod divisimus illos inter nos et fecimus inde . . . . que causa ana due portiones sicut modo dicimus. Primis omnibus fecimus de ipsa ss. hereditate due portiones quod partivimus illos . . . . . de susu in iusu et termines infra portionem et portionem exinde ibidem posuimus. unam portionem exinde fecimus a parte septemtrionis [et alteram] a parte meridie ipsa unam por[tionem] que est a parte septemtrionis sicut demostra ipsa cruce quod fecimus in ipso pariete fabri[care] . . . . gnata infra ipsa unam domo et alià. et qualiter descendet rectum in iusu per ipsi terminis [usque] in pede . . . . est. et sicut est cum tote ipse fabricis ibidem habentem et usque in finem causa quod fuit de Urso fratri et tio nostro quod [modo est] . . . . acca. que est a parte septemtrionis. et per finem heredes Iohannis veris germanis et tii nostri. qualiter sibi est totum ple[num et vacuum] . . . . et viam dare [debea omni tempore cum omnia causa eundo et] redeundo . . . . ipsa pred. via sicut consuetudo est. et licentiam et [pote]sta[tem habea] . . . . quod [pasti]navimus in ipso [cilio alto] . . . . ipso alio cilio et [vad^it] abinde per facie de ipso pred. cilio . . . . fecimus in pred. cilio de subtus. in pede et iam abinde iterum descendet in iusu per ipsi pred. termini . . . . [in]fra ss. portionem et portionem. de istut vero qualiter sibi est domesticum et salvaticum. unde nichil exceptuavimus. [et tuli il]los ego pred. Sergius. Iam de toto ipso alio quantumcumque exinde remansit ab ipsa pred. cruce de pred. cilio alto et da ss. ter[mini] et da ipsa facie de pred. cilio de subtus et sicut demostra ipsa pred. alia cruce de subtus de pred. cilio alio abinde quali[ter] demostra ipsi ss. termini et usque at finem de ipsi Lantari. que est a parte septemtrionis. de istut autem qualiter sibi est plenum et vacuum domesticum et salvaticum. unde nichil exceptuavimus. fecimus

inde alia ss. portione. et tuli illos ego pred. Marinus. Ipsa vero bena que vocatur Bena Urso quod est at finem causa de ecclesia sancti Angeli remansit nobis comune et indivisa. Seu et de ipsa alia causa quod habemus ibidem in iusu at lama de fiume iterum partivimus illos caput fixu in due parti. et termines infra portionem et portionem posuimus et fecimus ibidem cruces signatas in caput et in pede. in caput est ipsa pred. cruce iusta finem causa de heredes Mauri Lantari et ipsa pred. cruce alia iusu. et sic rectum usque in fiumen. unam portionem a parte meridie et ipsa alia portione a parte septemtrionis. Ipsa ss. portione que est a parte septemtrionis ab ipse ss. crucis et usque in ipsa lama de [fiume] sicut [sibi est] plenum et va[cuum domesticum] et salvaticum. unde nichil exceptuavimus. de istut autem qualiter [est fecimus inde una portione] . . . .
. . . . fecimus exinde ibidem at latus iuxta se ibique coniuncta . . . .
Iohannis germani et tii. . . . .
. . . .
. . . . plenum et vacuum domesticum et salvaticum de istud vero qualiter est fecimus inde ipsa alia po[rtione] . . . . et tuli illos ego pred Marinus. Vie nobis in tota [h]ec ss. tria capitula inter nobis non con[tremus] . . . . et nobis exinde ap[pre]hensimus qualiter [superius legitur]. . . . .
causa de ipse cause movile inter nos. . . . .
et nobis exin[de] ap[prehensimus]. et nullam causam vel querimoniam inter nos remansit unde querere vel calumniare possamus. aut at dare vel at refundere. de nulla qualibetcumque causa excepto remansit nobis comune ipso at cartatico. et unusquisque de nobis facia de sua portione omnia quecumque voluerit. Qui autem de nobis se extornare voluerit perda ipsam portionem suam. et hec chartula mersis unde nobis exinde ana singule similis fecimus firma et stabilis permanea imperpetuum. Quod super disturbatum est legitur in duas partes. fiume. Et reclaramus quia toto ipso at cartatico remansit at partire tota ipsa heredes de me pred. Sergio.

† Io[hannes] f. . . . . t. e.

† Manso dom. Bernaldi filius t. e.

† Ego Lupinus humilis presb. scriba scripsi.

CCXXIII.

1188 — Guglielmo re a. 23 — ind. VII — 1 dicembre — Atrani.

Sardena, figlia naturale di *dom. Pantaleoni f. dom. Gregorii Mingi*, con i figli *Fauda et Ionacchari*, anche in nome della sua figlia naturale *Dulacesia*, vendono ai germani *Urso et Sergio f. dom. Iohanni f. qd. dom. Mauri Punieca*, una vigna sita in Tramonti, *a Nubella*, per once 8 e mezza di tareni di Sicilia.

Perg. di Amalfi, n. 178; arch. di S. Lor. n. 181; arch. della SS. Trin., n. 8 — Orig. — Alt. 80 × 25 1|2; macchiata in qualche parte — Inedita.

A tergo vi è un transunto del documento.

† In nomine domini dei salvatoris nostri Iesu christi. anno ab incarnatione eius millesimo centesimo octuagesimo octavo. temporibus domini nostri Guilielmi dei gratia regis Sicilie ducatus Apulie et principatus Capue. et vicesimo tertio anno regni eius Amalfi. die prima mensis decembris ind. septima Atrano. Certi sumus nos Sardena naturalis filia dom. Pantaleoni f. dom. Gregorio Mingi. et Fauda et Ionacchari fratres et sorores naturalis f. ss. Sardena. et ego pred. Sardena quindenio istud pro parte de Dulacesia naturalis iterum filia mea qui est sine hetate. a presenti die promtissima voluntate venundedimus et tradidimus vobis Urso et Sergio ambo veris germanis filii dom. Iohanni f. qd. dom. Mauri Punieca. idest plenariam et integram tota ipsa petia nostra de vinea de silavosum plenum et vacuum cum tote ipse fabricis suis ibidem abente quam et cum omnia sibi infra se abentibus et pertinentibus. quod abemus in Trasmonti a Nubella. Unde reclaramus vobis exinde ipse finis qualiter et quomodo illos vos et vestris heredes abere et possidere seu frugiare et dominare debeatis. a supra namque ponitur fini fine causa de dom. Gayta f. dom. Sergii de com. Maurone et relicta dom. Leoni f. qd. dom. Gregorii qualiter demostra ipsa ripa qui est inter hoc et pred. causa sua. et deinde vadit congirando per eius fines et descendit usque in ipso vallone quantum nostra pertinentia est. de pede fini fine causa de ipso silavosum

qui est de dom. Marocta relicta dom. Sergii et f. qd. dom. Sergii f. dom. Mansonis Miugi. hoc est qualiter demostra ipsum termine de petra qui est constitutum iusta ipsa via a ipso silavosu. abinde vadit inda parte septemtrionis usque in fine causa de pred. dom. Marocta Minia. et iterum qualiter demostra da pred. termine. deinde vadit per fine causa de pred. dom. Marocta inda parte meridie per ipso silavosu usque in ipso monte et deinde vadit usque in ipso vallone quantum nostra pertinentia est. de uno vero latere a parte septemtrionis fini causa de pred. dom. Marocta Minia qualiter demostra ipsum termine de petra da capo. et deinde dirrectum in iusu per eius fine usque affine iterum causa de pred. Marocta Minia. et de alio autem latere a parte meridie usque a ipsum pred. vallone quantum nostra pertinentia est. Cum salva quidem via sua cum omnia causa et omnia sua pertinentia ibidem ingrediendi et egrediendi usque in sempiternum. unde semper ibidem ambulavimus nos et ipsi anticessores nostris. unde nichil vobis exinde exceptuavimus aut aliquid nobis exinde remansit set pleniter et sine omni minuytate quantum per ss. finis concluditur et quantum in pred. loco abuimus. vinea et fabricis atque silavosum plenum atque vacuum totum et integrum et sine omni minuytate vobis illos modo venundedimus et tradidimus per omnia a trasactum qualiter superius legitur. et nulla causa nobis exinde in pred. loco non remansit. Qui michi pred. Sardena obbenit per chartulam testamenti da Guilielmo fratri meo. quam procreavit ss. dom. Pantaleone Minio. et pred. Guilielmo obbenit per chartulam testamenti da pred. dom. Pantaleone Minio qui illum procreavit. et obbenit iterum michi per chartulam merse da Theodonanda f. Sergii Mortella. qui fuit genitrice de Iohanne quod a illa procreavit iterum ss. dom. Pantaleone Minio. propter quod pred. Iohanne dedit inde ipsa vice sua a pred. Theodonanda qualiter pred. merse proclama. et ipsum pred. testamentum de pred. Guilielmo cum ipsa pred. merse quod ego Sardena fecit cum pred. Theodonanda et cum una merse vetere quod fecerunt inter se ss. dom. Manso Minio cum ss. dom. Gregorio fratri suo quam et pro parte de dom. Pantaleone vero germano illorum. et cum una exempla de una securitate quod fecit dom. Pandulfo f. dom. Pulchari a pred. Iohanni Minio. et cum una alia chartula vetere qui est de compara de tota ipsa pred. causa da Nubella. et cum ipse alie chartule quod inde abuimus vobis ille dedimus. et dedimus vobis iterum ipsa exempla de pred. testamentum de ss. dom. Pantaleo qui nos procreavit. et firmamus vobis si per aliquando tempore plus chartula exinde inventa fuerit qui pertineat in oc quod vobis modo venundedimus nos et nostri heredes mittamus eas subtus potestate vestra et de vestris heredibus sine omni vestra damnietate vel amaricatione. Et taliter illos abeatis et possideatis et dominetis atque frugietis vos et vestris heredes vel cuy per vos illos datum atque traditum fuerit qualiter per omnia proclama ipsa pred. merse vetere et ipsa pred. merse quod ego pred. Sardena fecit cum pred. Theodonanda Mortella. et qualiter continet pred. chartula quod vobis inde dedimus. Unde accepimus a vobis exinde plenariam. nostra sanatione idest uncie octo et media auri tarenorum bonorum monete Sicilie sicut inter nobis bone voluntatis convenit in omne deliberatione et in omne decesitione. ut amodo et semper fiat in potestate vestra et de vestris heredibus abendi fruendi possidendi vindendi donandi faciendi et iudicandi vobis exinde omnia quecumque volueritis sine ommi nostra et de nostris heredibus contrarietate vel requesitione imperpetuum. Insuper nos et nostri heredes vobis et a vestris heredibus illos defendere et vindicare atque scalumniare debeamus omni tempore ab omnibus hominibus. Quod si minime vobis exinde fecerimus dupplo ss. pretium vobis componere promittimus. et hec chartula sit firma imperpetuum. Et reclaramus et a memoriam revocamus quia ipsum pred. termine de petra qui est in pede de pred. causa iam vestra iusta ipsa via est infra ipso silavosum vestrum et de pred. dom. Marocta Minia. et ipsa pred. via abeatis omni tempore sicut superius legitur et qualiter proclama pred. merse vetere quod vobis dedimus. per ss. obligata pena. Quod super disturbatum est legitur. et silavosum plenum et vacuum cum . . . Et reclaramus iterum quia pred. uncie octo et media de tari quod nobis exinde dedistis rendedimus inde uncie quinque a pred. dom. Marocta Minia. et ipsum memor(atorium) et ipsum iudicatum quod inde recolliximus dedimus vobis illum cabsatum. et ipse relique uncie tres et media qui inde remansit fecimus inde nostra hutilitate.

† Matheus f. qd. Aliberti t. e.

† Iohanne angularius qd. dom. Leonis filius t. e.

† Sergius Marctellus Panctaleonis filius t. e.

† Ego Manso f. dom. Iohannis curialis f. dom. Ursi imperialis dissipati scripsi.

CCXXIV.

1188 — Guglielmo re a. 23 — ind. VII — 15 dicembre — Atrani.

Iohannes f. Sergii f. Leonis Guarizzulo rende a *dom. Leoni f. dom. Sangilii de Sirrento*, abbate del monast. dei SS. Quirico e Giulitta, il possesso di una parte di una terra sita in Pecara, che suo padre Sergio aveva presa *ad laborandum* e di cui egli aveva poi diviso il dominio diretto con suo fratello Pietro.

Perg. di Amalfi, n. 179; arch. di S. M. di Font., n. 311; arch. della SS. Trinità, n. 996 — Orig. — Taglio irreg. al marg. inf.: alt. mass. 41 × 19 — Inedita.

✝ In nomine domini dei salvatoris nostri Iesu christi. anno ab incarnatione eius millesimo centesimo octuagesimo octavo. temporibus domini nostri Guilielmi dei gratia regis Sicilie ducatus Apulie et principatus Capue. et vicesimo tertio anno regni eius Amalfi. die quinta decima mensis decembris ind. septima Atrano. Manifestum facio ego Iohannes f. Sergii f. Leonis Guarizzulo vobis dom. Leoni domini gratia monachus atque abbas monasterii sancti Quirici et Iulicte et f. dom. Sangilii de civitate Sirrento. quam et at cunta vestra congregatione vestrisque fratribus manentes in pred. monasterio. pro quibus quod iam sunt preteriti anni quod dom. Landolfus presb. et monachus atque abbas ss. monasterii anticessores vester una cum cunta congregatione de pred. monasterio incartaverunt per chartulam incartationis a pred. Sergio Guarizzulo genitori meo a medietate at una persona laborandum illos tota ipsa hereditate et fabricis suis quam pred. monasterius abet in Pecara. qualiter per omnia proclamat ipsa pred. chartula incartationis. Iam sicut humanum est pred. Sergius genitori meo migravit ex hoc mundo. proinde ego pred. Iohanne una cum Petrus vero fratri meo similiter venit a preteriti anni et diximus at dom. Pardo domini gratia sacer et monachus et abbas ss. monasterii anticessores tuus. — Quia pred. hereditate non potemus illa bene laborare unus de nos ambo ss. germanis sicut pred. chartula incartationis proclamat. set si placet vobis date nobis pred. hereditate a me pred. Iohannes quam et a Petrus vero fratri meo ut dividamus illa inter nos in due portiones et laboremus illa sicut meret et pertinet ut laudabile fiat. — Unde per bona comvenientia quam abuimus cum ss. dom. Pardo abbas et cum ipsa congregatione de pred. monasterio concessit nobis illos tando et divisit pred. hereditate et dedit michi inde una portione sicut ipsi termini de petra exfinat qui constituti sunt inter portione et portione. ut debuissemus illos tenere allaborandum et rendere inde rationem a pred. monasterio per ipsa continentia de pred. chartula incartationis quod abet pred. Petrus fratri meo. et fecit michi inde tando pred. dom. Pardus abbas cum sua congregatione unum manifestum per voluntate de pred. Petrus fratri meo qualiter pred. manifestum continet. Modo vero ego pred. Iohannes comvenivit me vobiscum et cum pred. monasterio. et placuit nobis et vobis per bona comvenientia quam inter nos abuimus. remisit et assecuravit vobis et in pred. monasterio inclita ipsa portione mea de tota pred. hereditate et fabricis suis quantumcumque inde tenuit allaborandum per ipsum pred. manifestum. ut ab odierna die et in antea et usque in sempiternum fiat in potestate vestra et de vestris posteris et de pred. monasterio ad abendum et possidendum et frugiandum et dominandum et at incartandum et affaciendum et iudicandum vobis exinde omnia quecumque volueritis sine omni contrarietate nostra et de nostris heredibus et de omni humana persona pro nostra parte imperpetuum. Etiam firmamus vobis ut a qualecumque persona dederitis illos allaborandum cum chartula vel sine chartula nos vel nostri heredes non abeamus potestate exinde at illis querere vel calumniare exinde nulla videlicet causa per nullum modum. et ipsum pred. manifestum quomodo illos tenuimus allaborandum vobis illum dedimus. Quod si minime vobis exinde fecerimus auri solidos viginti regales vobis componere promittimus. et hec chartula sit firma imperpetuum. Nam et michi Sergio f. ss. Iohanni Guarizzuli hec chartula michi certissime et gratanter placet. et a mea parte firma et stabile fiat in perpetuum per ss. obligata pena. Quod super disturbatum est legitur. Iohannes. Et reclaramus quia ipsum pred. monasterio sancti Quirici est constructus intus hanc civitate Atrano a subtus Monte maiore.

† Matheus f. dom. Sergii Cappasancta t. e.

† Iohannes angularius qd. dom. Leonis filius t. e.

† Ego Manso f. dom. Iohannis curialis f. dom. Ursi imperialis dissipati scripsi.

CCXXV.

1188 — Guglielmo re a. 23 — ind. VII — 20 dicembre — Atrani.

Petrus f. Iohanni f. qd. Petri Biscatale rende a *dom. Leoni f. dom. Sangilii de Sirrento*, abbate del monast. dei SS. Quirico e Giulitta, il possesso di due *petie* di vigna site in Tramonti, *a Lauri*, che il suo avo Pietro aveva prese a pastinato nel 1096.

Perg. di Amalfi, n. 180; arch. di S. M. di Font., n. 296; arch. della SS. Trinità, n. 972 — Orig. — Taglio irreg. al marg. inf: alt. mass. 34 1/2 × 19: taglio all'ang. sup. destro; alquanto macchiata — Inedita.

† In nomine domini dei salvatoris nostri Iesu christi. anno ab incarnatione eius millesimo centesimo octuagesimo octavo. temporibus domini nostri Guilielmi dei gratia regis Sicilie ducatus Apulie et principatus Capue. et vicesimo tertio anno regni eius Amalfi. die vicesima mensis decembris ind. septima Atrano. Manifestum facio ego Petrus f. Iohanni f. qd. Petri Biscatale. vobis dom. Leoni domini gratia monachus atque abbas monasterii sancti Quirici et Iulicte que constructus et dedicatus est intus hanc civitate a subtus Monte maiore et filius dom. Sangilii de civitate Sirrento. quam et at cunta vestra congregatione manentes in pred. monasterio. pro quibus iam sunt preteriti anni quod dom. Leo domini gratia presb. et abbas ipsius monasterii anticessores vester una cum sua congregatione incartaverunt per chartulam incartationis a pred. Petrus Biscatale abius noster due petie de vinea que pred. monasterius abet in Trasmonti alLauri. qualiter per finis et omni ordine et ratione proclamat ipsa pred. chartula incartationis. qui est scripta per anni domini millesimo nonagesimo sexto kalendas frebuarias ind. quarta. Modo vero per bona convenientia quam inter nos abuimus placuit nobis et vobis spontanea nostra bona vo[lun]tate et remisit et assecuravit vobis et in pred. monasterio ambe ss. petie de vinea quantumcumque proclamat pred. chartula incartationis quod vobis dedimus. In ea ratione ut fiat in potestate vestra et de vestris posteris et de pred. monasterio affaciendum

et iudicandum vobis exinde omnia quecumque volueritis sine omni contrarietate nostra et de nostris heredibus et de omni humana persona pro nostra parte imperpetuum. Insuper firmamus vobis ut a qualiscumque persona placuerit vobis vel a vestris posteris dare illos allaborare sive cum chartula vel sine chartula potestatem habeatis. et a nostra parte firmum et stabile illos abeat quia nobis libenter placet. Quod si minime vobis exinde fecerimus auri solidos triginta regales vobis componere promittimus. et hec chartula sit firma permaneat (*sic*) imperpetuum. Et reclaramus quia pred. chartula incartationis dedimus vobis illa capsata per ss. obligata pena.

† Matheus f. dom. Sergii Cappasancta t. e.

† Iohanne angularius qd. dom. Leonis filius t. e.

† Sergius Macte[llus] Panctaleonis filius t. e.

† Ego Manso f. dom. Iohannis curialis f. dom. Ursi imperialis dissipati scripsi.

CCXXVI.

1189 — Guglielmo re a. 23 — ind. VII — 27 marzo — Ravello.

Iohannes f. qd. Petri Imperati prende a pastinato da *dom. Trude f. dom. Sergii f. dom. Iohannis f. dom. Pantaleonis f. dom. Iohannis de Pantaleone de Iohanne de Pantaleone de Iohanne com.*, abbadessa del monast. di S. Angelo di Atrani, la terza parte di un castagneto sito *in Campo*, *at Flebola.*

Perg. di Amalfi, n. 181 ; arch. di S. M. di Font., n. 297 ; arch. della SS. Trin., n. 970 — Orig. — Alt. 56 $\times$ 18 ; marginata a sin. — Inedita.

A tergo, in scrittura gotica, si legge : « *Instrumentum de quodam castanieto sito in campo pertinentiarum Ravelli prout infra continetur. pertinet ad monast. sancte Marie dominarum ...* »

† Anno ab incarnatione domini millesimo centesimo octuagesimo nono. et vicesimo tertio anno regni domini nostri Guilielmi dei gratia Sicilie magnifici et precellentissimi regis Apul e ducatus Capue principatus. quinto die astante mensis martii ind. septima Ravelli. Ego quidem Iohannes f. qd. Petri Imperati.

a presenti die promtissima voluntate scribere et firmare visus sum vobis dom. Trude dei gratia monache et abbatisse monasterii puellarum sancti Angeli quod constructum et dedicatum est in civitate Atrano iuxta litore maris et filie dom. Sergii et f. dom. Iohanis f. dom. Pantaleonis f. dom. Iohannis de Pantaleone de Iohanne de Pantaleone de Iohanne com. hanc chartulam similem de illa quam vos cum cunta vestra congregatione in pred. monasterio manente michi et meis heredibus scribere fecistis. pro eo quia dedistis et assignastis michi idest inclitam tertiam partem a tunc divisum de plenario et integro ipso castanieto quod pred. monasterius habet in Campo in loco qui dicitur at Flebola. sicut sibi est ipsa pred. tertia parte quam michi assignastis de toto pred. castanieto plenum atque vacuum et cum ipsa casalina ibidem habentem quam et cum omnibus sibi infra se habentibus et pertinentibus. que continet as fines. a supra ponitur finis torum aqua versante quantum vestra pertinentia est. de subtus itaque ponitur finis causam dom. Stephani f. dom. Iohannis Frecze. de uno vero latere ponitur finis a parte meridiei causa episcopii huius pred. civitatis. de alio autem latere a parte septemtrionis ponitur finis ipse due partes de pred. castanieto de ss. monasterio qualiter exfinat ipsi termini de petra qui ibidem constituti sunt. cum salva quidem via cum omnia causa et omnia sua pertinentia. unde nichil michi exinde exceptuastis. In ea enim ratione ut amodo et semper ego et unus de filiis meis et una persona de filiis filiorum meorum de generatione et generatione descendente de masculina progenie ille qui melius inde exierit qui placeat vobis et vestris posteris successoribus illud habeat et teneat at medietatem. et de presente incipiat illud cultare et frudiare et custodire. et si habet ibi vacuum [pa]stinare et implere illud de tigillis et insulculare ipsos tigillos de castaneis zinzalis sicut meret et pertinet et qualiter ipse locus meruerit ut laudabile fiat et per bonos homines pareat. et iam a die presenti castanee seu et omnem alium frudium quodcumque inde exierit per omnem annum usque in sempiternum sine fraude et malo ingenio et absque omni malignitate dividere illud debeamus vobiscum per medietatem et perequaliter. vos et vestre postere tollatis exinde medietate et ego et mei heredes tollamus inde ipsa alia medietate. castanee sicce at grate et fructura per tempore suo. et ipse pred. castanee nos illas colligamus et siccare debeamus et deponamus vobis ipsa medietate vestra intus pred. monasterium sinę pargiatura. et demus vobis sabbatatico per omnem annum medium modium de castaneis viridis vel siccis quale volueritis at modium de Atrano. et quando placet vobis vel at vestre posteres capillare pred. castanietum ego et mei heredes debeamus illud capillare et aptare pred. ligna cum omni nostro expendio qualiter meruerit et dividere illa debeamus vobiscum in pred. loco per medietate. vos et vestre posteres tollatis inde medietatem et ego et mei heredes tollamus exinde ipsa alia medietate. et sine voluntate vestra et de vestre posteres non debeamus inde cap[illare] nullum arborem. Et si ego et mei heredes non bene laboraverimus et cultaverimus et omnia ut superius legitur bene illud non atinpleverimus vobis et at vestre postere qualiter superius legitur iactetis nos inde vacuos cum causa nostra mobilia et faciamus vobis iustitiam sicut lex fuerit. Quod si ego et mei heredes bene illud laboraverimus et cultaverimus et omnia ut superius legitur bene illud atinpleverimus vobis (1) et at vestre postere de pred. monasterio non habeatis potestatem nos inde commovere vel iactare neque nullam virtutem vel invasionem facere nobis ibidem debeatis neque fieri faciatis. set vos et vestre postere michi et meis heredibus illud defendere et excalumniare debeatis omni tempore ab omnibus hominibus. Et hoc michi dedistis et assignastis per consensum et voluntatem de totis ipsis portionariis de pred. monasterio sicut in ipsa chartula continet quam michi inde scribere fecistis. quia sic inter nos stetit. et taliter vobis illud firmo coram presentia subscriptorum testium. et hec chartula sit firma imperpetuum. Inter vir[gulum] legitur. vobis.

† Leo dom. Ursonis Rogadio filius t. e.

† Iohannes dom. Leo Mucilo filius t. e.

† Ego Ursus diaconus scriba Iohannitii Mucili filius scripsi.

(1) La parola *vobis* è interlineare.

CCXXVII.

1189 — Guglielmo re a. 24 — ind. VII — 15 maggio — Amalfi.

I germani *Sergius et Matheus f. dom. Mansonis f. dom. Iohannis Capuani*, avendo avuto licenza da *dom. Iohanni f. dom. Iohannis f. dom. Leonis Portulani* di poggiare un capo di *solarile* di una loro *statione* in Amalfi sulla facciata di una casa di esso Giovanni, si obbligano verso di lui di tenervelo finchè vi sia il suo beneplacito.

Perg. Mon. soppr., 2ª serie, vol. IV, n. 311 — Orig. — Alt. 21 × 19 — Inedita.

✝ In nomine domini dei salvatoris nostri Iesu christi. anno ab incarnatione eius millesimo centesimo octuagesimo nono. temporibus domini nostri Guilielmi dei gratia regis Sicilie ducatus Apulie et principatus Capue. et vicesimo quarto anno regni eius Amalfi. die quinta decima mensis madii ind. septima Amalfi. Manifestum facimus nos Sergius et Matheus ambo veri germani f. dom. Mansonis f. dom. Iohannis Capuani. vobis dom. Iohanni f. dom. Iohannis f. dom. Leonis Portulani propter quod per licentiam et voluntatem vestra fuit positum unum caput de solarile de ipsa statione nostra de ipso arsena de hac terra Amalfi in ipso pariete de ipsa domo vestra qui est liberum vestrum. Modo vero summonistis nos ut tolleremus inde pred. caput de solarile et poneremus inde ipse tabule nostre facie at faciem cum ipso pred. pariete vestro. Iam nos ubi volebamus eum inde tollere rogavimus vos et rogare fecimus ut largiretis nobis illum ibidem habere in pred. pariete vestro donec vobis placuerit. et vos de presente fecistis pro amore nostro et bonitate et largistis nobis habere pred. caput de pred. solarile nostro in pred. pariete vestro. Proinde firmamus vobis per hanc chartulam ut dum placuerit vobis et vestris heredibus habere ipsum pred. capitem de pred. solarile de ipsa ss. statione nostra in ipso pred. pariete vestro et habere ipsum pred. parietem vestrum sine ipse pred. tabule posite de pred. statione nos ita ibidem illut habere debeamus per vestra licentiam et voluntatem atque absolutionem. et quandocumque placuerit vobis vel vestris heredibus tollere exinde ipsum capitem de pred. solarile nostro et ponere nos ibidem ipse tabule nostre facie at faciem cum ipso pred. pariete vestro. facere illut debeamus tam nos quam et nostri heredes sine omni vestra amaricatione. et aliquando tempore non habeamus licentiam vel potestatem facere vobis exinde de pred. pariete vestro quolibet possessionem aut sedilia per nullum modum imperpetuum. quia taliter inter nos stetit. Et si contra hanc chartulam venire presumpserimus et omnia ut superius legitur non atimpleverimus componere vobis promittimus auri solidos decem regales. et hec chartula sit firma.

† Mauro f. dom. Iohannis t. e.

† Sergius f. qd. dom. Mauri Gattula t. e.

† Ego Fortunatus diaconus et curialis scripsi.

CCXXVIII.

1192 — Tancredi re a. 2 — ind. X — 4 febbraio — Amalfi.

Leo f. qd. Ursi Bruscia e sua moglie *Maria f. Sergii de Pitru qui dicitur Cazzecanosa,* anche in nome dei figli minorenni, vendono a *dom. Urso f. qd. dom. Iohannis f. dom. Petri Castallomata* un castagneto sito *at Radicosa*, per 4 once d'oro di tareni di Sicilia.

Perg. di Amalfi, n. 182; arch. di S. Lor., n. 182; arch. della SS. Trin., n. 917 — Orig. — Alt. 34 1/2 × 18 — Inedita.

† In nomine domini dei salvatoris nostri Iesu christi. anno ab incarnatione eius millesimo centesimo nonogesimo secundo. temporibus domini nostri Tankredi dei gratia regis Sicilie ducatus Apulie et principatus Capue. et secundo anno regni eius Amalfi. die quarta mensis februarii ind. decima Amalfi. Certi sumus nos Leo f. qd. Ursi Bruscia. et Maria ambo iugales filia Sergii de Pitru qui dicitur Cazzecanosa. et nos istud quindeniamus pro parte de ipsis filiis nostris qui sunt modo sine hetate. a presenti die promtissima voluntate venundedimus et tradidimus vobis dom. Urso f. qd. dom. Iohannis f. dom. Petri Castallomata. idest plenariam et integram totam ipsam petiam nostram de ipso castanieto nostro quod habemus at Radicosa

positum. quod michi ss. Leo obbenit ex parentorum meorum. et tote ipse chartule quas exinde habuimus dedimus vobis ille. et firmamus vobis ut si alia qualibet chartula exinde inventa dederit nos et nostri heredes mit(tere) illa debeamus subtus vobis et vestris heredibus sine vestra damnietate vel amaricatione. Et reclaramus vobis exinde ipse finis de ipso ss. castanieto sicut sibi est plenum et vacuum. cum casalina et balneo atque cisterna seu et cum omnia sibi infra se habentibus et pertinentibus. et continet per as fines. da capo et de uno latere a parte orientis continet per finem causa ecclesie sancte Marie da Flum(ine). et per finem exinde continet de pred. latere ecclesia sancti Iohannis da Bectica Minoris. quam et de alio latere ponitur per finem ecclesia sancti Marciani. et da pede continet fini ipsa via puplica que est inter hoc quod vobis modo venundedimus et de ipso alio quod nobis exinde ibidem remansit. et ipsa pred. via vos illam colligere debeatis. cum salva via sua cum omnia causa que vobis et at vestris heredibus opus et necessarium fuerit. unde nichil vobis exinde exceptuavimus quia totum quantum et qualiter ipse ss. finis concluditur sicut est plenum et vacuum seu et cum plenaria et integra tota ipsa pred. casalina et pred. balneo et ss. cisterna ibidem habentem atque cum omnia sibi infra se habentibus et pertinentibus totum pleniter et sine omni minuitate vobis illos modo venundedimus et tradidimus per omnia attrasactus sicut superius legitur. et nullam causam vobis exinde exceptuavimus. Unde et in presenti exinde accepimus a vobis plenariam nostram sanationem idest uncie auree quattuor tarenorum bonorum moneta Sicilie sicut inter nos exinde bone voluntatis complacuit atque convenit in omni deliberatione et in omni decisitione. ut amodo et semper fiat totum proprium vestrum et in potestate vestra et de vestris heredibus vel cui per vos datum et traditum fuerit at faciendum et iudicandum exinde omnia quecumque volueritis sine omni nostra et de nostris heredibus atque de omni humana persona pro parte nostra contrarietate vel requesitione imperpetuum. et nos et nostri heredes vindicemus et defendamus illos vobis et at vestris heredibus omni tempore ab omnibus hominibus. Quod si minime vobis exinde fecerimus et omnia ut superius legitur non atimpleverimus componere promittimus nos et nostri heredes vobis et at vestris heredibus dupplo ss. pretio. et hec chartula sit firma imperpetuum. Et reclaramus quod supra diximus de ipsa casalina ibidem habentem. modo dicimus quia est domo at cammara. et ita illud totum habeatis et possideatis et dominetis et frudietis vos et vestri heredes sicut per omnia continet ipse ss. chartule quas vobis dedimus.

† Marinus f. Sergii de lu Iudice t. e.

† Sergius iudex de Iudice t. e.

† Ego Lupinus humilis presb. scriba scripsi.

CCXXIX.

1192 — Tancredi re a. 3 — ind. X — 15 maggio — Amalfi.

Iohannes f. qd. Leonis Galli e sua moglie *Anna f. qd. Sergii Bespuli* vendono a *dom. Urso f. dom. Iohannis f. dom. Petri Castallomata* un castagneto sito in Agerola, *at Bicogena* (?), per 6 soldi d'oro di tarì; e lo prendono da quello a pastinato.

Perg. di Amalfi, n. 183; arch. di S. Lor., n. 183; arch. della SS. Trin., n 69 — Orig. — Alt. (il residuo) 25 × 26; danneggiatissima: manca per corrosione tutta la parte inf.; calligrafica — Inedita.

† In nomine domini dei salvatoris nostri Iesu christi. anno ab incarnatione eius millesimo centesimo nonogesimo secundo. temporibus domini nostri Tankredi dei gratia regis Sicilie ducatus Apulie et principatus Capue. et tertio anno regni eius Amalfi. die quinta decima mensis madii ind. decima Amalfi. Certi sumus nos Iohannes f. qd. Leonis Galli. et Anna ambo iugales filia qd. Sergii Bespuli. a presenti die promtissima voluntate venundedimus et tradidimus vobis dom. Urso f. dom. Iohannis f. dom. Petri Castallomata. idest plenarium et integrum totum ipsum castanietum nostrum quantum et qualiter habemus in Ageroli loco nominato at Bicogena (?). sicut sibi est plenum et vacuum domesticum et salvaticum. quod nobis obbenit a parte de pred. genitoribus et soceris nostris et per chartulam securitatis et traditionis quod nobis exinde fecit Marocta genitrice et socera nostra et Leo atque Gemma et Marenda. mater et filio atque filie. verus germanus et germane nostre atque congnatis nostre. et at illis pred. genitoribus nostris iterum obbenit ex

parentorum suorum. et dedimus vobis ipsa chartula exempla de pred. securitate et traditione quod nobis exinde fecerunt ss. personis quia ipsa verace non possumus vobis illa dare per alia capitula que ibidem continentur. set firmamus vobis ut quandocumque fuerit vobis vel at vestris heredibus necesse ipsa pred. chartula verace nos et nostri heredes excutere et mostrare illa debeamus vobis vestrisque heredibus omni tempore ante legem et sine lege. et post finem factam at nostra et de nostris heredibus perveniat in potestate at mostrandum illa sicut superius legitur. Et reclaramus vobis exinde ipse finis. da capo continet fini finem causa de Iohanne vero tio nostro filio Tauri Galli habii nostri. da pede continet fini ipsa via puplica. de uno latere ponitur a parte orientis finis causa de Episcopio Amalfi quod nos tenemus at cartatico. et de alio latere ponitur a parte occidentis finis causa heredes de Petro vero tio nostro. Cum salva via sua cum omnia causa et omnia sua pertinentia. unde nichil vobis exinde exceptuavimus. quia totum quantum et qualiter ipse ss. finis concluditur sicut est plenum et vacuum cum omnia sibi infra se habentibus et pertinentibus totum pleniter et sine omni minuitate vobis [illos] modo venundedimus et tradidimus sine omni minuitate per omnia attrasactum. Unde accepimus a vobis plenariam nostram [sanationem idest] auri solidos sex de tari boni de Amalfi de unciis quinque de auro et quinque de argento ana tari quattuor per solidum. [sicut inter] nos exinde bone voluntatis convenit in omni deliberatione et in omni decisitione. ut amodo et semper fiat totum [proprium vestrum et] in potestate vestra et de vestris heredibus. Ea videlicet ratione at tenendum nos illos per vos at medietatem. et nos [et nostri heredes d]e presente amodo et in antea habeamus exinde bonam curam et bonum studium atque certamen seu vigilantiam ut postea per bo[nos homines pareat. et ubi] est vacuum et fuerit necesse inpleamus illos et pastinemus ibidem tigillos et insurculemus illos de ca[staneis zenzalis ad bonum] frugium atducendum. ut semper dicat tertius et quartus homo quia de fine in finem bonum est [pastinatum et insur]culatum castanearum zenzalarum sicut meret et pertinet. et iam amodo et semper castanee et omne [alium frugium quod ibidem] Dominus dederit vel inde exierit sine fraude et malo ingenio dividere illos debeamus vobiscum et [cum vestris posteris per medietatem]. vos [et vestri he]redes [ex]inde tollatis ipsa medietate et nos et nostri heredes tollamus ipsa reliqua [medietate.

castanee sicce bone at grate] et fructus [per] tempore suo ibidem in pred. loco. et nos debeamus colligere ipse ca[stanee . . . . deb]eamus ille siccare at grate et fiat medietate vestra de pred. castanee sicce. deponere ille debeamus . . . . sine pargiaturam. et vos detis nobis manducare et bibere sicut consuetudo est. et deponamus . . . . omnem annum nos et nostri heredes demus vobis vestrisque heredibus duo saluti agnum unum in . . . . dum unum sine . . . . . . et non debeamus exinde capillare ar[bo]re sine [vestra . . . . debea]mus capillare. et concia[re . . . . . . cum] omni nostro exp[endio.] et tollatis exinde [vos et vestri heredes ipsa medietate et nos et nostri heredes] exinde tollamus [ipsa alia medie]tate ibidem in pred. loco. Et si nos [et nostri heredes bene eos non laboramus] et cultamus [et omnia non atimplemus vobis et at] vestris heredibus potesta[tem h]abeatis [nos inde vacuos iactare cum causa nostra mobilia]. Quod si nos [vel] nostri [he]redes bene [eos laborando et cultando] . . . . . .
. . . .

CCXXX.

1192 — Tancredi re a. 3 — ind. X — 1 agosto — Atrani.

Iohannes f. qd. Petri f. Iohannis Biscatale rende a *dom. Leoni f. dom. Sangilii de Sirrento,* abbate del monast. dei SS. Quirico e Giulitta, il possesso di alcune terre site in Tramonti, *a Lauri, in loco qui dicitur a ipsa Oliba et a ipsum Carabone,* che egli aveva prese *ad incartatum*.

Perg. di Amalfi, n. 184 ; arch. di S. M. di Font., n. 301; arch. della SS. Trin., n. 544 — Orig. — Taglio irregolare al marg. inf.: alt. mass. 22 × 21 — Inedita.

† In nomine domini dei salvatoris nostri Iesu christi. anno ab incarnatione eius millesimo centesimo nonogesimo secundo. temporibus domini nostri Tancredi dei gratia regis Sicilie ducatus Apulie et principatus Capue. et tertio anno regni eius Amalfi. die prima mensis agusti ind. decima Atrano. Manifestum facio ego Iohannes f. qd. Petri f. Iohannis Biscatale. vobis dom.

Leoni domini gratia monacho et abbas monasterii sancti Quirici et Iulicte que constructus et dedicatus est intus hanc civitate Atrano a subtus Monte maiore et filius dom. Sangilii de civitate Sirrento. quam et a cunta congregatione vestrisque fratribus manentes in pred. monasterio. pro quibus iam sunt preteriti diebus quod vos dedistis et assignastis atque incartastis michi ipsa vinea et castanietum et furesta quod pred. monasterius abet in Trasmonti alLauri in loco qui dicitur a ipsa Oliba et a ipsum Carabone. qualiter per omnia proclama pred. chartula incartatio(nis) quod inde abemus. causa que iam olim incartatum abuit pred. genitor et habius noster. Modo vero per bona comvenientia quam inter nos abuimus placuit nobis et vobis spontanea nostra bona voluntate. et a die presenti remittimus et assecuramus vobis et in pred. monasterio tota ss. causa quod incartata habuimus. quantum pred. chartula incartatio(nis) continet. ut a die presenti et in antea et omni tempore usque in sempiternum fiat tota ss. causa in potestate vestra et de vestris posteris rectores ss. monasterio quam et de ipso pred. monasterio. abendi fruendi possidendi dominandi incartandi ordinandi faciendi et iudicandi vobis exinde omnia quecumque volueritis. et pred. chartula nostre incartationis rendedimus vobis illa. Insuper etiam firmamus vobis per hanc chartulam nostri manifesti ut iam aliquando tempore neque nos neque nostris heredes nec nullus homo pro nostris partibus non queramus nec querere faciamus vos nec vestris posteris nec pred. monasterio nulla videlicet causa de hec omnia que superius legitur per nullum modum imperpetuum. et a quale persona dederitis ss. causa allaborandum sive per chartulam vel sine chartula michi certissime et gratanter placet. Quod si minime vobis exinde fecerimus auri solidos quinquaginta regales vobis compo(nere) promit(timus). et hec chartula sit firma in perpetuum. Et reclaramus ut ipsa chartula incartationis de pred. genitor noster de pred. causa quantum michi inde pertinet fiat ructa et vacua et nulla in se ahea firmitate.

† Matheus iudex f. dom. Sergii Cappasancta t. e.

† Iohannes angularius qd. dom. Leonis filius t. e.

† Ego Manso f. dom. Iohannis curialis f. dom. Ursi imperialis dissipati scripsi.

CCXXXI.

1193 — Costanza imp. e regina — ind. XI — 20 aprile — Atrani.

Maria f. dom. Nicolay et rel. dom. Sergii iudicis f. dom. Lupini f. dom. Mauronis f. dom. Sergii de Iohanne de Sergio de Iohanne com. de dom. Ferraci de Iohanne com. de Pulcharo com., e sua figlia *Lodelgrima*, anche in nome del rispettivo figlio e fratello Sergio, minorenne, vendono al rispettivo cognato e zio *dom. Matheus f. dom. Sergii f. dom. Gregorii f. dom. . . . . de Gregorio de Tauro de Leone com.*, i loro beni *in Nubella*, per 10 once d'oro di tareni di Sicilia.

Perg. di Amalfi, n. 185, arch. di S. Lor., n. CLXXXVI; arch. della SS. Trin., n. 481 — Copia — Alt. 40 × largh. (il residuo) 38: corrosa e macchiata lungo il lato destro, macchiata e deleta nella parte sinistra; rigata e marginata — Scrittura gotica incipiente — Inedita.

† In nomine domini dei salvatoris nostri Iesu christi. anno ab incarnatione eius millesimo centesimo nonogesimo tertio. temporibus domine nostre Constantie dei gratia Romanorum [imperatricis et semper] auguste et regine Sicilie. [die v]icesima mensis aprelis ind. undecima Atrano. Certi sumus nos Maria f. dom. Nicolay. regis Sicilie castellorum ducatus Amalfie . . . . et relicta dom. Se[rgii iudicis f.] dom. Lupini f. dom. Mauronis f. dom. Sergii de Iohanne de Sergio de Iohanne com. de dom. Ferraci de Iohanne com. de Pulcharo co[m. . . . . Lodel]grima f. ss. [Sergii] iudicis. qui sumus genitricem et filiam. et quindeniamus istud pro parte de [Sergio ?] filio et germano nostro qui est sine hetate. et est modo aforis . . . . quindeniamus a parte s[ua. a presenti die] promtissima voluntate venundedimus et tradidimus vobis dom. Matheus exadelfo cognato et tio nostro filio dom. Sergii f. dom. Gregorii f. dom. . . . . . de Gregorio de Tauro de Leone com. idest plenariam et integram totam ipsam hereditatem nostram quod habemus in Nubella posita. sicut sibi est tota ipsa ss. hereditate cum case fab[rite] et palmentum et labellum et ci-

sterna ibidem habentem. seu et cum omnia sibi infra se habentibus et pertinentibus. qui nobis ss. Maria quam et a ss. dom. Sergio iudice vi[ro] meo obbenit per [chartulam compara]tionis a dom. Truda f. dom. Leoni f. dom. Roffredi f. dom. Castelmanni com. et relicta dom. Gregorii f. qd. dom. Sergii Cacapice de civitate Neapoli. quam et da dom. Leone et da [dom.] Rachele et da dom. Redentiana fratres et sorores filii ss. dom. Gregorii Cacapice. et ad illis obbenit a parte de ipso patrimonio de pred. dom. Truda. et ipsam pred. chartulam compar[ationis et ipse] alie chartule quod exinde habuimus vobis ille dedimus. et firmamus vobis ut si per aliquando tempore plus chartule exinde paruerit vel inventa dederit nos et nostris heredes mittamus eas sub[tus potesta]tem vestram et de vestris heredibus sine omni vestra dampnietate vel amaricatione. Nam vero reclaramus vobis exinde ipse finis qualiter et quomodo illa habere et possidere seu fr[ugiare] et dominare debeatis. a supra namque ponitur a parte septemtrionis fini causa que fuerat de dom. Pandulfo f. dom. Tanselgardi. quod modo habet ipsi nepotibus de me [pred.] Marie . . . . ipsa facie de ipse domus illorum. a parte meridie hoc est da oriente et da occidente per ipsi termini. expedicata eius fine revolbit inda parte orientis per plenarium . . . . . . [fa]britum iam vestrum qui est in caput de ipsa hereditate iam nostra. de subtus itaque ponitur a parte meridie fini ipsum quilium vestrum plenarium et finis fine de ipsum m[urum] plenarium vestrum qui est supra ipsa hereditate que fuerat de dom. Mansone curiale quod modo habet heredibus dom. Cioffi f. dom. Iohannis de dom. Cioffo. de uno vero l[atere a parte orientis] fini fine causa de heredibus dom. Mansoni Truballi (?) hoc est sicut descendet da capo da ipsa fine de ipsa causa que fuera de ss. dom. Pandulfo. et sic rectum in . . . . fine causam de heredibus ss. dom. Mansoni [Tr]uballi per ipsi termini. et expedicata eius fine descende iterum usque a ipsum pred. quilium vestrum plenarium. et de alio a[utem latere a parte] occidentis finis ipsa via qui est inter hoc [et] ipsa alia hereditate nostra qui nobis ibidem remansit. et sale in susum et coniunge se cum ipsum pred. murum plenarium . . . . coperire tota ss. vestra potestate habeatis. cum salva quidem via sua cum omnia causa et omnia sua pertinentia. unde nobis exinde nichil remansit vel al[iquid vobis excep]tuavimus. quia plenariam et ntegram tota ipsa ss. hereditate sicut sibi est cum tote ipse ss.

fabrice suis et omnia sibi infra se habentibus et pertinentibus venundedimus et tradidimus sine omni minuitate qualiter superius legitur. et taliter illos habeatis et possideatis et dominetis et frudietis vos et heredes vestris [qualiter et quomodo] per omnia proclama ipse ss. chartule quas vobis exinde dedimus. Unde accepimus a vobis plenaria nostra sanatione. idest uncias decem auri tarenorum [bonorum] Sicilie sicut inter nobis bone vol[untatis] convenit. quod dedit et paragiavit infra ipsa dote de ss. Lodelgrima filia mea. in omne delibera[tione et in omne dece]sitione. ut a nunc die presenti in perpetuis temporibus plenaria et integra tota ss. nostra venditio qualiter per omnia superius legitur in vestra et de [vestris heredibus sit pote]state habendi fruendi possidendi vindendi donandi seu commutandi vestrisque heredibus dimittendi in omnia et in omnibus semper libera et absoluta habe[atis potestatem] faciendum et iudicandum exinde omnia quecumque volueritis sine omni nostra et de nostri heredibus contrarietate vel requesitione imperpetuum. Insuper nos et [nostri heredes vobis et vestris] heredibus illos defendere et vindicare adque scalumpniare debeamus omni tempore ab omnibus hominibus. Verumtamen ad memoria revocamus quia ss. via quod dixi[mus. . . . . cope]rire debuisti non debeatis illa vos coperire quia remansit nobis in potestate nostra quia est propria nostra et nos illa debemus coperire cum vinea omni [tempore. et vos] et vestris heredes debetis inde omni tempore ingredere et egredere cum omnia causa ad ss. causa vestra quod nos vobis venundedimus. Quod [si minime vobis exinde fecerimus dup]plo ss. pretium vobis com[ponere] promittimus. et hec chartula sit firma permanea (*sic*) imperpetuum. † Iohannes f. dom. Sergii iudicis ne . . . . † Iohannes angularium qd. dom. Leoni filius t. e. † Ego Manso f. dom. Iohannis curialis f. dom. Ursi imperialis dissipati hanc chartulam sc[riptam per manus] . . . . filii [mei] confirmavi.

† Matheus iudex f. dom. Constantini iudicis Beniscema t. e. quia ipsa chartula unde ista exempla est [vidi et legit].

† Pantaleo f. dom. Sergii iudicis Neapolitane t. e. quia ipsa chartula unde ista exempla est vidi et legit.

† Bernaldus Cappasancta f. dom. Mathei iudici t. e. quia ixa chartula unde ista exempla est vidi et legit.

† Eg[o Con]stantinus publi[cus notarius A]tran(ensis) f. dom.

Mauri Beniscema hoc scriptum secundum imperiale edictum rescripsi et exemplavi.

CCXXXII.

1194 — Tancredi re a. 4, Ruggiero a. 2 — ind. XII — 4 gennaio — Atrani.

Sica rel. dom. Leonis f. dom. . . . . . de civitate Neapoli concede a pastinato a *Iohanne f. Muski de Landulfo*, a sua moglie *Aurufine* ed al loro figlio *Musco* una parte di una terra vacua sita in *Reginnis Maioris.*

Perg. di Amalfi, ant. fondo, n. 9 — Orig. — Alt. 36 × 22 1|2; corrosa lungo il marg. destro e in due punti a sin. — Inedita.

† In nomine domini salvatoris nostri Iesu christi. anno ab incarnatione eius millesimo centesimo nonogesimo [quar]to. [temporibus domini nostri Tanc]redi dei gratia regis Sicilie ducatus Apulie et principatus Capue et [quarto] ann[o regni eius Amal]fi. et secundo anno regni domini nostri Roggerii regis karissimi filii eius. die quarta m[ensis] ian[uarii ind.] duodecima Atrano. Certum est me Sica relicta dom. Leonis f. dom. . . . .. .[de] civitate Neapoli. a presenti die promtissima voluntate dedim[us atque as]signavimus vobis Iohanne f. Muski de Landulfo et Aurufine anbo videli[cet iugales] et vobis Musco. qui estis genitoribus et filio. idest tantum de ipsa terra nostra v[acua que] est in capud de ipsa hereditatem nostra quod habemus in Reginnis Maioris positum at sancto . . . . Canpulo. quantum vobis modo per finis reclaramus da capo fini in pedem de ipsa silba nostra. [da capo] fini ipsum murum proprium nostrum ubi ahet ipsa morta. de uno latere a parte meridie fin[i causa de] heredibus Iohannis f. Maiurino. et de alio autem latere fini causa ecclesie sancte Marie . . . . . . cum salva via sua. unde nichil vobis exinde exeptuavimus. In eam videlicet [rationem] ut amodo et omnibus diebus vite vestre de vos ss. tres personis genitoribus et filio illos [abea]tis et teneatis a medietate. et de presente debeatis illos scipare et cultare et [pasti]nare illos de viti de bono vindemio et facere inde vinea. et armetis illos in altu[m] in pergule cum lignam et canne et legature vestre et

cum omni vestro expendio sicut neces[se fuerit]. et ubi non proficerit vinea faciatis ibidem fructura et olibe. et ubi non proficerit fructura et olibe non fiamus vobis inde in occasione. et vos pred. personis debeatis mittere ibidem . . . . sice de fine in fine ubi melius necesse fuerit cum omni vestro expendio. et abeatis [bonam] curam et certamen seum vigilantia ut parea per bonis hominibus ut dica tertium et quar[tum homo quia] ipsa pred. causa bona est cultata et bitata et potata et lavorata et armata in altum in pergul[e sicut] meret et pertinet et zappata duas vices per annum tempore abto. et iam amodo et omnibus diebus [vite vestre] de vos ss. tres personis vinum et fructura et omne alium frudium quodcumque exinde exierit [sine fraude] et malo ingenio dividere illos debeamus per medietate. nos et nostris heredes exinde [tollamus me]dietate et vos ss. tres personis exinde tollatis medietate ibidem in ss. loco. vin[um at palmentum et] fructura per tempora sua. et quando venitis at vindemiame (*sic*) faciatis nobis illos scire. et [vos debeatis] vindemiare et pisare ipse ube et labetis et distrigatis nobis ipsa bucte nostra cum cir[cli] . . . . nostrum. et inbuctetis nobis ibidem ipsa medietate nostra de ss. vino et detis nobis supra [sortem cofinum] unum de ube et per omne palmentum pullum unum. et quando vindemiamus nutricetis nos [de co]quina[to] sicut vestra erit possivilitate. et quando cappilaverimus ipsa silba nostra qui nobis ibidem remansit ab[eamus] . . via per ipsa pred. causa quod vobis incartavimus. Et si forsitan quia vos ss. personis genitoribus et filio bene illos non lavoraveritis et cultaveritis et omnia ut superius le[gitur be]ne non atimpleveritis nobis et a nostris heredibus licentia et potestate abeamus vos exinde vacuos [iac]tare cum causa vestra mobilia et faciatis nobis iustitia sicut lex fuerit. Quod si vos ss. persones bene illos lavoraveritis et cultaveritis et omnia ut superius legitur bene atimpleveritis nobis et a nostris [he]redibus non abeamus potestate vos exinde commovere vel deiactare neque nulla virtu[te vel inva]sione vobis ibidem facere neque facere faciamus. set vindicemus vobis illos ab omnibus [hominibus]. Et qui de nobis et vobis aliquid de ss. placito minuare vel extornare voluerit componat [pars infidelis] a partem que firma steterit auri solidos quinquaginta regales. et hec chartula unde inter nobis ana [similis fieri] fecimus sit firma permaneam (*sic*).

† Matheus iudex f. dom. Sergii Cappa[sancta] t. e.

† Iohannes f. Sergii iudicis Neapolitani t. e.

† Ego Manso f. dom. Iohannis curialis f. dom. Ursi imperialis dissipati hanc chartulam scrip[tam] per manu Iohanni filii mei confirmavit.

CCXXXIII.

1194 — Enrico imp., re a. 1 — ind. XIII — 25 settembre — Atrani.

Bartholomeus f. dom. Mauri f. dom. Iohannis f. dom. Pantaleonis imperialis dissipati de com. Maurone e sua moglie *Maria f. dom. Cesarii f. dom. Sergii Agustarizzi* concedono a pastinato per 10 anni a *Mauro f. Sergii da Funtanelle* ed a *Iohannes f. qd. Sergii Guardapedem*, alcune terre site in *Reginnis Maioris*, *a Sentecli*, sotto annuo canone di 4 once d'oro pel primo anno, 5 per gli anni successivi, e metà del frutto.

Perg. di Amalfi, n. 186; arch. di S. Lor., n. CLXXXVIIII; arch. della SS. Trin., n. 132 — Orig. ? — Taglio irreg. : alt. 38 1/2 × 24 — Inedita.

L'atto manca di qualsiasi autenticità non essendovi le sottoscrizioni del notaio e dei testimoni.

† In nomine domini dei salvatoris nostri Iesu christi. anno ab incarnatione eius millesimo centesimo nonogesimo quarto. temporibus domini nostri Henrici dei gratia Romanorum imperatoris et semper agusti. et primo anno regni eius Amalfi. die vicesima quinta mensis setembris ind. tertia decima Atrano. Manifestum facimus nos Bartholomeus f. dom. Mauri f. dom. Iohannis f. dom. Pantaleonis imperialis dissipati de com. Maurone. et Maria anbo videlicet iugales filia dom. Cesarii f. dom. Sergii Agustarizzi. vobis Mauro f. Sergii da Funtanelle et Iohannes f. qd. Sergii Guardapedem. propter quod per bona convenientia quas inter nos habuimus dedimus et assignavimus vobis tantum de ipsa hereditatem nostra et cetrario et fabricis suis. quod habemus i[n Regin]nis Maioris a Sentecli iusta arena maris. quantum vobis modo per finis reclaramus. da capud continet fini causa nostra qui nobis ibidem remansit hoc est qualiter demostra da ipsa funtana. sic rectum inda parte orientis sicut ipsi

termini de petra exfina usque in ipsum quilium quantum nostra pertinentia est. da pedem fini ipsum murum fabritum de iusta arena maris sicut modo esse videtur. de uno latere a parte orientis finis ipsum pred. cetrario sicut demostra ipsum murum de pred. cetrario. et in iusum sicut congira ipsa mura nostra qui ibidem fabrita sunt. et de alio autem latere a parte occidentis fini ipsi monti alti. Iterum et cum istud dedimus et assignavimus vobis tota ipsa causa nostra quantumcumque ibidem habuimus in eodem loco a foris ss. hereditate nostra. plenum et vacuum cum fabricis et omnia cum omnibus sibi infra se habentibus et pertinentibus. unde nichil vobis exinde exeptuavimus. In eam videlicet ratione ut amodo et usque a completi anni decem tota ss. causa quod vobis modo assignavimus sicut superius legitur fiat in potestate vestra de vos anbo ss. personis et de vestris heredibus. ut de presente nos debeamus illos cappilare tote pred. viti et ipsa lignam(ina) quod ibidem habet congregare illa cum omni nostro expendio. et fiat pred. viti et ligna et cante nostre de nos anbo predicti iugales affaciendum quod voluèrimus. et vos et vestris heredes tota ss. causa quod vobis assignavimus debeatis illos scippare et zappare et cultare et pastinare et facere ibidem ortura et fructura cum omni vestro expendio sicut melius potueritis per omne uno anno usque a completi pred. anni decem. et vos et vestris heredes per omni uno anno usque a completi pred. anni dece dare debeatis nobis et a nostris heredibus per omne uno anno ana uncie quinque auri monete Sicilie et medietate de ipsa fructura de ipsi arboribus qui ibidem abet. et isto anno non detis nobis uncie quinque set uncie quattuor. set a die ista et usque a completi pred. anni dece per omni die sabbato detis nobis facse quinque de folia quando illa ibidem abet. et ipsa aqua faciamus vobis illa currere ibidem tribus diebus per una edomada usque a pred. anni dece. et debeamus conciare ipsa casa de intus pred. hereditate maiore et fiat in vestra potestate ad abitandum vos ibidem usque a pred. constituto. et per omnem mensem debeamus venire in pred. causa quod vobis modo assignavimus vice una pro abere ibidem spatiium. set non facere vobis ibidem inbasione neque dampno. set vos debeatis nobis inde dare tando de ipsa fructura pro comedere ut iustum fuerit. et per hoc quod vobis assignavimus via abeamus in ipsa pred. causa nostra qui nobis ibidem remansit. Complente vero predicti anni decem tota pred. causa a nostra et de nostris heredibus pervenia potestate affaciendum quod voluerimus. et tando istum pred. manifestum fiat ructum et vacuum et nulla in sè ahea firmitate. et a nostra et de nostris heredibus pervenia potestate sine omni amaricatione. Quod si minime vobis exinde fecerimus auri solidos centum regales vobis componere promittimus. et hec chartula sit f[irma perm]anea. nam et michi Sibilla relicta ss. dom. Mauri hec omnia pla[cet] et a mea parte firma permaneat per ss. ratione et obligata pena.

CCXXXIV.

1194 — Enrico imp. e re e Costanza imp. — ind. XIII — settembre.

Aymone f. qd. Angresani Ca. . . . . e sua moglie *Mirabilis* vendono a *dompno Sergio de Athenasio*, acquirente per parte del monast. di S. Maria. . . . . . . di Atrani, metà di due *petie* di terre in Nocera, per un' oncia d' oro.

Perg. di Amalfi, n. 187; arch. della SS. Trin., n. 122 — Orig. — Alt. 27×40; rigata — Scrittura longobarda salernitana — Inedita.

✝ In nomine domini dei [eter]ni et salvatoris nostri Iesu christi. anno ab [incarnatione eius millesimo cent]esimo nonogesimo quarto. regnante domino [nostro Henrico dei grati]a invictis[simo] Romanorum [inperatore reg]ni Sicilie rege et semper [aug]usto una cum domina nostra Constancia i[nvictissima Romano]rum inperatrice et semper augusta. et [primo (?) anno princip]atus domini nostri Alyerni Sirren[tinorum (?) pri]ncipis. mense septembris terciadecima indiccione. Ante me L[eonardum iudicem]. Aymone f. qd. Angresani Ca. . . . . . [et Mir]abilis uxor sua per convenie[nciam]. . . . cum dompno Sergio de Athenasio pro parte monasterii sancte Marie. . . . que fundata et dedicata est . . . [ci]vitatis Atrani. et ipsi vir et u[xor proclama]verunt sibi pertinere medietatem duarum peciarum de terris que sunt in [pertinentiis cast]elli Nucerie in loco ubi a la Fusa [dicitur. et] totas dixerunt esse per hos fines et mensu[ras ad passum homin]is mensuratur. Prima [pecia] a parte orientis finis Martini Scapharee et. . . . . . . [passos] quadraginta et tres. a septemtrione finis Iohannis Ca-

. . . . passos decem et septem. ab occidente finis ipsius Iohannis [Ca . . . . . passos] quadraginta et tres minus palmus unus. a meridie finis ss. Martini passos duodecim m[inus palmus] unus. Secunda pecia. ab oriente finis ss. Iohannis passos s[eptuagin]ta et tres. a septemtrione finis me passos triginta sex et m[edium.] ab occidente finis Ali(gerni?) passos septuaginta. a meridie finis Iohannis de Limpiana passos tredecim et gubitum unum. et revolvit ab oriente finis ss. Iohannis passos triginta et . . . . . . a meridie finis ipsius Iohannis passos viginti et sex. Et sicut [i]psi viro et uxori congruum et actum fuit sponte per convenienciam per hanc cartulam vendiderunt et tradide[runt . . . . m]onasterio ss. medietatem duarum peciarum de [terris per i]am dictos fines et mensuras. cum omnibus que intra eas sunt. cum . . . . suis pertinenciis et cum vice de viis suis. Ea videlicet racione ut tota et integra [ss. vend]icio et tradicio qualiter superius legitur semper sit [in po]testate ss. monasterii et rectorum eius ad faciendum quod voluerint salvo iure puplico videlicet terraticum de decem unam. Tamen ipsa Mirabilis [quesita a] me ss. iudice ne forte inde aliquam [patia]retur violenciam a ss. viro suo. confessa est se inde nullam pati violenciam set sponte et sua bona voluntate ss. vendicionem et tradicionem una cum ss. viro suo fecisse. Et propter confirmacionem istius ven[dicionis] et tradicionis ipse vir et uxor confessi sunt se recepisse a ss. dompno Sergio pro parte ss. monasterii unciam auri unam in omni deliberacione et . . . . Unde per convenienciam ipse Aymone pro parte sua et [ss. ux]oris sue guadiam ss. dompno Sergio pro parte ss. monasterii dedit et fideiussorem ei pro sua et illius parte posuit seipsum et Landum Barbella f. qd. Robberti. et per ipsam guadiam ipse vir et [uxor obliga]verunt se et eorum heredes semper defendere ss. monasterio et suis rectoribus totum et integrum illud quod ei vendiderunt et tradiderunt sicut suprascriptum est ab omnibus hominibus. et tribuerunt licenciam ut [quando] pars ss. monasterii eiusque rectores voluerint potestatem habeant illud per se defendere qualiter voluerint cum omnibus muniminibus et racionibus quas de ea ostenderint. Et si sicut superius [scri]ptum est ipsi vir et uxor eorumque heredes non adinpleverint et de suprascriptis quicquam removere vel contradicere per quemlibet modum quesierint [per] ipsam guadiam ipse Aymone et Mirabilis uxor s[ua o]bligaverunt se et eorum heredes conponere ss. monasterio sancte Marie eiusque rectoribus viginti auri solidos regales. et omnia suprascripta eis adinpleant. Hoc taliter tibi Iohanni notario scribere precepi.

† Ego q. s. Leonardus iudex.

CCXXXV.

1196 — Enrico imp., re a. 2 — ind. XIV — 15 gennaio — Amalfi.

Marocta f. qd. Petri Brancia et rel. Sergii f. Petri Fronte conferma a *dom. Sika f. dom. Cerrii f. dom.* Sergii *Agustariczi,* abbadessa del monast. di S. Lorenzo, le *due quinte* della ch. di S. Maria *de Muro longo,* che a quel monastero aveva lasciate la monaca *dom. Cara Obloyta f. qd. Pantaleonis,* zia di essa Marotta, e rinunzia ad ogni suo diritto su quella chiesa.

Perg. di Amalfi, n. 188; arch. di S. M. di Font., n. 306; arch. della SS. Trin., n. 548 — Orig. — Alt. 33 × 18 1\|2 — Inedita.

† In nomine domini dei salvatoris nostri Iesu christi. anno ab incarnatione eius millesimo centesimo nonogesimo sexto. temporibus domini nostri Henrici dei gratia Romanorum imperatoris semper augusti et regis Sicilie. et secundo anno regni eius Amalfi. die quinta decima mensis ianuarii ind. quarta decima Amalfi. Manifestum facio ego Marocta f. qd. Petri Brancia et relicta Sergii f. Petri Fronte. vobis dom. Sika domini gratia monacha et abbatissa monasterii puellarum sancti Laurentii de supra Amalfi et filia dom. Cerrii f. dom. Sergii Agustariczi. quam et a cuncta congregatione de pred. monasterio. propter quod iam sunt anni preteriti quod habuit et tenuit atque possedit ss. monasterio idest plenarie et integre due quinte de ecclesia sancte Marie de Muro longo que dicitur de comite Maurone. sicut sibi sunt cum omnibus hedificiis et possessionibus atque tenimentis et beneficiis atque pertinentiis suis quod ss. monasterio successit et tenuit a parte de dom. Cara Obloyta monacha ipsius monasterii exadelfa tia mea filia qd. Pantaleonis. et a illam obbenit a parte de ipso patrimonio et matrimonio suo atque ex parentorum suorum. causa que fuera de dom.

Urso presb. Obloyta. quod a illam successit per testamentum de pred. dom. Urso presb. Obloyta. Modo vero confirmo et asecuro illud vobis et in pred. monasterio ut amodo et semper sia in potestate vestra et de pred. monasterio ordinandi et faciendi exinde quod volueritis sine omni contrarietate imperpetuum. et iam aliquando tempore neque a nobis vel a nostris heredibus neque a nulla persona pro nostra parte nullam requisitionem vel calumpniam aut contrarietatem exinde habeatis vos vel vestre postere aut pred. monasterium aut cui per vos datum fuerit per nullum modum imperpetuum. et qualem vicem et auctoritatem habuimus inde nos sive de patrimonio vel de matrimonio sive undecumque vel quomodocumque per qualicumque ratione talem vicem et auctoritatem exinde habeatis vos et vestre postere et ss. monasterio faciendi et ordinandi exinde omnia quecumque volueritis in ss. ratione qualiter superius legitur. Et si contra hanc chartulam venire presumpserimus et omnia ut superius legitur non atimpleverimus componere promittimus nos et nostris heredes vobis vestrisque postere et in ss. monasterio auri solidos centum imperialis. et hec chartula qualiter superius legitur firma permanea imperpetuum.

† Sergius f. qd. Sergii Capuani t. e.

† Iohannes Gru . . . . f. qd. Iohannis t. e.

† Sergius f. dom. Leoni Rascica t. e.

† Ego Pandulfus curialis f. qd. Petri Puctia scripsi.

CCXXXVI.

1196 — Enrico imp. a. 5 e re — ind. XIV — marzo — (Salerno).

Pascalis f. qd. Petroni de iacono Disideo, de loco Iobi, vende a suo fratello Giovanni la sua porzione di una terra sita fuori Salerno, *in loco Montana, ubi a lu Gualdu dicitur*, per 2 once e quarta di tareni di Sicilia.

Perg. di Amalfi, n. 189; arch. di S. M. di Font., n. 307; arch. della SS. Trin., n. . . . . . — Orig. — Alt. 25×45; rigata; macchiata e lievemente corrosa in qualche punto — scrittura longobarda salernitana — Inedita.

† In nomine domini dei eterni et salvatoris nostri Iesu christi. anno ab incarnatione eius millesimo centesimo nona-

gesimo sexto. et quinto anno imperii domini nostri Henrici gloriosissimi Romanorum imperatoris et regis Sicilie semper augusti. mense martio quarta decima indictione. Ante me Matheum iudicem. Pascalis f. qd. Petroni de iacono Disideo de loco Iobi coniunctus etiam cum Iohanne germano suo f. qd. ss. Petroni. et sicut ipsi Pascali placuit spon(te) per con(venientiam) per hanc cartulam vendidit ipsi Iohanni integram portionem suam de terra laboratoria que fuisse dicitur ss. Petroni genito(ris), eorum. et est foris hanc Salerni civitatem in loco Montana ubi proprie a lu Gualdu dicitur prope ecclesiam sancti Mathei de eodem loco. que videlicet terra a parte . . . . . (1) me coniuncta esse dicitur. cum omnibus que intra ipsam venditionem sunt cunctisque suis pertinentiis et cum vice de ss. via et de ali(is) viis suis. et cum portione sua de munibus (*sic*) exinde continentibus. Ea ratione ut integra ipsa venditio qualiter super legitur semper sit in potestate ipsius Iohannis et heredum eius. et ipse Iohannes et eius heredes licentiam habeant de eadem venditione facere quod volue(rint). Et propter confirmationem istius venditionis ipse Pascalis dixit se suscepisse ab ipso Iohanne statutum pretium videlicet duas uncias auri et quar(tam) tarenorum monete Sicilie in omni deliberatione. Unde per con(venientiam) ipse Pascalis guadiam ipsi Iohanni dedit et fideiussorem ei posuit seipsum et per ipsam guadiam ipse Pascalis obligavit se et suos heredes semper defendere ipsi Iohanni eiusque heredibus [inte]gram ss. venditionem qualiter superius legitur ab omnibus hominibus. et tribuit licentiam ut quando ipse Iohannes et eius heredes voluerint potestatem habeant eandem venditionem per se defendere quali(ter) volue(rint). Cum omnibus muni(mini)bus et ratio(ni)bus quas de ea osten(de)rint. Et si sicut superius scriptum est ipse Pascalis et eius heredes non adimple(ve)rint et suprascripta vel extra eis quicquam remo(ve)re aut contradice(re) presumpserint per ipsam guadiam obli(gavi)t se et suos heredes comp(one)re ipsi Iohanni et illius here(di)bus decem auri soli(dos) regales et sicut suprascriptum est adimple(re). Preterea et Gayta uxor ipsius Pascalis in meam accedens presentiam per con(venientiam) cum volunta(te) eiusdem viri sui et secundum legem et Romanorum consuetudi(nem) qua vive(re) dicitur ss. venditionem ratam et firmam habuit. obligans se et suos heredes si

---

(1) Vi è una lacuna.

suprascripta [ve]l ex(tra) eis [quicquam] remo(ve)re aut contradi(cere) presumpserint comp(one)re ipsi Iohanni eiusque heredibus decem auri solidos regales. et suprascripta semper firma permane(ant). Et ne ipsi Iohanni noceat hoc memo[riale] quam ipse Iohannes de ss. terra portionem sibi pertinere dixit ali(is) suis rationibus. Et [ta]li(ter) tibi Matheo notario et advoca(to) scribere pre[cepi].

† Ego q. s. Math[e]us iudex.

CCXXXVII.

1196 — Enrico imp., re a. 2 — ind. XIV — 7 giugno — Amalfi.

Constantinus f. dom. Iohannis f. dom. Sergii Guascia e sua moglie *Anna f. dom. Iohannis f. dom. Gaudii Rizzuli,* anche in nome dei figli minorenni, vendono a *dom. Ursone f. dom. Sergii Barbalonga* un castagneto sito *in Caput de Pendulo, loco nominato a Radicosa,* per once 9 di tareni di Sicilia.

Perg. di Amalfi, n. 190: arch. di S. Lor., (n. 193); arch. della SS. Trin., n. 579— Orig. — Alt. 65×35; rigata e marginata; calligrafica, elegante; corrosa nel margine inf., macchiata in alcuni punti - Inedita.

† In nomine domini dei salvatoris nostri Iesu christi. anno ab incarnatione eius millesimo centesimo nonogesimo sexto. temporibus domini nostri Henrici Romanorum imperatoris semper augusti et regis Sicilie. et secundo anno regni eius Amalfi. die septima mensis iunii ind. [qua]rta decima Amalfi. Certi sumus nos Constantinus f. dom. Iohannis f. dom. Sergii Guascia. et Anna ambo iugalis filia dom. Iohannis f. dom. Gaudii Rizzuli. et quindeniamus istud pro parte de totis ipsis filiis et filiabus nostris qui sunt modo sine hetate. a presenti die pro[mtis]si[ma] voluntate venundedimus et tradidimus vobis dom. Ursone f. dom. Sergii Barbalonga. idest plenarium et integrum totum ipsum cas[tanietum nostrum. qu]antum et qualiter habemus in Caput de Pendulo positum. loco nominato a Radicosa. sicut [est de fine] in [fi]nem atque de canto in cantum de longitudine et latitudine plenum atque vacuum cultum vel incultum domesticum et salvaticum. seu et cum tote ipse domus et fabricis ibidem haben-

tem. et omnia cum omnibus sibi infra se habentibus et pertinentibus. que nobis ss. iugales pars inde obbenit per chartulam traditionis a dom. Drosu vera tia nostra f. dom. Constantini f. dom. Mauri f. dom. Sergii de Macari et relicta dom. Leonis Salvacasa f. dom. Constantini Falangula. et iterum pars nobis exinde obbenit per chartulam comparationis da Sergio exadelfo fratri et cognato nostro f. de ss. dom. Leone Salvacasa et de pred. dom. Drosu eius iugalis tiis nostris. et pars inde iterum nobis obbenit a parte de Iohanne et Mauro veris germanis similiter exadelfis fratribus nostris et filiis item dom. Leonis et de dom. Drosu tiis nostris qui mortui fuerunt sine heredes et testamento. et ipse cause illorum succeder(unt) nobis et a aliis propinquis consanguineis suis sicut proclama ipsa chartula securitatis unde vobis dedimus ipsa exempla. et a ss. dom. Leone Salvacasa et a ss. dom. Drosu eius iugalis veris tiis nostris obbenit totum ipsum pred. castanietum infra ipsa dote et donatione illorum per chartulam traditionis da dom. Drosu avia nostra filia dom. Ursi f. dom. Sergii et relicta ss. dom. Constantinii avii nostri filius ss. dom. Sergii de Macari. et a ss. dom. Drosu avia nostra obbenit a parte de ss. dom. Constantino viro suo. et a ss. dom. Constantino viro suo avio nostro obbenit a parte de ipso patrimonio et matrimonio suo atque ex parentorum suorum. et ipsa pred. chartula traditionis cum quo obbenit infra dote et donatione a ipsis ss. iugales veris tiis nostris et ipsa alia chartula traditionis quod nobis fecit ss. dom. Drosu tia nostra quando nobis dedit ipse cause sue. quam et ipsa pred. chartula nostre comparationis de pred. Sergio exadelfo fratri nostro. seu et ipsa pred. chartula securitatis et confirmationis quod nobis fecera ipsis consanguineis propinquis de pred. Iohanni et Mauro non potuimus vobis ille dare pro alia capitula que in eis continere videtur. set exemplavimus vobis ille et dedimus vobis inde ipse similis exemple cum tote ipse alie chartule ibidem pertinentes quas inde habuimus. et firmamus vobis ut quandocumque vobis et a vestris heredibus necesse fuerit ipse pred. chartule veraces unde vobis dedimus ipse ss. exemple pro defensione de ss. comparatione vestra nos et nostri heredes omni tempore per omnem vicem excutere et monstrare vobis ille debeamus et a vestris heredibus ante lege et sine lege sine omni occasione. et iterum firmamus vobis ut si per aliquando tempore qualibet alia chartula exinde inventa fuerit nos et nostri heredes mittere illas debeamus subtus vobis et a vestris heredibus sine vestra dampnietate vel amaricatione. Nam vero reclaramus vobis exinde ipse finis seu pertinentias de toto ipso ss. castanieto iam proprio vestro quam vobis modo venundedimus et tradidimus sicut superius legitur qualiter et quomodo vos et vestri heredes illos totum semper habere et possidere seu dominare et frudiare debeatis. a supra namque ponitur continet finis causa ecclesie sancti Salvatoris da Cospidi. et per finem iterum causa de dom. Petro presb. da Casanova. de subtus itaque ponitur continet finis causa monasterii sancti Laurentii de supra Amalfia et per finem causa de Sergio de Cioffo. de uno latere continet finis media lama. et de alio latere continet finis causa cappelle amalfitani palatii. sicut ex omni parte ipsi terminis exfina qui exinde constituti sunt. Cum salva via sua ibidem ingrediendi et egrediendi cum omnia causa que vobis et a vestris heredibus opus et necessarium fuerit. et si quis exinde viam per legem habuerit non exinde illis contretis. Unde nobis exinde nichil remansit vel aliquid vobis exinde exeptuavimus. quia totum inclitum et sine omni minuitate quantum et qualiter in toto ipso ss. loco habuimus a Radicosa per ipse autoritatis de ipse ss. chartule. unde vobis dedimus ipse pred. exemple sive per qualicumque inventa ratione sicut est totum de fine in fine plenum atque vacuum cultum vel incultum domesticum et salvaticum et cum tote ipse ss. domus et fabricis ibidem habente et cum omnia et omnibus sibi infra se habentibus et pertinentibus totum inclitum et sine ullam diminutionem vobis illos modo venundedimus et tradidimus atque firmiter atsecuravimus per omnia attrasactum qualiter superius legitur. et nullam causam nobis exinde in toto ipso ss. loco non remansit. Unde et in presenti exinde accepimus a vobis inclita nostra sanatione. idest uncie novem tarenorum bonorum moneta Sicilie sicut inter nobis bone voluntatis convenit atque complacuit in omne deliberatione et in omne decesitione. ut amodo et semper hec ss. nostra venditio atque traditio qualiter et quomodo per omnia superius legitur sit totum proprium liberum et absolutum vestrum et in potestate vestra et de vestris heredibus vel cui per vos datum et traditum fuerit habendi fruendi possidendi vindendi donandi comutandi et a faciendum et iudicandum exinde omnia quodcumque volueritis sine omni nostra et de nostris heredibus atque de omni humana persona pro nostra parte contrarietate vel requesitione imperpetuum. Insuper nos et nostri heredes vobis et a vestris heredibus illos totum antestare et defensare atque vindicare et excalumpniare debeamus [omni] tempore ab omnibus hominibus. Quod si minime vobis exinde fe[cerimu]s et omnia ut superius legitur non atimpleverimus componere promittimus nos et nostri heredes vobis et a vestris heredibus auri solidos centum imperiales. et hec chartula sit firma imperpetuum. Quod super disturbatum est legitur. domina. et in alio loco legitur. domino Ursone f. dom. Sergii.

† Marinus f. Sergii de lu Iudice t. e.

† Manso f. dom. Landulfi Capuani t. e.

† Sergius f. Sergii Capuani t. e.

† Ego . . . .

CCXXXVIII.

1197 — Enrico imp., re a. 3 — ind. XV — 10 marzo — Amalfi.

Sergius diac. f. dom. Sergii f. dom. Iohannis f. dom. Sergii Sfisinati vende a *Leo f. qd. Leonis da Filecto,* di Capri, ed a sua moglie *Marzolla,* il *secundum menbrum* di una casa sita in Amalfi, *a ipsum Arsina,* per once 6 di tareni di Sicilia.

Perg. di Amalfi, n. 191; arch. della SS. Trin., n. 478 — Orig. — Taglio curvilineo al marg. sup.: alt. 65×28; marginata, calligrafica, elegante: macchiata e alquanto corrosa lungo il marg. sin. — Inedita.

† In nomine domini dei salvatoris nostri Iesu christi. anno ab incarnatione eius millesimo centesimo nonogesimo septimo. temporibus domini nostri Henrici dei gratia Romanorum imperatoris semper agusti et regis Sicilie. et tertio anno regni eius Amalfi. die decima mensis martii ind. quinta decima Amalfi. Certum est me Sergius diaconus f. dom. Sergii f. dom. Iohannis f. dom. Sergii Sfisinati. a presenti die promtissima voluntate venundedimus et tradidimus vobis Leo f. qd. Leonis da Filecto de insula Capri. et Marzolla ambo iugalis. idest plenarium et integrum ipsum secundum menbrum de domo qui est a subtus ipsa domus nostra de hac terra Amalfi a ipsum Arsina et prope arena maris. qualiter et quomodo sibi est ipsum pred. secundum menbrum de domo iam vestrum fabricatus et ordinatus cum

regie et fenestre et necessarie pingia et bersatoria atque cum omnia hedificia et pertinentia sua seu et cum plenaria ipsa camminata de foras. quam et cum ambe ipse due apothee terranee de subtus se que sunt a parte a mare et cum ipsa coquina terranea. sicut est totum cum omnia hedificia et pertinentia [il]lorum. que michi ss. Sergio diaconus obbenit a parte de ipso patrimonio [et m]atrimonio meo. et iterum obbenit michi tota ss. domus unde vobis venundedimus ipsum pred. secundum menbru de domo per chartulam comparationis da dom. Sergio iudice et f. dom. Sergii de lu Iudice. et a illu obbenit per chartulam comparationis da dom. Iohanne de Atinulfo de civitate Salerni. et ambe ipse ss. due chartule comparationis quod exinde habuimus non potemus vobis ille dare pro ipsa alia menbra nostra de domo qui nobis ibidem remansit. set exemplavimus vobis ille et dedimus vobis exinde a tenendum ipse similis exemple. et firmamus vobis ut quandocumque vobis vel a vestris heredibus necesse fuerit ipse ss. chartule veracis unde vos habetis ipse similis exemple pro defensione [vestra tu]nc nos et nostri heredes per omne vice excutere et mostrare vobis ille debea[mus omni] tempore ante lege et sine lege sine vestra dampnietate vel amaricatione. Cum salva via sua per ipsa porta qui est a parte a foras. et alia via habeatis per ipsa alia porta qui est a parte de intus per ipsum arcum set sine inbasione vobis faci[en]do per malitia ibidem ingrediendi et egrediendi. cum omnia causa que vobis et a vestris heredibus opus et necessarium fuerit. unde nichil vobis exinde exceptuavimus quia plenarium et integrum ipsum pred. secundum menbrum de domo et camminata et apothee et coquina. sicut est fabricatus et ordinatus cum omnia hedificia et pertinentia sua vobis illos modo venundedimus et tradidimus sine omni minuitate per omnia a trasactum qualiter superius legitur. et potestate habeatis vos et vestris heredes sallire per ipse grade nostre et intrare per ipsum tertium menbrum nostrum de domo. et sallire in ipsum astracellum qui est a supra ipsa camminata nostra pro spandere ibidem panni et pro [comed]ere set non malitiosum. Unde et impresenti exinde accepimus a vobis plenaria [nostra] sanatione idest uncie sex tarenorum bonorum monete Sicilie sicut in[ter no]bis bone voluntatis convenit in omne deliberatione et in omne decesitione. [ut amo]do et semper sia impotestate vestra et de vestris heredibus habendi fruendi pos[sidendi] donandi et a faciendum et iudicandum exinde omnia quecumque volueritis sine [omni nostra] et de nostris heredibus contrarietate vel requesitione imperpetuum. Et nos et nostris here[des antest]emus et defendamus eos vobis et a vestris heredibus omni tempore ab omnibus hominibus. Quod si minime vobis exinde fecerimus et omnia ut superius legitur non atimpleverimus componere vobis promittimus dupplo ss. pretio. et hec chartula sit firma imperpetuum.

† Iohannes de lu Iudice f. dom. Marini t. e.

† Iohannes f. Sergii iudicis Neapolitani t. e.

[† M]aurus curialis f. dom. Leonis Ramarii scripsit hanc chartulam et confirmavit.

CCXXXIX.

1198 — Costanza imp., reg. a. 4 — Federico re a. 1 — ind. I — 15 marzo — Amalfi.

Leo f. qd. Leonis Trauncelli, sua moglie *Marocta f. qd. Petri Agerolani* ed il loro figlio Pietro, anche in nome degli altri figliuoli, Giovanni, assente, Sergio clerico e Porpora, minorenni, vendono a Leone, figlio naturale di *dom. Mansonis f. dom. Iohannis f. dom. Mansonis Traballi* ed a sua moglie *dom. Bona Tebea f. qd. Leonis de lu Presbiter*, i loro beni siti in Ponte Primaro, per once 5 e mezza di tareni di Sicilia.

Perg. di Amalfi, n. 192: arch. di S. Lor., n. CLXXXXVI; arch. della SS. Trin., n. 778 — Orig.—Alt. 59 × 28 1/2; marginata, calligrafica, elegante—Inedita.

† In nomine domini dei salvatoris nostri Iesu christi. anno ab incarnatione eius millesimo centesimo nonogesimo octabo. temporibus domine nostre Con[stan]tie dei gratia Romanorum imperatrice et semper auguste et regine Sicilie et quarto anno regni eius Amalfi. et primo anno regni domini nostri Frederici karissimi filii eius. die quinta decima mensis [m]artii ind. prima Amalfi. Certi sumus nos Leo et f. qd. Leonis Trauncelli. et Marocta ambo iugalis filia qd. Petri Agerolani. quam et nos Petrus f. ss. Leonis. qui sumus genitores et filius. et sumus pro vicibus nostris et pro vice de Iohanne filio et fratri nostro qui non est modo in ista terra quam et pro vice de Sergio clerico et Pur-

pura veri frater et soror filii et germanis nostris qui sunt sine hetate. et nos istud quindeniamus a partibus eorum. a presenti die promtissima voluntate venundedimus et tradidimus vobis Leoni f. naturalis dom. Mansonis f. dom. Iohannis f. dom. Mansonis Traballi et dom. Bona Tebea ambobus videlicet iugalibus filia qd. Leonis de lu Presbiter. idest plenariam et integram tota ipsa hereditatem nostram quantum et qualiter habemus in Ponte Primaro positum. qualiter et quommodo sibi est totum de fine in fine de longitudine et latitudine plenum et vacuum cultum vel incultum cum plenarie tote ipse fabricis ibidem habente. seu et omnia cum omnibus sibi infra se habentibus et pertinentibus. qui nobis ss. iugales obvenit per auctoritate de ipso testamento de pred. Petro socero et genitori nostro. et a pred. Petro obbenit a parte de Iohanne genitori suo. et a ipsum pred. Iohanne genitori suo. et a Drosum eius iugalis genitrice sua filia Petri Scannapecum obbenit per chartulam comparationis da dom. Maru et Gemma ambe vere germane filie dom. Abentii f. dom. Sergii de Leone de Sergio de Mansone com. et a ambe ss. germane dom. Maru et dom. Gemma obbenit ex parentorum suorum. et ipsum pred. testamentum de pred. Petro socero et genitori nostro quam et ipsa ss. chartula comparationis de pred. Iohanne genitori suo abio nostro et cum tote ipse alie chartule quante et qualiter exinde habuimus ibidem pertinentes dedimus vobis ille. insimul cum ipsa chartula securitatis quam fecera Constantinus f. naturalis dom. Sergii da Mitruda et Marocta eius iugalis filia naturalis dom. Sergii f. dom. Iohannis Capuani et ipsis filiis suis a pred. Petro socero et genitori nostro de ipsa altercatione quam inter se habuerunt de ipse finis et via sicut ipsa ss. securitas proclama quod vobis dedimus. et firmamus vobis ut si alia qualibetcumque chartula exinde paruerit aut inventa dederit per aliquando tempore qui ibidem pertinea nos et nostri heredes mittere illam debeamus subtus vobis et vestris heredibus sine vestra dampnietate vel amaricatione. Nam vero reclaramus vobis ipse finis seu pertinentias de tota ss. causa iam propria vestra quam vobis modo tradidimus sicut superius legitur. qualiter et quommodo illos vos et vestri heredes semper habere et tenere et possidere atque dominare et frudiare debeatis. a supra namque ponitur finis causa de Asprina vera cognata et germana filia ss. Petri soceri et genitori nostri sicut exfina per ipsi terminis. de subtus itaque ponitur finis causa dom. Sergii iudicis f. dom. Sergii de lu Iudice. quam ei venundedit ss. Petro socero et genitori nostro. sicut exfina iterum per ipsi terminis. de uno latere ponitur a parte meridie descendet da caput per finem causa heredibus Constantini Binusi per ipsi terminis usque a fine causa monasterii sancti Laurentii de supra Amalfi. et iam intraversa et facit ibidem angulum per eorum fine inda parte meridie et dirizza et descendet in iusum per fine causa de pred. monasterio usque a pede causa que fuera de heredibus dom. Mauri Monsincollo sicut exfina per ipsi terminis. et de alio latere ponitur a parte septemtrionis finis causa quod modo habet heredibus dom. Pantaleonis f. dom. Sergii Neapolitani causa que de antea fuera de pred. iugales Constantinus et Marocta. sicut exfina et demostra per ipsi terminis quos ibidem inter vos et illis constituti sunt. sicut illis reclara in ss. securitate quam vobis dedimus. Cum salve vie sue ibidem ingrediendi et egrediendi. cum omnia causa que vobis et a vestris heredibus opus et necessarium fuerit et sicut per omnia illud proclama in ss. securitate quam vobis modo dedimus. Unde nobis exinde nichil remansit aut aliquid vobis exinde exceptuavimus quia totum inclitum et sine omni minuitate quantum et qualiter in toto ss. loco a Ponte Primaro habuimus sive a parte nostra sive a parte de pred. Petro socero et genitori atque abio nostro sive per ipsum pred. testamentum suum vel per qualicumque alia ratione. sicut est cum fabricis et omnibus suis pertinentiis totum vobis illos modo venundedimus et tradidimus per omnia a trasactum qualiter superius legitur. et nulla causa nobis exinde ibidem in toto ss. loco a Ponte Primaro non remansit. Unde et in presentis exinde accepimus a vobis plenaria nostra sanatione idest uncie quinque et media tarenorum bonorum monete Sicllie. quos dedimus et retdedimus a creditores nostris a quo illos dare debuimus ab annis preteritis. et recolleximus ab eis ipsi mediatoris quod inde facti habuimus quod vobis dedimus a tenendum capsati pro defensione de pred. compara vestra sicut inter nobis bone voluntatis convenit in omne deliberatione et in omne decesitione. Ut amodo et semper totum inclitum et sine omni minuitate sia proprium liberum vestrum et in potestate vestra et de vestris heredibus vel cui per vos datum et traditum fuerit habendi fruendi possidendi vindendi donandi et a faciendum et iudicandum exinde omnia quecumque volueritis sine omni nostra et de nostris heredibus atque de omni humana persona pro nostra parte contrarietate vel requesitione imperpetuum. Et nos et nostri heredes vobis vestrisque heredibus illos totum antestare et defensare seu vindicare et excalumpniare debeamus omni tempore ab omnibus hominibus. Quod si minime vobis exinde fecerimus et omnia ut superius legitur non atimpleverimus componere vobis promittimus auri solidos centum regales. et hec chartula sit firma et stabilis imperpetuum.

† Bartholomeus Mauri angularii filius t. e.

† Iohannes f. Sergii iudicis Neapolitani t. e.

† Ego Constantinus curialis f. dom. Leonis Ramarii scripsi.

CCXL.

1198 — *Costanza* imp. e reg.— ind. I — luglio — Salerno.

Barisana rel. Silvestri macellarii, col consenso di *Iohanne f. qd. ss. Silvestri,* suo figliastro, e dei suoi figli *Nycolao cler., Guilielmo et Landulfo,* vende ad *Ansalono Zeppario f. qd. Iacobi* una terra sita in Salerno, in *Orto magno,* per 3 once e mezza d'oro e 10 tareni.

Perg. di Amalfi, n. 193; arch. di S. Lor., n. 197; arch. della SS. Trin., n. 642.— Orig. — Taglio irreg. nel marg. inf.: alt. mass. 29 × 67; rigata e marginata a sin.; macchiata, lievemente corrosa nelle linee di piegatura, mancante per taglio l'angolo inf. destro —Scrittura longobarda salernitana calligrafica.—Inedita.

† In nomine domini dei eterni et salvatoris nostri Iesu christi. anno ab incarnatione eius millesimo centesimo nonogesimo octavo. regnante domina nostra Constantia gloriosissima Romanorum inperatrice et regina Sicilie semper augusta. mense iulio prima indictione. Ante me Matheum iudicem. Barisana relicta Silvestri macellarii. coniuncta etiam cum Ansalone Zeppario f. qd. Iacobi. et sicut ipsi Barisane placuit sponte per con(venientiam) per hanc chartulam. presentibus Iohanne privigno eiusdem Barisane filio qd. ss. Silvestri. et Nycolao clerico archiepiscopii istius civitatis. et Guilielmo et Landulfo f. ipsius Barisane et qd. ss. Silvestri. ac eis volentibus et ratum habentibus. vendidit ipsi Ansalono integram terram cum casa fabricata fabrica solarata et scala lignea et mineaneo. que ipsi Barisane et ss. Iohanni privigno suo et Nicolao et Guilielmo et Landulfo pertinere dicitur intra hanc Salernitanam civitatem in Orto magno subtus et prope viam ducentem ad portam que olim dicta

est Elini et prope ecclesiam sancti Angeli que dicitur de Puteo. Que videlicet terra cum casa dicitur esse per has fines. a parte occidentis finis terra cum casa ipsius Ansalonis. et a parte septemtrionis finis res ss. Silvestri. et a parte orientis ad terrolam vacuam in qua ss. scala lignea ponenda et haben[d]a esse dicitur. et ipsa terrola coniungitur cum comuni andito quod ducere videtur ante ss. venditam casam. et a parte meridie ad fines aliorum coniuncta esse dicitur. Cum omnibus que intra ipsam venditionem sunt cunctisque suis pertinentiis et cum vice de ss. andito et cum uno gradu qui constructus esse videtur in pede scalarum aliorum in ss. parte meridiei. et gradus ipse coniunctus esse dicitur cum duobus gradibus qui inserti esse dicuntur iuxta murum ipsius vendite ca[se]. et de aliis anditis et viis suis et cum muniminibus et inde continentibus. Ea videlicet ratione ut integra ipsa venditio qualiter super legitur semper sit in potestate ipsius Ansalonis et heredum eius. et ipse Ansalon et eius heredes licentiam habeant de eadem venditione facere quod voluerint. Et propter comfirmationem istius venditionis ipsa Barisana dixit se suscepisse ab ipso Ansalono statutum pretium videlicet tres uncias auri et mediam et decem tarenos presentis monete istius civitatis in omni deliberatione. Unde per con(venientiam) ipsa Barisana guadiam ipsi Ansalono dedit et fideiussores ei posuit semetipsam et ss. Iohannem privignum suum et ss. Guilielmum et Landulfum et Nicolaum germanos filios suos et qd. ss. Silvestri. et [Ma]roctam sororem et filiam eorum et qd. ss. Silvestri. et per ipsam guadiam ipsa Barisana obligavit se et suos heredes semper defendere ipsi Ansalono et illius heredibus integram ipsam venditionem a Petro et Matheo filiis et germanis eorum qui extra civitatem esse dicuntur et ab omnibus aliis hominibus. et tribuit licentiam ut quando ipse Ansalon et eius heredes voluerint potestatem habeant ipsam venditionem per se defendere qualiter voluerint cum omnibus muniminibus et rationibus quas de ea ostenderint. Et si sicut superius scriptum est ipsa Barisana et eius heredes non adimpleverint et suprascripta vel ex eis quicquam removere aut contradicere presumpserint per ipsam guadiam obligavit se et suos heredes componere ipsi Ansalono et illius heredibus viginti auri solidos regales et sicut suprascriptum est adimplere. Suprascripta fecit ipsa Barisana cum voluntate ss. filiorum suorum et ss. Iohannis privingni sui in cuius mundio esse dicitur. Quod autem superius disturbatum est legitur. terram cum casa fabricata solarata. finis finis. Et taliter tibi Matheo not. scribere precepi.

† Ego q. s. Matheus iudex.

CCXLI.

1198 — Costanza imp., reg. a. 4; Federico re a. 1 — ind. I — 21 agosto — Atrani.

Benedictus f. Iohannis f. Martini da Ballano prende a pastinato da *dom. Leo f. qd. dom. Sangilii de Sirrento,* abbate del monast. dei SS. Quirico e Giulitta, un castagneto sito in Tramonti, *a Ballano, in loco qui dicitur all'Argillara.*

Perg. di Amalfi, n. 194; arch. di S. M. di Font., n. 309; arch. della SS Trin., n. 549. — Orig. — Alt. 35 × 29 1/2; corrosa lievemente nel marg. inf. sin — Inedita.

† In nomine domini dei salvatoris nostri Iesu christi. anno ab incarnatione eius millesimo centesimo nonogesimo octabo. temporibus domine nostre Constantie dei gratia Romanorum imperatricis semper auguste et regine Sicilie. et quarto anno regni eius Amalfie et primo anno regni domini nostri Frederici karissimi filii eius dei gratia rex Sicilie ducatus Apulie et principatus Capue. die vicesima prima mensis agusti ind. prima Atrano. Ego quidem Benedictus f. Iohannis f. Martini da Ballano. a presenti die promtissima voluntate scribere et firmare visus sum vobis dom. Leo domini gratia monachus et abbas monasterii sancti Quirici et Iulicte qui constructus et dedicatus est intus hanc c[ivita]tem Atrano [s]ubtus Monte maiore et filius qd. dom. Sangilii de civitate Sirrento. quam et cunta vestra congregatione vestrisque fratribus manentes ipsius ss. [mon]asterii. hanc chartulam simile de illa quam nobis scribere fecist[is] pro quibus dedistis et atsignastis michi idest tota ipsa petia de castanieto quam pred. monasterius ahet in Trasmonti positum a Ballano in loco qui dicitur allArgillara. que continet per as fines. da capo fini causa ss. monasterii quod tenet a incartatum Leoni Sclabo. da pedem fini causa de ipsis da lu Pastinum et de Iohanne Largubardo. et de anbabus vero lateribus fini causa monasterii sancti Laurentii de supra civit(atem) Amalfie. cum salba via sua cum omnia causa et omnia sibi infra se habentibus et

pertinentibus. unde nichil nobis exinde exeptuastis. In eam rationem ut amodo et semper nos et unum de filii nostris et una persona de filii filiorum nostrorum de generatione in generationem descedente de masculina progenie illud qui melius inde exierit qui placea vobis et a vestris posteris rectores ipsius ss. monasterii illos abeamus et teneamus a medietate. et de presente debeamus illos totum cultare et runccare (*sic*) et si abet ibidem vacuos pastinare et inplere illos de tigillos et insurculare illos de ipsa castanea zenzala. talemque curam et certamen exinde abere debeamus ut Domino auxiliante in antea proficia ut parea per bonis hominibus. ut semper dica tertius et quartus homo quia totum pred. castanietum de fine in fine bo[num] est cultatum et frudiatum et ruccatum sicut meruerit. et iam amodo et semper castanee et omne alium frudium quodcumque ibidem Dominus dederit sine fraude et malo ingenio dividere illos debeamus vobiscum per medietate et perequaliter. vos et vestris posteris ss. monasterii exinde tollatis medietate et nos et nostris heredes exinde tollamus ipsa alia medietate. castanee sicce a grate fructura per tempora sua. et ipse pred. castanee nos ille colligamus et siccemus et deponamus ipsa medietate vestra de pred. castanee usque a litus maris de Maioris sine pargiatura. et attucamus vobis ipsa sabbatatica ut iustum est. et potestate babea pred. monasterio per omne annum usque in sepiternum mittere ibidem collextore unum. et ahea inde ipsa portione sua ut iustum est. et quando placuerit sive vobis vel a vestris posteris cappilare ipsa lignamina de pred. castanieto sive tota vel in parte tunc nos et nostris heredes debeamus illa cappilare vel facere cappilare et conciare et lavorare pred. lignamen sicut meruerit cum omni nostro expendio. et dividere illas debeamus vobiscum in pred. loco per medietate. vos et vestris posteris tollatis inde medietatem et nos et nostris heredes tollamus inde ipsa alia reliqua medietate sine omni occasione. Quod si nos et nostris heredes bene eos non lavoraverimus et cultaverimus et omnia ut superius legitur bene non atinpleverimus vobis et in pred. monasterio qualiter superius legitur iactetis nos exinde vacuos et faciamus vobis iustitia sicut lex fuerit. Quod si nos et nostris heredes bene eos lavoraverimus et cultaverimus et omnia ut supra legitur bene atinpleverimus vobis et in pred. monasterio non abeatis potestate nos exinde comovere vel deiactare neque nulla virtute vel invasione nobis ibidem facere neque facere faciatis. set vindicetis nobis illos omni tempore ab omnibus hominibus. Et qui de nobis et vobis aliquid de ss. placito et convenientia minuare vel extornare voluerit compo(nat) pars infidelis a par(tem) que firma steterit [auri] solidos viginti regales. et hec chartula unde inter nobis ana singule similis fecimus sit firma imperpetuum. Quod super [distur]batum est legitur. faciatis.

† Matheus iudex Cappasancta t. e.

† Maurus f. dom. Ber(nardo) t. e.

† Ego Manso f. dom. Iohannis curialis hanc chartulam scriptam per manu Iohannis filii mei comfirmavit.

CCXLII.

1199 — Federico re a. 2 — ind. II — 20 aprile — Atrani.

Berbetana f. qd. Sergii da Torri et rel. Iohannis f. qd. Ursi Ciciraro rinunzia *pro anima,* nelle mani di *dom. Aloara f. dom. Iohannis curialis f. dom. Ursi imperialis dissipati f. dom. Iohannis iudicis,* abbadessa del monast. di S. Tommaso di Atrani, ad un diritto di passaggio che ha sopra una terra di esso monastero sita in *Reginnis Maioris.*

Perg. di Amalfi, n. 195; arch. di S. M. di Font., n. 310; arch. della SS. Trin., n. 885 — Orig. — Alt. 36 × 19. — Inedita.

A tergo si legge, in scrittura con elementi amalfitani: « † *Securitas quod in ipso monasterio fecit Berbentana relicta Iohanni Ciceraro de ipsa via de hereditate de Maiori* ».

† In nomine domini dei salvatoris nostri Iesu christi. anno ab incarnatione eius millesimo centesimo nonogesimo nono. temporibus domini nostri Frederici dei gratia regis Sicilie ducatus Apulie et principatus Capue. et secundo anno regni eius Amalfie. die vicesima mensis aprelis ind. secunda Atrano. Manifestum facio ego Berbetana f. qd. Sergii da Torri et relicta Iohannis f. qd. Ursi Ciciraro. vobis dom. Aloara dei gratia monacha et abbatissa monasterii puellarum vocabulo sancti Thome apostoli que construnctum (*sic*) et dedicatum est intus hanc civitatem Atrano a ipsa Orta a subtus Monte maiore. et filia videlicet dom. Iohannis curialis f. dom. Ursi imperialis dissipati

f. dom. Iohannis iudicis. quam et a cunta vestra congregatione vestrisque sorores manentes ipsius ss. monasterii. propter quod ipsa hereditate nostra quod modo abemus in Reginnis Maioris prope flumen. causa que olim fuera de dom. Manso f. dom. Iohannis Traballi. habet via per ipsa hereditate qui est de ss. monasterio sancti Thome apostoli qui est iusta fine de pred. hereditate nostra a ingrediendum et egrediendum exinde sicut ipsi ordini nostri continet quod inde abemus. Modo vero per bona convenientia quam inter nos habuimus placuit michi spontanea mea bona voluntate per divina inspiratione et pro remedium anime mee et pro anima de pred. defunto viro meo. a die presenti remittimus et atsecuramus vobis et in ss. monasterio tota ipsa ss. via quod ss. hereditate nostra habuit ad andare per ipsa ss. hereditate de pred. monasterio. Ut iam aliquando tempore neque ego ss. Berbetana nec meis heredes nec nullum homo pro nostris partibus nec nulla humana persona ad cuy venerit pred. hereditates et fabricis nostre non abeat licentia vel potestate andare per ss. hereditate de pred. monasterio per nullum modum imperpetuum. quoniam in omnia et in omnibus ipsa pred. via quod inde abuimus vobis et in pred. monasterio illa remisimus et asecuravimus et quietas et libera illa clamavimus sicut superius legitur. Veruntamen si ego pred. Berbetana cuntis diebus vite mee voluero exinde anbulare sine dampno et invasione vobis ibidem faciendo per malitia potestate abea. post obitum meum ipsa pred. via libera pervenia in pred. monasterio qualiter supra legitur. et si ante obitum meum alienavero pred. hereditate mea et fabricis suis iterum abinde in antea non ahea ego potestate andare per ss. hereditate de pred. monasterio per nullum modum. set fiat pred. via quod vobis remisimus libera et quieta in omnia et in omnibus vestra et de pred. monasterio imperpetuum. Quod si minime vobis exinde fecerimus auri solidos quinquaginta regales vobis componere promittimus. et hec chartula sit firma imperpetuum. Quod super disturbatum est legitur. mona.

† Bartholomeus com. Mauronis dom. Alfani iudicis filius t. e.

† Gregorius f. dom. Iohanni com. Mauronis t. e.

† Ego Manso f. ss. dom. Iohannis curialis hanc chartulam scriptam per manu Iohanni filii mei comfirmavit.

CCXLIII.

1200 — Federico re a. 3 — ind. III — 10 gennaio.

Theodonanda f. qd. Iohannis de lu Presbiter, anche in nome del figlio minorenne Marino, vende a *dom. Petro cler. f. qd. Sergio Brancia* una terra *vacua* con case sita in Pugellula, *a Casamare,* per un'oncia d'oro di moneta di Sicilia.

Perg. di Amalfi, n. 196; arch. di S. Lor., n. CLXXXXVIII; arch. della SS. Trin., n. 249 — Orig. — Alt. 32 × 27 ; manca per corrosione gran parte del lato sin., corrosa pure lungo il marg. destro — Inedita.

[† In nomine] domini dei salvatoris nostri Iesu christi. anno ab incarnatione eius millesimo ducentesimo. temporibus domini nostri Frederici dei gratia regis [Sicilie] ducatus Apulie et principatus Capue. et tertio anno regni eius Amalfi. die decima mensis ianuarii ind. tertia . . . . . Certum est me Theodonanda f. qd. Iohannis de lu Presbiter. et quindenio istud pro parte de Marinum filium meum qui est sine hetate. a pre[senti die] promptissima voluntate venundedimus et tradidimus vobis dom. Petro clerico f. qd. Sergio Brancia. idest plenaria et [integra ipsa terra nostra v]acua que antea vinea fuit in Pugellula positum loco nominato a Casamare. sicut sibi [est. . . . . de longitudine] et latitudine plenum atque vacuum cum omnia sibi infra se habentibus et pertinentibus. seu et . . . . membro cum ipsa camminata de iusta se que est a parte orientis. cum plena . . . . cum plenario ipso balneo fabrito que est coniunctum cum ipsa casa vetere si . . . . hedificia et pertinentia sua. quam et cum regie et fenestre et necessarie cum omnia . . . . de supra superiore a fabricandum illos in altum quantum volueritis cum omnia he[dificia] . . . . et a pred. filio meo per chartulam manifesti da dom. Iohanni presb. et primicerio f. qd. Marini de . . . . [M]aria f. Sergii Calarusi et uxor Iohanni f. dom. Marini Gammardella

qui postea sacerdos [factus est] . . . .
. . . . per auctoritate de ipso ydioscero suo. et a ss. Iohanne viro suo obbenit a parte de ipso patrimonio . . . .
. . . . [m]ersis quando illos partivit cum ipsis aliis fratribus suis. et ipsum pred. manifestum cum quo michi
. . . . [dom. Iohannes presb.] de Mira. cum tote ipse alie chartule quod inde habuimus ibidem pertinentes dedimus vobis il[los. et fir]mamus vobis ut si per aliquando tempore qualibet chartula exinde paruerit vel inventa dederit que ibidem pertinea in hoc suprascripto [quod modo vobis] venundedimus mittere illas debeamus subtus vobis et a vestris heredibus sine vestra dampnietate vel amaricatione. Cum salv[e vi]e sue ibidem ingrediendi et egrediendi cum omnia causa que vobis et a vestris heredibus opus et necessarium fuerit. Et per hoc suprascripto quod vobis venundedimus viam exinde habere debea Sergius Gammardella et suis heredibus a ipsa casa sua terranea cum omnia causa. Unde nobis exinde nichil remansit nec aliquid vobis exinde exceptuavimus. quia totum inclitum et sine omni minuitate quantum et qualiter in ss. loco a Casamare habuimus domibus et fabricis et terra vacua silvosum plenum et vacuum cultum vel incultum cum omnia sibi infra se habentibus et pertinentibus vobis illos modo venundedimus et tradidimus sine omni minuitate per omnia a trasactum qualiter superius legitur. et taliter illos habeatis et possideatis vos et vestri heredes sicut per omni ordine et ratione vobis proclama ipsa pred. chartula comparationis de ss. dom. Iohanni presb. de Mira quod vobis exinde dedimus. et nullam causam nobis exinde in ss. loco a Casamare non remansit. Unde et in presentis exinde accepimus a vobis plenariam nostram sanationem idest unciam unam auri moneta Sicilie. sicut inter nobis bone voluntatis convenit in omni deliberatione et in omni decesitione. ut amodo et semper sia totum proprium liberum et absolutum vestrum et in potestate vestra et de vestris heredibus vel cui per vos datum et traditum fuerit habendi fruendi possidendi vindendi donandi et a faciendum et iudicandum exinde omnia quecumque volueritis sine omni nostra et de nostris heredibus contrarietate vel requesitione imperpetuum. et nos et nostri heredes vobis vestrisque heredibus vindicemus et defendamus vobis illos ab omnibus hominibus. Quod si minime vobis exinde fecerimus et omnia ut superius legitur non atimple-

verimus.componere vobis promittimus dupplo ss. pretium. et hec chartula sit firma imperpetuum.

† Iohannes f. dom. Sergii Capuani t. e.

† Ryccardus inperialis iudex f. qd. dom. Ryccardi iudicis t. e.

† Ego Pandulfus curialis f. qd. Petri Puctia scripsi.

CCXLIV.

1200 — Federico re a. 3 — ind. III — 25 gennaio — Amalfi.

Cataldus f. dom. Cesarii, stratigoto del ducato di Amalfi, sedendo *in convento plenario amalfitani palatii* con i giudici ed *i boni homines*, a richiesta di *dom. Sergio Scropha f. dom. Pandulfi f. dom. Pantaleonis f. dom. Sergii*, ordina al curiale *Constantinus f. dom. Leonis Ramarii* di redigere in forma pubblica un *mediatorem epistolarium*, presentato da esso Sergio; nel quale *Bartholomeus f. dom. Sergii Scyrice* si dichiara mediatore tra i germani *dom. Iohanne et dom. Pandulfo Pisano, f. dom. Pandulfi de dom. Pantaleone*, e *Constantinum f. . . . da Balba* e suo figlio *Urso*, in una vendita fatta da questi ai primi di alcuni beni siti in Plagiano per 12 once di moneta di Sicilia.

Perg. di Amalfi, n. 197; arch. di S. Lor., n. 201; arch. della SS. Trin., n. 376 — Orig. — Taglio irreg. al marg. inf.: alt. 35 × 28; deleta e corrosa nel lato destro, macchiata in molte parti; inchiostro rossastro — Pubbl. dal Camera, I, p. 382.

† In nomine domini dei salvatoris nostri Iesu christi. anno ab incarnatione eius millesimo ducentesimo. temporibus domini [nostri Frederici dei gratia] regis Sicilie ducatus Apulie et principatus Capue. et tertio anno regni eius Amalfi. die vicesima quinta me[nsis] ia[nuarii ind.] tertia Amalfi. Nos Cataldus straticotus de toto ducatus Amalfie a ss. gloriosa potestate et filius dom. Ces[arii . . . dum] stetissemus in convento plenario huius amalfitani palatii cum iudicibus et bonis hominibus venit coram nobis et coram ipsis pred. iudicibus et bonis hominibus dom. Sergio Scropha f. dom. Pandulfi f. dom. Pantaleonis f. dom. Sergii. et atduxit in ma[ni]bus unum mediatorem epistolarium in manu dicente. et dixit. — Notum facimus sapientie vestre qua

tinus si placet faciatis nobis scribere et firmare de manu curialis ipsum pred. mediatorem epistolarium secundum usum et consuetudinem istius civitatis. quia ex ipsis [testi]bus. qui ibidem testati sunt. sunt modo in ista terra et parati sunt illud testificare et iurare a sancta dei evangelia sicut consuetudo est. ne forte exeant et vadant a foris ista terra aut mors sicut humanum est a illos eveniant. et nobis de illud quod in pred. mediatore epistolarium continere videtur qualibet dampnietas vel intentio oriatur.—Et ubi hec omnia suprascripta dicente et ostenden[te pred.] Sergio statim nos pred. straticotus misimus et venire fecimus Constantinum Ramarum curialem. qui venientes diximus a illum ut a duobus ex [ipsis] testibus qui in pred. mediatore epistolarium testati sunt sacramenta reciperet. et chartula gesta exinde similem scriberet et firmaret manibus curialis sicut consuetudo est. Deinde per laudamentum ipsorum iudicum apposita est ipsa sancta dei evangelia in presentiam nostram. et primus venit Leo f. Iohannis Quatrarii et iuravit dicens.—Per hec sancta dei evangelia quia ego legaliter me in pred. mediatorem epistolarium testavi faciendo signum sancte crucis meis propriis manibus.—Secundus autem venit Iohannes et f. Iohannis de Cyrileone et iuravit atque firmavit similiter. Postquam enim iuraverunt ambo ipsa ss. duo testimonia tunc ego Constantinus curialis per laudamen[tum] iudicum tuli pred. mediatore epistolarium a scribendum et confirmandum illum manibus curialis. et pred. mediatore epistolario ta[li]ter contineba.

÷ In nomine Christi. mense marcii ind. duodecima Amalfi. Sum mediator ego Bartholomeus f. dom. Sergii Scyrice inter dom. Iohanne Pisano et dom. Pandulfo veri germani f. dom. Pandulfi de dom. Pantaleone et inter Constantinum f. . . . . da Balha et Urso filio suo. propter quod pred. Constantinus cum ss. filio suo vendiderunt a pred. duobus germanis ipsa hereditate et vinea sua cum fabricis et omnibus su[is perti]nentiis que est posita in Plagiano. que est per has fines. da caput fini causa dom. Bernaldi de com. Urso. da pede fini via puplica. de uno latere a parte occidentis fini ipsum pitingium plenarium iam vestrum per fine de ipsis da la Lama. et de alio latere a parte orientis finis de pred. dom. Bernaldo et per fine causa de pred. dom. Pandulfo de Pantaleone. cum via sua et omnia sua pertinentia. unde nichil exeptuaverunt [set totum] inclitum et sine omni minuitate vendidit (*sic*) et tradiderunt illos a ss. germanis per omnia a trasactum. et ipse chartule quas inde habu[it] Constantinus dedit illos a parte de ss. germanis. Unde ipse pred. Constantinus cum filio suo receperunt exinde ex parte de ss. germanis uncias duodecim moneta Sicilie sicut inter eos convenit in omni deliberatione et in omni decesitione. ut amodo et semper sia totum proprium de ss. germanis dom. Iohanni et dom. Pandulfo et de illorum heredibus a faciendum exinde omnia que voluerint sine omni contrarietate imperpetuum. Ipse pred. Constantinus cum pred. Urso filio suo debet illos defendere et excalumpniare a ss. germanis et suis heredibus omni tempore ab omnibus hominibus. Etiam fir[ma]verunt a illos per ipsa mediatoria mea ut ipse pred. Constantinus cum pred. filio suo debeant exinde facere chartulam per ipsa Curia sicut . . . . germanos dom. Iohanne et dom. Pandulfo quandocumque potuerint sine omni occasione vel amaricatione. et si pred. Constantinus et filio suo hec omnia non atimpleverint a ss. germanis qualiter superius legitur et ipsi ss. germani vel vice eorum se inde in Curia reclamaverint. tunc ss. Constantino cum ss. filio suo debent componere in Curia domini nostri regis alie uncie duodecim auri. et a pred. germanis debeant facere pred. chartulam de ss. causa qualiter superius legitur sine omni occasione et atinplere a illos per omnia qualiter superius legitur quia sic inter eos stetit. et taliter me exinde inter se mediatorem posuerunt. Nam et nobis ss. Constantino et Urso genitor et filius hec omnia gratanter placet et a nostra parte firma et stabilis permanea per ss. obligata pena. Inter virgulos legitur. debeant componere. † Signum manibus Sergii f. dom. Mansonis Zirinda. † Signum manus Iohannis f. dom. Iohannis de Cirileone. † Signum manus Leonis f. dom. Iohannis Quatrarii. † Signum crucis manibus Leo f. dom. Gaudii. Quod super disturbatum est legitur . . . . . in alio loco legitur. vendidit et tradiderunt. et in alio loco legitur. filio suo.

† Sergius iudex de Iudice t. e. quia ipsos testes iurantes audivit.

† Iohannes iudex de Pantaleone t. e. quia ipsos testes iurantes audivit.

† Ego qui super Constantinus curialis f. dom. Leonis Ramarii scripsi quia ipsos pred. testes iurantes audivi.

CCXLV.

1200 — Federico re a. 3—ind. III—10 giugno — Amalfi.

Siricara f. Constantini da Balba vende a *dom. Sergio Scropha f. dom. Pandulfi f. dom. Pantaleonis f. dom. Sergii f. dom. Pantaleonis de dom. Constantino* ed a sua moglie *dom. Aloara f. dom. Cesarii f. dom. Sergii f. dom Sergii f. dom. Muski Agustarizzi*, i suoi beni in Plagiano, per once 2 e mezza di tareni di Sicilia.

Perg. di Amalfi, n. 198; arch. di S. Lor., n. CLXXXXVIIII; arch. della SS. Trin., n. 1000—Orig.—Alt. 48 × largh. mass. 22 1/2; piuttosto calligrafica—Inedita.

† In nomine domini dei salvatoris nostri Iesu christi. anno ab incarnatione eius millesimo ducentesimo. temporibus domini nostri Frederici dei gratia regis Sicilie ducatus Apulie et principatus Capue. et tertio anno regni eius Amalfi. die decima mensis iunii ind. tertia Amalfi. Certum est me Siricara f. Constantini da Balba. a presenti die promtissima voluntate venundedimus et tradidimus vobis dom. Sergio Scropha f. dom. Pandulfi f. dom. Pantaleonis f. dom. Sergii f. dom. Pantaleonis de dom. Constantino. et dom. Aloara ambobus videlicet iugalibus f. dom. Cesarii f. dom. Sergii et f. dom. Sergii f. dom. Muski Agustarizzi. idest plenariam et integram tota ipsa hereditatem nostra quantum qualiter habemus in Plagiano positum. hoc est illos quod ipsis genitores et soceris vestris vendiderunt per chartulam ab annis preteritis a pred. Constantino genitori meo. causa que fuera de Sergio Sigillo. sicut sibi est totum de fine in fine plenum et vacuum cultum vel incultum cum plenarie tote ipse case et fabricis ibidem habente seu et omnia cum omnibus sibi infra se habentibus et pertinentibus. que michi ss. Siricara obvenit per auctoritate epistolaria quam michi misera de partibus Sicilie ss. Constantino genitore meo et Urso filio suo fratri meo. quod ego firmare feci per chartulam gesta manibus curialis ab ipsa Curia istius civitatis sicut consuetudo est. et a ss. genitores et soceris vestris obbenit per chartulam comparationis da dom. Pandulfo tio vestro f. dom. Muski f. dom. Pulchari. et da dom. Sergio et f. dom. Sergii Quatrarii. et a illis

iterum obbenit per chartulam comparationis da pred. Sergio et f. Sergii Sigilli. et da Frundina eius iugalis f. Sergii Bucini. et da Billitia filia eorum. et a ss. iugales obbenit per chartulam comparationis da Anna f. Iohannis da Funtanelle et relicta Palumbi Patricini. et a illa obbenit a parte de pred. viro suo. et ipse ss. chartule comparationis quas supra legitur cum ipsa ss. gesta nostra firmata et cum tote ipse alie chartule quante et qualiter exinde habuimus ibidem pertinentes dedimus vobis ille. et firmamus vobis ut si alia chartula exinde paruerit aut inventa dederit per aliquando tempore qui ibidem pertinea nos et nostris heredes mittere illam debeamus subtus vobis et vestris heredibus sine vestra dampnietate vel amaricatione. Unde reclaramus vobis exinde finis. a supra namque ponitur quam et de uno latere a parte orientis finis vestra de ipsa causa vestra quam ibidem habetis. de subtus itaque ponitur finis causa dom. Constantini Galatuli causa que fuera de Iohanne Quacquarino. et de alio latere ponitur a parte occidentis finis causa de Mauro Sirrentino. Cum salva via sua cum omnia causa que vobis et a vestris heredibus opus et necessarium fuerit. unde nobis exinde nichil remansit aut aliquid vobis exinde exceptuavimus. Etiam dedimus vobis a tenendum pro defensione de pred. compara vestra ipsa securitate quod michi exinde fecit dom. Macario dei gratia venerabi (*sic*) abbati monasterii Positani una cum cuncta congregatione ss. monasterii. Quia totum inclitum et sine omni minuitate quantum et qualiter in ss. loco a Plagiano habuimus per auctoritate de pred. ordinis quas supra legitur per qualicumque ratione sicut est cum omnibus suis pertinentiis totum vobis illos modo venundedimus et tradidimus per omnia a trasactum qualiter superius legitur. et sicut per omnia continet ipse chartule quas vobis inde dedimus. et nulla causa nobis exinde ibidem in toto ss. loco non remansit. Unde accepimus exinde a vobis plenariam nostra sanatione idest uncie due et media tarenorum Sicilie sicut inter nobis bone voluntatis convenit in omne deliberatione et in omne decesitione. Ut amodo et semper sia totum in potestate vestra et de vestris heredibus habendi fruendi possidendi donandi et a faciendum et iudicandum exinde omnia quecumque volueritis sine omni nostra et de nostris heredibus contrarietate vel requesitione imperpetuum. et nos et nostri heredes vindicemus et defendamus illos vobis et a vestris heredibus omni tempore ab omnibus hominibus. Quod si minime vobis exinde fecerimus et omnia ut superius legitur non atimpleverimus componere vobis promittimus auri solidos triginta regales. et hec chartula sit firma imperpetuum.

† Iohannes f. Sergii iudicis Neapolitani t. e.

† Ryccardus inperialis iudex f. qd. dom. Ryccardi iudicis t. e.

† Ego Constantinus curialis f. dom. Leonis Ramarii scripsi.

CCXLVI.

1200 —Federico re a. 4—ind. IV—2 dicembre —Atrani.

Matheus f. qd. Leoni Sclabi prende a pastinato da *dom. Leo f. dom. Sangilii de Sirrento*, abbate del monast. dei SS. Quirico e Giulitta, alcune terre site in Tramonti, *a Ballano*.

Perg. di Amalfi, n. 199; arch. di S. M. di Font., n. 313; arch. della SS. Trin., n. 19 — Orig. — Alt. 61 1/2 × 18; in massima parte deleta — Inedita.

† In nomine domini dei salvatoris nostri Iesu christi. anno ab incarnatione eius millesimo ducentesimo. temporibus domini nostri Frederici dei gratia regis Sicilie ducatus Apulie et principatus Capue. et quarto anno regni eius Amalfie. die secunda mensis decembris ind. quarta Atrano. Certum est me Matheus f. qd. Leoni Sclabi. a presenti die promtissima voluntate scribere et firmare visus sum vobis dom. Leo domini gratia monachus et abbas monasterii sancti Quirici et Iulicte que constructus et dedicatus est intus hanc civitatem a subtus Monte maiore. et filio dom. Sangilli de civitate Sirrento. quam et cunta vestra congregatione vestrisque fratibus ipsius ss. monasterii. hanc chartulam simile de illa quam vos nobis scribere fecestis pro quibus dedistis et asignastis nobis idest plenariam et integram tota ipsa hereditate et fabricis suis et castanieto totum coniuncto et uno teniente quam pred. monasterio abet in Tramonti a Ballano. [que] continet totum as fines. da capo fini causa de Filippo Cannicto. da pedem fini causa de pred. monasterio sicut ipsi termini de petra demostra quod tenet a insertetum Benedictus da Ballano. et de anbabus vero lateribus continet fini causa monasterii sancti Laurentii de supra Amalfi. cum salva quidem via sua et omnia sua pertinentia. unde nichil nobis exinde exeptuastis. In ea enim ratione ut amodo et semper nos et

unus de filiis nostris et una persona de filiis filiorum nostrorum de masculina progenie ipsa pred. vinea abeamus et teneamus a tertia parte cum pred. monasterio. et pred. castanietum teneamus a medietate. et de presente ipsa pred. vinea debeamus cultare et bitare et zappare. et si abet ibidem vacuos pastinare et inplere illos de biti de bono vindemio qualiter ipse locus meruerit. et laboremus et armemus illa in altum in pergule sicut [meret] et pertinet. set vos et vestris posteris dare debeatis nobis et a nostris heredes per omni unum annum usque in sepiternum in pred. loco tanta ligna quanta subficia allaborare pred. vinea. canne et salici faciamus ibidem in pred. loco. Et ipsum pred. castanietum si ahet ibidem vacuum pastinemus ibidem tigillos et insurculemus illos de ipsa castanea zenzala. et abemus exinde de totum bona cura et certamen seu vigilantia ut parea per bonis hominibus. ut semper dica tertius et quartus homo quia tota pred. hereditate bona est cultata et bitata et potata et laborata et armata et zappata duas vice per annum tempore abto sicut meret et pertinet. et ipsum pred. castanietum bonum est cultatum et insurculatum et studiatum sicut necessum est. et iam amodo et semper vinum et fructura seu et omne alium frugium quodcumque Dominus dederit in tota pred. vinea dividere illos debeamus cum pred. monasterio in tertia parte. vos et vestris posteris tollatis inde portiones due et nos et nostris heredes tollamus inde portione una hoc est tertia parte ibidem in pred. loco. vinum a palmentum fructura per tempora sua. et quando venimus a vindemiare faciamus vobis illos scire. et vindemiemus et pisemus vobis ipse ube et labemus et distrigamus vobis ipse bucti vestre cum circli et stuppa de pred. monasterio. et inbuctemus vobis ibidem ipso vino vestro. et demus vobis supra sorte per omne annum ana cofina dua de ube et per omne palmentum pullum unum. et nutricemus ipsum monachus vestrum a ipsa vindemia de coquinatum sicut nostra erit possivilitate. et per omni anno usque in sepiternum deponamus vobis et a vestris posteris pondura dua videlicet cofina dua. Similiter castanee et omne alium frugium quodcumque Dominus dederit in pred. castanietum sine fraude et malo ingenio dividere ille debeamus vobiscum per medietate. vos et vestris posteris exinde tollatis medietate et nos et nostris heredes tollamus ipsa alia medietate ibidem in pred. loco. castanee bone sicce a grate fructura per tempora sua et ipse pred. castanee nos ille colligamus et siccemus. et deponamus vobis ipsa pred. medietate vestra usque a litus maris de Reginnis Maioris sine pargiatura. et attucamus vobis ipsa sabbatatica sicut consuetudo est. et non debeamus inde cappilare ligna sine voluntate vestra et de vestris posteris. set quando placet sive vobis vel a vestris posteris de cappilare pred. castanietum sive totum vel in parte tunc nos et nostris heredes debeamus illos cappilare et laborare et conciare pred. ligna in pred. loco sicut meruerit cum omni nostro expendio et partire illa ibidem per medietate cum pred. monasterio. vos et vestris posteris tollatis inde medietate et nos et nostris heredes tollamus ipsa alia medietate. Et per hoc quod nobis incartastis sicut supra legitur via inde abere debea cum omnia causa ipsa causa de pred. monasterio vestro quod tenet incartatum ss. Benedicto da Ballano sine dampno faciendo per malitia. Et si nos et nostris heredes bene illos totum non cultamus et laboramus et omnia ut superius legitur bene non atinplemus vobis et a vestris posteris et in pred. monasterio iactetis nos inde vacuos cum causa nostra mobilia et faciamus vobis iustitia sicut lex fuerit. Quod si nos et nostris heredes bene illos laboraverimus et cultaverimus et omnia ut supra legitur bene atinpleverimus vobis et a vestris posteris et in pred. monasterio non habeatis potestate nos exinde iactare neque nulla virtute vel invasione nobis ibidem facere neque facere faciatis per nullum modum. set vos et vestris posteris nobis nostrisque heredibus illos defendere et vindicare debeatis omni tempore ab omnibus hominibus. Et qui de vobis et nobis aliquid de ss. placito et convenientia minuare vel extornare voluerit componat pars infidelis a partem que firma steterit auri solidos triginta regales. et hec chartula unde inter nobis ana singule similis fecimus sit firma imperpetuum.

† Matheus iudex Cappasancta t. e.

† Sergius f. qd. dom. Landulfi t. e.

† Ego Manso f. dom. Iohannis curialis hanc chartulam scriptam per manu Iohanni filii mei comfirmavit.

A

Abentio com. (de), 1105; 175. V. Constantinus, Marinus, Maurus, Taurus.
Abentius da Trafasto, 1080; 122.
Abentius f. Sergii de Mansone com., (1126-1198); 217, 461 V. Aventius.
Accardus iudex Olivani, 1179; 380, 382.
Acciaruli, fam., 1127-1182; 221, 367, 399. V. Boccia, Iohannes, Ursus.
Aceprandus levita et scriba sacri Palatii salernitani, 1060; 106.
Aczaruli, 1182; 399. V. Acciaruli.
Ada (de), 1036; 67. V. Leo, Petrus.
Addemarius, 1060; 107.
Adelferius dux Amalfie, 985; 19.
Adelferius, (1058); 104.
Adelmarius, 1187; 422.
Ademarius f. Iohannis vestararii, 1060; 107.
Ademarius, (1090); 136.
Ademarius protonotarius, 1109-1142; 183, 256.
Ademarius iudex, 1165; 314.
Ademarius, (1187); 422.
Ademarius. V. Addemarius, Adelmarius.
Agathi (de), 907; 2. V. Maurus, Pardus.
Agerolani, fam., 1104-1108; 168, 217, 417, 460, 461. V. Asprina, Iohannes, Marocta, Petrus, Sergius, Taurus. V. Atiurulano.
Agerolum, 1062-1197; 110, 174, 245, 281, 297, 322, 397, 416, 439. V. Aierolum.
Agiltruda f. Landulfi f. Landulfi com., 1187; 420.
Agru, locus, 1018; 53.
Agustalizzi, Agustariczi, Agustarizzi, fam., 1127-1200; 223, 225, 269, 283, 309, 321, 334, 358, 398, 448, 452, 474. V. Aloara, Anthimus, Cerrius, Cesarius, Iohannes, Leo, Maria, Marocta, Muscus, Sergius, Sica.
Agusto de), 997; 26. V. Maurus, Palumbus.
Agustus f. Palumbi de Theofilacto, 1041; 84, 85.
Aierolum (Agerolum), 1138; 245.
Ala (de), 1120; 200, 201. V. Petrus.
Alagernus f. Iohannis Papàra, 1153; 275.
Alamanni, 1127; 221. V. Iohannes, Stephanus.
Albericus f. Sergii ducis, (1094); 149.
Albinus, 1046-1159; 94, 300. V. Iohannes, Ursus.
Albnu, *sic* (Albinus, 1159; 300.
Alder co (de) 1187; 419, 420. V. Iohannes, Marocta, Sergius.
Aldericus f. Sergii f. Ursi Aurificis, 1177; 370.
Alexander iudex, 1165; 314.
Alfanus notarius, 997; 27.
Alfanus, dom., 1139); 249, 251.
Alfanus f. Iohannis f. dom. Alfani, 1139; 249, 251
Alfanus Spizzatortile, (1156); 281.
Alfanus iudex f. d. Iohannis, 1160; 303.
Alfanus f. Pantaleonis com. Mauronis, 1171-1184; 336, 352, 403, 414.
Alfanus Caccabellus, (1177; 369.
Alfanus iudex com. Mauronis, (1199); 468.
Alferana f. Iohannis da la Porta, 1053; 101.
Alferana f. Leonis da Sancto Angelo, 1184; 411.
Alferius Vulcanus (1183-1186); 404, 416.

Alibertus, dom., (1102); 167.
Alibertus, (1126); 218.
Alibertus, (1137); 243.
Alibertus f. d. Petri, 1160; 303.
Alibertus com., (1171-1176); 339, 358, 359. V. Constantinus, Marinus.
Alibertus, (1181-1188); 390, 416, 424, 429.
Aligardo (de), 1007; 35. V. Sergius, Sisinnius.
Aligernus. V. Alagernus, Alyernus.
Aligernus princeps Sirrenti, 1194; 450.
Aligernus, 1194; 451.
Aliola, locus, 1175; 354.
Aloara abbat. monast. S. Marie de Funtanella, 1077-1086; 117, 130.
Aloara f. Leonis de Leone com., 1087; 132.
Aloara uxor Leonis Agustarizzi iudicis, 1127; 223, 224, 225.
Aloara uxor Lupini da Gete, 1139; 248.
Aloara f. Iohannis de com. Urso, 1169; 332, 333, 334.
Aloara abbat. monast. S. Thome de Atrano, 1182-1199; 400, 467.
Aloara f. Cesarii Agustarizzi, 1200; 474.
Alyernus (Aligernus), 1194; 450.
Alzasepe, fam., 1037; 74. V. Leo, Mastalus, Petrus.
Amaczamorte, 1090; 138. V. Leo. V. Maczamorte.
Amalfitani. V. Melfitani.
Amalfitanus abbas monast. S. Iuliani de monte Cervellano, 1176; 362.
Amata (de), 1142; 258. V. Iohannes, Leo, Ursus.
Amato (de), 1176; 362. V. Amatus, Girbinus, Maurus, Sergius.
Amatus Sindolus, 1036; 73.
Amatus f. d. Sergii da Tabernata, 1169-1176; 325, 328, 329, 345, 354, 357.
Amatus f. Sergii de Amato, 1176; 362.
Ambosa, 1092; 141. V. Manso.
Amfora, fam., 1096-1115; 151, 197. V. Manso, Ursus.
Amorosa, fam., 1169; 329.
Amorosa uxor Iohannis Caruli, 1180; 385.
Amunitus Carrozza, 1033; 60.
Anacapri. V. Anocapri.
Anastasius f. Sergii de Iordano, 1048; 96.
Andreas, 939; 6, 7.
Andreas presbiter, 1008; 39, 40, 41.
Andreas, de civitate Ienua, 1187; 419.
Androni (ad), locus, 1139; 248, 250.
Anellus de Atriano, 1092; 145.
Angerius normannus, 1087; 133.
Angillula, 1155; 279. V. Constantinus.
Anglu (de lu), 1122-1139; 203, 249. V. Iohannes, Sergius.
Angresanus, 1194; 450.
Animainpede, 1041; 84. V. Marinus.
Animalata, 1157-1183; 294, 403. V. Iohannes, Leo.
Anna uxor Iohannis Boccaccio, 1008; 39.
Anna uxor Iohannis f. Mauri de Pardo com., 1034; 61.
Anna f. Leonis Benesapii, 1036; 69.
Anna f. Ursi Scaticampuli, 1036; 71.
Anna uxor Mauronis de Leone com., 1044; 88, 90, 91.
Anna abbat. monast. S Michaelis Arch. de Atrano, 1046-1099; 94, 138, 154.
Anna Iectabecta, mon., 1099; 156.
Anna rel. Lupini Falangula; 1102; 166.
Anna rel. Mauronis Sifunaro, 1108; 178, 179.
Anna f. Sergii Piscopi, 1123; 207.
Anna f. Leonis da la Lama; 1127; 220.
Anna Mochia f. Leonis Agustarizzi iudicis, 1127; 225.
Anna f. Cesarii Brancazzi, 1138; 244.
Anna f. Iohannis de Marino com., 1146; 260.
Anna Capuana abbat. mon. S. Laurentii, 1152-1177; 272, 287, 292, 293, 372.
Anna uxor Leonis de Alfano Spizzatortile, (1156); 281.
Anna f. Mauri da la Rocca, 1161; 308.
Anna f. Iohannis de Niceta, 1166; 315.
Anna f. Mansonis Strina, 1172; 337.
Anna f. Ursi Bininoli, 1172; 338.
Anna f. Sergii Mancatelli, (1175), 353.
Anna (da Tabernata), 1180; 385.
Anna Cannabara, 1180; 386.
Anna f. Alferii Vulcani abbat. mon. S. Laurentii, 1183-1186; 404, 416, 418.
Anna f. Sergii de Palumbo, 1184; 406, 407.
Anna f. Sergii Bespuli, 1192; 439.

Anna f. Iohannis Rizzuli, 1196; 455.
Anna f. Iohannis da Funtanella, 1200; 475.
Anna (de), 907-1177; 2, 4, 366. V. Iohannes, Lupinus, Rogata, Stephanus.
Anna comitissa (de), 1013; 47. V. Iohannes, Leo, Ursus.
Anne (domine), 922; 4. V. Anna (de).
Anocapri, 1036-1159; 73, 96, 299.
Ansalone Zeppario, 1198; 463, 464.
Anthimo (de dom.), 1125; 212. V. Leo.
Anthimus f.Sergii Agustarizzi,1127;225.
Anthiocia. V. Antocia.
Anthiocia f. Ursi de Urso com. Scaticampulo, 1039; 79, 80.
Anthiocia uxor Trasimundi Mazoccula, 1066; 113.
Anthiocia (de), 1164; 309.
Antivarone, 907; 2. V. Sergius.
Antocia uxor Ursi de Roti, 947; 10.
Aprile (comite), 922; 3. V. Constantinus, Leo.
Aqua (de), 1176; 361. V. Cirri, Constantinus.
Aquabiba, locus, 997; 25, 26.
Aqua de Fago, locus, 1169; 328.
Aquafrigida, 1007; 35. V. Gregorius, Iohannes, Lupinus.
Aqua Stia, locus, 1176; 362.
Aqua Taurina, locus, 1005; 30.
Aquola, locus Atrani, 1013-1079; 47, 49, 50, 120.
Archiepiscopatus salernitanus, 1179; 381, 82.
Archiepiscopium Salerni, 1018-1198; 52, 54, 463.
Archiepiscopus amalfitanus, 1172-1180; 344, 355, 385.
Arco (de), 1127-1151; 225, 269. V. Manso.
Arcu (ad), locus, 939-997; 8, 9, 25, 26.
Arcuccia, fam., 1159; 299. V. Iohannes, Sergius.
Ardavasto (de), 922; 4. V. Leo, Manso.
Arehisi, 997; 27.
Argentaro, locus Stabie, 1004-1012; 29, 36, 38, 45.
Argillara, locus Trasmonti, 1198; 465.
Argillurum, locus Plagiani, 1169; 333.
Argisse, 1144; 259. V. Argusse,
Argusse (de), fam., 1144-1169; 258, 259, 325. V. Leo, Maurus.
Armogeni o Armogenio (de), 1007; 37, 38. V. Armogenius, Ursus.
Armogenio com. (de), 1007; 36. V. Armogenius, Gregorius, Iohannes, Muscus, Sergius.
Armogenius de Iohanne com. de Armogenio com., 1007-1012; 36, 37, 44.
Armogenius de Urso de Armogenio, 1007; 37, 38.
Arsena, Arsina Amalfie, 1112-1197; 187, 436, 458. V. Larsena.
Articella, fam., 1004; 29.
Asprina f. Petri Agerolani, 1198, 461.
Asterada f. Vizantii, 1090; 136.
Athanasi (de), 1157; 289. V. Constantinus, Maurus.
Athanasius de Leone de Munda, 1043, 86.
Athanasius f. Stephani Ziti, 1085; 126.
Athenasio (de), 1194; 450. V. Sergius.
Athenasius f. Ursi de Docibile, 1164, 309.
Athenasius de Cazzutto, 1166; 318.
Atinulfo (de), 1197; 459 V. Iohannes.
Atiurulano, 1157; 293. V. Iohannes.
Atranum, 939-1200; 8, 10, 13, 18, 47, 57, 61, 71, 74, 88, 90. 95, 101, 115, 120, 123, 125, 126, 127, 134, 135, 138, 143, 144, 146, 151, 154, 157, 172, 175, 177, 178, 180, 190, 194, 195, 197, 202, 205, 226, 227, 229, 231, 234, 238, 239, 240, 241, 248, 250, 252, 256, 263, 274, 279, 283, 292, 300, 301, 302, 309, 311, 313, 317, 318, 323, 324, 331, 335, 342, 346, 349, 351, 374, 383, 389, 393, 395, 400, 402, 413, 414, 415, 422, 427, 430, 431, 432, 434, 435, 441, 442, 443, 446, 448, 450, 465, 467, 476.
Atriano (de), 1092; 145. V. Anellus.
Atrinsi f. Ursi, 1040; 81.
Aturello (a Turello ?), 1018; 51. V. Leo, Sergius.
Aucella (ad), locus, 1081; 123.
Augusto (de), 997; 26. V. Agusto (de).
Auranum, locus Stabie, 997-1109; 25, 26, 66, 84, 182.
Auria (de), 1165; 313. V. Maria, Petrus.
Auria (de domina), 1011-1035; 43, 65. V. Iohannes, Leo.
Auricenna, 1008; 41. V. Petrus.
Aurifici, fam., 1130-1177; 228, 229, 370.

V. Aldericus, Iohannes, Leo, Manso, Petrus, Sergius, Ursus, Ytta.
Aurufina uxor Iohannis f. Musci de Landulfo, 1194; 446.
Aurumundo, 1159: 301. V. Sergius.
Aventius de Mansone com., 1126; 217. V. Abentius.
Aymone f. Angresani, 1194; 450, 451.
Azzaruli, fam., 1177; 367.

B

Badu (da), fam., 1062: 111.
Balata, locus apud Sintecle, 1046: 94.
Balha (da), fam., 1062-1200; 111, 333, 410, 472, 474. V. Constantinus, Siricara, Ursus.
Balhana, locus Stabie, 1018; 53.
Ballano, locus Trasmonti, 1122-1200; 202, 383, 465, 476.
Ballano (da), 1198-1200: 465, 476. V. Benedictus, Iohannes, Martinus.
Bando, locus Atrani, 1187; 422.
Baniara (da), 990; 21. V. Leo, Lupus, Petrus. V. Vaniara.
Baracicere, 1051; 99. V. Iohannes.
Barbacepola, 1108; 178. V. Manso, Maurus.
Barbagelata, 1006; 31. V. Iohannes, Sergius.
Barbalata, 1123; 208. V. Maurus.
Barbalonga, 1196: 455. V. Sergius, Urso.
Barbara (de), 1167; 322. V. Constantinus.
Barbella, 1194; 451. V. Landus, Robhertus.
Barisana rel. Silvestri macellarii, 1198; 463, 464.
Bartholomeus f. Pantaleonis de com. Gregorio, 1157-1182; 294, 301, 352, 390, 395, 396.
Bartholomeus not. Salerni, (1171); 360.
Bartholomeus Palminterius, 1180; 386.
Bartholomeus f. Mauri de com. Maurone, 1194; 448.
Bartholomeus f. Mauri angularii, 1198; 463.
Bartholomeus f. Alfani iudicis com. Mauronis, 1199; 468.
Bartholomeus f. Sergii Scyrice, 1200; 472.
asillocta f. Ursi da le Olive, 1184; 412.
Bastalli, 1167; 319. V. Iohannes, Leo.
Bectica Minor, 1104-1192; 170, 245, 265, 276, 319, 321, 364, 438. V. Vectica.
Bena Urso, locus, 1187; 426.
Bene (ad), locus Bectice Min., 1104; 170.
Benedictus Sapatinus (1139); 247.
Benedictus f. Leonis da Gete, 1139; 249.
Benedictus Mustazzus, 1177; 372.
Benedictus f. Iohannis da Ballano, 1198-1200; 465, 476, 478.
Beneplasti, fam., 1094; 148.
Benesapii, fam., 1036; 69. V. Anna, Boccia, Leo, Muscus.
Beneventi principatus, 1018; 52.
Beniscema, 1193; 445, 446. V. Constantinus, Matheus, Maurus.
Benusi, fam., 1053-1080; 101, 121. V. Iohannes, Leo, Marinus, Petrus, Sergius, Ursus. — V. Binosi, Binusi, Bonusi, Bunusi, Venusi, Vinosi.
Berbetana f. Sergii da Torri, 1199; 467, 468.
Berna comitissa (de), 1186; 416. V. Gemma, Iohannes, Leo, Sergius.
Bernaldus f. d. Iohannis, 1137-1154; 243, 257, 259, 262, 266, 278.
Bernaldus f. Constantini de com. Urso, 1169-1200. 332, 337, 472.
Bernaldus f. Constantini de Pardo com., 1184; 408.
Bernaldus, dom., 1187; 426.
Bernaldus f. Mathei iudicis Cappasancta, 1193; 445.
Bernardus, dom., 1155; 280.
Bernardus da Pluppitu, 1166-1178; 319, 377.
Bernardus, dom., 1198; 467.
Berta, dom, 1058; 104.
Bespuli, fam., 1099-1192; 157, 439. V. Anna, Petrus, Sergius. — V. Vespuli.
Bicedomini. V. Vicedomini.
Bicogena, locus Ageroli, 1192; 439.
Biffula, 1181; 393. V. Ursus.
Bilingario (de), 1165; 313. V. Iohannes, Petrus.
Billitia f. Sergii Sigilli, 1200; 475.
Binerus da lu Pastinu, 1104; 172.
Bininoli, fam, 1167-1184; 320, 337, 338, 411. V. Anna, Iohannes, Muscus, Palma, Petrus, Sergius, Theodonanda, Ursus.

Binosi, fam., 1146; 261. V. Benusi.
Binusi, fam., 1157-1198; 293, 462. V. Constantinus, Ursus. — V. Benusi.
Bisalupo, fam., 1112; 186. V. Iohannes.
Biscatale, fam., 1188-1192; 432, 441. V. Iohannes, Petrus. — V. Biscatari.
Biscatari, fam., 1096; 151. V. Iohannes, Petrus. — V. Biscatale, Viscatari.
Bitale (de), fam., 1084; 124. V. Iohannes.
Bizantius, 1090; 136. V. Vizantius.
Blactu f. Sergii Scancarelli, 987-990; 21, 22.
Blactu abbat. monast. S. Laurentii, 1004-1018; 28, 48.
Blactu f. Sergii Zappafossa, 1062; 110.
Blactu f. Iohannis da le Olive, 1092; 141.
Blactu rel. Lupini Collonnanna, 1092; 144.
Blactu rel. Iohannis Denticis, 1099; 155,
Blactu rel. Lupini Cocti, 1120; 200.
Blactu f. Petri Brancatuli, 1133; 233.
Blactu f. Iohannis da Piro, 1182; 397.
Boccaccio, 1008; 39. V. Iohannes. — V. Buccaccius, Boccassi.
Boccacornu, 1186; 414. V. Iohannes, Thomas.
Boccagrassu, 1182; 400. V. Guerrasius, Iohannes, Sassus.
Boccassi, 1150; 269. V Riccardus, Sergius. — V. Boccaccio.
Boccavitello, 1099; 153. V. Douferius, Petrus.
Boccia. V. Voccia.
Boccia f. Leonis Benesapii, 1036; 69.
Boccia uxor Sergii Cullusigillu de Mansone com., 1062; 110.
Boccia f. Leonis Dalacqua, 1094; 148.
Boccia f. Leonis da Monte, 1094; 149.
Boccia uxor Sergii f. Constantini Pagurillu, 1104; 170.
Bocca (Boccia) f. Iohannis de Dayferi seu Doferi, 1155-1157; 279, 289, 290.
Boccia uxor Iohannis Cafari, 1181; 391.
Boccia f. Ursi Aczaruli, 1182; 399.
Boe, 1177; 372. V. Leo. — V. Bove.
Bona (cognata Petri da Baniara), 990: 22.
Bona uxor Petri Auricenna, 1008; 41.
Bona Tebea f. Leonis de lu Presbiter, 1198; 461.
Bonagere, 1148; 265. V. Drosu, Iohannes.
Bonasera, 1136; 240. V. Gemma, Leo.
Bonasi, fam., 1053; 102. V. Leo, Sergius. — V. Benusi.
Bonibassi, fam., 1169; 333.
Bonifacius f. Thomasii, 1179; 380.
Bono. V. Vono.
Bonosu (de), 1044; 92, 93. V. Iohannes, Leo, Sergius. — V. Benusi
Bonus de Solino Vicidomini, 907; 2.
Bonus da Patrilano seu Patriziano, 993; 23.
Bostopla, locus, 1018; 49.
Bove, fam., 1181; 391, 392. V. Cioffus, Leo, Sergius, Urso. — V. Boe.
Bracacorata, 1187; 421. V. Petrus.
Brancatii, fam., 1138-1169; 244, 332. V. Anna, Cesarius, Gregorius.- V. Brancatuli, Brankazzi.
Brancatuli, fam., 1133-1157; 233, 290. V. Blactu, Petrus, Sergius. — V. Brancatii.
Brancia, fam., 1182-1200; 396, 452, 469. V. Marocta, Petrus, Sergius.
Brankazzi, fam., 1138; 244. V. Anna, Cesarius — V. Brancatii.
Brengari (de), 1164; 309. V. Petrus. — V. Bilingario (de).
Bruscia, 1192; 437. V. Leo, Ursus.
Buccaccius, 1061; 109. V. Iohannes. — V. Boccaccio.
Bucini, 1200; 475. V. Frundina, Sergius.
Bulbitum, locus, 1159; 301.
Bulcano, fam., 1156; 281. V. Manso. — V. Vulcano.
Bulciano, locus Stabie, 1090; 138.
Budeti, fam., 1166; 315. V. Leo, Lupus, Pulcharus.
Burecta, 1037; 74. V. Leo, Ursus.
Butalho (ad), locus Ageroli, 1182; 397.
Butablo (da), 1092; 141. V. Constantinus, Sergius, Ursus.

C

Caha (Cava dei Tirreni), 1177; 367.
Caballum (ad), locus Ageroli, 1186; 416.
Cabole. V. Cabula.

Cabula, locus Tramonti, 1136-1184; 240, 324, 346, 413.
Cacapice, fam., 1090-1193; 138, 223, 444. V. Dolfina, Gatelgrima, Gregorius, Iohannes, Leo, Rachele, Redentiana, Sergius, Ursus.
Caccabellu, fam., 1177; 369. V, Alfanus, Iohannes, Sica.
Caccabo, fam., 1092-1100; 144, 163. V. Sergius, Ursus.
Cacciaranu, 1177; 369. V. Gayta, Iesfridus, Ursus.
Cacciori, fam., 1127-1176; 219, 362. V. Cesarius, Constantinus, Iohannes, Sergius. — V. Caczori.
Caczori, 1127; 219.
Cafari, fam., 1181; 391. V. Claritia, Iohannes.
Cafica, 1144; 258. V. Sergius.
Calarusi, 1200; 469. V. Maria, Sergius.
Calcara (de), 1126; 217. V. Iohannes.
Calendola, 1142; 253. V. Iohannes, Sergius.
Camera (de), 1179; 380. V. Petrus.
Cammaranta, 1137; 241, 243. V. Iohannes, Leo, Lupinus, Sergius.
Campanarium Episcopii Amalfie, 1180; 385.
Campanella, 1146; 260. V. Gaitelgrima, Sergius, Ursus.
Campanilis, 1183-1187; 404, 422. V. Constantinus, Petrus.
Campanoro (ad), locus Paterni Maioris, 1181; 389.
Campo, locus Babelli, 1181-1189; 391, 434.
Campu de Auranu, locus, 997; 25, 26.
Campulo, locus Reginnis Maioris, 931-1194; 5, 12, 446.
Campulo, 964; 12 V. Iohannes.
Campulo (de), 970; 13. V. Constantinus, Iohannes, Leo, Petrus, Sergius, Ursus.
Campulo (de dom.), 1007; 37, 38. V. Leo, Sergius, Ursus.
Campulongu, locus, 1099-1104; 155, 168.
Campulongu (da), 1099; 155. V. Mauro.
Canalis, locus Amalfie, 1187; 419.
Candidum (de), 1123; 208. V. Constantinus, Petrus.
Caniata, 1127-1130; 222, 228, 229. V. Iohannes, Marocta.
Cannabari, 1037-1180; 74, 130, 386. V. Anna, Leo, Petrus, Sergius, Spastreca.
Cannabuzza, fam., 1161; 305.
Cannavirde, 1186; 414, 415. V. Constantinus.
Cannictus, 1200; 476. V. Filippus.
Cantobonu, locus, 1033; 58.
Cappasancta, fam., 1036-1200; 68, 424, 431, 433, 442, 445, 447, 467, 478. V. Bernaldus, Matheus, Rogerius, Sergius.
Cappella Amalfitani Palatii, 1113; 193.
Caprauscha, 1108; 178. V. Leo.
Capreoli, locus, 1176; 355.
Capri, insula, 984-1197; 18, 55, 56, 73, 96, 270, 299, 458.
Caprile (da), 1123; 207, 208. V. Constantinus, Iohannes.
Capritana insula, 984-1048; 18, 55, 56, 73, 96. V. Capri.
Capuano, fam., 1127-1180; 225, 233, 260, 266, 269, 272, 273, 278, 280, 282, 286, 287, 288, 291, 292, 293, 298, 308, 317, 332, 346, 358, 364, 372, 387, 406, 407, 436, 453, 458, 461, 471. V. Sergius, Iohannes, Manso, Landolfus, Anna, Matheus, Marocta. — V. Prata (de).
Capuanus, 1180; 388.
Capue principatus, 1040-1041; 81, 83.
Caput Ciafara, 1100; 159. V. Maurus.
Caput Crucis, locus Amalfie, 984-1166; 18, 279, 289, 315.
Caput de Pendulo, locus Ageroli, 1004-1196: 29, 281, 455.
Caput de Scanno, locus, 1169; 328.
Caputo, fam., 1081-1182; 123, 401. V. Iohannes.
Cara f. Ursi da lu Planu, 1142; 252
Cara Obloyta f. Pantaleonis, 1196; 452.
Carabonc (a), locus Lauri, 1192; 442.
Carafilia f. Ursi Mosca, 1177; 367.
Carambone (terra dicta), 1171; 335. V. Carabonc.
Carate f. Iohannis da la Turina, 1180; 387.
Cardillus, 1008; 40. V. Sergius.
Carelli, 1004; 29. V. Constantinus.
Caridenti, 1161; 304. V. Constantinus, Leo, Sergius.
Carissi, 1129; 227. V. Maurus, Ursus.
Cariulo, 1120; 200. V. Pulcharus. — V. Carulo.

Carnara, Carnaria, locus, 1117-1151; 199, 270.
Carniano, locus, 1035; 63.
Caro f. Iohannis de Lea, 1077; 117.
Carongi, fam., 993; 23.
Carovivi (de), 1036; 66. V. Leo, Sergius, Stephanus.
Carrozza, 1033; 60. V. Amunitus.
Carti (de), 1109; 182. V. Iohannes, Stephanus.
Carulo, 1180; 385. V. Iohannes. — V. Cariulo.
Casalupo (de), 998; 27. V. Eufimia, Iohannes.
Casamare, locus Pugellule, 1117-1200: 199, 200, 469, 470.
Casamarza, 970-1111; 14, 183. V. Leo, Maurus, Drosu.
Casanoba (Casanova), locus, 997-1142; 25, 26, 255.
Casanoba seu Casanova (da), 1142-1196; 253, 457. V. Constantinus, Petrus.
Casole, locus Licteris, 1146-1178; 263, 313, 374, 376.
Casolla, 1182; 400. V. Petrus.
Cassimu, 1137; 241. V. Ciuzza, Iohannes.
Castaldi, 1127-1150; 222, 268. V. Iohannes, Leo.
Castaldo (de), 1077; 117. V. Iohannes, Stephanus.
Castallomata, fam., 1041-1192; 85, 106, 182, 183, 190, 202, 337, 345, 356, 357, 369, 378, 385, 424, 437, 439. V. Iohannes, Stephanus, Vivus, Sergius, Landus, Leo, Petroccius, Pantaleo, Drosu, Petrus, Urso, Ursus.
Castaniola (serra de), apud Cetaram, 1060; 106.
Castellum da Mare, 1086; 128.
Castelmannus com., (1193); 444.
Cataldus f. Cesarii straticotus ducatus Amalfie, 1200; 471.
Cava. V. Caba.
Cazzecanosa, 1192; 437.
Cazzutto (de), 1166; 318. V. Athenasius.
Cennamo (de), 1142; 252. V. Cara, Iohannes, Leo, Petrus, Tucza, Ursus.
Cerrius (Cesarius?) f. Sergii Agustariczi, (1196); 452.
Cervellanus, mons Scale, 1176; 362.
Cervi (da), mons, 1094; 148.
Cesareus f. Guaferii, 1171; 360.
Cesarius f. Iohannis Caczori, 1127; 219.
Cesarius Brankazzus, (1138); 244.
Cesarius diaconus et abbas f. Gregorii Brancatii, 1169; 332.
Cesarius f. Sergii Agustarizzi, (1194-1200); 448, 474.
Cesarius, dom., 1200; 471.
Ceserano, locus Tramonti, 1037; 76.
Cetara, 1060-1093; 106, 146. V. Citara.
Ciarki, locus, 1125; 210.
Cicari, fam., 1011-1133; 43, 233. V. Iohannes, Leo, Manso.
Cicerarii, 1184; 411. V. Iohannes, Petrus. — V. Cicirari.
Cicerus f. Landonis, 1040; 82.
Cicirari, 1199; 467. V. Iohannes, Ursus. — V. Cicerarii.
Ciliano (de), 1150; 268. V. Iohannes, Leo.
Cimanica, 931; 5. V. Constantinus, Iohannes, Lupinus.
Cinte, locus, 939-998; 7, 27.
Cinte (toru de), locus, 939; 7.
Cinte (da), Cinti (da), 1043-1164; 86, 247, 264, 311. V. Landolfus, Petrus.
Cintragallum, 1005; 30. V. Iohannes.
Cioffo (de), 1196; 457. V. Sergius.
Cioffo (de dom.), 1193; 444. V. Cioffus, Iohannes.
Cioffus f. Sergii Bove, 1181; 392.
Cioffus f. Iohannis de d. Cioffo, 1193; 444.
Cirasulo (da), 1111; 183. V. Iohannes, Leo, Lupinus, Ursus.
Circinello, 1007; 35. V. Iohannes.
Cirileone, 1200; 473. V. Iohannes.
Cirrus f. Constantini de Aqua, 1176; 361.
Cisternula, locus, 1165; 313.
Citara, 1090; 135. V. Cetara.
Ciuzza f. Iohannis Cassimu, 1137; 241.
Ciuzza uxor Constantini da Pecara, 1137; 243.
Claratrovi, 1036; 69. V. Petrus.
Claritia f. Iohannis Cafari, 1181; 391.
Clarius, probus homo Salerni, 1179; 380.
Coccarari, fam., 1062; 111.
Cocti, 1102-1120; 164, 200. V. Lupinus, Maurus, Sergius, Ursus.

Coczumbro, fam., 1037; 78.
Codaro, 1125; 211, 213, 216. V. Leo, Petrus.
Cola... f. Leonis de Niceta, 1166; 315.
Collectaru, locus, 997; 25, 26.
Collogatto, fam., 1148-1186: 265, 313, 323, 368, 417. V. Constantinus, Maurus, Sergius.
Collonnanna, fam., 1092; 144. V. Lupinus. — V. Cullonnanna.
Çollosolfe, 1125; 214, 215. V. Ursus.
Comite Aprile. V. Aprile.
Compaleone, 1172-1182; 345, 399. V. Constantinus, Iohannes, Leo.
Compara (ad), locus, 1008; 39, 40, 41.
Comparatum, locus Licteris, 1099-1164; 157, 263, 309.
Conditi, 1066; 114. V. Marinus
Confraternitas Cleri Amalfie, 1172-1180; 344, 355, 385.
Congregatio Licteris, 1182; 401.
Conka Maiur., 1138; 245.
Constantia imperatrix et regina, 1193-1198; 443, 450, 460, 463, 465.
Constantino (de), 1012-1104; 46, 59, 71, 174. V. Constantinus, Leo, Manso, Mauro.
Constantino (de dom), 1187-1200; 133, 135, 137, 139, 145, 147, 148, 152, 156, 170, 173, 474. V. Pantaleo, Muscus, Sergius, Pandulfus.
Constantino com. (de), 939-1138; 6, 12, 35, 74, 78, 97, 244. V. Constantinus, Marinus, Gregorius, Leo, Sergius, Iohannes, Marocta.
Constantinus com. Aprile, 922; 3, 4.
Constantinus com., (931); 4.
Constantinus f. Iohannis Cimanica, 931; 5.
Constantinus f. Marini de Constantino com., 939; 6, 7.
Constantinus scriba, 939-947; 7, 10, 11.
Constantinus com. de Leone com., (947-1184); 10, 21, 32, 34, 52, 59, 62, 78, 84, 88, 90, 92, 93, 98, 103, 116, 128, 130, 132, 133, 254, 408.
Constantinus f. Petri de Stephano, 947; 11.
Constantinus de Campulo, 970; 13.
Constantinus de domina Iannu, 970; 13, 14.
Constantinus de Tauro com., (970); 14.
Constantinus f. Mauri de Leopardo, 970-987; 14, 21.
Constantinus f. Leonis com. de Mansone com., 971; 16.
Constantinus f. d. Lupi de Sergio com., 984-1004; 18, 30.
Constantinus de dom. Marino, 985-998; 19, 27.
Constantinus f. Constantini de Leopardo, 987; 21.
Constantinus de Sergio com. de dom. Sirico, 993; 24, 48.
Constantinus de Leopardo, (998); 27, 47.
Constantinus f. Sergii de d. Iohanne, (998); 27.
Constantinus f. Constantini curialis, 998; 28.
Constantinus curialis, (998); 28.
Constantinus Carellus, 1004; 29.
Constantinus presb. scriba, 1006-1018; 32, 34, 43, 44, 52.
Constantinus de Petro com., 1007; 33.
Constantinus de Iohanne com. Neapolitano, (1007); 33.
Constantinus de Leone de Constantino com., (1007-1048); 35, 97.
Constantinus scriba, 1008; 39, 40, 41, 57, 65.
Constantinus archipresbiter, (1008-1051); 39, 40, 41, 98, 99.
Constantinus f. Iohannis Dentice, 1011; 43.
Constantinus de Leone de Urso com., 1013; 47
Constantinus de Rosa, (1018); 49.
Constantinus f. Leonis Muscettola, 1018; 50.
Constantinus f. Iohannis de Iusto, 1018; 50.
Constantinus (pater Ursi scribe), (1020); 56.
Constantinus Maniarella, (1020); 56.
Constantinus f. Iohannis de Leone com., 1034-1053; 62, 92, 93, 98, 103.
Constantinus Riccu, (1035-1044); 64, 89, 92.
Constantinus de Leone de Marino com., (1035); 65.
Constantinus presb. f. Mauronis Zacesti, 1036; 67.

Constantinus f. Leonis de Eufimia, 1037; 76.
Constantinus Faccebona, (1037); 78.
Constantinus de dom. Musco, (1046-1156); 95, 117, 127, 128, 287.
Constantinus iudex, 1058-1069; 104, 112.
Constantinus f. Mansonis iudicis, 1061; 109.
Constantinus, (1061); 109.
Constantinus f. Sergii Zappafossa, 1062; 110.
Constantinus f. Ferraci, 1062; 111.
Constantinus scriba f. Iohannis, 1066-1074; 114, 116, 117.
Constantinus f. Leonis de Tauro, 1077; 118.
Constantinus de Tauro, (1077); 118.
Constantinus, (1079); 120.
Constantinus magister (1086); 129.
Constantinus de Lupino de Leone com., (1087); 132.
Constantinus scriba f. Iohannis curialis, 1090-1115; 137, 145, 152, 154, 159, 170, 173, 185, 195, 198.
Constantinus da Butablo, (1092); 141.
Constantinus f. Sergii da Butablo, 1092; 141.
Constantinus Garillanus, 1092; 141.
Constantinus presb. f. Iohannis Dalacqua, (1094); 148.
Constantinus iudex Piczillus, (1099); 155.
Constantinus de Palumbo, (1099); 157.
Constantinus f. Leonis Rogadio episcopus rabellensis, 1100; 159, 161.
Constantinus f. dom. Aliberti, 1102; 167.
Constantinus, dom., 1102; 168.
Constantinus f. Iohannis Pagurillu, 1104; 170.
Constantinus Pagurillu, (1104); 170.
Constantinus f. Constantini Pagurillu, 1104; 171.
Constantinus presb. f. Leonis de Constantino, 1104; 174.
Constantinus de Abentio com., (1105); 175.
Constantinus, 1111; 184.
Constantinus da Pustopla, (1112); 186.
Constantinus f. Mauri de domina Grifa, 1113-1123; 193, 200, 209.
Constantinus de Tarvo, (1115); 196.
Constantinus de com. Maurone, 1117; 199.
Constantinus Sardella f. Iohannis de Marino, 1123; 207.
Constantinus f. Iohannis da Caprile, 1123; 207, 208.
Constantinus de Candido, 1123; 203.
Constantinus Venuso, 1126; 217, 218.
Constantinus f. Leonis Coppula, 1127; 219.
Constantinus de dom. Mirando de Marino, (1127); 219.
Constantinus f. Ursi Rapa, 1127; 221.
Constantinus f. Ursi Staviani, 1129; 226.
Constantinus f. Mauri de Maurone, 1129; 227.
Constantinus diac. curialis scriba, 1133; 234.
Constantinus iudex com. Ursi, 1133-1157 (1169); 234, 243, 332.
Constantinus da Pecara, 1137; 243.
Constantinus f. Sergii de com. Urso, 1138; 244.
Constantinus da Casanoba, 1142; 253.
Constantinus f. Marini de Marino com., (1146); 260.
Constantinus de Marino com., (1146); 260.
Constantinus f. Ursi Sclinilli, 1146; 260.
Constantinus diac. et protonot., 1146-1159; 262, 266, 271, 286, 288, 296, 300.
Constantinus Falangula, 1148-(1196); 265, 456.
Constantinus Zenzala, 1148; 266.
Constantinus presb. f. Ursonis Pironti, 1150; 267, 268.
Constantinus Mutilionis, (1150-1181); 268, 392.
Constantinus Angillula, (1155); 279.
Constantinus Piscopus, (1155); 279.
Constantinus f. Mauri de Athanasi, 1157; 289.
Constantinus Piczarus, (1158); 295.
Constantinus f. Constantini Piczari, 1158; 295, 296.
Constantinus Caridenti de Sergio, 1161; 304, 305, 307.
Constantinus de Barbara, 1167; 322.
Constantinus f. Iohannis Pillizza, (1172); 337, 338.

Constantinus f. Aliberti com., (1172-1176); 339, 358, 359.
Constantinus curialis f. Leonis Ramarii, 1172-1200; 343, 407, 411, 422, 463, 472, 473, 476.
Constantinus Compaleone, (1172); 345.
Constantinus de Aqua, (1176): 361.
Constantinus diaconus scriba f. Iohannis Cacciori, 1176; 362.
Constantinus Fresarius, (1176); 362.
Constantinus, (1177); 367.
Constantinus f. Sergii Collogattu, 1177; 368.
Constantinus Scannapecum, 1177· 368.
Constantinus Ramarius, (1179); 378.
Constantinus Rogadio, (1181); 392.
Constantinus da Salerno, (1182); 395.
Constantinus f. Iohannis de Marino, 1182; 400.
Constantinus Tramontanus, 1182; 401.
Constantinus Campanilis, 1183-(1187); 404, 422.
Constantinus iudex f. Sergii de Urso com. de Pardo com., 1184; 408.
Constantinus f. Ursi da le Olive, 1184; 411, 412.
Constantinus Cannavirde, 1186, 414.
Constantinus publ. not. Atranensis f. Mauri Beniscema, 1193; 445.
Constantinus iudex Beniscema, (1193); 445.
Constantinus f. Iohannis Guascia, 1196; 455.
Constantinus f. Mauri de Macari, (1196); 456.
Constantinus f. Sergii da Mitruda, (1198); 461, 462.
Constantinus Binusus, (1198); 462. V. Venusi.
Constantinus da Balba, 1200; 472, 473, 474.
Constantinus Galatulus, 1200; 475.
Consul scriba f. Iohannis Malardi, 1182; 400.
Contardus de Nuceria, 1172; 338.
Coppi, 1158; 295. V. Leo, Theodonanda.
Coppula, fam., 1127-1180; 219, 221, 388. V. Constantinus, Leo, Martinus, Sergius, Iohannes, Palumbus, Theodonanda.
Corbulu, locus, 1051; 99.
Cospi, locus, 1092; 141, 142. V. Cospidi.
Cospi (da), 1092; 141. V. Salvator.
Cospidi, locus, 1196; 457. V. Eccl. S. Salvatoris. — V. Cospi.
Criscentii, 931; 5. V. Leo, Mastalus.
Cristina f. Leonis de Muscu comitissa, 1005; 30.
Croci seu Cruci (ad), locus, 1133-1180; 235, 248, 250, 386.
Cullomanna, Cullonanna, 1037; 75, 77, 79. V. Mauronus, Sergius. — V. Collonnanna.
Cullusigillu, 1062; 110. V. Leo.
Cunarene (de), 984; 17. V. Leo, Manso, Ursus.
Cunari (da), 984; 18. V. Leo, Sergius.
Cunnarus da Turello, 1100; 161.
Cunsus, 1018; 50. V. Ursus.
Curbolino, 1117; 199. V. Iohannes, Petrus
Curia Amalfie, 1200; 474.
Cyrileone, 1200; 472. V. Iohannes.
Cyrus Ursus Sementarius (1187); 420.
Czancurtelli (Zancurtelli), 1037; 78. V. Leo.

D

Dalacqua, 1094; 148. V. Boccia, Constantinus, Iohannes, Leo.
Daria (genitrix Sergii da Tabernata), 1180; 385, 386.
Dauferius, (997); 25.
Dauferius, 1040; 82. V. Douferius.
Dayferi (de), 1155-1157; 279, 289. V. Boccia, Iohannes.
Dentice, fam., 1004-1177; 29, 43, 47, 57, 72, 81, 120, 155, 200, 201, 370. V. Lupinus, Mauro, Constantinus, Iohannes, Pantaleo, Manso, Ursus, Maurus, Sergius, Theodonanda.
Desijo (Disigius) f. Mansonis, 1018; 52.
Dionisius archiepiscopus amalfitanus 1177; 363, 374, 376.
Disideus iaconus, (1196); 454. V. Iohannes, Pascalis, Petronus.
Disigius f. Mansonis de Musco com., 997; 25, 26, 27. V. Disijo.
Disigius f. Mansonis, 1018; 52, 53. V. Desijo.
Disigius f. Iaquinti comi-palatii, 1066; 115.

Dis ijo (Disigius), 997; 25.
Docebele seu Docibile (de), 1099-1125; 157, 215. V. Iohannes, Leo, Stefanus, Ursus. — V Docibile.
Docibile (de), 1035-1164; 63, 100, 157, 215, 309. V. Athenasius, Gregorius, Iohannes, Leo, Riccardus, Robertus, Stefanus, Ursus.
Doferi (de), 1157; 289. V. Boccia, Iohannes. — V. Dayferi (de).
Dolfina Cacapice, 1090; 138.
Domina Auria (de). V. Auria.
Domina Dimmera (de), 1112; 185. V. Iohannes, Maurus, Theodonanda.
Domina Galia (de), 1113; 195. V. Iohannes, Leo, Maurus.
Domina Jannu (de), 970-1007; 13, 29, 36. V. Constantinus, Iohannes, Leo, Maurus.
Domina Marenda (de), 1012; 46. V. Iohannes, Sergius.
Domino Marino (de), 985-998; 19, 27. V. Constantinus, Leo, Marinus.
Domino Mauro (de), 1036; 73. V. Maurus, Sergius.
Domino Meo (de), 1005; 30. V. Iohannes, Leo.
Domino Musco (de), 1046-1156; 95, 117, 127, 287. V. Constantinus, Muscus, Pantaleo, Sérgius.
Domina Gola (de), 1062; 111. V. Pulcarus.
Domine Anne. V. Anne (domine).
Domino Anthimo (de . V. Anthimo.
Domino Campulo (de). V. Campulo.
Domino Cioffo (de). V. Cioffo.
Domino Constantino (de). V. Constantino.
Domino Iohanne (de). V. Iohanne.
Domino Pardo (de). V. Pardo.
Domino Pantaleone (de). V. Pantaleone.
Domino Pulcharo (de). V. Pulcharo.
Domino Sirico (de). V. Sirico.
Domina Grifa (de), 1113-1138; 193, 200, 209, 246. V. Constantinus, Maurus.
Domina Mira (de), (1171)-1172; 340, 359. V. Iohannes.
Dominicus de Licardo, (1177); 372.
Donaddeus f. Sergii da Tabernata, 1169-1176; 325, 328, 329, 345, 355.
Donopaldus, dom., 1153; 275.
Douferius f. Petri Boccavitello, 1099; 153. V. Dauferius.
Drosu uxor Iohannis de Roti, 947; 10.
Drosu rel. Leonis de Campulo, 970; 13.
Drosu uxor Petri da Baniara, 990; 22.
Drosu f. Constantini de Iohanne com. Neapolitano, 1007; 33.
Drosu uxor Musci Benesapii, 1036; 69.
Drosu f. Ursi Scaticampuli, 1039; 79, 80.
Drosu uxor Gregorii Monteincollo, 1044-1053; 92-102.
Drosu uxor Leonis Bonasi, 1053: 102.
Drosu f. Trasimundi Mazoccula, 1066-1086; 114, 129.
Drosu uxor Musci de Pardo com., 1079; 120.
Drosu uxor Mansonis Ambosa, 1092; 141.
Drosu Pagurella, 1092; 142.
Drosu Manca, 1092; 142.
Drosu f. Marini da Punticitu, 1092; 143.
Drosu uxor Sergii Paradisi, 1099; 154.
Drosu f. Leonis Rogadii, 1100; 162.
Drosu uxor Leonis Pullastrella, 1102; 163.
Drosu f. Pulchari de Pardo com., abbat. S. Marie de Funtanella, 1107; 177.
Drosu rel. Petri da la Lama, 1108; 178, 179.
Drosu f. Mauri Casamarza, abbat. S. Marie de Funtanella, 1109-1111; 182, 183.
Drosu f. Sergii Castallomata, 1122; 202.
Drosu f. Petri Scannapecu, 1126-(1198); 217, 461.
Drosu uxor Pantaleonis imp. coropalati de com. Maurone, 1133-1139; 235, 248, 250.
Drosu uxor Leonis de Numarii, 1142; 252.
Drosu rel. Iohannis Bonagere, (1148); 265.
Drosu f. Leonis . . . ., 1156; 281.
Drosu f. Mansonis Strina, 1166; 316.
Drosu uxor Sergii da lu Rumbu, 1167, 321.
Drosu f. Ursi de Macari, 1196; 456.
Drosu f. Constantini de Macari, 1196; 456.
Ducatus Amalfitanorum seu Melfitanorum, 997-1018; 25, 52.

Dudera, locus, 1133; 283
Dulacesia f. n. Sardene f. n. Pantaleonis Mingi, 1188; 427.
Duliaria (de), 1099; 155. V. Eccl. S. Iohannis.
Dunnella, dom., 1062; 111

E

Eboli f. Landulfi Aliberti com., (1171); 359.
Eboli f. Marini Neapolitani Aliberti com., 1176; 361.
Ecclesia Amalfitana, 1018-1177; 53, 363, 364, 365, 366.
Eccl. de Episcopatu de Scala, 1176; 355.
Eccl. S. Andree, archiep. Amalfie, 994-1172; 12, 214, 282, 344.
Eccl. S. Andree de Mangano, 1186; 414.
Eccl. S. Angeli in Puncticitu, 1092; 143.
Eccl. S. Angeli (Amalfie), 1039-1187; 79, 80, 289, 426.
Eccl. S. Angeli de Atrano, 1137; 241, 242, 243.
Eccl. S. Angeli de Puteo prope Salernum, 1198; 464.
Eccl. S. Constantii, 1148; 266.
Eccl. SS. Cosme et Damiani, 1176; 355.
Eccl. S. Erasmi in Reginni Maiori, 1113; 191.
Eccl. S. Erasmi de Pecara, 1127; 222.
Eccl. S. Felicis de Tramonti, 1174; 346.
Eccl. b. Helie supra Lardariam (Amalfie), 1177; 363, 364.
Eccl. S. Iacobi (Amalfie), 1187; 420.
Eccl. S. Iohannis, 964; 12.
Eccl. S. Iohannis Bapt. de Ravello, 1018; 50, 51.
Eccl. S Iohannis de Duliaria, 1099; 155.
Eccl. S. Iohannis in Plagiano, 1161; 307.
Eccl. S. Iohannis, 1157; 290.
Eccl. S. Iohannis de Aqua (Aquola) 1018-1176; 50, 362.
Eccl. S Iohannis Bectice Min., 1192; 438.
Eccl S. Iohannis Paterni Maioris, 1183; 403.
Eccl. S. Iohannis de Supramuro, 1130-1179 ; 228, 229, 285, 378.
Eccl. S. Iuliani in monte Cervellano, 1176; 361, 362.
Eccl. S. Laurentii de Scala, 1169-1176; 328, 355.
Eccl. S. Luce, 1123-1161; 208, 307.
Eccl. S. Marciani, 1004-1192; 29, 438.
Eccl. S. Marie . . ., 964-1094; 12, 148.
Eccl. S. Marie de Funtanella, 993-1041; 28, 66, 84, 85. V. Monast S. Marie.
Eccl. S. Marie Plebis de Nuceria, 1040; 82
Eccl. S. Marie episcop. Rabelli, 1100; 161.
Eccl. S. Marie da Mare, episc, 1084-1086; 125, 128.
Eccl. S. Marie in Monte Aurio, 1125-1163; 211, 213, 214, 315.
Eccl. S. Marie de Atrano, 1166; 318, 319.
Eccl. S. Marie de Argusse, 1169; 325.
Eccl. S Marie de Subtuscripta, 1169; 331.
Eccl. S. Marie Meloniane, prope Olibanum, 1179; 381.
Eccl. S. Marie a Bando, 1187; 422, 423.
Eccl. S. Marie de Flumine, 1172-1192; 343, 438.
Eccl. S. Marie de Muro longo, 1169-1196; 331, 452.
Eccl. S. Marie de com. Maurone, 1036-1196; 68, 452. V. Eccl. S. Marie de Murolongo.
Eccl. S. Marie (Pugellule ?) 1177; 370.
Eccl. S. Marie . . ., 1194; 446.
Eccl. S. Mathei ap. in Furcella, 1100; 159.
Eccl. S. Mathei ap. a Memorano, 1158; 297.
Eccl. S. Mathei de Montana prope Salernum, 1196; 454.
Eccl. S. Michaelis Arch. ad Ortello (Pugellule), 1179-1180; 378, 379, 386.
Eccl. S. Michaelis (Tramonti), 1181; 393.
Eccl. S. Michaelis in Tirrinio, 1033; 58.
Eccl. S. Michaelis Arch. in Atrano, 1046; 95.
Eccl. S. Michaelis . . ., 1104; 175.
Eccl. S. Nicolai de Aurificis (Ageroli), 1104; 174.
Eccl. S. Pauli supra Atranum, 1108-1109; 178, 179, 180, 181.
Eccl. S. Petri in Bostopla (Pustopla) 1018-1156; 49, 288.
Eccl. S. Petri de Sere, 1018; 50.

Eccl. S. Petri de Purzano (Agerolo), 1104; 174.
Eccl. S. Petri a Supramuro, 1167; 321, 322, 323.
Eccl. S. Petri de Capreoli, 1176; 355.
Eccl. S. Petri in Laurito, 1177; 365.
Eccl. S. Prisci, 1006: 32.
Eccl. S. Salvatoris da Cospidi (Cospi), 1092-1196; 142, 457.
Eccl. S. Samonis (Amalfi), 1161; 304, 306.
Eccl. S. Scolastice, 1169; 329.
Eccl. S. Sebastiani (Amalfie), 1151-1187; 269, 271, 327, 329, 423.
Eccl. S. Theodori in Reginni Maiori, 1099; 156.
Eccl. S. Trinitatis in Atrano, 1046; 95.
Eccl. S. Trinitatis . . ., 1109; 182.
Eccl. S. Trinitatis de Bectica, 1138; 245.
Eccl. S. Trofimenis in Murolongo, 1087; 130.
Eccl. S. Trofimenis in Reginni Minori, 1091-1104; 140, 149, 168.
Eccl. S. Viti (cappella) in Monte Aurio, 1125; 211, 213, 214.
Eccl. S. Viti . . ., 1099; 153.
Eccl. S. Viti in Sabuco, 1181; 391, 392.
Eccl. S. Viti a Casamare, 1177; 199.
Edictum Regis Langobardorum, 1060; 107.
Elini, 1198; 464. V. Porta.
Episcopatus Reginnensis, 1091, 140.
Episcopatus de Scala, 1176; 355.
Episcopium Amalfie, 1177-1192; 364, 440.
Episcopium de Castello da Mare seu S Marie da Mare, 1084-1086; 125, 128.
Episcopium Rabelli, 1189; 434.
Episcopium Reginnense, 1094; 149.
Episcopus Ravellensis, 1181; 391.
Episcopus, 1138; 245, 246. V. Iohannes.
Erarii, 1127-1184; 220, 406. V. Iohannes, Manso, Mauro, Muscus, Petrus, Sergius.
Ermerico (de), 1104; 168. V. Iohannes, Lando.
Ersini comitissa, 907; 1, 2.
Eufimia f. Iohannis de Casalupo, 998; 27.
Eufimia (de), 964-1037; 12, 50, 76. V. Constantinus, Fuscus, Leo, Lupinus, Maurus, Ursus.
Euspiano (de), 1074; 116. V. Gregorius, Stephanus.

F

Faba, 1179; 378. V. Muscus, Petrus, Theodonanda.
Fabara, 1142; 255. V Maria.
Fabaronia, Fabarongia, 1130-1156; 228, 229, 283. V. Iohannes, Leo, Petrus — V. Favaronia.
Faccebona, Facies bona, 1037-1112; 78, 186. V. Constantinus, Iohannes.
Factiruso, fam., 1139-1181; 247, 364, 392. V. Iohannes, Petrus, Sabellus, Sergius.
Fagilla, 1085-1136; 126, 239. V. Leo, Maria.
Falangula, fam., 1102-1196; 163, 166, 265, 456. V. Constantinus, Iohannes, Leo, Lupinus, Maurus, Sergius, Ursus.
Falcone (de), 1183; 404. V. Matheus, Petrus.
Falerzu, mons Cetare, 1060; 106.
Fao (serra de), mons Cetare, 1060; 106.
Faranda f. Iohannis da la Turina, 1180; 387.
Fasulo, 1180; 385. V. Iohannes, Sergius.
Fauda f. n. Sardene f. n. Pantaleonis Mingi, 1188; 427.
Fava, 1179; 378. V. Faba.
Favaronia, 1127; 221. V. Palumbus, Petrus. — V. Fabaronia.
Feczari, fam, 1181; 392. V. Fezzaro.
Fenestro, locus, 1167; 322. V. Finestra.
Ferafalcone, fam., 922-1104; 4, 30, 142, 166, 171, 175. V. Gregorius, Leo, Lupinus, Pantaleo, Sergius.
Ferraci, fam., 1018-1179; 50, 186, 353, 384. V. Gemma, Lupinus, Sergius, Theodonanda.
Ferracus, 1062; 111.
Ferracus de Iohanne com. de Pulcharo com., 1193; 443.
Ferrandus notarius Nucerie, 1087; 134.
Ferrandus, 1142; 256.
Ferula, 1155-1172; 280, 283, 298, 345. V. Iohannes, Maurus, Sergius.
Festola (aqua de), 1107; 177.
Fezzaro, fam., 1100; 160. V. Leo, Ursus. V. Feczari.

Ficarola, locus Tramonti, 1187 ; 422.
Ficetula, 1182; 399. V. Sergius.
Filecto (da), 1197 ; 458. V. Leo. V. Filicto.
Filibola, locus Rabelli, 1181 ; 391.
Filicto (da), 1041-1157 ; 83, 290. V. Iohannes, Leo, Petrus, Trocta, Ursus. — V. Filecto.
Filippus Cannictus, 1200; 476.
Finestra, locus, 1092; 141, 142. V. Fenestro.
Finile, locus Ageroli, 1158 ; 297.
Finipipulo, 964; 11. V. Petrus, Ursus.
Firmica, fam., 1181; 392.
Firriolano, 1100. 159. V. Leo, Lupinus.
Fistulam (ad), locus Amalfie, 1177 ; 364.
Flaianella, porta Amalfie, 1179 ; 378.
Flebola (ad), locus Rabelli, 1189 ; 434.
Flubio seu flumen Amalfie, 1036-1179; 71, 378.
Flumen Reginnis Maioris, 1199 ; 468.
Fluro (de), 1036-1177 : 69, 126, 255, 371. V. Iohannes, Leo, Marenda, Marinus, Maurus, Pantaleo, Stefanus, Theofilactus.
Fluro com. (de), 1037 ; 77. V. Maru, Maurus, Muscus, Pantaleo.
Flurus, 993; 24.
Fontanella, locus, 939-1159 ; 8, 9, 20, 22, 23, 84, 113, 116, 117, 126, 129, 132, 177, 183, 255, 274, 301.
Fontanella (da), 987-1200; 20, 448, 475. V. Anna, Iohannes, Maurus, Sergius.—V. Fontanula (de).
Fontanula (de), 1136-1139 ; 241, 249. V. Iohannes, Marinus.
Fonti (da le), viterina, 1167 ; 319.
Forcella, locus, 1033; 58. V. Furcella.
Fortunatus f. Petri, diaconus et curialis, 1058 ; 104.
Fortunatus diac. et curialis, 1125 ; 216.
Fortunatus f. Petri, diaconus et curialis, 1177-1189 ; 366, 376, 379, 437.
Fortunatus f. Ursonis Gallardi, 1150; 267, 268.
Francus, 1018; 50. V. Leo.
Frecza, fram., 1100-1189 ; 162, 434. V. Iohannes, Stephanus.
Fredericus rex, 1198-1200; 460, 465, 467, 469, 471, 474, 476.
Fresarii, 1176; 362. V. Constantinus, Iohannes.
Fronte, 1196; 452. V. Petrus, Sergius.
Frundina f. Sergii Bucini, 1200 ; 475.
Funci, 1123; 208. V. Iohannes.
Funtanella. V. Fontanella.
Funtiano, locus Licteris, 1051-1086 ; 99, 125, 128.
Furcella, locus, 1100-1177 ; 159, 367. V. Forcella.
Fusa (a la), locus Nucerie, 1194 ; 450.
Fuscarene (de), 1187; 420. V. Iohannes.
Fusculum, casalis Stabie, 939 ; 6, 7.
Fuscus f. Leonis de Eufimia, 1037; 76.
Fuscus de Turano, 1100 ; 160, 163.
Fuscus Pisacane, 1169 ; 331.

G

Gabatella, 1092 ; 145. V. Marinus.
Gaianus, locus Olibani, 1179; 380, 381.
Gaitelgrima, V. Gaytelgrima.
Galatella, 1115 ; 196. V. Leo Sergius.
Galatuli, fam., 1161-1200; 308, 415, 475. V. Costantinus, Lupinus, Marocta, Sigimundus, Ursus.
Galia uxor Amati da Tabernata, 1176 ; 355, 357.
Galla, 1138; 245.
Gallardi, fam., 1150; 267. V. Portunatus, Petracca, Urso.
Galli, fam., 1192; 439, 440. V. Gemma, Iohannes, Leo, Marenda, Petrus, Taurus.
Galloppi, fam., 1053-1132; 102, 114, 116, 127, 130, 145, 152, 232. V. Leo, Manso, Ursus.
Gamardella, Gammardella, 1120-1200; 200, 337, 469, 470. V. Iohannes, Marinus, Sergius, Ursus.
Gangella, 971; 16 V. Leo, Maurus.
Garillano, 1092; 141. V. Constantinus.
Garofali, fam., 1177; 367. V. Marinus, Maurus, Ursus.
Garofalo (de), 1133; 234. V. Palumbus.
Gatelgrima, V. Gaytelgrima.
Gattula, fam., 1137-1189; 241, 337, 354, 366, 368, 371, 387, 407, 411, 412, 418, 437. V. Ursus, Sergius, Matheus, Maurus.

Gaudiosus mon. S. Benedicti de Scala, 907; 1.
Gaudiosus Pironti, (1012); 46.
Gaudius Rizzulus, (1196); 455.
Gaudius (1200); 473.
Gaurile, 1112; 187. V. Sergius, Taurus.
Gayta, rel. Constantini iudicis Piczilli, 1099; 155,
Gayta f. Mauri Monsincollum, 1157; 292, 293.
Gayta f. Petri Piczari, 1158; 295.
Gayta f. Iesfridi Cacciaranu, 1177: 369.
Gayta uxor Ursi da Lapora, 1179; 384.
Gayta f. Sergii de com. Maurone, 1188; 427.
Gayta uxor Pascalis de iacono Disideo, 1196; 454.
Gaytelgrima principissa Salerni, 1018; 52, 53.
Gaytelgrima f. Ursi Cacapice, 1127; 223.
Gaytelgrima f. Sergii Campanella, 1146; 260.
Gaytelgrima f. Eboli Aliberti com., (1171); 359, 360.
Gemma uxor Disigi de Musco com., 997; 25, 26, 27.
Gemma principissa Salerni, 1060; 106.
Gemma rel. Leonis Caprauscha, 1108; 178, 179.
Gemma rel. Sergii Castallomata, 1109; 182.
Gemma f. Aventii de Mansone com., 1126-(1198); 217, 461.
Gemma f. Leonis Bonasera, 1136; 240.
Gemma f. Marini Mediacandela, 1148; 265.
Gemma f. Petri Savina, 1157; 290.
Gemma f. Petri Piczari, 1158; 295.
Gemma Strina rel. Sergii Arcuccia, 1159; 299.
Gemma f. Palumbi Vespuli, 1172; 337.
Gemma uxor Ursi Bininoli, 1172; 337.
Gemma f. Sergii Ferraci, 1175; 353.
Gemma f. Constantini da Salerno, 1182; 395, 396.
Gemma f. Leonis de Berna comitissa, 1186; 415.
Gemma f. Leonis Galli, 1192; 439.
Gete (da), fam., 1133-1139; 234, 235, 248, 249, 250. V. Benedictus, Iohannes, Leo, Lupinus, Palumbus, Stefanus.
Gezza uxor Leonis f. Marende Rapicane, 1024; 56.
Gezza uxor Pantaleonis de Maurone com., 1132; 231.
Giczu. V. Gizzus.
Gimmusu, 939; 10. V. Iohannes Vicidomino.
Giraci, fam., 1148; 266.
Girbinus f. Mauri de Amato, 1176; 362.
Gisulphus princeps Salerni, 1060; 105.
Gizzuli, 1148; 265. V. Petrus.
Gizzus, 1035-1127; 64, 71, 79, 86, 224, 225. V. Iohannes, Leo.
Glimoaldus (Grimoaldus), 1040; 82.
Godenus, 1060; 105, 106.
Godinus, 1058; 104.
Godinus, dom., (1062); 110, 111.
Godinus de Leone com., (1090-1093); 135, 146.
Gradillo (portula de), locus, 1169; 328.
Granianum, castellum, 1077-1177; 117, 126, 138, 313, 364.
Grassus, 998; 27.
Gregorio com. (de) 1039-1182; 81, 294, 301, 352, 390, 395, 396. V. Bartholomeus, Leo, Maurus, Pantaleo.
Gregorius de Constantino com., 964 a 1037; 12, 78.
Gregorius f. Lupini Aquafrigida, 1007; 35.
Gregorius f. Armogeni de Iohanne com. de Armogenio com., 1007-1012; 36, 37, 44, 45.
Gregorius de Pulchari, (1033; 59.
Gregorius de Docibile, (1035-1052); 63, 100.
Gregorius presb. Pillizu, (1043); 86.
Gregorius f. Iohannis de Mauro com. Monteincollo, 1044-1053-(1157); 92, 101, 102, 292.
Gregorius f. Iohannis Iectabecte, 1044 a 1051; 92, 93, 95, 100.
Gregorius f. Leonis de Sergio, 1053-1090; 103, 116, 119, 120, 122, 124, 127, 130, 137.
Gregorius presb. sirrentinus f. Stephani de Euspiano, 1074; 116.
Gregorius Minio, 1099; 155.
Gregorius Ferafalcone, (1102); 166, 167.
Gregorius Cacapice, (1127); 223.

Gregorius Monsincollu, 1146; 260.
Gregorius Mediacandela, 1148: 265.
Gregorius f. Pantaleonis de Pulcharo com. (1157 ; 292.
Gregorius de Pulcharo com., (1157); 292.
Gregorius, dom., 1159; 301.
Gregorius Brancatius, (1169); 332.
Gregorius f. Marini Aliberti com., (1176); 361.
Gregorius f. Pantaleonis f. d. Gregorii, (1177); 370.
Gregorius, dom., (1177); 370.
Gregorius Mingus, (1188); 427 V. Gregorius Minio.
Gregorius, dom., (1188); 427.
Gregorius f. . . . . . de Leone com., (1193); 443.
Gregorius de Tauro de Leone com., (1193); 443.
Gregorius f. Sergii Cacapice, 1193; 444.
Gregorius f. Iohannis com. Mauronis, 1199; 468.
Grifus f. Cunti, 1060: 10'.
Grimoaldus, 1040; 82. V. Glimoaldus, Grimoalt.
Grimoalt, 997; 27. V. Grimoaldus.
Grugno, fam, 1187: 419.
Grunius (Grugno), 1187; 419. V. Sergius.
Guaferius, dom., 1167-1172; 321, 323, 330, 334, 338, 356.
Guaferius, (1171); 360.
Guaferius, iudex Salerni, (1171); 359, 361.
Guaimarius princeps Salerni, 997-1018; 25, 52, 53.
Guaimarius princeps Salerni, 1018 a 1041; 52, 81, 83, 85.
Guaimarius dux Amalfie, 1048-1052; 96, 97, 99, 100.
Guaimarus. V. Guaimarius.
Gualandus f. Andree de Ienua, (1187); 419.
Gualdu (a lu), locus prope Salernum, 1196; 454.
Gualterius camerarius archiepiscopi salernitani, 1179; 380.
Guardapedem, 1194; 448. V. Iohannes, Sergius.
Guarizzuli, fam., 1144-1188; 256, 349, 430. V. Iohannes, Leo, Petrus, Sergius.
Guascia, 1196; 455. V. Constantinus, Iohannes, Sergius.
Guaymarius. V. Guaimarius.
Guaytelgrima. V. Gaytelgrima.
Guctus. V. Guttus.
Guerrasius f. Iohannis de Sassu Boccagrassu, 1182; 400.
Guido Iobine, (1158); 297.
Guido (1179 ; 380.
Guilielmus dux (Apulie et) Amalfie, 1112-1127; 185, 190, 192, 202, 205, 213, 217, 223.
Guilielmus rex (Sicilie), 1153-1166; 274, 276, 279, 281, 283, 287, 289, 292, 295, 297, 299, 300, 302, 304, 311, 313, 315.
Guilielmus rex (Sicilie), 1166-1189; 317, 319, 321, 323, 325, 330, 332, 335, 337, 339, 342, 344, 346, 349, 350, 352, 354, 357, 358, 361, 363, 366, 369, 372, 374, 376, 377, 380, 383, 384, 387, 389, 391, 393, 395, 397, 399, 400, 402, 404, 406, 408, 411, 413, 414, 416, 419, 422, 424, 427, 430, 432, 433, 436.
Guilielmus f. Petri Rapicane, 1177: 374, 375.
Guilielmus scriba f. Truppoaldi, 1178-1182; 377, 402.
Guilielmus f. Petri de Sanobeni, 1179; 381.
Guilielmus f. Gualandi f. d. Andree de Jenua, 1187; 421, 422.
Guilielmus f. Pantaleonis Mingi, 1188; 428.
Guilielmus f. Silvestri macellarii, 1198; 463, 464.
Guindazzi, 1151; 271. V. Sergius.
Gusto (de), 1138; 245, 246. V. Iohannes.
Gutto (de), 1012-1018; 46, 52. V. Iohannes, Leo.
Guttus scriba, 1012-1018; 46, 48, 51.
Guttus, 1037; 75, 77.

H

Hademarius, dom., (1055); 104.
Henricus abbas monast. Positani, 1177; 363, 366.
Henricus imperator et rex (Sicilie), 1194-1197; 448, 450, 452, 454, 455, 458.
Hominem mortuum (ad), locus Cetare, 1060; 106.

Iacinthus episcopus regianensis, 1102; 168.
Iacobus f. Mauri de Iudice, 1125; 216.
Iacobus f. Thomasii fabricatoris, 1179; 380.
Iacobus f. Constantini Rogadio, 1181; 392.
Iacobus, (1198); 463.
Iactavecta, fam. V. Iectabecta.
Iannu (de), 1061-1182; 109, 399. V. Iohannes, Leo, Maio, Sergius, Stefanus.
Iaquinto (de), 1137; 242, 243. V. Petrus.
Iaquintus notarius, 1040; 82.
Iaquintus f. Ignis, mon., 1060; 107.
Iaquintus comes palatii, 1066; 115.
Iattabecta, fam. V. Iectabecta.
Iectabecta, fam., 1020-1125; 56, 92, 93, 95, 100, 105, 112, 135, 156, 215. V. Iohannes, Gregorius, Maurus, Marinus, Mauro, Anna, Pantaleo.
Ienuario (de), 1153; 274. V. Petrus, Sergius.
Ienua, civitas, 1187; 419.
Iesfridus f. Ursi Cacciaranu, 1177; 369.
Ignis, quidam, (1060); 107.
Imperati, fam., 1175-1189; 353, 433. V. Iohannes, Gemma, Petrus, Urso.
Imperator, quidam, 1011; 42.
Imperator, 1182; 399. V. Leo, Sergius.
Ingizzin, 1165; 313. V. Marinus.
Ingizzu f. Stefani magistri, 987; 20.
Iobene, Iobine, fam., 1109-1158; 180, 297. V. Iohannes, Guido, Marinus, Sergius.—V. Iovene.
Iobi, locus, 1196; 454.
Iohanne (de), 985-1066; 20, 24, 32, 114. V. Iohannes, Mauro, Pantaleo, Pardus, Manso.
Iohanne com. (de), 939-1189; 7, 12, 14, 22, 37, 38, 44, 45, 94, 155, 231, 434. V. Ursus, Lupinus, Petrus, Leo, Iohannes, Pantaleo, Manso, Maurus, Sergius, Gregorius, Armogenius, Anna, Mauronus, Scolasteca, Pulcharus, Truda.
Iohanne com. Neapolitano (de), 1007; 33. V. Constantinus, Marinus.
Iohanne (de domino), 998-1183; 27, 185, 195, 271, 326, 327, 404. V. Constantinus, Sergius, Iohannes, Manso, Leo, Sica, Maurus.
Iohannes monachus S. Benedicti de Scala, 907; 1.
Iohannes com. Liniari, (907); 2.
Iohannes de Lupino Cimanica, (931); 5.
Iohannes com. de Mauro com., (939); 6.
Iohannes f. Mastali imp. patricii, 939; 6, 8.
Iohannes com. de Sergio com. (939); 7.
Iohannes Mangus, (939); 8.
Iohannes presb. f. Ursi f Iohannis Mangi, 939; 8, 10.
Iohannes, famulus, 939; 8, 9.
Iohannes de Urso de Roti, (947); 10.
Iohannes Vicidomino de Gimmusu, 939, 10.
Iohannes f. Mastali de Roti, 947; 10.
Iohannes imperialis Patricius, 947; 10.
Iohannes presb. et scriba, 964; 12.
Iohannes da Campulo, 964; 12.
Iohannes f. Sergii de Campulo, (970); 13.
Iohannes f. Pantaleonis de Iohanne com., 970; 14.
Iohannes f. Mauronis com., 971; 15.
Iohannes iudex f. Sergii de Sergio com., 971-998; 16, 28.
Iohannes scriba, 971-990; 16, 21, 22.
Iohannes de Urso com. de Pardo com., 971; 16.
Iohannes dux Amalfie, 994-1007; 17, 23, 28, 30, 34.
Iohannes scriba f. Ursi, 977; 17.
Iohannes iudex, 977; 17.
Iohannes f. Sergii Victorini, 984; 18.
Iohannes de Marino, (985-1182); 20, 28, 48, 207, 400.
Iohannes f. Mauronis de Iohanne, 985; 20.
Iohannes da Fontanella presb., 987-993; 20, 22, 23.
Iohannes de Tauro com., (987-990); 20, 21, 22.
Iohannes f. Sergii de Mauro com., 990; 22.
Iohannes de Bono da Patrilano, 993; 23.
Iohannes f. Pardi de Iohanne, 993; 24.
Iohannes princeps Salerni, 997; 25.

Iohannes f. Sergii de Leupardo, 998-(1018): 27, 52.
Iohannes de Casalupo, 998; 27, 28.
Iohannes de Lupino com , 1004; 29.
Iohannes Ninno Meo, 1005; 30.
Iohannes Cintragallum, 1005; 30.
Iohannes de Leone com., (1005-1039); 31, 81.
Iohannes f. Sergii Barbagelata, 1006; 31.
Iohannes f. Nicete imp. protospat., 1005-1036; 31, 65, 72.
Iohannes scriba f. Pulcari, 1005 ; 31.
Iohannes f. Leonis de Iohanne de Leone com., 1005-1039; 31, 81.
Iohannes f. Leonis de Constantino de Leone com., 1005-1033-(1034-1053): 31, 32, 34, 52, 59, 62, 78, 84, 92, 93, 98, 103.
Iohannes f. Sergii protospatarii, 1006; 32.
Iohannes f. Pantaleonis de Iohanne, 1006; 32.
Iohannes Aquafrigida, (1007); 35.
Iohannes f. Leonis, (scriba), 107; 35.
Iohannes f. Iohannis Circinello, 1007; 35.
Iohannes Circinello, (1007) ; 35.
Iohannes com. de Armogenio com., 1007; 36, 37.
Iohannes Rapicane', 1007-1024-(1178) ; 36, 37, 38, 57, 376.
Iohannes f. Sergii de Armogenio com , 1007; 36, 37.
Iohannes protospatarius f. Nicete archipresbiteri, 1007; 36, 38.
Iohannes com. de Domina Ianuu , 1007; 36, 38.
Iohannes de Lupino de Iohanne com., 1007; 37, 38.
Iohannes f. Constantini archipresbiteri, 1008-1051; 39, 40, 41, 98, 99.
Iohannes f. . . . . Boccaccio, 1008; 39.
Iohannes de Leomari, (1008); 39. .
Iohannes presb., 1008 ; 39, 40, 41.
Iohannes Lambertus, 1011-1018; 42, 50.
Iohannes iudex, 1011; 43.
Iohannes f. Leonis de Domina Auria, 1011-(1035); 43, 65.
Iohannes Dentice, (1011-1099); 43, 155.
Iohannes f. Stephani de Mauro com., 1011; 44.
Iohannes f. Sergii de Iohanne com., 1012; 44, 45.
Iohannes protospatarius, (1012); 45. V. Iohannes protospat. f. Nicete.
Iohannes f. Sergii de Domina Marenda, 1012; 46.
Iohannes f. Leonis de Gutto, 1012-1018; 46, 52.
Iohannes f. Leonis de Anna comitissa, 1013; 47.
Iohannes f. Ursi Mucilo, 1018; 19.
Iohannes f. Ursi de Maurone, 1018; 49
Iohannes presb. f. Petri presb. de sancto Iohanne de Aquola, 1018; 45, 52.
Iohannes dux Amalfie, 1018-1062 ; 49, 56, 60, 103, 104, 110.
Iohannes f. Stefani de Maurone, 1018; 49.
Iohannes f. Leonis Rogadeum, 1018 ; 49.
Iohannes de Iusto, 1018; 50.
Iohannes presb. de Iubu, (1020); 55.
Iohannes f. Petri da Muru, 1020; 55, 56.
Iohannes Iectabecta, 1020-(1044) ; 56, 92, 93.
Iohannes f. Constantini Maniarella, 1020; 56.
Iohannes scriba f. Sergii, 1033-1090 ; 59, 61, 62, 75, 79, 95, 137.
Iohannes de Martino, (1033); 60.
Iohannes Plagese, (1033); 60.
Iohannes f. Sparani Spartiti, 1033; 60.
Iohannes de Pantaleone, (1033-1080); 61, 137.
Iohannes f. Mauri de Pardo com., (1034-1168); 61, 120, 323.
Iohannes de Leone de Pardo com., (1034-1079); 61, 120.
Iohannes Pulvirinus, 1035; 63.
Iohannes Gizzus, 1035-1037; 64, 71, 79.
Iohannes f. Constantini Riccu, 1035-1044; 64, 89, 92.
Iohannes de Domina Auria, (1035); 65.
Iohannes Quattuorpedi, 1036; 73.
Iohannes de Marino de Constantino com., 1036; 74.
Iohannes f. Ursi de Urso com. Scaticampulo, 1039; 79, 80.
Iohannes, (1040); 81.

Iohannes f. Madelfrit, 1040; 81, 82.
Iohannes da Filicto, 1041; 83.
Iohannes f. Palumbi de Theofilacto, 1041; 84.
Iohannes presb. Spiniola, 1041; 84.
Iohannes presb., 1041; 85.
Iohannes de Castallomata, (1041); 85.
Iohannes presb. de Giczu, 1043; 86. V. Iohannes Gizzus.
Iohannes diac. f. Stephani, 1043; 87.
Iohannes de Sergio de Mauro com. Monteincollo, (1044-1157); 92, 101, 102, 292.
Iohannes f. Leonis de Bonosu, 1044; 92
Iohannes de Pantaleone de Iohanne com., (1046-1189); 94, 154, 434.
Iohannes de Pantaleone de Iohanne de Iohanne com., (1046-1189); 94, 154, 155, 434.
Iohannes f. Sergii presb. Sirrentini, dictus Albinus, 1046; 94.
Iohannes iudex, 1048-1058 (1087-1138), 97, 104, 131, 140, 171, 175, 180, 188, 192, 218, 238, 243, 246.
Iohannes presb. de Vitale, 1051-(1084); 98, 124.
Iohannes de Pando, (1051); 98.
Iohannes Baracicere, (1051); 99.
Iohannes da la Porta, (1053); 101.
Iohannes (pater Sergii scribe), (1053); 102.
Iohannes curialis, 1058-1077 (1079-1200); 104, 109, 112, 119, 121, 122, 124, 127, 128, 130, 133, 135, 137, 139, 145, 147, 148, 152, 154, 156, 159, 170, 173, 176, 185, 195, 196, 198, 229, 467, 468, 478.
Iohannes, 1060; 106, 107.
Iohannes, mon. S. Trinitatis de Meriliano, (1060); 107.
Iohannes vestararius, (1060); 107.
Iohannes notarius Salerni, 1060; 108.
Iohannes f. Maionis de Iannu, 1061; 109.
Iohannes de com. Urso, (1061-1169); 109, 244, 245, 246, 332, 333.
Iohannes abbas monast. S. Cirici, 1061; 109.
Iohannes Buccaccius, 1061; 109.
Iohannes f. Ursi de com. Urso, 1061; 109.
Iohannes f. Sergii Zappafossa, 1062; 110.
Iohannes de Nuceta, 1062; 111.
Iohannes Mazoccula, (1066); 113.
Iohannes curialis f. Ursi imp. dissipati, (1066-1199); 114, 243, 303, 324, 332, 336, 348, 350, 352, 384, 390, 395, 396, 400, 414, 416, 424, 429, 431, 433, 442, 445, 448, 467.
Iohannes (pater Constantini scribe), (1066-1074); 114, 116, 117.
Iohannes f. Mansonis de Urso imp. dissipato, 1066; 114.
Iohannes de Castaldo o Castaldus, 1077 (1127-1150); 117, 222, 268.
Iohannes de Stefano de Lea, (1077); 117
Iohannes f. Stefani de Castaldo, 1077; 117.
Iohannes scriba f. Iohannis curialis, 1077-1130; 119, 121, 122, 124, 128, 130, 135, 139, 147, 156, 176, 196, 229.
Iohannes f. Marini Benusi, 1080; 121.
Iohannes Caputus, 1081; 123.
Iohannes Paradiso, 1081; 123.
Iohannes presb. f. Iohannis de Bitale, 1084; 124. V. Iohannes de Vitale.
Iohannes diac. f. Iohannis Bicedomini, 1084; 125.
Iohannes presb. Bicedomini, (1084); 125.
Iohannes presb. f. Iohannis Vicedomini, 1084; 125.
Iohannes Vicedomini, (1084); 125.
Iohannes Muscarita, (1086); 127.
Iohannes presb. da sancto Iohanne, 1086; 128.
Iohannes f. Constantini magistri, 1086; 129.
Iohannes f. Marini de Mauro com., 1087; 130.
Iohannes de Iohanne de Mauro com., 1087; 130.
Iohannes de Mauro com., (1087); 130.
Iohannes iudex curialis, 1087; 131.
Iohannes de Constantino de Leone com., (1087); 132.
Iohannes f. Leonis de Leone com., 1087; 132.
Iohannes f. Musci de Pantaleone, 1090; 137.
Iohannes f. d. Pantaleonis, (1090); 138.
Iohannes de d. Pulcharo (1090-1104); 139, 147, 148, 152, 156, 173.

Iohannes da le Olibe, (1092-1167): 141, 321.
Iohannes (pater Ursi diac.), (1092): 142.
Iohannes presb. scriba, 1092: 144.
Iohannes da Lapora (1092-1179): 144, 203, 205, 383, 384.
Iohannes f. Mastali de Leone com., 1093; 146.
Iohannes f. Petri . . ., 1094: 148.
Iohannes Dalacqua, (1094): 148.
Iohannes presb. f. Constantini Dalacqua, 1094: 148.
Iohannes Biscatari seu Viscatari (1096-1115); 151, 195, 197.
Iohannes f. Musci de Pardo. 1099-1105; 154, 159, 176.
Iohannes de Pardo, (1099-1105): 154, 159, 176.
Iohannes f. Mansonis de Iohanne com., 1099: 155.
Iohannes f. Voccie de Palumbo, 1099: 157, 178.
Iohannes Zinziricapra (1100): 160, 163.
Iohannes presb. scriba f. Fusci de Turano, 1100; 160, 163.
Iohannes monachus Frecza, 1100: 162.
Iohannes f. d. Iohannis Frecza, 1100; 162.
Iohannes da Turellum (1100): 162.
Iohannes f. Iohannis da Turellum, 1100; 162.
Iohannes Agerolanus, (1104-1198); 168, 461. V. Iohannes Atiurulanus.
Iohannes de Ermerico, (1104); 168.
Iohannes f. Constantini Pagurillu, 1104. 170.
Iohannes f. Sergii com. Mauronis, 1104-1133; 170, 176, 185, 232, 236.
Iohannes presb. da sancto Petro, (1104); 174.
Iohannes com. Mauronis, (1105-1130); 176, 196, 198, 229.
Iohannes Viarecta, (1108); 178.
Iohannes f. Sergii Iobene, 1109; 180.
Iohannes f. Stefani de Carti, 1109; 182.
Iohannes presb. rector eccl. S. Trinitatis, 1109; 182.
Iohannes presb. de sancto Agnello, 1109; 182.
Iohannes presb. f. Iohannis, 1109; 183.
Iohannes, (1109): 183.
Iohannes de Cirasulo, (1111); 183.
Iohannes da Punticciu, (1111); 184.
Iohannes f. Mauri de Domina Dimmera, 1112: 185, 187.
Iohannes f. Mansonis de d. Iohanne, 1111-1113: 185, 195.
Iohannes f. Lupini f. Sergii iudicis, 1112; 185.
Iohannes Bisalupo, 1112: 186.
Iohannes Facies bona, 1112; 186.
Iohannes Isfisinatus seu Sfisinatus f. Sergii, 1112-1187 (1152-1197). 186, 200, 201, 205, 209, 210, 215, 243, 273, 296, 298, 309, 312, 323, 343, 453.
Iohannes Comite scriba, curialis, inde protonot., 1112-1127. 188, 200, 201, 205, 206, 210, 213, 226.
Iohannes f. Mastali de Mansone com., 1112; 189.
Iohannes Marcianus, 1112; 189.
Iohannes f. Mauri com. Mauronis, 1113-1115; 195, 196, 198.
Iohannes de Mauro de Domina Galia, (1113); 195.
Iohannes de Mauro de Pantaleone com., (1117); 199.
Iohannes presb. f. Petri Curbolino, 1117; 199.
Iohannes f. Sergii de Pulcharo com., 1122; 202.
Iohannes f. Iohannis da Lapora, 1122; 205.
Iohannes f. Iohannis Spizzatortile, 1123; 207.
Iohannes presb. da Caprile, (1123); 207, 208.
Iohannes Spizzatortile, (1123); 207.
Iohannes Funci, 1123; 208.
Iohannes f. Ursi Pagurillo, 1125; 210.
Iohannes Nucirino, (1125); 210.
Iohannes scriba f. Ursi curialis, 1125-1126; 215, 218.
Iohannes iudex Iectabecta, (1125); 215. V. Iohannes Iectabecta.
Iohannes f. Ursi de Docibile, 1125; 215.
Iohannes iudex de Pantaleone, 1125 216.
Iohannes de Calcara, 1126; 217.
Iohannes f. Sergii Agerolani, 1126; 217. V. Iohannes Agerolanus.
Iohannes f. Sergii da Tabernata (senior), (1127-1176); 219, 325, 355.

Iohannes f. Sergii Caczori, (1127); 219.
Iohannes Coppula, (1127); 219.
Iohannes f Sergii de Petro Erario, (1127); 220.
Iohannes da Tabernata (1127); 220. V. Iohannes f. Sergii da Tabernata (senior).
Iohannes Caniata (1127-1130); 221, 222, 228, 229.
Iohannes presb. scriba f. Stephani Alamanni, 1127; 221.
Iohannes Acciaruli, (1127), 221.
Iohannes presb. f. Ursi primicerii, 1127-1130; 222, 231.
Iohannes f. Gregorii Cacapice, 1127; 223.
Iohannes f. Landonis, refendarius (sic) Salerni, 1127; 224.
Iohannes Capuanus f. Sergii, 1127-1133; 225, 233.
Iohannes presb. scriba f. Sergii de Turano, 1129; 227. V. Iohannes presb. scriba f. Fusci de Turano.
Iohannes f. Petri Fabaronia, 1130; 228, 229.
Iohannes de Mauro, (1130-1133); 229, 232, 236.
Iohannes f. Pulchari de Iohanne com., (1130); 231.
Iohannes presb. f. Leonis presb., 1130; 231.
Iohannes f. Mansonis Cicari, 1133; 233.
Iohannes Capuanus, (1133); 233.
Iohannes Cicarus, (1133); 233.
Iohannes diac., 1133; 234.
Iohannes f. Pantaleonis com. Mauronis, 1133-1136; 236, 239, 241.
Iohannes protonot. f. Ursi, 1136-1138; 238, 243, 246.
Iohannes Cassimu, (1137); 241.
Iohannes f. Lupini Cammaranta, (1137); 241.
Iohannes de Funtanula, (1136-1139); 241, 249.
Iohannes, dom., 1137-1148; 243, 249, 251, 254, 257, 259, 262, 265, 266.
Iohannes de Leone de Constantino com., (1138); 244.
Iohannes f. Iohannis de Constantino com., (1138); 244.
Iohannes Episcopus, (1138); 245, 246.
Iohannes de Gusto, (1138): 245, 246.
Iohannes iudex, 1138; 246. V. Iohannes iudex.
Iohannes f. Iohannis diac. de Salvia, 1139; 247.
Iohannes diac. de Salvia, (1139); 247.
Iohannes da Gete (1139); 248, 250.
Iohannes da lu Anglu, 1139; 249.
Iohannes f. d. Alfani, (1139); 249, 251.
Iohannes f. d. Mansonis, 1139-(1179); 251, 338, 346, 379.
Iohannes f. Ursi da lu Planu, 1142; 252.
Iohannes de Numarii, 1142; 252.
Iohannes Pilingii, (1142); 253.
Iohannes Calendola, (1142 ; 253.
Iohannes de Amata, (1142); 253.
Iohannes f. Sergii Spatella, (1142); 253.
Iohannes presb., 1142-1159; 254, 294, 301.
Iohannes f. Constantini de Leone com., 1142; 254.
Iohannes f. Tofilacti de Fluru, 1142; 255.
Iohannes Trilia, (1144); 257.
Iohannes f. Constantini de Marino com., (1146); 260.
Iohannes Capuanus f. Landonis com., (1146); 260.
Iohannes presb. et primic. f. Ursi Sapatini, 1146; 260.
Iohannes f. Constantini Falangula, (1148); 265.
Iohannes Bonagere, (1148); 265.
Iohannes f. d. Pulchari, 1148, 265.
Iohannes presb. scriba f. Leonis de Ciliano, 1150; 268.
Iohannes Capuanus, (1151-1198); 269, 292, 317, 332, 346, 358, 364, 387, 436, 461.
Iohannes da la Sepe, (1151); 270.
Iohannes iudex f. Mansonis f. d Risi, 1151; 271.
Iohannes presb. f. Leonis de dom. Iohanne, 1151; 271.
Iohannes de Milo, (1152); 272.
Iohannes f. Iohannis de Milo, 1152; 272.
Iohannes cler. et not. ac primarius Syrrenti, 1153; 275.
Iohannes Papara, (1153); 275.
Iohannes f. d. Donopaldi, 1153; 276.
Iohannes f. d. Bernaldi, 1154-1155; 278, 280.

Iohannes presb. Mintana, 1155; 279, 280.
Iohannes de Dayferi seu Doferi, (1155-1157); 279, 289.
Iohannes f. Petri da Torri (1155-1157); 279, 289.
Iohannes cur. f. Sergii Ferula, 1155-1158; 280, 283, 298.
Iohannes f. Leonis Spizzatortile, 1156; 281.
Iohannes Compalatii, (1157); 292.
Iohannes Atiurulanus, 1157; 293. V. Iohannes Agerolanus.
Iohannes iudex f. Leonis Animalate. 1157-1183; 294, 402-403.
Iohannes de d. Musco iudice, 1158; 295.
Iohannes f. Leonis com., 1158; 297.
Iohannes f. Guidonis Iobine, 1158; 297.
Iohannes presb. Comite, 1158; 297.
Iohannes f. Mauri com., 1158; 297.
Iohannes com.. (1158); 297.
Iohannes f. Iohannis f. d. Pardi, 1158; 298.
Iohannes f. d. Pardi, (1158); 298.
Iohannes f. Petri Strina, 1159, 299, 300.
Iohannes f. Iohannis Strina, 1159; 299, 300.
Iohannes Strina, (1159-1166); 299, 316.
Iohannes f. Sergii cler. Arcuccia, 1159; 299.
Iohannes, dom., (1159-1189); 300, 303, 332, 350, 418, 422, 437.
Iohannes f Iohannis de d. Mansone, 1159; 301.
Iohannes de dom. Mansone, (1159); 301.
Iohannes imp. coropalatus, (1159); 301.
Iohannes da Lauri, (1164); 311.
Iohannes de Bilingario, (1165); 313.
Iohannes f. Cola . . . . . de Niceta, (1166); 315.
Iohannes f. Petri Petantii, 1166; 317,
Iohannes Porcarus, (1166); 319.
Iohannes f. Leonis Pagurilli, 1167; 319, 320.
Iohannes Bastallus, (1167); 319.
Iohannes Bininolus f. Ursi, (1167-1172); 320, 337.
Iohannes f. Sergii Agustarizzi, 1167-1182; 321, 334, 358, 398.
Iohannes f. Musci de Pardo com., 1168; 323.
Iohannes f. Sergii da Tabernata (iunior),' 1169-1176; 325, 326, 327, 328, 329, 330, 344, 345, 354, 356.
Iohannes presb. f. Ursi Pisacane, (1169); 331.
Iohannes iudex f. Sergii Neapolitani, 1169-1172; 332, 339, 340, 341.
Iohannes coropalatus f. Musci, 1169-1174; 332, 336, 348. V. Iohannes imp. coropalatus.
Iohannes da la Parruczula, (1171); 335.
Iohannes f. Petri Castallomata, (1172-1192); 337, 345, 356, 357, 369, 378, 385, 437, 439. V. Iohannes de Castallomata.
Iohannes Pillizza, (1172); 337.
Iohannes (pater Lupini cur.), 1172-1177); 338, 346, 354, 356, 368, 374.
Iohannes f. Contardi de Nuceria. 1172-338.
Iohannes Neapolitanus, (1172); 339.
Iohannes iudex (Salerni), 1171-1172; 339, 342, 359, 361.
Iohannes de domina Mira f. Iohannis sirrintini, (1171-1172); 340, 359, 360.
Iohannes sirrintinus, (1171-1172); 340, 359.
Iohannes f. Constantini Aliberti com. (1172); 341.
Iohannes f. Iohannis Aliberti com., 1172; 341.
Iohannes f. Leonis Pappa, 1172; 342, 343.
Iohannes de Numilo, (1174); 347.
Iohannes f. Sergii Guarizzuli, 1174-1188; 349, 350, 430, 431.
Iohannes f. Sergii Mancatelli (1175); 353.
Iohannes Imperato, (1175); 353.
Iohannes Mancatellus, (1175); 353.
Iohannes presb. f. Sergii, 1175; 353.
Iohannes iudex Amalfie, 1176-1177; 361, 366.
Iohannes f. Constantini Fresarii, 1176; 362.
Iohannes Cacciori, (1176); 362. V. Iohannes f. Sergii Caczori.
Iohannes presb. de Anna, (1177); 366.
Iohannes f. Constantini, 1177; 367.
Iohannes f. Mansonis Reiola, (1177); 367.

Iohannes f. Alfani Caccabellu, (1177); 369.
Iohannes f. Sergii Aurifice, (1177): 370.
Iohannes f. d. Pantaleonis, 1177-1179; 371, 379.
Iohannes de Fluro, 1177; 371. V. Iohannes f. Tofilacti de Fluru.
Iohannes f. Sergii de Pardo com., (1184); 408.
Iohannes Cicerarius, (1184); 411.
Iohannes Pansillo, 1184; 412.
Iohannes da Penna, (1184); 412.
Iohannes Vespulus, 1184; 412.
Iohannes Boccacornu, 1186; 414.
Iohannes de Berna comitissa, 1186; 415.
Iohannes Trilia, (1186); 416.
Iohannes f. Leonis Trilia, (1186); 418.
Iohannes de Alderico, (1187); 419.
Iohannes de Fuscarene, 1187; 420.
Iohannes f. Sergii de Alderico, 1187; 420, 421.
Iohannes Mansarinus, 1187; 420.
Iohannes presb. f. Aldemarii rector S. Marie a Bando, 1187; 422.
Iohannes f. Stefani Lantari, 1187; 425, 426.
Iohannes f. Mauri Punieca, 1188; 427.
Iohannes f. Pantaleonis Mingi, 1188; 428.
Iohannes f. Petri Biscatale, 1188-1192 432, 441.
Iohannes f. Petri Imperati, 1189: 433. V. Iohannes Imperato.
Iohannes Frecza, (1189): 434. V. Iohannes mon. Frecza.
Iohannes f. Pantaleonis f. Iohannis... de Iohanne com., (iun.), (1189); 434.
Iohannes f. Leonis Mucilo, 1189; 435.
Iohannes f. Leonis Portulani, (1189); 436.
Iohannes f. Iohannis Portulani, 1189; 436.
Iohannes f. Leonis Galli, 1192; 439.
Iohannes f. Tauri Galli, (1192): 440.
Iohannes Biscatale, (1192); 441.
Iohannes de dom Ferraci de Pulcharo com., (1193); 443.
Iohannes de Sergio de Pulcharo com., (1193); 443.
Iohannes com. de Pulcharo com., (1193 ; 443.
Iohannes de dom. Cioffo, (1193); 444.
Iohannes f. Sergii iudicis Neapolitani, 1193-1198; 445, 448, 460, 463, 476.
Iohannes f. Maiurini, (1194); 446.
Iohannes f. Muski de Landulfo, 1194; 446.
Iohannes f. Sergii Guardapedem, 1194; 448.
Iohannes f. Mansonis f. Iohannis f. Ursi imp. dissipati, 1194; 448.
Iohannes f. Pantaleonis imp. dissipati de com. Maurone, (1194); 448.
Iohannes de Limpiana, 1194; 451.
Iohannes notarius (Nucerie), 1194; 452.
Iohannes f. Petroni de iacono Disideo, 1196; 454, 455.
Iohannes f. Gaudii Rizzuli, (1196); 455.
Iohannes f. Sergii Guascia, (1196); 455.
Iohannes f. Leonis Salvacasa, 1196; 456.
Iohannes de Atinulfo, (1197); 459.
Iohannes de lu Iudice f. Marini, 1197; 460.
Iohannes f. Leonis Trauncelli, 1198; 460.
Iohannes f. Mansonis Traballi, (1198); 461.
Iohannes f. Silvestri macellarii, 1198; 463, 464.
Iohannes Largubardus, 1198; 465.
Iohannes f. Martini da Ballano, (1198); 465.
Iohannes f. Mansonis f. Iohannis curialis, 1198-1200; 467, 468, 478.
Iohannes f. Ursi Ciciraro, 1199; 467. V. Iohannes Cicerarius.
Iohannes Traballus, (1199); 468.
Iohannes com. Mauronis, (1199); 468.
Iohannes de lu Presbiter, (1200); 469.
Iohannes primicerius f. Marini, 1200; 469.
Iohannes f. Marini Gammardella, 1200; 469, 470.
Iohannes presb. de Mira, 1200; 470.
Iohannes f. Sergii Capuani, 1200; 471.
Iohannes de Cyrileone, (1200); 472, 473.
Iohannes f. Iohannis de Cyrileone, 1200; 472, 473.
Iohannes Pisanus f. Landulfi, 1200; 472, 473.
Iohannes Quatrarius, (1200); 472, 473.
Iohannes iudex de Pantaleone, 1200; 473.

Iohannes Quacquarinus, 1200; 475.
Iohannes da Funtanelle, (1200); 475.
Iohannitius Mucilo, 1189); 435. V. Iohannes Mucilo.
Ionaccharus f. Sardene de Gregorio Mingo, 1188; 427.
Ionti (de), 1062; 111. V. Leo, Ursus.
Iordano de, 1048; 96. V. Anastasius, Petrus, Sergius.
Iordanus Secundus notarius Trasmonti, 1127; 222.
Iovene, fam., 1186; 417. V. Sergius. — V. Iohene. Iobine.
Ipoctus, 997; 26. V. Maurus, Palumbus.
Isfisinatus, 1104; 171, 175. V. Leo. — V. Sfisinati.
Istavi, 1036; 66. V. Stabia.
Itta f. Mauri Monsincollu, 1146; 260, 261.
Iubu (de), 1020; 55. V. Iohannes, Petrus.
Iudayca Salerni, 1172; 339.
Iudice (de), fam., 1125-1200; 218, 473. V. Iacobus, Maurus. Sergius.—V. Iudice (de lu).
Iudice (de lu), fam., 1058-1198; 104, 138, 234, 246, 258, 262, 271, 273, 286, 286, 317, 343, 346, 354, 356, 358, 368, 374, 398, 406, 407, 410, 411, 420, 453, 459, 460, 461, 462. V. Sergius, Leo, Marinus, Iohannes.
Iusto (de), 1018-1142; 49, 50, 253 V. Constantinus, Iohannes, Leo, Maurus, Nicolaus.
Iusto com. (de), 1184; 408. V. Leo, Matheus. Maurus, Pantaleo, Sergius.
Iuven . . ., fam., 1182, 399.

K

Kabula, 1174; 346. V. Cabula.

L

Lama de Maniulo, locus Ageroli, 1156; 281.
Lama (da la), fam., 1108-1200; 178, 220, 472. V. Anna, Leo, Niceta Petrus.
Lambertus, 1011-1018; 42, 50. V. Iohannes.
Lando, 1040; 82.
Lando presb. f. Iohannis de Ermerico, 1104; 168.
Lando f. Petri com., (1127); 224.
Lando com. de Prata, (1146); 260.
Landolfus, 997; 27.
Landolfus abbas mon. ss. Quirici et Iulicte, 1129-1188; 226, 227, 229, 234, 236, 240, 248, 249, 250, 256, 324, 349, 430.
Landolfus presb. da Cinti, 1139-1146; 247, 264.
Landolfus Capuanus, (1148-1196): 266, 273 278, 280, 286, 288, 291, 298, 406, 407, 458.
Landolfus f. Sergii Capuani, 1151; 269.
Landolfus f. Mansonis Capuani, 1161; 308.
Landolfus, 1164; 311.
Landolfus f. Aliberti com., (1171); 359.
Landolfus f. Landolfi com., (1187); 420.
Landolfus com., (1187); 420.
Landolfus f. Silvestri macellarii, 1198; 463, 464.
Landolfus, (1200); 478.
Landone (de), 1181; 393. V. Petrus.
Landulfo (de), 1194; 446. V. Iohannes, Muskus.
Landulfus. V. Landolfus.
Landus f. Leonis Castallomata, 1109; 183.
Landus Barbella f. Robberti, 1194; 451.
Langobardi, 1008-1122; 39, 41, 47, 202, 203. V Longobardi.
Lantari, fam., 1187; 424, 425, 426. V. Iohannes, Marinus, Maurus, Sergius, Stefanus, Ursus.
Lapora (da), fam., 1092-1184; 144, 203, 205, 240, 272, 346, 383, 393, 413. V. Sergius, Iohannes, Ursus, Pantaleo, Leo, Urso, Laurentius.
Lardaria, locus Amalfie, 1058-1177; 104, 363.
Largubardo, 1198; 465. V. Iohannes.
Larsena, locus Amalfie, 1099; 155. V. Arsena.
Lastri (da), 1100; 162. V. Mastalus.
Latella, locus, 1099; 156.
Laulecta (de), 1179; 381. V. Iohannes, Urso.
Laurentius f. Sérgii da Lapora, 1184; 413, 414.
Lauri, casalis Stabie, 939; 7.
Lauri, locus Tramonti, 1096-1192; 151, 175, 194, 196, 197, 311, 335, 393, 432, 442.

Lauri (da), fam , 1008-1181; 40, 151, 311, 389, 393. V. Iohannes, Leo, Petrus, Sergius, Ursus.
Lauritani, fam., 1066-1125; 113, 210. V. Marinus, Theodonanda, Ursus.
Laurito, locus, 1125-1177; 214, 365.
Lea (de), fam., 1077; 117. V. Caro, Iohannes, Stefanus.
Leo scriba, 907-931; 2, 4, 5.
Leo protospatarius (fortior Amalfie), 922; 2.
Leo f. Constantini com. Aprile, 922; 3, 4.
Leo com. Ferafalcone, 922; 4.
Leo com. de Ardavasto, (922); 4.
Leo Vicidomini, (931); 4.
Leo f. Marini com., 931; 4, 5.
Leo Criscentius, (931); 5.
Leo f. Pardi de Leone com., 939; 10.
Leo f. Tauri de Leone com., 947; 11.
Leo Quatrarius, 947; 11.
Leo com de Iohanne com., 964; 12.
Leo f. Constantini de Campulo, (970); 13.
Leo f. Petri de Campulo, 970; 13.
Leo f. Mansonis de Iohanne com., 970; 14.
Leo f. Mauri Casamarza, 970; 14.
Leo Gangella, (971); 16.
Leo com. de Mansone com., (971-1004); 16, 29.
Leo de Sergio com., 971; 16.
Leo de Cunarene, (984); 17.
Leo f. Sergii de Cunari, 984; 18.
Leo de Cunari, (984); 18. V. Leo de Cunarene.
Leo f. Marini de dom. Marino, 985-998; 19, 27.
Leo de Lupo da Baniara, (990); 21.
Leo de Stephano de Lupino com., (987-1037); 21, 34, 61, 70, 79.
Leo f. Sergii de Musco com., 993-(1037); 23, 78.
Leo, 998; 28.
Leo scriba f. Leonis, 998; 28.
Leo scriba, 1004-1007; 30, 35, 37, 38.
Leo Domino Meo, (1005); 30.
Leo de Muscu comitissa, (1005); 30.
Leo de Iohanne de Leone com., (1005-1039); 31, 81.
Leo f. Pulchari Mariscalchi, 1005; 31.
Leo de Constantino de Leone com., (1006-1074); 32. 34, 52, 59, 62, 78, 84, 92, 93, 98, 103, 116.
Leo Archiepiscopus Amalfie, 1007-1024 (1036); 33, 46, 53, 57, 71.
Leo, 1007; 35.
Leo f. Sergii de Constantino com., 1007; 35.
Leo de Constantino com, (1007); 35.
Leo f. Mauri de Domina Iannu, 1007; 36, 37, 38.
Leo de Sergio de dom. Campulo, (1007); 37, 38.
Leo Cicarus, 1011; 43.
Leo de Domina Auria, (1011); 43.
Leo f. Pantaleonis de Tauro com., 1011; 44.
Leo f. Mauri de Iohanne com., 1012; 45.
Leo (f. Gutti scribe), 1012-1037; 46, 75, 77.
Leo de Gutto, (1012-1018); 46, 52. V. Leo f. Gutti.
Leo de Constantino, (1012); 46.
Leo f. Sergii Pironti, (1012); 46.
Leo de Urso com., (1013); 47, 48.
Leo presb. f. Ursi de Anna comitissa, (1013); 47.
Leo f. Constantini de Urso com., 1013; 47.
Leo Rogadeum, (1018); 49, 50.
Leo f. Mauri de Iusto, 1018; 49.
Leo f. Stefani de Maurone, 1018; 49.
Leo f. Mauri de Eufimia, 1018; 50.
Leo Muscettola, (1018); 50.
Leo Francus, 1018; 50,
Leo Mannarola, (1018); 50.
Leo f. Sergii Aturello, 1018; 51.
Leo f. Musci de Sergio com., 1018-1037; 52, 77.
Leo com. de Pumaru, (1020); 56.
Leo presb. f. Leonis com. de Pumaru, 1020; 56.
Leo f. Marende Rapicane, 1024; 56.
Leo f. Lupini de Lupino da Tirrinio, 1033; 58.
Leo de Pardo com., (1034-1168); 61, 120, 323.
Leo abbas monast. S. Quirici, 1035-1052 (1113); 63, 71, 83, 84, 86. 90, 98, 99, 101, 191.
Leo presb. scriba, 1035-1053; 64, 77, 87, 89, 92, 93, 98, 100, 103.

Leo de Marino com.. (1035); 65.
Leo de Iohanne de Domina Auria, (1035); 65.
Leo Zitus, 1035); 66.
Leo de Carovivi, (1036); 66.
Leo f. Sergii da Palumola, 1036; 67.
Leo de Ada, (1036); 67.
Leo Benesapius, (1036); 69.
Leo f. Pantaleonis Viarecta, 1036; 71.
Leo f. Mastali Alzasepe, 1036; 74.
Leo Burecta, (1037); 74.
Leo de Eufimia, (1037); 76.
Leo Zancurtelli, (1037); 78.
Leo f. Leonis Zancurtelli, (1037 ; 78.
Leo (pater Leonis scribe), (1039); 81.
Leo f. Mauri de Gregorio com., 1039; 81.
Leo scriba f. Leonis, 1039; 81.
Leo f. Iohannis, 1040; 81.
Leo f. Iohannis de Leone com., 1041 (1087); 84, 132.
Leo de Munda, (1043); 86.
Leo f. Gregorii presb. Pillizzu, 1043; 86.
Leo, 1044; 89, 92, 93.
Leo de Bonosu, (1044); 92.
Leo de Mauro, 1048; 96.
Leo (pater Ursi scribe), (1048); 97.
Leo de Constantino com., (1048-1138); 97, 244.
Leo f. Mansonis de Leone Galloppi, 1055-1096; 102, 114, 116, 117, 119, 121, 122, 127, 128, 130, 137, 139, 145, 152.
Leo Galloppi, (1055-1096); 102, 114, 116, 117, 119, 121, 122, 127, 128, 130, 137, 139, 145, 152.
Leo Profundus, 1053; 102.
Leo f. Sergii Bonasi, 1053; 102.
Leo de Sergio, (1053-1090); 103, 116; 119, 120, 122, 124, 127, 130, 137.
Leo f. Ursi Sclinillo, 1058-1062; 104, 112.
Leo abbas monast. S. Trinitatis de Meriliano, 1060: 105, 107, 108
Leo de Iannu, (1061); 109.
Leo f. Maionis de Ianuu, 1061: 109.
Leo de Mansone com., (1062); 110.
Leo f. Sergii Zappafossa, 1062: 110.
Leo Cullusigillu de Mansone com., 1062; 110.
Leo Pastellarus, 1062; 111.
Leo de Urso de Ionti, 1062: 111, 112.
Leo de Iohanne Mazoccula, (1066-1086). 113, 129.
Leo (pater Pantaleonis angularii), (1066); 114.
Leo Vendisiricum, (1074); 116.
Leo de Constantino de Tauro, (1077); 118.
Leo f. Ursi Benusi, 1080; 121.
Leo Pellicza (1084); 125.
Leo Fagilla, 1085; 126.
Leo abbas monast. S. Quirici, 1086-1122 (1188); 127, 134, 135, 143, 144, 146, 151, 157, 172, 175, 178, 180, 190, 191, 194, 195, 197, 202, 204, 205, 432.
Leo f. Constantini de Leone com., 1086-1087: 128, 130, 133.
Leo de Vono, (1086); 128.
Leo presb. f. Sergii Cannabarii, 1087; 130.
Leo iudex, 1087-1099: 131, 135, 140, 142, 150, 154.
Leo f. Sergii f. Iohannis iudicis, 1087-1126; 131, 140, 171, 175, 180, 188, 192, 218.
Leo scriba f. Ursi, 1087-1094; 131, 140, 150.
Leo Amaczamorte, 1090 : 138, 139.
Leo Ferafalcone, (1092): 142. V. Leo com. Ferafalcone.
Leo f. Sergii Musceptula, 1092-1100; 144, 160.
Leo f. Iohannis Dalacqua, (1094); 148.
Leo Scannapecu, (1094); 149.
Leo monachus da Monte, (1094); 149.
Leo f. Leonis Scannapecu, 1094: 149.
Leo f. Marende de Palumbo, 1099; 157, 158.
Leo Rogadio, (1100); 159, 161, 162.
Leo presb. f. Lupini Firriolani, 1100; 159.
Leo f. Iohannis Zinziricapra, 1100; 160, 163.
Leo f. Ursi Fezzari, 1100; 160.
Leo monachus, 1100. 161.
Leo f. Ursi Pullastrella, 1102-1120; 163, 201.
Leo Pullastrella, (1102); 163.
Leo iudex, 1102-1109 (1120); 166, 177, 182, 201.
Leo protonot. f. Ursi, 1102-1113; 168, 171, 177, 190, 192, 193. V. Leo scriba f. Ursi.
Leo Isfisinatus, 1104; 171, 175.

Leo f. Bineri da lu Pastinu, 1104; 172.
Leo de Constantino, (1104); 174. V. Leo de Constantino com.
Leo f. Sergii de Leopardo, (1107); 177.
Leo de Mauro de Leopardo, (1107); 177.
Leo Caprauscha, (1108); 178.
Leo Castallomata, (1109); 183.
Leo de Iohanne da Cirasulo, (1111); 183.
Leo curialis, (1112); 186.
Leo f. Mauri de Dom. Dimmera, (1112); 187.
Leo f. Sergii da Palmula, (1112); 189.
Leo de Mansone com., (1112); 189. V. Leo com. de Mansone com.
Leo f. Sergii de Russiniu, 1113; 194.
Leo f. Iohannis de Dom. Galia, 1113; 195.
Leo f. Sergii Galatella, 1115; 196.
Leo Mansarella, (1122); 203.
Leo Sfisinatus f. Iohannis, 1122-1172; 205, 209, 210, 215, 243, 273, 296, 298, 309, 312, 323, 343. V. Leo Isfisinatus.
Leo de dom. Anthimo, (1125); 212.
Leo presb. Codaro, 1125; 213, 216.
Leo (Codaro?), 1125; 215.
Leo f. Ursi de Docibile, 1125; 215.
Leo de Sergio de Mansone com., (1126-1198); 217, 461. V. Leo de Mansone com.
Leo f. Leonis Coppula, (1127); 219, 221.
Leo mon. de Palumbo Coppula, (1127); 219.
Leo f. Nicete da la Lama, (1127), 220.
Leo presb. f. Iohannis Castaldi, 1127; 222.
Leo iudex f. Musci Agustalizzi, (1127); 223, 224, 225.
Leo Gizzus, (1127); 224, 225.
Leo Aurifice, (1130); 228, 229.
Leo f. Iohannis de Mauro, 1130-1133; 229, 232, 236.
Leo presb., (1130); 231.
Leo f. Mauri Musceptula, 1132; 231.
Leo de lu Iudice, (1133-1187); 234, 246, 258, 262, 271, 273, 286, 296, 410, 420.
Leo da Gete, 1133 (1139); 235, 249.
Leo Bonasera, (1136); 240.
Leo f. Lupini Cammaranta, 1137; 241, 243.
Leo presb. scriba, 1139-1146; 247, 264.
Leo subdiac., (1139); 247.
Leo f. Iohannis de Numarii, 1142; 252.
Leo f. Ursi da lu Planu, 1142; 252.
Leo de Cennamo, (1142); 252.
Leo f. Ursi Sicutelli, 1142; 253.
Leo f. Ursi de Amata, (1142); 253.
Leo f. Tofilacti de Fluru, 1142; 255.
Leo Guarizzulus, (1144-1188); 256, 349, 430.
Leo f. Iohannis Trilia, 1144-1186; 257, 416.
Leo de Argusse seu Argisse, (1144); 258, 259.
Leo Rapicane, (1146); 263.
Leo f. Leonis f. Leonis Picetula, 1148; 265.
Leo f. Leonis Picetula (1148); 265.
Leo Picetula, (1148); 265.
Leo Musca, (1150); 267.
Leo de dom. Maurone Rogadio, (1150); 268.
Leo iudex f. Iohannis Castaldi, 1150; 268. V. Leo presb. f. Iohannis Castaldi.
Leo de Ciliano, (1150); 268.
Leo de dom. Iohanne (1151-1169); 271, 326, 327.
Leo f. Constantini Piscopi, 1155; 279.
Leo de Alfano Spizzatortile, (1156); 281, 282.
Leo f. Petri Fabarongia, 1156; 283.
Leo da Filictu seu Filecto, (1157-1197); 290, 458.
Leo Animalata, (1157); 294.
Leo presb. Oliba, (1158); 295.
Leo Coppus, 1158; 295.
Leo f. Constantini Piczari, (1158); 295.
Leo Piczarus, (1158); 296.
Leo com., (1158); 297.
Leo presb. f. d. Iohannis, 1159; 300.
Leo f. dom. Gregorii, 1159 (1183); 301, 427.
Leo de com. Gregorio, (1159); 301.
Leo da Vaniara, 1160; 302.
Leo Caridenti f. Constantini, 1161; 304, 308.
Leo iudex Trilia, 1161; 307.
Leo de Anthiocia, 1164; 309.
Leo presb., 1165; 314.
Leo f. Pulchari Budeti, (1166); 315.
Leo de Niceta, (1166); 315.

Leo f. Lupi Budeti, (1166); 315.
Leo f. Iohannis Bastalli, 1167; 319, 320.
Leo Pagurillo, (1167); 319.
Leo presb. f. Mansonis Sebastiani rector S. Petri a Supramuro, 1167; 321.
Leo Pironti, 1167; 323.
Leo f. Iohannis de Pardo com.. (1168); 323.
Leo f. Sergii da Tabernata, 1169-1176; 325, 326, 327, 328, 329, 330, 344, 357.
Leo f. Iohannis da la Parruczula, (1171); 335.
Leo Pappa, (1172); 342.
Leo Ramarius, (1172-1200); 343, 358, 371, 378, 407, 411, 422, 460, 463, 473, 476.
Leo f. Constantini Compaleone, 1172; 345.
Leo f. Sergii da La ora, 1174; 348.
Leo Boe, 1177; 372.
Leo diac. primic. ancorarius, 1177; 376.
Leo f Iohannis Rapicane, 1178; 376.
Leo f. Iohannis f. d. Leonis, (1179); 378.
Leo f. Iohannis Rascica, (1179-1196); 378, 453.
Leo f. Sangilii de Sirrento abbas mon. S. Quirici, 1179-1200; 383, 389, 393, 395, 413, 415, 430, 432, 442, 465, 476.
Leo f. Ursi da Lauri, (1181); 389
Leo da Lauri, (1181); 389, 390
Leo f. Ursonis Bove, 1181; 391. V. Leo Boe.
Leo f. Sergii Rufuli. (1181); 391.
Leo f. Constantini Rogadio, 1181: 392.
Leo presb. scriba f. Constantini Mutilionis iudicis, 1181; 392.
Leo f. Iohannis Lispuli, 1182; 397.
Leo Imperator, (1182); 399.
Leo de Iannu, 1182; 399
Leo f. Iohannis Mazzamorta, 1182; 399.
Leo Petanzus, (1182): 401.
Leo (pater Iohannis augularii), (1183); 403.
Leo f. Pantaleonis de Iusto com.(sen), 1184); 408.
Leo f. Pantaleonis de Iusto com. (iun.), (1184); 408
Leo da sancto Angelo, (1184); 411.
Leo f. Iohannis de Berna comitissa, (1186); 415
Leo de Optimo, 1186; 417.
Leo f. Ursonis Rogadio, 1189; 435.
Leo Mucilo, (1189); 435.
Leo Portulanus, (1189); 436.
Leo f. Ursi Bruscia, 1192; 437, 438.
Leo f. Leonis Galli, 1192; 439.
Leo Gallus, (1192); 439.
Leo f. Gregorii Cacapice, 1193; 444.
Leo f. Roffredi f. Castelmanni com., 1193; 444.
Leo f. . . . de Neapoli, 1194; 446.
Leo Salvacasa f. Costantini Falangula, (1196); 456.
Leo f. Leonis da Filecto, 1197; 458.
Leo Trauncellus, (1198); 460.
Leo f. Leonis Trauncelli, 1198; 460.
Leo de lu Presbiter, 1198; 461.
Leo f. Mansonis Traballi, 1198; 461.
Leo Sclabus, 1198-1200. 465, 476.
Leo f. Iohannis Quatrarii, 1200; 471, 473.
Leo f. Gaudii, 1200; 473.
Leone com. (de), 939-1193; 10, 11, 21, 31, 32, 34, 52, 59, 62, 69, 78, 81, 84, 88, 90, 92, 93, 98, 103, 116, 128, 130, 132, 133, 135, 146, 254, 408, 443. V. Leo, Pardus, Constantinus, Taurus, Mauronus, Muscus, Mauro, Iohannes, Manso, Pantaleo, Lupinus, Theodonanda, Aloara, Maria, Rodolaita, Sergius, Mastalus, Godinus, Pardus, Gregorius, Matheus.
Leomari (de), 1008; 39. V. Iohannes, Petrus
Leonardus iudex (Nucerie), 1194; 450, 452.
Leontu comitissa, 922; 3.
Leopardo, Leupardo (de), 970-1107; 14, 21, 27, 47, 177. V. Constantinus, Maurus, Iohannes, Sergius, Leo.
Letitia monacha S.Laurentii, 1125; 215.
Licardo (de), 1177; 372. V. Dominicus, Petrus.
Licteris, Lictere, Lictire, Literis, Litteris castellum, 1018-1182; 53, 60, 86, 100, 109, 123, 124, 125, 127, 157, 239, 247, 259, 263, 302, 309, 317, 372, 374, 376, 388, 400, 401.
Limpiasa f. Constantini da Salerno, 1182; 396.
Limpiana (de), 1194; 451 V. Iohannes.

Liniari, 907; 2. V. Iohannes, Manso.
Lispolu, 1177; 370. V. Marinus. — V. Lispuli.
Lispuli, 1182; 397. V. Iohannes, Leo, Sergius.
Lodelgrima f. Sergii iudicis de Pulcharo com., 1193; 443, 445.
Longobardi, Longobardorum gens, 1060; 105, 107. V. Langobardi.
Lucaniani, fam., 1011; 42.
Lunissi (de), 1102; 165. V. Sergius.
Lupino com. (de), 987-1037; 21, 29, 34, 61, 70, 79. V. Muscus, Leo, Stephanus, Iohannes.
Lupinus com. f. Stephani Domine Anne, 907-922; 2, 4.
Lupinus f. Iohannis Cimanica, 931; 5.
Lupinus Cimanica, (931); 5.
Lupinus de Iohanne com., (939-1007); 7, 37, 38.
Lupinus de Eufimia, 964; 12.
Lupinus de Maurone Dentice, 1004; 29.
Lupinus de Iohanne Aquafrigida (1007); 35.
Lupinus de Iohanne de Iohanne com., 1007; 37, 38.
Lupinus f. Pantaleonis Dentice, 1012; 47.
Lupinus da Tirrinio, (1033); 58.
Lupinus de Sergio da Tirrinio, (1033), 58.
Lupinus f. Mauronis com., (1036); 67, 68.
Lupinus de Leone com., 1036; 69.
Lupinus f. Sergii de Maurone com., 1066-1090; 114, 116, 137.
Lupinus de Maurone com., (1066-1090); 114, 116, 137.
Lupinus de Constantino de Leone com., (1087); 132.
Lupinus de Mastalo de Leone com., (1090-1093); 135, 146.
Lupinus Collonnanna, (1092); 144.
Lupinus Firriolano, (1100); 159.
Lupinus Falangula, (1102); 163, 166
Lupinus f. Sergii Ferafalcone, 1102; 166.
Lupinus Scirice, (1102); 166.
Lupinus f. Leonis da Cirasulo, 1111; 183.
Lupinus f. Sergii iudicis, (1112); 185.
Lupinus Coctus, (1120); 200.
Lupinus presb. f. Sergii Papazzi, 1125; 211, 212, 213, 215.
Lupinus f. Mauri de Iohanne com., 1132; 231.
Lupinus f. Iohannis Cammaranta, (1137); 241.
Lupinus f. Sergii Cammaranta. (1137); 241.
Lupinus f. Iohannis da Gete, 1139; 248, 250.
Lupinus presb. et cardenarius f. Iohannis da la Sepe, 1151; 270, 271.
Lupinus cler. scriba, 1156-1159; 286, 288, 296, 300.
Lupinus presb. et cur. f. Iohannis, 1172-1177; 338, 346, 354, 356, 368, 374.
Lupinus de Ferraci, (1179); 384.
Lupinus presb. scriba, 1182-1187; 398, 406, 426. V. Lupinus cler. scriba.
Lupinus f. Sigimundi Galatuli, (1186); 415.
Lupinus de Sergio iudice, (1187); 420.
Lupinus f. Sergii de Sergio iudice, (1187); 420.
Lupinus f. Mauronis de Pulcharo com., (1193); 443.
Lupirisi, 1008; 40. V. Petrus.
Lupus de Sergio com., (984-1035); 18, 30, 64, 65.
Lupus da Baniara, (990); 21.
Lupus f. Sergii de Sergio com., (1035); 64.
Lupus Budeti (1166); 315.

M

Mabilia uxor Iohannis da la Turina, 1178-1180; 377, 387.
Macari (de), 1196; 456. V. Constantinus, Drosu, Maurus, Sergius.
Macarius abbas monast. Positani, 1200; 475.
Machenolfus f. Iohannis, 1060; 106, 107.
Mactellus, 1066-1188; 114, 433. V. Pantaleo, Sergius. — V. Marctellus.
Maczamorte, 1090; 138. V. Martinus, Petrus. — V. Amaczamorte.
Madelfrit, 1040; 81.
Magno (de), 971; 15. V. Marinus, Ursus.
Maio f. Leonis de Iannu, 1061; 109.

Maioppulu, 1094; 149. V. Ursus.
Maiori, 1198; 466, 467. V. Reginnis Maior.
Maiorina uxor Guilielmi Rapicane, (1177); 375.
Maiurinus, (1194); 446.
Maius Vicarus, 1169: 329.
Malardi, 1182; 400. V. Consul, Iohannes.
Malfreda f. d. Iohannis, 1139; 249, 251.
Malfridus iudex f. d. Iohannis, 1142: 254.
Maliscalchi, 1035; 65. V. Petrus, Ursus.
Malitu, locus, 1146; 261.
Manca, 1092. 142. V. Drosu,
Mancatelli, 1175; 353. V. Anna, Iohannes, Sergius.
Mandre (ad), locus, 1144; 258.
Mangano, locus Atrani, 1186; 414, 415. V. Eccl. S. Andree.
Mangi, 939; 8. V. Iohannes, Ursus.
Maniarella, 1020: 56. V. Constantinus, Iohannes. — V. Mansarella.
Maniulo (Lama de), 1156: 281.
Mannarino. 1126-1177: 218, 364. V. Sergius.
Mannarola, 1018; 50. V. Leo.
Mansarella, 1122: 203, 205. V. Leo, Muscus.
Mansarini, 1187; 420. V. Iohannes, Sergius, Theodonanda.
Manso prefecturius (fortior) Amalfie, 907 (922); 1, 3.
Manso com. de Iohanne com. Liniari, 907: 2.
Manso com. f. Leonis com. de Ardavasto, 922: 4.
Manso f. Iohannis de Sergio com., 939; 7.
Manso dux Amalfie, 964-1004: 11, 13, 15, 17, 23. 28, 30.
Manso de Sergio com., 964; 12.
Manso de Pulcharo com., 964; 12.
Manso de Iohanne com., (970); 14.
Manso f. Leonis de Cunarene, 984; 17.
Manso de Musco com., (997): 25, 26.
Manso f. Leonis de Leone com.. 1007-1018: 34, 52.
Manso, 1018; 52.
Manso f. Mastali Pizzilli, 1020: 56.
Manso Dentice (1024); 57.
Manso de Maurone de Constantino de Leone com., (1033-1051); 59, 64, 71, 84, 88, 90, 100.
Manso dux Amalfie, 1035-1052 (1058); 64, 66, 67, 69, 71, 74, 76, 77, 86, 87, 89, 96, 97, 99, 100, 104.
Manso de Leone Galloppi, (1053-1096); 102, 114, 116, 117, 119, 121, 122, 127, 128, 130, 137, 139, 145, 152.
Manso f. d. Godini, 1062; 110, 111.
Manso iudex, (1061); 109.
Manso f. d. Iohannis cur. f d. Ursi imp. dissipati, 1066; 114.
Manso Ambosa, (1092); 141.
Manso f. Mansonis Ambosa, 1092; 141.
Manso f. Ursi Amfora, 1096-1115; 151, 197.
Manso f. Iohannis de Iohanne com., (1099); 155
Manso com., (1099); 159.
Manso Barbacepola, (1108); 178.
Manso f. Mauri da Punticciu, 1111; 183.
Manso de dom. Iohanne, (1111-1113); 185, 195.
Manso Comite, (1112); 188.
Manso f. Mastali de Mansone com., 1112; 189.
Manso de Leone de Mansone com., (1112); 189.
Manso f. Iohannis f. Ursi curialis, 1126; 218.
Manso f. Musci de Petro Erario, 1127; 220.
Manso f. Mansonis de Arco, 1127-1151; 225, 269, 270, 271.
Manso de Arco, (1127-1151); 225, 269.
Manso f. Iohannis Cicari, (1133); 233.
Manso protonot. f. Iohannis cur. f. d. Ursi imp. dissipati, 1137-1194; 243, 303, 324, 332, 336, 348, 350, 352, 384, 390, 395, 396, 414, 416, 424, 429, 431, 433, 442, 445, 448.
Manso, dom., (1139-1179); 251, 338, 346, 379.
Manso f. d. Iohannis de Prata, 1146; 260.
Manso f. d. Iohannis Capuani, 1151-1180 (1189); 269, 270, 272, 282, 287, 292, 293, 308, 317, 332, 346, 358, 372, 387, 436.
Manso f. dom. Risi, (1151); 271.
Manso Bulcanus, (1156); 281.

Manso curialis, 1157 (1193); 294, 444.
Manso f. Iohannis Strina, (1166-1172); 316, 337.
Manso Sebastianus, (1167); 321.
Manso presb. (Oblagita?), (1169); 331.
Manso de dom. Iohanne, 1177 (1183); 364, 404.
Manso Reiola, (1177); 367.
Manso f. Alderici Aurificis, (1177); 370.
Manso f. Sergii f. Mansonis Erarii, 1184; 406.
Manso f. Landulfi Capuani, 1183-1196; 406, 407, 458.
Manso Erarius, (1184); 406.
Manso f. d. Bernaldi, 1187; 426.
Manso Mingus, (1188); 428.
Manso Truballus seu Traballus, (1193-1198); 444, 461.
Manso f. Iohannis Traballi, (1198-1199), 461, 468.
Manso f. Iohannis curialis, 1198-1200, 467, 468, 478.
Manso Zirinda (1200); 473.
Mansone com. (de), 971-1198; 16, 29, 110, 189, 217, 301, 461. V. Constantinus, Leo, Maurus, Sergius, Iohannes, Manso, Mastalus, Maru, Gemma, Aventius.
Manugrassa, 1172; 338. V. Pantaleo.
Maranciu, 1033; 58.
Marcianus, 1112; 189. V. Iohannes.
Marctellus, 1188; 429. V. Pantaleo, Sergius.— V. Mactellus.
Marenda, 939; 6.
Marenda uxor Ursi de Cunarene, 984; 17.
Marenda Rapicane, (1024); 56.
Marenda uxor Ursi de Martino, 1033; 60.
Marenda rel. Lupi de Sergio com., 1035; 64.
Marenda uxor Iohannis de Bonosu, 1044; 92.
Marenda uxor Anelli de Atriano, 1092; 144.
Marenda de Palumbo, 1099; 157, 158.
Marenda uxor Bineri da lu Pastinu, 1104; 172.
Marenda f. Iohannis Marciani, 1112; 189.
Marenda f. Tofilacti de Fluru, 1142; 255.
Marenda f. Leonis Galli, 1192; 439.
Markesano, 1186; 417. V. Matheus.
Maria f. Sergii da Puzzu, 987; 20.
Maria f. Iohannis de Pardo com., 1034; 61.
Maria ducissa Amalfie, 1035-1037; 64, 66, 67, 69, 71, 74, 75, 77.
Maria uxor Iohannis de Vitale, 1051; 98.
Maria rel. Leonis de Leone com., 1087; 132.
Maria f. Leonis de Leone com., 1087; 132.
Maria f. d. Pantaleonis, 1090; 138.
Maria Ei . . . ., 1109; 182.
Maria uxor Constantini da Caprile, 1123; 207.
Maria Fagilla f. Petri de Maria, 1136; 238, 239.
Maria Fabara abbatissa mon. S. M. de Fontanella, 1142; 255.
Maria f. Petri de Auria, (1165); 313, 314.
Maria dicta Grassa, 1179; 378.
Maria rel. Cyri Ursi Sementarii, (1187); 420.
Maria f. Sergii de Pitru, 1192; 437.
Maria rel. Sergii iudicis, 1193; 443, 444.
Maria f. Cesarii Agustarizzi, 1194; 448.
Maria f. Sergii Calarusi, 1200; 469.
Maria (de), 1136; 239. V. Maria, Petrus.
Maria. V. Maru.
Mariconda, 1177; 375. V. Urso Rapicane.
Marino (de), 985-1182; 20, 28, 39, 41, 48, 62, 84, 98, 100, 103, 207, 219, 400. V. Marinus, Iohannes, Petrus, Sergius, Stephanus, Constantinus, Mirandus.
Marino com. (de), 922-1146; 4, 16, 65, 260. V. Maurus, Mastalus, Leo, Constantinus, Theodonanda, Anna, Iohannes, Marinus.
Marino (de domino). V. Domino Marino.
Marinus com., (931); 4, 5.
Marinus com. f. Leonis Vicedomini, 931; 4, 5.
Marinus de Constantino com., (939-1036); 6, 74.
Marinus Pecorarius, 939; 7.
Marinus com. de Magno, (971); 15.
Marinus de Constantino de d. Marino, (985-988); 19, 27.

Marinus f. Iohannis de Marino, 985-1013; 20, 28, 48.
Marinus, 1007; 33, 34.
Marinus de Iohanne com. Neapolitano, (1007); 33.
Marinus Salbaticus, (1011); 42.
Marinus f. Mauri de Petro com., 1020; 55.
Marinus f. Iohannis Pulvirini, 1035; 63.
Marinus com., 1037; 75.
Marinus Animainpede, 1041; 84.
Marinus Iactavecta, (1060-1062): 105, 106, 112.
Marinus Conditus, 1066; 114.
Marinus Benusus, (1080), 121.
Marinus de Iohanne de Mauro com., (1076): 130.
Marinus (pater Mauronis protospat.), (1087-1090). 133, 135. V. Marinus Iectabecta
Marinus f. d. Petri de Stephano, 1095-1099; 135, 154, 156, 158.
Marinus da Punticitu, (1092): 143.
Marinus Gabatella, 1092: 145.
Marinus, dom., (1102-1127); 167, 225
Marinus de Mauro de Abentio com., (1105): 175.
Marinus Sebastus dux Amalfie, 1113, 191.
Marinus Gammardella, (1120-1172); 200, 337.
Marinus f. Iohannis de Pulcharo com., 1122: 204.
Marinus Lauritanus, (1125); 210.
Marinus, (1127); 226.
Marinus iud. f. Iohannis de Fontanula, 1136-1139; 241, 249.
Marinus de Fluru, 1142; 255.
Marinus Mitiicola, (1142); 255.
Marinus de Constantino de Marino com., (1146); 260.
Marinus f. Gregorii Mediacandela, (1148); 265.
Marinus presb. et cardenarius, 1151; 270, 271.
Marinus abbas monast. S. Viti de Positano, 1154; 276.
Marinus f. Guidonis Iobine, 1158; 297.
Marinus de Ingizzin, 1165; 313, 314.
Marinus f. Sergii de lu Iudice, 1166-1196 (1197); 317, 343, 346, 354, 368, 374, 398, 407, 410, 411, 458, 460.
Marinus presb. Gammardella, (1172-1200); 337, 469. V. Marinus Gammardella.
Marinus f. Constantini Aliberti com., (Regis iustitiarius), (1171) 1172; 339, 340, 341, 342, 358, 359, 360, 361.
Marinus f. Mauri Garofali (?), 1177; 367.
Marinus Lispolus, 1177; 370.
Marinus cler. et cur. f. Iohannis Rizzuli, 1180-1186; 387, 412, 418.
Marinus f. Sergii Lautari, 1187; 424, 426.
Marinus f. Theodonande de lu Presbiter, 1200; 469.
Mariscalchi, 1005; 31. V. Leo, Pulcharus.
Marius Pappalardo f. Riccardi, 1060; 106.
Marocta f. Iohannis de Sergio iudice, 1112; 185.
Marocta f. Iohannis Nucirini, 1125; 210.
Marocta f. Iohannis Caniata, 1127; 221, 222.
Marocta f. Leonis Agustalizzi, 1127; 223.
Marocta f. Iohannis de Constantino com., 1138; 244.
Marocta mon. f. Ursi Rapicane, 1139; 247.
Marocta f Iohannis da Torri, 1155; 279.
Marocta uxor Iohannis da Torri, 1157; 289.
Marocta rel. Petri Piczari, 1158; 295.
Marocta f. Petri Piczari, 1158; 295.
Marocta f. Ursi Galatuli, 1161; 308.
Marocta uxor Marini Aliberti com., 1172; 340.
Marocta Brancia, f. Petri, 1182-1196; 396, 452.
Marocta f. Iohannis de Alderico, 1187; 419
Marocta rel. Sergii Mingi, 1188; 428.
Marocta Minia, 1188; 429. V. Marocta rel. Sergii Mingi.
Marocta rel. Leonis Galli, (1192); 439.
Marocta f. Petri Agerolani, 1198; 460.
Marocta f. Sergii Capuani, 1198; 461, 462.
Marocta f. Silvestri macellarii, 1198; 464.
Martino (de), 1033; 60. V. Iohannes, Ursus.

Martinus f. Petri Maczamorte, 1090; 138.
Martinus presb. et primic., (1130); 231.
Martinus Coppula, (1180); 388.
Martinus Scapharea, 1194; 450, 451.
Martinus da Ballano, (1198); 465.
Maru f. Constantini com., 931; 4, 5.
Maru f. Mauri de Fluro com., 1037; 78.
Maru rel. Ursi Denticis, 1079; 120.
Maru uxor Sergii de Leone com., 1090; 135.
Maru f. Lupini Scirice, 1102; 166.
Maru uxor Leonis de d. Anthimo, 1125; 212.
Maru f. Aventii de Mansone com., 1126 (1198); 217, 461.
Maru rel. Sergii da le Olibe, 1167; 321.
Maru f. dom. Iohannis, 1187; 422.
Maru. V. Maria.
Marzolla uxor Leonis da Filecto, 1197 458.
Mastalus de Savastiano, (907); 1.
Mastalus prefecturius Amalfie, 907; 1.
Mastalus imperialis patricius, 922-947; 2, 4, 6, 8. 10.
Mastalus (de Marino com?), 931; 4, 5.
Mastalus f. Leonis Criscentii, 931; 5.
Mastalus f. Sergii com., 939; 6, 7.
Mastalus com. de Musco com., 939; 7, 10.
Mastalus de Roti, (947); 10.
Mastalus de Marino com., (971); 16.
Mastalus Pizzillus, (1020); 56.
Mastalus Alzasepe, (1037); 74.
Mastalus f. Godeni, 1060; 105, 106, 107, 108.
Mastalus de Pardo de Leone com., (1090-1093); 135, 146.
Mastalus f. Godini de Leone com., (1090-1093); 135, 146. V. Mastalus f. Godeni.
Mastalus olim dux (sic) et patricius, (1091); 140.
Mastalus f. Iohannis de Leone com., 1093; 146.
Mastalus diac. Pussillus, 1099; 153.
Mastalus da Lastri, 1100; 162.
Mastalus f. dom. Tauri, 1112-1125; 188, 210.
Mastalus f. Mansonis de Mansone com., (1112); 189.
Mastalus iudex, 1125-1146; 213, 226, 238, 259, 262.
Mastalus presb. scriba, 1133-1139; 236, 239, 241, 249, 251.
Mastalus f. dom. Sergii, 1156; 281.
Mastalus iudex f. dom. Tauri, (1158-1187); 295, 313, 317, 320, 343, 371, 387, 406, 412, 422.
Matheus f Aliberti, 1126-1137; 218, 243.
Matheus Gattula (de Iusto com.), 1172-1184; 337, 408.
Matheus f. Marini Neapolitani, 1176; 358.
Matheus iudex Salerni, (1171); 359, 361.
Matheus f. dom. Capuani. 1180; 388.
Matheus f. Aliberti, 1181-1188; 390, 416, 424, 429.
Matheus f. Petri de Falcone, 1183; 404.
Matheus Markesanus de Salerno straticotus Amalfie, 1186; 417.
Matheus f. Sergii Cappasancta, 1187-1200; 424, 431, 438, 442, 445, 447, 467, 478.
Matheus f. Mansonis Capuani, 1189; 436. V. Matheus f. dom. Capuani.
Matheus f. Sergii de Leone com., 1193; 443.
Matheus iudex Beniscema, 1193; 445.
Matheus iudex Salerni, 1196-1198; 454, 455, 463, 465.
Matheus not. et advoc. Salerni, 1196-1198; 455, 465.
Matheus f. Silvestri macellarii, 1198; 464.
Matheus f. Leonis Sclabi, 1200; 476.
Matizzano, locus, 1169; 327.
Matrefilia, locus Stabie, 1018; 53.
Matrona uxor Ursi de Romano, 985; 19.
Mauro com., (971); 15, 67, 68, 137, 147, 148, 170, 173, 176, 185, 195, 196, 198, 218, 229, 232, 236, 239, 241. V. Maurone com. (de).
Mauro de Iohanne, (985); 20.
Mauro de Constantino de Leone com., (987-1044); 21, 88, 90.
Mauro f. Musci de Maurone com., 990; 22.
Mauro Dentice, (1004-1039); 29, 81.
Mauro f. Leonis de Constantino, 1012 (1036); 46, 59, 71.

Mauro Zacestum, (1036): 67.
Mauro f. Sergii de Pantaleone, 1044; 89, 92.
Mauro f. Petri de Maurone, 1058; 103.
Mauro de Leone de Leone com., (1074); 116.
Mauro imp protospatarius f. Marini Iectabecte, 1090; 135.
Mauro da Campulongu, (1099); 155.
Mauro f. Leonis Rogadio, 1100-(1150); 161, 268.
Mauro f. Mauri Sifunari, (1108); 178.
Mauro, dom., (1125); 214.
Mauro de Petro Erario, (1127); 220.
Mauro curialis, 1159; 301.
Mauro f. Iohannis dom. Mansonis, 1172-1188; 338, 346, 379, 418, 437.
Mauro f. Sergii de Pulcharo com., (1193): 443.
Mauro (de), 1048-1133; 96, 111, 229, 232, 236. V. Iohannes, Leo, Palumbus.
Mauro (de domino). V. Domino Mauro.
Mauro com. (de), 939-1087; 6, 22, 130. V. Iohannes. Marinus, Sergius.
Maurone (de), 1018-1129; 49, 64, 84, 100, 103, 227. V. Ursus, Sergius, Iohannes, Stefanus, Leo, Mauronus, Manso, Mauro, Petrus, Maurus, Constantinus.
Maurone (de com.) o Com. Mauronis, 990-1199; 22, 51, 114, 115, 116, 123, 137, 151, 197, 199, 231, 235, 237, 238, 248, 249, 250, 254, 301, 319, 335, 336, 352, 387, 403, 414, 427, 448, 452, 468. V. Mauro, Muscus, Sergius, Lupinus, Maurus, Pantaleo, Constantinus, Pardus, Rogerius, Alfanus, Gayta, Iohannes, Bartholomeus, Gregorius.— V. Eccl. S. Marie de Murolongo.
Mauronus. V. Mauro.
Mauronus f. Musci de Leone com., 987: 21.
Mauronus f. Mansonis de Constantino, 1033-1036; 59, 71.
Mauronus f. Mansonis de Maurone, 1035-1051; 64, 84, 100.
Mauronus f. Sergii Cullonanna, 1037; 75, 77, 79
Mauronus f. Mansonis de Leone com., 1044; 88, 90. V. Mauronus f. Mansonis de Maurone.
Mauronus imp. protospatarius f. Marini, 1087; 133. V. Mauro imp. protosp. f. Marini Iectabecte.
Mauronus f. Marini da Punticitu, 1092; 143.
Mauronus f. . . . . de Iohanne com., 1099; 155.
Maurule (ad), locus, 1061-1166; 109, 317.
Maurus de Agathi, (907); 2.
Maurus com. de Marino com., 922; 4.
Maurus com. de Pulcharo com., 922; 4.
Maurus f. Iohannis de Mauro com., 939; 6, 7.
Maurus Casamarza, 970 (1111); 14, 183.
Maurus com., (970-1053). 14, 44, 95, 102, 122, 297.
Maurus de Leopardo, (970-987); 14, 21.
Maurus de Mastalo de Marino com., 971; 16.
Maurus f. Leonis Gangella, 971; 16.
Maurus de Petro de Iohanne com., 990-1011 (1132); 22, 44, 231.
Maurus Ipoctus de Agusto, (997); 26.
Maurus f. Leonis de Mansone com., 1004; 29.
Maurus de Petro com., (1007); 33.
Maurus f. Constantini de Petro com., 1007; 33.
Maurus de Iohanne com. de Dom. Ianuu, 1007 (1012); 36, 38, 45.
Maurus f. Sergii de Leopardo, 1012 (1107); 47, 177.
Maurus f. Leonis Rogadei, 1018; 49, 50.
Maurus f. Ursi Mastali, 1018; 49.
Maurus de Iusto, (1018); 49.
Maurus f. Constantini de Rosa, 1018; 49.
Maurus de Eufimia, (1018); 50.
Maurus f. Sergii Pironti, 1018; 50.
Maurus de Pizzulo de Petro com., (1020); 55.
Maurus f. Sparani Spartiti, 1033; 60.
Maurus de Iohanne de Pardo com., (1034-1079); 61, 120.
Maurus f. Sergii de Pantaleone, 1034; 62.
Maurus de Sergio de Sergio com., (1035); 65.
Maurus f. Pantaleonis de Fluro com., (1036-1037); 69, 77.
Maurus f. Pantaleonis Dentice, 1036; 72.

Maurus de Sergio de dom. Mauro, (1036); 73.
Maurus f. Leonis de Eufimia, 1037; 76.
Maurus de Gregorio com., (1039); 81.
Maurus com. Monteincollo, (1044-1198); 92, 101, 102, 217, 292, 462.
Maurus imp. protospatarius f. Marini Iectavecte, 1060; 105, 106, 107, 108. V. Mauro, Mauronus.
Maurus, dom., (1062); 111, 112.
Maurus f. Pantaleonis de Maurone com., 1066 (1132); 115, 231.
Maurus de Maurone com., (1066-1139); 115, 123, 231, 235, 248, 249, 250.
Maurus f. dom. Pulchari, 1077; 119.
Maurus f. Sergii com. Mauronis, 1090-1094 (1113-1115); 137, 147, 148, 195, 196, 198.
Maurus episcopus reginnensis, 1091-1094; 139, 140, 149.
Maurus f. Iohannis de Iohanne com., 1099; 155, 156.
Maurus imp. protonobilissimus f. Sergii com. Mauronis, 1099-1136; 159, 170, 173, 196, 198, 229, 232, 239, 240.
Maurus presb. Caput Ciafara, 1100; 159.
Maurus Coctus, 1102; 164.
Maurus f. Tauri de Abentio com., 1105; 175, 176.
Maurus de Constantino de Abentio com., (1105): 175.
Maurus Sifunarus, (1108); 178.
Maurus f. Mansonis Barbacepola, (1108); 178.
Maurus de d. Iohanne da Punticciu, (1111); 184.
Maurus f. Iohannis de Dom. Dimmera, 1112; 185.
Maurus de Dom. Dimmera, (1112); 185.
Maurus de Dom. Grifa, (1113-1138); 193, 200, 209, 246.
Maurus de Dom. Galia, (1113); 195.
Maurus coropalatus f. Iohannis com. Mauronis, 1115-1130; 196, 198, 229.
Maurus f. Pardi de Pantaleone com., (1117); 199.
Maurus de Pantaleone com., (1117); 199.
Maurus Barbalata, 1123; 208.
Maurus Archiepiscopus Amalfitanus, 1125; 214.
Maurus de Iudice, (1125); 216.
Maurus Carissi, (1129); 227.
Maurus de Maurone, (1129); 227.
Maurus Medionarus, 1130; 228, 229.
Maurus f. Pulchari de ohanne com., (1132); 231.
Maurus f. Lupini de Iohanne com., 1132: 231.
Maurus Musceptula, (1132); 232.
Maurus diac. et cur. f. Leonis de Argusse, 1144; 258, 259.
Maurus f. Gregorii Monsincollu, (1146-1157); 260, 261, 292.
Maurus f. d. Sergii Scirice, (1146); 260.
Maurus f. Sergii Collogatto, 1148-1167 (1186); 265, 313, 323, 417.
Maurus Rogadio, (1150); 269.
Maurus de Athanasi, (1157); 289.
Maurus da la Rocca, (1161); 308.
Maurus da lu Rumbu, (1167); 321.
Maurus de Leone de Pardo com., (1168); 323.
Maurus f. Mauri angularii, (1169); 332.
Maurus angularius, (1169-1198); 332, 463.
Maurus Ferula, 1172; 345.
Maurus Gattula, (1175-1189); 354, 366, 368, 371, 387, 407, 411, 412, 418, 437.
Maurus cur. f. Leonis Ramarii, 1176-1197; 358, 371, 378, 460.
Maurus de Amato, (1176); 362.
Maurus f. Ursi Garofali, (1177); 367.
Maurus de dom. Iohanne, 1183; 404.
Maurus f. Iohannis de Pardo com., (1184); 408, 409.
Maurus f. Constantini de Leone com., (1184); 408.
Maurus f. Mauri de Leone com., (1184); 408.
Maurus Gattula de Iusto com., (1184); 408.
Maurus Lantarus, (1187); 426.
Maurus Punieca, (1188); 427.
Maurus Beniscema, (1193); 446.
Maurus f. Sergii da Funtanella, 1194; 448.
Maurus f. Iohannis com. Mauronis, (1194); 448, 450.
Maurus f. Leonis Salvacasa, 1196; 456.
Maurus f. Sergii de Macari, (1196); 456.
Maurus f. d. Bernardi, 1198; 467.
Maurus Sirrentinus, 1200; 475.
Mazoccula, fam., 970-1086; 14, 113, 129.

V. Drosu, Leo, Iohannes, Trasimundus, Ursus.
Mazzamorta, 1182; 399. V. Iohannes, Leo. — V Amaczamorte.
Media Candela, 1148; 265. V. Gemma, Gregorius, Marinus.
Medionarum, 1130; 228, 229. V. Maurus.
Meiadirtu, 1090; 136. V. Sergius, Ursus.
Melfitana Ecclesia, 1018; 53. V. Ecclesia Amalfitana.
Melfitani, 1018; 54.
Memoranum, locus Ageroli, 1062-1158· 110, 112, 297.
Meusana uxor Leonis Rapicane, 1178; 376.
Merilianum, locus, 1060; 105.
Milo (de), 1152; 272. V. Iohannes.
Mingi, Minio, fam., 1099-1188; 155, 427, 428. V. Dulacesia, Fauda, Gregorius, Guilielmus, Iohannes, Ionaccharus, Manso, Marocta, Pantaleo, Sardena, Sergius.
Mintana, 1155; 279. V. Iohannes.
Mira f. Leonis Piczari, 1158; 296.
Mira (de), 1200; 470. V. Iohannes.
Mirabilis uxor Aymonis (f. Angresani), 1194; 450, 451.
Mirandus de Ma?i?o, (1127); 219.
Mirandus f. Constantini de Marino, 1127; 219.
Misciano, locus Stabie, 1018; 53.
Missinium, locus Stabie, 1052; 101.
Mitiicola, 1142; 255. V. Marinus, Sergius.
Mitruda (da), 1198; 461. V. Constantinus, Sergius.
Mobilia. V. Mabilia.
Mochia, 1127; 225. V. Anna.
Mola aquaria in fluvio Amalfie, 907-971; 2, 3, 5, 15.
Mola aquaria ad Pumice, 1036-1172; 71, 199, 343.
Mola aquaria supra Aquola, 1079; 120.
Mola aquaria de la Carnara, 1117; 199.
Mola aquaria ad Fistulam, 1177; 364.
Monacha (de la), 1177; 372. V. Ursus.
Monasterium S. Angeli de Atrano. V. Monast. S. Michaelis Archangeli de Atrano.
Monast. S. Basilii de Amalfia, 1180; 386.
Monast. S. Benedicti de Scala, 907; 1.
Monast. S. Cirici. V. Mon. S. Quirici.
Monast. S. Helene, 1180; 386.
Monast. S. Iuliani in monte Cervellano (Scala), 1176; 361.
Monast. S. Laurentii de Amalfia, 1004-1200; 29, 48, 110, 111, 112, 163, 165, 202, 203, 214, 215, 272, 287, 292, 295, 351, 372, 380, 384, 386, 404, 416, 418, 419, 423, 452, 457, 462, 465, 476.
Monast. S Marie Dominarum de Funtanella, 1037-1186; 76, 113, 117, 126, 129, 132, 177, 182, 183, 255, 274, 301, 387, 389, 414, 433.
Monast. S. Marie . . . . de Atrano, 1194; 450, 451, 452. V. Monast. S. Marie de Funtanella?
Monast. S. Michaelis Arch. de Atrano, 1090-1189; 138, 154, 155, 402, 434, 435.
Monast. S. Nicolai de Campo, 1180; 386.
Monast. S. Petri de Capreoli, 1176; 355.
Monast. SS. Quirici et Iulicte, 1007-1200; 33, 46, 53, 57, 63, 71, 80, 81, 83, 86, 88, 90, 91, 98, 99, 101, 109, 115, 123, 125, 127, 133, 135, 143, 144, 146, 151, 157, 172, 175, 178, 180, 190, 194, 195, 197, 202, 205, 206, 226, 227, 229, 234, 236, 240, 248, 250, 256, 263, 272, 283, 302, 309, 311, 313, 317, 324, 331, 335, 342, 346, 349, 351, 374, 375, 383, 386, 389, 390, 393, 395, 413, 416, 430, 431, 432, 442, 476.
Monast. S. Simeonis de Atrano, 1018-1043; 53, 86.
Monast. S. Thome de Atrano, 1136-1199; 239, 252, 400, 407, 468.
Monast. S. Trinitatis in Meriliano, 1060; 105, 107.
Monast. S. Trinitatis de Caba, 1177; 367.
Monast. S. Trinitatis Babelli, 1174; 347.
Monast. S. Trinitatis, 1156; 283.
Monast S. Viti de Positano, 1154-1200; 276, 282, 363, 364, 365, 366, 475.
Monda ux. Leonis de Musco com., 993; 23.
Mons maior Atrani, 1086-1200; 127, 146, 151, 172, 175, 197, 202, 205, 226, 227, 229, 234, 248, 250, 263, 302, 309, 324,

331, 346, 349, 383, 389, 393, 395, 400, 413, 415, 431, 432, 442, 465, 467, 476.
Monsincollo o Monteincollo, fam., 1044-1198; 92, 101, 102, 121, 217, 260, 292, 462. V. Drosu, Gregorius, Iohannes, Maurus, Sergius, Itta, Gayta.
Montana, locus prope Salernum, 1196; 454.
Monte (da), 1094; 149. V. Boccia, Leo.
Monte Aureo, locus Amalfie, 1125-1166; 211, 315. V. Eccl. S. Marie de Monte Aureo.
Mortam (ad), locus Tramonti, 1036-1037; 69, 78.
Mortella, 1188; 428. V. Sergius, Theodonanda.
Mosca, 1177; 367. V. Carafilia, Ursus.— V. Musca.
Mucilo, 1018-1189; 49, 435. V. Iohannes, Iohannitius, Leo, Ursus.
Muiulu, serra (Cetara), 1060; 106.
Munda (de), 1043; 86. V. Athanasius, Leo.
Murolongo, locus, 1087-1196, 130, 452. V. Eccl. S. Marie de Murolongo.
Murus vetus Salerni, (1171); 359.
Murus Amalfie, 1177; 363.
Muru (da), 1020; 55. V. Iohannes, Petrus.
Musca, 1150; 267. V. Leo, Petrus. — V. Mosca.
Muscarita, fam., 1051-1086; 99, 127, 128. V. Iohannes, Petrus, Stefanus, Ursus.
Musceptula, Muscettola, fam., 1018-1132; 50, 144, 160, 163, 232. V. Constantinus, Leo, Maurus, Sergius, Ursus. — V. Musketta.
Musco com. (de), 939-1037; 7, 23, 25. 78. V. Disigius, Leo, Manso, Mastalus, Sergius.
Muscu comitissa (de), 1005; 30. V. Cristina, Leo.
Muscus, com., (939); 10.
Muscus de Sergio com., 964, (1018-1037); 12, 52, 77.
Muscus f. Leonis de Lupino com., 987-1037; 21, 34, 61, 70, 79.
Muscus de Maurone de Leone com., (987); 21.
Muscus de Maurone com., (990); 22.
Muscus f. Sergii de Armogenio com., 1007; 36, 38.
Muscus, (1033); 61.
Muscus f. Leonis Benesapii, (1036); 69.
Muscus de Lupino de Leone com., (1036); 69.
Muscus f. Mauri de Fluro com., 1037; 77, 79.
Muscus de Fluro com. (senior), 1037; 78, 79.
Muscus f. Leonis, 1044; 89, 92, 93.
Muscus f. Constantini de dom. Musco, 1046-1086; 95, 117, 127, 128.
Muscus f. Iohannis de Pando, 1051; 98.
Muscus, dom., (1058); 104.
Muscus f. Iohannis de Pardo com., 1079 (1099-1105); 120, 154, 159, 176.
Muscus, de dom. Constantino, (1087-1104); 133, 135, 137, 139, 145, 147, 148, 152, 156, 170, 173.
Muscus de Iohanne de Pantaleone, (1090); 137.
Muscus iudex, 1107-1157; 177, 182, 192, 201, 225, 278, 280, 283, 288, 291.
Muscus dom., (1111-1122); 185, 203, 205.
Muscus, 1113; 193.
Muscus f. Leonis Mansarella, 1122; 203, 205.
Muscus f. Iohannis de Petro Erario, (1127); 220.
Muscus Agustalizzus, (1127-1200); 223, 225, 474.
Muscus presb., 1146; 264.
Muscus iudex f. dom. Mastali, (1158); 295.
Muscus f. Leonis de Pardo com., (1168); 323, 324.
Muscus (pater Iohannis choropalati), (1169-1171); 332, 336.
Muscus, dom., (1169-1186); 334, 338, 354, 379, 418.
Muscus Bininolus, 1172; 337.
Muscus, (1174); 348
Muscus iudex Pizzillus, 1177; 364.
Muscus Faba, dom., (1179); 378.
Muscus abbas (Salerni), 1179; 380.
Muscus f. dom. Pardi, 1186; 418.
Muscus f. Iohannis de Landulfo, 1194; 446.
Muscus de Landulfo, (1194); 446.
Muscus f. dom. Pulchari, (1200); 474

Muscusita, 1051; 98. V. Saxus, Stephanus.
Musketta, 1166; 315. V. Ursus.—V. Musceptula.
Mustazzo, 1177; 372. V. Benedictus.
Mutilio, 1150-1181; 268, 392. V. Constantinus, Leo, Sergius.

N

Neapolis civitas, 1127-1194; 223, 252, 271, 332, 406, 444, 446.
Neapolitani, fam., 1168-1200; 324, 332, 339, 348, 402, 414, 445, 448, 460, 462, 463, 476. V. Pantaleo, Sergius, Iohannes, Truda.
Niceta imperialis protospatarius, 1005-1037; 31, 65, 72, 77.
Niceta f. Iohannis protospatarii, 1007-1012; 36, 37, 38, 45.
Niceta archipresbiter, (1007); 36, 38.
Niceta da la Lama, (1127); 220.
Niceta de dom. Pulcharo, 1142; 254.
Niceta o Nuceta (de), 1062-1166; 111, 315.
Nicolaus de Iusto, 1142; 253.
Nicolaus Regis notarius, 1156; 288.
Nicolaus (castellanus?) ducat. Amalfie, 1193; 443.
Nicolaus f. Silvestri macellarii, 1198; 463, 464.
Ninno Meo, 1005; 30. V. Iohannes.
Nobiles Salerni, 1018; 53.
Nola (de), fam., 1155; 279.
Nubella, locus Tramonti, 1137-1193; 78, 186, 241, 242, 427, 428, 443.
Nuceria, 1040-1194; 82, 134, 168, 450.
Nuceria (de), 1172; 338. V. Contardus, Iohannes.
Nuceta (de). V. Niceta
Nucirino, 1125; 210.
Nuffuti, fam., 1099; 155.
Numarii (de), 1142; 252. V. Iohannes, Leo.
Numilo, 1174; 347. V. Iohannes.
Nyceta, 1012; 45. V. Niceta.

O

Oblagita, Obloyta, 1102-1196; 164, 331 452. V. Cara, Pantaleo, Urso.
Obricza uxor Iohannis de Domina Mira, (1171); 360.
Ocelle, locus Stabie, 1087; 134.
Oddo de com. Ursone iudex, 1036; 68.
Oliba, locus Tramonti, 1136-1192; 237, 442.
Oliba, 1158; 295. V. Leo.
Olibe, Olive (da le), 1092-1184; 141, 321, 411. V. Blactu, Constantinus, Iohannes, Petrus, Sergius, Ursus.
Olivano, Olibano, 1179, 380, 381.
Optimo (de), 1186; 417. V. Leo.
Orsara, locus, 998; 27.
Orta (ad), locus Atrani, 1142-1199; 252, 400, 467.
Ortellum, locus Pugellule, 1127-1184; 220, 326, 327, 330, 355, 379, 385, 411. V. Urtello.
Orto magno, locus Salerni, 1198; 463.
Orto dominico, locus Nucerie, 1010; 82.

P

Padule, locus sub Licteris, 1081-1084; 123, 125. V. Palude.
Padulensis, 1179; 381. V. Petrus.
Paganus subdiaconus, 1182; 402.
Pagurelli, Pagurilli, fam., 1092-1167; 142, 170, 210, 319. V. Constantinus, Drosu, Iohannes, Leo, Petrus, Sergius, Ursus.
Palalarmus, (1179); 381.
Palatium Amalfie (ducale), 1018-1200; 54, 471.
Palatium Salerni, 1018; 54.
Palma f. Petri Bininoli, 1184; 411.
Palminterius, 1180; 386. V. Bartholomeus.
Palmula (da), 1112; 189. V. Leo, Sergius.
Paludem (ad) locus Stabie, 1043; 86. V. Padule.
Palumbo (de), 1099-1184; 157, 158, 406. V. Sergius, Iohannes, Constantinus, Voccia, Leo, Marenda, Anna, Rigale.
Palumbus Staibanus f. Mauri Ipocti de Agusto, 997; 26, 27.
Palumbus, 1024; 57.
Palumbus de Theofilacto, (1041); 84.
Palumbus de Mauro, 1062; 111.
Palumbus, (1099); 151.
Palumbus da Toru, (1123); 207.
Palumbus f. Palumbi da Toru, 1123; 207.

Palumbus Coppula, (1127); 219.
Palumbus cler. f. Petri Favaronia, 1127; 221, 222.
Palumbus de Garofalo da Gete, (1133-1139); 234, 248, 250.
Palumbus f. Palumbi da Gete, 1133; 234.
Palumbus Vespulus. (1172); 337.
Palumbus Patricinus, (1200); 475.
Palumola (da), 1036; 67. V. Leo, Sergius.
Pando, 1011-1024; 43, 47, 57.
Pando, dom., 1036; 68.
Pando f. Sergii de Pardo com., (1184); 408.
Pando (de), 1051; 98. V. Iohannes, Muscus.
Pandulfus f. dom., Musci, 1058; 104.
Pandulfus f. Pantaleonis, 1126-1184; 218, 243, 324, 348, 350, 409.
Pandulfus f. dom. Musci, 1168-1186; 334, 338, 354, 379, 413.
Pandulfus f. Pantaleonis de Pantaleone, 1183-1200; 402, 472.
Pandulfus f. d. Pulchari, 1188; 428.
Pandulfus f. d. Tanselgardi, (1193); 444.
Pandulfus cur. f. Petri Puczia, 1196-1200; 453, 47.
Pandulfus f. Pantaleonis Scropha, (1200); 471.
Pandulfus Pisanus de Pantaleone, 1200; 472, 473.
Pandulfus f. Pantaleonis de dom. Constantino, (1200); 474.
Pandulfus f. d. Musci f. d. Pulchari, (1200); 474.
Panicale, locus Pini, 1041; 83.
Pansillo, 1184; 412. V. Iohannes.
Pantaleo com. f. Mastali de Savastiano, 907; 1, 2.
Pantaleo de Iohanne com., (970-1189); 14, 94, 154, 434.
Pantaleo de Iohanne, (1006-1074); 32, 114, 117.
Pantaleo de Tauro com., (1011); 44.
Pantaleo Dentice, (1012-1036); 47, 72.
Pantaleo f. Gregorii de Pulchari, 1033; 59.
Pantaleo f. Iohannis de Pantaleone, 1033 (1183); 61, 402.
Pantaleo f. Musci de Leone com., 1036; 69.
Pantaleo de Fluro com., (1036-1037); 69, 77.
Pantaleo f. Leonis Viarecta, (1036); 71.
Pantaleo Viarecta, (1056); 71.
Pantaleo f. Iohannis de Iohanne com. 1046-1189; 94, 154, 434.
Pantaleo angularius f. Leonis, 1066; 114.
Pantaleo f. Pantaleonis de Iohanne, 1066-1074; 114, 117.
Pantaleo (pater Sergii Mactelli), (1066); 114.
Pantaleo de Mauro de Maurone com., (1066-1132); 115, 231.
Pantaleo f. Musci de d. Çonstantino, 1087-1104; 133, 135, 137, 139, 145, 147, 148, 152, 156, 170, 173.
Pantaleo f. dom. Pantaleonis, (1090); 138.
Pantaleo iudex f. Iohannis de dom. Pulcharo, 1090-1104; 139, 147, 148, 152, 156, 173.
Pantaleo f. Iohannis de Iohanne com. (iunior), (1099-1189); 155, 156. 434.
Pantaleo f..... de Iohanne com., 1099; 155.
Pantaleo imp. patricius f. Ursi, 1102-1123; 166, 180, 182, 209.
Pantaleo f. Gregorii Ferafalcone, 1102; 167.
Pantaleo iudex f. dom. Musci, 1111-1122; 185, 203, 205.
Pantaleo Castallomata, (1122); 202.
Pantaleo f. Iohannis Iectabecte, 1125; 215.
Pantaleo, (1126); 218.
Pantaleo Mauronis com., (1126-1184); 218, 236, 239, 241, 254, 301, 336, 352, 384, 403, 414.
Pantaleo f. Pardi de Maurone com., 1132; 231.
Pantaleo f. Sergii de d. Pantaleone, 1133-1159; 235, 250, 299.
Pantaleo imp. coropalatus f. Sergii de com. Maurone, 1133-1139; 235, 248, 249, 250.
Pantaleo, (1137); 243.
Pantaleo f. Iohannis de com. Urso, 1138; 244

Pantaleo f. d. Sergii, 1151-1156; 271, 286.
Pantaloo da Lapora, (1152); 272.
Pantaleo f. Sergii de Musco, 1156 ;287.
Pantaleo f. Constantini de d. Musco, (1156); 287.
Pantaleo de Gregorio de Pulcharo com., (1157); 292.
Pantaleo de com. Gregorio, (1157-1182); 294, 301, 352, 390, 395, 396.
Pantaleo, dom. (1159); 299.
Pantaleo f. Leonis de com. Gregorio, (1159); 301.
Pantaleo f. dom. Guaferii, 1167-1176; 323, 321, 330, 334, 338, 356.
Pantaleo f. Sergii Neapolitani, 1168-1193 (1198); 324, 339, 340, 341, 348, 395, 445, 462.
Pantaleo Oblagita f. Mansonis, 1169 (1196); 331, 452.
Pantaleo Manugrassa, 1172; 338.
Pantaleo f. Marini Neapolitani, 1176, 361.
Pantaleo f. d. Gregorii, (1177); 370.
Pantaleo, dom., (1177-1179); 371, 379.
Pantaleo f. Leonis de Iusto com., (sen.) (1184); 408.
Pantaleo f. Leonis de Iusto com., (iun.) (1184); 408.
Pantaleo de Iusto com., (1184); 408.
Pantaleo f. Gregorii Mingi, (1188); 427, 428, 429.
Pantaleo Mactellus o Marctellus,(1188), 429, 433.
Pantaleo imp. dissipatus de com. Maurone, (1194); 448.
Pantaleo f. Sergii Scropha, (1200); 471.
Pantaleo Pisanus, (1200): 472.
Pantaleo de d. Constantino, (1200); 474.
Pantaleo f. Sergii de d. Constantino, (1200); 474.
Pantaleone (de), 1033-1200; 61, 62, 89, 92, 137, 216, 402, 403, 473. V. Iohannes, Pantaleo, Maurus, Sergius, Muscus, Mauro, Pandulfus.
Pantaleone com. (de), 1117; 199. V. Iohannes, Maurus, Pardus.
Pantaleone (de dom.), 1133-1139; 235, 250. V. Pantaleo, Sergio.
Papara, 1153; 275. V. Alagernus, Iohannes.
Papazzo, 1125; 211, 213. V. Lupinus, Sergius.
Pappa, 1172; 342. V. Iohannes, Leo.
Pappalardo, 1060; 106. V. Marius.
Paradiso, 1081-1099; 123, 153. V. Iohannes, Petrus, Sergius.
Pardo (de), 1099-1105; 154, 159, 176. V. Iohannes, Muscus.
Pardo com. (de), 971-1184; 16, 18, 61, 120, 323, 408. V. Iohannes, Ursus, Sergius, Maria, Maurus, Leo, Muscus, Pando, Bernardus, Pardus, Constantinus.
Pardo (de dom.), 1096-1115; 151, 197. V. Ursus.
Pardus de Mauro de Agathi, 907; 2.
Pardus com., 931 (1004-1107); 5, 29, 177.
Pardus de Leone com., (939-1098); 10, 135, 146.
Pardus de Iohanne, 993; 24.
Pardus iudex, 1091-1094; 140, 150.
Pardus de Tauro com. de Pardo com., (1107); 177.
Pardus de Iohanne de Pantaleone com., (1117); 199.
Pardus, dom, (1122-1186); 202, 298, 418.
Pardus f. Mauri de Maurone com., (1132); 231.
Pardus abbas monast. S. Quirici, 1146-1174 (1188); 263, 283, 302, 309, 311, 313, 314, 317, 323, 331, 335, 342, 346, 349, 351, 430, 431.
Pardus de com. Urso, (1169); 333.
Pardus f. Sergii de Pardo com., (1184); 408.
Parruzzula (da la), 1174; 351. V. Sergius.
Pascalis f. Petroni de iacono Disideo, 1196; 454.
Pascha filia Sergii da Tabernata, 1172; 345.
Pascha presb. et curialis, 1183; 403.
Paska filia Ursi Pironti, 1182; 400.
Pastellaro, 1062; 111. V. Leo.
Pastinum (ad), locus Stabie, 987-1036; 20, 22, 66.
Pastinu (da lu), fam., 1104-1198; 172, 203, 465. V. Binerus, Leo, Taurus, Ursus.
Paterno Maiore (Tramonti), 1181-1183 389, 390, 402.
Paterno pizzulo, 1183; 404.

Paterno (de), 1127-1130; 222, 231. V. Petrus, Sergius.
Patricinus, 1200; 475. V. Palumbus.
Patrilano, Patriziano, 993; 23. V. Bonus, Iohannes.
Pecara (Tramonti), 1007-1188; 35, 43, 65, 222, 228, 229, 256, 284, 285, 349, 430.
Pecara (da), 1011-1137; 43, 248. V. Constantinus, Serglus, Sisinnius.
Pedemallu, Pedemullu, 977-1051; 16, 99. V. Petrus.
Pelagiame, 1062; 111. V. Sergius.
Pelagiano, locus, 1123-1188; 207, 244.
Pellicza, fam., 1084; 125. V. Leo, Petrus.
Pendulo, locus, 1004; 29.
Penna (da), 1184; 412. V. Iohannes, Sillecta.
Penta uxor Mauri de Abentio com., 1105; 176.
Persona (da la), fam., 1181; 392.
Petantio, Petanzum, 1144-1182; 258, 317, 372, 401. V. Iohannes, Leo, Petrus, Sergius.
Petra Pirtusa o Pertusola locus Tramonti, 1092-1168; 144, 324.
Petracca f. Ursonis Gallardi, 1150; 267, 268.
Petroccius Castallomata, (1112); 190.
Petro presb. et cardenarius, 1151; 270.
Petro f. d. Musci Faba, (1179); 378.
Petronus de iacono Disideo, (1196); 454.
Petro com. (de), 1007-1020; 33, 55. V. Marinus, Maurus, Pizzulus, Constantinus.
Petrus f. Iohannis de Mauro com., 939; 6, 7.
Petrus, famulus Ursi Mangi, 939; 8, 9.
Petrus de Stephano, (947-1099); 11, 154, 156, 158.
Petrus de Urso com. Finipipulo, 964; 11.
Petrus f. Leonis de Iohanne com., 964 (990-1011); 12, 22, 44.
Petrus de Campulo, (970); 13.
Petrus f. Petri Pedemullu, 977 (1051); 16, 99.
Petrus Pedemullu, (977); 16.
Petrus f. Ursi, 977; 17.
Petrus f. Leonis da Baniara, 990; 21.
Petrus f. Fluri, 993; 24.
Petrus f. Constantini de dom. Sirico, 993-1013; 24, 48.
Petrus com. f. Iohannis de Leomari, 1008; 39.
Petrus de Marino, 1008; 39.
Petrus de Lauri, 1008; 40.
Petrus Lupirisius, (1008); 40.
Petrus Scossaberum (Scorsavere), 1008 (1043-1086); 41, 86, 127.
Petrus Auricenna, 1008; 41.
Petrus Rapicane, 1012; 45.
Petrus presb. de S. Iohanne de Aquola, (1018); 49.
Petrus princeps Beneventi, 1018; 52.
Petrus not. Salernitani Palatii, 1018; 54.
Petrus scolsaiz et comes Salerni, 1018; 54.
Petrus f. Iohannis presb. de lubu, 1020; 55, 56.
Petrus da Muru, (1020); 55.
Petrus f. Iohannis Plagese, 1033; 60.
Petrus f. Musci, 1033; 61.
Petrus f. Stephani de Marino, 1034-1053; 62, 84, 98, 100, 103.
Petrus f. Ursi Maliscalchi, 1035; 65.
Petrus presb., 1036-1041; 67, 85.
Petrus presb. et primicerius, 1036-1041; 67, 85.
Petrus presb. f. Leonis de Ada, 1036; 67.
Petrus Claratrovus, (1036); 69.
Petrus presbit. f. Petri Claratrovi, 1036; 69.
Petrus presb. f. Iohannis Quattuorpedi, 1036; 73.
Petrus f. Mastali Alzasepe, 1037; 74.
Petrus Cannabarius, (1037); 74.
Petrus f. Rose o de Rosa, 1041 (1051); 85, 98.
Petrus presb. da Cinte, 1043; 86.
Petrus f. Sergii de Iordano, 1048; 96.
Petrus de Maurone, (1058); 103.
Petrus (pater Fortunati diac. cur.), (1058); 104.
Petrus iudex Salerni, 1060; 105, 108.
Petrus, 1060; 106.
Petrus f. Sergii Zappafossa, 1062; 110.
Petrus Zappafossa, (1062); 110.

Petrus f. Marini Benusi, 1080; 121.
Petrus f. Petri Zacculillu, 1081; 123.
Petrus Zacculillu, (1081); 123.
Petrus presb. f. Leonis Pellicza, 1084: 125.
Petrus presb. scriba, 1084: 125.
Petrus f. Ursi Muscarita, 1086: 127.
Petrus f. Petri Scossabere, 1086; 127.
Petrus, quidam Nucerie, 1087; 134.
Petrus protonot. (Nucerie), 1087; 134.
Petrus f. Stefani, (1090); 135. V. Petrus de Stefano.
Petrus Maczamorte, (1090): 138.
Petrus f. Iohannis Biscatari, (senior), 1096-1115 (1188); 151, 195, 197, 432.
Petrus Paradisus, (1099 ; 153.
Petrus Boccavitello, (1099); 153.
Petrus Bespulus, (1099); 157.
Petrus f. Iohannis Pagurilli, 1104; 170.
Petrus da la Lama, (1108); 178.
Petrus iudex, 1112-1144; 190, 192, 193, 205, 209, 210, 213, 218, 226, 234, 238, 246, 259.
Petrus Curbolinus, (1117); 199.
Petrus de Ala, 1120; 200, 201.
Petrus de Candido, 1123; 208.
Petrus presb. f. Leonis Codari, 1125; 211, 212, 213, 214, 215, 216.
Petrus Scannapecus, (1126-1198); 217, 461.
Petrus Erarius, (1127); 220.
Petrus Favaronia, (1127-1136); 221, 228, 229, 233.
Petrus f. Sergii Pezenna, (1127); 222.
Petrus presb. f. Sergii de Paterno, 1127-1130; 222, 231.
Petrus com., (1127); 224.
Petrus iudex f. Leonis Aurificis, 1130; 228, 229.
Petrus de Iohanne com., (1132); 231.
Petrus f. Sergii Brancatuli, (1133); 233.
Petrus de Maria, (1136); 239.
Petrus de Iaquinto, 1137; 242, 243.
Petrus f. Ursi da lu Planu, 1142; 252.
Petrus da Toru, (1142); 252.
Petrus presb. et primicerius, 1142; 256.
Petrus Punzus, (1144); 258.
Petrus f. Leonis Rapicane, 1146 (1177); 263, 264, 374.
Petrus presb. Factiruso, 1146; 264.
Petrus Gizzulus, (1148); 265.
Petrus f. Leonis Musca stratigotus Rabelli, 1150; 267, 268.
Petrus f. Sergii de Iennario, 1153; 274, 275.
Petrus da Torri, (1157); 289.
Petrus f. Leonis da Filictu, (1157); 290.
Petrus Savina, (1157); 290.
Petrus f. Constantini Piczari, (1058); 295.
Petrus de Pumaro, (1159); 299.
Petrus f. Iohannis Strina, 1159; 299.
Petrus, dom., (1160); 303.
Petrus f. Iohannis de Bilingario, 1164-1165; 309, 313, 314.
Petrus de Auria, (1165); 313, 314.
Petrus Petantius, (1166-1177); 317, 372.
Petrus f. Truppoaldi iudicis, 1166; 319.
Petrus f. Sergii da le Olibe, 1167; 321.
Petrus f. Leonis da la Parruczula, 1171; 335.
Petrus Castallomata, (1172-1192); 337, 357, 437, 459.
Petrus et not. advocatus (Salerni), 1172; 342.
Petrus f. Sergii Guarizzuli, 1174-1188; 349, 350, 430, 431.
Petrus (pater Fortunati diac. et cur.), (1177-1179) 366, 376, 379.
Petrus f. Dominici de Licardo, 1177; 372.
Petrus de Camera senescalcus Romoaldi archiep. Salernitani, 1179; 380.
Petrus de Sanobeni, (1179); 381.
Petrus Padulensis, 1179; 381.
Petrus notarius Olivani, 1179; 382.
Petrus de Landone, abbas,(1181); 393.
Petrus f. Iohannis da Sancti, 1182; 397.
Petrus Casolla, (1182); 400.
Petrus de Falcone, (1183); 404.
Petrus f. Iohannis Cicerarii, 1184; 411.
Petrus Bininolus, (1184); 411.
Petrus Bracacorata, (1187); 421.
Petrus f. Constantini Campanilis, 1187; 422.
Petrus f. Iohannis Biscatale (iunior), 1188 (1192); 432, 441.
Petrus Imperatus, (1189); 433.
Petrus f. Tauri Galli, (1192); 440.
Petrus Brancia, (1196); 452.
Petrus Fronte, (1196); 452.

Petrus Puctia, (1196 1200); 453, 471.
Petrus presb. da Casanova, 1196; 457.
Petrus f. Leonis Trauncelli, 1198; 460.
Petrus Agerolanus f. Iohannis, (1198); 460, 461.
Petrus f. Silvestri macellarii, 1198; 464.
Petrus cler. f. Sergii Brancia, 1200; 469.
Pezenna, 1127; 222. V. Petrus, Sergius.
Picara, 1007; 35. V. Pecara.
Picara (da), 1007; 35. V. Pecara (da).— V. Sergius, Sisinnius.
Piccicota (a la), locus Licteris, 1139; 247.
Picetula, 1148; 265. V. Leo, Zucza.
Piczari, fam., 1158; 295, 296. V. Constantinus, Gayta, Gemma, Leo, Marocta, Mira, Petrus, Theodonanda.
Piczilli, 1099; 155. V. Constantinus.
Pigellula. V. Pugellula.
Pilingii, 1142; 253. V. Iohannes, Sergius, Voccia.
Pilliza, Pillizu, fam., 1043-1172; 86, 337. V. Constantinus, Gregorius, Leo, Iohannes. — V. Pellicza.
Pincta Radicata, 1099; 155.
Pini, castellum, 1012-1182; 47, 83, 399.
Pinoli, fam., 1148; 265.
Pipiano, locus pert. Sirrenti, 1153; 274.
Piro (da), 1182; 397. V. Blactu, Iohannes.
Pironti, fam., 1012-1182; 46, 50, 267, 323, 399, 400. V. Leo, Sergius, Gaudiosus, Ursus, Maurus, Urso, Constantinus, Paska.
Pisacane, fam., 1160; 331. V. Fuscus, Iohannes, Ursus.
Pisani, fam., 1200; 472. V. Iohannes, Pandulfus, Pantaleo.
Pisani cives, 1142; 253.
Piscicelli, fam., 984; 18. V. Sergius.
Piscine (ad), locus Anecapri, 1036; 73.
Piscopi, fam., 1123-1187; 207, 279, 419. V. Anna, Constantinus, Leo, Sergius, Urso.
Pitru (da), fam., 1186-1192; 417, 437. V. Maria, Sergius.
Pizzicota (a la), locus Licteris, 1182: 401.
Pizzillo, fam., 1020-1177; 56, 155, 364. V. Constantinus, Manso, Mastalus, Muscus.
Pizzulus de Petro com., (1020); 55.
Plagese, 1033; 60. V. Iohannes, Petrus.
Plagiano, locus, 1161-1200: 306, 333, 409, 472, 474, 475. V. Pelagiano.
Planum Amalfie, 1179; 378.
Planu (da lu), 1142; 252. V. Cara, Iohannes, Leo, Petrus, Tucza, Ursus.
Plazza (da), fam., 1137; 242.
Pluppitu (da), 1166-1178; 319, 377. V. Bernardus, Sergius.
Polberosa, locus, 1187: 425.
Pollastrella, 1120; 201. V. Leo.—V. Pullastrella.
Ponte Primaro, 1006-1198; 31, 32, 92, 101, 102, 103, 121, 217, 261, 292, 461, 462.
Ponte Primaro (da), 1006; 31. V. Sergius.
Porcarus, 1166; 319. V. Iohannes.
Porta Licteris, 1081; 124.
Porta Amalfie, 1172; 343.
Porta Flaianella (Amalfie), 1179; 378.
Porta de la Sandala (Amalfie), 1179; 378.
Porta Elini (Salerni), 1198; 463-464.
Porta (da la), fam., 1058-1115; 101, 151, 197. V. Alferana, Iohannes, Theodonanda.
Portulanus, 1189; 436. V. Iohannes, Leo.
Positanum, 1154-1200; 276, 282, 363, 365, 475.
Prata (de), 1146; 260. V. Lando.
Presbiter (de lu), 1198-1200; 461, 469. V. Iohannes, Leo, Theodonanda.
Prisi filia Iohannis da la Turina, 1180; 387.
Profundus, 1058; 102. V. Leo.
Protonobilissimus, 1115-1182; 196. 229, 232. V. Maurus.
Publicus in Argentaro, 1004; 29.
Publicus in Pecara, 1007; 35.
Publicus in insula Capritana, 1048; 96.
Publicus in Reginni Maiori, 1113; 190.
Puctia, Puczia, 1196-1200; 453, 471. V. Pandulfus, Petrus.
Pugellula, Pigellula, 1005-1200; 30, 200, 220, 326, 327, 330, 344, 345, 355, 369, 371, 378, 384, 385, 386, 411, 469.
Pulberaccio, serra (Cetare), 1060: 106.
Publicu, locus, 1099; 155.
Pulcharo (de), 1033-1178; 59, 377.
Pulcharo (de dom.), 1090-1142; 139, 147, 148, 152, 156, 173, 254.

Pulcharo com. (de), 922-1193; 4, 12, 202, 204, 205, 292, 443. V. Maurus, Manso, Sergius, Iohannes, Ursus, Pulcharus, Rodelaita, Marinus, Gregorius, Pantaleo, Lupinus, Mauro, Ferracus, Lodelgrima.
Pulcharus f. Mauri com., 970; 14.
Pulcharus Mariscalcus, (1005); 31.
Pulcharus presb., 1043: 87.
Pulcharus f, Mauri com. (iun.) 1046-1080; 95, 102, 122.
Pulcharus de Domina Gola, 1062; 111.
Pulcharus, dom., (1077-1200); 119, 428, 474.
Pulcharus f. Pardi de Pardo com., (1187); 177.
Pulcharus Cariulus, (1120); 200.
Pulcharus f. Ursi de Pulcharo com., (1122); 202.
Pulcharus f. Mauri de Iohanne com., (1132); 231, 232.
Pulcharus f. d. Iohannis, (1148); 265.
Pulcharus f. Leonis Budeti (sen.), (1166); 315.
Pulcharus f. Leonis Budeti (iun.), 1166: 315, 316.
Pullastrella, 1102-1120; 163, 201. V. Leo, Ursus.
Pulvirini, fam., 1035; 63. V. Iohannes, Marinus
Pumaro (de), 1020-1159; 56, 299. V. Leo, Petrus, Ursus.
Pumicara, locus Cetare, 1060; 106.
Pumice (ad), locus Amalfie, 907-1172; 2, 71, 199, 343.
Punieca, 1188; 427. V. Maurus, Sergius, Ursus.
Punticcio, locus Reginnis Maioris, 1087; 132.
Punticcio (da), 1111; 184. V. Manso, Maurus, Iohannes.
Punticito, locus Babelli, 1039-1129; 79, 143, 227.
Punticito (da), 1092; 143. V. Drosu, Marinus, Mauronus.
Puntone, locus (Scale?), 1182; 399.
Punzus, 1144; 258. V. Petrus.
Purpura rel. Mauri de Pantaleone com.. 1117; 199.
Purpura f. Mauri f. Mauri Angularii, 1169; 332.
Purpura f. Mauri de Leone com., 1184; 408.
Purpura f. Leonis Trauncelli, 1198; 460-461.
Purzano, locus Ageroli, 1104; 174.
Pusillara, locus Graniani, 997-1085: 25, 26, 118, 126.
Pusillus, 1099; 153. V. Mastalus.
Pustopla, locus, 1156; 287. V. Bostopla.
Pustopla (da), 1112; 186. V. Constantinus, Sergius, Ursus.
Pustopla (da), funtana, 1156; 287.
Pustractum, locus, 1169-1176; 328, 337, 355.
Puzzu (da), 987-1123; 20, 87, 207. V. Maria, Sergius, Stefanus, Ursus.

Q

Quacquarinus, 1200; 475. V. Iohannes.
Quatrarii, fam., 947-1200; 11, 472, 473, 474. V. Iohannes, Leo, Sergius.
Quattuor Bille, locus Licteris, 1139; 247.
Quattuorpedi, 1036; 73. V. Iohannes, Petrus.

R

Rabellum, Ravellum, 1018-1189; 50. 72. 79, 159, 161, 226, 267, 268, 347, 391, 483.
Rabellum captum a Pisanis, 1142; 253.
Rachele f. Gregorii Cacapice, 1193; 444.
Radicata, fam., 1099; 155. V. Pincta.
Radicosa, locus, 1012-1196; 47, 437, 455, 457.
Raginolfus, 939; 6.
Ramarii, fam., 1169-1200; 327, 343, 355, 358, 371, 378, 407, 411, 422, 460, 463, 472, 473, 476. V. Constantinus, Leo, Maurus.
Ranula, grocta, 1177; 370.
Rapa, 1127; 221. V. Constantinus, Ursus.
Rapicane, fam., 1007-1178; 36, 45, 46, 56, 57, 247, 263, 264, 372, 374, 375, 376. V. Iohannes, Petrus, Marenda, Ursus, Marocta, Leo, Urso, Guilielmus.
Rascica, fam., 1179-1196; 378, 453. V. Iohannes, Leo, Sergius.
Ravellensis, quidam, 1177; 367.
Ravellum, 1018; 50, V. Rabellum.
Redentiana f. Gregorii Cacapice, 1193: 444.

Regalis rel. Iohannis Viarecta, 1108; 178. V. Rigale.
Regalis f. Ursi f.d. Sergii, 1136; 236, 237.
Reginna seu Reginnis Maior, 964-1200; 12, 32, 70, 101, 113, 129, 132, 145, 152, 156, 167, 179, 180, 184, 190, 191, 223, 235, 249, 251, 273, 285, 347, 348, 351, 403, 423, 446, 448, 468, 478.
Reginnis Minor, 1091-1104; 140, 149, 168, 169.
Reiola, locus, 1169; 329.
Reiola, 1177; 367. V. Iohannes, Manso, Stefanus.
Renda uxor Mansonis de Musco com., 997; 25, 26, 27.
Resinam (ad), locus Amalfie, 1169-1176; 325, 355.
Riccardus, (1060); 106.
Riccardus f. Sellicti, 1060; 106.
Riccardus Boccassi, (1150); 269.
Riccardus iudex, 1156-1177 (1200); 288, 291, 296, 366, 471, 476.
Riccardus de Docibile, 1164; 309.
Riccardus imp. iudex f. Riccardi iudicis, 1200; 471, 476.
Riccu, 1035-1044; 64, 89, 92. V. Constantinus, Iohannes.
Rigale f. Sergii de Palumbo, 1184; 406, 407. V. Regalis.
Rigale uxor Lupini Galatuli, (1186); 415.
Rigale f. Gualandi (de Ienua), 1187; 419.
Ripa (ad), locus Tramonti, 1184; 413.
Risus, dom., 1151; 271.
Rizzoli, Rizzuli, fam., 1180-1196; 387, 412, 418, 455. V. Anna, Gaudius, Iohannes, Marinus.
Robbertus dux Italie (et Amalfie), 1079 (1113); 119, 190.
Robbertus diac. f. Martini primic., 1130; 231.
Robbertus de Docibile, 1164; 309.
Robbertus Barbella, (1194); 451.
Rocca (da la), 1161; 308. V. Anna, Maurus.
Rodelaita. V. Rodolaita.
Rodi (de), quedam mulier, 1144; 258.
Rodolaita f. Leonis de Leone com., 1087; 132.
Rodolaita, 1099; 155.
Rodolaita f. Sergii de Pulcbaro com., 1122; 202.
Roffredus f. Castelmanni com., (1193), 444.
Rogadeum, Rogadio, fam., 1018-1189; 49, 50, 159, 161, 268, 269, 337, 392, 435. V. Leo, Iohannes, Maurus, Ursus, Sergius, Constantinus, Mauro, Iacobus, Urso.
Rogata uxor Ursi Meiadirtu, 1090; 136.
Rogata f. Iohannis de Anna, 1177; 366.
Rogerius Cappasancta, 1036; 68.
Rogerius dux Italie (et Amalfie), 1079-1108 (1113); 119, 137, 139, 163, 177, 178, 190.
Rogerius rex, 1136-1153; 236, 241, 244, 247, 252, 260, 264, 267, 269, 274.
Rogerius imp. protonobiliss. de com. Maurone, 1136 (1171); 237, 238, 335.
Rogerius abbas monast. S. Viti de Positano, 1144 (1154); 276, 277.
Rogerius rex (f. Tancredi), 1194; 446.
Romano (de), 985; 19. V. Ursus.
Romanus Vicedominus, 1008; 40.
Romanus Sponioba, 1035; 63.
Romoaldus iudex Salerni (sen.), 1018; 54.
Romoaldus iudex Salerni (iun.), 1171; 359, 360, 361.
Romoaldus Archiepiscopus Salernitanus, 1179; 380, 381.
Roppuli, fam., 1062; 111, 112
Roppulus, 1062; 112.
Rosa, 1041; 85.
Rosa (de), 1018-1051; 49, 89. V. Constantinus, Maurus, Petrus.
Rospulum, locus Tramonti, 1092-1174; 144, 172, 202, 240, 272, 351.
Roti, fam., 947; 10. V. Iohannes, Mastalus, Ursus.
Rufuli, fam., 1181; 391. V. Iohannes, Leo, Sergius.
Rumbu (da lu), 1167; 321. V. Maurus, Sergius.
Rumualdo (de), fam., 1086; 128.
Runtiano, locus Stabie, 1051; 98.
Russiniu (de), 1113; 194. V. Leo, Sergius.
Russingius f. Iohannis com., 1158; 297.

S

Sabastani, fam., 1161; 306. V. Savastiano, Sebastiani.

Sabellus f. Iohannis Factirusi, 1181; 392.
Sabuco, locus Rabelli, 1181; 391.
Salbatico, 1011; 42. V. Marinus, Ursus.
Salerno (da), 1182; 395. V. Constantinus, Gemma, Iohannes, Limpiasa.
Salerni principatus, 1040-1041; 81, 83.
Salernitanum palatium, 1060; 105.
Salernum civitas, 997-1198: 27, 52, 128, 136, 155, 224, 339, 359, 361, 417, 454, 459, 463.
Salicem (ad), locus in Aurano, 1041; 84.
Salvacasa, 1196; 456. V. Leo.
Salvator da Cospi, 1092; 141.
Salvia (de), 1139; 247. V. Iohannes.
Sanctese, 1159; 299. V. Ursus.
Sancti (da), 1182: 397. V. Iohannes, Petrus, Sergius.
Sancti Stefani campus, locus Amalfie, 1177: 364.
Sancto Agnello, 1109; 182. V. Iohannes.
Sancto Angelo (da), 1184; 411. V. Alferana, Leo.
Sancto Felice (turris de), 1151; 270.
Sancto Iohanne (da), 1086; 128. V. Iohannes.
Sancto Iohanne da Aquola (de), 1018: 49. V. Iohannes, Petrus.
Sancto Luca, locus Pelagiani, 1123-11 1: 207, 245, 308.
Sancto Petro (da), 1104; 174. V. Iohannes, Sergius. Stefanus.
Sancto Trifone, locus, 1011: 42.
Sandala, locus Amalfie, 1176-1180; 354, 384. V. Porta.
Sangilius de Sirrento, (1179-1200); 383, 389, 393, 395, 413, 415, 430, 432, 442, 465, 476.
Sanguineto, locus, 1099; 153.
Sanobeni (de), 1179; 381.
Sapatini, fam., 1139-1146; 247, 260. V. Benedictus, Iohannes, Ursus.
Sardella, 1123: 207. V. Constantinus.
Sardena f. Pantaleonis Mingi, 1188; 427, 428, 429.
Sassus. V. Saxus.
Savastiano (de), 907; 1. V. Mastalus, Pantaleo.
Savina, 1157; 290. V. Gemma, Petrus.
Sassus Boccagrassus, (1182: 400.
Saxus Muscusita, (1051); 98.
Scala, civitas, 907-1182; 1, 328, 355, 361, 362, 376, 387, 399.
Scalensis via, 939; 8.
Scalenses fines, 1142; 255.
Scancarelli, 987-990; 21, 22.
Scangula, 1102-1166; 165, 315. V. Sergius, Zucza.
Scannapecum, fam., 1094-1198; 149, 217, 368, 461. V. Constantinus, Drosu, Leo, Petrus, Taurus.
Scapharea, 1194; 450. V. Martinus.
Scaticampuli, fam., 1036-1117; 71, 79, 199. V. Anna, Anthiocia, Drosu, Iohannes, Sergius, Ursus.
Scimmosa, fam., 1181; 392.
Scirice, fam., 1062-1200; 111, 166, 260, 472. V. Bartholomeus, Lupinus, Maru, Maurus, Sergius.
Sclabi, fam., 1198-1200; 465, 476. V. Leo, Matheus.
Sclara, locus Licteris, 1139; 247.
Sclinilli, fam., 1058-1146; 104, 112, 260. V. Constantinus, Leo, Sergius, Ursus.
Scolasteca mon. f. Mauri de Iohanne com., 1099; 156.
Scorphina, 1177; 364. V. Sergius.
Scorsavere, Scossabere, 1008-1086; 41, 86, 127. V. Petrus.
Scropha, 1200; 471, 474. V. Pandulfus, Pantaleo, Sergius.
Sebastiani, fam., 1167; 321. V. Leo, Manso. — V. Sabastiani.
Secundus, 1127; 222. V. Iordanus.
Sellictus, (1060); 106.
Sellictus f. Sellicti, 1060; 106.
Sementarius, 1187; 420. V. Cyrus.
Senda, 997; 26. Errore per Renda in Chart. S. M. de Funtanella.
Sentecli, locus Reginnis Maioris, 1194; 448. V. Sintecli.
Sepe (da la), 1151; 270. V. Iohannes, Lupinus.
Sere, 1018; 50. V. Eccl. S. Petri ap.
Sergio (de), 1053-1090; 103, 116, 119, 120, 124, 127, 130, 137. V. Gregorius, Leo.
Sergio com. (de), 939-1037; 7, 12, 16, 18, 28, 30, 52, 64, 65, 77. V. Manso, Iohannes, Muscus, Sergius, Leo, Ursus, Constantinus, Lupus, Maurus.
Sergius com. Antivarone, 907; 2.

Sergius com., (939); 6.
Sergius dux Amalfie, 964; 11
Sergius de Urso com. de Campulo, (970-1007); 13, 37, 38.
Sergius f. Iohannis de Sergio com., 977 ; 16.
Sergius de Urso de Sergio com., (977-998); 16, 28.
Sergius de Leone de Sergio com., (971) ; 16.
Sergius iudex, 977; 17.
Sergius de Leone de Cunari, (984) 18.
Sergius de Urso com. de Pardo com., 984 ; 18.
Sergius Victorinus, (984); 18
Sergius Piscicellus, 984; 18.
Sergius presb. scriba, 984; 18.
Sergius dux Amalfie, 985; 19.
Sergius da Puzzu, (987); 20.
Sergius Scancarellus, (987-1011) ; 21, 22, 44.
Sergius de Mauro com., (990-1011); 22. 44.
Sergius de Musco com., (993) ; 23.
Sergius com. de dom. Sirico, (993-1013); 24, 48.
Sergius de Constantino de Leopardo, (998-1012)· 27, 47.
Sergius de dom. Iohanne, (998); 27.
Sergius dux Amalfie, 1004-1024 ; 30, 35, 39, 48, 49, 56 : (1155); 287.
Sergius Ferafalcone, 1004 ; 30.
Sergius da Ponte Primaro, (1006); 31.
Sergius f. Sergii da Ponte Primaro, 1006; 31.
Sergius Barbagelata, (1006); 31.
Sergius protospatarius, (1006); 32.
Sergius f. Sisinni da Ptcara, 1007-1011; 35, 43.
Sergius f. Constantini de Constantino com., 1007-1048; 35, 97.
Sergius de Leone de Constantino com., (1007); 35.
Sergius de Aligardo, (1007); 35.
Sergius de Iohanne com. de Armogenio com., (1007); 36, 37.
Sergius com. de Armogenio com., 1007 ; 36.
Sergius de Marino, (1008); 39, 41.
Sergius Cardillus f. Petri Lupirisi, 1008 ; 40.
Sergius de Iohanne com., (1012) ; 44;
Sergius de Gaudioso Pironti, (1012). 46.
Sergius de dom. Marenda, (1012); 46.
Sergius f. Stefani de Maurone, 1018 ; 49.
Sergius de Mauro Rogadeum, (1018) ; 50.
Sergius Pironti, 1018; 50.
Sergius Ferraci, 1018, (1175); 50, 353.
Sergius de Maurone com. o com. Mauronis, (1018-1115) ; 51, 137, 147, 148, 151, 170, 173, 176, 185, 196, 197, 198.
Sergius f. Sergii de Maurone com., 1018 ; 51.
Sergius Aturello (a Turello?), (1018-1100) ; 51, 161.
Sergius de Lupino da Tirrinio (sen.) (1033); 58.
Sergius f. Lupini da Tirrinio, (iun.), 1033 ; 58
Sergius (pater Iohannis scribe), (1033-1090); 59, 61, 62, 75, 79, 95, 137.
Sergius dux Amalfie, 1033-1062 (1094); 60, 103, 104, 110, 149.
Sergius de Pantaleone, (1034-1044); 62, 89, 92.
Sergius de Lupo de Sergio com., (1035) ; 64, 65.
Sergius iudex, 1035-1048; 65, 72, 97.
Sergius f. Mauri de Sergio com., 1035; 65.
Sergius de Leone de Carovivi, (1036); 66.
Sergius diac. scriba, 1036-1041: 67, 85.
Sergius da Palumola, (1036); 67.
Sergius scriba, 1036; 72, 74.
Sergius de dom. Mauro, (1036): 73,
Sergius f. Mauri de d. Mauro ; 1036, (1062); 73, 111, 112.
Sergius Cullonanna, (1037); 75, 77, 79.
Sergius f. Gregorii de Constantino com., 1037; 78.
Sergius de Urso com. Scaticampulo, (1039); 79.
Sergius f. Ursi Scaticampuli (iun.), 1039; 79, 80.
Sergius de Mauro com. Monteincollo, (1044-1157): 92, 101, 102, 292.
Sergius f. Leonis de Bonosu o Bonasi, 1044 (1053): 93, 102.

Sergius presb. Sirrentinus, 1046 (1092-1109); 94, 142, 150, 166, 168, 180, 182.
Sergius f. Iohannis scribe, 1046-1058; 95, 102.
Sergius de Iordano, (1040): 96.
Sergius de lu Iudice, (1058); 104.
Sergius f. Sergii de lu Iudice, 1058-1090; 104, 138.
Sergius f. Constantini, 1061 ; 109.
Sergius diac. f. Maio(nis) de Iannu, 1061; 109.
Sergius f. Leonis Cullusigillu, 1062; 110.
Sergius f. Sergii Zappafossa, 1062 (1099); 110, 155.
Sergius f. Petri Zappafossa, (1062); 110.
Sergius de Leone de Mansone com., (1062-1188); 110, 159, 217, 461.
Sergius Pelagiame, 1062; 111.
Sergius de Lupino de Maurone com., (1066-1090); 114, 116, 137.
Sergius Mactellus f. Pantaleonis, 1066; 114.
Sergius Dentice, (1079); 120.
Sergius f. Marini Benusi, 1080; 121.
Sergius f. Ursi Benusi, 1080; 121.
Sergius abbas monast. S. Quirici, 1081-1084; 123, 124.
Sergius scriba f. Iohannis cur., 1085-1094; 127, 133, 148. V. Sergius f. Iohannis scribe.
Sergius Cannabarius, (1087); 130.
Sergius f. Iohannis iudicis, (1087-1126); 131, 140, 171, 175, 180, 188, 192, 218.
Sergius f. Leonis Cannabarii, 1087; 131.
Sergius f. Mastali de Leone com., 1090 (1093); 135, 146.
Sergius Meiadirtu, (1090); 136.
Sergius f. Dolfine Cacapice, 1090; 138.
Sergius presb. f. Constantini da Butablo, 1092; 141.
Sergius f. Leonis Ferafalcone, 1092; 142.
Sergius, dom., (1092); 144.
Sergius Musceptula, (1092-1100); 144, 160, 163.
Sergius f. Iohannis da Lapora, 1092-1136 (1174-1184); 144, 203, 210, 346, 383, 393, 413.
Sergius Caccabus, (1092-1100); 144, 163.
Sergius da Lauri, 1096; 151.
Sergius f. Petri Paradisi, 1099; 153, 154.
Sergius f. Constantini de Palumbo; 1099; 157, 158.
Sergius f. Cunnari da Turello, 1100; 161.
Sergius de Lunissi, 1102; 165.
Sergius Scangula, 1102; 165.
Sergius iudex, 1102-1156 (1187-1193) 166, 168, 177, 180, 185, 188, 189, 200, 205, 206, 266, 271, 283, 420, 445.
Sergius f. Gregorii Ferafalcone, (1102); 166.
Sergius f. dom. Marini, 1102 (1127); 167, 225.
Sergius f. Sergii f. d. Constantini, 1102; 168
Sergius f. d. Constantini, 1102; 168.
Sergius f. Constantini Pagurilli, 1104; 170.
Sergius Ferafalcone, 1104; 171, 175. V. Sergius f. Leonis Ferafalcone.
Sergius f. Stefani de Sancto Petro, 1104 ; 174.
Sergius imp. protonobilissimus f. Iohannis com. Mauronis, 1105; 176.
Sergius de Leone de Leopardo, (1107); 177.
Sergius Iobene, (1109); 180.
Sergius f. Sergii diac. Castallomata, 1109; 162, 183.
Sergius diac. Castallomata, (1109); 182.
Sergius f. Constantini da Pustopla, (1112); 186.
Sergius f. Sergii da Pustopla, 1112 ; 186.
Sergius f. Leonis curialis, (1112); 186.
Sergius Gaurile, (1112), 187.
Sergius da Palmula, (1112); 189.
Sergius imp. protovesti f. Petrocci Castallomata, 1112; 190.
Sergius de Rnssiniu, (1113); 194.
Sergius f. Constantini de Tarvo o Turvo, 1115; 196, 197.
Sergius Galatella, 1115; 196.
Sergius f. Lupini Çocti, 1120; 200.
Sergius Sfisinatus, (1117-1120) 1125; 200, 201, 212, 215.
Sergius f. d. Leonis iudicis, 1120; 201.
Sergius f. Iohannis de Pulcharo com. (sen.), 1122 (1193); 202, 204, 443.
Sergius f. Ursi da Pulcbaro com., (1122); 202.
Sergius f. Pantaleonis Castallomata, (1122); 202.

Sergius f. dom. Pardi, (1122): 202.
Sergius da lu Anglu, 1122; 203.
Sergius, 1122; 203.
Sergius presb., 1122; 204, 206.
Sergius Piscopus, (1123-1187); 207, 419.
Sergius f. Ursi Pagurilli, 1125; 210.
Sergius Papazzus, (1125); 211, 213.
Sergius (Codarus ?), 1125; 214, 215.
Sergius Agerolanus, (1126); 217.
Sergius de Mansone com., (1126-1198); 217, 229, 232, 461.
Sergius f. Pantaleonis Mauronis com., 1126-1179 (1188 ; 218, 254, 301, 352, 384, 319, 427.
Sergius f. Sergii Mannarini, 1126; 218.
Sergius Mannarinus, (1126); 218.
Sergius Caczorus, (1127); 219.
Sergius mon. da Tabernata, (1127-1176); 219, 235, 344, 357.
Sergius f. Iohannis da Tabernata, 1127 (1169-1176); 219, 325, 354.
Sergius de Maurone de Petro Erario, (1127; 220.
Sergius f. Leonis Coppula, 1127; 221.
Sergius Pezenna, (1127); 222.
Sergius presb. de Paterno, (1127-1130); 222, 231.
Sergius f. Musci Agustarizzi, (1127-1200); 223, 225, 269, 283, 309, 474.
Sergius f. Sergii Agustarizzi, 1127-1161 (1167-1200); 223, 269, 270, 283, 309, 321, 334, 358, 398, 448, 452, 474.
Sergius Capuanus, (1127); 225.
Sergius de Turano, (1129); 227.
Sergius f. Iohannis Capuani, (1133-1198); 233, 269, 461.
Sergius f. Leonis de lu Iudice, 1133-1158 (1166-1198); 234, 246, 258, 262, 271, 273, 286, 296, 410, 420, 317, 343, 346, 354, 356, 358, 368, 374, 398, 406, 407, 411, 458, 459, 461.
Sergius f. Mauri de com. Maurone, (1133-1139); 235, 236, 248, 249, 250.
Sergius de dom. Pantaleone, (1133-1159); 235, 250, 299.
Sergius curialis, 1133-1142; 236, 254.
Sergius monachus, (1136); 236.
Sergius, dom., (1136-1156); 236, 271, 281, 286.
Sergius mon. Gattula, (1137); 241.
Sergius Cammaranta, (1137); 241.
Sergius de com. Urso, (1138); 244.
Sergius presb. Factiruso, 1139; 247.
Sergius f. Iohannis Pilingii, (1142); 253.
Sergius f. Iohannis Calendola, 1142; 253.
Sergius Spatella, (1142); 253.
Sergius Mitiicola, (1142); 255.
Sergius f. Leonis Guarizzuli, 1144 (1174-1188); 256, 349, 430.
Sergius Petanzus Cafica, 1144; 258.
Sergius f. Mauri Scirice, 1146, 260.
Sergius Sclinillus, (1146); 2 0.
Sergius f. Ursi Campanella, (1146); 260, 261.
Sergius f. Ursi dom. Pulchari, 1146; 260.
Sergius Scirice, (1146-1200); 260, 472.
Sergius cler. scriba, 1146-1151; 262, 266, 271.
Sergius Collogattus, (1148-1177); 265, 368.
Sergius f. Landolfi Capuani, 1148-1158; 266, 269, 270, 273, 278, 280, 286, 288, 291, 298.
Sergius iud. f. Constantini Mutilionis, 1150; 268.
Sergius presb. scriba f. Riccardi Boccassi, 1150; 269.
Sergius f. Mauri Rogadio, 1150; 269.
Sergius cler. et cur. scriba, 1152-1154; 273, 278. V. Sergius cler. scriba.
Sergius Guindazzus, (1151); 271.
Sergius de Iennario, (1153); 274.
Sergius Ferula, (1155-1158); 280, 283, 298.
Sergius f. Pantaleonis de dom. Musco, (1156); 287.
Sergius Brancatulus, 1157; 290
Sergius cler. geminus curialis. 1157-1169; 291, 309, 313, 317, 321, 323, 330, 334. V. Sergius cler. scriba e Sergius cler. et cur. scriba.
Sergius f. Gregorii de Pulcharo com., (1157); 292.
Sergius f. Mauri com., 1158; 297.
Sergius f. Leonis com., 1158; 297.
Sergius f. Iohannis de d. Pardo, 1158; 298.
Sergius cler. Arcuccia, (1159): 299.
Sergius presb. f. Iohannis, 1159; 300.
Sergius Aurumundus, (1159); 301.

Sergius Caridenti, 1161: 304, 306, 307, 308.
Sergius f. Iohannis da Lauri, 1164; 311.
Sergius notarius, 1165; 314.
Sergius Scangula, (1166); 315.
Sergius Subcoda, (1166): 315.
Sergius presb. f. Bernardi da Plup-piiu, 1166-1178; 319, 377.
Sergius Vulpola, (1166); 319.
Sergius f. Mauri da lu Rumbu, (1167); 321.
Sergius f. Iohannis da le Olibe, (1167); 321.
Sergius Neapolitanus, (1166-1184); 324, 332, 339, 348, 395, 396, 402, 414.
Sergius f. Sergii Neapolitani, 1172-1184; 339, 340, 341, 395, 402, 414.
Sergius iudex Neapolitanus, (1193-1200): 445, 448, 460, 462, 468, 472. V. Sergius f. Sergii Neapolitani.
Sergius f. dom. Iohannis, 1169-1174; 332, 350.
Sergius f. Leonis da la Farruczula, 1171 (1174); 335, 351.
Sergius f. Ursi Bininoli, 1172; 337.
Sergius f. Amati da Tabernata, 1172-1189; 345, 355, 357, 384, 386.
Sergius f. Sergi da la Parruczula, 1174; 351.
Sergius f. Iohannis Mancatelli, (1175); 353.
Sergius f. Petri . . . , (1175); 353.
Sergius f. Mauri Gattula, 1175-1189; 354, 366, 368, 371, 387, 407, 411, 412, 418, 437.
Sergius iudex f. Sergii de lu Iudice, 1176-1200, 356, 358, 406, 459, 461, 473.
Sergius de Amato, (1176); 362.
Sergius Scorphina, (1177); 364.
Sergius iudex Mannarinus, 1177; 364.
Sergius iud. f. Sergii Aurificis, (1177); 370.
Sergius f. Alderici Aurificis, (1177); 370.
Sergius f. Ursi Aurificis, (1177); 370.
Sergius diac. Sfisinatus, 1177; 376.
Sergius f. Leonis Rascica, 1179-1196; 378, 453.
Sergius iud. f. Lupini de Ferraci, 1179; 384.
Sergius f. Iohannis Fasulo, 1180; 386.
Sergius Rufulus, (1181); 391.
Sergius cler. f. Leonis Bove, 1181; 391.
Sergius Bove, (1181); 392.
Sergius f. Iohannis Lispuli, 1182; 397.
Sergius f. Iohannis da Sancti, 1182; 397.
Sergius Pironti, (1182); 399.
Sergius f. Leonis Imperatoris, 1182; 399.
Sergius Ficetula, 1182; 399.
Sergius de Palumbo, (1184); 406.
Sergius f. Mansonis Erarii, (1184); 406.
Sergius de Urso com. de Pardo com., (1184); 408.
Sergius f. Iohannis de Pardo com., 1184; 408, 409, 410.
Sergius f. Pandonis de Pardo com., (1184); 408.
Sergius f. Mauri de Iusto com., 1184; 408.
Sergius f. Pardi de Pardo com, 1184; 408.
Sergius f. Leonis de Berna comitissa, (1186); 415.
Sergius f. dom. Cioffi seu de Cioffo, 1186-1196; 416, 457.
Sergius Iovenc, 1186; 417.
Sergius f. Sergii Grunii, 1187; 419.
Sergius Grunius, (1187); 419.
Sergius iud. de Alderico, (1187); 420.
Sergius de Lupino de Sergio iudice, (1187); 420.
Sergius f. Iohannis Mansarini, 1187; 420.
Sergius f. Stefani Lantari, 1187; 424, 425, 426.
Sergius Cappasancta, (1187-1194); 424, 431, 433, 442, 447.
Sergius f. Iohannis Punicca, 1188; 427.
Sergius Mortella, (1188); 428.
Sergius f. Mansonis Mingi, (1188); 428.
Sergius f. Sergii Mingi, (1188); 428.
Sergius Marcellus f. Pantaleonis, 1188; 429, 433.
Sergius f. Iohannis Guarizzuli, 1188; 431.
Sergius f. Iohannis de Iohanne com., (1189); 434.
Sergius f. Mansonis Capuani, 1189; 436.
Sergius de Pitru dictus Cazzecanosa, (1192); 437.
Sergius Bespulus, (1192); 439.
Sergius f. Sergii de Pulcharo com., 1193; 443, 444.

Sergius f. Iohannis de Pulcharo com. (iun.), (1193); 443.
Sergius f. Lupini de Pulcharo com., (1193); 443.
Sergius Cacapice, (1193); 444.
Sergius Guardapedem, (1194); 448.
Sergius da Funtanella, (1194); 448.
Sergius de Athenasio, 1194; 450, 451.
Sergius f. Petri Fronte, (1196); 452.
Sergius f. Sergii Capuani, 1196; 453, 458.
Sergius Capuanus, (1196-1200); 453, 458, 471. V. Sergius
Sergius f. Gregorii de Leone com., (1193); 443.
Sergius Barbalonga, (1196); 455.
Sergius Guascia, (1196); 455.
Sergius de Macari, (1196); 456.
Sergius f. Leonis Salvacasa, (1196); 456.
Sergius, dom., (1196); 456.
Sergius diac. f. Sergii Sfisinati, 1197; 458.
Sergius f. Iohannis Sfisinati, (1197); 458.
Sergius Sfisinatus, (1197); 458.
Sergius cler. f. Leonis Trauncelli, 1198; 460.
Sergius da Mitruda, (1198); 461.
Sergius da Torri, (1199); 467.
Sergius Brancia, (1200); 469.
Sergius Calarusus, (1200); 469.
Sergius Gammardella, 1200; 470.
Sergius Scropha f. Pandulfi, 1200; 471, 472, 474.
Sergius, (1200); 471.
Sergius f. Mansonis Zirinda, 1200; 473.
Sergius f. Sergii Quatrarii, (1200); 474.
Sergius Quatrarius, (1200); 474.
Sergius f. Pantaleonis de dom. Constantino (1200); 474.
Sergius Sigillus, (1200); 475.
Sergius Bucinus, (1200); 475.
Sergius f. Sergii Sigilli, 1200; 475.
Sergius f. dom. Landolfi, 1200; 478.
Sfisinati, fam., 1117-1197; 200, 201, 205, 209, 210, 212, 215, 243, 273, 296, 298, 309, 312, 323, 343, 376, 458. V. Iohannes, Leo, Sergius.
Sibilla rel. Mauri de com. Maurone, 1194; 450.
Sica f. Ademari, 1090; 136, 137.
Sica f. Leonis de d. Iohanne, 1169; 326, 327.
Sica f. Iohannis Caccabelli, 1177; 369.
Sica rel. Leonis... de Neapoli, 1194; 446.
Sica f. Cerrii Agustariczi, abbatissa S. Laurentii, 1196; 452.
Sicligayta (Sikelgayta) rel. Mauri Monsincollo, (1146); 261.
Sicligayta f. Iohannis Compalatii, (1157); 292.
Sicligayta rel. Iohannis imp. coropalati, 1159; 301.
Sicutelli, 1142; 253. V. Leo, Ursus.
Sifunaro, 1108; 178. V. Mauro, Maurus.
Sigillo, 1200; 474, 475. V. Billitia, Sergius.
Sigimundus Galatulus, (1186); 415.
Sillecta rel. Leonis Pironti, 1012; 46.
Sillecta f. Iohannis Spatella, 1142; 253.
Sillecta, uxor Ursi da le Olive, 1184; 411.
Sillecta f. Iohannis da Penna, 1184; 412.
Silvester macellarius, (1198); 463, 464.
Sindolus, 1036; 73. V. Amatus.
Sintecle, locus, 1046; 94. V. Sentecli.
Siricara f. Constantini da Balba, 1200; 474.
Sirico (de domino), 993-1013; 24, 48. V. Constantinus, Petrus, Sergius.
Siriniano, locus Stabie, 1024; 57.
Sirrentini, fam., 1092-1200; 142, 150, 166, 168, 180, 182, 326, 330, 340, 359, 475. V. Taurus, Sergius, Maurus, Iohannes.
Sirrenti ducatus, 1040-1041; 81, 83.
Sirrentum, Surrentum, Syrrentum, 1153-1200; 274, 383, 389, 393, 395, 413, 415, 416, 430, 432, 442, 450, 465, 476.
Sisinnius da Pecara, (1007-1011); 35, 43, 44.
Sisinnius f. Sergii de Aligardo, 1007; 35.
Sivilla f. Leonis Trilia, 1186; 418.
Solinus Vicidomini, (907); 2.
Solinus de Bono Vicidomini, 907; 2.
Sparagina (tia Iohannis de Vitale), 1051; 98.
Sparanus Spartitus, (1033); 60.
Spartito, 1033; 60. V. Iohannes, Maurus, Sparanus.
Spastreca f. Petri Cannabarii, 1037; 74.
Spatella, 1142; 253. V. Iohannes, Sergius, Sillecta.

Spiniola, 1041; 84. V. Iohannes.
Spizzatortile, fam., 1123-1156; 207, 281. V. Alfanus, Iohannes, Leo.
Sponioba, 1035; 63. V. Romanus.
Stabia, Stavia, Stavi, 977-1066; 16, 33, 53, 57, 66, 115.
Stabiani, Staviani, 1051-1086; 99, 118, 128.
Stabiani, Staviani, fam., 1129; 226. V. Constantinus, Ursus.
Stabianum territorium, 939-1090; 6, 20, 22, 23, 29, 36, 38, 45, 60, 86, 98, 99, 101, 118, 126, 127, 134, 138.
Staibanus, 997; 26. V. Palumbus.
Stephano (de), 947-1099; 11, 154, 156, 158. V. Constantinus, Marinus, Petrus.
Stephanus abbas monast. S. Benedicti de Scala, 907-922; 1, 3.
Stephanus de Anna seu domine Anne, (907-922); 2, 4.
Stephanus magister, 987; 20.
Stephauus de Lupino com., (987-1037); 21, 34, 61, 70, 79.
Stephanus, dom., 998, 27.
Stephanus archipresbiter, 1008; 39, 40, 41.
Stephanus f. Sergii de Mauro com., (1011): 44.
Stephanus de Maurone, (1018); 49.
Stephanus de Marino, (1034-1053); 62, 84, 98, 100, 103.
Stephanus de Leone de Carovivi, (1036); 66.
Stephanus f. Palumbi de Theofilacto, 1041; 85.
Stephanus f. Iohannis Castallomata, 1041; 85.
Stephanus presb. da lu Puzzu, 1043; 87.
Stephanus, (1043); 87.
Stephanus f. Saxi Muscarita, 1051; 98.
Stephanus f. Maio(nis) de Ianuu, 1061, 109.
Stephanus de Euspiano, (1074); 116.
Stephanus de Iohanne de Castaldo, (1077); 117.
Stephanus de Lea, (1077); 117.
Stephanus de Fluro, 1085 (1142); 126, 255.
Stephanus Zitus, (1085); 126.
Stephanus f. Iohannis Muscarita, 1086, 127.
Stephanus de Leone de Vono, 1086, 127.
Stephanus, (1090); 135.
Stephanus de Docebele, 1099; 157.
Stephanus cler. f. Iohannis presb. de Sancto Petro, (1104); 174.
Stephanus de Carti, (1109); 182.
Stephanus f. Ursi da Puzzu, 1123; 207.
Stephanus Alamannus, (1127); 221.
Stephanus presb. f. d. Ursi presb. rabellensis, 1139; 247.
Stephanus f. Palumbi da Gete, 1139; 248, 250.
Stephanus f. Mansonis Reiola, 1177; 367.
Stephanus presb. f. Iohannis de Pulcharo, 1178; 377.
Stephanus Lantarus, (1187); 424.
Stephanus f. Iohannis Frecze, 1189; 434.
Strasmonti, 1136; 236. V. Tramonti.
Strina, fam., 1159-1172; 299, 316, 336. V. Anna, Drosu, Gemma, Iohannes, Manso, Petrus.
Subcoda, 1166; 315. V. Sergius, Ursus.
Sulficzano, locus Tramonti, 1036-1112; 68, 189.
Supramurum, locus Amalfie, 1130-1167; 228, 229, 321.
Surrentum, Syrrentum. V. Sirrentum.

T

Tabernata, locus, 1169-1180; 327, 329, 355, 365.
Tabernata (da), fam., 1127-1180; 219, 325, 344, 345, 354, 357, 384. V. Iohannes, Sergius, Donaddeus, Amatus, Leo, Pascha, Galia.
Tabula, locus Tramonti, 1044; 88, 90.
Tafure, 1179?; 380.
Taligri (sic), Taligrimus diaconus, 1178-1182; 377, 402.
Tancredi, Tankredi, rex, 1192-1194; 437, 439, 441, 446.
Tanselgardus, 1193; 444.
Tarvo (de), 1115; 196. V. Constantinus, Sergius. — V. Turvo.

Tauro (de), 1077; 118. V. Constantinus, Leo.
Tauro com. (de), 970-1011: 14, 20, 21, 22, 44. V. Constantinus, Taurus, Iohannes, Leo, Pantaleo.
Taurus de Leone com., (947); 11.
Taurus f. Constantini de Tauro com., 970; 14.
Taurus f. Iohannis de Tauro com., 987-990; 20, 21, 22.
Taurus scriba, 993; 24.
Taurus f. Leonis de Urso com., 1013; 48.
Taurus presb. f. Leonis Vendisiricum, 1074; 116.
Taurus (imp. anthipatus) f. Sergii Sirrentini, 1092-1109; 142, 150, 166, 168, 180, 182.
Taurus f. Iohannis Agerolani, 1104; 168.
Taurus f. Bineri da lu Pastinu, 1104; 172.
Taurus f. Marini de Abentio com., 1105; 175.
Taurus com. f. Pardi com., (1107); 177.
Taurus f. Sergii Gaurile, (1112); 187.
Taurus, dom., (1112-1187); 188, 210, 295, 313, 317, 320, 343, 371, 387, 406, 412, 422.
Taurus f. Constantini Scannapeco, 1177; 368.
Taurus Gallus, (1192); 440.
Taurus de Leone com., (1193); 443.
Teliara, 1180; 385.
Terrenzanu, locus Stabie, 989-998; 6, 16, 27.
Theodonanda rel. Iohannis de Roti, 947, 10.
Theodonanda uxor Mansonis de Cunarene, 984; 17.
Theodonanda rel. Constantini de dom. Iohanne, 998; 27.
Theodonanda f. Constantini de Marino com., 1035; 65.
Theodonanda abbatissa monast. S. M. de Funtanella, 1037; 76.
Theodonanda uxor Mauri de Fluro com., (1037); 78.
Theodonanda f. Mauronis de Leone com., 1074; 116.
Theodonanda da la Porta, 1096-1115; 151, 197.
Theodonanda rel. Mauri Barbacepola, 1108; 178.
Theodonanda f. Iohannis de Domina Dimmera, 1112; 185, 186.
Theodonanda uxor Sergii de Tarvo, 1115; 196.
Theodonanda uxor Ursi Gammardella, 1120; 200.
Theodonanda Dentice, 1120; 200, 201.
Theodonanda f. Marini Lauritani, 1125; 210.
Theodonanda (fidelis Petri presb. Codari), 1125; 214.
Theodonanda f. Iohannis Coppula, 1127; 219.
Theodonanda abbat. monast. S. M. de Funtanella, 1153-1159; 274, 301.
Theodonanda f. Leonis Coppi, 1158, 295.
Theodonanda rel. Leonis Piczari, 1158; 296.
Theodonanda f. Iohannis Bininoli, 1167; 320.
Theodonanda f. Sergii Ferraci, (1175); 353.
Theodonanda rel. Iohannis Caccabelli, (1177); 369.
Theodonanda uxor Iohannis Aurificis, (1177); 370.
Theodonanda f. Petronis Faba, (1179); 378.
Theodonanda f. Sergii Mansarini, 1187; 420, 421.
Theodonanda f. Sergii Mortella, (1188); 428, 429.
Theodonanda f. Iohannis de lu Presbiter, 1200; 469.
Theofilacto, Thofilacto (de), 1041; 84, 85. V. Agustus, Iohannes, Palumbus, Stephanus.
Theofilactus. V. Tofilactus.
Thomasius f. Guidonis, 1179; 380, 381, 382.
Thomas f. Iohannis Boccacornu, 1186; 414.
Tigillara, Tingillara, locus, 997; 25, 26
Tirrinio, locus, 1033; 58.
Tirrinio (da), 1033; 58. V. Leo, Lupinus, Sergius.
Tocculum, locus, 985; 19.
Tofilactus de Fluru, 1142; 255.

Tofilactus f. Tofilacti de Fluru, 1142; 255.
Torri (da), 1155-1199; 279, 289, 467. V. Berbetana, Iohannes, Marocta, Petrus, Sergius.
Toru (da), 1123-1142; 207, 252. V. Palumbus, Petrus, Voccia.
Torum (ad), locus Babelli, 1018; 50.
Traballi, fam., 1198-1199; 461, 468. V. Iohannes, Leo, Manso. — V. Truballi.
Tradi Pulbicu, locus, 1099; 155.
Trafasto (da), 1080; 122. V. Abentius.
Tramontanus, 1182; 401. V. Constantiuus.
Tramonti, Transmonti, Trasmonti, 1018-1200; 51, 69, 76, 88, 90, 144, 151, 186, 189, 202 203, 221, 222, 224, 229, 235, 241, 248, 250, 256, 272, 284, 311, 324, 346, 351, 383, 389, 390, 393, 402, 413, 422, 427, 432, 442, 465, 476.
Trasimundus f. Ursi Mazoccula, 970: 14.
Trasimundus f. Leonis Mazoccula, 1066 (1086); 113, 129.
Trauncelli, 1198; 460. V. Iohannes, Leo, Petrus, Purpura, Sergius.
Triburo, locus Tramonti, 1112; 189.
Trilia, 1144-1186; 257, 307, 416, 418. V. Leo, Iohannes, Sivilla.
Trocta f. Petri da Filictu, (1157): 290.
Truballi, fam., 1193; 444. V. Manso.— V. Traballi.
Truda f. Sergii Neapolitani abbat. mon. S. Angeli de Atrano, 1183-1189; 402, 434.
Truda f. Leonis de Castelmanno com. 1193; 444.
Truppoaldus iudex (Salerni), 1166-1176 (1178-1182); 319, 358, 361, 377, 402.
Tucza f. Ursi da lu Planu, 1142; 252.
Turano (de), 1100-1129; 160, 163, 227. V. Fuscus, Iohannes, Sergius.
Turello (da), 1100; 161. V. Cunnarus, Iohannes, Sergius, Ursus. — V. Aturello.
Turina, locus Pelagiani, 1138; 244.
Turina (da la), 1178-1180; 376, 387. V. Carata, Faranda, Iohannes, Prisi, Ursus.
Turris de Sancto Felice, 1151; 270.
Turvo (de), 1115; 197. V. Sergio. — V. Tarvo (de).

U

Urso com. (de) o Ursi com., 1013-1200; 47, 48, 109, 244, 245, 246, 332, 333, 337, 472. V. Leo, Constantinus, Taurus, Ursus, Iohannes, Sergius, Pantaleo, Bernaldus, Aloara, Pardus.
Urso Pironti, (1150); 267.
Urso Gallardi, (1150); 267.
Urso f. Leonis Rogadio, 1150-(1189); 268, 435.
Urso f. Iohannis Castallomata, 1172-1192; 345, 356, 357, 369, 378, 379, 385, 386, 424, 437, 439.
Urso f. Iohannis Imperato, (1175); 353.
Urso cler. f. Sergii, 1175; 353.
Urso Rapicane de Theodonanda, 1177; 374.
Urso Rapicane dictus Mariconda, 1177; 375.
Urso presb. et sacrista, 1177; 376.
Urso de Laulecta, (1179); 381.
Urso f. Sergii da Lapora, 1179; 383.
Urso Bove, 1181; 391.
Urso f. Sergii Pironti, 1182; 399, 400.
Urso f. Iohannis Punieca, 1188; 427.
Urso Obloyta (Oblagita), 1196; 453.
Urso f. Sergii Barbalonga, 1196; 455.
Ursone (de com.), 1036; 68. V. Oddo.
Ursus f. Lupini de Iohanne com., 939. 7.
Ursus magister f. Iohannis Mangi, 939; 8, 10.
Ursus f. Mastali de Roti, 947; 10.
Ursus com. Finipipulus, (964); 11, 12.
Ursus com. de Campulo, (970-1007); 13, 37, 38.
Ursus Mazoccula, (970); 14.
Ursus scriba, 970; 14.
Ursus f. Marini com. de Magno, 971; 15.
Ursus com. de Pardo com., (971-1184); 16, 18, 408.
Ursus de Sergio com., (977-998); 16, 28.
Ursus, 977; 17.
Ursus f. Leonis de Cunarene, 984; 17.
Ursus, 977; 17.
Ursus de Romano, 985; 19.

Ursus f. Cristine de Muscu comitissa, 1005; 30.
Ursus f. Leonis de d. Campulo, 1007; 37, 38.
Ursus de Armogeni, (1007); 37, 38.
Ursus de Marino Salbatico, 1011, 42.
Ursus scriba, 1012-1039; 47, 81.
Ursus de Anna comitissa, (1013); 47.
Ursus Mucilus, (1018); 49.
Ursus f. Stephani de Maurone, 1018; 49.
Ursus Mastalus, 1018; 49.
Ursus de Maurone, (1018); 49.
Ursus f. Ursi Mucili, 1018; 49.
Ursus f. Sergii Rogadeum, 1018; 50.
Ursus f. Sergii Pironti, 1018; 50.
Ursus Cunsus, 1018; 50.
Ursus scriba f. Constantini, 1020; 56. V. Ursus scriba.
Ursus f. Mansonis Denticis, 1024; 57.
Ursus f. Iohannis de Martino, 1033; 60.
Ursus f. Gregorii de Docibile, 1035-1052 (1125-1164); 63, 100, 215, 309.
Ursus Maliscalcus, (1035); 65.
Ursus com. Scaticampulus, (1036-1039); 71, 79.
Ursus f. Leonis Burecta, 1037; 74.
Ursus f. Leonis de Eufimia, 1037; 76.
Ursus f. Nicete protospatarii, 1037; 77, 78.
Ursus de Sergio Scaticampulo, (1039); 79.
Ursus, (1040); 81.
Ursus f. Mauronis Denticis, 1039; 81.
Ursus f. Iohannis da Filicto, 1041; 83.
Ursus scriba f. Leonis, 1048; 97. V. Ursus scriba.
Ursus Muscarita, (1051-1086); 99, 127.
Ursus Benusus, (1053-1080); 101, 121.
Ursus, 1058; 103.
Ursus Sclinillus, (1058-1062); 104-112.
Ursus de Iohanne de com. Urso, 1061; 109.
Ursus de Ionti, (1062); 111.
Ursus Lauritanus, 1066; 113, 114.
Ursus imp. dissipatus, (1066); 114
Ursus f. Sergii Denticis, (1079); 120.
Ursus (pater Leonis scribe inde protonot.), (1087-1113); 131, 140, 150, 168, 171, 177, 190, 192, 193.
Ursus f. Sergii Meiadirtu, 1090; 136.
Ursus f. Sergii da Butablo, 1092; 141.
Ursus diac. scriba f. Iohannis, 1092; 142.
Ursus f. Sergii Caccabo, 1092-1100; 144, 163.
Ursus f. dom. Sergii, 1092; 144.
Ursus abbas Maioppulus, 1094; 149.
Ursus mon. de dom. Pardo, (1096-1115); 151, 197.
Ursus Amfora, (1096); 151.
Ursus Fezzarus, (1100); 160.
Ursus da lu Planu f. Sergii, (1100); 161, 162.
Ursus f. Sergii Musceptula, 1100; 163.
Ursus f. Lupini Falangula, 1102; 163, 166.
Ursus f. Leonis Pullastrella, (1102); 163.
Ursus (pater Pantaleonis imp. patr.), (1102-1123); 166, 180, 182, 209.
Ursus abbas cappellanus Palatii, 1104-1113; 175, 193.
Ursus f. Leonis da Cirasulo, 1111; 183.
Ursus f. Sergii da Pustopla, 1112; 186.
Ursus f. Lupini Cocti, 1120; 200.
Ursus f. Marini Gammardella, 1120; 200.
Ursus de Pulcharo de Pulcharo com., (1122); 202.
Ursus com. de Pulcharo com., (1122); 202.
Ursus da lu Pastinu, 1122; 203.
Ursus f. Iohannis de Pulcharo com., 1122; 205.
Ursus da Puzzu, (1123); 207.
Ursus Pagurillus, (1125); 210.
Ursus Collosolfe f. Mauronis, 1125; 214, 215.
Ursus curialis, (1125-1126); 215, 218.
Ursus Rapa, (1127); 221.
Ursus iud. f. Iohannis Acciaruli, 1127; 221.
Ursus presb. et primicerius, (1127-1130); 222, 231.
Ursus Cacapice, (1127); 223.
Ursus abbas f. Sergii, 1127; 225.
Ursus Stavianus, (1129); 226.
Ursus f. Mauri Carissi, 1129; 227.
Ursus Galloppi, (1132); 232.
Ursus com., (1133); 234.
Ursus f. Sergii mon., (1136-1138); 236, 243, 246.

Ursus f. Iohannis iudicis, (1136); 238. V. Ursus imp. dissipatus.
Ursus f. Sergii da Lapora, (1136); 240.
Ursus f. Sergii Gattula, 1137: 241.
Ursus imp. dissipatus f. Iohannis iudicis, (1137-1199); 243, 308, 324, 332, 336, 348, 350, 352, 384, 390, 395, 396, 400, 414, 416, 424, 429, 431, 433, 442, 445, 448, 467.
Ursus presb. rubellensis, (1139); 247.
Ursus Rapicane, (1139-1177); 247, 372.
Ursus da lu Planu f. Leonis, 1142; 252.
Ursus f. Iohannis de Amata, (1142); 253.
Ursus Sicutellus, (1142); 253.
Ursus f. Leonis de Amata. 1142; 253.
Ursus Sapatinus, (1146): 260.
Ursus f. Sergii Sclinilli, (1146); 260.
Ursus f. dom. Pulchari, (1146); 260.
Ursus Campanella, (1146); 260.
Ursus Binusus, 1157; 298.
Ursus presb. Sanctese, (1159); 299.
Ursus presb. Albinus, (1159); 300.
Ursus Galatulus, (1161 ; 308.
Ursus presb. scriba, 1164-1166; 311, 319.
Ursus Musketta f. Sergii Subcoda, 1166; 315.
Ursus f. Fusci Pisacane, (1169); 331.
Ursus presb. f. Iohannis Pisacane, 1169; 331.
Ursus f. Leonis da la Parruczula, 1171; 335.
Ursus f. Ursi Bininoli, 1172; 337.
Ursus Bininolus, (1172); 337.
Ursus Garofalus, (1177); 367.
Ursus Mosca, (1177); 367.
Ursus Cacciaranus, (1177): 369
Ursus Aurifex, (1177); 370.
Ursus de la Monacha, 1177; 372.
Ursus da la Turina, (1178-1180); 376, 387
Ursus da Lauri, (1181): 389, 390, 393.
Ursus f. Leonis da Lauri, 1181; 389, 390.
Ursus Biffula, 1181; 393.
Ursus Aczarulus, (1182); 399.
Ursus da Balba, (1184-1200); 410, 472, 473, 474.
Ursus da le Olive, (1184); 411.
Ursus f. Sergii Piscopi, 1187; 419.
Ursus f Stephani Lantari, (1187); 425.
Ursus diac. scriba f. Iohannitii Mucili, 1189; 435.
Ursus Bruscia, (1192); 437.
Ursus f. dom. Sergii, (1196); 456.
Ursus Cicirarus, (1199); 467.
Urtello (ad), locus Pustracti, 1176; 355. V. Ortellum.

V

Vaniara (da), 1160; 302. V. Leo. — V. Baniara.
Vectica, 1138-1177; 245, 364. V. Bectica.
Vendisiricum, 1074; 116. V. Leo, Taurus.
Venosi, Venusi, fam., 1126; 217, 218. V. Constantinus — V. Benusi.
Vernardus, 1166; 319. V. Bernardus.
Vespuli, fam., 1099-1192; 157, 337, 412, 439. V. Gemma, Iohannes, Palumbus. — V. Bespuli.
Via Scalensis, 939; 8.
Via Stabiana, 1169; 327.
Viarecta, fam., 1036-1108; 71, 178. V. Iohannes, Leo, Pantaleo.
Vicarus, 1169; 329. V. Maius.
Vicedomini, Vicidomini, fam., 907-1084; 2, 4, 10, 40, 125. V. Solinus, Bonus, Leo, Marinus, Iohannes, Romanus.
Victorini, 984; 18. V. Iohannes, Sergius.
Vicus S. Andree in Puntone, 1182; 399.
Vicus S. Marie Maioris in Amalfia, 1125; 215.
Vinoaldus iudex Salerni, 1018; 53.
Viscardus, dux Amalfie, 1102-1108; 163, 178.
Viscatari, fam., 1115; 195, 197. V. Iohannes, Petrus. — V. Biscatari.
Vitale (de), 1051-1084; 98, 124. V. Iohannes. — V. Bitale.
Vitirina, locus Amalfie, 1102; 163.
Vivus Castallomata f. Petri, 1060; 106.
Vizantius, quidam de Salerno, (1090); 136. V. Bizantius.
Voccia, 1079; 120. V. Boccia.
Voccia de Palumbo, (1099); 157.
Voccia f. Petri da Toru, 1142; 252.
Voccia f. Sergii Pilingii, 1142; 253.
Vono (de), 1086, 128. V. Leo, Stephanus.
Vulcani, fam., 1183-1186; 404, 416. V. Alferius, Anna.
Vulpola, 1166; 319. V. Sergius.

Y

Ytta f. Sergii Aurificis, 1177; 370. V. Itta.

Z

Zacestum, 1036; 67. V. Constantinus. Mauro.
Zacculillu, 1081; 123. V. Petrus.
Zancurtelli, V. Leo. — V. Czancurtelli.
Zappafossa, fam., 1062-1099; 110, 155. V. Blactu, Constantinus, Iohannes, Leo, Petrus, Sergius.
Zenzala, 1148; 266. V. Constantinus
Zepparius, 1198; 463. V. Ansalon.
Zinziricapra, 1100-1181; 160, 163, 392. V. Iohannes, Leo.
Zirinda, 1200; 473. V. Manso, Sergius.
Zitus, 1036-1085; 66, 126. V. Athanasius, Leo, Stephanus.
Zucza f. Leonis Picetula, 1148; 265.
Zucza f. Sergii Scangula, 1166; 315.

9780366757282
WS - #0042 - 140325 - C0 - 229/152/32 - PB - 9780366757282 - Gloss Lamination